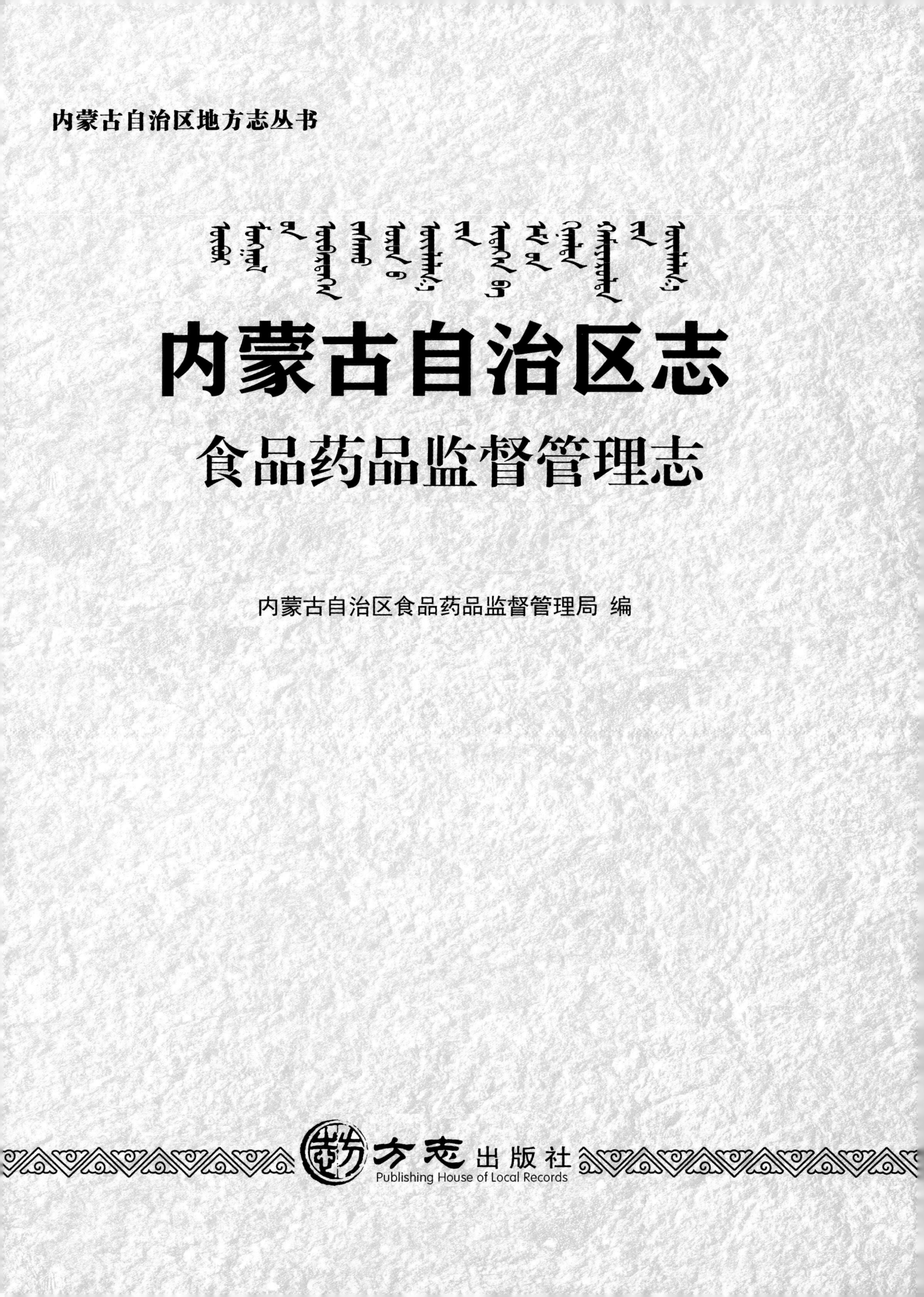

内蒙古自治区地方志丛书

内蒙古自治区志

食品药品监督管理志

内蒙古自治区食品药品监督管理局 编

方志出版社
Publishing House of Local Records

图书在版编目（CIP）数据

内蒙古自治区志．食品药品监督管理志/内蒙古自治区食品药品监督管理局编．--北京：方志出版社，2018.9

ISBN 978-7-5144-3128-5

Ⅰ.①内… Ⅱ.①内… Ⅲ.①内蒙古—地方志 ②食品安全—质量监督—概况—内蒙古—1947-2017 ③药品管理—质量监督—概况—内蒙古—1947-2017 Ⅳ.①K292.6

中国版本图书馆CIP数据核字（2018）第160780号

内蒙古自治区志·食品药品监督管理志

编　　者：内蒙古自治区食品药品监督管理局
责任编辑：冯　松　黄　彦

出 版 人：冀祥德
出 版 者：方志出版社
　　　　　地址　北京市朝阳区潘家园东里9号（国家方志馆4层）
　　　　　邮编　100021
　　　　　网址　http：//www.fzph.org
发　　行：方志出版社图书经销中心
　　　　　电话（010）67110500
经　　销：各地新华书店
印　　刷：北京中科印刷有限公司

开　　本：889×1194　1/16
印　　张：33
字　　数：968千
版　　次：2018年9月第1版　2018年9月第1次印刷
印　　数：0001～1000册

ISBN 978-7-5144-3128-5　　定价：500.00元

1985 年 5 月 10 日，共青团内蒙古自治区医药总公司召开首届团代会

20 世纪 80 年代，包头市医药分公司组织开展国有药店无假货承诺活动

1993 年 12 月 26 日，内蒙古自治区医药总公司举行纪念毛泽东诞辰 100 周年庆祝活动

1995 年被卫生部评为“全国优秀卫生监督员”的郭根成（右）在执法检查

1996 年，包头市医药分公司宣传《关于继续整顿和规范药品生产经营秩序加强药品管理工作的通知》

2000 年 6 月，内蒙古自治区药品监督管理局举行机构改革动员大会

2000 年 9 月 1 日，内蒙古自治区药品监督管理局召开全区换发“药品经营企业许可证”工作会议

2000 年，内蒙古自治区药品监督管理局执法管理人员在内蒙古医学院制剂室检查制剂情况

2003 年 5 月 22 日，内蒙古自治区药品监督管理局在呼和浩特市集中销毁 SARS 疫情期间查获的假劣药品

2004 年 5 月，新组建的内蒙古自治区食品药品监督管理局举行挂牌揭匾仪式

2004 年，内蒙古自治区药品监督管理局举办药品管理法宣传活动

2009 年 1 月，呼伦贝尔市食品药品监督管理局执法人员检查药品市场

2011 年 12 月 1 日，赤峰市食品药品监督管理局组织开展新修订的《中华人民共和国药品管理法》宣传活动

2012 年 4 月 26 日，阿拉善盟食品药品监督管理局举行着装宣誓仪式

2012 年 5 月 8 日，内蒙古自治区食品药品监督管理局执法管理人员在阿拉善盟检查工作

2012 年 5 月 25 日，内蒙古自治区食品药品监督管理系统执法人员送法进农村牧区

2012 年 5 月，内蒙古自治区食品药品监督管理局执法人员检查保健食品、化妆品市场

2012 年，内蒙古自治区食品药品监督管理局召开年终考核大会

2013 年 6 月 26 日，内蒙古自治区食品药品监督管理系统举行"庆七一·永远飘扬的旗帜"爱国歌曲演唱比赛

2014 年 11 月 1 日，内蒙古自治区食品药品监督管理局举行“12331”公益宣传活动

2015 年 3 月 15 日，呼和浩特市食品药品监督管理局举行“3 · 15”现场受理投诉举报活动

2015 年 3 月，呼和浩特市食品药品监督管理局执法人员检查食品市场

2015 年 5 月，阿拉善盟吉兰泰幼儿园宣传食品安全

2016 年 1 月 26 日，内蒙古自治区食品药品监督管理局破获假冒白酒案件后，接受企业赠送锦旗

2016 年 4 月 12 日，内蒙古自治区食品检验检测中心挂牌成立，同年 10 月 12 日投入使用

2016 年 5 月 25 日，内蒙古自治区药品不良反应监测中心、呼和浩特市药品不良反应监测中心在呼和浩特市举办“5 · 25”全国护肤日宣传活动

2016 年 5 月，呼和浩特市人民政府、自治区食品药品安全委员会办公室开展食品安全法颁布一周年宣传活动

2016 年 6 月，通辽市食品药品监管执法人员为小学生讲解食品安全常识

2016 年 7 月 20 日，内蒙古自治区食品药品监督管理局执法管理人员在鄂尔多斯市查验食品购进票证

2016 年 9 月 2 日，内蒙古自治区食品药品监督管理局召开党组中心组（扩大）会议

2016 年 9 月 13 日，内蒙古自治区药品不良反应监测中心举办不良反应监测业务培训

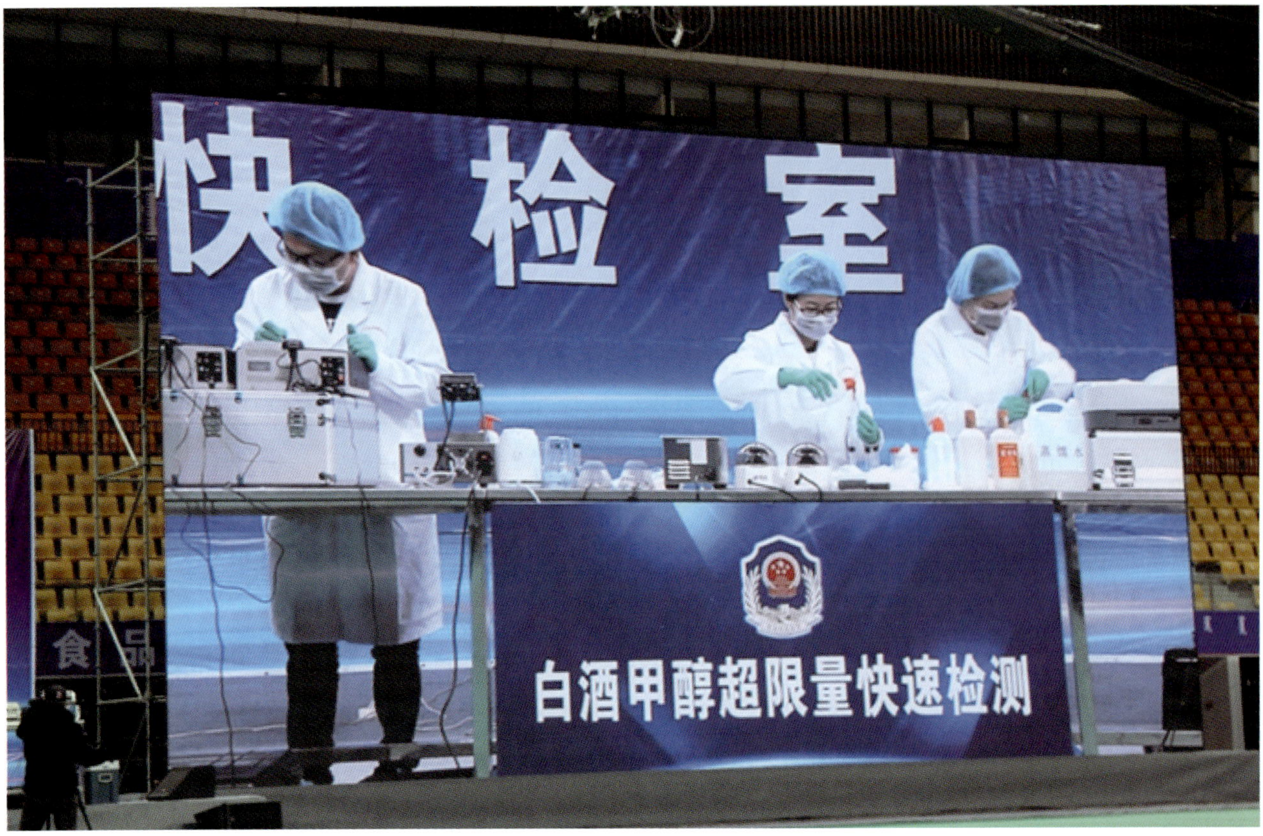

2016 年 11 月 8 日，内蒙古自治区食品药品监督管理局在鄂尔多斯市举行应急演练

2016 年 12 月，内蒙古自治区食品检验检测中心检验人员进行食品检验监测

2017 年 1 月 15 日，内蒙古自治区食品药品监督管理局组织专家对婴幼儿配方乳粉生产企业进行现场核查

2017 年 4 月，获得内蒙古自治区“五一劳动奖章”荣誉称号的王齐田（左一）在超市检查食品安全

2017 年 4 月，鄂尔多斯市食品药品监督管理局执法人员检查餐饮服务单位

2017 年 5 月，内蒙古自治区食品药品监督管理局领导与局机关和直属事业单位实绩考核受表彰人员合影留念

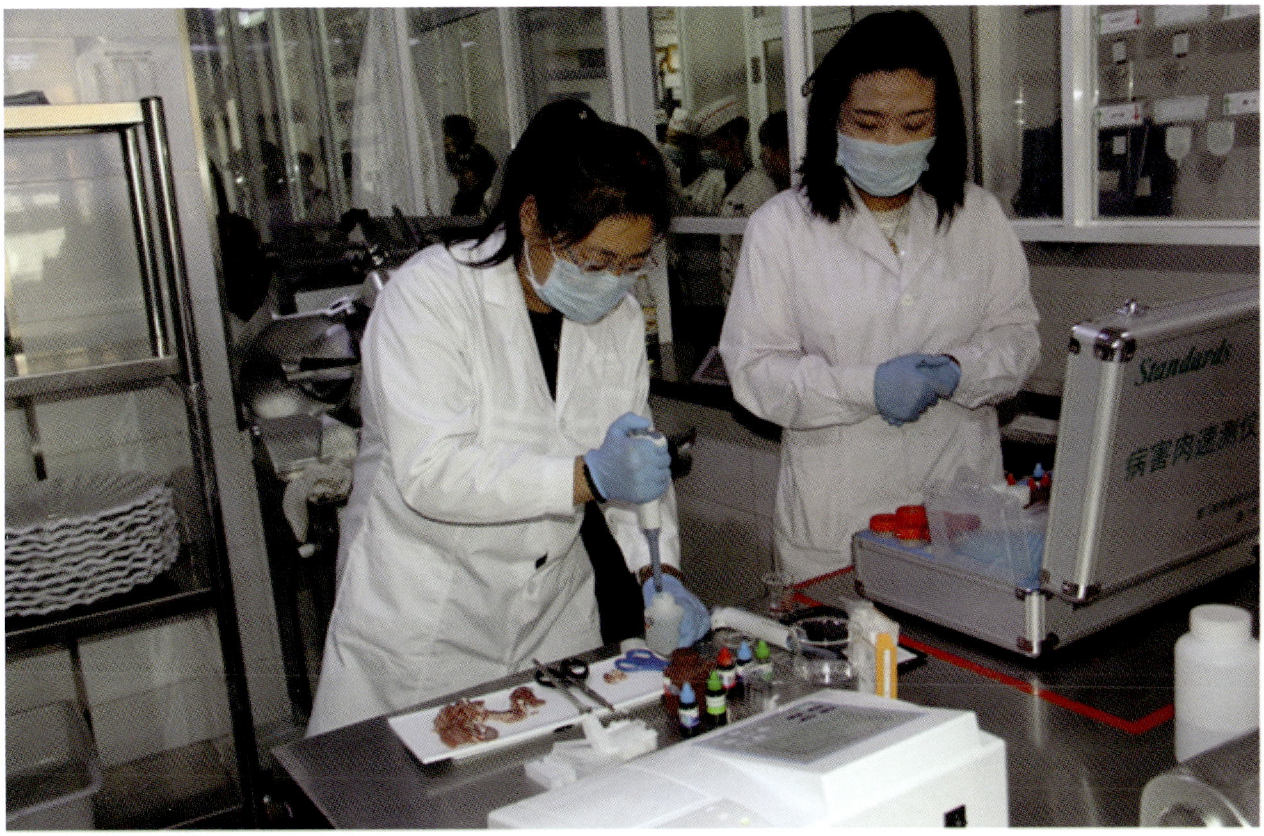

2017 年 5 月，内蒙古自治区食品检验人员在餐饮服务单位开展食品安全快速检测

2017 年，鄂尔多斯市伊金霍洛旗食品药品监管所女子执法队风彩

2018 年 4 月 26 日，召开《内蒙古自治区志 · 食品药品监督管理志》评审会议

2018 年 4 月 26 日，《内蒙古自治区志 · 食品药品监督管理志》评委与部分编纂人员合影留念

《内蒙古自治区志》编纂人员

总　　纂：何文俊

副 总 纂：查干浪涛　孟秀芳

责任编纂：张晓虹　孟国荣　芙　蓉　何晓伟

编　　纂：赵在旺　姚思泰　冰　霜　韩　泽
　　　　　赵海渊　徐嫒英　郝文强　齐迎春
　　　　　李　洋　李向兵　赵　婧　秦倩倩
　　　　　董丽娜　玉　红　乌斯日古楞

《内蒙古自治区志·食品药品监督管理志》编纂委员会

主　任：杨　玺　格日勒图

副主任：舍　楞　张永强　杨凤屹　闫同义　彭万臻
　　　　杨云峰

编　委：王月明　呼格吉胡　张　浩　李　霁　李成林
　　　　王晓莉　特　孟　赵力和　冯尔民　赵瑞芳
　　　　秦书真　封　迅　陈靖林　范曼昕　杜怀忠
　　　　尹志奇　甄作明　宁云飞　乔翠玲　李立强
　　　　徐天平　贾昀霞　丁　勇　刘　扬　刘文茹
　　　　王少华　蔡　斌　杜雄鹰　崔　黎　王　伟
　　　　郑玉山　焦　鸿　赵峰云　宋长奇　张国兴
　　　　李惠放　杨　勇　阿穆古朗　付俊峰　张众志
　　　　赵永君　王　理　王国泽

编纂委员会办公室

主　　任：彭万臻
副 主 任：张　浩
工作人员：徐　崇

《内蒙古自治区志·食品药品监督管理志》编纂人员

主　　编：杨　玺
执行主编：杨泽荣　彭万臻
副 主 编：张　浩　牧　原　陈廷芝
编　　辑：牧　原　陈廷芝　郑　刚　汪自和　刘学彦
审　　校：贾来东　张丽丽
蒙文翻译：芙　蓉
英文翻译：杨　帆
索引制作：王彦祥

序

盛世修志，志载盛世。

志书是传承历史文明的纽带，修志是中华民族的优秀文化传统。中国编修地方志历史悠久，从汉代司马迁的鸿篇巨制《史记》、隋唐确立史志“官修”制度，到新编地方志，大约已有二千多年的历史。纵观中国历史，从古到今都重视编史修志，把修志作为一种“官职”“官责”。古人讲，“治天下者以史为鉴，治郡国者以志为鉴”。方志乃“一方之全史”，是忠实记载一个地区、一个部门发展变迁的珍贵历史文献，是真实反映某个时期、某个地区和部门发展进步的重要资料，具有“存史、资政、教化”的重要功能，具有独特的历史文化价值，对于后人治国理政具有重要的参考价值。

中华人民共和国成立后，党和国家高度重视修志工作。党的第一代领导人毛泽东主席、周恩来总理非常重视编史修志，毛泽东主席每到一地都要阅读当地志书，了解当地的历史概貌和风土人情。周恩来总理明确指示：“要系统整理地方志，做到古为今用”。20 世纪 80 年代，在邓小平、陈云等党和国家领导人重视和提议下，从国家到地方相继成立或恢复地方志工作机构。2006 年国务院公布《地方志工作条例》（国务院令第 467 号），2014 年内蒙古自治区人民政府发布《内蒙古自治区地方志工作规定》（第 189 号主席令），确定了地方志工作的法律地位，使修志工作走上法制化轨道。

党的十八大以来，修志工作进入了新的历史时期。习近平总书记明确指出，要“高度重视修史修志，让文物说话、把历史智慧告诉人们”。李克强总理提出“修志问道，以启未来”，为我们编修好地方志指明了方向，提出了新的更高的要求。

从 1947 年内蒙古自治区成立到 2017 年，内蒙古自治区现代意义上的食品药品监督管理已走过 70 年的历程。2000 年，内蒙古自治区药品监督管理局成立后，食品药品监督管理体制历经多次改革调整，监管体制经历了从多部门、分环节监管到食品药品监督管理部门统一监管的过程，监管手段经历了以行政手段为主到依据法律法规科学执法的不断发展完善的过程，各级党委、政府对食品药品安全监管的认识不断深化，监管职能得到不断增强，监管能力水平得到不断提升。

2013 年，根据党中央、国务院关于地方食品药品监管体制改革的精神，内蒙古自治区党委政府决定重新组建内蒙古自治区食品药品监督管理局。在内蒙古自治区党委、政府的正确领导下，自治区食品药品监督管理局经过几年的不懈努力和卓有成效的工作，食品药品监督管理体制日趋完善，监管队伍日趋成熟壮大，监管制度和手段日趋科学规范，党务政务工作屡创佳绩。这 5 年是内蒙古自治区食品药品监督管理事业发展最快、最好的时期之一。

回顾 70 年历程，在食品药品监管迈入新时代之际，总结记载食药监管 70 年的成功经验和曲折历程，为后人留下客观真实的历史记录，具有重要意义。

《内蒙古自治区志·食品药品监督管理志》编修工作曾几经启动，但由于种种原因中途搁置。2015年再次启动编修工作。由于食品药品监督管理职能在很长一段时间由多个部门承担，资料分散，收集困难，给志书编写带来一定的难度。编纂人员不畏艰难，沟通联系，查阅档案文献近万卷，摘抄复印资料上千万字，对资料进行认真梳理、反复验证，全力投入志书的编写修订工作。经过近两年辛勤劳动，这部反映几代食品药品监管人心血与汗水的《内蒙古自治区志·食品药品监督管理志》即将付梓，可喜可贺！

本书分两条主线。一是纵向记载自先秦以来，内蒙古地区古代食品药品安全监管从萌芽发端到内蒙古自治区成立后建立现代食品药品安全监管体系漫长而曲折的历史。重点记载了1947—2017年内蒙古自治区食品药品监管体制和事业的发展变迁，真实反映了几代食品药品监管战线干部职工艰辛探索、不辱使命的历史。二是横向记载涉及食品、药品、保健食品、化妆品、医疗器械监管及党务、政务、信息化、科研等工作，全方位展现内蒙古自治区食品药品监管工作自身特点，较好地处理监管工作与方志学的关系，打破了部门分工的束缚，做到横分门类，纵述史实。既反映了内蒙古自治区食品药品监管70年历史发展脉络，又反映了食品药品监管工作的特点。

《内蒙古自治区志·食品药品监督管理志》的问世，对于深入了解内蒙古食品药品监管事业发展历史，清晰认识内蒙古食品药品监管事业当前使命，探索内蒙古食品药品监管事业未来方向，具有重大历史意义和现实价值，随着时间的推移其价值将会越来越珍贵。

当前，中国的经济社会发展站到了新的历史起点上，全国上下正朝着“两个一百年”奋斗目标前进。文明、健康、绿色、安全成为人民过上美好生活的新要求，时代发展的新理念。社会公众对食品药品安全寄予新的期盼，对政府部门监管治理能力提出了更高的要求。食品药品监督管理体制也将迎来新一轮改革和调整。无论机构如何改革、队伍如何变化，食品药品监管战线的广大干部职工将牢固树立“四个意识”，坚定“四个自信”。不忘初心、牢记使命，一如既往做好食品药品安全监管工作，让党放心，让人民满意，努力创造无愧于时代、无愧于人民、无愧于历史的新业绩。

内蒙古自治区食品药品监督管理体制机构70年变迁，无论是监管体制还是监管工作都是一个不断探索、不断完善的历史过程。70年来食品药品监督管理工作所取得的一切成绩，离不开全区各级党委政府的重视和支持，离不开几代食品药品监管人的付出和奉献。借此机会，谨向战斗在食品药品监督工作第一线的同志们表示崇高的敬意！向付出辛勤劳动的编纂人员表示衷心的祝贺！向关心支持志书编纂工作的朋友们表示诚挚的感谢！

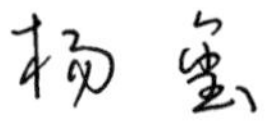

2018年8月

凡　例

一、《内蒙古自治区志》（以下简称《区志》），以马克思列宁主义、毛泽东思想、邓小平理论、“三个代表”重要思想、科学发展观、习近平新时代中国特色社会主义思想为指导，坚持辩证唯物主义和历史唯物主义立场、观点和方法，严格遵守国家的有关法律、法规。

二、《区志》上限追溯至事物发端，下限原则上断至 2017 年；志书编纂坚持越界不书原则。涉及外地或国外的业务时，只记与业务有关部分，其他不作记述。

三、《区志》是以各专业为记述对象的志书，志书坚持详今略古的原则。篇目根据“以类系事、事以类从、类为一志”的原则设计。除大事记、人物、附录，志书主体内容按照篇、章、节或章、节、目层次设置。

四、志书行文坚持横排竖写的体例，用现代语体文，采用述、记、志、传、图、表、录 7 种基本体裁，以志为主。志书文字记述要严谨准确、朴实规范、简明流畅，坚持述而不论，客观真实地反映事物的本来面目。符合《内蒙古自治区地方志书行文规则》。

五、大事记以编年体为主，辅以记事本末体。各大事的记述要素齐备。

六、人物坚持生不立传的原则。人物名录以表格为宜，严格录入标准。

七、资料要反映本行业的工作特色，突出工作亮点。资料要真实、准确，具有代表性、权威性，注重使用原始资料。所用资料，不随文注明出处，难以记入正文的重要内容，可集中在附录中记述。

八、语言文字、标点符号、数字、计量单位等均按照国家有关部门现行规定执行。志文所引用数据，均以统计部门或专业部门的权威数据为准。

九、各种组织机构、法律法规、文件、会议等专用名称使用全称，出现频率较高的名称在章内首次出现用全称，括注简称，再次出现时用简称，简称概念准确规范。

十、历史地名、机构、职官一律使用原名，在历史地名后括注今地名。对国名、地名、人名的译名，以新华社译名为准。

十一、历史纪年，清代以前采用帝王纪年或年号纪年；民国时期采用民国纪年；中华人民共和国成立后采用公元纪年。帝王纪年、年号纪年、民国纪年均括注公元纪年。

十二、各专业志封面、格式、开本由自治区地方志办公室统一设计。

编纂说明

一、《内蒙古自治区志・食品药品监督管理志》是《内蒙古自治区志》的组成部分。是一部全面、系统记述内蒙古自治区食品药品监管事业发展历史和形状的重要文献。其编纂按照《地方志工作条例》《内蒙古自治区地方志工作规定》要求，以自治区食品药品监督管理档案文献为依据，反映自治区食品药品监督管理活动的全过程。

二、《内蒙古自治区志・食品药品监督管理志》坚持“详今略古、立足当代”的原则，重点记述1947—2017年内蒙古自治区食品药品监管70年的发展变迁。上限尽量追溯事物发端，下限截至2017年底（个别图片至2018年4月）。

三、《内蒙古自治区志・食品药品监督管理志》以志为主，志、述、记、图、表、录兼用，不设人物传。按照科学分类原则，“以类系事、事以类从”，划分7篇、26章、85节，节下有目；志首设序、概述，志末设修志始末。篇章节的编排力求结构合理、繁简得当、层次分明。

四、《内蒙古自治区志・食品药品监督管理志》记述地域范围以现行内蒙古自治区行政区划为限，中华人民共和国成立前各历史阶段，也涉及内蒙古自治区以外的部分地区，但坚持以紧扣与内蒙古自治区食品药品监管相关联的事件为记述原则。同时结合自治区食品药品监管部门职能几经变化等因素，记述事业发展不受部门范围局限。

五、部分篇章内容略有交叉。交叉部分各篇章从其内容需要出发，在各有侧重、力求全面的同时，尽量避免重复。

六、志书中多次出现的单位名称，第一次用全称，随后部分表述中可用简称。例如：“中国共产党内蒙古自治区委员会、内蒙古自治区人民政府”，简称“自治区党委、政府”；“内蒙古自治区食品药品监督管理局”，简称“自治区食品药品监督管理局”。

七、入志资料主要来源于内蒙古自治区档案馆与自治区相关厅局档案文献，以及相关志鉴图书。统计数据以统计局统计资料和相关部门的统计数据为准。

目　录

图　片

序

凡　例

编纂说明

概　述 …………………………………………………… (1)

大事记 …………………………………………………… (9)

第一篇　机构沿革与队伍建设

第一章　自治区级机构沿革与队伍建设 ……………………… (57)

　第一节　食品监督管理机构 ……………………………… (57)

　第二节　药品监督管理机构 ……………………………… (59)

　第三节　食品药品监督管理机构 ………………………… (68)

　第四节　事业单位 ………………………………………… (83)

　第五节　队伍建设 ………………………………………… (88)

　第六节　基础设施建设 …………………………………… (95)

第二章　盟市机构与队伍 …………………………………… (97)

　第一节　监督管理体制 …………………………………… (98)

　第二节　盟市级机构 ……………………………………… (104)

第二篇　食品监督管理

第一章　食品行政许可管理 ………………………………… (125)

　第一节　食品卫生行政许可 ……………………………… (125)

第二节 食品生产行政许可 …………………………………… (126)
第三节 食品流通行政许可 …………………………………… (131)
第四节 餐饮服务行政许可 …………………………………… (133)
第二章 食品安全标准管理 …………………………………… (135)
第一节 食品标准管理体系 …………………………………… (135)
第二节 食品标准制定与实施 …………………………………… (136)
第三章 食品安全检测保障体系建设 …………………………………… (145)
第一节 食品检测体系建设 …………………………………… (145)
第二节 食品监督检验 …………………………………… (148)
第三节 食品风险监测与安全评估 …………………………………… (152)
第四节 食品信用体系建设 …………………………………… (156)
第五节 食品安全应急预案 …………………………………… (158)
第四章 食品安全监督管理 …………………………………… (161)
第一节 食品卫生监督管理 …………………………………… (161)
第二节 食品质量监督管理 …………………………………… (166)
第三节 食品流通监督管理 …………………………………… (168)
第四节 餐饮服务监督管理 …………………………………… (170)
第五节 食品安全综合监督管理 …………………………………… (173)
第五章 食品安全专项整治与重大事件处理 …………………………………… (179)
第一节 食品安全专项整治 …………………………………… (179)
第二节 重大事件处理 …………………………………… (195)

第三篇 药品监督管理

第一章 药品注册与标准 …………………………………… (205)
第一节 药品注册 …………………………………… (205)
第二节 药品标准 …………………………………… (211)
第二章 药品生产监督管理 …………………………………… (219)
第一节 药品生产企业 …………………………………… (219)
第二节 药品生产许可 …………………………………… (221)
第三节 药品生产企业 GMP 认证 …………………………………… (225)
第三章 药品经营监督管理 …………………………………… (230)
第一节 药品供应与经营企业 …………………………………… (231)
第二节 药品经营许可 …………………………………… (233)
第三节 药品经营企业 GSP 认证 …………………………………… (237)
第四节 农村牧区药品两网建设 …………………………………… (239)
第五节 药品分类监督管理 …………………………………… (242)

第四章 药品检验 ………………………………………………………… (244)
第一节 不同时期药品检验 …………………………………………… (244)
第二节 药品分类检验 ………………………………………………… (250)
第五章 特殊药品监督管理 ………………………………………………… (262)
第一节 麻醉药品监督管理 …………………………………………… (262)
第二节 麻黄素监督管理 ……………………………………………… (267)
第三节 精神药品与剧毒药品监督管理 ……………………………… (270)
第四节 放射性药品及易制毒化学品监督管理 ……………………… (276)
第六章 药品安全监测与再评价 …………………………………………… (279)
第一节 药品不良反应监测 …………………………………………… (279)
第二节 药品不良事件 ………………………………………………… (287)
第三节 药品再评价 …………………………………………………… (289)
第七章 药品安全监督检查与专项整治 …………………………………… (291)
第一节 药品安全日常监督检查 ……………………………………… (291)
第二节 药品安全专项整治 …………………………………………… (299)
第八章 药品稽查与案件查处 ……………………………………………… (308)
第一节 药品稽查 ……………………………………………………… (308)
第二节 案件查处 ……………………………………………………… (315)

第四篇 医疗器械监督管理

第一章 医疗器械注册与标准 ……………………………………………… (324)
第一节 医疗器械注册 ………………………………………………… (324)
第二节 医疗器械产品标准 …………………………………………… (327)
第二章 医疗器械生产与经营许可 ………………………………………… (329)
第一节 医疗器械生产许可与备案 …………………………………… (329)
第二节 医疗器械经营许可及使用管理 ……………………………… (331)
第三章 医疗器械抽验与不良事件监测 …………………………………… (335)
第一节 医疗器械监督抽验 …………………………………………… (335)
第二节 医疗器械不良事件监测与再评价 …………………………… (338)
第四章 医疗器械日常监管与专项整治 …………………………………… (341)
第一节 医疗器械日常监管 …………………………………………… (341)
第二节 医疗器械专项整治 …………………………………………… (345)
第三节 医疗器械案件查处与广告监管 ……………………………… (350)

第五篇　保健食品与化妆品监督管理

第一章　保健食品监督管理 …………………………………………（355）

第一节　保健食品注册管理 …………………………………………（355）

第二节　保健食品日常监管 …………………………………………（360）

第三节　保健食品风险监测与抽查检验 ……………………………（363）

第四节　保健食品稽查打假及广告监管 ……………………………（364）

第二章　化妆品监督管理 ……………………………………………（368）

第一节　化妆品审批备案 ……………………………………………（368）

第二节　化妆品日常监管 ……………………………………………（369）

第三节　化妆品风险监测与抽查检验 ………………………………（371）

第六篇　信息化与科研

第一章　信息化建设 …………………………………………………（377）

第一节　政务网站 ……………………………………………………（377）

第二节　平台建设 ……………………………………………………（379）

第三节　数据库 ………………………………………………………（382）

第四节　综合办公 OA 系统 …………………………………………（383）

第二章　科研工作 ……………………………………………………（384）

第一节　科研机构 ……………………………………………………（384）

第二节　科研成果 ……………………………………………………（385）

第三节　科研活动与学会 ……………………………………………（394）

第七篇　党务政务与法治建设

第一章　党务工作 ……………………………………………………（401）

第一节　思想政治建设 ………………………………………………（401）

第二节　党风廉政建设 ………………………………………………（404）

第三节　行业纠风 ……………………………………………………（407）

第四节　精神文明建设 ………………………………………………（409）

第五节　表彰奖励 ……………………………………………………（411）

第二章　政务工作 ……………………………………………………（414）

第一节　政务公开 ……………………………………………………（414）

第二节 制度建设 ……………………………………………………………………………… (416)
第三节 财务管理 ……………………………………………………………………………… (418)
第四节 综合治理 ……………………………………………………………………………… (420)
第五节 扶贫和帮扶工作 ……………………………………………………………………… (421)
第三章 法治建设 ……………………………………………………………………………… (423)
第一节 法规体系 ……………………………………………………………………………… (423)
第二节 行政执法 ……………………………………………………………………………… (426)
第三节 普法宣传 ……………………………………………………………………………… (429)
附 录 ………………………………………………………………………………………… (432)
索 引 ………………………………………………………………………………………… (473)
修志始末 ……………………………………………………………………………………… (499)

ᠭᠠᠷᠴᠠᠭ

ᠡᠮᠬᠢᠳᠬᠡᠭᠰᠡᠨ ᠦᠭᠡ

ᠥᠮᠦᠨ ᠦᠭᠡ

ᠵᠢᠷᠤᠮ

ᠶᠡᠷᠦᠩᠬᠡᠢᠯᠡᠨ ᠲᠣᠭᠠᠴᠢᠯᠠᠯ

ᠲᠣᠪᠴᠢᠶᠠᠨ ……………………………………………………………………… (1)

ᠶᠡᠬᠡ ᠬᠡᠷᠡᠭ ᠶᠠᠪᠤᠳᠠᠯ ᠤᠨ ᠲᠡᠮᠳᠡᠭᠯᠡᠯ ……………………………………………… (9)

ᠨᠢᠭᠡᠳᠦᠭᠡᠷ ᠪᠦᠯᠦᠭ ᠬᠦᠨᠡᠰᠦ ᠡᠮ ᠦᠨ ᠬᠢᠨᠠᠨ ᠬᠠᠮᠢᠶᠠᠷᠬᠤ ᠶᠢᠨ ᠪᠠᠶᠢᠭᠤᠯᠤᠯᠭ᠎ᠠ

ᠨᠢᠭᠡᠳᠦᠭᠡᠷ ᠪᠦᠯᠦᠭ ᠬᠣᠷᠢᠶᠠᠨ ᠰᠤᠮᠤ ᠬᠣᠲᠠ ᠶᠢᠨ ᠬᠦᠨᠡᠰᠦ ᠡᠮ ᠦᠨ ᠬᠢᠨᠠᠨ ᠬᠠᠮᠢᠶᠠᠷᠬᠤ ᠪᠠᠶᠢᠭᠤᠯᠤᠯᠭ᠎ᠠ …………………… (57)

ᠨᠢᠭᠡᠳᠦᠭᠡᠷ ᠬᠡᠰᠡᠭ ᠬᠣᠷᠢᠶᠠᠨ ᠤ ᠪᠠᠶᠢᠭᠤᠯᠤᠯᠭ᠎ᠠ ᠶᠢᠨ ᠪᠣᠯᠪᠠᠰᠤᠷᠠᠯ ……………………………………… (57)

ᠬᠣᠶᠠᠳᠤᠭᠠᠷ ᠬᠡᠰᠡᠭ ᠰᠢᠭ ᠤᠨ ᠪᠠᠶᠢᠭᠤᠯᠤᠯᠭ᠎ᠠ ᠶᠢᠨ ᠪᠣᠯᠪᠠᠰᠤᠷᠠᠯ …………………………………… (59)

ᠭᠤᠷᠪᠠᠳᠤᠭᠠᠷ ᠬᠡᠰᠡᠭ ᠬᠣᠷᠢᠶᠠᠨ ᠪᠠ ᠰᠢᠭ ᠤᠨ ᠪᠠᠶᠢᠭᠤᠯᠤᠯᠭ᠎ᠠ ᠶᠢᠨ ᠪᠣᠯᠪᠠᠰᠤᠷᠠᠯ …………………………… (68)

ᠳᠥᠷᠪᠡᠳᠦᠭᠡᠷ ᠬᠡᠰᠡᠭ ᠬᠣᠲᠠ ᠬᠣᠰᠢᠭᠤ ᠶᠢᠨ ᠪᠠᠶᠢᠭᠤᠯᠤᠯᠭ᠎ᠠ ………………………………………… (83)

ᠳᠥᠷᠪᠡᠳᠦᠭᠡᠷ ᠬᠡᠰᠡᠭ ᠦᠭᠡᠰ ᠦᠨ ᠪᠦᠷᠢᠯᠳᠦᠯ …………………………… (88)
ᠲᠠᠪᠤᠳᠤᠭᠠᠷ ᠬᠡᠰᠡᠭ ᠦᠭᠡ ᠪᠦᠲᠦᠭᠡᠬᠦ ᠶᠢᠨ ᠪᠦᠷᠢᠯᠳᠦᠯ …………………………… (95)
ᠭᠤᠷᠪᠠᠳᠤᠭᠠᠷ ᠪᠦᠯᠦᠭ ᠦᠭᠡᠰ ᠦᠭᠡ ᠶᠢᠨ ᠪᠦᠷᠢᠯᠳᠦᠬᠦᠨ ᠪᠠ ᠦᠭᠡᠰ …………………………… (97)
ᠨᠢᠭᠡᠳᠦᠭᠡᠷ ᠬᠡᠰᠡᠭ ᠦᠭᠡᠰ ᠰᠢᠨᠵᠢᠯᠡᠯ ᠦᠨ ᠪᠦᠷᠢᠯᠳᠦᠯ …………………………… (98)
ᠬᠣᠶᠠᠳᠤᠭᠠᠷ ᠬᠡᠰᠡᠭ ᠦᠭᠡᠰ ᠦᠭᠡ ᠶᠢᠨ ᠦᠭᠡᠰ ᠦ ᠪᠦᠷᠢᠯᠳᠦᠬᠦᠨ …………………………… (104)

ᠭᠤᠷᠪᠠᠳᠤᠭᠠᠷ ᠬᠡᠪᠯᠡᠯ ᠬᠡᠯᠡᠨ ᠦ ᠳᠠᠭᠤᠨ ᠰᠤᠳᠤᠯᠤᠯ

ᠨᠢᠭᠡᠳᠦᠭᠡᠷ ᠪᠦᠯᠦᠭ ᠬᠡᠯᠡᠨ ᠦ ᠳᠠᠭᠤ ᠠᠪᠢᠶᠠᠨ ᠤ ᠰᠤᠳᠤᠯᠭ᠎ᠠ ᠳᠤ ᠰᠤᠳᠤᠯᠤᠯ …………………………… (125)
ᠨᠢᠭᠡᠳᠦᠭᠡᠷ ᠬᠡᠰᠡᠭ ᠬᠡᠯᠡᠨ ᠦ ᠰᠢᠨᠵᠢᠯᠡᠯ ᠪᠣᠯᠤᠨ ᠳᠠᠭᠤ ᠠᠪᠢᠶᠠᠨ ᠤ ᠰᠤᠳᠤᠯᠭ᠎ᠠ …………………………… (125)
ᠬᠣᠶᠠᠳᠤᠭᠠᠷ ᠬᠡᠰᠡᠭ ᠬᠡᠯᠡ ᠰᠢᠨᠵᠢᠯᠡᠯ ᠦᠨ ᠳᠠᠭᠤ ᠠᠪᠢᠶᠠᠨ ᠤ ᠰᠤᠳᠤᠯᠭ᠎ᠠ …………………………… (126)
ᠭᠤᠷᠪᠠᠳᠤᠭᠠᠷ ᠬᠡᠰᠡᠭ ᠬᠡᠯᠡᠨ ᠦ ᠪᠢᠴᠢᠯᠭᠡ ᠶᠢᠨ ᠳᠠᠭᠤ ᠠᠪᠢᠶᠠᠨ ᠤ ᠰᠤᠳᠤᠯᠭ᠎ᠠ …………………………… (131)
ᠳᠥᠷᠪᠡᠳᠦᠭᠡᠷ ᠬᠡᠰᠡᠭ ᠬᠡᠯᠡᠨ ᠰᠤᠳᠤᠯᠤᠯ ᠤᠨ ᠳᠦᠷᠰᠦᠯᠡᠯ ᠦᠨ ᠳᠠᠭᠤ ᠠᠪᠢᠶᠠᠨ ᠤ ᠰᠤᠳᠤᠯᠭ᠎ᠠ …………………………… (133)
ᠬᠣᠶᠠᠳᠤᠭᠠᠷ ᠪᠦᠯᠦᠭ ᠬᠡᠯᠡᠨ ᠦ ᠬᠡᠷᠡᠭᠯᠡᠭᠡ ᠶᠢᠨ ᠳᠤ ᠰᠤᠳᠤᠯᠤᠯ …………………………… (135)
ᠨᠢᠭᠡᠳᠦᠭᠡᠷ ᠬᠡᠰᠡᠭ ᠬᠡᠯᠡᠨ ᠦ ᠪᠠᠶᠢᠳᠠᠯ ᠳᠤ ᠰᠤᠳᠤᠯᠤᠯ ᠤᠨ ᠲᠣᠶᠢᠮ …………………………… (135)
ᠬᠣᠶᠠᠳᠤᠭᠠᠷ ᠬᠡᠰᠡᠭ ᠬᠡᠯᠡᠨ ᠦ ᠪᠠᠶᠢᠳᠠᠯ ᠤᠨ ᠬᠡᠮᠵᠢᠶ᠎ᠡ ᠪᠠ ᠠᠷᠭ᠎ᠠ …………………………… (136)
ᠭᠤᠷᠪᠠᠳᠤᠭᠠᠷ ᠪᠦᠯᠦᠭ ᠬᠡᠯᠡᠨ ᠦ ᠨᠢᠭᠤᠯ ᠰᠤᠳᠤᠯᠭ᠎ᠠ ᠪᠠᠷᠢᠮᠲᠠ ᠶᠢᠨ ᠲᠣᠶᠢᠮ ᠤᠨ ᠪᠦᠲᠦᠭᠡᠯ …………………………… (145)
ᠨᠢᠭᠡᠳᠦᠭᠡᠷ ᠬᠡᠰᠡᠭ ᠬᠡᠯᠡᠨ ᠦ ᠨᠢᠭᠤᠯ ᠰᠤᠳᠤᠯᠭ᠎ᠠ ᠲᠣᠶᠢᠮ ᠤᠨ ᠪᠦᠲᠦᠭᠡᠯ …………………………… (145)
ᠭᠤᠷᠪᠠᠳᠤᠭᠠᠷ ᠬᠡᠰᠡᠭ ᠬᠡᠯᠡᠨ ᠦ ᠬᠡᠯᠡ ᠨᠢᠭᠤᠯᠠᠯ …………………………… (148)
ᠳᠥᠷᠪᠡᠳᠦᠭᠡᠷ ᠬᠡᠰᠡᠭ ᠬᠡᠯᠡᠨ ᠦ ᠳᠠᠭᠤᠷᠢᠶᠠᠯ ᠤ ᠬᠡᠯᠡ ᠰᠤᠳᠤᠯᠭ᠎ᠠ ᠪᠠ ᠬᠠᠷᠢᠴᠠᠯ ᠤᠨ ᠬᠤᠪᠢᠷᠠᠯ …………………………… (152)

ᠳᠥᠷᠪᠡᠳᠦᠭᠡᠷ ᠵᠦᠢᠯ ᠬᠦᠨᠡᠰᠦᠨ ᠦ ᠠᠶᠤᠯᠭᠦᠢ ᠶᠢᠨ ᠪᠠᠢᠴᠠᠭᠠᠯᠲᠠ …………………… (156)
ᠲᠠᠪᠤᠳᠤᠭᠠᠷ ᠵᠦᠢᠯ ᠬᠦᠨᠡᠰᠦᠨ ᠦ ᠠᠶᠤᠯᠭᠦᠢ ᠶᠢᠨ ᠪᠣᠳᠤᠯᠭ᠎ᠠ ᠪᠣᠳᠤᠯᠭ᠎ᠠ ᠢ ᠨᠡᠢᠲᠡᠯᠡᠬᠦ ᠠᠵᠢᠯ …………………… (158)
ᠳᠥᠷᠪᠡᠳᠦᠭᠡᠷ ᠪᠦᠯᠦᠭ ᠬᠦᠨᠡᠰᠦᠨ ᠦ ᠠᠶᠤᠯᠭᠦᠢ ᠶᠢᠨ ᠬᠢᠨᠠᠨ ᠬᠠᠮᠢᠶᠠᠷᠤᠯᠲᠠ …………………… (161)
ᠨᠢᠭᠡᠳᠦᠭᠡᠷ ᠵᠦᠢᠯ ᠬᠦᠨᠡᠰᠦᠨ ᠦ ᠦᠢᠯᠡᠳᠪᠦᠷᠢ ᠶᠢᠨ ᠬᠢᠨᠠᠨ ᠬᠠᠮᠢᠶᠠᠷᠤᠯᠲᠠ …………………… (161)
ᠬᠣᠶᠠᠳᠤᠭᠠᠷ ᠵᠦᠢᠯ ᠬᠦᠨᠡᠰᠦᠨ ᠦ ᠡᠷᠭᠢᠯᠲᠡ ᠶᠢᠨ ᠬᠢᠨᠠᠨ ᠬᠠᠮᠢᠶᠠᠷᠤᠯᠲᠠ …………………… (166)
ᠭᠤᠷᠪᠠᠳᠤᠭᠠᠷ ᠵᠦᠢᠯ ᠬᠣᠭᠣᠯᠠᠯᠲᠠ ᠶᠢᠨ ᠬᠢᠨᠠᠨ ᠬᠠᠮᠢᠶᠠᠷᠤᠯᠲᠠ …………………… (168)
ᠳᠥᠷᠪᠡᠳᠦᠭᠡᠷ ᠵᠦᠢᠯ ᠲᠠᠷᠢᠶᠠᠯᠠᠩ ᠤᠨ ᠪᠦᠲᠦᠭᠡᠭᠳᠡᠬᠦᠨ ᠦ ᠬᠢᠨᠠᠨ ᠬᠠᠮᠢᠶᠠᠷᠤᠯᠲᠠ …………………… (170)
ᠲᠠᠪᠤᠳᠤᠭᠠᠷ ᠵᠦᠢᠯ ᠬᠦᠨᠡᠰᠦᠨ ᠦ ᠠᠶᠤᠯᠭᠦᠢ ᠶᠢᠨ ᠣᠨᠴᠠᠭᠠᠢ ᠬᠢᠨᠠᠨ ᠬᠠᠮᠢᠶᠠᠷᠤᠯᠲᠠ …………………… (173)
ᠲᠠᠪᠤᠳᠤᠭᠠᠷ ᠪᠦᠯᠦᠭ ᠬᠦᠨᠡᠰᠦᠨ ᠦ ᠠᠶᠤᠯᠭᠦᠢ ᠶᠢᠨ ᠬᠡᠷᠡᠭ ᠤᠨ ᠵᠢᠱᠢᠶ᠎ᠡ ᠰᠣᠩᠭᠣᠮᠠᠯ ᠪᠢᠴᠢᠯᠭᠡ …………………… (179)
ᠨᠢᠭᠡᠳᠦᠭᠡᠷ ᠵᠦᠢᠯ ᠬᠦᠨᠡᠰᠦᠨ ᠦ ᠠᠶᠤᠯᠭᠦᠢ ᠶᠢᠨ ᠬᠡᠷᠡᠭ ᠤᠨ ᠵᠢᠱᠢᠶ᠎ᠡ …………………… (179)
ᠬᠣᠶᠠᠳᠤᠭᠠᠷ ᠵᠦᠢᠯ ᠰᠣᠩᠭᠣᠮᠠᠯ ᠪᠢᠴᠢᠯᠭᠡ ᠶᠢᠨ ᠲᠣᠪᠴᠢ ᠲᠠᠨᠢᠯᠴᠠᠭᠤᠯᠭ᠎ᠠ …………………… (195)

ᠭᠤᠷᠪᠠᠳᠤᠭᠠᠷ ᠬᠡᠰᠡᠭ ᠡᠮ ᠦᠨ ᠬᠢᠨᠠᠨ ᠬᠠᠮᠢᠶᠠᠷᠤᠯᠲᠠ

ᠵᠢᠷᠭᠤᠳᠤᠭᠠᠷ ᠪᠦᠯᠦᠭ ᠡᠮ ᠦᠨ ᠦᠢᠯᠡᠳᠪᠦᠷᠢᠯᠡᠯ ᠪᠠ ᠪᠠᠷᠠᠭ᠎ᠠ …………………… (205)
ᠨᠢᠭᠡᠳᠦᠭᠡᠷ ᠵᠦᠢᠯ ᠡᠮ ᠦᠨ ᠦᠢᠯᠡᠳᠪᠦᠷᠢᠯᠡᠯ …………………… (205)
ᠬᠣᠶᠠᠳᠤᠭᠠᠷ ᠵᠦᠢᠯ ᠡᠮ ᠦᠨ ᠪᠠᠷᠠᠭ᠎ᠠ …………………… (211)
ᠳᠣᠯᠤᠳᠤᠭᠠᠷ ᠪᠦᠯᠦᠭ ᠡᠮ ᠬᠡᠷᠡᠭᠯᠡᠭᠡᠨ ᠦ ᠬᠢᠨᠠᠨ ᠬᠠᠮᠢᠶᠠᠷᠤᠯᠲᠠ …………………… (219)
ᠨᠢᠭᠡᠳᠦᠭᠡᠷ ᠵᠦᠢᠯ ᠡᠮ ᠬᠡᠷᠡᠭᠯᠡᠭᠡᠨ ᠦ ᠮᠡᠳᠡᠭᠡ …………………… (219)
ᠬᠣᠶᠠᠳᠤᠭᠠᠷ ᠵᠦᠢᠯ ᠡᠮ ᠬᠡᠷᠡᠭᠯᠡᠭᠡᠨ ᠦ ᠬᠢᠨᠠᠯᠲᠠ …………………… (221)

ᠭᠤᠷᠪᠠᠳᠤᠭᠠᠷ ᠬᠡᠰᠡᠭ [illegible] GMP [illegible] …… (225)
ᠭᠤᠷᠪᠠᠳᠤᠭᠠᠷ ᠪᠦᠯᠦᠭ [illegible] …… (230)
ᠨᠢᠭᠡᠳᠦᠭᠡᠷ ᠬᠡᠰᠡᠭ [illegible] …… (231)
ᠬᠣᠶᠠᠳᠤᠭᠠᠷ ᠬᠡᠰᠡᠭ [illegible] …… (233)
ᠭᠤᠷᠪᠠᠳᠤᠭᠠᠷ ᠬᠡᠰᠡᠭ [illegible] GSP [illegible] …… (237)
ᠳᠥᠷᠪᠡᠳᠦᠭᠡᠷ ᠬᠡᠰᠡᠭ [illegible] …… (239)
ᠲᠠᠪᠤᠳᠤᠭᠠᠷ ᠬᠡᠰᠡᠭ [illegible] …… (242)
ᠳᠥᠷᠪᠡᠳᠦᠭᠡᠷ ᠪᠦᠯᠦᠭ [illegible] …… (244)
ᠨᠢᠭᠡᠳᠦᠭᠡᠷ ᠬᠡᠰᠡᠭ [illegible] …… (244)
ᠬᠣᠶᠠᠳᠤᠭᠠᠷ ᠬᠡᠰᠡᠭ [illegible] …… (250)
ᠲᠠᠪᠤᠳᠤᠭᠠᠷ ᠪᠦᠯᠦᠭ [illegible] …… (262)
ᠨᠢᠭᠡᠳᠦᠭᠡᠷ ᠬᠡᠰᠡᠭ [illegible] …… (262)
ᠬᠣᠶᠠᠳᠤᠭᠠᠷ ᠬᠡᠰᠡᠭ [illegible] …… (267)
ᠭᠤᠷᠪᠠᠳᠤᠭᠠᠷ ᠬᠡᠰᠡᠭ [illegible] …… (270)
ᠳᠥᠷᠪᠡᠳᠦᠭᠡᠷ ᠬᠡᠰᠡᠭ [illegible] …… (276)
ᠵᠢᠷᠭᠤᠳᠤᠭᠠᠷ ᠪᠦᠯᠦᠭ [illegible] …… (279)
ᠨᠢᠭᠡᠳᠦᠭᠡᠷ ᠬᠡᠰᠡᠭ [illegible] …… (279)
ᠬᠣᠶᠠᠳᠤᠭᠠᠷ ᠬᠡᠰᠡᠭ [illegible] …… (287)
ᠭᠤᠷᠪᠠᠳᠤᠭᠠᠷ ᠬᠡᠰᠡᠭ [illegible] …… (289)
ᠳᠣᠯᠤᠳᠤᠭᠠᠷ ᠪᠦᠯᠦᠭ [illegible] …… (291)
ᠨᠢᠭᠡᠳᠦᠭᠡᠷ ᠬᠡᠰᠡᠭ [illegible] …… (291)

ᠭᠤᠷᠪᠠᠳᠤᠭᠠᠷ ᠵᠦᠢᠯ ᠮᠠᠯ ᠤᠨ ᠡᠮᠨᠡᠯᠭᠡ ᠶᠢᠨ ᠠᠵ ᠠᠬᠤᠢ ᠶᠢᠨ ᠬᠢᠨᠠᠨ ᠬᠢᠶᠠᠯᠳᠠ …………………… (299)
ᠳᠦᠷᠪᠡᠳᠦᠭᠡᠷ ᠪᠦᠯᠦᠭ ᠮᠠᠯ ᠤᠨ ᠡᠮᠨᠡᠯᠭᠡ ᠶᠢᠨ [illegible] …………………… (308)
ᠨᠢᠭᠡᠳᠦᠭᠡᠷ ᠵᠦᠢᠯ ᠮᠠᠯ ᠤᠨ ᠡᠮᠨᠡᠯᠭᠡ [illegible] …………………… (308)
ᠬᠤᠶᠠᠳᠤᠭᠠᠷ ᠵᠦᠢᠯ ᠮᠠᠯ ᠤᠨ ᠡᠮᠨᠡᠯᠭᠡ ᠶᠢᠨ [illegible] …………………… (315)

[illegible] ᠬᠦᠨᠡᠰᠦᠨ ᠦ ᠡᠮ ᠪᠦᠲᠦᠭᠡᠭᠳᠡᠬᠦᠨ [illegible]

ᠲᠠᠪᠤᠳᠤᠭᠠᠷ ᠪᠦᠯᠦᠭ ᠬᠦᠨᠡᠰᠦᠨ ᠦ ᠡᠮ ᠪᠦᠲᠦᠭᠡᠭᠳᠡᠬᠦᠨ [illegible] …………………… (324)
ᠨᠢᠭᠡᠳᠦᠭᠡᠷ ᠵᠦᠢᠯ ᠬᠦᠨᠡᠰᠦᠨ ᠦ ᠡᠮ ᠪᠦᠲᠦᠭᠡᠭᠳᠡᠬᠦᠨ [illegible] …………………… (324)
ᠬᠤᠶᠠᠳᠤᠭᠠᠷ ᠵᠦᠢᠯ ᠬᠦᠨᠡᠰᠦᠨ ᠦ ᠡᠮ ᠪᠦᠲᠦᠭᠡᠭᠳᠡᠬᠦᠨ [illegible] …………………… (327)
ᠵᠢᠷᠭᠤᠳᠤᠭᠠᠷ ᠪᠦᠯᠦᠭ ᠬᠦᠨᠡᠰᠦᠨ ᠦ ᠡᠮ ᠪᠦᠲᠦᠭᠡᠭᠳᠡᠬᠦᠨ [illegible] …………………… (329)
ᠨᠢᠭᠡᠳᠦᠭᠡᠷ ᠵᠦᠢᠯ ᠬᠦᠨᠡᠰᠦᠨ ᠦ ᠡᠮ ᠪᠦᠲᠦᠭᠡᠭᠳᠡᠬᠦᠨ [illegible] …………………… (329)
ᠬᠤᠶᠠᠳᠤᠭᠠᠷ ᠵᠦᠢᠯ ᠬᠦᠨᠡᠰᠦᠨ ᠦ ᠡᠮ ᠪᠦᠲᠦᠭᠡᠭᠳᠡᠬᠦᠨ [illegible] …………………… (331)
ᠳᠣᠯᠣᠳᠤᠭᠠᠷ ᠪᠦᠯᠦᠭ ᠬᠦᠨᠡᠰᠦᠨ ᠦ ᠡᠮ ᠪᠦᠲᠦᠭᠡᠭᠳᠡᠬᠦᠨ [illegible] …………………… (335)
ᠨᠢᠭᠡᠳᠦᠭᠡᠷ ᠵᠦᠢᠯ ᠬᠦᠨᠡᠰᠦᠨ ᠦ ᠡᠮ ᠪᠦᠲᠦᠭᠡᠭᠳᠡᠬᠦᠨ [illegible] …………………… (335)
ᠬᠤᠶᠠᠳᠤᠭᠠᠷ ᠵᠦᠢᠯ ᠬᠦᠨᠡᠰᠦᠨ ᠦ ᠡᠮ ᠪᠦᠲᠦᠭᠡᠭᠳᠡᠬᠦᠨ [illegible] …………………… (338)
ᠨᠠᠢᠮᠠᠳᠤᠭᠠᠷ ᠪᠦᠯᠦᠭ ᠬᠦᠨᠡᠰᠦᠨ ᠦ ᠡᠮ ᠪᠦᠲᠦᠭᠡᠭᠳᠡᠬᠦᠨ [illegible] …………………… (341)
ᠨᠢᠭᠡᠳᠦᠭᠡᠷ ᠵᠦᠢᠯ ᠬᠦᠨᠡᠰᠦᠨ ᠦ ᠡᠮ ᠪᠦᠲᠦᠭᠡᠭᠳᠡᠬᠦᠨ [illegible] …………………… (341)
ᠬᠤᠶᠠᠳᠤᠭᠠᠷ ᠵᠦᠢᠯ ᠬᠦᠨᠡᠰᠦᠨ ᠦ ᠡᠮ ᠪᠦᠲᠦᠭᠡᠭᠳᠡᠬᠦᠨ [illegible] …………………… (345)
ᠶᠢᠰᠦᠳᠦᠭᠡᠷ ᠪᠦᠯᠦᠭ ᠬᠦᠨᠡᠰᠦᠨ ᠦ ᠡᠮ ᠪᠦᠲᠦᠭᠡᠭᠳᠡᠬᠦᠨ [illegible] …………………… (350)

ᠠᠷᠪᠠᠳᠤᠭᠠᠷ ᠬᠡᠰᠡᠭ [illegible]

ᠨᠢᠭᠡᠳᠦᠭᠡᠷ ᠪᠦᠯᠦᠭ [illegible] ……………… (355)
ᠨᠢᠭᠡᠳᠦᠭᠡᠷ ᠵᠦᠢᠯ [illegible] ……………… (355)
ᠬᠣᠶᠠᠳᠤᠭᠠᠷ ᠵᠦᠢᠯ [illegible] ……………… (360)
ᠭᠤᠷᠪᠠᠳᠤᠭᠠᠷ ᠵᠦᠢᠯ [illegible] ……………… (363)
ᠳᠦᠷᠪᠡᠳᠦᠭᠡᠷ ᠵᠦᠢᠯ [illegible] ……………… (364)
ᠬᠣᠶᠠᠳᠤᠭᠠᠷ ᠪᠦᠯᠦᠭ [illegible] ……………… (368)
ᠨᠢᠭᠡᠳᠦᠭᠡᠷ ᠵᠦᠢᠯ [illegible] ……………… (368)
ᠬᠣᠶᠠᠳᠤᠭᠠᠷ ᠵᠦᠢᠯ [illegible] ……………… (369)
ᠭᠤᠷᠪᠠᠳᠤᠭᠠᠷ ᠵᠦᠢᠯ [illegible] ……………… (371)

ᠠᠷᠪᠠᠨ ᠨᠢᠭᠡᠳᠦᠭᠡᠷ ᠬᠡᠰᠡᠭ [illegible]

ᠨᠢᠭᠡᠳᠦᠭᠡᠷ ᠪᠦᠯᠦᠭ [illegible] ……………… (377)
ᠨᠢᠭᠡᠳᠦᠭᠡᠷ ᠵᠦᠢᠯ [illegible] ……………… (377)
ᠬᠣᠶᠠᠳᠤᠭᠠᠷ ᠵᠦᠢᠯ [illegible] ……………… (379)
ᠭᠤᠷᠪᠠᠳᠤᠭᠠᠷ ᠵᠦᠢᠯ [illegible] ……………… (382)
ᠳᠦᠷᠪᠡᠳᠦᠭᠡᠷ ᠵᠦᠢᠯ [illegible] OA [illegible] ……………… (383)

ᠬᠣᠶᠠᠳᠤᠭᠠᠷ ᠪᠦᠯᠦᠭ [illegible] …………（384）
ᠨᠢᠭᠡᠳᠦᠭᠡᠷ ᠬᠡᠰᠡᠭ [illegible] …………（384）
ᠬᠣᠶᠠᠳᠤᠭᠠᠷ ᠬᠡᠰᠡᠭ [illegible] …………（385）
ᠭᠤᠷᠪᠠᠳᠤᠭᠠᠷ ᠬᠡᠰᠡᠭ [illegible] …………（394）

[illegible]

ᠨᠢᠭᠡᠳᠦᠭᠡᠷ ᠪᠦᠯᠦᠭ ᠡᠮ ᠦᠨ ᠠᠵᠢᠯ …………（401）
ᠨᠢᠭᠡᠳᠦᠭᠡᠷ ᠬᠡᠰᠡᠭ [illegible] …………（401）
ᠬᠣᠶᠠᠳᠤᠭᠠᠷ ᠬᠡᠰᠡᠭ [illegible] …………（404）
ᠭᠤᠷᠪᠠᠳᠤᠭᠠᠷ ᠬᠡᠰᠡᠭ [illegible] …………（407）
ᠳᠥᠷᠪᠡᠳᠦᠭᠡᠷ ᠬᠡᠰᠡᠭ [illegible] …………（409）
ᠲᠠᠪᠤᠳᠤᠭᠠᠷ ᠬᠡᠰᠡᠭ [illegible] …………（411）
ᠬᠣᠶᠠᠳᠤᠭᠠᠷ ᠪᠦᠯᠦᠭ [illegible] ᠠᠵᠢᠯ …………（414）
ᠨᠢᠭᠡᠳᠦᠭᠡᠷ ᠬᠡᠰᠡᠭ [illegible] …………（414）
ᠬᠣᠶᠠᠳᠤᠭᠠᠷ ᠬᠡᠰᠡᠭ [illegible] …………（416）
ᠭᠤᠷᠪᠠᠳᠤᠭᠠᠷ ᠬᠡᠰᠡᠭ [illegible] …………（418）
ᠳᠥᠷᠪᠡᠳᠦᠭᠡᠷ ᠬᠡᠰᠡᠭ [illegible] …………（420）
ᠲᠠᠪᠤᠳᠤᠭᠠᠷ ᠬᠡᠰᠡᠭ [illegible] …………（421）

ᠭᠤᠷᠪᠠᠳᠤᠭᠠᠷ ᠪᠦᠯᠦᠭ [illegible] …… (423)

ᠨᠢᠭᠡᠳᠦᠭᠡᠷ ᠬᠡᠰᠡᠭ [illegible] …… (423)

ᠬᠣᠶᠠᠳᠤᠭᠠᠷ ᠬᠡᠰᠡᠭ [illegible] …… (426)

ᠭᠤᠷᠪᠠᠳᠤᠭᠠᠷ ᠬᠡᠰᠡᠭ [illegible] …… (429)

[illegible] …… (432)

[illegible] …… (473)

[illegible] …… (499)

CONTENTS

PHOTOGRAPGHS

PREFACE

STYLISTIC RULES AND LAYOUT

COMPILATION EXPLANATORY NOTES

SUMMARY …… (1)

MEMORABILIA …… (9)

PART Ⅰ INSTITUTION EVOLUTION AND TEAM BUILDING

CHAPTER Ⅰ AUTONOMOUS REGION INSTITUTION EVOLUTION AND TEAM BUILDING …… (57)

Section Ⅰ Food Administration …… (57)

Section Ⅱ Drug Administration …… (59)

Section Ⅲ Food and Drug Administration. …… (68)

Section Ⅳ Institution …… (83)

Section Ⅴ Team Building …… (88)

Section Ⅵ Infrastructure Construction …… (95)

CHAPTER Ⅱ LEAGUE/CITY-LEVEL INSTITUTIONS AND TEAMS …… (97)

Section Ⅰ Regulatory System …… (98)

Section Ⅱ The League/City-Level Institutions …… (104)

PART Ⅱ FOOD ADMINISTRATION

CHAPTER Ⅰ FOOD ADMINISTRATIVE LICENSE MANAGEMENT …… (125)

Section Ⅰ Food Hygiene Administrative License. …… (125)

Section Ⅱ Food Production Administrative License. .... (126)
Section Ⅲ Food Distribution Administrative License .... (131)
Section Ⅳ Food and Beverage Service Administrative License .... (133)
CHAPTER Ⅱ FOOD SAFETY STANDARD MANAGEMENT .... (135)
Section Ⅰ Food Standard Management System .... (135)
Section Ⅱ Food Standard Formulation and Implementation .... (136)
CHAPTER Ⅲ FOOD SAFETY TESTING GUARANTEE SYSTEM BUILDING ...... (145)
Section Ⅰ Food Testing System Building .... (145)
Section Ⅱ Food Supervision and Testing .... (148)
Section Ⅲ Food Risk Monitoring and Safety Assessment .... (152)
Section Ⅳ Food Safety and Credit System Building. .... (156)
Section Ⅳ Food Safety Contingency Plan .... (158)
CHAPTER Ⅳ FOOD SAFETY SUPERVISION .... (161)
Section Ⅰ Food Hygiene Supervision .... (161)
Section Ⅱ Food Quality Supervision. .... (166)
Section Ⅲ Food Market Supervision .... (168)
Section Ⅳ Food and Beverage Service Supervision .... (170)
Section Ⅴ Food Safety Comprehensive Supervision .... (173)
CHAPTER Ⅴ FOOD SAFETY SPECIAL OVERHAUL AND MAJOR ACCIDENT INVESTIGATION AND ENFORCEMENT .... (179)
Section Ⅰ Food Safety Special Overhaul. .... (179)
Section Ⅱ Major Accident Investigation and Enforcement .... (195)

PART Ⅲ DRUG ADMINISTRATION

CHAPTER Ⅰ DRUG REGISTRATION AND STANDARDS .... (205)
Section Ⅰ Drug Registration .... (205)
Section Ⅱ Drug Standards .... (211)
CHAPTER Ⅱ REGULATION AND SUPERVISION OF DRUG PRODUCTION ...... (219)
Section Ⅰ Pharmaceutical Enterprises .... (219)
Section Ⅱ Drug Production License .... (221)
Section Ⅲ Pharmaceutical Production Enterprises GMP Authentication .... (225)
CHAPTER Ⅲ DRUG BUSINESS SUPERVISION AND MANAGEMENT .... (230)
Section Ⅰ Drug Supply and Management Enterprises .... (231)
Section Ⅱ Drug Management License .... (233)
Section Ⅲ Pharmaceutical Business Enterprise GSP Authentication .... (237)
Section Ⅳ Drug "Two Network Construction" In Rural Pastoral Areas .... (239)
Section Ⅴ Drug Classification Supervision and Management .... (242)

CHAPTER Ⅲ DRUG TEST …… (244)
Section Ⅰ Drug Test In Different Periods …… (244)
Section Ⅱ Drug Classification Test …… (250)
CHAPTER Ⅴ SUPERVISION AND MANAGEMENT OF SPECIAL DRUGS …… (262)
Section Ⅰ Narcotic Drug Supervision …… (262)
Section Ⅱ Ephedrine Supervision …… (267)
Section Ⅲ Psychotropic Drug and Toxic Drama Supervision …… (270)
Section Ⅳ Radiopharmaceuticals and Precursor Chemicals Supervision …… (276)
CHAPTER Ⅵ DRUG SAFETY MONITORING AND REASSESSMENT …… (279)
Section Ⅰ Adverse Drug Reaction Monitoring …… (279)
Section Ⅱ Adverse Drug Events …… (287)
Section Ⅲ Drug Reassessment …… (289)
CHAPTER Ⅶ DRUG QUALITY INSPECTION AND SPECIAL OVERHAUL …… (291)
Section Ⅰ Drug Safety Routine Inspection …… (291)
Section Ⅱ Drug Safety Special Overhaul …… (299)
CHAPTER Ⅷ DRUG ENFORCEMENT AND CASE INVESTIGATION …… (308)
Section Ⅰ Drug Enforcement …… (308)
Section Ⅱ Case Investigation …… (315)

PART Ⅳ MEDICAL INSTRUMENT SUPERVISION

CHAPTER Ⅰ MEDICAL INSTRUMENT REGISTRATION AND STANDARD …… (324)
Section Ⅰ Medical Instrument Registration …… (324)
Section Ⅱ Standard For Medical Instrument Products …… (327)
CHAPTER Ⅱ MEDICAL INSTRUMENT PRODUCTION AND OPERATION LICENSE …… (329)
Section Ⅰ Medical Instrument Production License and Record …… (329)
Section Ⅱ Medical Instrument Business License and Operating Management …… (331)
CHAPTER Ⅲ MEDICAL INSTRUMENTS INSPECTION AND ADVERSE EVENTS MONITORING …… (335)
Section Ⅰ Medical Instrument Supervision and Inspection …… (335)
Section Ⅱ Adverse Events of Medical Instrument Monitoring and Reassessment …… (338)
CHAPTER Ⅳ MEDICAL INSTRUMENT ROUTINE SUPERVISION AND SPECIAL REGULATION …… (341)
Section Ⅰ Medical Instrument Routine Supervision …… (341)
Section Ⅱ Medical Instrument Special Rectification …… (345)
Section Ⅲ Case Investigation and Advertising Supervision …… (350)

PART Ⅴ HEALTH FOOD AND COSMETICS SUPERVISION

CHAPTER Ⅰ HEALTH FOOD SUPERVISION AND ADMINISTRATION ············ (355)
Section Ⅰ Health Food Registration and Administration ································· (355)
Section Ⅱ Health Food Routine Supervision ··· (360)
Section Ⅲ Health Food Risk Monitoring and Sampling Inspection ························ (363)
Section Ⅳ Health Food Anti-Counterfeiting Enforcement and Advertising Supervision ·· (364)
CHAPTER Ⅱ COSMETICS SUPERVISION ·· (368)
Section Ⅰ Cosmetics Approval and Recording ··· (368)
Section Ⅱ Cosmetics Routine Supervision ·· (369)
Section Ⅲ Cosmetics Risk Monitoring and Inspection ································· (371)

PART Ⅵ INFORMATIONIZATION AND SCIENTIFIC RESEARCH

Chapter Ⅰ INFORMATIONIZATION BUILDING ·· (377)
Section Ⅰ Government Website ·· (377)
Section Ⅱ Platform Construction ·· (379)
Section Ⅲ Data Base ·· (382)
Section Ⅳ Integrated Office Automation System ·· (383)
CHAPTER Ⅱ SCIENTIFIC RESEARCH WORK ·· (384)
Section Ⅰ Scientific Research Institution ··· (384)
Section Ⅱ Scientific Research Achievements ··· (385)
Section Ⅲ Science and Technology Activities and Association ························ (394)

PART Ⅶ PARTY AFFAIRS And LEGAL SYSTEM BUILDING

CHAPTER Ⅰ PARTY AFFAIRS WORK ··· (401)
Section Ⅰ Ideological and Political Building ·· (401)
Section Ⅱ Party Building ·· (404)
Section Ⅲ Industry Rectification ·· (407)
Section Ⅳ Spiritual Civilization Building ··· (409)
Section Ⅴ Commendation and Reward ·· (411)
CHAPTER Ⅱ GOVERNMENT ADMINISTRATION WORK ······································· (414)
Section Ⅰ Government Affairs Disclosure ·· (414)
Section Ⅱ System Building ··· (416)

Section Ⅲ Financial Management ········ (418)
Section Ⅳ Comprehensive Governance ········ (420)
Section Ⅴ Poverty Alleviation and Assistance Work ········ (421)
CHAPTER Ⅲ LEGAL SYSTEM BUILDING ········ (423)
Section Ⅰ Law and Regulation System ········ (423)
Section Ⅱ Administrative Law Enforcement ········ (426)
Section Ⅲ The Law Popularization ········ (429)
APPENDIX ········ (432)
INDEX ········ (473)
THE BEGINNING AND END OF THE REVISION ········ (499)

概　述

食品药品是人类生存发展的基本必需品，食品药品安全是人类生存发展的基本要求。中国自周代以来，历代均采取不同方式对食品药品进行安全监管，食品药品安全监管贯穿于中国几千年的文明发展史。中华人民共和国成立后，党和政府高度重视食品药品的安全监管。从内蒙古自治区成立到2017年，经过70年的不懈努力奋斗，几经探索，不断改革完善，建立起适合国情、区情的食品药品监管行政管理体制和法律法规体系。

一

先秦、汉、唐、宋、辽时期，今内蒙古地区是匈奴、突厥、东胡、乌桓、鲜卑、契丹等北方游牧民族生活的区域。这一地区的民族以游牧为主，食品以牛、羊肉食为主。13世纪初，成吉思汗建立了蒙古汗国。今内蒙古地区，当时生产方式以畜牧业为主，兼狩猎业，农业为辅。生活方式主要以肉食、奶食为主。蒙古汗国时期，漠南蒙古（今内蒙古地区）农业有所发展，种植稷、黍、麦、糜、粳稻及萝卜、青菜等蔬菜。当时食品安全主要是食品卫生、食品腐烂变质等问题。

这一时期，由于游牧和农耕生产生活方式占主导地位，决定了经济自给自足，少有商品交换，故食品安全问题不是十分突出，有关食品安全监管的记载很少。

辽、金、元时期，设有管理制酒饮酒的机构，实行榷酤制度。金朝对粮食、盐等生活必需品实行专卖制度，元朝对畜产品（包括肉、乳等食品）进行国家统制管理。

今内蒙古地区历史上最早的药政管理机构出现在辽代，名为“承应小底局”（辽官署名，掌侍奉宫廷生活事务）。之后，金、元朝廷均在此设有药政管理机构，元朝还设立了检验药品真伪的专业机构——医学提举司和负责处理因制售假劣药品引发行政诉讼的机构——官医提举司。

明朝建立后的一百年间，与北元政权常年处于征战状态，北元蒙古各部民众看病就医条件非常落后。1506年达延汗统一北元蒙古各部后，明朝与北元蒙古各部关系有所改善，北元经济文化得到较快发展。特别是1570年“隆庆和议”之后，开放了部分地区贸易往来，明朝的医事管理制度和医药事业发展亦对北元社会经济及人民生活有所影响，明朝与北元之间医学交流与药品贸易发展较快。但是这种往来并不稳定，且交易的物品特别是医药用品难以满足北元蒙古各部需要。由此，藏传佛教和寺院医学逐渐传入塞北地区，中医药在今内蒙古地区的影响力较宋、辽、金、元时期有所降低。与此同时，以动物脏器、骨骼、草药等组成的蒙药有了较快发展。

明朝后期，在中原与塞北连接地带有少数以物易物的牲畜、粮食等交易，交易规则主要由行会规定，发生问题也由行会裁决，发生因交易腐烂食品、有毒食品造成伤亡事故则由地方官吏裁决处理。

清末至民国初，归化城（今呼和浩特旧城）、包头、通辽、赤峰和海拉尔等城镇，开始出现经营粮食和肉类等食品店铺。归化城曾有肉食零售店铺70多家，多为自宰自售。一些城镇出现了粮店（粮栈）、盐店、茶庄、酒铺等各类商铺，其监管多由市政官吏或警务部门兼管。清朝的医事制度沿袭明代，但较明代更为完善，医学分科更为精细。清朝是蒙医药学和中医药学发展进步较快、取得成就较多的一个历史时期。清中叶，西医、西药开始传入塞北地区。

从辛亥革命到民国16年（1927年），卫生行政机构隶属民政部门，或由警务部门兼管食品药品安全事项。1931年后，内蒙古部分地区陆续被日本侵略军占领，医药事业发展十分缓慢，很长一段时间内没有独立设置的卫生管理机构。

1931年、1937年，日本侵略军先后占领内蒙古东部地区、归绥地区，日伪政权实行对资源掠夺性经营，百业凋零，民生凋敝，食品药品卫生监管停滞，处于空白状态。

二

自治区成立到21世纪初食品安全监管体制发展历程

1947年5月1日，内蒙古自治政府成立，1949年12月31日后称内蒙古自治区人民政府；1949年12月31日绥远省人民政府成立；1954年，内蒙古自治区人民政府和绥远省人民政府合并为内蒙古自治区人民政府。食品药品管理体制随着行政区划和行政管理体制的变动而发生相应变化。

中华人民共和国成立初期，政府对食品的关注主要是食品供应问题，食品安全则主要源于卫生问题引发的疾病和中毒事件。因此政府对食品安全监管主要是食品卫生监管，其监管以卫生行政部门、防疫部门为主。1953年，政务院决定成立与行政区划相一致的省、地、县三级卫生防疫站，作为卫生监督的实施主体。食品卫生监管工作由卫生行政部门内设的卫生科负责，卫生监督主要限于行政业务管理、技术服务和技术指导。

1954年，在绥远省防疫站的基础上，正式组建了内蒙古自治区卫生防疫站。全区各盟市、旗县也相继建立卫生防疫机构，防疫队伍不断发展壮大。随着全区各级卫生防疫部门建立，以及社会对食品卫生工作的关注，食品卫生质量的监管逐步纳入政府防疫部门的工作内容。结合全国持续开展的爱国卫生运动，内蒙古自治区逐步建立了食品卫生监督监测制度。这一时期，食品卫生监管以饮食行业为重点，主要监管销售量大、涉及面广的食品公司、饭馆、饮食摊贩、食品加工、屠宰业、瓜菜摊贩等。

1956年，社会主义所有制改造完成后，食品行业的私营企业和个体商贩纳入公私合营，食品经营主体主要以政企合一的单一公有制企业为主。由于食品生产销售主体单一，食品原料和产品统购统销，企业偷工减料、违规造假现象并不突出。从1956年到20世纪70年代末，很少发现食品造假售假违法行为，也没有发现有关部门打击假冒伪劣食品的相关记载。这一时期，主管部门主要职责是组织货源，保障供给，同时采取思想教育、群众运动、质量竞赛和行政处分等方式对食品企业和流通行业进行卫生监管。

1959年，大部分人民公社卫生所建立起卫生防疫组，初步形成了全区卫生防疫和食品卫生监督网络。

1965 年，国务院发布《食品卫生管理试行条例》，食品卫生监督管理开始初步走向规范化、法制化。

1976 年之后，卫生防疫组织和机构逐步恢复，卫生防疫工作重新开展起来。1977 年 7 月，内蒙古自治区食品卫生监督检验所成立，隶属自治区卫生厅。全区各盟市卫生防疫站内部都设立了食品卫生科；大部分旗县设立卫生防疫站或食品卫生科，或增加食品卫生监督监测专业人员。当时全区共有食品卫生监督员 1000 多名，其中全职的监督员有 800 多名，全区食品卫生监督检测体系初步建立。

1979 年 8 月 28 日，国务院发布《中华人民共和国食品卫生管理条例》，对食品卫生管理范围、食品卫生标准、食品检验、食品卫生监督管理作出明确规定。

20 世纪 80 年代，随着经济体制改革持续深化和对外开放不断扩大，食品生产、流通企业所有制和经营模式都发生了重大变化，出现了多种所有制经济并存的局面。食品产业迅速发展，从业人员骤增，新出现的食品私营企业和个体商贩监管亟待加强，市场假冒伪劣食品屡禁不止，食品卫生事件逐年上升，食品安全成为社会公众关注的热点问题。

1982 年 11 月 19 日，《中华人民共和国食品卫生法（试行）》对食品卫生、食品标准、食品监管及违法者所承担的法律责任等做了法律规定，食品卫生监管迈入法制化的第一步。1995 年 10 月 30 日，《中华人民共和国食品卫生法》颁布，食品卫生监管得到进一步加强。当年全区共建立各级食品卫生执法机构 120 个，其中自治区级 1 个、盟市级 12 个、旗县级 100 个、厂矿企业 7 个。全区共拥有各级人民政府任命的食品卫生监督员 1259 人。1996 年 7 月，依据食品卫生法有关规定，内蒙古自治区卫生厅修订发布了《内蒙古自治区食品卫生许可证发放管理办法》和《内蒙古自治区采购食品索证管理办法》。内蒙古自治区人民政府对《内蒙古自治区城乡集市贸易食品卫生管理条例》进行修订，并提交自治区人大常委会审议通过，内蒙古自治区食品卫生安全监管进入新阶段。

1998 年，国务院机构改革时对食品监管部门职能分工作了相应的调整。原卫生部不再负责审批和发布食品卫生国家标准，转由新成立的国家质量技术监督局承担相关职能，农业部门负责初级农产品生产的质量安全监管工作，工商行政管理部门负责流通领域的食品质量监管职能，食品安全“分段监管”机制初具雏形。

到 20 世纪 90 年代，随着改革开放和食品产业迅速发展，一方面遍布城乡的食品生产经销企业、销售网络和餐饮业极大地满足了人们的生活需求，另一方面食品安全监管范围不再局限于原有环节，而是贯穿于农产品生产、销售直至食品消费的全过程。原有的食品卫生概念已无法涵盖食品安全，原有的食品卫生监管体系难以适应食品安全需要。特别是由于受利益驱动，一些企业和个人唯利是图，制售假冒伪劣食品等违法犯罪行为时有发生；部分食品生产经营者质量安全意识淡漠，信用缺失现象普遍。这些问题给食品安全监督管理提出了严峻挑战，迫切要求改革食品安全监督管理体制。国家和自治区出台了一系列食品安全监管的政策法规，并从体制、机制上进行改革和调整。经过不断的改革调整，到 2004 年，全区初步形成了以“分段监管为主、品种监管为辅”的食品安全综合监管格局。

自治区成立到 21 世纪初药品监管体制发展历程

1947 年，随着内蒙古自治政府成立，药品监管体制进入初创时期。内蒙古自治政府成立后，设立自治政府民政部卫生局，下设药政科专门负责全区药品、医疗器材管理工作。1950 年 11 月，自治区人民政府卫生部恢复独立建制后，下设的药政科统一行使全区药政管理职能职责。同年，绥远省人民政府卫生局成立，内设药政科负责全省药品、医疗器材管理工作，并成立了绥远省医药公司。1953 年成立内蒙古自治区医药公司。

1954 年，内蒙古自治区人民政府与绥远省人民政府合并后，内蒙古自治区人民政府卫生部与绥远省卫生局合并为内蒙古自治区卫生部，同年 11 月改为内蒙古自治区卫生厅。内蒙古自治区医药公司与绥远省医药公司合并组成内蒙古自治区医药公司，统一管理全区的医药经营。1956 年，内蒙古自治区卫生厅药政科升格为药政管理处。同年，内蒙古自治区药材公司成立，统一管理全区的药材经营。

1956 年 12 月，国家完成了对农业、手工业和资本主义工商业的社会主义改造，药品的生产和流通体制发生了根本性变化，药品管理体制进入了新的发展阶段。

1957 年，内蒙古自治区药品检验所成立，承担全区药品安全检测工作。一些盟市陆续成立药品检验机构，全区药品经营机构、药品监管机构和药品检验检测机构初步形成。

1958 年，遵照国务院《关于中药材经营管理交由卫生部门统一领导》的指示，内蒙古自治区人民委员会决定将内蒙古自治区医药公司、药材公司经营管理权由自治区商业部门移交给自治区卫生部门。同年，内蒙古自治区卫生厅药政管理处与内蒙古自治区医药公司合并组建内蒙古自治区卫生厅药政管理局，成为全区药政监督管理机构，承担贯彻实施国家药政管理法规和自治区药品监管的职能。

1973 年，内蒙古自治区革命委员会生产建设指挥部卫生局重新成立药政管理处。各盟市卫生处（局）也相应恢复药政科或设专职药政管理人员，药品检验机构也先后恢复，从而加强了对制药厂、药品审批、药品生产供应、药品质量各环节的监管。1978 年，国务院批转卫生部《药政管理条例（试行）》。1979 年，内蒙古自治区医药管理局成立，从体制机构及法规层面上加强了对药品安全监管。

1980 年，内蒙古自治区医药管理局改称内蒙古自治区医药总公司，承担全区医药行业管理和药品监管职能。1991 年，内蒙古自治区医药总公司增挂内蒙古自治区医药管理局牌子，实行“一套人马、两块牌子”，承担全区医药行业管理职能和部分药品监督管理职能。1981 年，国务院下发《关于医药管理的决定》。1984 年 9 月，全国人大常委会通过了第一部《中华人民共和国药品管理法》，将药品生产、经营活动和国家对药品的监督管理纳入法制化轨道，标志着药品监管法律法规体系初步建立，也为进一步加强药政机构和管理队伍的建设提供了法制保障。截至 1985 年底，全区 12 个盟市卫生处（局）中有 9 个盟市设立了药政科，其他盟市和部分旗县设有专职药政人员。

1998 年，国家药品监督管理局成立，结束了药品监管体制“多头分散、政出多门”的局面，开药品统一监管之先河。

2000 年 2 月 24 日，遵照《中共中央、国务院关于内蒙古自治区人民政府机构改革方案的通知》精神，自治区党委、政府决定组建内蒙古自治区药品监督管理局，撤销内蒙古自治区医药管理局，药品监管体制实行自治区以下垂直管理。新组建的自治区药品监督管理局成为全区药品监督管理的主要行政执法机构，负责对全区药品的研发、生产、流通和使用环节进行全过程的行政监督和技术监督。

同年 3 月 28 日，内蒙古自治区人民政府办公厅印发通知，将自治区卫生厅承担的药政、药检职能移交自治区药品监督管理局，内蒙古自治区药检所从自治区卫生厅整体划入自治区药品监督管理局；撤销内蒙古自治区医药管理局，将其承担的药品生产、流通领域的监督管理职能移交给自治区药品监督管理局。

随后，全区相继组建盟市、旗县药品监督管理机构，履行药品监督管理职能，依法打击制售假劣药品和无证生产经营药品的违法行为，取缔非法药品集贸市场，整顿中药材专业市场，借鉴国际先进经验，推行“GMP、GSP、GLP”认证管理，完善药品研制、生产、流通的质量管理规范，实现了药品质量安全全程管控。

2001 年新修订的《中华人民共和国药品管理法》颁布实施，为药品安全监管提供了法律保障。依据药品管理法有关规定，各级药品监管部门探索建立了一系列与国际接轨的检测监管制度，健全了药品检验检测体系。到2003年，全区各级药品监督管理部门共聘请药品监督协管员和信息员8634名，初步建立起旗县、苏木乡镇、嘎查村三级药品监督体系。

自治区食品药品监管机构合并后的发展历程

2003年，国家实施新一轮食品药品安全监管体制改革，在原国家药品监督管理局的基础上，组建国家食品药品监督管理局。将食品、药品、保健品、化妆品及医疗器械的监管职能进行整合，把食品药品纳入统一监管体制。2004年7月，根据国务院关于食品药品监督管理体制改革精神，自治区党委、政府决定在自治区药品监督管理局的基础上，组建内蒙古自治区食品药品监督管理局（正厅级），继续实行自治区以下垂直管理。同年，内蒙古自治区食品安全委员会成立，委员会办公室设在自治区食品药品监督管理局。各盟市、旗县组建了食品药品监督管理局，成立了由地方政府牵头的食品安全协调领导小组或食品安全委员会，从体制和机构上加强了食品药品安全监管工作。

同年，国务院对食品安全监管部门的职能职责重新划分，提出“分段管理为主、品种管理为辅”模式。“多部门分环节监管”是这一时期食品药品监管体制的主要模式。部门职能职责重新划分后，农业部门负责监管初级农产品生产环节，质监部门负责监管食品生产加工环节，工商行政部门负责监管食品流通环节，卫生部门负责监管餐饮业和食堂等消费环节，食品药品监管部门负责综合监督、组织协调和依法查处食品药品安全重大事故。

同年，中共中央、国务院就食品药品安全监管采取一系列重大举措，印发《关于进一步加强食品安全工作的决定》《关于进一步加强药品安全监管工作的通知》，制定了《国家食品药品安全“十一五”规划》，部署了全国范围的食品药品安全专项整治，建立了“地方政府负总责，监管部门各负其责，企业是第一责任人”的责任体系，食品药品安全监督管理成为政府社会事务公共管理的重要组成部分。

2009年12月，根据国家大部门体制改革精神，又对食品药品监督管理体制进行了改革调整。内蒙古自治区食品药品监督管理局由自治区卫生厅管理。取消自治区以下垂直管理体制，实行地方政府属地分级管理。2月28日，全国人大常委会颁布的食品安全法规定了食品安全风险评估和检测、食品安全信息公布、食品召回等制度，强化了对保健食品和食品添加剂的监管，确立了惩罚性赔偿制度，对食品安全标准的制定、食品检验机构的资质认定条件和检验规范的制定、组织查处食品安全重大事故等作出了法律规定。

2012年1月，食品药品监督管理职能再次进行调整。自治区卫生厅承担的全区餐饮服务监管职能正式移交自治区食品药品监督管理局。年底，全区各盟市完成职能划转。绝大多数旗县（市、区）完成餐饮服务安全监管职能的交接工作。全区各级食品药品监管部门开始全面履行餐饮服务安全监管新职责。

2013年6月，国务院召开全国食品药品安全和监管体制改革工作电视电话会议，部署地方食品药品监督管理体制改革任务。此次改革从体制上对食品药品监管职能职责进行统一整合，把分散在卫生、质监、工商、商务等部门监管食品的职能统一划入食品药品监督管理部门，涉及质监、工商、卫生、食药监管部门的食品安全监管机构和队伍也进行了相应整合，由食品药品监督管理部门统一行使食品药品监督管理职能。

此次机构改革和职能调整的目的和意义在于：一是从监管体制上解决了多头负责、分散监管等弊端；二是建立覆盖全国的食品药品监管体系，从体制和机制上为有效监管食品药品安全提供了制度保障；三是降低监管成本，解决了部门之间分工不清、信息不畅、相互扯皮等问题，提高了行政监管效率。

遵照《国务院关于地方改革完善食品药品监督管理体制的指导意见》有关要求，自治区党委、政府决定新组建内蒙古自治区食品药品监督管理局（正厅级），加挂内蒙古自治区食品安全委员会办公室牌子。新组建的内蒙古自治区食品药品监督管理局负责对全区食品药品生产、流通、消费环节实施统一监督管理。2014 年 1 月 21 日，内蒙古自治区人民政府发布《关于改革完善盟市旗县食品药品监督管理体制的实施意见》，重新组建盟市、旗县（市、区）食品药品监督管理局（加挂食品安全委员会办公室牌子）。按照“一乡一所”的原则，在苏木乡镇、街道办事处设立食品药品监管所，作为旗县食品药品监督管理局派出机构，由旗县食品药品监督管理部门实行统一管理。在嘎查村和城镇社区居委会设立食品药品监督协管员，承担协助执法、隐患排查、信息报告、宣传引导等职责。

从 2000 年组建内蒙古自治区药品监督管理局到 2017 年的 17 年中，经历了厉次体制改革和职能调整，食品药品监督管理体制日趋完善，监管队伍日趋成熟壮大，监管手段日趋科学规范。

一是建立食品药品行政监督管理体系。截至 2017 年底，自治区、盟市、旗县（市、区）三级食品药品监管体系全部建立。全区 12 个盟市食品药品监督管理机构全部独立设置，103 个旗县市区有 39 个独立设置食品药品监管机构，64 个综合设置食品药品监管机构。1010 个苏木乡镇（街道）中，单独或按区域设置 894 个基层监管所。全区食品药品监管系统从事“三品一械”（食品、药品、化妆品、医疗器械）监管人员达到 8549 人，占全区常住人口比例 3.4 人／万人。全区聘用嘎查村（社区）基层食品药品安全信息员、协管员 1.73 万人，构筑起了横向到边、纵向到底的全区四级食品药品安全监管网络。与此同时，食品药品检测机构也得到加强，自治区级食品、药品、医疗器械、化妆品技术检验检测机构 4 个，具有副高技术职称以上的科研人员 48 人。各盟市均设立了食品、药品、医疗器械、化妆品检验检测机构，形成覆盖全区的技术监督检验体系。

二是建立完善食品药品监督管理的法规制度体系。依据《中华人民共和国食品安全法》《中华人民共和国药品管理法》等法律法规，结合自治区食品药品监督管理工作实际，先后制定出台了《内蒙古自治区实施〈药品管理法〉办法》《内蒙古自治区医疗器械监督管理实施办法》《食品小摊贩备案管理办法》《网络订餐监督管理办法（试行）》《自治区食品药品安全委员会工作规则》《食品安全监管责任制和责任追究制》等配套监管制度及规范性文件 160 件，修订颁布食品安全地方标准 9 项、立项研究 8 项，制定修订蒙药标准和规范 477 项，在全国率先出台《自治区食品生产加工小作坊和食品摊贩管理条例》，启动《内蒙古自治区实施〈食品安全法〉办法》立法调研和起草工作，强化了自治区食品药品安全的法治建设。

三是提高食品药品监管队伍政策法规和技术业务水平。以增强监管队伍的整体素质为目标，以依法行政和“三个转变”为主要内容，对全区各级食品药品监督管理部门领导干部和执法人员，有针对性地组织开展岗位培训、技术培训，先后举办《中华人民共和国食品安全法》《中华人民共和国药品管理法》等法律法规学习班、医疗器械法规规章宣传培训班、“GMP”“GSP”认证培训班等一系列法律法规培训和业务知识培训，有效提高执法监管人员的政策法规和技术业务水平。

四是着力创新监管模式。全面推动落实食品药品生产经营主体责任，督促食品生产经营者建立食品安全责任制度、过程控制制度、应急管理制度、问题食品召回等制度，全面实施食品生产经营卫生规范、餐饮服务单位量化分级、食品加工小作坊和食品摊贩等规范管理；建立药品、医疗器械审评审批制度联席会议，推进仿制药质量一致性评价工作；督促药品生产经营企业严格落实新版 GMP 和 GSP 认证工作，落实质量授权人制度，GMP 和 GSP 跟踪检查率达 100%；严格规范医疗器械生产和使用行为，对重点品种、重点企业进行重点监督检查。创新监管模式，全面推行监管区域网格化、监管内容表格化、监管过程痕迹化、监管手段智能化的“四化”监管模式。

五是基础设施和检验监测技术装备水平得到加强和提高。从2000年内蒙古自治区药品监督管理局成立以来，国家和自治区、盟市三级政府不断加大基础设施建设和食品药品检验设备更新的投入，自治区药品检验研究院经过60年的建设发展，药品检验检测设备总资产达1亿多元，药品医疗器械检验监测能力达到了国内先进水平。自治区食品检验监测中心建成投入使用，技术支撑能力不断提升。完成12个盟市食品实验室改造和部分旗县检验监测资源整合，食品快检车配备走在全国前列，103个旗县（市、区）快检设备配备实现全覆盖，全区食品药品安全检验检测能力明显提高，全系统的基础设施建设和技术装备实现了跨越式发展，为提高食品药品监管提供了雄厚的技术支撑。

六是积极推进“食品药品安全内蒙古”建设。2013年，自治区食品药品监督管理局提出建设“食品药品安全内蒙古”的奋斗目标，到2017年基本完成食品药品安全内蒙古阶段性任务；到2020年与全面建成小康社会同步，全面建成“食品药品安全内蒙古”。2014年，内蒙古自治区人民政府印发《食品药品安全内蒙古建设方案》。同年国家食品药品监督管理总局和内蒙古自治区人民政府签署《共建食品药品安全内蒙古合作协议》。

全区各级党委、政府及食品药品安全监管部门围绕“食品药品安全内蒙古”建设，强化落实地方“党政同责”。2016年2月28日，自治区党委、政府印发《关于进一步加强食品安全工作的意见》。4月20日，自治区党委副书记、自治区代主席布小林任自治区食品药品安全委员会主任，加强了食品药品安全内蒙古建设的组织领导。12月31日，自治区人民政府办公厅印发《内蒙古自治区“十三五”食品药品安全发展规划》，规划了自治区食品药品安全发展蓝图，自治区党委、政府先后出台《关于进一步加强食品安全保障工作的通知》和《关于全面贯彻落实“四有两责”切实做好食品药品监管工作的意见》等文件，各级党委、政府结合各地区、各部门的实际情况，进一步明确责任，解决落实编制、人员、保障经费等方面存在的困难和问题，将食品药品安全工作纳入本地区经济和社会发展规划、纳入财政预算、纳入地方党政领导班子和领导干部年度实绩考核指标体系之中。自治区、盟市、旗县、苏木乡镇层层签订食品药品安全责任书，建立由各级政府分级负担的食品药品安全监管经费保障机制，加大了资金和项目投入力度，全区食品药品安全监管经费达到常住人口人均15元的标准。截至2017年，建成盟市政府所在地餐厨废弃物处理场6个，旗县食品加工园区77个，新建、扩建综合型农贸批发市场132个，完成“明厨亮灶”改造6.2万家。12个盟市全部开展了食品安全城市创建工作，呼和浩特市、乌兰察布市被列入国家食品安全示范试点城市。

七是严厉打击食品药品违法违规行为。2015年以来，全区各级食品药品安全监管部门组织开展了以贯彻落实《中华人民共和国食品安全法》《中华人民共和国药品管理法》为主要内容，全面加强食品药品安全监管，每年在全区组织开展食品药品安全“大排查、大整改”执法检查等一系列整治行动。按照习近平总书记“最严谨的标准、最严格的监管、最严厉的处罚、最严肃的问责”的要求，“严”字当头，把“四个最严”贯穿到监管工作的各个环节。通过多管齐下、标本兼治，不断建立健全日常监管、不定期检查抽检、专项整治等多种形式的监督管理机制，全区违法生产销售假冒伪劣食品药品行为得到有效遏制，食品药品市场秩序持续好转，人民群众对食品药品监管工作的满意度明显提升。

三

从1947年到2017年，内蒙古自治区现代意义上的食品药品监督管理已走过70年的不平凡历程。特别是自2000年内蒙古自治区药品监督管理局成立，到2013年内蒙古自治区食品药品监督管理局重新组建，经历了四次体制改革和职能调整。食品药品监督管理机构经历了从无到有不断完善的过程；食品药品监督管理体制经历了多部门、分环节监管到食品药品监督管理部门统一监管的过程；监督管理手段经历了以行政手段为主到以法律法规科学执法为主的不断发展完善的过程。经过历次改革和调整，监管职能得到增强，监管水平不断提升，监管效果显著进步。

食品药品安全，关系全国各族人民的身体健康和生命安全、社会稳定，关系全面建成小康社会目标的实现，关系党和国家事业全局。党的十八大以来，党中央、国务院高度重视食品药品安全。习近平总书记对食品药品安全作了一系列重要讲话和指示批示，提出了关于食品药品安全工作的新理念、新论断和新要求，为不断建立科学完善的食品药品监管体制，进一步加强食品药品安全监督管理工作指明了方向。当前，随着全面建设小康社会目标的实现，人民的美好生活需求超越单纯物质文化层面，更加关注环境、健康、安全，更加热切期盼吃得放心、吃得健康、吃得安全，对食品药品安全监管工作提出了新期望、新要求。食品药品监管体制机制改革和完善再一次成为社会关注的焦点。展望未来，食品药品监督管理使命更加光荣、任务依然艰巨。

大事记

中华人民共和国成立前

宋（960—1279 年）

元丰三年（1080 年） 颁布中国第一部朝廷成方规范《太平惠民和剂局方》。全书共 10 卷，载方 788 个。

辽（907—1125 年）

辽国建立之初 上京（今赤峰地区）临潢府设有“麴院”，是契丹辽前期管理制酒等与酒有关各项事宜的机构。在契丹辽宫廷内还有“酒人”，专门管理酒类。契丹辽设立任用的管理酒类的司署吏职，反映出当时契丹辽官府制酒的实情。

金（1115—1234 年）

金代 统治今内蒙古中、东部地区。金朝设有御药院和尚药局，御药院掌管皇宫的药物供应，隶属于宣徽院；尚药局是从宫廷中主管药品及药政的官员发展演变而来的机构。金朝对盐、茶、曲、酒、醋等生活必需品实行专卖和榷酤制度，禁止民间私制和交易。仿效宋朝成立熟药所，负责药品药物管理、配制、检验、收购、出售，在尚书礼部内设立惠民司，“掌修合发卖汤药”事宜。

蒙古国—元（1206—1368 年）

中统四年（1263 年） 元朝在上都（今锡林郭勒盟正蓝旗境内）设置“惠民司”（局）。其职责同设立在元大都（今北京市）的“惠民局”一样，是“掌收钱粮，经营出息，以惠孤贫、市药修剂”、诊治疾病的管理机构。

至元五年（1268 年） 元廷下令，禁止未经容许兜售乌头、附子、巴豆、砒霜等毒性、烈性中药，同时禁卖堕胎药。

至元六年（1269 年） 元朝在设置御药院的同时，再次重申严禁游医兜售假医假药。

至元九年（1272 年） 元朝廷在太医院增设医学提举司，该司除“掌考校诸路医生课义，试验太医教官，校勘名医撰述文字”外，还有“辨验药材”真伪之职能。

是年 元朝规定，买卖毒药导致人死亡者，买者、卖者一律处死。

至元十年（1273 年） 元朝在元上都建立了司药局、御药监和回回药物院。其中上都回回药物院主要负责回族（穆斯林人）医药药品、制剂的加工与供应。

至元二十五年（1288 年） 元朝设置官医提举司，该机构的主要职能之一是“掌医户差役，词讼”，即在负责医药管理的同时，负责处理因制售假劣药品导致的行政诉讼。

至顺元年（1330 年） 忽思慧著成饮食文化与营养专著《饮膳正要》。

明（1368—1644 年）

明代 全国性的最高医药行政机关为“医药提举局”，不久医药提举局改为“太医监”。其后，太医监又改为“太医院”。太医院既是明王朝统治者的医疗保健机构，又是中央最高医药管理行政机构，同时还是医学教育的最高权威机构。

明代 除在宫廷设有“尚药局”“御药房”“典药局”“安乐堂”“良医所”，负责皇帝、太子、后妃和王府的医药和医疗外，还沿袭宋朝的制度，在京城和外府、州县开设了“惠民药局”，作为储备药材、调制成药、为民众诊病及卖药的机构。

清（1644—1911 年）

乾隆五十四年（1789 年） 颁布《理藩院则例》，对旅蒙贸易作了原则规定。在发放经商票照时又有一些不成文的具体要求和限制。规定：凡不持票照的商人，不许进入盟旗，实际人数超过票照上的人数时，撤销票照；不按票照的指标路线和地点进行贸易的予以处分。

光绪十二年（1886 年） 归化城共有药行 12 座，每座由官府发座票两张。其座票职能：一是官府对药行进行管理；二是纳税。

清代 著名蒙古族医学家占布拉·道尔吉编著《蒙药正典》（又名《无误蒙药图鉴》），收载蒙药 879 种，以其药物属性和来源分为 8 部分，并附 576 种药材的图案解示，是研究蒙药的主要经典著作，也是用蒙、汉、藏、满四种文字撰写的一部蒙药专著。

中华民国（1912—1949 年 9 月）

民国 18 年（1929 年）12 月 国民党绥远省政府公布《绥远省后套粮食管理办法》。后套（今巴彦淖尔市）粮食生产、运销、分配由绥远省政府组织粮食管理机关统筹管理。

民国 19 年（1930 年） 国民政府卫生部颁布《中华药典》。

民国 20 年（1931 年）7 月 国民党绥远省政府对药材质量监督检验作出规定："在本省市场集散各种药材非经检验领有检验证书不得装运。"

民国 26 年（1937 年） 绥远省归绥市（今内蒙古呼和浩特市）成立了一所"蒙古卫生院"。该院是兼有卫生行政管理职能的卫生事业机构，直属国民政府卫生署领导。"蒙古卫生院"内设有药剂员、检验员、卫生稽查员等与药品管理相关的职位。日军侵占绥远后，"蒙古卫生院"一度迁徙到西安、兰州等地。后又返回到绥远省。

民国 33 年（1944 年）9 月 22 日 国民党绥远省政府发布征收公粮用《稻谷验收标准》和《小麦验收标准》。

民国 36 年（1947 年）5 月 1 日 内蒙古自治政府成立。

是年 11 月 内蒙古自治政府民政部卫生局成立，下设药政科，专门负责药品、医疗器材管理工作。

是年 12 月 27 日 内蒙古自治政府颁发布告，规定粮食、食盐、牲畜、皮毛 4 种物产暂行统购管理。

是年 国民党绥远省政府成立卫生处，负责绥远省卫生行政管理工作，办公地址设在今呼和浩特市新城区。下设相应的蒙医药管理和医疗组织。

民国 37 年（1948 年）11 月 7 日 内蒙古自治政府发布命令：今后凡自治区内的一切粮食不分品种与数量，加工与未加工，不分盟市、旗县（市）与东北各解放区，皆可自由流通。

是年 12 月 内蒙古自治政府工商部（后改为内蒙古自治区贸易部）成立，负责对食品市场、食品卫生进行监管。

是年 12 月 内蒙古自治政府民政部卫生局与内蒙古军区卫生部合署办公，合并后的卫生机构设立材料科和药库，统一负责管理军队、地方医疗卫生机构药品和医疗器材的调拨、分配和供应。

民国 38 年（1949 年）5 月 28 日 中共内蒙古自治政府党的工作委员会和自治政府联合发出"关于成立各级防疫机构并授予各项权利"的决定。

是年 6 月 10 日 昭乌达盟（今赤峰市）成立卫生防疫委员会。

是年 6 月 15 日 绥远省人民政府（指 1948 年 5 月 6 日绥东 7 个县解放后在丰镇县成立绥蒙政府，1949 年 6 月改称绥远省人民政府）根据华北人民政府实行酒类专卖的决定，华北酒业专卖总公司绥远省分公司决定实行酒类管理专酿、专卖。

是年 6 月 赤峰制药厂成立，属全国医药行业重点企业之一，也是内蒙古自治区最大的药品生产基地。

是年 7 月 22 日 内蒙古自治政府工商部颁布《内蒙古自治区牲畜管理暂行条例》，坚决制止滥购滥宰和投机贩运牲畜的行为。

中华人民共和国成立后

1949 年

12 月 31 日 原绥东解放区绥远省人民政府与原国民党绥远省政府合并成立绥远省人民政府。

是年 东北、华北人民政府发布了厉行禁烟禁毒的号召，强调严禁私种罂粟，严禁烟毒的制造、买卖及贩运。

是年 内蒙古自治政府卫生部在乌兰浩特创建了全区第一个公立药品经营企业——内蒙古人民药房。

1950 年

1 月 绥远省人民政府卫生局从丰镇迁至归绥市（今呼和浩特），卫生局内设药政科。

4 月 1 日 内蒙古自治区人民政府颁布《内蒙古自治区私营工商业经营暂行办法》《私营工商业登记暂行办法》《摊贩管理办法》《代理店营业管理办法》《经纪人管理暂行办法》。

11 月 16 日 绥远省人民政府转发《管理〈麻醉药品暂行条例〉及施行细则〈麻醉药品临时登记处理办法〉的通知》，《通知》指出：凡是有麻醉品的单位、个人都必须据实登记；私藏药品不报者严惩。

11 月 内蒙古自治区政府卫生部与内蒙古军区卫生部分开。内蒙古自治区政府卫生部恢复独立建制，下设的药政科也同时恢复，负责管理毒麻药品，协调药品和医疗器材供需计划，监督药品质量，并对医疗卫生机构的药品、器材进行管理。

12 月 26 日 绥远省人民政府工商厅发布《转知关于以成药申请商标注册概需交送化验许可证件》的通知。

是年 绥远省人民政府成立了绥远省医药公司，负责现今内蒙古中西部地区药品器材的经营供应业务。

是年 政务院颁布《关于严禁鸦片烟毒的通令》《关于麻醉药品临时登记处理办法的通令》。内蒙古自治区大张旗鼓地开展禁烟禁毒活动。

是年 内蒙古自治区粮食部颁布首批粮油检验标准，粮食品种包括稻谷、玉米、高粱、小麦、大豆、谷子、小豆、绿豆、荞麦、糜子、黍子、黄米。

是年 乌兰浩特市、通辽市、海拉尔市和林东县分别设立人民药房，销售东北制药厂成品及当地所需其他药品器械。

1951 年

2 月 24 日 绥远省人民政府财经委员会发布《转公布施行私盐查缉处理暂行办法》，该办法规定了私盐的范围及对私运和私售私盐者给予罚款的处理。

3 月 25 日 绥远省人民政府指示“严密稽查私酒，建立三级保证制，以资进一步提高酒类专卖工作，增加国家财政收入”。

9 月 21 日 绥远省人民政府工商厅发出《关于粮食油料掌握管理措施的指示》。

10 月 20 日 内蒙古自治区人民政府贸易部发布《限制自由运输小麦、面粉、大豆、稻子、籽仁等物资的决定》。

11 月 18 日 内蒙古自治区人民政府贸易部颁发《内蒙古自治区旗、县、市交易市场暂行规则》。为取缔投机活动、稳定市场、促进生产销售，制定 16 条规则。

12 月 11 日 内蒙古自治区人民政府颁发《粮食管理办法的命令》，命令各城镇集市上市粮食必须到指定市场出售，各机关、部队、团体及公私企业不得擅自随地交易。

是年 绥远省在各公立卫生机构建立了药品、器材耗损定期报告制度，对药械使用保管进行控制。

是年 绥远省共有药房41家，中药铺208家。对游散药商进行登记管理，取缔部分非法药商。

1952年

6月11日 内蒙古自治区人民政府贸易部发出《转知药品商标处理办法》。该办法指出：医疗必需药品商标报中央卫生部核准，方可加注。成药需经中央政府卫生部发给成药许可证，方能申请注册。

6月16日 绥远省人民政府发出《修正关于粮食管理的指示》。该指示指出：允许一切粮食自由出境，不加限制。

1953年

1月1日 根据国家关于建立医药公司统一经营体制的有关决定，内蒙古自治区卫生部将所属的内蒙古东部地区4个人民药房（乌兰浩特市、通辽市、海拉尔市、林东县）移交内蒙古自治区贸易部。内蒙古自治区贸易部以此为基础，成立了内蒙古自治区医药公司，并配备补充了药工干部。

5月5日 绥远省人民政府财政经济委员会发出《关于加强粮食市场管理的问题》，就巩固国营粮食贸易对市场的领导、巩固粮价、防止不法商人投机等提出了管理办法。

7月16日 绥远省人民政府工商厅发布《粮食管理由工商行政管理部门掌握》。

7月28日 绥远省人民政府工商厅发布《关于粮食管理的补充规定》。该规定指出：禁止私商下乡抢购，粮食必须在规定的粮食交易场所交易。

11月17日 绥远省人民政府工商厅发出《对胡麻、菜籽加强管理》。指出：禁止私商贩运胡麻、菜籽，保证国营合作社完成收购任务。

12月3日 绥远省人民政府工商厅发布《降低白酒度数及其价格的指示》。从12月5日起，散装白酒、二锅头酒由现售度数一律降低10度出售。白酒由61度降到51度。

是年 《中华人民共和国药典》（1953年版）正式颁布，收载了一般常用药物。

1954年

1月 内蒙古自治区人民政府和绥远省人民政府合并成立内蒙古自治区人民政府。内蒙古自治区政府卫生部与绥远省卫生局合并后称内蒙古自治区卫生部。卫生部内设药政科，管理药品和医疗器械。

是月 绥远省卫生防疫站改为内蒙古自治区卫生防疫站。

是月 内蒙古自治区人民政府贸易部与绥远省人民政府工商厅合并成立内蒙古自治区商业部（1955年改为内蒙古自治区商业厅）。负责肉类、蔬菜、水果、茶叶、酒类等市场供应和质量管理。

12月14日 内蒙古自治区商业部发出《希协助专卖事业管理机构加强对零销酒商的教育和管理工作》通报。通报指出：在市场中出现了酒度不足、高抬酒价、斤两不足、营旺不营淡、挂牌不卖酒等现象，要求各地工商行政管理部门协助当地专卖事业管理部门加强酒类市场管理。

是年 内蒙古自治区医药公司与绥远省医药公司合并为内蒙古自治区医药公司，主要负责全区药品和医疗器械生产、经营企业的行业管理和质量监督。

是年 赤峰制药厂生产的盐酸左旋麻黄素采用英国药典标准生产并出口，这是内蒙古自治区最早按国际先进标准生产的药品和厂家。

是年 全区开始执行《管理剧毒药品暂行办法》和新修订的《购用麻醉药品限量表》等有关规定。

1955 年

12 月 1 日 内蒙古自治区人民政府商业部印发《关于无专卖机构地区的烟酒市场行政管理的新规定》的通知。规定：凡无专卖机构地区的烟酒，市场行政管理统一由当地工商行政部门负责。

是月 热河省建制撤销，热河省所属 6 个旗及所属医药公司和药政管理部门划归内蒙古自治区。

是月 内蒙古自治区平地泉、呼伦贝尔纳文慕仁盟医药支公司（药房）增设麻醉药品供应机构。

1956 年

3 月 3 日 内蒙古自治区工业试验所成立，隶属内蒙古自治区工业厅，承担全区工业化验及乳品、酒类、饮料、盐等产品的质量监督检验。这是内蒙古自治区最早建立的综合性产品质量监督检验机构。

6 月 内蒙古自治区人民委员会颁布《管理剧毒药品办法》，对 30 种具有剧毒作用的中西药品的供应和使用做出具体管理规定。

9 月 内蒙古自治区卫生厅药政科改为药政管理处，卫生防疫处与内蒙古防疫站合署办公。

是年 内蒙古自治区卫生厅制订《经常性卫生监督工作试行方案》，监督对象为地方国营、公私合营、合作社经营的工厂、企业、矿山、森林企业和中央直属厂矿等。

是年 内蒙古自治区药材公司成立，主要负责全区药材生产、经营企业的行业管理，同时负责药材质量的监督管理。

是年 内蒙古自治区卫生厅发布《内蒙古自治区工矿企业经常性卫生监督标准（草案）》。

1957 年

6 月 内蒙古自治区人民委员会发布《关于成立市场管理委员会的若干规定》，主要职能是贯彻执行国家食品生产管理办法，保障食品市场安全有序，防止一些不法商贩囤积居奇、哄抬物价、缺斤短两、销售腐烂变质和假冒伪劣食品。

7 月 内蒙古自治区药品检验所成立，是内蒙古自治区成立最早的药品检验机构。

是年 《中华人民共和国药典》（1957 年修订版）颁布。

1958 年

1 月 1 日 内蒙古自治区人民委员会决定将内蒙古自治区医药、药材公司经营管理由自治区商务部门移交内蒙古自治区卫生部门。

5 月 1 日 《突泉县蔬菜市场管理暂行办法（草案）》实施，是旗县一级政府较早对蔬菜市场管理的地方规章。

8 月 21 日 内蒙古自治区商业厅第十六次厅务会议决定成立内蒙古自治区饮食服务管理局。

是年 内蒙古自治区卫生厅药政管理处与内蒙古自治区医药公司合并，成立内蒙古自治区卫生厅药政管理局，作为领导全区医药系统药政管理的行政机构，主要职能是负责全区药政管理法规的贯彻实施。

是年 呼和浩特市、包头市卫生局设药政管理科，各盟、旗县卫生处（科）设专职或兼职干部加强药政管理。

是年 卫生部下发“药检工作的十个规定”，其中《药品检验管理办法》对抽验的范围、对象作了明确规定。

是年 卫生部、国家药材公司发布《中药材计划管理办法（草案）》。明确中药材计划任务是恢复发展药材生产，积极有计划地开展收购，改善经营管理，提高药品质量，逐步满足人民用药需要，保证人民身体健康，增加农民收入，支援农业生产。

是年 为解决蒙药紧缺品种的货源，内蒙古自治区卫生厅派著名蒙医古纳会同药材经营部门专业人员赴西藏考察，带回100多种蒙药材标本，获得了一些蒙药资源的可靠资料。

是年 根据内蒙古自治区卫生工作第二个五年计划，制定《药政管理工作第二个五年计划的规划意见（草案）》。

是年 内蒙古自治区药品检验所正式开展药品检验工作。

1959 年

7 月 国家卫生部、化工部、商业部联合发布《关于保证与提高药品质量的指示》，提出恢复健全药品检验机构、严格检验制度等具体措施。

是年 内蒙古自治区药品检验所制定《中药切片炮制规范》《中药调剂规范》《中药代煎操作规程》。同时，根据卫生部“关于加强制定药品标准规格”和“关于制定中药标准规范及检验工作任务”的指示，内蒙古自治区卫生厅组织内蒙古自治区药品检验所等单位的技术人员，开始制定《内蒙古自治区药品标准》。

是年 卫生部根据中蒙两国协定，中华人民共和国帮助蒙古人民共和国普查野生药材资源，内蒙古自治区派有丰富经验的老药工杨文安等参加中国药材专家组，在蒙古人民共和国考察工作两个多月，取得了满意成果，受到了蒙古人民共和国保健部的表彰。

是年 内蒙古自治区卫生厅在呼和浩特市南郊八里庄建立面积为580亩的中药材种植试验场。

1960 年

1 月 4 日—2 月 5 日 内蒙古自治区卫生厅在呼和浩特市召开全区医药卫生工作四级干部会，内蒙古自治区党委第一书记、人民委员会主席乌兰夫到会讲话。

1 月 23 日 内蒙古自治区人民委员会转发中央《关于组织农村集市贸易的指示》。

2 月 呼和浩特制药厂改为内蒙古自治区卫生厅药政管理局所属企业。

4 月 11 日 内蒙古自治区人民委员会发出《关于进一步加强市场管理工作的指示》，要求加强对农村牧区基层市场，城镇、工矿区市场，对外采购和地区间部门间物资协作的管理。

9 月 25 日 内蒙古自治区卫生厅公布第一批 60 种药品的标准，定名为《内蒙古自治区药品标准暂行规定》（第一辑）。

1961 年

3 月 内蒙古自治区人民委员会批转内蒙古自治区物价委员会关于成立工商行政管理局的报告，同意成立内蒙古自治区工商行政管理局，仍与内蒙古自治区物价委员会合署办公，对外称内蒙古自治区工商行政管理局，对内是工商行政管理办公室（不分处、科）。

4 月 14 日 根据中央“调整、精简”的要求，内蒙古自治区卫生厅内部机构改组，其中医药学会办公室并入医学科学委员会办公室。

7—8 月 内蒙古自治区卫生厅组成近 60 人的蒙药调查组赴贺兰山调查药材资源，发现蒙医药用动物、植物、矿物 220 多种药源，并发现一些独特药材，如白沉香、黑沉香等。

是年 内蒙古自治区药品检验所起草《中药饮片炮制规则》《中药调治规则》《中药煎剂操作规程》（1963 年进行修订）。

1962 年

2 月 内蒙古自治区人民委员会批转《供销合作社关于开展高价糖果、糕点、供应办法》，明确供应范围、高价商品用料、销售价格等事宜。

9 月 25 日 内蒙古自治区卫生厅将《中华人民共和国药典》（1957 年版）和卫生部标准未收载的 70 种药品规格整理归纳，颁布了《内蒙古自治区药品标准规格暂行规定》，作为区内药品生产、供应、检验及药政管理工作的依据。

12 月 9 日 内蒙古自治区卫生厅药政管理局制定《关于加强农药生产供应工作的意见》。

是年 包头市药品检验所成立，为区内第一家盟市级监督检验药品质量的法定机构。

1963 年

3 月 内蒙古自治区人民委员会发布《关于严格禁止吸食、贩卖去氧麻黄素的通知》，由各级卫生、公安部门联合查处、封存。

4 月 内蒙古自治区工商行政管理局与自治区卫生厅联合下发《内蒙古自治区对合作药店、药贩管理试行办法》，规定凡经营中西蒙药品之合作商店及摊贩，必须经县以上卫生行政部门审查同意和工商行政管理部门批准，领取营业执照方可营业。凡未经批准的私自出售中西蒙药品的游动药商、药贩一律取缔，经营药品的合作药店不得经营麻醉药品。除麻醉药品经营点外，其他国营医药供应部门不准经营。

9 月 30 日 根据国务院颁布《工农业产品和工程建设技术标准管理办法》，内蒙古自治区人民委员会决定在全区实行国家标准、部颁标准和企业标准三级标准体制。

10 月 内蒙古自治区卫生厅相继发布《药品标准暂行规定》《中药饮片炮制规范》《中成药标准规格暂行规定》《中药材标准规格暂行规定》。

是年 卫生部、化工部、商业部联合下达《关于药政管理的若干规定》，规定对药品新产品的审批管理。

是年 内蒙古自治区卫生厅编印《药政管理工作资料汇编》第一辑（上、下两册）。

是年 内蒙古自治区药政管理部门在商业、公安等有关部门的配合下，对全区供应和购用麻醉药品的单位进行一次彻底的检查整顿，重新审查核准了199个医疗单位的《购用麻醉药品印鉴片》。

1964年

3月 国务院召开全国药政工作会议会后，内蒙古自治区结合实际，召开了全区性规模较大的专业性药政管理工作会议，贯彻全国会议精神。会议提出“一手抓医，一手抓药”的原则。

4月30日 卫生部印发《医疗器械产品技术标准管理实施办法》。

是年 卫生部印发《关于医院药剂工作若干规定（草案）》，比较系统地规定医疗单位药剂科（药房）的任务、人员职责和各项制度。

是年 根据中央有关加强药政管理工作的指示，全区所有盟市卫生处（局）建立了药政管理机构。

1965年

8月17日 国务院批转印发《食品卫生管理试行条例》，这是中华人民共和国成立后第一部国家层面的综合食品卫生管理法规。

9月 包头市承办华北区药政药检协作会议，与会59名代表总结交流了全区各地开展药品监督管理和药品检验工作的经验，会议宣读和印发论文91篇。

10月 内蒙古自治区卫生厅会同商业厅、供销合作社、工商行政管理局，印发《关于严厉打击药品贩子和取缔黑医活动的联合通知》，提出严加管理的政策措施。

11月 内蒙古自治区卫生厅撤销，在内蒙古自治区人民委员会文教委员会内设卫生局，原内蒙古自治区卫生厅内设药政处随之撤销。

是年 内蒙古自治区医药公司对乌兰察布盟四子王旗医药公司及职工出售假药事件进行了调查处理。

1966年

4月 根据内蒙古自治区人民委员会关于精简、改革行政机构的要求，决定撤销内蒙古自治区人民委员会直属的工商行政管理局，其职能合并到内蒙古自治区财经贸易委员会下属的商业局。

7月 内蒙古自治区卫生厅编印《药政管理工作资料汇编》第二辑。

1967年

11月 内蒙古自治区革命委员会成立。革命委员会政治部内设文教组，主管卫生医药工作。

1968 年

9 月 24 日 内蒙古自治区革命委员会生产建设委员会下发《关于自治区生产厅局停止使用职权的有关问题的通知》，从 10 月 1 日起，32 个厅局停止行使职权，其中包括工商行政管理局。

1969 年

是年 世界卫生组织（WHO）颁发了“GMP”（Good Manufacturing Practice 缩写，中文翻译为“药品生产质量规范”）。GMP 是世界各国对药品生产全过程监督管理普遍采用的法定技术规范。实施 GMP 是药品监督管理工作的重要内容，是保证药品质量和用药安全有效的可靠措施。

1970 年

7 月 根据国务院《关于恢复工商行政管理工作的通知》精神，自治区各级工商行政管理机构逐步恢复建立。内蒙古自治区革命委员会生产建设指挥部决定，将工商行政管理职能归口到生产与建设部下属的内蒙古自治区革命委员会商业局。

1971 年

3 月 内蒙古自治区革命委员会生产建设指挥部卫生局成立。

9 月 贯彻“六二六”指示，城市医疗卫生机构抽调 1/3 的医药卫生人员下放农村牧区安家落户，在公社卫生院工作。全区 4 盟 2 市及自治区共下放 1800 余人。

1972 年

3 月 内蒙古自治区开始引进克菌丹、菲醌、六氯苯、五氯硝基苯、福美双、多菌灵等 15 种农药，经试验、示范、推广，至 1980 年全区基本完成以高效、低毒、低残留农药取代赛力散等汞制剂高残留农药的工作。

是月 内蒙古自治区革命委员会生产建设指挥部卫生局、医药公司、药品检验所等部门共同编写完成《内蒙古中草药》，书中收载药材 393 种，由内蒙古人民出版社出版。

5 月 按照“编制国家新药典工作会议”精神，内蒙古自治区成立药品标准编审办公室。完成《中国药典》（1963 年版）甘草浸膏等 17 种药品标准编制任务。同时，完成《内蒙古自治区药品标准（1976 年版草稿）》编制任务。

是年 国内发生安乃近注射液严重质量事故，国务院要求各地恢复与健全药政和药检机构，以确保人民群众用药安全有效。

1973 年

年初 内蒙古自治区卫生局重新成立药政管理处。各盟市卫生处（局）也相应恢复药政科或设专职药政管理人员。

是年 卫生部发布修订后的《医疗器械技术标准管理办法》，在全国试行。规定凡是没有国家标准和部级标准而正式生产的产品，必须制定企业标准。

是年 国务院发布《关于严禁私种罂粟和贩卖、吸食鸦片等毒品的通知》，内蒙古自治区卫生、公安、商业等5个厅局，联合检查了43个特殊药品供应和使用单位。

1974年

2月 卫生部药典委员会在呼和浩特市召开8省区代表参加的“国家新药典蒙、藏、维药审稿会议”，决定从“1977年版”开始，《中国药典》收载民族药60种，其中包括蒙药材7种、蒙成药15种。

是月 内蒙古自治区粮食局印发《炒米质量标准（试行）》。这是全国独有的标准。

是年 内蒙古自治区制定的“奶油标准”获全国卫生科研成果奖。

是年 内蒙古自治区革命委员会下达关于加强工商行政管理工作的文件，指出把工作重点放在加强市场管理和主要农牧产品的管理上。而后又批准了锡林郭勒盟革命委员会《关于加强肉食市场管理的报告》。城乡市场初步扭转了放任自流的局面。

是年 国务院批转卫生部、燃化部、商业部《关于加强药品质量管理工作的报告》。

是年 卫生部药政管理局将放射性药品纳入药政管理轨道，并将放射性药品列为部管药品，制定了国家标准（中国药典）和部颁标准，地方卫生行政部门不审批放射性药品。

1975年

是年 卫生部颁布《中华人民共和国卫生部放射性药品标准》。

是年 为查清内蒙古自治区蒙药材资源，内蒙古自治区卫生局药政管理处对锡林郭勒盟5个旗县26个蒙药材资源点进行调查，采集标本6000余份。

1976年

9月13日 内蒙古自治区革命委员会转发内蒙古自治区商业局《关于食品购销有关问题的报告》。

是年 内蒙古自治区农作物品种审定委员会首次发布10项农作物品种标准。

1977年

3月 内蒙古自治区食品卫生管理所成立。二连浩特、满洲里口岸设立进口食品检验所。

7月 内蒙古自治区食品卫生管理所更名为内蒙古自治区食品卫生监督检验所，隶属内蒙古自治区卫生厅。

是年 内蒙古自治区药品标准编审办公室组织药品生产、供应、检验等单位的医药技术人员，在《内蒙古自治区中药饮片炮制规范》（1963年版）的基础上，重新制定《内蒙古自治区中药饮片切制规范》（1977年版），由内蒙古自治区卫生局发布，为内蒙古自治区地方标准。

是年 卫生部、商业部给内蒙古自治区等6个省区下达“寻找羚羊角同疗效药物”的科研任务。内蒙古自治区卫生局和医药公司邀请内蒙古医学院、内蒙古自治区药品检验所等18个单位的科技人员组成科研协作组，开始对羚羊角同疗效药物的寻找。

是年 《中国药典》(1977年版)首次收载放射性药品标准。

1978年

4月 中共中央、国务院决定重新建立“文化大革命”中被取缔的中央爱国卫生运动委员会。

9月20日 国务院重新修订并颁发《麻醉药品管理条例》。

是月 内蒙古自治区革命委员会颁布《内蒙古自治区城镇卫生管理条例》。

11月27日 内蒙古自治区革命委员会办公厅印发《内蒙古自治区集市贸易管理试行办法》。该办法规定粮食、油脂、油料一律不准进入集市。

是年 卫生部、化工部、商业部正式颁布《药品卫生标准》，对中成药和西药制剂制定了具体的细菌检测指数标准，并要求各药厂从1980年1月1日起按新标准检验出厂。

是年 国务院批转卫生部发布的《药政管理条例（试行)》《医院制剂工作条例》。

1979年

3月 内蒙古自治区工商行政管理局从自治区商业局中分离出来，成立内蒙古自治区革命委员会工商行政管理局，内设的市场处负责监管食品市场。

5月25日 根据国务院批转卫生部关于建议成立国家医药管理总局的报告精神，内蒙古自治区医药管理局成立（后又改称医药总公司)，统一管理全区药品生产和供应企业，承担全区医药、医疗器械行业监督管理职能。首任局长木伦。

8月28日 国务院颁布《中华人民共和国食品卫生管理条例》，对食品卫生管理范围、食品卫生标准、食品检验、食品卫生监督管理作出明确的法律规定，该条例自颁布之日起，1965年国务院批转的《中华人民共和国食品卫生管理试行条例》同时废除。

9月19日 内蒙古自治区革命委员会转发国务院批转卫生部关于颁布《中华人民共和国药政管理条例（试行)》的报告，要求各级卫生行政部门加强对医药生产、供应、使用单位的药品质量监督检查，切实抓好药政管理和药品检验工作。

是年 卫生部与国家医药管理总局共同制定了《新药管理办法》，规定新药由国家卫生部统一审批。

是年 卫生部颁布《麻醉药品管理条例细则》。

1980年

4月 内蒙古自治区人民政府决定撤销内蒙古自治区医药管理局，成立内蒙古自治区医药总公司，对全区医药（包括医疗器械）工商企业实行产、供、销及人、财、物进行统一管理，并对全区医药行业行使行政管理职能。

5月19日 为保持和提高内蒙古麻黄素产品质量和声誉，内蒙古自治区医药总公司制定《全区麻黄素优级品标准》。

6月9日 内蒙古自治区人民政府批转内蒙古自治区医药总公司、经济委员会、计划委员会、卫生局、工商行政管理局、商业局、畜牧局、内蒙古军区后勤部关于贯彻执行国务院批转卫生部等单位《关于在全国开展整顿药厂工作的报告》的实施方案。成立全区药品生产企业整顿领导小组，对全区药品生产企业进行全面整顿。

9月24日 内蒙古自治区产品质量监督检验所成立，隶属于内蒙古自治区标准局，承担包括食品在内的产品质量检验工作。

12月 卫生部、国家医药管理局印发《部分省市中成药执行药品卫生标准座谈会纪要》。按照纪要要求，内蒙古自治区对蒙药制剂室的验收采取特殊政策。

是年 内蒙古自治区药品标准编审办公室对内蒙古自治区卫生厅发布的药品标准重新进行修订。

是年 国家投资1000万元在通辽新建具有现代化制药设备的大型蒙药厂，第二年正式投产。

1981年

4月30日 卫生部修订颁布《医院药剂工作条例》。

5月 国务院发布《关于加强医药管理的决定》，明确规定“药政管理机构是监督执行国家有关药品质量的法令、条例、规定的部门，药品检验所是执行国家对药品质量进行检查、检验和鉴定职权的专门机构，有权对违反药政管理的行为和伪劣药品据情处理”。

9月 内蒙古自治区卫生厅会同公安厅、工商行政管理局、医药总公司发布《关于取缔游医、药贩和严禁制售伪劣药品的通告》。

是月 内蒙古自治区药品检验所设立蒙药科，并建立品种较为齐全的蒙药标本室。

1982年

1月 内蒙古自治区卫生厅、自治区医药总公司与自治区工商行政管理局联合对全区药品生产企业进行重新审核整顿，对合格的制药厂予以公布，并核发《营业执照》。经重新审核批准西药与生化药235种、中成药315种、蒙成药67种，共计617种。

2月6日 国务院发布《广告管理暂行条例》，对食品药品广告进行监管。

9月10日 经内蒙古自治区人民政府批准，内蒙古自治区标准局发布《糖用甜菜的收购（试行）》企业标准。1988年9月1日修订为《糖用甜菜》地方标准。

10月 内蒙古自治区卫生厅颁布《内蒙古自治区药品标准》（1982年版），收载内蒙古自治区生产、供应、使用的中西药品328种。

11月19日 第五届全国人民代表大会常务委员会第二十五次会议通过并公布《中华人民共和国食品卫生法（试行）》，标志着食品安全监督管理从行政法规提升到法律层面。

是年 国家医药管理局、卫生部联合发布《麻醉药品生产管理办法（试行）》，加强了麻醉药品生产管理工作。

是年 内蒙古自治区卫生厅先后下发《关于区内生产药品品种重新审批实行全区统一编号的通知》和《关于更改重新批准生产的药品审批编号的通知》等文件，对全区药品生产品种进行了整顿，并为批准生产的药品品种重新办理了审批手续。

是年 内蒙古自治区食品公司建立中心化验室，开展肉类、蛋品检测和各地检验发现的疑难病例进行诊断分析。

1983年

12月 内蒙古自治区卫生厅组织制定《内蒙古自治区医院药物制剂规范》（1983版）。该规范共收载中西药品制剂236个品种，作为药政、药检和医疗单位监督检验药品制剂质量的依据。

1984年

7月 内蒙古自治区卫生厅编辑的《内蒙古蒙成药标准》一书出版发行。这是内蒙古自治区第一部蒙成药法定标准，收载蒙成药标准5个剂型103个品种。

9月1日 卫生部、国家民族事务委员会在呼和浩特市召开全国民族医药工作会议，制定《民族医药事业“七五”规划》。

9月20日 《中华人民共和国药品管理法》经第六届全国人民代表大会常务委员会第七次会议通过，以中华人民共和国主席令（第十八号）公布，自1985年7月1日起施行。药品管理法对药品的研制、新药审批、药品的包装、商标和广告、药品的进出口、药品监督检验、特殊药品的管理及违法者的法律责任等做了明确规定，为加强药品监督管理，保证药品质量，维护人民群众身体健康和用药的合法权益提供了法律依据。

是年 内蒙古自治区卫生厅颁布《内蒙古自治区食品卫生许可证发放管理试行办法》《内蒙古自治区食品从业人员健康体检暂行管理办法》《内蒙古自治区食品商贩和城乡集市贸易食品卫生暂行管理办法》《内蒙古自治区食品卫生证管理试行办法》《内蒙古自治区饮食行业卫生管理暂行办法》5个规范性文件。

是年 国家技术监督局发布《母乳化奶粉》产品标准，制定了牛羊肉小包装2项标准。

是年 内蒙古自治区药品标准编审办公室组织有关人员，对《中国药典》（1977年版）收载内蒙古自治区起草制定的17项药品标准进行修订，并新起草制定4项药品标准，收入《中国药典》（1985年版）。

1985年

1月 内蒙古自治区卫生厅召开全区药政工作会议，研究部署药品管理法的宣传、贯彻、执行和落实。会议期间举办“贯彻药品管理法展览会”。

12月26日 《内蒙古蒙成药标准》等三项标准获内蒙古自治区科学技术进步奖三等奖。

是月 内蒙古自治区人民政府印发《关于进一步宣传贯彻〈中华人民共和国药品管理法〉的通知》，要求各级药品监管部门加强执法队伍的培训，深入清查假劣药品和麻醉、精神药品，严禁私种罂粟，吸食毒品。

是年 内蒙古自治区卫生厅制定《药品经营企业验收细则》，会同自治区工商行政管理局颁布“药品经营企业许可证”和换发“营业执照”的通知，对全区药品经营企业和个体经营户进行整顿验收并开展发放许可证工作。

是年 根据《中华人民共和国药品管理法》的规定，卫生部开始对开办药品生产企业实行审核批准制度，并对药品生产企业必须具备的审核批准条件作了具体规定。

是年 内蒙古自治区药政管理部门对全区 53 个药品生产企业进行检查验收，有 45 个药品生产企业取得了“药品生产企业许可证”。

是年 内蒙古自治区卫生厅制定了《医疗单位制剂室验收细则》，并部署督促有关医疗单位对本院的制剂室进行改造。

是年 中国加入联合国《1961 年麻醉品单一公约》。

1986 年

3 月 内蒙古自治区医药总公司制定《内蒙古自治区医药行业管理暂行办法（讨论稿）》。

是年 内蒙古自治区卫生厅发布《饮食业及集体食堂暂行卫生标准》《城乡食品摊贩暂行卫生标准》《冷饮食品厂暂行卫生标准》《糕点糖果食品厂暂行卫生标准》《副食商店暂行卫生标准》5 个暂行卫生标准，又称达标标准。

是年 内蒙古自治区人民政府办公厅转发《自治区经贸厅、医药总公司关于对甘草等四种药材管理意见的报告》。

是年 《内蒙古自治区医药行业质量管理规定》发布。该规定明确了新建药品生产企业（包括新建车间）必须由开办单位向内蒙古自治区医药总公司提出开办药品生产企业（车间）的申请报告，经审查合格发给“药品生产企业合格证”，企业凭此合格证申请“药品生产企业许可证”和“营业执照”。

1987 年

1 月 内蒙古自治区卫生厅药品审评委员会成立。

10 月 28 日 卫生部发布《关于下达〈中药保健药品的管理规定〉的通知》。

是月 内蒙古自治区卫生厅编制《内蒙古蒙药材标准》，由内蒙古科学技术出版社出版，共收载蒙药材 322 个品种，包括《中国药典》（1985 年版）中收载的蒙药常用品种。

是年 内蒙古自治区卫生厅指定内蒙古自治区医院、内蒙古医学院附属医院、内蒙古自治区中蒙医院为内蒙古自治区新药临床试验单位。

1988 年

3 月 17 日 卫生部印发《关于颁布〈药品生产质量管理规范〉的通知》。

6 月 内蒙古自治区卫生厅发布《内蒙古自治区中药材标准》（1988 年版），共收载 164 个品种作为中药材生产、供应、使用、检验、管理等部门控制中药材质量的依据。

8 月 内蒙古自治区卫生厅发布《内蒙古蒙成药标准》（补充本），收载汤剂等 100 个品种。

11 月 15 日 国务院第二十五次常务会议通过《医疗用毒性药品管理办法》，自 1988 年 12 月 27 日起实施。该办法对 12 种西药毒性药品、28 种中药毒性药品的管理作出规定。

是月 国务院第二十五次常务会议通过《精神药品管理办法》，自 1988 年 12 月 27 日起实施。

是年 卫生部颁布首部《药品生产质量管理规范》，GMP 正式在全国药品生产企业推行，实现了药品生产质量管理规范与国际接轨。

1989 年

1 月 13 日 卫生部颁布《放射性药品管理办法》。规定放射性药品的国家标准由卫生部药典委员会负责制定和修订，报卫生部审批颁发。

是日 卫生部颁布《中华人民共和国化妆品卫生监督条例》，自 1990 年 1 月 1 日起施行。

是年 全国人大常委会批准中国加入联合国《禁止非法贩运麻醉药品和精神药物公约》。

1990 年

1 月 内蒙古自治区工商行政管理局会同自治区标准计量局、自治区卫生防疫站等部门开展“查劣扫假”工作，对全区 5000 多家经营食品的国营企业、6000 多家集体企业、近 40000 个体工商户进行检查。

7 月 28 日 卫生部颁布《新资源食品卫生管理办法》。

是年 内蒙古自治区医药总公司会同自治区卫生行政部门对 1985 年制定的《药品经营企业验收细则》进行修订，并分别制定了药品批发企业、零售企业验收标准。

是年 国务院批转国家医药管理局《关于进一步治理整顿医药市场的意见》。明确要求：凡生产药品的企业必须严格按照《中华人民共和国药品管理法》及其“实施办法”规定的条件和程序进行审批，私营企业和个体工商户不得生产药品；药品生产企业只准销售本企业生产的药品，不准转手倒卖或批发其他企业生产的药品，药品生产企业的销售对象主要是国营商业批发企业；医疗单位不得转手批发经营药品，自行配制的制剂不得在市场销售。

是年 内蒙古自治区卫生厅与自治区医药管理局发布《关于加强一次性输液（血）器、注射器经营和使用管理的联合通知》，将一次性输液（血）器、注射器的生产销售使用纳入医药市场治理整顿的范围。

1991 年

6 月 内蒙古自治区药品检验所以《内蒙古药品标准》（1982 年版）为基础，将内蒙古自治区 1989 年以前审批的中、西药品标准进行整理和修订，编印成《内蒙古药品标准》（1990 年版），作为内蒙古自治区药品生产、经营、检验和监督管理等部门监督管理药品质量的法定依据。该标准收载中成药制剂 197 种、化学药 149 种、抗生素 15 种、生化药 13 种，共 374 种。

是月 以内蒙古自治区医院主任医师杜格尔扎布为团长的中国内蒙古医疗队，赴蒙古人民共和国协助其发展蒙药事业，并开展医疗学术活动。

7 月 1 日 国家医药管理局会同卫生部制定《咖啡因管理规定》，要求有关生产、供应、使用及进出口单位认真贯彻执行。

7 月 25 日 内蒙古自治区人民政府为加强医药行业管理，同意内蒙古自治区医药总公司在性质、职能、编制、人员、机构不变的情况下，增挂“内蒙古自治区医药管理局”的牌子。区内各盟市、旗县级医药公司随后相继增挂医药管理局的牌子。

11 月 20 日 内蒙古自治区人民政府办公厅印发《关于整顿猪肉市场上市生猪定点屠宰办法的通知》，自 1992 年 1 月 1 日起实施。通知要求实行生猪“定点屠宰、集中检验，统一纳税，分散经营”的监管办法。

是年 卫生部发布《全国药品抽验工作指导意见》，规范抽验范围、抽验程序。药品检验由各级药品检验所抽验，定期发布质量公报。此后计划抽验成为药品检验工作的重点。

1992 年

5 月 6 日 内蒙古自治区人民政府印发《医药商品专营试点工作方案》，自 7 月 1 日开始在全区试行医药商品专营。

6 月 1 日 国家工商行政管理局和国家卫生部发布《药品广告管理办法》。

6 月 19 日 内蒙古自治区第七届人大常委会第二十六次会议审议并通过《内蒙古自治区城乡集市贸易食品卫生管理条例》，自 1992 年 9 月 1 日起实施。

7 月 26 日 内蒙古自治区人民政府颁布《内蒙古自治区食品标签管理办法》。

8 月 8 日 国家工商行政管理局局长办公会议和国家医药管理局局长办公会议审议通过《医疗器械广告管理办法》，自 1992 年 10 月 1 日起实施。

9 月 国家工商行政管理局、卫生部药政局联合发布《关于加强药品广告监督管理有关问题的通知》，对药品广告的审批发布和监督管理作出具体要求。

是年 卫生部对《药品生产质量管理规范》进行了修订。

是年 国家医药管理局制定颁布《麻黄素管理暂行规定》。

1993 年

3 月 29 日 内蒙古自治区质量技术监督局印发《内蒙古自治区碳酸饮料生产企业质量体系考核办法、考核细则》，明确由盟市质量技术监督部门对生产企业进行检验评审，内蒙古自治区质量技术监督局颁发“统检合格证”。

4 月 10 日 内蒙古自治区人民政府发布《内蒙古自治区违反城乡集市贸易食品卫生管理条例罚款办法》。

是年 内蒙古自治区医药管理局、内蒙古自治区卫生厅在全区共同开展大输液、粉针剂、化学原料等认证工作，监督企业贯彻执行 GMP 认证标准。

是年 根据卫生部《关于制定民族药部颁标准的通知》精神，由卫生部药典委员会组织，内蒙古自治区药品检验所牵头，会同辽宁、青海、新疆等省区药品检验所开展蒙药部颁标准的研究制定工作。

是年 卫生部颁布《生物制品管理规定》。明确要求：各类生物制品标准均由卫生部制定颁布，其他部门不得制定生物制品标准；各类医疗单位的制剂室不得配制生物制剂；用于防治传染病的菌苗、疫苗一律由省、自治区、直辖市防疫部门统一向生产单位订货，其他任何单位和个人不得经营。

1994 年

9 月 29 日 国务院印发《关于进一步加强药品管理工作的紧急通知》，通知明确要求把整顿和规范中药材专业市场作为加强药品管理工作的一项重要内容。国家中医药管理局、医药管理局、卫生部、工商行政管理局共同制定整顿中药材专业市场标准。

11 月 15 日 内蒙古自治区副主席云布龙、沈淑济组织召开主席办公会议，决定内蒙古自治区医药管理体制仍按“一套班子、两块牌子”（内蒙古自治区医药总公司、内蒙古自治区医药管理局）运转。

12 月 15 日 内蒙古自治区质量技术监督局在呼和浩特召开质量认证新闻发布会，公布宁城老窖酒厂、赤峰制酒厂的产品通过中国方圆认证委员会的质量认证。

是年 内蒙古自治区医药管理局会同自治区卫生厅制定《1994 年〈药品生产（经营）企业合格证〉换（发）证工作安排》《药品生产企业合格证验收通则》。通过发证促进药品生产经营企业和药品二级批发站达到 GMP、GSP 认证要求。

1995 年

1 月 6 日 内蒙古自治区工商行政管理局与内蒙古电视台、内蒙古消费者协会共同调查处理呼和浩特市食品公司冷冻厂经营部经销“注水鸡”案，查处“注水鸡”4 余吨，并在内蒙古电视台进行曝光。

3 月 8 日 国家工商行政管理局、国家医药管理局联合发布《医疗器械广告审查办法》。与 1992 年发布的《医疗器械广告管理办法》相比，强调了审批检查。

3 月 22 日 为规范药品广告的审查程序，国家工商行政管理局和卫生部联合发布《药品广告审查办法》和《药品广告审查标准》，自 1995 年 6 月 1 日起实施。

6 月 20 日 国家质量技术监督局发布《查处食品标签违法行为规定》。

8 月 31 日—9 月 1 日 内蒙古自治区麻黄素管理工作会议在呼和浩特召开，有关盟市医药管理局、全区麻黄素及其衍生物生产经营企业代表 20 余人参加会议。国家医药管理局、内蒙古禁毒办有关领导出席会议。

9 月 29 日—10 月 1 日 内蒙古自治区质量技术监督局、“内蒙古质量行”组委会在内蒙古科技馆举办“1995 内蒙古质量行”全区信得过食品展示展销会。会上评出金奖食品 21 个、优秀奖食品 50 个，向消费者推荐了 48 家企业生产的 70 种食品。

10 月 30 日 《中华人民共和国食品卫生法》正式颁布并实施。标志着中国食品卫生监督管理走向法治化轨道。

11 月 内蒙古自治区质量技术监督局印发《关于进一步做好〈食品标签通用标准〉实施工作的通知》，对预包装食品生产日期的标注提出明确要求。

12 月 5 日 国务院办公厅发出通知，为保证药品生产质量，新开办药品生产企业的审批权收回卫生部和国家医药管理局。新开办药品生产企业，必须持有国务院卫生行政、医药管理部门批准的新药审批手续，经国家药品认证委员会 GMP（药品生产质量规范）认证后，各省、自治区、直辖市医药管理局、卫生厅（局）方可分别核发合格证和许可证。

是年 国家医药管理局将《麻黄素管理暂行规定》修订为《麻黄素管理规定》。

是年 内蒙古自治区医药管理局会同内蒙古自治区卫生厅对1985年制定的《药品经营企业验收细则》进行了修订。

1996年

3月 卫生部颁布《保健食品卫生管理办法》。

4月1日 《中华人民共和国药典》（1995年版）颁布。新版药典颁布后，各省、自治区、直辖市加强了对药品审批注册的管理。

4月5日 卫生部颁布《辐照食品卫生管理办法》。

5月3日 包头市发生强烈地震，内蒙古自治区和包头市卫生行政部门在抗震第一线紧急开展灾后食品卫生应急监督保障工作。

5月16日 内蒙古自治区卫生、公安、工商行政管理等部门联合行动，在呼和浩特市捣毁6个违法加工肉类食品的黑窝点。

7月 内蒙古自治区人民政府对原《内蒙古自治区城乡集市贸易食品卫生管理条例》进行了修订，并提交内蒙古自治区人大常委会审议通过。内蒙古自治区卫生厅修订发布《内蒙古自治区食品卫生许可证发放管理办法》和《内蒙古自治区采购食品索证管理办法》。

是年 内蒙古自治区组织开展食品、公共场所卫生“信得过单位”评选活动。内蒙古伊利集团、草原兴发股份有限公司等31家食品生产经营单位和公共场所获得“信得过单位”称号，并在《内蒙古日报》向社会公布。

是年 内蒙古自治区各药厂经过核准生产的药品品种由中华人民共和国成立前的2种增加为852种。

是年 国务院办公厅发出《关于继续整顿和规范药品生产经营秩序加强药品管理工作的通知》。按照通知精神，内蒙古自治区开展自查自纠活动。

1997年

1月1日 国家医药管理局、卫生部将麻黄素原料列为一类精神药品进行管理。

2月20日 内蒙古自治区党委第113次常委会作出改革自治区医药管理体制的决定：撤销内蒙古医药总公司，保留内蒙古自治区医药管理局，医药总公司所属企业全部下放所在盟市、旗县管理。

4月 内蒙古自治区医药管理局根据全国禁毒工作会议暨全区禁毒工作领导小组会议精神，结合内蒙古自治区医药企业的实际，制定《加强麻黄素管理的意见》。

11月4日 内蒙古自治区党委第155次常委会议决定“待企业全部下放后，撤销内蒙古自治区医药总公司，自治区医药管理局全面行使对全区医药市场的行业管理”。

12月15日 国务院办公厅《关于印发〈中国营养改善行动计划〉的通知》提出，加强食品安全，完善各类食品生产卫生规范的制定工作，并在主要食品行业全面推广。

是年 国家医药管理局、卫生部对1982年发布的《麻醉药品生产管理办法（试行）》进行了修改，《麻醉药品生产管理办法》经全国专项药品管理工作会议讨论通过。

是年 内蒙古自治区医药管理局向各盟市医药管理局颁发“医药市场检查证”。

是年 内蒙古自治区人民政府发布《关于进一步加强药品监督管理执法工作的通知》，强调加强农村牧区药品管理工作。

1998 年

3 月 内蒙古自治区工商行政管理局查处“山西朔州毒酒案”行动取得阶段性成果，全区查扣劣质白酒 5 万余瓶、散白酒 78 吨，未出现饮用假酒中毒事件。

4 月 16 日 国家药品监督管理局成立。

8 月 内蒙古自治区药品检验所牵头起草制定的《内蒙古蒙成药标准》《内蒙古蒙药材标准》蒙药部颁标准，经国家卫生部批准，汇编成《中华人民共和国卫生部药品标准》（蒙药第一册），自 1998 年 11 月 1 日起实施。该标准是国内从事蒙药生产、供应、使用和监督的法定依据。

12 月 国家工商行政管理局、卫生部颁布《医疗广告管理办法》。

是年 国家药品监督管理局、卫生部在 1992 版 GSP 的基础上重新修订《药品经营质量管理规范》，于 2000 年 4 月 30 日以国家药品监督管理局令第 20 号颁布，自 2000 年 7 月 1 日起正式施行。

是年 内蒙古自治区医药管理局制定《关于申请开办药品经营（零售）企业审查工作暂行规定》《内蒙古自治区核发药品经营（零售）企业合格证 GSP 验收细则》等规范文件，药品经营企业监管做到了有章可循。

1999 年

4 月 12 日 国家药品监督管理局发布《戒毒药品管理办法》，自 1999 年 8 月 1 日起实施。

4 月 19 日 国家药品监督管理局印发《关于我国实施处方药与非处方药分类管理若干意见的通知》。

4 月 28 日 内蒙古自治区医药总公司撤销，内蒙古自治区医药管理局不再保留，并着手组建内蒙古自治区药品监督管理局。

5 月 1 日 修订后的《新药审批办法》颁布实施，国家药品监督管理局下发《药品注册工作程序（试行）》，对药品注册的各个工作环节做出具体规定。

5 月 26 日 内蒙古自治区人民政府办公厅印发《关于理顺药品监督管理职能有关问题的通知》，决定在机构改革前，对分散在各有关部门的药政、药检及生产流通领域中的药品监督管理职能实行统一管理，将内蒙古自治区卫生厅承担的药政、药检职能划归内蒙古医药管理局，内蒙古自治区医药管理局承担的医药行业管理职能划归内蒙古自治区经贸委。

6 月 12 日 国家药品监督管理局颁布《处方药与非处方药分类管理办法（试行）》，自 2000 年 1 月 1 日起施行，要求 2003 年底前地市以上城市零售连锁企业和中型零售企业必须达到分类管理要求。

6 月 18 日 国家药品监督管理局颁布《药品生产质量管理规范》（1998 年修订），自 1999 年 8 月 1 日起施行。

8 月 1 日 国务院公布《麻黄素管理办法（试行）》，即日起实施。该办法明确规定了麻黄素单方制剂的经营渠道。

9 月 23 日 包头市医药公司、纠风办、工商行政管理局、卫生局、公安局等部门联合行动，取缔包头市土默特右旗敕勒川中药材集贸市场，共取缔无证照经营户和挂靠经营户 36 个。

10 月 10—26 日 赤峰市纠风、卫生、医药、工商行政管理、公安等部门联合行动，对同兴和头道街药品集贸市场进行清理整顿，将药品集贸市场内的非法经营户全部清退，取缔非法经营户159个。

12月 卫生部颁布《食品中毒事故处理办法》。

是年 内蒙古自治区医药管理局、自治区卫生厅等部门制定《内蒙古自治区药品注册工作程序》《内蒙古自治区药品包装用材料、容器监督管理审批工作程序》。

是年 内蒙古自治区人民政府成立由自治区政府分管副秘书长任组长，自治区医药管理局主要领导任副组长，医药、工商行政管理、卫生、公安、监察5个部门分管领导参加的全区整顿药品集贸市场协调领导小组，领导小组办公室设在内蒙古自治区医药管理局。各盟市按照要求也成立相应组织机构。

是年 内蒙古自治区和全区12个盟市卫生行政部门都设立了药政管理机构，大多数盟市设立了药品监督办公室，配备人数不等的专、兼职药品监督员。

是年 国家药品监督管理局、卫生部共同颁布《药品不良反应监测管理办法（试行）》。

2000年

1月4日 国务院颁布《医疗器械监督管理条例》（国务院令第276号），标志着医疗器械监督管理进一步纳入法治化轨道。

1月16日 卫生部颁布《餐饮业食品卫生管理办法》，自2000年6月1日起施行。

2月24日 内蒙古自治区党委、政府转发《中共中央、国务院关于内蒙古自治区人民政府机构改革方案的通知》，决定组建内蒙古自治区药品监督管理局。内蒙古自治区医药管理局自内蒙古自治区药品监督管理局成立之日起撤销。

3月28日 《内蒙古自治区人民政府办公厅关于印发〈自治区药品监督管理局职能配置内设机构和人员编制规定〉的通知》，将内蒙古自治区卫生厅承担的药政、药检职能移交内蒙古自治区药品监督管理局，撤销内蒙古自治区医药管理局，将其承担的药品生产、流通领域的监督管理职能移交内蒙古自治区药品监督管理局，将其承担的医药行业管理职能移交内蒙古自治区经济贸易委员会。

是日 内蒙古自治区药品监督管理局下发《关于暂停审批和办理药品经营（零售）企业合格证、许可证的紧急通知》，要求在未接到国家药品监督管理局和自治区药品监督管理局新的规定之前，一律不再受理办证申请，对违规办证的，要追究当事人和有关部门主要领导的责任。

4月6日 内蒙古自治区药品监督信息中心成立。主要承担药品、医疗器械监管信息化建设及信息服务，药品、医疗器械的注册、生产、经营等方面的技术审评、材料审查和现场检查等相关工作。

4月10日 国家药品监督管理局发布《医疗器械生产企业监督管理办法》，明确规定：该办法发布之日起，开办第二、三类医疗器械生产企业需申请“医疗器械生产企业许可证”；开办第一类医疗器械生产企业需办理《医疗器械生产企业备案表》。

4月18日 内蒙古自治区药品监督管理局挂牌成立，行政建制为正厅级。新组建的内蒙古自治区药品监督管理局是全区药品监督管理的主要行政执法机构，负责对全区药品的研发、生产、流通和使用环节进行行政和技术监督。

是月 内蒙古自治区党委、政府任命陈羽为内蒙古自治区药品监督管理局党组书记、局长。

5月11日 内蒙古自治区纪律检查委员会、监察厅在内蒙古自治区药品监督管理局派驻纪检组、监察室，编制3名。

是月 内蒙古自治区药品检验所从内蒙古自治区卫生厅整体划转到内蒙古自治区药品监督管理局，

呼和浩特市药品检验所并入内蒙古自治区药品检验所。内蒙古自治区药品检验所承担全区药品生产、经营、使用过程中的质量检验和复验工作。随后11个盟市及满洲里市、二连浩特市药品监管机构中亦设立药品检验所，旗县不再设药品检验所。

6月7日 国务院批转《国家药品监督管理局药品监督管理体制改革方案的通知》，决定对省以下药品监督管理系统实行垂直管理。

6月19—22日 “2000年内蒙古医疗器械及设备展览会”在包头市国际经济贸易中心举行。

是月 内蒙古自治区人民政府印发《关于严禁采集和销售发菜切实加强甘草麻黄草管理的通知》。内蒙古自治区经济贸易委员会会同内蒙古自治区公安厅、工商行政管理局制定下发《内蒙古自治区甘草麻黄草专营和许可证管理暂行办法》，印发《内蒙古自治区甘草麻黄草专营企业和收购企业管理细则》。

7月24日 内蒙古自治区药品广告的审批工作由内蒙古自治区卫生厅移交内蒙古自治区药品监督管理局。

8月12日 内蒙古自治区药品监督管理局查处了隐藏在呼和浩特市玉泉区中医院以坐堂看病为名大量制售假劣药品续某某案，捣毁其制假售假窝点。

12月21日 《内蒙古自治区医疗器械监督管理实施办法》颁布，明确对医疗器械实行分类管理。

是年 内蒙古自治区药品监督管理局组建后，先后制定《内蒙古自治区药品监督管理局思想政治工作责任制》《内蒙古自治区药品监督管理局党组思想政治工作制度》《内蒙古自治区药品监督管理局党组中心组学习制度》《内蒙古自治区药品监督管理局离退休老干部党支部工作制度》《内蒙古自治区药品监督管理局重大事项例会研究制度》《内蒙古自治区药品监督管理局财务管理分级审批制度》《内蒙古自治区药品监督管理局值班及重大事项报告制度》等规章制度。

是年 内蒙古自治区药品监督管理局制定《内蒙古自治区医疗器械生产企业监督管理办法实施细则（试行）》。各盟市结合实施质量体系管理规范，开展换发“医疗器械生产企业许可证”工作。

是年 国家药品监督管理局下发《关于换发“药品经营企业许可证”工作安排的通知》，明确换发“药品经营企业许可证”的标准、条件。据此，内蒙古自治区药品监督管理局制定全区换证工作方案和程序，对全区换证工作提出明确要求。

是年 国家药品监督管理局、卫生部联合下发《枸橼酸西地那非管理暂行规定》。

是年 《中华人民共和国药典》（2000年版）颁布执行。自执行之日起，与此药典同品种的国家或省、自治区、直辖市原药品标准停止执行。

是年 内蒙古自治区药品监督管理局制定《关于副处级以上领导干部配偶、子女经商办企业的具体规定》，对副处级及以上领导干部的配偶、子女从事经商办企业活动做出规定。

是年 内蒙古自治区药品监督管理局建立“内蒙古自治区药品审评专家库”，首批28名专家入选。

2001年

1月 内蒙古自治区药品监督管理局组成2个考察组，分别赴黑龙江和上海、浙江等地实地考察，学习借鉴区外药品监督管理体制改革的先进经验。

3月7日 内蒙古自治区药品监督管理工作会议在呼和浩特召开，内蒙古自治区人大常委会副主任王秀梅、陈瑞卿参加会议。

3月26日 内蒙古自治区药品检验所增挂“内蒙古自治区医疗器械检测中心”牌子，承担全区医疗器械检测工作。

5 月 1 日 国家药品监督管理局修订《咖啡因管理规定》，自 2001 年 5 月 1 日起施行。该规定要求各省、自治区、直辖市药品监督管理局对本辖区有关单位咖啡因生产、经营和使用情况进行清查。

6 月 20 日 内蒙古自治区药品监督管理局召开动员大会，号召全区药品生产、经营企业积极开展以“遵法、诚信、为民”为主要内容的创建文明行业活动。呼和浩特市地区 100 余家药品生产、经营企业在“让老百姓吃上放心药”仪式上签字，15 家城镇职工医疗保险定点药店向全区药品零售企业提出创建“放心药店”倡议。

是月 在纪念中国共产党诞生 80 周年日前夕，内蒙古自治区药品监督管理局对内蒙古自治区药品检验所等 4 个先进基层党组织、14 名优秀共产党员、9 名优秀党务工作者予以表彰。

10 月 内蒙古自治区卫生厅卫生监督所成立。

是月 国家药品监督管理局副局长戴庆骏一行到内蒙古自治区检查指导工作。戴庆俊先后考察了内蒙古自治区药品检验所、内蒙古福瑞药业有限公司、乌兰察布盟药品检验所、北京金象大药房呼和浩特连锁店，并同内蒙古自治区人民政府领导及党委组织部、编制委员会办公室、人事厅、财政厅等部门负责人，就药品监督管理局垂直管理体制改革工作进行座谈。

11 月 内蒙古自治区药品监督管理局内设机构增设政策法规处、财务处。

11—12 月 内蒙古自治区药品监督管理局组成 4 个抽验组，分别在呼和浩特市等 10 个盟市开展中药擅自添加枸橼酸西地那非等其他物质的检查抽验工作。

12 月 1 日 《中华人民共和国药品管理法》经第六届全国人民代表大会常务委员会第七次会议修订并实施。

12 月 31 日 内蒙古自治区药品不良反应监测中心成立，挂靠内蒙古自治区药品检验所，是国家最先成立的省级中心之一。

年末 全区 12 个盟市药品监督管理局，满洲里市、二连浩特市两个准处级药品监督管理局和 84 个旗县（市、区）药品监督管理分局组建完成。

是年 内蒙古自治区药品监督管理局制定《关于加强纪律确保药品监督管理体制改革和各项工作顺利进行的若干意见》，明确要求各级药品监督管理部门在体制改革中严格遵守各项纪律，增强责任心，把好进人关和用人关，确保队伍素质。

是年 根据群众举报，内蒙古自治区药品监督管理局联合公安等相关部门端掉包头市土默特右旗敕勒川集贸市场 2 个“地下”药品经营窝点，查获经营药品货值 20 万元。

是年 内蒙古医学院附属医院（心血管、血液、呼吸、妇产及生育调节专业）被国家药品监督管理局、卫生部增补为国家药品临床研究基地。这是内蒙古自治区首家被纳入国家药品临床研究基地的单位，填补了内蒙古自治区药品临床研究基地的空白。

是年 内蒙古自治区药品监督管理局建立政务公开工作领导机构，制定《开展政务公开工作的实施方案》，把政务公开工作纳入经常化、规范化轨道。

是年 内蒙古自治区药品监督管理局制定《关于财务管理工作规范化建设的意见》《关于加强药品监督管理行政性收费和罚没收入管理的意见》《内蒙古自治区药品监督管理系统专用票据管理实施办法》等一系列财务管理文件，提出逐步实现会计基础工作规范化。

2002年

3月28日 卫生部颁布《食品添加剂管理办法》。

是日 内蒙古自治区药品检验所与呼和浩特市药品检验所完成合并工作。

4月8日 卫生部颁布《转基因食品卫生管理办法》。

是月 卫生部发布《转基因食品卫生管理办法》。

8月4日 国务院颁布《中华人民共和国药品管理法实施条例》，自2002年9月15日起施行。

8月14—16日 “2002年度全国医疗器械质量监督抽验工作会议”在呼和浩特召开，会议提出评价性检测（抽验）与质量监督相结合、现场抽样与监督检查相结合、行政监督与技术监督相结合。

8月28—30日 国家药品监督管理局调研组对内蒙古自治区药品生产企业GMP实施情况进行调研，听取内蒙古自治区药品监督管理局及18家不同所有制、不同规模的药品生产企业GMP认证实施情况的汇报，并就有关问题给予解答。

9月 内蒙古自治区质量技术监督局根据国家质量检验检疫总局的统一部署和要求，制定《内蒙古自治区5类食品质量安全市场准入制度实施方案》。

11月30日 内蒙古自治区劳动和社会保障厅、内蒙古自治区药品监督管理局联合印发《内蒙古自治区本级定点药店管理暂行办法》。

12月1日 《药品注册管理办法（试行）》颁布实施。

是年 内蒙古自治区药品监督管理局制定《药品分类管理流通实施方案》。方案要求，在2003年底前，旗县所在地及较大镇以上的零售连锁企业及单体零售药店达到分类管理。

是年 国务院办公厅下发《关于开展集贸市场专项整治工作的通知》，把中药材专业市场列入专项整治范围，并把假冒伪劣中药材和禁止上市销售的药品作为整治查处的重点。

是年 内蒙古自治区卫生厅、经贸委、工商行政管理局、药品监督管理局转发国家卫生部等四部委局《关于开展保健食品专项整治工作的通知》，要求全区各地、各有关部门高度重视，把保健食品专项整治作为整顿和规范市场经济秩序工作的一项重要内容部署落实。

是年 全区撤销32个旗县（市、区）药品检验所。

是年 内蒙古自治区药品监督管理局统一印发“癌症病人使用麻醉药品专用卡”。

是年 内蒙古自治区药品监督管理局制定《内蒙古自治区药品监督行政执法过错责任追究规定》《内蒙古自治区药品监督管理系统重大行政处罚备案办法》。

是年 国家药品监督管理局对药品注册的申报方式进行了重大改革，由过去的申报单位直接上报改为由省级药品监督管理局上报，每月上报2次。

是年 国家药品监督管理局发布《医疗器械标准管理办法（试行）》，将医疗器械标准分为国家标准、行业标准和注册产品标准。

是年 国家药品监督管理局发布《一次性使用无菌医疗器械经营企业资格认可实施细则（暂行）》。内蒙古自治区药品监督管理局制定《内蒙古自治区一次性使用无菌医疗器械经营企业资格认可实施办法》和《内蒙古自治区一次性使用无菌医疗器械生产企业销售人员登记管理办法（试行）》。

是年 内蒙古自治区药品监督管理局、卫生厅联合下发《关于加强药品不良反应监测工作的通知》，要求各级药品监督管理部门加强药品生产企业、药品经营企业、医疗预防保健机构的药品不良反应监测工作。

是年 内蒙古自治区卫生厅制定《中蒙医医疗机构“放心药房”建设规范》，对药品采购、药库管理、制剂与炮制、药房调剂、中药煎煮等5个方面作了具体要求。

是年 内蒙古自治区药品监督管理局制定了《2002年民主评议行风工作实施意见》，要求在执法活动中必须依法行政、秉公执法，防止违法批准发证或无正当理由故意刁难发证的行为，防止为了私情或牟取私利办人情案、关系案，严格履行法定程序，遵守职业道德规范，坚决杜绝“吃、拿、卡、要”和乱收费、乱罚款、乱摊派的行为。

是年 内蒙古自治区人民政府、自治区纠正医药购销不正之风办公室印发《2002年全区纠风工作要点的通知》，把纠正医药购销中不正之风工作作为纠风工作的重点。

是年 内蒙古自治区药品监督管理局建立党风廉政建设责任制领导小组和工作机构，制定《内蒙古自治区药品监督管理局党风廉政建设责任制实施办法》《内蒙古自治区药品监督管理局党风廉政建设责任制考核办法》《2002年内蒙古自治区药品监督管理局党风廉政建设和反腐败各项工作任务分解方案》，党风廉政建设责任制纳入经常化、制度化。

2003年

2月19日 内蒙古自治区药品监督管理工作会议在呼和浩特召开。自治区党委副书记、自治区主席乌云其木格作出重要批示：“几年来，我区药品监督管理部门艰苦创业，各项工作取得很大成绩，有力地促进了医药事业健康发展，今年工作的安排切实可行，希望全系统干部职工共同努力，不断进取。”

2月22—23日 内蒙古自治区药品学会第一次会员代表大会在呼和浩特召开。会议选举产生了第一届内蒙古自治区药品学会第一次会员代表大会常务理事39人、理事会理事86人，陈羽为理事长。学会主管单位为内蒙古自治区科学技术协会，挂靠单位为内蒙古自治区药品监督管理局。

3月 内蒙古自治区药品不良反应专家咨询委员会成立。该委员会由内蒙古自治区医学、药学有关专家组成，负责对严重、罕见或新的药品不良反应病例报告进行分析评价，提升不良反应病例报告的准确度，为全区ADR监测工作提供技术支撑。

3月28日—4月2日 全区药品经营企业GSP认证工作会议在呼和浩特召开。会议通过《内蒙古自治区药品监督管理局GSP认证工作实施方案》。

8月20日 内蒙古自治区人民政府办公厅印发《食品药品放心工程实施方案》，明确实施食品药品放心工程的总体思路、工作重点、工作措施和各相关部门的工作职责。

是年 中成药地方标准撤销。未纳入国家中成药标准管理的地方中成药品种停止生产、销售和使用。

是年 全区开展村级“OTC药品代销柜”试点工作。

是年 内蒙古自治区药品监督管理局开展药品批发企业普查，重点查处药品批发企业买卖、出租、出售或变相买卖、出租、出售“药品经营许可证”及吸纳他人挂靠经营等违法违规行为。

是年 内蒙古自治区药品监督管理局制定《内蒙古自治区〈药品生产监督管理办法〉（试行）实施细则》《内蒙古自治区“医疗器械经营企业许可证”年检办法》《内蒙古自治区药品管理相对人信用档案管理办法》《内蒙古自治区药品监督稽查工作暂行办法》《查处案件管理办法》《药品、医疗器械案件举报受理办法》《药品医疗器械案件管理制度》等规范性文件，进一步完善药品监管的规章制度。

是年 内蒙古自治区成立以分管副主席为组长的药品安全协调领导小组，领导小组办公室设在内蒙古自治区食品药品监督管理局。

2004年

3月 国家工商行政管理总局和国家食品药品监督管理局修订《药品广告审查办法》《药品广告审查标准》，对药品广告的监管主体、广告内容、发布程序、监管主体的权利责任作了明确规定。

4月7日 国家食品药品监督管理局等8部门联合下发《关于加快食品安全信用体系建设的若干指导意见》，开展食品安全信用体系建设试点工作。试点起讫时间为2004年4月—2006年4月。

是月 内蒙古自治区党委、政府任命郝富为内蒙古自治区食品药品监督管理局党组书记、局长。

5月16日 在原内蒙古自治区药品监督管理局的基础上，组建内蒙古自治区食品药品监督管理局，内设机构增设食品安全处。

7月8日 国家食品药品监督管理局公布《互联网药品信息服务管理办法》，自公布之日起施行。

8月5日 国家食品药品监督管理局发布《药品生产监督管理办法》，《内蒙古自治区〈药品生产监督管理办法〉（试行）实施细则》停止实施。

8月9日 国家质量监督检验检疫总局、国家认证认可监督管理委员会联合发出《关于成立国家乳制品及肉类产品质量监督检验中心的通知》，批准成立“内蒙古自治区国家乳制品及肉类产品质量监督检验中心”，依托单位为内蒙古自治区产品质量检验所。

8月20—22日 内蒙古自治区食品药品监督管理工作座谈会在呼和浩特召开，自治区党委宣传部、直属机关工委，自治区公安厅、卫生厅、商务厅、教育厅、工商行政管理局、粮食局等13个相关部门领导应邀参加会议，自治区副主席郭子明出席会议并讲话。

10月25日 内蒙古自治区质量技术监督局印发《关于贯彻落实〈国务院关于进一步加强食品安全工作的决定〉的实施意见》，在全区全面实施食品质量安全市场准入制度。

11月12日 内蒙古自治区食品安全委员会第一次全体会议召开。会上宣读《内蒙古自治区人民政府办公厅关于成立自治区食品安全委员会的通知》，明确委员会的主要职责、组成人员等。

12月 内蒙古自治区食品药品监督管理局内网、外网、业务专网和综合门户网站建成。

年底 内蒙古自治区旗县及旗县以上药品经营企业GSP认证工作基本结束，换发“药品经营许可证”工作开始。

是年 国务院发布《关于进一步加强食品安全工作的决定》。

是年 以内蒙古自治区药品检验所为基础，成立内蒙古自治区食品药品检验所。

是年 内蒙古自治区食品药品监督管理局提出蒙医药现代化、标准化项目建设意见，并组织人员深入10个盟市开展蒙药制剂调研，收集蒙药制剂处方817个，牵头开展《蒙药制剂规范》制定工作。

是年 国家食品药品监督管理局制定《医疗机构制剂审批管理办法》《体外生物诊断试剂注册管理办法》《药用辅料管理办法》《中药材注册管理办法》《药品标准管理办法》5部规章，修订《中药品种保护条例》《保健食品注册管理办法》《药品说明书和标签管理办法》《直接接触药品的包装材料和容器管理办法》《药品检验所管理办法》《地区性民间习用药材管理办法》6部法规，制定化学药、生物制品、中药及天然药物质量控制研究技术指导原则等。

是年 内蒙古自治区食品药品监督管理局在全区推行新药、生物制品、已有国家（药品）标准的药品及药品补充申请的审查上报工作。

是年 “2004年中国·呼和浩特医药保健品交易会”在呼和浩特举行，参展单位约500家。内蒙古自治区食品药品监督管理局、呼和浩特市药品监督管理局派人进行全程监管。

是年 根据国家食品药品监督管理局的要求，内蒙古自治区食品药品监督管理局对内蒙古自治区边贸药材进口情况进行调查，将进口药材品种暂定为21个品种。

是年 内蒙古自治区食品药品监督管理局与财政厅联合制定《举报药品医疗器械违法行为有功人员奖励办法》，与公安厅制定《联合打击制售假劣药品医疗器械违法犯罪活动工作制度》，明确各自的职责。

2005年

2月2日 国家质量监督检验检疫总局公布2004年度制假制劣食品企业黑名单，内蒙古自治区通辽市珠日和蒙兴乳业、内蒙古杭锦后旗草原恒华乳业、内蒙古永欣乳业3家奶粉生产企业被国家质量监督检验检疫总局曝光。

2月28日 新修订的《药品注册管理法》发布，于2005年5月1日起施行。国家食品药品监督管理局主管全国药品注册工作，负责对药物临床试验、药品生产和进口进行审批；省区市食品药品监督管理部门依法对申报药物的研制情况及条件进行核查，对药品注册申报资料的完整性、规范性和真实性进行审核，并组织对试制的样品进行检验。

3月7—8日 内蒙古自治区食品药品监督管理工作会议在呼和浩特召开。自治区党委副书记陈光林、自治区人大常委会副主任宝音德力格尔、自治区副主席郭子明出席会议。会上，自治区人事厅、自治区食品药品监督管理局对2004年全区食品药品监督管理系统的先进集体和先进个人进行了表彰。

4月30日 国家食品药品监督管理局公布《保健食品注册管理办法（试行)》，自7月1日起实施。

9月7日 国家食品药品监督管理局公布《药品生产质量管理规范认证管理办法》。根据办法有关规定，内蒙古自治区食品药品监督管理局在全区开展“药品生产企业许可证”统一换证工作。

11月1日 《易制毒化学品管理条例》施行，是中国第一部全面规范易制毒化学品生产、经营、购买、运输和进口、出口行为的行政法规。

12月1日 内蒙古自治区第十届人民代表大会常务委员会第十九次会议通过《内蒙古自治区实施〈中华人民共和国药品管理法〉办法》，自2006年3月1日起施行。

12月21日 根据《国务院关于进一步加强食品安全工作的决定》和《国家重大食品安全事故应急预案》，结合实际，内蒙古自治区人民政府办公厅印发《内蒙古自治区食品安全重大事故应急预案》，自发布之日起施行。

是年 国家海关总署、国家食品药品监督管理局决定开放内蒙古自治区二连浩特、满洲里边境中药材进口通关口岸。上述口岸进口中药材，凭药品监督管理部门签发的进口药品通关单办理通关手续。

是年 内蒙古自治区食品药品监督管理局制定《内蒙古自治区医疗器械经营企业检查验收标准》，该标准适用于新申请核发“医疗器械经营企业许可证”企业的现场验收。2000年9月1日发布的《内蒙古自治区医疗器械经营企业资格认可实施细则（试行)》同时废止。

是年 内蒙古自治区食品药品监督管理局组织专家研究起草《蒙药新药临床研究指导原则》，分期分批对现有蒙药材标准进行完善，制定“蒙药材炮制规范”及“蒙药材标准”。

是年 内蒙古自治区食品药品监督管理局印发《药品监督抽验程序规定》《药品快速鉴别工作制度》《假劣药品、不合格医疗器械信息传递制度》。

是年 国家食品药品监督管理局发布《保健食品广告审查暂行规定》，要求各省区市食品药品监督管理局从2005年7月1日起，对保健食品广告在发布前进行审查。

是年 内蒙古自治区食品药品监督管理局、卫生厅印发《内蒙古自治区实施〈药品不良反应报告和监测管理办法细则〉的通知》，明确内蒙古自治区食品药品监督管理局主管全区药品不良反应监测工作，内蒙古自治区卫生厅负责全区医疗卫生机构中与实施药品不良反应报告制度有关的管理工作。

是年 内蒙古自治区食品安全委员会制定《内蒙古自治区食品安全委员会工作规则》《内蒙古自治区重大食品安全事故处理办法》《内蒙古自治区食品安全事故责任追究制度》《内蒙古自治区食品安全信息报送及发布制度》《内蒙古自治区食品安全监管信息考评制度》《内蒙古自治区食品安全投诉举报与查处制度》《内蒙古自治区食品安全监管部门职责》7个制度。

是年 内蒙古自治区食品药品监督管理局根据国务院纠风办等六部委印发《2005年纠正医药购销和医疗服务中不正之风专项治理工作实施意见》的通知和《自治区人民政府纠风办2005年全区纠风工作实施意见》的通知，制定了《内蒙古自治区食品药品监督管理局纠风工作实施意见》。

2006年

4月15日 自治区食品药品监督管理局启动特殊药品监控信息网络系统，对全区涉及特殊药品单位的麻醉药品和精神药品生产、进货、销售、库存、使用数量以及流向，全面实现网络动态监控，并与同级公安机关、卫生部门做到信息共享。

5月23日 内蒙古自治区食品药品监督管理局印发《关于进一步加强药品生产企业监督管理工作的紧急通知》。

是年 内蒙古自治区食品药品监督管理局印发《关于切实加强药品不良反应监测工作的通知》，要求各盟市上报《药品（群体）不良反应报告/事件表》《药品不良反应/事件定期汇总表》，对于未发现药品不良反应的药品生产、经营企业和医疗卫生机构，要向内蒙古自治区药品不良反应监测中心作出书面报告。

是年 内蒙古自治区食品药品监督管理局、卫生厅开展特殊药品经营资格重新审批工作、麻黄素和第二类精神药品制剂定点生产企业资格重新认定工作。

是年 黑龙江省齐齐哈尔第二制药有限公司生产、销售假药案件发生后，内蒙古自治区食品药品监督管理局迅速制定《内蒙古自治区药品生产专项检查工作实施方案》，对全区所有原料药和药品制剂生产企业进行全面排查。

是年 内蒙古自治区食品药品监督管理局、卫生厅联合制定《内蒙古自治区医疗机构蒙药制剂调剂使用暂行办法》《药品专柜审批标准》。

是年 内蒙古自治区食品药品监督管理局制定《医疗器械生产企业日常监督管理规定》，医疗器械生产日常监督管理按照属地监管原则，实行分级管理。

是年 内蒙古自治区食品药品监督管理局印发《政务公开手册》10000册，向社会公众免费发放。以方便当事人办事，接受社会公众监督。

2007年

1月18日 内蒙古自治区质量技术监督局发布《内蒙古自治区质量技术监督部门食品安全突发事

件应急预案》。

3 月 7—8 日 内蒙古自治区食品药品监督管理工作会议在呼和浩特召开，自治区副主席郭子明出席会议并讲话。自治区人民政府与各盟行政公署市人民政府签订《食品安全责任状》。

4 月 27 日 国务院办公厅印发《2007 年全国食品安全专项整治方案》。

8 月 3 日 国家质量监督检验检疫总局与内蒙古自治区人民政府签订“共同推动内蒙古自治区乳业发展的合作协议”。国家质量监督检验检疫总局党组书记、副局长李传卿与内蒙古自治区副主席郭子明出席签字仪式，代表双方在合作协议上签字。

8 月 9 日 国家食品药品监督管理局发布《医疗器械经营企业许可证管理办法》。规定自该办法公布之日起，开办第二、三类医疗器械经营企业，应当经所在地省、自治区、直辖市药品监督管理部门审查批准，取代“医疗器械经营企业许可证”。

是月 国务院新闻办公室发布《中国食品质量安全状况》白皮书。

12 月 1 日 经卫生部 2006 年 12 月 26 日部务会议讨论通过，2007 年 7 月 2 日发布的《新资源食品管理办法》，于本日起生效，1990 年 7 月 28 日由卫生部颁发的《新资源食品卫生管理办法》和 2002 年 4 月 8 日由卫生部颁发的《转基因食品卫生管理办法》同时废除。

是年 内蒙古自治区食品药品监督管理局、工商行政管理局、党委宣传部、公安厅等 10 部门联合印发《内蒙古自治区违法广告公告制度》。

是年 国家食品药品监督管理局对 1999 年 11 月发布实施的《药品 GMP 认证检查评定标准（试行)》进行了修订，自 2008 年 1 月 1 日起施行。

是年 内蒙古自治区食品药品监督管理局印发《内蒙古自治区特殊药品重点监管管理办法》，对高风险药品生产企业实行批签发负责人制度。

是年 内蒙古自治区食品药品监督管理局印发《内蒙古自治区药品和医疗器械突发性群体不良事件应急预案》，建立和完善突发性安全事故应急管理机制。

是年 内蒙古自治区食品药品监督管理局印发《行政执法手册》，列出全系统行政许可事项表、行政处罚事项表、行政强制事项表和办理这些事项的法定程序表及执法人员违法责任表，并向社会公开、接受群众监督。

2008 年

3 月 12 日 内蒙古自治区食品药品监督管理工作会议在呼和浩特召开，自治区副主席刘新乐出席会议并讲话。

4 月 23 日 内蒙古自治区食品药品监督管理局成立全区兴奋剂治理工作领导小组，组织协调全区的兴奋剂治理工作。

是月 内蒙古自治区食品药品检验所获得中国合格评定国家认可委员会（CNAS）实验室认可证书。

9 月 20—22 日 内蒙古自治区副主席、自治区食品安全委员会主任、自治区处理“三聚氰胺”污染奶粉领导小组副组长刘新乐带领自治区食品药品监管、卫生、农牧业、工商行政管理、质量技术监督、公安等部门组成的检查组，先后检查呼和浩特市、包头市和乌兰察布市的乳制品安全状况。

9 月 25 日 全区共查处含“三聚氰胺”奶粉、液态奶 100057 袋（桶)，责令全部下架，就地封存。

10月9日 国务院颁布并实施《乳品质量安全监督管理条例》。

12月29日 国家食品药品监督管理局与卫生部联合发布《医疗器械不良事件监测和再评价管理办法（试行）》，明确规定由国家食品药品监督管理局负责全国医疗器械不良事件监测和再评价工作，由省、自治区、直辖市食品药品监督管理部门负责本行政区域内医疗器械不良事件监测和再评价工作。

是年 内蒙古自治区特殊药品网上监管平台建成，网络成员单位894户。

是年 内蒙古自治区食品药品监督管理局制定《关于贯彻落实〈中共中央建立健全惩治和预防腐败体系2008—2012年工作规划〉实施方案》《全区食品药品监督管理系统2008年党风廉政建设工作实施意见》，全面落实党风廉政建设责任制。

是年 内蒙古自治区食品药品监督管理局制定《2008年内蒙古自治区食品药品监督管理系统政风行风工作实施方案》，开展全系统纠风专项治理工作。

是年 全区食品药品监督管理系统信息公开工作领导小组成立，《内蒙古自治区食品药品监管系统信息公开办法》制定出台。

2009年

2月28日 中华人民共和国第十一届全国人民代表大会常务委员会第七次会议通过《中华人民共和国食品安全法》，自6月1日起施行。

6月1日 内蒙古自治区各级卫生行政部门不再发放食品生产流通和餐饮服务单位的食品卫生许可证。

7月8日 国务院颁布《食品安全法实施条例》，自2009年7月20日起施行。

8月28日 国家工商行政管理总局印发《食品市场主体准入登记管理制度》，进一步规范“食品流通许可证”核发工作。

9月22—27日 中国药理学会药检药理委员会主办的第八届全国药检药理专业委员会学术研讨会在内蒙古阿拉善盟巴彦浩特召开，来自中国生物制品检验所及全国70余位药理药学专家参加。

12月 内蒙古自治区党委、政府对食品药品监督管理体制进行改革调整，内蒙古自治区食品药品监督管理局改由自治区卫生厅管理，保持正厅级建制不变，保留局党组。食品药品监督管理体制由自治区以下垂直管理改为地方政府属地分级管理。

是年 保健食品监督管理职能由内蒙古自治区卫生厅移交内蒙古自治区食品药品监督管理局。

是年 内蒙古自治区食品药品监督管理局制定《内蒙古自治区药品批发和零售连锁企业许可证换证工作方案》《自治区药品经营企业再认证工作方案》，依法注销达不到换证规定条件的6家药品批发企业。

是年 内蒙古自治区食品药品监督管理局、卫生厅、公安厅、工商行政管理局等部门联合印发《内蒙古自治区药品安全专项整治工作实施方案》。

是年 内蒙古自治区工商行政管理局制定《食品流通许可证发放管理办法（试行）》。

是年 内蒙古自治区食品药品监督管理局制定《内蒙古自治区医疗器械企业信用档案管理办法》“医疗器械生产企业许可证”“医疗器械经营企业许可证”注销管理工作等制度。

是年 内蒙古自治区食品药品监督管理局印发《关于进一步加强麻黄碱类制剂管理的通知》《关于加强药品生产企业销售含麻黄碱类复方制剂监督管理有关事宜的通知》。

是年 内蒙古自治区食品药品监督管理局制定《自治区级农村牧区药品“两网”建设示范旗县区

条件》，确定通辽市开鲁县等 12 个旗县区为内蒙古自治区级农村牧区药品“两网”建设示范旗县。

是年 内蒙古自治区食品药品监督管理局转发国家食品药品监督管理局《关于加强甲型 H1N1 流感疫苗安全监管工作的通知》，加强全区甲型 H1N1 流感疫苗的监测，确保疫苗使用安全。

是年 国家工商行政管理总局、卫生部、食品药品监督管理局共同发布《医疗器械广告审查发布标准》。

是年 内蒙古自治区举办《医疗器械广告审查办法》《医疗器械广告审查发布标准》宣传贯彻会议。

2010 年

4 月 郝富任自治区卫生厅副厅长，兼任内蒙古自治区食品药品监督管理局局长。

6 月 25 日 为有效落实餐饮服务食品安全责任，进一步提高餐饮服务食品安全水平，国家食品药品监督管理局和商务部联合印发《餐饮服务食品安全百千万示范工程建设指导意见》。

10 月 19 日 国家食品药品监督管理局颁布《药品生产质量管理规范》(2010 年修订)。

11 月 内蒙古自治区食品药品监督管理局内设机构增设保健食品化妆品监管处。

是年 内蒙古自治区食品药品监督管理局成立食品安全法宣传工作领导小组，在全区范围内组织开展餐饮服务“食品安全宣传周”活动。

是年 内蒙古自治区食品药品监督管理局印发《关于食品监管部门行使行政处罚自由裁量权的指导意见》。

是年 内蒙古自治区卫生厅下发《关于印发内蒙古自治区食品安全企业标准备案实施细则的通知》《关于印发内蒙古自治区食品安全地方标准管理办法的通知》，规定食品安全地方标准为强制性标准。

是年 内蒙古自治区食品药品监督管理局、卫生厅、经济和信息化委员会、商务厅、工商行政管理局、质量技术监督管理局联合印发《2010 年内蒙古自治区食品安全风险监测实施方案》，开展食品中化学性污染物和有害因素常规监测。

是年 内蒙古自治区食品药品监督管理局、内蒙古自治区食品药品检验所迁到呼合浩特市赛罕区金桥开发区世纪六路新建的内蒙古自治区食品药品监管综合实验办公楼。

是年 内蒙古自治区食品药品监督管理局制定下发《关于做好医疗器械不良事件监测和再评价工作的通知》，对全区医疗器械不良事件监测和再评价工作提出具体要求。

是年 依据《内蒙古自治区医疗器械企业信用等级档案管理办法》的规定，内蒙古自治区食品药品监督管理局首次开展医疗器械生产企业信用等级评定工作。

是年 内蒙古自治区食品药品监督管理局承担国家食品药品监督管理局安排的 30 个民族药标准修订任务，组织、起草、制定蒙药制剂规范。

2011 年

3 月 3 日 内蒙古自治区质量技术监督局发布《食品生产加工环节风险检测管理暂行办法》。

3 月 15 日 内蒙古自治区质量技术监督局、内蒙古自治区打假工作领导小组办公室主办的“放心乳粉从内蒙古做起”行动，在呼和浩特正式启动。国家质量监督检验检疫总局副局长蒲长城、内蒙古自治区副主席刘新乐出席启动仪式。

3月29日 内蒙古自治区党委书记胡春华在内蒙古自治区食品安全委员会办公室上报的《我区全力查处锡盟“乳多宝”牌问题乳粉和兴安盟涉嫌问题乳粉》报告上批示：“请有关部门坚决查处，从严处理。要认真吸取三鹿、双汇的教训，坚决防止重大食品安全事故的发生。”

是月 在内蒙古自治区人民政府召开的“全区食品药品监管工作会议”上，自治区副主席刘新乐代表自治区人民政府与各盟行政公署市人民政府及内蒙古自治区食品安全委员会主要成员单位签订了《食品安全责任书》。并首次提出对各级政府和相关部门的食品安全工作实行“一票否决”。

5月16—20日 全国人大常委会副委员长周铁农带领全国人大常委会食品安全执法检查组在内蒙古自治区检查工作。执法检查组先后到伊利集团、敕勒川精品奶源基地等企业和食品经营场所就《中华人民共和国食品安全法》执行情况进行检查。

5月17日 内蒙古自治区质量技术监督局发布《企业生产乳粉制固态成型制品许可条件审查细则》《内蒙古自治区“放心乳粉”实施办法（试行）》。

5月23日 内蒙古自治区第一批“放心乳粉”在内蒙古伊利集团公司和内蒙古蒙牛集团公司下线。6月1日，“放心乳粉”在内蒙古呼和浩特和包头同时上市。

6月10日 内蒙古自治区人民政府新闻办在呼和浩特举行内蒙古“放心乳粉”首批产品上市新闻发布会。

6月21日 内蒙古自治区药品安全工作领导小组成立，自治区副主任刘新乐任组长。

10月 任命毕力夫为内蒙古自治区食品药品监督管理局党组书记、局长，同时免去郝富内蒙古自治区食品药品监督管理局党组书记、局长。

是年 内蒙古自治区食品药品监督管理局制定《内蒙古自治区食品安全信息报告与发布制度》《内蒙古自治区食品安全舆情信息工作规范（试行）》。

是年 全区食品药品监督管理部门开展实施打击“两非”（非法鉴定胎儿性别和非法人工终止妊娠）专项行动。

是年 内蒙古自治区食品药品监督管理局印发《关于进一步深化药品安全专项整治工作的通知》。

是年 内蒙古自治区食品药品监督管理局、通信管理局、工商行政管理局等部门联合转发《关于进一步严厉打击利用互联网发布虚假药品信息非法销售药品的通知》。

是年 内蒙古自治区食品药品监督管理局印发《内蒙古自治区医疗器械企业许可证清理整顿工作方案》，要求在全区范围内开展医疗器械生产、经营企业许可证清理整顿工作。

是年 内蒙古自治区食品药品监督管理局印发《内蒙古自治区食品药品监督管理系统行政处罚自由裁量权适用规则》。

是年 全区遴选22位食品安全专家，成立内蒙古自治区食品安全专家委员会。

是年 内蒙古自治区食品药品监督管理局印发《关于开展“深化创先争优保障饮食用药安全”活动的实施意见》和《关于开展窗口单位和服务行业深入开展为民服务创先争优活动的实施方案》，建立创先争优机制。

是年 内蒙古自治区食品药品监督管理局制定《2011年内蒙古自治区食品药品监督管理局纠风及行风建设工作实施方案》。

是年 国务院食品安全委员会办公室确定在每年6月举办“全国食品安全宣传周”。

2012 年

1 月 1 日 内蒙古自治区卫生厅承担的餐饮服务监管职能移交自治区食品药品监督管理局。

7 月 2 日 内蒙古自治区药品不良反应监测中心正式独立挂牌成立，同时挂“内蒙古自治区医疗器械不良事件监测中心”牌子。

11 月 6 日 卫生部部务会对 2000 年 4 月 30 日审议通过的《药品经营质量管理规范》进行第一次修订，于 2013 年 1 月 22 日以卫生部令第 90 号公布，自 2013 年 6 月 1 日起施行。

12 月 28 日 内蒙古自治区药品监督信息中心加挂“内蒙古自治区药品认证审评中心”牌子。内蒙古自治区食品药品检验所加挂“内蒙古自治区保健品化妆品检验检测中心”和“内蒙古自治区医疗器械检验检测中心”牌子。

是年 内蒙古自治区食品药品监督管理局印发《全区药品生产流通领域集中整治行动实施方案》，组织开展药品生产流通领域专项整治行动。

是年 内蒙古自治区食品药品监督管理局成立内蒙古自治区推进餐饮服务食品安全示范工程建设领导小组及其办公室，制定《内蒙古自治区推进餐饮服务食品安全示范工程建设实施方案》。

是年 内蒙古自治区食品药品监督管理局印发《关于切实加强餐饮服务许可工作的通知》《内蒙古自治区餐饮服务单位食品安全管理人员培训大纲》《内蒙古自治区餐饮服务单位食品安全管理人员培训管理实施细则》《内蒙古自治区餐饮服务食品安全监督量化分级管理实施方案》《内蒙古自治区餐饮服务监督量化分级管理指南》《内蒙古自治区重大活动餐饮服务食品安全监督管理规范实施细则》《内蒙古自治区餐饮服务食品安全事故应急预案》7 个文件，加强餐饮服务食品安全监督管理。

是年 内蒙古自治区质量技术监督局制定《内蒙古蒙餐标准》，经国家质量技术监督局审定批准。“库伦荞麦”“太和小米”“固阳燕麦”获得地理标志产品保护。

2013 年

1 月 23 日 内蒙古自治区人民政府第 1 次常务会议审议通过《内蒙古自治区酒类管理办法》，于 3 月 12 日以内蒙古自治区人民政府令第 195 号公布，自 2013 年 5 月 1 日起实施。

4 月 10 日 《国务院关于地方改革完善食品药品监督管理体制的指导意见》发布，对地方改革完善食品药品监督管理体制提出明确意见。

6 月 5 日 国务院召开全国食品药品安全和监管体制改革工作电视电话会议，部署地方食品药品监督管理体制改革工作。

7 月 8 日 内蒙古自治区党委任命内蒙古自治区食品药品监督管理局领导班子成员，杨玺任内蒙古自治区食品药品监督管理局党组书记、局长。

9 月 26 日 内蒙古自治区人民政府办公厅印发《内蒙古自治区食品药品监督管理局主要职责内设机构和人员编制规定》，成立内蒙古自治区食品药品监督管理局，为自治区人民政府直属机构，同时加挂“内蒙古自治区食品安全委员会办公室”牌子。核定行政编制 105 名、事业编制 20 名，设 15 个内设机构。

是日 内蒙古自治区食品药品稽查总队（食品化妆品监督所）成立。

12 月 28 日 《中华人民共和国药品管理法》经第十二届全国人民代表大会常务委员会第六次会议修订颁布并实施。

是日 按照内蒙古自治区禁毒委员会《关于建立自治区禁毒委员会工作小组的通知》精神，内蒙古自治区食品药品监督管理局成立麻醉药品和精神药品管理工作小组，并召开联席会议布置有关工作。

是日 经征得国家工商行政管理总局、国家质检总局同意，国家食品药品监督管理总局下发《关于做好改革过渡期间食品安全许可证发放工作的通知》，明确原来由质量技术监督部门负责的食品生产许可、工商行政管理部门负责的食品流通许可工作，统一调整由食品药品监督管理部门承担。自地方食品药品监督管理机构到位后，由地方食品药品监督管理部门依法履行核发“食品生产许可证”和“食品流通许可证”的职责，同时继续做好“餐饮服务许可证”的审核发放工作。

2014年

2月12日 国务院第39次常务会议修订通过《医疗器械监督管理条例》，于3月7日以国务院令第650号公布，自2014年6月1日起施行。修订后的《医疗器械监督管理条例》对2000年1月4日公布的《医疗器械监督管理条例》做了全面修改，加大了对违法行为的惩处力度。

4月14日 内蒙古自治区食品安全委员会办公室发布《内蒙古自治区“鲜奶吧”乳品质量安全监督管理办法（试行）》，对“鲜奶吧”的开办条件、备案管理、开办者食品安全责任、从业人员操作规范等方面做出详细规定。

6月30日 国家食品药品监督管理总局启动国产非特殊用途化妆品网上备案工作。自治区食品药品监督管理局要求各盟市加强对辖区内化妆品生产企业的监督指导，做好国产非特殊用途化妆品备案基础工作。

7月23日 内蒙古自治区药品监督信息中心（内蒙古自治区食品药品认证审评中心）更名为“内蒙古自治区食品药品监督信息中心”（内蒙古自治区食品药品审评查验中心）。

9月12日 国家食品药品监督管理总局与内蒙古自治区人民政府签署《共建食品药品安全内蒙古合作协议》。协议的签署是国家食品药品监督管理总局贯彻落实《国务院关于进一步促进内蒙古经济社会又好又快发展的若干意见》（国发〔2011〕21号）精神，支持内蒙古食品药品安全工作的重要举措。

9月24日 内蒙古自治区人民政府印发《食品药品安全内蒙古建设方案》，进一步提升全区食品药品安全总体水平。方案设计到2017年自治区成立70周年时基本建成食品药品安全内蒙古。

10月 内蒙古自治区食品药品监督管理局印发《内蒙古自治区食品药品安全事件防范应对规程（试行）》，同月，在满洲里市举行全区食品安全事故（Ⅲ级）应急演练。

12月2日 全区启动大中型流通企业食品安全风险审计。

是年 内蒙古自治区食品药品监督管理局先后制定实施《电子监管信息化平台建设方案》《办公自动化系统建设方案》《内蒙古优势畜产品质量安全可追溯系统项目实施方案》。

是年 内蒙古自治区食品药品监督管理局在食品生产行业中开展食品安全主体责任审计、婴幼儿配方乳粉生产企业监管指南、食品生产企业过程监管等3项监管创新工作。

是年 内蒙古自治区食品药品监督管理局制定《关于〈投诉举报办理规定（试行）〉和〈行政处罚案件办理程序规定（试行）〉的通知》。

是年 内蒙古自治区财政厅拨付1800万元专项资金，为全区102个旗县（市、区）及苏木乡镇配备食品安全监管快速检测设备，第一批为4个盟市、38个旗县（市、区）配备了食品安全监管快速检测设备。

是年 内蒙古自治区食品药品监督管理局编制《药品生产许可办理服务指南》《药品生产质量管理规范（GMP）认证办理服务指南》等服务指南和办事流程图，明确审批程序和审批条件，向社会公开，方便行政相对人申请，接受社会监督。

是年 内蒙古自治区食品药品监督管理局、内蒙古自治区通信管理局联合印发《关于〈联合打击互联网违法销售和发布食品药品信息工作制度〉的通知》。

是年 内蒙古自治区食品药品监督管理局、内蒙古自治区工商行政管理局联合印发《关于联合打击虚假违法广告工作制度的通知》。

是年 内蒙古自治区食品药品监督管理局印发《内蒙古自治区工业化豆芽生产许可证审查细则（2014 版）》《内蒙古自治区甜菜糖稀生产线审查意见》。

是年 国家食品药品监督管理总局发出通知，从 2014 年起，从事化妆品生产要取得食品药品监督管理部门核发的“化妆品生产许可证”，许可证有效期 5 年，其式样由国家食品药品监督管理总局统一制定。

是年 内蒙古自治区食品药品监督管理局制定《内蒙古自治区药品化妆品生产企业信用等级管理办法》，完成化妆品数据库建设工作。

是年 内蒙古自治区食品药品监督管理局组织选举产生新一届机关党委、机关纪委、机关工会、机关妇女委员会，组织完成机关和直属单位各党总支、党支部换届，基层党组织比上届增加 4 个。

是年 内蒙古自治区食品药品安全委员会办公室、内蒙古自治区食品药品监督管理局开展 2014 年度盟市食品药品安全工作考核评价。乌兰察布市、通辽市、呼和浩特市、乌海市、阿拉善盟、鄂尔多斯市为食品药品安全工作综合成绩突出盟市。

2015 年

1 月 19 日 “内蒙古自治区食品药品监督管理局药品注册专用章”启用，适用于药品再注册、药品补充申请事项和医疗机构制剂注册的行政审批事项。

4 月 24 日 第十二届全国人民代表大会常务委员会第十四次会议修订通过《中华人民共和国食品安全法》《中华人民共和国药品管理法》，自 10 月 1 日起施行。

4 月 整合自治区食品安全委员会办公室和自治区药品安全工作领导小组办公室职能，更名为内蒙古自治区食品药品安全委员会办公室。

5 月 20 日 内蒙古自治区食品药品监督管理局下发《2015 年药品生产领域中药材中药饮片质量安全专项整治工作方案》，在全区范围内开展中药材和中药饮片质量安全专项整治行动。

5 月 22 日 内蒙古自治区第十二届人民代表大会常务委员会第十六次会议通过《内蒙古自治区食品生产加工小作坊和食品摊贩管理条例》，自 10 月 1 日起施行。

12 月 28 日 内蒙古自治区食品药品安全委员会印发《食品药品安全内蒙古建设标准》。

是年 内蒙古自治区食品药品检验所被评为内蒙古自治区名牌实验室。

是年 内蒙古自治区食品药品监督管理局联合自治区农牧业厅、自治区公安厅等部门出台《关于加强食用农畜产品质量安全监督管理工作的意见》和《关于进一步加强食品药品领域行政执法与刑事司法衔接工作的意见》，进一步完善农产品产地准出和市场准入、行政执法与刑事司法相衔接的工作机制。

是年 内蒙古自治区食品药品监督管理局制定《关于印发食品生产许可发证前监督管理抽查办法

(试行) 和食品生产企业实施飞行检查的暂行办法 (试行) 的通知》《关于印发内蒙古地方特色乳制品生产许可审查细则 (2015 版) 的通知》《关于印发自治区食用农产品市场准入及销售管理暂行办法的通知》《关于印发〈内蒙古自治区食品经营许可管理实施办法 (试行)〉等三个规范性文件的通知》。

是年 内蒙古自治区食品药品监督管理局对原有的自治区中蒙药材地方标准进行清理整顿，废止地方药材标准 133 个。其中包括《内蒙古蒙药材标准》(1986 年版) 收载的药材标准 55 个、《内蒙古中药材标准》(1988 年版) 收载的药材标准 78 个。

是年 内蒙古自治区食品药品监督管理局制定《内蒙古自治区国产非特殊用途化妆品备案后现场检查工作指南》《内蒙古自治区食品药品监督管理局信息化建设方案》《关于进一步加强医疗机构放射性药品使用监管工作的通知》。

是年 呼和浩特市、乌兰察布市被国务院食品安全委员会办公室批准为内蒙古自治区首批 (国家第三批) 创建 "国家食品安全城市" 试点地区。

是年 内蒙古自治区食品药品监督管理局制定《党组中心组学习制度》等 11 项党建工作制度，推进学习型党组织建设。

2016 年

1 月 1 日 《内蒙古自治区食品经营许可管理实施办法 (试行)》《内蒙古自治区食品经营许可 (食品销售) 审查细则 (试行)》《内蒙古自治区食品经营许可 (餐饮服务) 审查细则 (试行)》实施，新 "食品生产许可证" "食品经营许可证" 全面启用。

2 月 6 日 国务院公布《中华人民共和国食品安全法实施条例》。

2 月 24 日 内蒙古自治区人民政府第 66 次常务会议审议通过《内蒙古自治区牛羊屠宰管理办法》，自 2016 年 6 月 1 日起施行。

是月 全区食品药品监管暨党风廉政建设工作会议在呼和浩特召开，会议总结了 2015 年全区食品药品监管暨党风廉政建设工作，部署了 2016 年全区食品药品监管暨党风廉政建设工作。

3 月 23 日 山东济南非法经营疫苗系列案件经媒体曝光后，内蒙古自治区食品安全委员会办公室印发《内蒙古自治区食品药品监督管理局、公安厅、卫生计生委关于成立联合工作组共同做好非法经营疫苗案件查处工作的通知》。

3 月 30 日 内蒙古自治区食品药品安全委员会办公室、农牧业厅、食品药品监督管理局联合下发《关于深入开展 "两个创建" 工作的指导意见》。

4 月 12 日 内蒙古自治区食品检验检测中心成立。

4 月 20 日 全区食品药品安全监管工作会议在呼和浩特召开，自治区党委副书记、自治区代主席布小林出席会议并作重要讲话。自治区党委、政府决定，围绕贯彻落实食品安全法在全区深入开展为期 3 个月的大排查、大整改工作。

4 月 28 日 内蒙古自治区党委、政府印发《内蒙古自治区党委、自治区人民政府关于进一步加强食品安全工作的意见》。

4 月 29 日 内蒙古自治区人民政府办公厅印发《关于加强学校食堂等餐饮服务业食品安全监管工作的意见》，加强学校食堂、"小饭桌"、工地食堂和旅游景区餐饮食品安全工作。

5 月 5 日 内蒙古自治区人民政府办公厅印发《关于全面贯彻落实 "四有两责" 切实做好食品药品监管工作的意见》。

5 月 7—9 日 中共中央政治局常委、全国人大常委会委员长张德江率全国人大“食品安全法”执法检查组，在内蒙古自治区开展执法检查。执法检查组深入到呼和浩特市、巴彦淖尔市和内蒙古自治区食品检验检测中心进行视察。并就落实好习近平总书记关于食品安全工作的重要指示，以及贯彻好实施好食品安全法，加快构建严密高效、社会共治的食品安全治理体系作了重要讲话。自治区党委书记、自治区人大常委会主任王君，自治区党委副书记、代主席布小林等陪同检查并汇报工作。

5 月 11 日 中共内蒙古自治区党委召开常委（扩大）会议，传达学习中共中央政治局常委、全国人大常委会委员长张德江在内蒙古自治区开展食品安全法执法检查时的重要讲话精神，安排部署贯彻落实工作。自治区党委书记王君主持会议并讲话，自治区党委副书记、自治区代主席布小林传达张德江委员长的重要讲话精神。呼和浩特市、巴彦淖尔市、自治区食品药品监督管理局等地方和部门的 5 位负责人分别汇报发言。自治区党委书记王君就贯彻落实张德江委员长的重要讲话精神做了部署安排。

5 月 24 日 内蒙古自治区人民政府制定下发《关于改革药品、医疗器械审评审批制度的实施意见》，全面部署全区药品、医疗器械审评审批制度改革工作。

5 月 27 日 内蒙古自治区人民政府印发《关于进一步加强食品安全保障工作的通知》。

5 月 31 日—6 月 8 日 内蒙古自治区食品药品安全委员会办公室抽调自治区食品药品安全委员会成员单位有关人员组成 6 个督查组，赴 12 个盟市的 19 个旗县（市、区）、18 个基层监管所、13 家食品药品检验机构、95 家食品药品生产经营主体，开展食品药品安全工作专项督查。

6 月 6 日 国家食品药品监督管理总局公布《婴幼儿配方乳粉产品配方注册管理办法》，自 2016 年 10 月 1 日起施行。

7 月 4—5 日 由国务院食品安全委员会办公室副主任、国家食品药品监督管理总局副局长王明珠任组长，国务院食品安全委员会办公室、国家食品药品监督管理总局、中编办、国务院研究室等部门有关人员组成的调研组，就基层食品药品监管体制和机构设置在内蒙古自治区呼和浩特市、通辽市开展专题调研。自治区副主席刘新乐、自治区食品药品监督管理局等相关部门负责人陪同调研。

7 月 13 日 国家食品药品监督管理总局公布《网络食品安全违法行为查处办法》，自 2016 年 10 月 1 日起施行。

10 月 1 日 内蒙古自治区食品销售环节进销货凭证“一票通”在全区食品销售环节企业中正式推行使用。

11 月 8 日 由国家食品药品监督管理总局、内蒙古自治区人民政府联合主办，内蒙古自治区食品药品监督管理局、鄂尔多斯市人民政府承办的 2016 年国家食品安全示范性演练暨内蒙古自治区重大食品安全突发事件（Ⅱ级）应急演练在鄂尔多斯市举行。

12 月 28 日 内蒙古自治区人民政府办公厅印发《关于促进药品物流发展的意见》，提出加强药品物流配送基础设施建设，提高药品物流行业信息化管理水平，积极发展第三方药品现代物流，促进药品物流行业规范化发展等意见。

是年 内蒙古自治区食品药品监督管理局起草《蒙药产业“十三五”发展规划》《加快推进蒙药产业化发展的若干政策措施的意见》《中药饮片监督管理办法（试行）》。

是年 制发《内蒙古自治区食品药品监督管理局党组意识形态工作责任制实施意见》，并组织实施。

是年 内蒙古自治区食品检验检测中心承担的《基于同位素的内蒙古羊肉产地溯源技术研究》科研项目成果之一的“畜产品牛羊肉中碳、氮同位素丰度比检测方法”，经自治区标准化院等部门审核通过，此项检测方法填补了国际空白。

是年 内蒙古自治区食品药品监督管理局党组制定《内蒙古自治区食品药品监督管理局廉政风险防控工作实施方案》，该方案围绕行政审批、监管执法等重点领域和关键环节，规范权力运行，防控廉政风险，着力推进党风廉政建设责任制全面落实。

是年 内蒙古自治区食品药品监督管理局发布《关于印发〈内蒙古自治区食品生产加工小作坊登记及监督管理办法（试行）〉的通知》《关于加快推进重点食品追溯体系建设的实施意见》《关于制定〈餐饮服务食品安全管理员管理细则〉的通知》。

是年 内蒙古自治区食品药品监督管理局完成全区食品药品监管平台所有功能模块的软件开发工作。

是年 内蒙古自治区食品药品监督管理局对全区化妆品生产企业实行审批备案，全年完成29家企业入网备案和131个非特殊用途化妆品备案。

是年 内蒙古自治区人民政府办公厅印发《关于改革药品医疗器械审评审批制度的实施意见》，明确内蒙古自治区药品医疗器械审评审批制度改革的目标任务和保障措施。

是年 内蒙古自治区人民政府办公厅印发《内蒙古自治区食品药品安全工作评议考核办法》《内蒙古自治区“十三五”食品药品安全发展规划》。

是年 内蒙古自治区食品药品安全委员会办公室印发《关于开展国家食品安全城市创建工作的实施意见》。

是年 在全国各省区市年度考核评比中，内蒙古自治区食品安全监管工作排名第五、药品安全监管工作排名第九，是全国7个“双优秀”省区市之一。

2017年

2月10日 内蒙古自治区食品药品安全委员会召开全体会议，研究部署全区食品药品安全工作。自治区党委副书记、自治区主席、自治区食品药品安全委员会主任布小林出席会议并讲话。

2月20日 全区食品药品监督管理暨党风廉政建设工作会议在呼和浩特召开，会议主要任务是贯彻落实习近平总书记等中央领导关于食品药品安全工作的重要指示批示精神，贯彻落实自治区党委、政府关于做好食品药品安全工作的总体意见安排，自治区人民政府副主席刘新乐出席会议并讲话。各盟市、计划单列市食品药品监督管理局、区局各处室和直属事业单位负责人出席会议。

5月4日 《国务院关于修改〈医疗器械监督管理条例〉的决定》公布，自公布之日起施行。2014年2月12日国务院第39次常务会议修改通过的《医疗器械监督管理条例》根据本决定作相应修改，重新公布。

5月18日 经自治区人民政府同意，建立内蒙古自治区药品、医疗器械审评审批制度改革厅际联席会议制度。

7月19日 全国重大活动食品安全保障工作座谈会在呼和浩特召开，国家食品药品监督管理总局党组成员、食品总监孙梅君出席会议并讲话。

7月27日 全国食品药品监管基层局长会议在鄂尔多斯市召开。

8月28日 通辽市举办第三届蒙医药产业博览会暨2017全国民族药高峰论坛。

12月29日 “内蒙古自治区食品药品检验所”更名为“内蒙古自治区药品检验研究院”，挂“内蒙古自治区化妆品检验检测中心”“内蒙古自治区医疗器械检测中心”牌子。

是年 将自治区盐务局有关食用盐质量安全监督管理职能和人员划入自治区食品药品监督管理局。

是年 在全国省区市年度考核评比中，内蒙古自治区食品安全监管工作被评为全国优秀单位。

是年 内蒙古自治区食品药品监督管理系统建成了一个中心、六大平台、38 个子项目的食品药品监管信息化平台，全面实现行政审批全程网上办理、动态数据实时监测、移动终端执法和电子视频监控等功能，有效推动智慧监管。

是年 全区食品药品监督管理系统完成内蒙古自治区成立 70 周年、联合国防治荒漠化公约第十三次缔约方大会、全国民族团结进步创建经验交流现场会等 15 项重大活动的食品安全保障任务。受到中央代表团、国家食品药品监督管理总局和自治区党委、政府的肯定和好评。

第一篇

机构沿革与队伍建设

古代近代食品管理机构

食品安全问题自古就有，中国古代先人就关注食品安全。先秦时期萌发了对食品的安全监管。

周朝是中国最早对食品安全监管以法律形式规定的朝代。《周易》记载："噬腊肉，遇毒，小吝无咎。" 周朝生产力水平低下，人们常用的食品初级简单，因此食品安全也仅停留在食品是否成熟、是否腐烂等范畴。《礼记》记载，周代对食品交易的规定："五谷不时，果实未熟，不粥于市"。意思是说，地里的五谷没有到成熟的时候，果实还尚未成熟，不得在集市上买卖。这是中国历史上最早关于食品安全的规定。

古代内蒙古地区开发尚晚。先秦、汉、唐、宋、辽时期，内蒙古地区是匈奴、突厥、东胡、乌桓、鲜卑、契丹等北方游牧民族的聚居区域。这一地区的民族以游牧为主，食品主要以牛羊肉食为主，自给自足生产生活方式占主导地位，自家放养牲畜自家屠宰，自家种粮食自家食用。食品安全问题不是十分突出，现存历史文献中没有记载专门的食品监管机构，有关食品安全监管的记载很少。

两汉时期，伴随着餐饮业的发展，伪劣食品开始出现，对人体健康造成了威胁。汉朝为了控制食品安全问题的发生，运用法律手段对食品市场进行监管。汉朝《二年律令》规定："诸食脯肉，脯肉毒杀、伤、病人者，亟尽孰（熟）燔其余。其县官脯肉也，亦燔之。当燔弗燔，及吏主者，皆坐脯肉臧（赃），与盗同法。" 意思就是，肉类有毒，致人生病、受伤或死亡的，应该将剩余的肉类全部焚烧掉。应当焚烧而没有焚烧的，要追究主管官吏的责任。按照肉类获得的赃款，对主管人员按盗窃罪予以处罚。依照汉朝《二年律令》的规定，因"脯肉有毒"导致产生食品安全事故的，对主管官吏及从事食品经营的商人要予以共同处罚。由此可见，"脯肉有毒"要共同追究食品经营商人和负责食品安全的主管官吏的责任。

汉代以前今内蒙古地区，以畜牧业为主，兼及狩猎业，其次是农业。食物主要有肉食、奶食和粮食。肉食以羊肉为主，辅以牛肉、野生动物等，粮食占次要地位。蒙古汗国时期，漠南蒙古（今内蒙古境内）农业有所发展，种植稷、黍、麦、糜、粳稻及萝卜、青菜等蔬菜。无论是肉、奶食，还是粮食、蔬菜，基本都是自给自足，少有食物市场交换，因而不存在假冒伪劣食品，也就没有官方专管食品安全与监管机构。

北魏登国三年（388 年），内蒙古东部赤峰地区，出现了商业贸易活动。呼和浩特地区从辽代开始建立了交易市场。

唐代食品安全监管制度已相当规范和成熟。唐律在吸收汉律预防和惩处脯肉犯罪经验的基础上有了很大发展，尽可能考虑各种因毒脯肉故意或者过失危害他人生命健康的行为。唐朝对食品安全实行多方位的监管，法律规定详细，惩罚措施严厉。例如唐代法典《唐律疏议》规定："脯肉有毒，曾经病人，有余者速焚之，违者杖九十。若故与人食并出卖，令人病者，徒一年，以故致死者绞；即人自食致死者，从过失杀人法。盗而食者，不坐。"此外，唐朝还杜绝有毒有害食品的流通。除了"脯肉有毒"的规定外，为了杜绝宫廷之内食品安全问题的发生，颁布了一套关于皇帝御膳食品安全的专门法令。据《唐六典》记载："尚食掌供膳羞品齐之数，惣司膳、司醖、司药、司饎四司之官属。凡进食，先尝之。司膳掌割烹煎和之事，司醖掌酒醴酏饮之事，司药掌医方药物之事，司饎掌给宫人廪饩、饮食、薪炭之事。"在宫廷设置尚食局，专门负责皇帝膳食，这是专门负责皇帝食品安全的监管机构。尚食局设奉御、食医、主食等，尚食奉御负责皇帝的常膳，食医负责皇帝膳食四时五味配合之宜，主食负责皇帝的主膳。

宋代是经济空前繁荣的朝代，也是对食品造假监管最专业的朝代。一些不法商人为了牟取暴利，米麦之增湿润，肉食之灌以水；鸡塞沙，鹅羊吹气，卖盐杂以灰等现象普遍。为了有效制止食品制假贩假现象，加强食品安全监管，宋代法律《宋刑统》继承了唐律严厉的法律规定，其全文照录唐律条文，对有毒有害食品的销售者通过刑法予以严惩。宋朝《宋刑统》规定："脯肉有毒曾经病人，有余者速焚之，违者杖九十，若故与人食，并出卖令人病，徒一年；以故致死者，绞；即人自食致死者，从过失杀人法（盗而食者不坐）。"

针对茶叶贸易中的掺杂掺假问题，为了辨别茶叶质量，宋朝采取"开汤审评"的方式，即由职业监察官员采取滚水泡茶加以检验，现场对茶色、茶味、茶形进行辨别，判定茶叶的质量状况。如果发现所销售的茶叶中掺杂掺假，则严加惩罚。这种勘验办法在《大观茶论》中有所记载。宋朝除了对食品安全犯罪者重罚外，还引入了"行会"制度，通过类似行业协会实现食品生产经营者对食品安全问题进行自我约束。同时，为了加强行业协会的监管权力，要求从业商人必须加入"行会"，并按照行业类别分门别类登记在册。商品质量由具体的行业协会把关，行业协会会长是食品质量的担保人，具体负责对食品成色和价格的评定，从而实现对食品安全问题的有效监管。

辽代建立之初，其政治中心上京临潢府（今赤峰林东镇）设有"麯院"，是辽前期管理制酒饮酒等与酒有关各项事宜的机构。在契丹辽宫廷内还有"酒人"，专门管理酒类。辽还设立管理酒类的司署吏职。

辽代在今呼和浩特地区设有"榷场"，委任专门官吏管理牲畜交易、食品交易等。

党项建立西夏王朝（1038—1227年）后，统治着今内蒙古河套及以西地区。位于河套南部的银、夏、盐等州和位于河套北部的鄂尔多斯高原及今额济纳旗一带，是盛产马、驼、牛、羊的天然牧场，西夏政权也设置群牧司等专门管理机构。西夏农业生产较之前朝代明显提高，设置了专门的管理机构——农田司，负责农业生产、交易等具体事务。

金朝（1115—1234年）建立后，统治有今内蒙古中、西、东部地区。金代，对盐、茶、曲、酒、醋等生活必需品实行专卖和"榷酤"制度，禁止民间私制和交易。

元朝有完整的畜牧业管理机构，对牲畜和畜产品进行国家统制管理。中央管理畜牧业的机构有中书省和内廷两个系统。因元代食品交易不是很多，所以没有专门的食品市场监管机构和官吏，如发生食品交易纠纷等，由当地官吏裁定。

元朝十分重视酒的酿造。朝廷设宣徽院负责宫廷饮食，宣徽院下辖大都上饮局，"掌酝造上用细酒"；大都尚酝局，"掌酝造诸王百官酒醴"；上都醴源仓，"掌受大都传输米曲，并酝造车驾临幸次舍供给之酒"。

元朝上都（今锡林郭勒盟正蓝旗旗政府所在地东北约20公里处）有马市、牛市。上都南门外有酒馆、芍药、茶馆。元代今内蒙古阿拉善盟额济纳旗黑城遗址，经考古发现，有多种商业店铺。店铺有饭馆、酒馆、作坊、杂货店等，还出土了买卖牲畜的契约，可见当时有牲畜交易市场。《元史·食货志》记载：元朝设在上都的两个税务机构分别是上都留守司和上都税课提举司，专司征收牲畜、食品、酒、杂货等交易课税，同时也监管交易秩序、交易食品质量和食品安全等诸多事务。

明朝时期，河北、山西与塞北（今内蒙古地区）边界一带设有马市、羊市，进行畜牧产品交易。明朝对食品市场的监管大体沿用了唐、宋时期的监管方式，除了官方（朝廷）制定一些法律法规外，通过“行会”实现食品生产经营者对食品安全问题的行业自我监管。

进入清代后，塞北与中原一带互市贸易往来频繁。康熙三十三年（1694 年），归化城（即呼和浩特市旧城）扩建，在城的东、南、西三面又建立了一道外城，并增加了 3 个城门，原南门改为城中心鼓楼，鼓楼以南主要是官吏的住宅和商铺，包括一些食品、副食品商铺。南门外（即现在的大什字前）最为繁华。

清代归化城逐渐成为商业贸易重地。乾隆年间（1736—1795 年），归化城、包头等地形成了较大的牲畜交易市场，市场上的一切活动，皆是在归化城官吏的直接监督和控制下进行。市场管理制度基本按照周“五制”所规定的内容制定的。据记载，地官中就专门设有司市，负责掌管“市之治教政训，量度禁令”。

清代市场交易管理分“官集”和“义集”两种，“官集”由官府派“牙官”管理，“义集”一般由“场头”负责并须向官府交纳一定数量的交易金。“牙官”和“场头”，管理市场交易。

清代茶叶贸易空前繁荣，造假贩假也非常严重。为了防止茶叶造假贩假，清政府监管力度也进一步加大：一是实行茶叶执照经营。从事茶叶经营的茶商，必须持有清政府颁发的“经营执照”和“注册商标”；进行茶叶出口贸易，茶商还必须拥有出口经营权。二是实行专人负责茶叶质量抽查。清朝任命官员专门负责抽查茶叶，对茶叶的质量，以及包装、品牌等进行全面抽查，如发现不符现象，要进行相应处罚。例如针对出口贸易的茶叶，继承了宋朝采用开水泡茶等简易方法对茶叶质量进行抽查，如果发现有质量问题，该批次茶叶将全部充公。三是清朝后期，主管部门还制定了茶叶质量标准，全方位监管茶叶质量。

光绪年间（1875—1909 年），归化城为商业贸易全盛时期，每年八月至十月间，设牛桥、羊桥、马桥等牲畜交易市场。

清代后期，对市场管理，除沿用明代的法规外，也相应地做了一些调整。光绪二十九年（1903 年），清政府开始设商部，3 年后改组成立农工商部，下设商律馆、公司注册局、商标局。同时，颁布《商人通例》《公司律》《破产律》《公司注册试办章程》等工商管理法规，加强集贸（包括食品）市场管理。

民国时期，国民政府陆续颁布了《商会法》《工商同业公司法》《公司法》《公司登记规则》《工厂登记规则》《商标法》《商标注册暂行规则》等一系列工商管理法规。

为加强市场管理，民国 26 年（1937 年）国民政府实业部制定了《商业登记法》及《商业登记法实施细则》。民国 27 年（1938 年），国民政府颁布《非常时期农工商管理条例》（包括农副产品交易）等工商管理法。这个时期，工商业市场除政府管理外，也通过各种商会组织管理商人和企业。

古代近代药品管理机构

古代有记载的药品监管始于唐代。对制售假劣药品的行为，唐代制定了具体惩处办法。

《唐律》（唐代法律总称）中涉及打击制售假劣药品行为的律令，多见载长孙无忌等编撰的《唐律疏议》中。如《唐律疏议》卷26、卷18记载曰："诸医为人合药及题疏针刺误不如本方杀人者，徒二年半。""不如方杀伤人死，以故杀伤论，虽不伤人，杖六十。即卖药不如本方者，亦如之""以毒药毒人及卖者，绞；即卖买未用者，流二千里。"

辽代药政管理机构采用南北两院制，这种"一国两官制"的管理形式，即对燕云以北各草原部落（包括今内蒙古全境）实行契丹制，由北院管理；对燕云地区的汉人实行中原制，由南院管理。在契丹制的北院药政管理机构有"承应小底局"，局内的官员称"汤药小底"，专门负责辽朝王公贵族、后妃的汤药及丸、散、膏、丹的供应。

金朝建立后，统治今内蒙古中、东部地区。金朝基本照搬辽代晚期的管理方式，设有御药院和尚药局，御药院掌管皇宫的药物供应，隶属于宣徽院。御药院的官员有提点（从五品）、直长（正八品）、都监和同监等。尚药局也隶属宣徽院，除掌管皇室的医药外，还负责茶果的供应。尚药局的官员，除提点、局使、副使外，还在宫人女官中设司药二人，典药二人，掌药二人，女史二人，掌医药。

金朝仿效宋朝成立熟药所，负责药品药物的管理、配制、检验、收购、出售。在礼部尚书内设立了惠民司，"掌修合发麦汤药"事宜。大定三年（1163年），负责这项工作的官员向金世宗汇报说，惠民司"岁入息钱不偿官吏俸"，金世宗完颜雍（1161—1189年），回答说："设此本欲济民，官非人，怠于监视药物，财费何足计哉。"最后只命惠民司"减员而已"，仍保留惠民司。金哀宗天兴二年（1233年）"以军民多病，药饵难得"，复又"设惠民司于市，以太医数人更直，药从官给"。

元朝立国之初，在发布的政令、律令中就多次申明，要加大对制售假劣药品行为的打击力度。

中统四年（1263年）和至元二十九年（1292年），蒙古国和元朝在上都（今锡林郭勒盟正蓝旗境内）设置惠民司（局），其任务同设立在元大都（现今北京）的惠民局一样，亦为管理"掌收钱粮，经营出息，市药修剂，以惠孤贫"及患者的疾病诊治医药行政管理机构。

至元五年（1268年），元廷下令，禁止未经容许兜售乌头、附子、巴豆、砒霜等毒性、烈性药品，同时禁卖堕胎药。

至元六年（1269年），元朝在设置御药院的同时，再次重申严禁游医兜售假医假药。

至元九年（1272年），元朝在太医院增设医学提举司，该司除"掌考校诸路医生课义，试验太医教官，校勘名医撰述文字"外，还有"辨验药材"真伪之职能，同年元朝政府规定，卖毒药导致人死亡者，卖者一律处死。

至元十年（1273年）和至元二十九年（1292年），元朝还分别在元上都建立司药局、御药监和回回药物院。其中上都回回药物院主要负责回族（穆斯林人）医药药品、制剂的加工与供应。

至元二十五年（1288年），元朝政府置官医提举司，该机构的主要职能之一就是"掌医户差役、词讼"，即在负责医药管理的同时，负责处理因制售假劣药品导致的诉讼。

明朝建立后，原元朝蒙古贵族在退回北方草原后依然保持着一个包括东北、西北和内蒙古草原在内的"北元"政权。北元政权持续了260多年，几乎与明朝相始终。

正德五年（1510年），成吉思汗十五世孙达延汗重新统一蒙古各部。嘉靖二十一年（1542年）达延汗之孙阿拉坦汗统治下的右翼蒙古草原上人畜兴旺，经济文化也有比较迅速的发展。明朝廷与北方蒙古各部的政治、经济、贸易等关系也有比较明显的改善和进展。

明太祖执政初期，全国性的最高医药行政机关为医药提举局，不久，医药提举局改为太医监。其后，太医监又改为太医院。太医院既是明王朝统治者的医疗保健机构，又是最高医药管理行政机构，同时还是医学教育的最高权威机构。明代除在宫廷设有尚药局、御药房、典药局、安乐堂、良医所，负责皇帝、太子、后妃和王府的医药和医疗外，还基本沿袭宋朝的制度，在京城和外府、州县开设了惠民药局，作为储备药材、调制成药、为民众诊病及卖药的机构。

明朝的医事制度和其他军令政令一样，被贯彻执行于蒙古王公担任军事或地方长官的卫所及地方。北元地区的百姓“其所最忌者，无过于痘疮，凡患痘疮，无论父母兄弟妻子，俱一切避匿不相见，调护则付之汉人，如无汉人，则以食物付之他所，令患痘者自取之也”（《内蒙古自治区志·卫生志》）。明代医学归属礼部，其组织机构和职官设置大体沿袭宋元旧制。

洪武六年（1373 年），内府设御药局，其主要任务是监制御用药饵，兼管收藏各地进贡的名贵药材。同年又设御药房，其主要职责是根据药方监督御药煎制。在御药制作时，有太医院院官一同监视。

清代的医事制度基本沿袭明代，但比明代更完善，医学分科更精细。清代主要的医事管理和医药机构有太医院、御药房等。太医院院使为正五品（宣统时为正四品），下隶西苑寿药房、生药库等机构。御药房主事为正七品。

明清两代的蒙医药管理除军队外，大多归属宗教系统领导，特别是清代蒙医医生的品级、职衔，基本上与僧侣阶层的法号（名号）相一致。清朝政府还将这些法号（名号）的封授以制度化和法律化的形式予以固定。内蒙古地区各游牧部落在理藩院注册获得呼图克图名号喇嘛共计 55 名。随着藏传佛教在内蒙古地区的兴隆，内蒙古呼图克图的数量也不断增加。光绪二十六年（1900 年）之前，仅内蒙古地区的呼图克图就有 157 位。这些呼图克图，有许多人本身就是很有名望的蒙医医生。

同治四年（1865 年），比利时“圣母圣心会”接管内蒙古中部地区教会后，发展医疗卫生事业，此时西医药传入今内蒙古地区。

同治十三年（1874 年），比利时神甫德玉明、魏登林到伊克昭盟鄂托克旗城川传教时，将西医疗法传到该地区，用西药为民治病。

光绪十二年（1886 年），归化城共有药行 12 座，每座由官府发座票一张。座票职能：一是官府对药行进行管理监督；二是纳税，每张座票纳税 24 两，解缴山西筹饷局。

从辛亥革命到民国 16 年（1927 年），中华民国的卫生行政机构基本上沿袭清朝晚期的一套制度，大多数时间内卫生行政机构药政管理归属民政部门领导，或由警务部门兼办。

民国初期，包头、集宁、赤峰、海拉尔等地出现了西医院和经营西药药店，有些中药店也开始经营西药和医疗器械。随着药店的出现，药品监督管理机构和官员（兼职）开始出现。

民国 7 年（1918 年），日本人龙山梅桂、安井杰联合华人朱钧九等人，在赤峰建立甘草膏厂（赤峰制药厂前身）生产甘草膏，1935 年又扩建生产麻黄膏。

民国 19 年（1930 年），芬兰人维利俄在包头建立永茂源甘草公司，用大锅熬制甘草膏，日产 150 公斤，运往天津，后被类似药政管理部门查封。

民国 26 年（1937 年），经南京政府行政院批准，绥远省归绥市（今内蒙古呼和浩特市）成立了一所“蒙古卫生院”。该院是兼有卫生行政管理职能的卫生事业机构，同时具有药政监管职能，直属国民政府卫生署领导。桑沛恩任首任院长。院内设医务防疫股、保健股、事务股和巡回医疗队。初期有医师、护士、助产士、药剂员、检验员、卫生稽查、事务员、书记员等 20 多人。日军侵占绥远后，蒙古卫生院一度迁徙到西安、兰州等地。后又返回绥远省。

民国29年（1940年），日本人林大作、龙山设立“蒙疆甘草工业股份有限公司”（呼和浩特制药厂前身）。主要从事甘草浸膏的生产和销售。同年，蒙古卫生院扩编，增设了伊克昭盟和乌兰察布盟两个卫生所。民国32年（1943年），蒙古卫生院撤销，伊克昭盟（今鄂尔多斯市）和乌兰察布盟（今乌兰察布市）两个盟卫生所直属国民政府领导。

抗日战争时期，厚和（今呼和浩特市）、包头等地设有官立医院，医护人员大多是日本人，主要为日本侵略者及伪官吏、士绅服务。内蒙古东部地区日伪兴安总省在民政厅内设有一个保健科；西部地区伪蒙疆政府内政部设有一个卫生科。两处的科长都是日本人，主要负责管理日伪官吏及上层人士的卫生保健工作。当时，王爷庙（今乌兰浩特市）、通辽、扎兰屯、海拉尔、满洲里及张家口等地设有官立医院，医护人员也大多是日本人。

伪满洲国和伪蒙疆两个日伪政权下属的地方（旗县）卫生行政机构设置亦不统一，有的在警务科内设卫生股，有的在行政科内设保健股。其主要活动是对私人开业医、鸦片烟专卖进行管理。

民国35年（1946年），国民政府卫生署又在阿拉善定远营设立了阿拉善和硕旗卫生所。

民国36年（1947年），国民党绥远省政府成立卫生处，统管绥远省卫生行政管理工作，张崇德任处长，赵始顺任副处长。内设秘书室、第一科、第二科，办公地址设在今呼和浩特市的新城区，下设相应的蒙医药管理和医疗组织。

1949年前，国民政府同时设警察局卫生科，负责药店注册和管理。到1949年绥远省和平解放时，在归绥市（绥远省省会，1954年蒙绥合并后称呼和浩特市）警察局卫生科注册开业的药房有普太和、同太永、家庭药房、益生药房、益元药房、广源恒、万寿堂、福长和、丰太和药店等几十家。

第一章 自治区级机构沿革与队伍建设

第一节 食品监督管理机构

内蒙古自治区成立后，中国共产党内蒙古自治区委员会、内蒙古自治区人民政府（简称自治区党委、政府）十分重视对食品卫生安全的监督管理。食品卫生安全监督管理体制和机构经历了不断发展和完善的过程。

1947 年 5 月 1 日，内蒙古自治政府在王爷庙（今乌兰浩特市）宣告成立。自治政府成立之初，为进一步加强对工商业的管理，1948 年 12 月成立内蒙古自治政府工商部（后改称自治政府贸易部），承担食品市场监管职能。在国家对手工业和资本主义工商业的社会主义改造完成前，监管对象重点是私营企业和个体商贩。

针对当时流行病多发的状况，内蒙古自治政府在乌兰浩特成立由党政军负责人组成的卫生防疫委员会，从部队和学校抽调部分人员，又从社会上招收部分卫生工作者，组成卫生防疫队，围绕防止鼠疫等传染病为重点进行食品卫生宣传和监管。

1949 年 10 月，中华人民共和国成立后，内蒙古自治区和绥远省相继建立自治区（省）、盟（市地）、旗县三级卫生防疫站，主要负责食品卫生安全监管。截至 1959 年，大部分公社卫生所建立了卫生防疫组，基本形成初具规模的四级卫生防疫和食品安全监督网络。

1954 年，中央人民政府委员会通过《将绥远省划归内蒙古自治区并撤销绥远省建制的决定》（史称“蒙绥合并”）。之后在绥远省防疫站的基础上，正式组建内蒙古自治区卫生防疫站。随之，全区各盟市、旗县建立和完善卫生防疫机构，防疫队伍不断发展壮大，内蒙古自治区人民政府对食品卫生监管全面展开。

是年，原内蒙古自治区政府贸易部与绥远省工商厅合并成立内蒙古自治区商业部（1955 年改为内蒙古自治区人民政府商业厅）。商业部内设工商行政管理处，承担企业登记管理、市场管理、商标管理、经济合同管理，以及协调公私关系、安排加工订货等职能。

这一时期，工商行政管理除监管市场外，也监管食品加工企业的产品质量。食品卫生安全监管由行政主管部门和卫生部门共同监管。

1957 年 6 月，内蒙古自治区人民委员会发布《关于成立市场管理委员会的若干规定》，要求自治区一级成立市场管理委员会，同物价委员会采取一个机构两个牌子的办法，其中一项职能是贯彻执行国家的食品生产管理办法，保障食品市场安全有序，防止一些不法商贩囤积居奇、哄抬物价、缺斤短两，销售腐烂变质和假冒伪劣食品。

1961 年 3 月，内蒙古自治区人民委员会批转内蒙古自治区物价委员会关于建立工商行政管理局的报告，同意建立内蒙古自治区工商行政管理局，仍与内蒙古自治区物价委员会合署办公，对外称内蒙古自治区工商行政管理局（以下简称自治区工商局），对内是内蒙古自治区政府工商行政管理办公室（不分处、科），统一管理包括食品在内的市场。

1965 年，国务院办公厅批转卫生部、商业部、第一轻工业部、中央工商行政管理局、全国供销合作总社制定的《食品卫生管理试行条例》，将食品的监督管理和技术指导赋予了卫生部门，食品卫生管理逐步规范化。

1966 年 4 月，根据内蒙古自治区人民委员会（人委）关于精简改革行政机构的要求，决定撤销原自治区人委直属的工商行政管理局，其职能合并到内蒙古自治区财贸委员会下属的商业局内。5 月，随着“文化大革命”的开始，原自治区人委关于精简改革行政机构的决定未能落实。

1967—1969 年，食品卫生管理机构和食品市场管理机构一度瘫痪，农贸市场被取缔，食品卫生监督工作再次处于全面停顿状态。

1970 年 7 月，内蒙古自治区革命委员会生产建设指挥部决定，将工商行政管理职能归口到生产建设部下属的内蒙古自治区革委会商业局内。

1973 年，经内蒙古自治区革命委员会同意，内蒙古自治区商业局内设工商行政管理处，对外挂内蒙古自治区工商行政管理局的牌子。其主要职能是加强对市场管理和主要农牧产品的监管。随后各盟市、旗县相继开始建立和充实工商行政管理机构，恢复对食品等市场监管。

1974 年，内蒙古自治区革命委员会下发加强工商行政管理工作的文件，明确指出加强市场管理和对主要农牧产品的监督。随后又批转锡林郭勒盟革命委员会关于加强肉食市场管理的报告。

1976 年 1 月，内蒙古自治区革命委员会召开办公会议，专题研究食品卫生工作，并决定成立由 14 个委办厅局负责人组成的内蒙古自治区食品卫生领导小组，领导小组办公室设在自治区卫生厅，负责日常工作。自治区食品卫生领导小组多次召开会议，研究协调食品卫生有关工作。随之各盟市也设立相应的领导小组和办事机构。

随着“文化大革命”的结束，一度被撤并的卫生防疫组织和机构先后恢复。1977 年 7 月，内蒙古自治区食品卫生监督检验所成立，编制 25 人，隶属内蒙古自治区卫生厅。同时，在二连浩特和满洲里两个口岸设立进口食品检验所。

全区各盟市卫生防疫站内部设立食品卫生科。大部分旗县卫生防疫站或设立食品卫生科，或充实食品卫生监督监测专业人员。各级食品卫生监督检验所（站）的主要职能职责是：根据国家制定的食品卫生规章制度，负责区域内的食品卫生监督工作，其检验范围是食品、食品包装容器、用具、生产设备及有关卫生指标。到 20 世纪 70 年代末，全区共有食品卫生监督员 1000 余名，其中兼职的监督员有 192 名。并先后举办各级各类食品卫生专业学习班 138 期，使 2970 多名相关人员接受了食品卫生专业培训。

1979 年 3 月，内蒙古自治区工商行政管理局从商业局中分离出来，单独设立内蒙古自治区革命委员会工商行政管理局，内设市场处，具体负责监管食品市场。随后各盟市、旗县工商行政管理处（局）相继成立，作为政府的职能机构，负责包括食品在内的市场监管。

1979 年 8 月 28 日，国务院颁布《食品卫生管理条例》，要求加强食品卫生管理机构和管理工作。

20 世纪 80 年代，自治区产品质量监督部门相继成立，食品生产环节安全监督管理由自治区标准局、标准计量局、质量技术监督局等管理。

1980 年 9 月，内蒙古自治区产品质量监督检验所成立，为内蒙古自治区人民政府标准局所属事业单位，是国家法定产品质量监督检验机构，承担包括食品在内的产品质量检验工作。食品质量监督有了技术支撑。

1981 年，内蒙古自治区食品卫生领导小组撤销，原自治区食品卫生领导小组负责的食品卫生组织协调与管理工作划归内蒙古自治区卫生厅负责。

1983 年，根据食品卫生法（试行）有关规定，国家加强食品卫生监督管理队伍建设，逐步建立起一支专门的食品监管执法队伍。到 1995 年 10 月 30 日《中华人民共和国食品卫生法》颁布的 13 年中，内蒙古自治区共建立各级食品卫生执法机构 120 个，其中自治区级 1 个，盟市级 12 个，旗县级 100 个，厂矿企业 7 个。全区共拥有各级人民政府任命的食品卫生监督员 1259 人。

自 1996 年起，根据卫生部《关于进一步改革和完善公共卫生监督执法体制的通知》要求，各盟市在原有卫生防疫监督监测队伍的基础上，陆续成立卫生局所属的公共卫生监督所（站、队）。自治区卫生厅卫生防疫处更名为卫生防疫监督处，并加挂“内蒙古自治区卫生厅公共卫生监督办公室”的牌子，以适应食品卫生执法工作的需要，从而保证日常食品卫生监督执法工作的连续性和平稳过渡。这一时期，全区包括食品检验机构在内的各类食品检验检测机构约 220 家。

1998 年，为应对食品行业新变化，国务院进行机构改革时对食品监督管理职能职责做出调整。卫生部不再负责审批和发布食品卫生国家标准，该职能转由国家质量技术监督局承担；农业部门负责初级农产品生产的质量安全监管，工商行政管理部门负责流通领域的食品质量监管。按照国务院机构改革和相关食品监管职能调整精神，自治区人民政府对卫生、质量技术监督、工商行政管理、农牧业等部门食品监管职能进行相应的调整，食品监管职责进一步明确，食品安全“分段监管”体制初具雏形。

2003 年 3 月，中共中央、国务院决定，在国家药品监督管理局的基础上，组建国家食品药品监督管理局。2004 年，内蒙古自治区食品药品监督管理局成立，内设食品安全处。自治区以下垂直领导。9 月底，各盟市、旗县也成立食品药品监督管理局，初步形成自治区、盟市、旗县三级对应的食品安全监管机构。为加大政府对食品安全监管的综合协调，自治区人民政府成立“内蒙古自治区食品安全委员会”。到 2004 年底，全区以“分段监管为主、品种监管为辅”的食品安全综合监管格局已经初步形成。

第二节　药品监督管理机构

从 1947 年内蒙古自治政府（1949 年 12 月改称内蒙古自治区人民政府）成立到 2017 年，随着经济社会的发展变迁，药品监督管理体制和机构也几经调整变化。

2000 年内蒙古自治区药品监督管理局成立前，药品监督管理主要由内蒙古自治区卫生厅和自治区医药管理局（医药总公司）共同承担。2000 年自治区药品监督管理局成立后，药品监督管理工作主要由内蒙古自治区药品监督管理局承担。

一、内蒙古自治政府卫生局（内蒙古自治区卫生部）

1947年，内蒙古自治政府成立后，为保障人民用药安全，维护人民身体健康，根据《内蒙古自治政府施政纲领》《内蒙古自治政府暂行组织大纲》的规定，内蒙古自治政府设立民政部卫生局，下辖药政科，专门负责药品和医疗器材管理工作。随后各级卫生部门设立药政机构，负责对药品、医疗器材生产、销售、使用、质量监督管理。

1948年12月，内蒙古自治政府卫生局与内蒙古军区卫生部合署办公，一个机构，两块牌子。合并后的卫生机构设立材料科和药库，统一负责管理军队和地方医疗卫生机构药品和医疗器材的调拨、分配和供应。

1949年，内蒙古自治政府卫生部在乌兰浩特创建了全区第一个公立药品经营企业即内蒙古人民药房。

1950年11月，内蒙古自治区卫生部与内蒙古军区卫生部分开单独设立。内蒙古自治区卫生部恢复独立建制后，其下设的药政科也同时恢复。该科的主要职责是管理毒麻药品，协调药品和医疗器材供需计划，监督药品质量，并对医疗卫生机构的药品、医疗器材进行管理。

是年，又陆续在通辽市、海拉尔市和昭乌达盟（今赤峰市）林东，各设立一处人民药房，经营销售东北制药厂产品和当地所需其他药品器械。

1953年1月，根据国家关于建立医药统一经营的有关规定，内蒙古自治区卫生部将东部4个人民药房移交内蒙古自治区贸易部后，改组成立内蒙古医药公司，自治区医药公司成立后，陆续在全区各地成立分支经营机构。并配备补充药工干部，保障全区药品器械供应。

二、绥远省人民政府卫生局

1950年，绥远省人民政府卫生局成立，下设有药政科。并由华北人民政府派遣一批卫生人员为骨干，绥东、绥中、绥西专署设立药政科、卫生科，以药品、医疗器械、药材供应管理和培养药工干部为中心任务。

与此同时，在归绥市成立绥远省医药公司，担负全省各医疗机构的药品和医疗器械供应。

三、内蒙古自治区卫生厅

1954年，“蒙绥”合并后，内蒙古自治区卫生部与绥远省卫生局合并后称内蒙古自治区卫生部，同年11月改为内蒙古自治区卫生厅（以下简称自治区卫生厅），下设药政科。同年，内蒙古自治区医药公司与绥远省医药公司合并成立内蒙古自治区医药公司，主要负责全区药品和医疗器械生产企业、经营企业的行业管理和质量监督。

1956年，自治区卫生厅药政科升格为药政管理处。同年内蒙古自治区药材公司成立。主要负责全区药材生产企业、药材经营企业的行业管理，同时负责药材质量的监督管理。同期自治区医药公司和药材公司隶属内蒙古自治区商业部门。

是年，全区各盟市约40%旗县设立药品监督管理机构，相继成立医药分公司、药材分公司。大部分地区采取一个机构、两套业务、分别核算的办法，既负责药品药材经营又负责药品药材监管。全区60%左右的旗县仍由供销社或百货公司兼营购销药品药材业务。

1956年12月，国家完成对农业、手工业和资本主义工商业的社会主义改造。随之，药品的生产和流通体制也发生了根本性的变化。药品管理体制进入新的发展阶段。

到1957年，全区医药、药材核算单位共有48个，其中，医药20个、药材28个，共有职工1391人。经过对私营药店进行社会主义改造，全区先后有447个药店实现公私合营。为有效加强对药品的技术监管，1957年成立内蒙古自治区药品检验所。

1958年，遵照国务院《关于中药材经营管理交由卫生部门统一领导》的指示，鉴于内蒙古自治区医药、药材经营的具体情况，并考虑到医药密切结合的有利因素，1958年1月1日，内蒙古自治区人民委员会决定将内蒙古自治区医药、药材公司经营管理由自治区商业部门移交内蒙古自治区卫生部门领导。但商业部门仍继续参与对医药、药材公司一些业务上的管理，保持卫生部门与商业部门双重领导关系，分别执行卫生部与商业部关于这两项业务的各项规定。

是年，内蒙古自治区卫生厅药政管理处与内蒙古自治区医药公司合并，成立内蒙古自治区卫生厅药政管理局，作为领导全区医药系统药政管理的行政机构，负责全区药政管理法规的贯彻实施。

内蒙古自治区医药、药材两个公司交接手续由内蒙古自治区卫生厅统一办理，交接后确定以“一个机构、两项业务、一套核算”的办法经营管理，并逐步在全区设立药品、药材供应点。当时尚无机构的地区，除乌兰察布盟（今乌兰察布市）、巴彦淖尔盟（今巴彦淖尔市）及磴口县新设点外，其他地区暂不增设机构，仍由国营商业公司和供销社经营或兼营。

是年，呼和浩特市、包头市卫生局设药政管理科；各盟市、旗县卫生处（科）设专职或兼职干部加强药政管理。

此次机构调整后，各级药政管理局职责如下：

自治区卫生厅药政管理局（医药公司）是自治区卫生厅的职能部门之一，负责企业管理和行政管理的双重任务。其职责是：

1. 正确贯彻执行党和国家各项方针政策和自治区相关指示，领导并督促所属各级医药公司的业务开展。

2. 负责审核汇总编制全区药品流转、财务、费用、劳动工资等计划，并审批药品下达和监督检查计划的执行。

3. 负责组织全区主要药品的货源和主要药材的生产以及主要药品的区内平衡分配，并负责药品的调度和签订区内外代购代销协议。

4. 负责掌握全区购、销情况和市场变化，召开全区性的业务、计划、财会、物价等会议，总结交流与推广经验，拟定和修正药品加工、保养保管、储运等办法，并根据盟级公司上报材料综合制定保管、运输损耗定额，指导与改善经营管理。

5. 负责制定区内购销价格和各种差价具体办法，并制定和调整区级药品主要市场的购销价格，以及系统内部调拨作价实施办法。

6. 负责搜集公私合营及私营药商的社会主义改造情况，总结交流其经验。

7. 负责掌握全区医药、药材企业资金，制定有关统计、财会、业务制度和补充制度。

8. 加强调查研究，深入基层和重点产区，全面了解药材生产和供销需求情况及其变化。

9. 负责药政管理各项工作：社会医药管理，医院卫生材料管理，剧毒、麻醉药品管理，监督药品质量，并领导药检所的业务活动。

10. 加强药政管理干部培养教育，提高政治、业务、技术水平。

盟市、旗县药政管理科，仍保持双重领导关系：盟市级公司受同级卫生行政部门与自治区卫生厅药政管理局的领导。旗县（市）公司受当地卫生行政部门与上级药政管理部门的领导。其职能职责与自治区药政管理局对应。

1959年，呼和浩特市、乌兰察布盟等地建立制药厂，生产酊剂、水膏、油膏和部分针、片剂。随着全区制药厂的增多，要求建立相应的药品检验所。

1962年后，包头市、伊克昭盟（今鄂尔多斯市）、昭乌达盟（今赤峰市）和呼伦贝尔盟（今呼伦贝尔市）相继建立药品检验所。

1963年，国务院批准卫生部、商业部《关于中西药品、医疗器械管理体制的报告》，决定将全国中西药品和医疗器械经营企业的业务全部划归商业部门统一经营，由卫生部负责药政监管，实现卫生部与商业部共同领导。

根据这一精神，自治区卫生厅将所属的医药供应企业和制药厂，分别移交给内蒙古自治区商业厅和轻化厅领导。内蒙古自治区卫生厅药政管理局作为贯彻执行国家药政法令的职能机构，定编15人。

1964年3月后，内蒙古自治区卫生厅分别在东、西部，召开全区药政管理工作会议，结合自治区实际，贯彻落实全国药政管理工作会议精神。此后各盟市均正式成立药政机构，配备专业人员。到1964年底，全区所有盟市、旗县卫生处（局）建立药政管理机构，加强了农村牧区的药政管理工作。

1965年，全区设有5所药品检验所，共有职工44名。在37名技术人员中，有药师29人，承担全区药品检验检测职能。

1967—1972年，全区药品监督管理工作基本停顿。1972年，由于发生安乃近注射液严重质量事故，国务院要求各地恢复药政和药检机构，以确保人民群众用药安全有效。

1973年初，内蒙古自治区卫生局重新成立药政管理处。各盟市卫生处（局）也相应恢复药政科或设专职药政管理人员。全区各级卫生行政部门在恢复建立药品检验机构的同时，重点开展产品审批、药品生产供应、药品质量及使用环节的治理整顿。

是年，贯彻落实国务院《关于加强药品质量监督管理工作》指示后，呼伦贝尔盟重新建立了药品检验所，哲里木盟、巴彦淖尔盟、乌兰察布盟等地新建了药品检验所。呼和浩特市、乌海市、锡林郭勒盟、兴安盟及昭乌达盟的翁牛特旗、哲里木盟的科尔沁左翼后旗、兴安盟的突泉县等部分旗县也陆续建立药品检验机构，全区药品监督检验工作得到加强。1981年，对条件太差的旗县药检所作了精简调整。

1976—1985年药品检验机构和人员变化统计表

表1-1

序号	年度	机构数	总人数	专业技术人员			
				合计	药师以上	药士	药检员
1	1976	7	117	—	—	—	—
2	1978	20	247	—	—	—	—
3	1981	34	445	—	—	—	—
4	1983	26	511	347	148	107	92
5	1985	30	566	409	187	133	89

为使盟市以上药品检验机构的仪器设备适应国家药典等法定检验项目的要求，从1979年起，每年拨专款购进补充新型的精密仪器。

四、内蒙古自治区医药管理局（医药总公司）

1979年5月，根据国务院批转卫生部关于建议成立国家医药管理总局的报告精神，内蒙古自治区医药管理局宣告成立。

1980 年 4 月，内蒙古自治区党委、政府决定，将内蒙古自治区医药管理局改称内蒙古自治区医药总公司，对全区医药工商企业实行产、供、销和人、财、物统一管理，并对全区医药行业行使监督管理职能。各盟市、旗县医药分、支公司是医药行业的主管部门，对辖区内各医药工商企业（包括军办、地方办和其他部门办的药厂）和事业单位，行使行业管理职能。

20 世纪 80 年代，中国实施全面经济体制改革和扩大对外开放政策。由于药品生产和流通领域多种经济成分并存，药品进口增多，给药品监督管理带来前所未有的新情况、新问题、新挑战，特别是假冒伪劣药品逐渐增多，直接影响人民群众的健康和生命安全，迫切要求药品管理体制进行改革和完善。

1984 年 9 月 20 日，第六届全国人民代表大会常务委员会第七次会议通过《中华人民共和国药品管理法》，自 1985 年 7 月 1 日起施行。药品管理法规定，由国务院卫生行政部门主管全国药品监督管理工作，县级以上卫生行政部门行使药品监督职权，可以设置药政机构和药品检验机构，设药品监督员，依法进行监督检查。

药品管理法的颁布和实施，为进一步加强药政机构和管理队伍的建设提供了法制保障。截至 1985 年底，全区 12 个盟市卫生处（局），已有 9 个设立药政科，其他盟市和部分旗县设有专职药政人员。全区已有专职药政人员 60 人、兼职 70 人。

药品管理法颁布后，自治区开始注重药品检验机构的基础设施、检验设备建设和更新。卫生部与内蒙古自治区人民政府相继拨专款购置进口药检验仪器，对自治区药品检验所等一批药品检验所进行重点装备。赤峰市、包头市、哲里木盟、呼伦贝尔盟、乌兰察布盟等药品检验所均装备了进口新型紫外分光光度计或高效液相层析、双波长薄层扫描仪等仪器。旗县药品检验所也配备了一般药检仪器设备。截至 1989 年末，全区药品检验所实验室无论是机构的数量还是检验设施、检测能力，已达到国内省级药品检验所的较好水平。

鉴于内蒙古地区东西跨度大，东部地区药品生产经营企业较多和医疗单位用药数量较大的实际情况，自治区卫生厅报经国家卫生部批准，将哲里木盟药品检验所加以充实，作为东部区的中心药品检验所，除承担本盟的药品监督检验职能外，还接受东部其他盟市一些药品检验任务。

1991 年 7 月，内蒙古自治区人民政府决定，自治区医药总公司在性质、职能、编制、人员、机构不变的情况下，增挂内蒙古自治区医药管理局的牌子，负责承担自治区人民政府明确赋予的医药行业管理职能和部分药品监督管理职能，各盟市、旗县级医药公司随后相应增挂医药管理局的牌子。

1994 年 11 月，内蒙古自治区人民政府决定，内蒙古自治区医药管理体制仍按一套班子、两块牌子运转，总体职能不变，内部政企分开。

1997 年 11 月，内蒙古自治区医药总公司撤销，保留自治区医药管理局，全面行使对全区医药市场的行业管理。

是年，全区医药管理体制改革迅速展开，内蒙古自治区医药管理局分三批与全区 12 个盟（行署）市（政府）办理所属 12 个盟市医药分公司和 7 家直属药厂共 19 家区直医药企业的下放属地管理的交接手续。截至 1998 年 4 月，与各盟市交接完毕。

1999 年末，自治区卫生厅和全区 12 个盟市的卫生行政部门都设立药政管理机构，大多数盟市设立药品监督办公室，配备人数不等的专、兼职药品监督员。全区共有药政、药检和药品监督人员 950 名，基本形成覆盖全区的三级药品监督网。呼和浩特市、呼伦贝尔盟、赤峰市和哲里木盟等盟市在苏木乡镇也聘任了药品检查员，实现四级药品监督网络全覆盖。

五、内蒙古自治区药品监督管理局

（一）机构组建

2000 年 2 月，内蒙古自治区党委、政府转发《中共中央、国务院关于内蒙古自治区人民政府机构改革方案的通知》等文件，决定组建内蒙古自治区药品监督管理局（简称自治区药品监督管理局），内蒙古自治区医药管理局从自治区药品监督管理局成立之日起撤销。自治区药品监督管理局行政建制正厅级。按照国务院要求，全区药品监督管理系统实行自治区以下垂直管理。同年 4 月 18 日，内蒙古自治区药品监督管理局正式挂牌对外办公，随即组建了内蒙古自治区药品监督管理局领导班子。

党组书记、局　长：陈　羽（女　蒙古族）

党组成员、副局长：刘显国（正厅级）

于庆华

李国良

党组成员、纪检组长：白玉山

新组建的内蒙古自治区药品监督管理局成为全区药品监督管理的主要行政执法机构，负责对全区药品的研发、生产、流通和使用等环节进行行政监督和技术监督。

自 6 月 5 日开始到 6 月底，通过大会动员、民主评议、闭卷考试、自愿报名、资格审查、竞争演讲、群众推荐、组织考核、党组研究、公示结果、上报审批及双向选择等程序，完成局机关人员定岗工作。到年底前，原自治区医药管理局人员分流工作全部结束。此次机构改革，局机关实际分流人员 70 人，占新局组建之初人员总数的 61.49%，高于自治区直属机关平均分流人员 47% 的水平。

内蒙古自治区药品监督管理系统下设 12 个盟市药品监督管理局及 84 个旗县（市）药品监督管理分局。

全区 12 个盟市药品监督管理局为正处级建制，为内蒙古自治区药品监督管理局的直属机构；二连浩特市、满洲里市药品监督管理局为准处级建制，为所在盟市药品监督管理局的直属机构；旗县（市）药品监督管理分局为正科级建制，为盟市药品监督管理局的派出机构，加挂药品稽查队的牌子，盟市所在地的市、区不设分局。

12 个盟市药品检验所，负责各辖区内药品监督管理工作和盟市所在地的药品技术监督管理工作。

内蒙古自治区药品监督管理局历任领导名录

表 1-2

序号	姓名	性别	民族	职务	任职时间
1	陈羽	女	蒙古族	局长	2000 年 4 月—2004 年 4 月
2	刘显国	男	汉族	副局长（正厅级）	2000 年 4 月—2002 年
3	于庆华	男	汉族	副局长	2000 年 4 月—
4	李国良	男	汉族	副局长	2000 年 4 月—2002 年
5	罗黔英	女	汉族	助理巡视员	2001 年 10 月—2002 年 6 月
				党组成员　副局长	2002 年 6 月—
6	格日勒图	男	蒙古族	党组成员　副局长	2002 年 6 月—
7	栾亚利	女	汉族	助理巡视员	2002 年 6 月—
8	白玉山	男	汉族	党组成员　纪检组长	2000 年 8 月—

（二）职能调整

2000 年 3 月，内蒙古自治区人民政府办公厅下发通知，将内蒙古自治区卫生厅承担的药政、药检职能移交自治区药品监督管理局，将原内蒙古自治区医药管理局承担的药品生产、流通领域的监督管理职能移交自治区药品监督管理局，将其承担的医药行业管理职能移交内蒙古自治区经贸委。

内蒙古自治区卫生厅移交给内蒙古自治区药品监督管理局的药政、药检职能是：制定与修订内蒙古自治区药品管理法规及监督实施职能，制定和颁布内蒙古自治区药品、医用生物制品和生物材料的法定标准职能，辖区内申报新药的初审、药品的再评价、不良反应监测职能，核发药品、医用生物制品和生物材料的生产、经营及医院制剂的许可证，管理麻醉药品、精神药品、毒性药品和放射性药品职能。

自治区质量技术监督局将西药、中药质量监督管理职能移交自治区药品监督管理局。

原内蒙古自治区医药管理局移交给内蒙古自治区药品监督管理局的药品生产流通监管职能是：对医药产品（含中、蒙药）的生产经营进行监督以及组织实施药品生产质量、医药商品质量管理规范；制定中、蒙药产品的质量标准、技术标准、中蒙药产品生产质量和商品质量管理规范职能；对开办药品（含中、蒙药）生产、经营企业的审查和医疗器械生产、经营企业的审批职能；负责执行医疗器械、卫生材料、医药包装材料等产品国家标准和行业标准的监督，实施管理特种药械职能；审核医疗器械产品的市场准入和审批医疗器械广告职能；制定医药流通的地方法规和负责药品的行政保护职能；参与制定中、蒙药保护品种和中、蒙药基本药物目录及监管中、蒙药材集贸市场职能。

原内蒙古自治区医药管理局移交给内蒙古自治区经济贸易委员会的职能是：制定医药行业发展中、长期规划职能，对医药行业经济运行进行宏观调节职能，负责医药行业的统计、信息工作职能，负责药品、药械储备及灾情、疫情、军需、战备药品药械的紧急调度职能。

此外，将内蒙古自治区药检所从自治区卫生厅整体划转自治区药品监督管理局药监局。

（三）主要职责

自治区药品监督管理局负责对全区药品（包括中蒙药材、中药饮片、中蒙成药、化学原料药及其制剂、抗生素、生化药品、生物制品、诊断药品、放射性药品、麻醉药品、毒性药品、精神药品、医疗器械、卫生材料、医药包装材料等）的研究、生产、流通、使用进行行政监督和技术监督。其主要职责是：

1. 研究拟定贯彻国家关于药品管理的法律、法规、法定标准的办法，并监督实施。

2. 注册新药、仿制药品、中药、蒙药保护品种，负责辖区内处方药与非处方药分类管理的组织实施和监督，负责药品的再评价、不良反应监测、临床试验、临床药理基地、淘汰药品的审核工作。

3. 按照有关规定，拟定、修订和经授权颁布内蒙古自治区医疗器械产品法定标准，监督实施产品分类管理目录；核发“医疗器械注册证”和“医疗器械生产许可证”；负责医疗器械质量体系认证和产品安全认证工作。

4. 监督实施药品生产质量、经营质量、医疗单位制剂管理规范，依法核发药品生产企业、经营企业、医疗单位制剂和生物制品、医疗器械、卫生材料、医药包装材料生产、经营企业许可证。

5. 监督实施药物非临床研究质量、临床试验质量管理规范。

6. 监督鉴定、抽验药品的生产、经营和医疗单位药品质量，发布内蒙古自治区药品质量公报；依法查处制、售伪劣药品的行为和责任人；监管中、蒙药材集贸市场。

7. 审批药品广告，负责药品行政保护工作；指导全区药品检验机构的业务工作。

8. 依法监管麻醉药品、精神药品、毒性药品、放射性药品及特种药械。

9. 研究制定内蒙古自治区药品流通的法规、办法，实行药品批发、零售企业资格认定制度，监督实施处方药、非处方药、中蒙药材、中蒙药饮片的购销规则，监管药品交易会工作。

10. 负责实施执业药师（含执业中、蒙药师）资格认定制度，指导辖区内执业药师（含执业中、蒙药师）资格考试、注册登记、发证及备案工作。

11. 利用监督管理手段，配合经济综合部门贯彻实施国家医药产业政策。

12. 组织、指导内蒙古自治区对外开展监督管理方面的交流与合作工作。

13. 承办内蒙古自治区人民政府和国家药品监督管理局交办的其他事项。

（四）内设机构

根据上述职责，自治区药品监督管理局设置6个职能处（室）、2个其他处（室），机关行政编制34名。

1. 办公室（财务）

协助局领导处理机关日常工作，协调机关政务工作；负责局机关会议的组织、综合性材料的起草和机关文秘档案、机要保密、综合调研、机关财务、国有资产管理、规章制度建设等工作；按照规定管理经费，实行收支两条线；拟定、修订内蒙古自治区药品监督管理法规、办法；负责新闻发布、宣传和行政复议工作。

2. 人事教育处（机关党委）

负责局机关及直属单位的党群、人事、机构编制、专业技术职务评聘等工作；制定药品监督执法人员培训规划及管理办法并组织实施，实施执业药师（含执业中、蒙药师）资格认定制度，指导执业药师（含执业中、蒙药师）资格考试及注册工作。

3. 药品注册处

按照有关规定，拟定、修订和颁布药品的法定标准；注册新药、仿制药品、中药、蒙药保护品种及新药临床试验；负责药品再评价和淘汰药品的审核工作；负责辖区内的药品行政保护工作；指导全区药品检验机构的业务工作。

4. 医疗器械处

按照有关规定，监督实施医疗器械、体外诊断试剂、生物制品、卫生材料产品的法定标准；实施产品分类管理；制定颁布医疗器械地方标准，鉴定审批新产品；注册进口医疗器械、临床试验基地；审批、核发医疗器械产品注册证和生产许可证；负责医疗器械质量体系认证和产品安全认证工作；审核医疗器械广告。

5. 安全监管处

组织实施自治区非处方药制度，审核登记非处方药物；审核临床药理基地；负责药品不良反应监测；拟定、修订自治区药物非临床研究质量、临床试验质量管理规范及药品生产质量、医疗单位制剂管理规范并监督实施；依法监督管理麻醉药品、精神药品、毒性药品、放射性药品及特种药械；依法核发药品生产企业、医疗单位制剂许可证。

6. 市场监督处

研制制定自治区药品流通法规、办法，实行药品批发、零售企业资格认定制度；制定并监督实施处方药、非处方药、中蒙药材、中蒙药饮片的购销规则；拟定、修订自治区药品经营质量管理规范和监督实施；依法核发药品经营许可证；监督鉴定、抽验药品生产、经营、使用单位的药品质量，发布药品质量公报；依法查处制、售假劣药品的行为和责任人，监管中、蒙药材集贸市场；审批药品广告；

监管各种药品交易会工作。

另设：离退休人员工作处

负责局机关离退休人员的管理，指导直属单位的离退休人员管理工作，承办局交办的其他事项。

纪检监察室

负责纪律检查和行政监察工作。

（五）事业单位

局直属事业单位4个。

1. 内蒙古自治区药品检验所（内蒙古自治区医疗器械检测中心）

内蒙古自治区药品检验所成立于1957年，2000年5月由内蒙古自治区卫生厅划归内蒙古自治区药品监督管理局管理。同年6月，根据国务院批转《国家药品监督管理局药品监督管理体制改革方案的通知》（国发〔2000〕10号），关于“省药品监督管理局设置药品检验机构、省会城市不重复设置”的意见，撤销呼和浩特市药品检验所，机构及人员并入内蒙古自治区药品检验所。新组建的内蒙古自治区药品检验所，内设14个科级机构。核定事业编制150名，核定处级领导职数4名（1正3副），科级领导职数28名（14正14副）。2001年同时挂“内蒙古自治区医疗器械检测中心”“内蒙古自治区药品不良反应监测中心”牌子。

主要职责：承担自治区药品生产经营使用过程中的质量检验和复验工作，承担呼和浩特市辖区内的药品质量检验工作，协助盟市药品检验所解决药品检验中的疑难问题，承担自治区医疗器械检测工作，承担自治区药品不良反应监测工作。

2. 内蒙古自治区药品监督信息中心

2000年4月，内蒙古自治区药品监督信息中心成立，核定事业编制5名，处级领导职数2名（1正1副）。

主要职责：承担药品、医疗器械监管信息化建设及信息服务等工作；具体承担对药品研究、生产、流通、使用全过程的信息收集、分析和处理工作，为药品监督提供依据。

3. 内蒙古自治区药品不良反应监测中心

2001年12月，内蒙古自治区药品不良反应监测中心成立，挂牌于自治区药品检验所。2002年5月，内蒙古自治区药品不良反应监测中心改为隶属自治区药品监督管理局，同时继续在内蒙古自治区药品检验所加挂内蒙古自治区药品不良反应监测中心牌子，为内蒙古自治区药品监督管理局直属处级事业单位。核定事业编制5名。

主要职责：贯彻国家药品不良反应监测工作的有关法律法规，协助自治区药品监督管理局制定全区药品不良反应监测工作实施计划及管理办法；根据国家及自治区药品监督管理局的工作计划和要求，指导全区药品生产、经营、使用单位开展药品不良反应病例的收集、整理、报告工作；受理全区药品生产、经营、使用单位及个人报送的药品不良反应病例材料，经分析评价后按规定时间向国家药品不良反应监测中心、自治区药品监督管理局、自治区卫生厅报告；组织开展全区药品不良反应监测的宣传、教育、培训、交流工作，编辑出版药品不良反应信息刊物。

4. 机关事务服务中心

2000年4月，按照政事分开的原则，成立内蒙古自治区药品监督管理局机关事务服务中心。机关事务服务中心相当于处级事业单位，核定事业编制8名，处级领导职数2名（1正1副），经费来源为全额拨款。主要职责：承担机关后勤服务、物业管理及机关交办的其他事务性工作。

第三节 食品药品监督管理机构

一、内蒙古自治区食品药品监督管理局

（一）机构组建

2003 年 3 月，中共中央、国务院决定，在国家药品监督管理局的基础上，组建国家食品药品监督管理局。同年 7 月，召开全国食品药品监督管理工作座谈会，部署全国食品药品监督管理体制和机构改革调整工作。

2004 年 5 月 16 日，在内蒙古自治区药品监督管理局的基础上，增加了食品安全综合协调职能，组建内蒙古自治区食品药品监督管理局，行政建制正厅级。

内蒙古自治区食品药品监督管理局领导班子：

党组书记、局　长：郝　富

党组成员、副局长：于庆华

曹殿云

罗黔英（女）

格日勒图（蒙古族）

党组成员、纪检组长：白玉山

助理巡视员：栾亚利（女）

同年 9 月，自治区和盟市机构组建完成。至 9 月底，全区 12 个盟市成立食品药品监督管理局。84 个旗县（市）也相应成立食品药品监督管理分局，形成自治区、盟市、旗县三级食品药品安全监管体系，增强了对食品实施综合监督、组织协调和依法对重大食品安全事故查处职能。

同年，为了落实食品安全各级政府负总责的要求，成立了由内蒙古自治区人民政府分管领导牵头的自治区食品安全协调领导小组。同时成立了内蒙古自治区食品安全委员会，成员单位由内蒙古自治区食品药品监督管理局等 18 个单位组成，委员会下设办公室，办公室设在内蒙古自治区食品药品监督管理局。随之各盟市也相应成立由政府分管领导牵头的“食品安全协调领导小组”或“食品安全委员会”。

（二）职能调整

2004 年，国务院《关于进一步加强食品安全工作的决定》（国发〔2004〕23 号），把涉及食品安全监管的部门职能职责进行重新划分，基本上是按职能职责分段管理。同时提出“分段管理为主、品种管理为辅”的方式。分段管理，就是各部门对不同环节分别负责监管。品种管理，就是不同的食品按照品种划分由相关部门监管，对一个品种由某一部门从头监管到底。

自治区食品药品监督管理局组建后，根据决定精神，自治区党委、政府随即对农牧业、卫生、质量技术监督、工商行政管理等相关部门的监管职能职责进行调整划分。部门职能职责重新划分后，自治区食品药品监督管理局承担的职能职责是：

1. 继续承担原自治区药品监督管理局的职能职责。

2. 增加食品、保健品、化妆品安全管理综合监督和组织协调，依法对重大事故查处的职能职责。

即组织有关部门起草食品、保健品、化妆品安全管理方面的地方性行政法规、地方政府规章或规

范性文件；组织有关部门贯彻制定食品、保健品、化妆品安全管理综合监督政策、工作规划并监督实施；依法行使食品、保健品、化妆品安全管理的综合监督职责；组织协调有关部门承担的食品、保健品、化妆品安全监督工作；依法组织开展对食品、保健品、化妆品重大安全事故的查处，根据内蒙古自治区人民政府或国家食品药品监督管理局授权，组织协调开展全区食品、保健品、化妆品安全的专项执法监督活动；组织协调和配合有关部门开展食品、保健品、化妆品安全重大事故应急救援工作；综合协调食品、保健品、化妆品安全的检测和评价工作，会同有关部门制定食品、保健品、化妆品安全监管信息发布办法并监督实施，综合有关部门的食品、保健品、化妆品安全信息并定期向社会发布；拟订保健品、化妆品生产经营企业市场准入标准，负责保健品、化妆品初审和保健品、化妆品生产经营企业审批监管工作。

（三）内设机构

根据增加的职能职责，内设机构也做了相应的调整，增设食品安全等职能处室，增加处级职数 3 名（1 正 2 副），行政编制总额不增加，人员在机关内部调剂。

机构和职能调整后，自治区食品药品监督管理局设 11 个职能处（室）、2 个其他处（室）：

1. 办公室

协助局领导处理机关日常工作，协调机关政务工作；负责局机关会议的组织、综合材料的起草和机关文秘档案、机要保密、综合调研、规章制度建设等工作；负责新闻发布、宣传等工作。

2. 政策法规处

研究拟订自治区食品药品监督管理立法规划，起草或组织起草自治区食品药品监督管理方面的地方性法规草案、政府规章草案规范性文件；负责有关食品药品监督管理法律法规和政策性问题的咨询和答复工作；承担自治区食品药品监督管理局行政处罚听证、行政复议、行政应诉和行政赔偿等相关工作；负责本系统普法和法制宣传工作。

3. 食品安全协调处

组织有关部门起草食品、保健品、化妆品安全管理方面的地方性行政法规、地方政府规章或规范性文件；组织有关部门贯彻制定食品、保健品、化妆品管理综合监督政策、工作规划并监督实施；依法行使食品、保健品、化妆品安全管理的综合监督职责；组织协调有关部门承担的食品、保健品、化妆品安全监督工作，综合协调食品、保健品、化妆品安全的检测和评价工作；会同有关部门制定食品、保健品、化妆品安全监管信息发布办法并监督实施，综合有关部门的食品、保健品、化妆品安全信息并定期向社会发布；拟定保健品、化妆品生产经营企业市场准入标准，负责保健品、化妆品初审和保健品、化妆品生产经营企业审批或指导保健品、化妆品广告工作。

4. 食品安全监察处

负责保健品、化妆品生产经营企业日常监管；依法组织开展对食品、保健品、化妆品重大安全事故的查处，根据自治区人民政府或国家局授权组织协调开展全区食品、保健品、化妆品安全的专项执法监督活动；组织协调和配合有关部门开展食品、保健品、化妆品安全重大事故应急救援工作。

5. 药品注册处

监督国家法定标准的执行；受理辖区内新药、已有国家标准药品及其补充申请保健品的注册申请；受理辖区内中药、蒙药保护品种的申请初审；负责辖区内药品和医疗机构制剂品种的包装、标签、说明书的审核及登记备案工作；负责辖区内医院制剂品种的审批和管理工作，对辖区内生产的药品、医院制剂实施注册登记；负责辖区内一类药品包装材料、容器的初审和二、三类药品包装材料、容器的审批工作；拟订内蒙古自治区中、蒙药饮片炮制规范和医疗机构制剂规范。

6. 医疗器械处

审批核发二类医疗器械产品注册证书、医疗机构研制的二类医疗器械使用批准证书；核发二、三类医疗器械生产企业、经营企业许可证，负责二类医疗器械产品标准的复核和三类医疗器械注册产品标准的初审，并对标准的实施进行监管；负责一类医疗器械生产企业的备案；负责医疗器械广告审批备案工作；指导区内医疗器械检测机构的业务工作。

7. 药品安全监管处

组织实施国家基本药物制度、药品分类管理制度、药品不良反应监测制度，负责非处方药审核登记，药品不良反应监测及药品再评价；参与制定国家基本药物目录；监督实施药品生产、中药材生产、医疗机构制剂质量管理规范，负责核发“药品生产许可证”“医疗机构制剂许可证”，负责药品GMP自治区级认证和部分药品委托生产的审批；监督实施药物非临床研究，药物临床试验质量管理规范，负责药物临床试验机构和药品研究机构登记备案的初审，负责药品研究机构的日常监管，依法监管特殊药品、放射性药品、麻醉药品、医疗用毒性药品、精神药品，负责特殊药品经营单位资格认定，负责核发“放射性药品使用许可证”。负责药物滥用监测工作，履行自治区禁毒委员会成员单位职责。

8. 药品市场监督处

贯彻执行国家和内蒙古自治区有关法律、法规，依法监管药品流通和交易行为，研究制定自治区药品流通监督管理办法并监督实施；监督实施药品经营质量管理规范（GSP），组织开展GSP认证工作；监督流通领域处方药、非处方药分类管理制度实施；制定中蒙药材、中蒙药饮片的购销规则，并监督实施；依法核发“药品经营许可证”，对持证企业进行年检，监管中蒙药材市场；审批备案药品广告，检查监督辖区内刊播的药品广告。

9. 药品稽查处

依法对辖区内药品、医疗器械生产、经营使用单位监督检查；依法查处区内重大的和跨省区的药品、医疗器械违法案件及其他需要查处的药品、医疗器械违法案件；负责处理国家食品药品监督管理局交办的药品、医疗器械违法案件和其他省要求协办的案件；计划并组织实施对药品、医疗器械生产、经营、使用单位的药品、医疗器械质量监督抽验工作，并定期发布质量公报；负责处理药品、医疗器械质量投诉和举报；检查、督促、指导全区药品、医疗器械稽查工作。

10. 人事教育处

承担局机关和全区食药监管系统的人事、机构编制及劳动工资工作；按照干部管理权限，做好有关干部的管理工作；指导本系统干部队伍建设，拟定本系统教育培训规划及管理办法并组织实施，实施执业药师（含执业中、蒙药师）资格认定制度，监督和指导全区执业药师培训、执业药师注册工作。

11. 财务处

负责编制食品药品监督管理系统和局年度财务计划及经费管理；制定财务管理制度和财务基础建设发展计划，编制财务报表；负责内部审计及国有资产管理。

另设：离退休人员工作处

负责局机关离退休人员的管理，指导直属单位的离退休人员管理工作，承办局交办的其他事项。

纪检监察室

负责纪律检查和行政监察工作。

2005年，全区12个盟市、101个旗县（市区）都成立由政府分管领导任组长的食品生产加工行业整顿工作领导小组。旗县政府与乡镇政府、乡镇政府与街道办事处签订1064个《食品安全目标责任书》。盟市、旗县质监局与企业签订10287个食品安全承诺书。全面实施区域监管责任制，构建起了覆盖全区食品生产领域的安全监管网络。

在药品监督管理方面，基本构建起覆盖旗县、苏木乡镇、嘎查村三级的药品监管网络，初步实现药品监管无盲点的目标。全区基层共聘请药品监督协管员、药品监督信息员8634名。

二、体制变动与职能再调整

2008年，国务院大部制改革，我国食品安全监管体制度又进行了改革调整。食品药品监督管理局并入卫生部，即新的卫生部统管全国的食品安全，承担由国家食品药品监督管理局行使的食品安全综合协调和组织查处食品安全重大事故的责任，将餐饮服务监管移交国家食品药品监督管理局。

2009年12月，按照《国务院办公厅关于调整省级以下食品药品监督管理体制有关问题的通知》要求，内蒙古自治区食品药品监督管理局由自治区卫生厅管理，作为自治区人民政府工作机构。保留正厅级规格不变，保留局党组。取消食品药品监督管理体制自治区以下垂直管理，实行地方政府属地分级管理。

2010年4月17日，自治区党委、政府重新任命内蒙古自治区食品药品监督管理局领导班子：

党组书记、局　长：郝　富

党组成员、副局长：罗黔英（女）

格日勒图（蒙古族）

韩玉明

党组成员、纪检组长：杨文忠

副巡视员：栾亚利（女）

李光荣

12月8日，内蒙古自治区人民政府办公厅印发《内蒙古自治区食品药品监督管理局主要职责内设机构和人员编制规定》（内政办发〔2009〕110号）通知，明确内蒙古自治区食品药品监督管理局主要职能职责：

1. 将食品安全综合协调、组织查处食品安全重大事故的职责划给内蒙古自治区卫生厅。

2. 将内蒙古自治区卫生厅餐饮业、食堂等消费环节（以下简称消费环节）食品卫生许可和保健食品、化妆品监督管理等职责，划入内蒙古自治区食品药品监督管理局。

3. 内蒙古自治区质量技术监督局承担自治区食品、食品相关产品生产加工环节的质量安全监督管理责任，组织协调食品生产加工环节质量安全事故的调查处理；不再发放食品生产环节的“卫生许可证”，内蒙古自治区质量技术监督局内设食品生产监管处。

4. 将药品、医疗器械等技术评审和认证工作交给内蒙古自治区食品药品监督管理局下属的相关事业单位。

职能调整后，自治区食品药品监督管理局主要职能职责：

1. 贯彻执行国家食品、药品、保健食品、化妆品和消费环节食品安全监督管理的方针、政策、规划和法律、法规、规章，研究制定全区药品、消费环节食品安全监督管理和保健食品、化妆品卫生监督管理的政策、工作规划并监督实施，参与起草内蒙古自治区相关地方性法规。

2. 负责消费环节食品卫生许可和食品安全监督管理，监督实施消费环节食品安全管理规范；开展消费环节食品安全状况调查和检测工作，发布与消费环节食品安全监管有关的信息。

3. 负责保健食品、化妆品的审批工作，负责保健食品、化妆品卫生许可、行政监管和技术监督；监督实施国家保健食品、化妆品卫生标准、生产经营管理规范和技术规范；组织开展对保健食品、化妆品的检测和评价工作；负责保健食品、化妆品检验检测机构监督管理工作。

4. 负责药品、医疗器械行政监督和技术监督，监督实施药品和医疗器械研制、生产、流通、使用方面的质量管理规范，依法核发药品、医疗器械生产企业、经营企业、医疗单位制剂室许可证。

5. 负责药品、医疗器械的注册和监督管理，监督实施国家药品、医疗器械标准；组织开展药品不良反应、医疗器械不良事件和药物滥用监测；负责药品、医疗器械的再评价和淘汰工作；配合有关部门实施国家基本药物制度；负责自治区内国家处方药与非处方药分类管理制度的组织实施。

6. 组织实施中药、民族药监督管理，组织拟定内蒙古自治区蒙药质量标准，监督实施中药生产质量管理规范、中药饮片泡制规范等，依法实施中药品种保护制度。

7. 监督检验生产、经营企业和医疗机构的药品、医疗器械质量，发布内蒙古自治区药品、医疗器械质量安全信息；依法审批药品、医疗器械、保健食品、化妆品广告；按权限审批互联网药品信息和交易服务资格；发布违法药品、医疗器械和保健食品、化妆品广告公告。

8. 组织查处生产经营保健食品、化妆品和消费环节食品安全方面的违法行为，以及在研制、生产、流通、使用药品、医疗器械方面的违法行为。

9. 负责药品行政保护工作，指导全区药品、医疗器械、药品包装材料和容器检验机构及药品审评机构、医疗器械质量体系认证（评审）机构和产品注册审评机构的业务工作。

10. 监督管理麻醉药品、精神药品、毒性药品、放射性药品、易制毒化学品、药源性兴奋剂及特种药械，承担药品、医疗器械和消费环节食品安全突发事件应急处理、风险评估及药品、医疗器械召回的监督管理。

11. 监督实施药品批发、零售企业管理制度和处方药、非处方药、中蒙药材、中药饮片的购销规则，负责医疗机构药械使用环节的监督管理，监督管理中蒙药材集贸市场和各类药品交易会。

12. 组织、指导和监督地方食品药品监督管理局对消费环节的食品安全和药品、医疗器械、保健食品、化妆品研制、生产、流通、使用环节的监督管理工作。

13. 承办内蒙古自治区人民政府和上级机关交办的其他事项。

职能调整后，相关部门职能职责分工：

1. 农业部门按照农产品质量安全法有关规定，继续做好农产品质量安全监督管理工作。

2. 工业和信息化部门推进形成政府指导、行业自律、社会监督、企业诚信的食品安全保障长效机制，促进食品行业健康发展。

3. 商务部门加强生猪屠宰行业管理，抓好酒类流通管理，继续做好酒类经营者备案登记制度和酒类流通附随单溯源制度等行业管理工作。

4. 工商行政管理部门加强对流通环节食品经营者的监督检查，依法查处违法经营行为，督促食品经营企业建立进货查验记录制度，依法加强对食品广告的监管，建立健全流通环节食品安全监管相关体制。

5. 质监部门加强食品、食品添加剂和食品相关产品生产企业的监督检查，督促企业建立健全食品安全控制措施及各项记录报告制度，监督生产企业落实食品安全主体责任，加强食品检验机构资质认定和监督管理工作。

6. 出入境检验检疫机构对列入《出入境检验检疫机构实施检验检疫的进出境商品目录》内的进出口食品、食品添加剂和食品相关产品，按照食品安全法和商检法及实施条例的有关规定实施检验，按照食品安全国家标准对进口食品进行检验，继续做好口岸食品的监督管理工作，依法加强进口食品生产企业注册管理和出口食品生产企业备案管理。

合并了综合管理、服务部门的职能职责，取消已由内蒙古自治区人民政府公布取消的行政审批事项。

体制变动和职能调整后内设机构也做了相应调整。与机构改革前相比，内蒙古自治区食品药品监督管理局内设机构总数不变，机构设置上有一定的变化，强化了承担执行和执法监管职责及处置突发公共事件的内设机构。原 11 个处室中的食品安全协调处、食品安全监察处撤销，新增保健食品化妆品监管处和餐饮服务监管处。

保健食品化妆品监管处职能职责是：组织和实施保健食品许可、化妆品卫生许可管理工作；负责保健食品的初审、注册工作，组织实施保健食品生产、经营管理规范；依法承担化妆品安全性评审、安全监测、风险评估工作和监督管理工作，组织开展保健食品、化妆品不良反应监测和产品质量安全突发事件的应急处理工作；负责保健食品、化妆品广告审查和监督管理工作；承担保健食品、化妆品检验检测机构监督管理工作。

餐饮服务监管处职能职责是：负责餐饮服务环节食品安全监督管理工作，查处违法行为；监督实施餐饮服务安全管理规范；组织实施餐饮服务许可管理办法；负责发布与餐饮服务监督管理有关的信息；贯彻实施餐饮服务监督稽查制度；开展餐饮服务环节食品安全事故的应急处理工作。

同年，按照中共中央和国务院关于食品药品监督管理体制改革调整的精神，取消食品药品监督管理机构自治区以下垂直管理，实行盟市、旗县政府分级管理。

为做好食品药品监管体制向下划归的移交工作，自治区食品药品监督管理局成立全区食品药品监督管理体制改革移交工作领导小组和办事机构，多次召开会议，组织机关全体人员学习自治区食品药品监督管理局新的“三定”方案及有关文件精神。召开各盟市参加的移交对接协调会，明确具体要求，集中解决了一批遗留问题，并从人事、财务、资产等方面入手，积极做好各项工作。多次同自治区党委组织部、政府办公厅、编办、人事厅等有关部门就移交工作进行协商，在广泛征求有关部门意见并形成共识的基础上，于 2010 年 9 月 16 日组织召开全区移交下划工作会议，以一站式办公的方式，一揽子签字划转了 12 个盟市食品药品监督管理局的资产、人员、档案等。

2011 年 10 月 13 日，自治区党委、政府任命毕力夫为内蒙古自治区食品药品监督管理局局长，免去郝富内蒙古自治区食品药品监督管理局局长。

2012 年 1 月 1 日起，内蒙古自治区食品药品监督管理局职能再次进行调整。原由内蒙古自治区卫生厅承担的全区餐饮服务监管职能正式移交自治区食品药品监督管理局。

至 2012 年底，全区 9 盟市全部完成职能划转。绝大多数旗县完成餐饮服务安全监管职能的交接工作。全区各级食品药品监管部门开始全面履行餐饮服务安全监管新职责。

三、监管体制完善和职能加强

（一）完善监管体制

2013 年 6 月 5 日，国务院召开全国食品药品安全监管体制改革工作电视电话会议，部署地方改革完善食品药品监督管理体制。内蒙古自治区人民政府及时成立以自治区主席巴特尔为组长的食品药品监管体制改革领导小组，全面部署自治区的食品药品监管体制改革工作。

7 月 8 日，内蒙古自治区党委、政府任命了自治区食品药品监督管理局领导班子。9 月 26 日，根据《国务院关于地方改革完善食品药品监督管理体制的指导意见》（国发〔2013〕18 号），自治区党委、政府决定整合自治区食品安全委员会办公室和卫生厅、质量技术监督局、工商行政管理局、商务厅等承担的食品安全监管相关职能及人员编制，重新组建内蒙古自治区食品药品监督管理局。行政建制正厅级，为内蒙古自治区人民政府直属机构。同时，加挂内蒙古自治区食品安全委员会办公室牌子。

2013 年 7 月 8 日，重新组建了内蒙古自治区食品药品监督管理局领导班子：

党组书记、局　长：杨　玺

党组成员、巡视员：罗黔英（女）

党组成员、副局长：格日勒图（蒙古族）

党组成员、巡视员：韩玉明

党组成员、副局长：栾亚利（女）

张永强

杨凤屹

（二）相关部门职能职责调整

2013 年 9 月 26 日，内蒙古自治区人民政府办公厅印发了《内蒙古自治区食品药品监督管理局主要职责内设机构和人员编制规定》的通知（内政办发〔2013〕85 号），对自治区食品药品监督管理相关部门的职能做了调整，明确了内蒙古自治区食品药品监督管理局的主要职能职责。按照职能转变要求，自治区食品药品监督管理部门的职能职责做了相应的调整。

调整划入职能职责 6 项：

1. 内蒙古自治区卫生厅承担的宾馆餐饮和单纯性餐饮服务公共场所卫生许可、食品安全综合协调、组织查处食品安全重大事故的职能职责，划入新组建的内蒙古自治区食品药品监督管理局。

2. 内蒙古自治区工商行政管理局承担的食品流通环节监督管理的职能职责，划入内蒙古自治区食品药品监督管理局。

3. 内蒙古自治区质量技术监督局承担的生产环节食品行政许可和监督管理职能职责，化妆品生产行政许可、强制检验职责，医疗器械强制性认证的职责，确定食品安全检验机构资质认定条件和制定检验规范的职能职责，划入内蒙古自治区食品药品监督管理局。

4. 内蒙古自治区商务厅承担的酒类食品安全监督管理职能职责，划入内蒙古自治区食品药品监督管理局。

5. 内蒙古自治区农牧业厅承担的食用农产品从种植养殖环节进入到批发、零售市场或生产加工企业后的质量安全监督管理职能职责，划入内蒙古自治区食品药品监督管理局。

6. 整合内蒙古自治区质量技术监督局、内蒙古自治区食品药品监督管理局等部门所属食品安全检验检测机构，由内蒙古自治区食品药品监督管理局统一管理，构建统一的食品安全检验检测技术支撑体系。

2015 年 4 月，整合自治区食品安全委员会办公室和自治区药品安全工作领导小组办公室职能，更名为自治区食品药品安全委员会办公室，挂牌于内蒙古自治区食品药品监督管理局。

2017 年 6 月，根据内蒙古自治区机构编制委员会文件《关于自治区食药监局调整机构编制事项的批复》（内机编发〔2017〕58 号），将自治区盐务管理局承担的相关食用盐质量安全监督管理职能和人员划转到自治区食品药品监督管理局。自治区食品药品监督管理局增设特殊食品（保健食品、特殊医学用途配方食品、婴幼儿配方食品和食用盐等）监督管理处。

自治区食品药品监督管理局新增职能职责 7 项：

1. 负责药品、医疗器械质量管理规范认证。

2. 负责药品再注册以及不改变药品内在质量的补充申请行政许可。

3. 负责国产第三类医疗器械不改变产品内在质量的变更申请行政许可。

4. 负责药品委托生产行政许可。

5. 负责进口非特殊用途化妆品行政许可。

6. 履行自治区食品安全委员会办公室职责。

7. 承担国家食品药品监督管理总局下放到省级食品药品监督管理局的其他职责。

自治区食品药品监督管理局加强的职能职责 5 项：

1. 加强食品安全制度建设和综合协调，完善药品标准体系、质量管理规范，优化药品注册和有关行政许可管理流程，健全食品药品风险预警机制和对盟市、旗县市区的监督检查机制，构建防范区域性、系统性食品药品安全风险的机制。

2. 推进全区食品药品检验检测机构整合，公平对待社会力量提供检验检测服务，加大政府购买服务力度，完善技术支撑保障体系，提高食品药品监督管理的科学化水平。

3. 转变管理理念，创新管理方式，充分发挥市场机制、社会监督和行业自律作用，建立让生产经营者成为食品药品安全第一责任人的有效机制。设立盟市、旗县食品药品投诉举报、行政受理和盟市食品药品评审机构，评审机构作为同级食品药品监督管理部门的直属事业单位，负责群众投诉举报受理、“12331” 投诉举报信息平台管理和职能整合后涉及的行政许可、认证、备案等事项的公开受理、评审。

4. 加强食品药品行政执法，完善行政执法与刑事司法有效衔接机制，推动加大对食品药品安全违法犯罪行为的依法惩处力度。盟市、旗县公安机关设立食品药品违法犯罪侦查机构，派驻同级食品药品监管部门办公，实行食品约品监管部门和公安机关的双重管理，以公安机关管理为主。苏木乡镇、街道食品药品监管部门与所在地公安派出所建立和强化联动工作机制，切实加大对食品药品安全违法行为的惩处打击力度。

5. 建立盟市监管稽查执法体系。在盟市食品药品监督管理部门设食品药品执法稽查支队，副处级行政执法单位；在旗县食品药品监督管理部门设食品药品执法稽查大队，副科级行政执法单位。根据本地实际情况，分设食品执法稽查机构和药品执法稽查机构。

合并取消的职能职责 5 项：

1. 将药品生产行政许可与药品生产质量管理规范认证两项行政许可整合为一项行政许可。

2. 将药品经营行政许可与药品经营质量管理规范认证两项行政许可整合为一项行政许可。

3. 将化妆品生产行政许可与化妆品卫生行政许可两项行政许可整合为一项行政许可。

4. 取消执业药师的继续教育管理职责，工作由内蒙古执业药师协会承担。

5. 根据国家、自治区的规定需要取消的其他职责。

下放的职能职责 6 项：

按照简政放权、行政审批制度改革要求，下放了相应的职能：

1. 将药品零售企业药品经营质量管理规范认证职责下放盟市级食品药品监督管理部门。

2. 将麻醉药品、第一类精神药品运输证明和邮寄证明的开具职责下放盟市级食品药品监督管理部门。

3. 将药品生产企业质量授权人发生变更的“药品生产许可证”备案职责下放盟市级食品药品监督管理部门。

4. 将国产第二、三类医疗器械的经营许可职责下放盟市级食品药品监督管理部门。

5. 将餐饮服务行政许可职责下放盟市级食品药品监督管理部门。

6. 根据自治区人民政府机构改革和职能转变要求需要下放的其他职责。

部门职责分工：

1. 与自治区农牧业部门的职责分工

农牧业部门负责食用农产品从种植养殖环节到进入批发、零售市场或生产加工前的质量安全监督管理；负责兽药、饲料、饲料添加剂和职责范围内的农药、肥料等其他农业投入品质量及使用的监督管理；负责畜禽屠宰环节和生鲜乳收购环节质量安全监督管理。食用农产品进入批发、零售市场或生产加工后，由食品药品监督管理部门监督管理。两部门建立食品安全追溯机制，加强协调配合和工作衔接，形成监管合力。

2. 与自治区卫生行政主管部门的职责分工

内蒙古自治区卫生行政部门负责食品安全风险评估和食品安全标准制定、修订；会同内蒙古自治区食品药品监督管理局等部门制定、实施食品安全风险监测计划；通过对食品安全风险监测或者接到举报发现食品可能存在安全隐患的，应当立即组织进行检验和食品安全风险评估，并及时向自治区食品药品监督管理局通报食品安全风险评估结果。自治区食品药品监督管理局应当及时向自治区卫生行政部门提出食品安全风险评估的建议，对于经风险评估得出不安全结论的食品，应当立即采取措施，完善自治区食品安全风险评估中心法人治理结构，健全理事会制度。内蒙古自治区食品药品监督管理局会同内蒙古自治区卫生行政部门建立重大药品不良反应事件相互通报机制和联合处置机制。

3. 与自治区质量技术监督部门的职责分工

内蒙古自治区质量技术监督局负责食品包装材料、容器、食品生产经营工具等食品相关产品生产加工的监督管理。质量技术监督部门发现食品相关产品可能影响食品安全的，要及时通报食品药品监督管理部门，食品药品监督管理部门应当立即在食品生产、流通消费环节采取措施加以处理。食品药品监督管理部门发现食品安全问题可能由食品相关产品造成的，应及时通报质量技术监督部门，质量技术监督部门应当立即在食品相关产品生产加工环节采取措施加以处理。

4. 与自治区工商行政管理部门的职责分工

内蒙古自治区工商行政管理局负责药品、医疗器械、保健食品广告经营活动的监督管理。内蒙古自治区食品药品监督管理局负责药品、医疗器械、保健食品广告内容审查，对其批准的药品、医疗器械、保健食品广告进行监测。对于违法广告和违法广告监测结果，应当向工商行政管理部门通报，工商行政管理部门依法进行查处。两部门要建立健全协调配合机制。

5. 与自治区商务部门的职责分工

内蒙古自治区商务厅负责拟订药品流通发展规划和政策；负责拟订促进餐饮服务和酒类流通发展规划和政策。内蒙古自治区食品药品监督管理局负责药品流通的监督管理，配合执行药品流通发展规划和政策；负责餐饮服务食品安全和酒类食品安全的监督管理。

6. 与内蒙古出入境检验检疫局的职责分工

内蒙古出入境检验检疫局负责进出口食品安全、质量检验和监督管理；负责收集、汇总进出口食品安全信息，并及时通报内蒙古自治区食品药品监督管理局；对境外发生的食品安全事件可能对内蒙古自治区境内造成影响，或者在进口食品中发现严重食品安全问题的，应当及时采取风险预警或者控制措施，并向自治区食品药品监督管理局通报。自治区食品药品监督管理局应当将进出口食品生产经营企业在区内的有关安全信息，及时通报内蒙古出入境检验检疫局。进口的食品以及食品相关产品应当符合我国食品安全国家标准。

7. 与内蒙古自治区公安厅的有关职责分工

自治区公安厅负责组织指导食品药品犯罪案件侦办工作，与自治区食品药品监督管理局建立行政执法和刑事司法工作相衔接的机制，加大食品药品违法犯罪行为特别是重特大案件的侦办、打击力度。自治区食品药品监督管理局发现食品药品违法行为涉嫌犯罪的，应当按照有关规定及时移送公安机关，公安机关应当迅速进行审查，并依法作出立案或者不予立案的决定。公安机关依法提请食品药品监督管理部门作出检验、鉴定、认定等协助的，食品药品监督管理部门应当予以协助。

（三）自治区食品药品监督管理局主要职能职责

1. 负责贯彻执行国家关于食品（含食品添加剂、保健食品，下同）、药品（含中药、蒙药等民族药，下同）、化妆品和医疗器械监督管理的法律、法规和规章；参与起草自治区食品安全、药品、化妆品、医疗器械监督管理的地方性法规、规章草案；负责制定全区食品安全、药品、化妆品、医疗器械监督管理方面的政策、规划；推动建立健全食品安全企业主体责任、地方人民政府负总责的机制，并组织实施和监督检查，着力防范区域性、系统性食品药品安全风险；协调、督促自治区有关部门落实食品安全监管责任。

2. 负责全区食品生产经营行政许可及监督实施。建立食品安全隐患排查治理机制，制定全区食品安全重大治理整顿方案并组织落实。参与制定食品安全风险监测计划、食品安全标准，开展相应的安全风险监测工作。确定食品安全检验机构资质认定条件和制定检验规范；组织开展酒类食品安全监督管理。

3. 负责监督实施药品和医疗器械产品法定标准、分类管理制度。监督实施药品和医疗器械研制、生产、经营、使用质量管理规范和行政许可。依法实施中药、民族药生产质量管理规范、炮制规范和品种保护制度。负责药品委托生产行政许可，国产第三类医疗器械不改变产品内在质量的变更申请行政许可。负责药品再注册、医疗器械注册的监督管理。建立药品不良反应、医疗器械不良事件和药物滥用监测体系，并开展监测和处置工作。配合实施国家基本药物制度。

4. 负责化妆品的行政许可、安全监管及进口非特殊用途化妆品行政许可，组织开展化妆品不良反应监测。

5. 负责制定全区食品、药品、化妆品、医疗器械监督管理的稽查制度并组织实施。负责食品、药品、化妆品、医疗器械的监督、检查、抽验和相应的质量公告、抽验信息的发布，依法查处质量安全事故；组织查处重大违法行为；建立问题产品召回和处置制度并监督实施；负责受理食品、药品、化妆品、医疗器械的投诉举报。

6. 负责建立食品、药品、化妆品、医疗器械安全信息统一公布制度和重大信息直报制度，公布重大食品药品安全信息。负责全区食品药品安全事故应急体系建设，组织和指导食品药品安全事故应急处置和调查处理工作，监督事故查处落实情况。

7. 负责制定全区食品药品安全发展规划并组织实施，推动食品药品检验检测体系、电子监管追溯体系和信息化建设。负责开展食品药品安全宣传、教育培训、对外交流与合作，推进诚信体系建设。

8. 负责组织实施食品、药品、化妆品、医疗器械等相关专业技术职称评审和从业人员职业资格准入制度。监督实施执业药师资格准入制度，组织实施执业药师注册工作。

9. 指导各盟市食品药品监督管理工作，规范行政执法行为，提高行政执法效能，完善行政执法与刑事司法衔接机制。

10. 承担内蒙古自治区食品安全委员会日常工作。负责食品安全监督管理综合协调，推动健全协调联动机制。

11. 承办内蒙古自治区人民政府以及自治区食品安全委员会交办的其他事项。

按照职能职责的调整和分工，自治区食品药品监督管理局开始全面履行全区食品、药品、医疗器械、化妆品监督管理及内蒙古自治区食品药品安全委员会办公室职能。

此次食品药品安全职能的重新划分和整合，内蒙古自治区食品药品监督管理局成为完整独立的食品药品监督管理机构。

（四）自治区食品药品监督管理局内设机构

根据相关部门职能职责调整后保留的主要职能职责，2013 年 9 月重新调整行政编制和内设机构，核定内设职能机构 15 个，另设其他机构 2 个，行政编制 105 名（后增加到 106 名），事业编制 20 名。其中：局长 1 名、副局长 4 名（其中 1 名副局长兼任自治区卫生行政主管部门副职）、副巡视员 2 名，设食品安全总监、药品安全总监各 1 名（副厅级）；处级领导职数 44 名［21 正（含机关党委专职副书记 1 名、离退休人员工作处处长 1 名、食品药品稽查专员 4 名）、23 副］。

1. 办公室

负责文电、会务、机要、档案、督查等机关日常运转工作；负责起草审核重要报告、领导讲话和综合性文稿；承担机关综合协调、信息报送、安全保密、政务公开和信访等工作。

2. 综合处

承担自治区食品安全委员会办公室日常工作，分析预测食品安全总体状况，调查研究重大食品安全问题，提出意见建议；负责组织开展食品安全重大治理整顿和联合检查行动；负责制定落实食品风险监测计划；负责与自治区卫生行政部门工作联系和衔接；督促检查食品安全法律法规和自治区食品安全委员会决策部署的贯彻执行情况；协调和指导盟市、相关部门食品安全工作；协调食品安全委员会成员单位的有关信息管理工作。

3. 法制处

组织开展食品药品监督管理政策研究；参与起草、修改食品药品监督管理的有关地方性法规、规章；负责规范性文件的审核；负责行政执法监督、检查和听证及行政处罚案件的合法性审核；承担本部门行政复议、行政应诉等相关工作；指导全区食品药品监督管理系统法制建设和法制宣传工作；负责建立健全行政执法和刑事司法工作相衔接的工作机制。

4. 食品生产监管处

掌握分析生产环节食品安全形势、存在问题并提出工作建议；拟订食品生产加工环节质量安全监督管理办法；依法办理食品生产许可；组织开展食品生产加工环节监督检查工作；监督实施生产加工环节食品安全管理规范；依法查处生产加工环节食品质量安全事故。

5. 食品流通监管处

掌握分析流通环节食品安全形势、存在问题并提出工作建议；负责制定流通环节食品行政许可和质量安全监督管理办法并组织实施；依法办理食品流通许可；监督实施流通环节食品安全管理规范；组织实施流通环节食品安全监督检查及相关市场准入制度；依法查处流通环节食品质量安全事故；承担流通环节酒类安全监督管理工作。

6. 餐饮服务监管处

掌握分析消费环节食品安全形势、存在问题并提出工作建议；负责制定餐饮消费环节食品行政许可和质量安全监督管理办法并组织实施；监督实施餐饮消费环节食品安全管理规范；承担自治区重大活动食品安全保障工作；依法查处消费环节食品质量安全事故。

7. 药品化妆品注册处（蒙中药监管处）

掌握分析蒙中药安全形势并提出工作建议；监督实施国家药品、化妆品标准；制定和修订医疗机构制剂质量规范、蒙中药材地方质量标准及其炮制规范；承担药品、化妆品、药用辅料、直接接触药品的包装材料和容器、医疗机构制剂注册及进口非特殊用途化妆品行政许可，负责医疗机构配制制剂的调剂使用审批工作；监督实施药物非临床研究、药物临床实验质量管理规范；监督实施中（蒙）药品种保护制度；参与制定自治区基本药物目录；指导和推进蒙药标准化、现代化、产业化等工作。

8. 药品化妆品生产监管处

掌握分析药品、化妆品生产安全形势并提出工作建议；负责药品生产、化妆品行政许可。监督实施药品生产、中药材生产、医疗机构制剂配制等质量管理规范；依法监管医疗用毒性药品、麻醉药品、精神药品、放射性药品、戒毒药品和药品类易制毒化学品的生产；组织实施药品分类管理制度；承担药品生产、医疗机构制剂配制、放射性药品生产经营、医疗机构放射性药品使用、化妆品生产许可证的核发工作；承担药品委托生产的审核、行政许可工作；配合有关部门在生产环节实施国家基本药物制度；组织开展药品、化妆品不良反应监测、再评价和淘汰的初审工作以及药物滥用监测工作。

9. 药品化妆品流通监管处

掌握分析药品、化妆品流通安全形势并提出工作建议；负责药品、部分化妆品流通行政许可、备案管理并监督实施药品、化妆品经营质量管理规范；监督实施处方药和非处方药分类管理制度和药品召回制度；依法监管医疗用毒性药品、麻醉药品、精神药品、放射性药品、戒毒药品和药品类易制毒化学品的经营；监督管理中药材专业市场；承担互联网药品、化妆品信息服务和交易行为的许可和监督工作；会同有关部门负责药品招标代理机构资格认定及招标行为的监督；负责医疗机构药品使用质量监管和指导药房规范化管理；负责化妆品使用机构的产品质量监管；配合有关部门在流通环节实施国家基本药物制度；负责药品监督网、供应网建设管理工作。

10. 医疗器械监管处

掌握分析医疗器械安全形势并提出工作建议；负责依法对医疗器械的研制、生产、流通和使用监管；监督实施国家医疗器械标准、分类管理制度；承担医疗器械注册和生产许可工作；负责国产第三类医疗器械不改变产品内在质量的变更申请行政许可；监督实施医疗器械研制、生产、经营和使用质量管理规范；组织开展对医疗器械不良事件的监测、再评价和淘汰工作。

11. 食品药品稽查局（内蒙古自治区食品药品稽查总队）

拟订并组织实施自治区食品、药品、医疗器械、化妆品生产、流通和餐饮服务监督管理稽查制度；负责食品、药品、化妆品、医疗器械的监督检查，组织查处质量安全事故；指导和监督全区的稽查执法、产品召回和案件查处工作；依法查处或移送区内重大的及跨省区的食品、药品、化妆品、医疗器械违法案件；负责药品、医疗器械、化妆品广告内容的审查、审核、监测；承担互联网违法违规食品、药品、化妆品、医疗器械信息服务和交易行为的查处工作；负责违法广告信息的通报。

12 新闻宣传与应急管理处

组织开展食品、药品、化妆品、医疗器械安全风险评估、预警和风险交流；承担食品药品安全总体状况的统计、分析预测，参与制定并落实食品安全风险监测计划；负责食品、药品、化妆品、医疗器械安全应急体系和能力建设；组织编制全区食品、药品、化妆品、医疗器械安全事故应急预案并开展演练；承担重大食品、药品、化妆品、医疗器械安全事故应急处置和调查处理工作，指导协调地方安全事件应急处置工作；组织、协调、指导重大食品、药品、化妆品、医疗器械安全舆情的监控和处理；承担食品、药品、化妆品、医疗器械安全科普宣传、信息统一发布、新闻报道工作；负责收集、发布食品药品消费安全警示信息。

13. 科技标准处

负责拟定食品药品监管科技发展规划、项目管理并组织实施；负责对食品、药品、医疗器械、化妆品技术检验检测机构业务指导；拟订食品安全检验机构质资认定条件和制定检验规范；参与拟订食品安全标准并监督标准实施；管理、指导全系统的信息化基础建设工作，负责食品药品电子监管追溯体系和信息化建设工作；监督实施国家食品药品监督管理总局电子监管相关规定的落实。

14. 人事处

负责机关和直属单位的人事管理、队伍建设、机构编制、劳动工资、出国审核和人才培养工作；负责专业技术人员职称评定和执业药师注册管理工作；监督实施相关涉药从业人员资格准入制度；组织开展食品药品监督管理的对外交流与合作；负责全系统干部及有关人员教育培训工作。

15. 规划财务处

拟订全区食品药品安全装备、基建、国有资产管理规划并组织实施；负责中央财政补助地方资金及自治区财政专项资金的预决算管理和政府采购工作；综合管理基础设施建设；负责机关及直属事业单位预决算、财务收支等财务管理和会计事务；拟定财务、资产等管理办法并组织实施；开展内部财务监督检查和审计工作。

16. 特殊食品监管处（2017 年增设）

掌握分析生产、经营环节特殊食品（保健食品、特殊医学用途配方食品和婴幼儿配方食品等）和食盐的安全形势及存在问题并提出工作建议；拟订特殊食品和食盐在生产加工、经营环节的质量安全监督管理办法；依法办理特殊食品生产许可；组织开展特殊食品和食盐在生产加工、经营环节的监督检查工作，监督实施安全管理规范，调查处置质量安全事件等。食品生产监管处不再承担对特殊食品的生产监管职责；食品流通监管处不再承担对特殊食品的流通监管职责。

另设：机关党委（纪检监察室）

负责机关和直属单位的党群工作，承办自治区纪委监察厅交办的有关事项。

另设：离退休人员工作处

负责机关离退休人员工作，指导直属单位的离退休人员工作。

内蒙古自治区食品药品监督管理局新的“三定”方案印发后，局党组征求群众意见，多次召开会议研究，形成了《“三定”实施方案》《干部择岗及选拔使用工作方案》《内蒙古自治区食品药品监督管理局机关部分处室领导岗位竞岗方案》等一系列配套文件，对各部门职责和人员要求提出明确意见。按照《干部选拔任用工作条例》，并经领导班子酝酿，完成了“三定”方案人员调整工作。

2016 年 4 月 20 日，为加强食品药品安全监管工作，自治区党委、政府调整自治区食品药品安全委员会组成人员。自治区党委副书记、自治区代主席布小林任主任，自治区副主席刘新乐任常务副主任，自治区副主席王玉明，自治区副主席、公安厅长马明任副主任，自治区食品药品监督管理局等 28 个部门主要负责人为成员。

2017 年，根据内蒙古自治区机构编制委员会《关于自治区食药监局调整机构编制事项的批复》（内机编发〔2017〕58 号）文件，增设特殊食品监管处。自治区局机关内设 16 个职能处室，另设其他处室 2 个（机关党委、离退休人员处）。核定行政编制 106 名，实有人员 103 名，其中局长 1 名、副局长 4 名、副巡视员 2 名，正处级实职 24 名、副处级实职 15 名、正处级非领导 13 名、副处级非领导 2 名。下设 7 个正处级直属事业单位，核定事业编制 188 名，有人员 173 人，其中：处级职数 18 名、实有 17 名，高级职称 21 人、副高级职称 27 人。

内蒙古自治区食品药品监督管理局历任局领导名录

表 1-3

序号	姓名	性别	民族	职务	任职时间
1	郝富	男	汉族	党组书记　局长	2004 年 4 月—2011 年 10 月
2	毕力夫	男	蒙古族	党组书记　局长	2011 年 10 月—2013 年 7 月
3	杨玺	男	汉族	党组书记　局长	2013 年 7 月—2018 年 4 月
4	于庆华	男	汉族	党组成员　副局长	2004 年 7 月—2007 年 3 月
				党组成员　巡视员	2007 年 3 月—2008 年 7 月
5	白玉山	男	汉族	党组成员　纪检组长	2004 年 4 月—2008 年 12 月
6	曹殿云	男	汉族	党组成员　副局长	2004 年 7 月—2008 年
7	罗黔英	女	汉族	党组成员　副局长	2004 年 7 月—2011 年 10 月
				党组成员　巡视员	2011 年 10 月—2016 年 7 月
8	格日勒图	男	蒙古族	党组成员　副局长	2004 年 7 月—
9	韩玉明	男	汉族	党组成员　副局长	2007 年 1 月—2012 年 7 月
				党组成员　巡视员	2013 年 7 月—2014 年 5 月
10	栾亚利	女	汉族	副巡视员	2004 年 4 月—2013 年 6 月
				党组成员　副局长	2013 年 6 月—2015 年 12 月
				巡视员	2015 年 12 月—2017 年 7 月
11	杨文忠	男	汉族	党组成员　纪检组长	2008 年 12 月—2010 年
12	李光荣	男	汉族	副巡视员	2008 年 8 月—2012 年 7 月
13	舍楞	男	蒙古族	党组成员　纪检组长	2014 年 4 月—2017 年 12 月
14	张永强	男	汉族	党组成员　副局长	2013 年 6 月—
15	杨凤屹	男	汉族	党组成员　副局长	2013 年 6 月—
16	闫同义	男	汉族	党组成员　副局长	2017 年 7 月—
17	彭万臻	男	汉族	食品总监	2014 年 7 月—2014 年 10 月
				党组成员　食品总监	2014 年 10 月—2017 年 8 月
				副巡视员	2017 年 8 月—
18	王林	男	汉族	副巡视员	2015 年 10 月—2017 年 11 月
19	杨云峰	女	汉族	党组成员　药品总监	2015 年 11 月—2017 年 8 月
				副巡视员	2017 年 8 月—

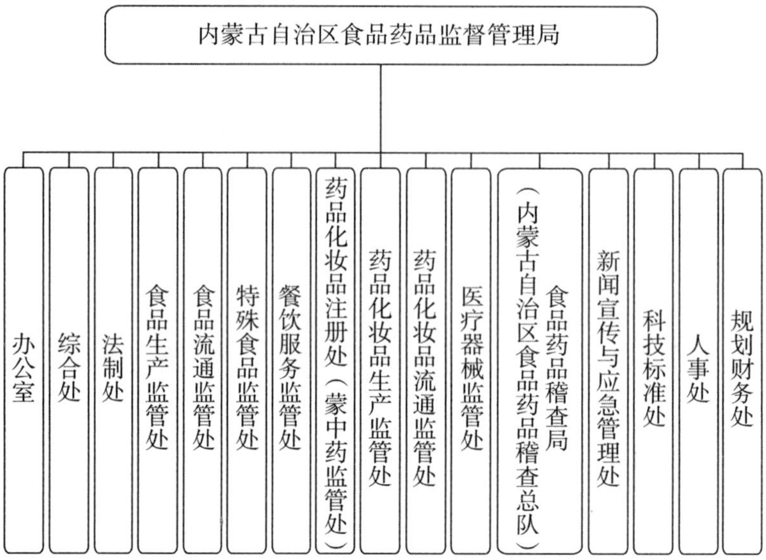

2017 年内蒙古自治区食品药品监督管理局内设机构图

2017 年年底内蒙古自治区食品药品监督管理局各处（室、局、委）主要负责人名录

表 1-4

序号	部门	主要负责人	性别	民族
1	食品总监	王月明	男	汉族
2	药品总监	呼格吉胡	男	蒙古族
3	办公室	张浩	男	汉族
4	综合处	李雳	男	汉族
5	法制处	李成林	男	汉族
6	食品生产监管处	王晓莉	女	汉族
7	食品流通监管处	特孟	男	蒙古族
8	特殊食品监管处	赵力和	男	汉族
9	餐饮服务监管处	冯尔民	男	汉族
10	药品化妆品注册处（蒙中药监管处）	赵瑞芳	女	汉族
11	药品化妆品生产监管处	秦书真	女	汉族
12	药品化妆品流通监管处	封迅	男	汉族
13	医疗器械监管处	陈靖林	女	汉族
14	食品药品稽查局	范曼昕	女	汉族
15	新闻宣传与应急管理处	杜怀忠	男	汉族
16	科技标准处	尹志奇	男	汉族
17	人事处	甄作明	男	汉族
18	规划财务处	宁云飞	男	汉族
19	机关党委	乔翠玲	女	汉族
20	离退休人员工作处	李立强	男	汉族
21	食品药品稽查专员	徐天平	男	汉族
		贾昀霞	女	汉族
		丁勇	男	汉族
		刘扬	女	汉族

2017 年，全区 12 个盟市食品药品监督管理机构全部独立设置，103 个旗县市区有 39 个独立设置食品药品监管机构，64 个综合设置食品药品监管机构。1010 个苏木乡镇（街道）中，单独或按区域设置 894 个基层监管所。全区食品药品监管系统从事“三品一械”（食品、药品、化妆品、医疗器械，下同）监管人员达到8549 人，占全区常住人口比例3.4 人／万人。全区聘用嘎查村（社区）基层食品药品安全信息员、协管员 1.73 万人，构筑起了横向到边、纵向到底的全区四级食品药品安全监管体系。

截至 2017 年底，全区有“三品一械”生产经营获证企业 33.72 万家。其中食品生产企业 4651 家，食品添加剂生产企业 50 家，食品流通企业 21.27 万家，餐饮服务单位 9.72 家；药品生产企业 99 家，药品经营企业 1.32 万家；化妆品生产企业 8 家；医疗器械生产企业 41 家，医疗器械经营企业 9144 家；小作坊、小摊贩、小餐饮、小饭桌、小食品杂店、小鲜奶吧“六小”食品业态 13.01 万家。

第四节　事业单位

一、内蒙古自治区药品检验研究院

（一）机构沿革

内蒙古自治区药品检验研究院的前身是内蒙古自治区药品检验所，成立于 1957 年 7 月，承担全区药品送检和抽检任务。当时有职工 31 人，其中技术人员 22 人。除完成送检抽检药品的分析鉴定任务外，还经常派技术骨干深入基层医药卫生单位帮助工作。主要职责是：开展巡回药检，进行业务指导；帮助制药厂建立健全药检机构，搞好药品出厂前的各项检验；督促医药经营单位加强药品进销的验收验付和保证药品分装质量；协助医院提高调剂质量，开展快速分析等。检验所承担全区中西药品监督检验，并参加药品标准的制定、修订和检验方法的科研工作。“文化大革命”时期，内蒙古自治区药品检验所工作一度瘫痪。1973 年内蒙古自治区药品检验所恢复工作。

从 20 世纪 80 年代开始，内蒙古自治区药品检验所购置先进设备进行技术装备。到 20 世纪 80 年代末，自治区药品检验所实验室的房屋条件、仪器装备和技术力量以及开展的项目，已达国内省级药品检验所的较好水平。

2000 年 5 月，内蒙古自治区药品检验所由自治区卫生厅划转自治区药品监督管理局管理。

2001 年，内蒙古自治区药品检验所加挂内蒙古自治区医疗器械检测中心牌子，新增自治区医疗器械检验检测相关工作的职能职责。

2002 年，撤销呼和浩特市药品检验所，机构及人员并入内蒙古自治区药品检验所。新增呼和浩特市辖区内的药品质量检验工作的职责，编制增至 150 人。同年，内蒙古自治区药品检验所加挂内蒙古自治区药品不良反应监测中心牌子，新增全区药品不良反应、医疗器械不良事件和药物滥用监测工作的职能职责。

2006 年，新增国家食品安全评价与调查的职责。

2007 年，内蒙古自治区药品检验所更名为内蒙古自治区食品药品检验所。同年 4 月，内蒙古自治区食品药品检验所获得中国合格评定国家认可委员会（CNAS）实验室认可证书。

2009 年新增餐饮食品监督检验、保健食品、化妆品监督检验职能职责。

2010 年，呼和浩特市食品药品检验所成立，划转 45 个编制，相关职能不变，编制变更为 105 人。2012 年，内蒙古自治区药品不良反应监测中心单设，相关职能划转后，划走编制 5 人，编制变更为 100 人。同年，自治区食品药品检验所加挂内蒙古自治区保健食品化妆品检验检测中心牌子。

2016 年 4 月，内蒙古自治区食品检验检测中心单独设立，食品、保健食品相关职能划转后，划走编制 10 人，编制变更为 90 人。

2017 年 4 月 12 日，内蒙古自治区食品药品检验所更名为内蒙古自治区药品检验研究院，仍加挂内蒙古自治区化妆品检验检测中心、内蒙古自治区医疗器械检测中心牌子。

（二）内设机构与职能职责

内设科级机构 16 个：党政办公室、人事教育科、仪器供应科、业务室、标准研究室、信息化办公室、质量保证监督室、微生物室、化学药品室、中药室、蒙药室、药理室、抗生素室、医疗器械室、化妆品室、事务管理中心。

职能职责：承担国家和自治区药品、医疗器械、化妆品、药用辅料、直接接触药品的包装材料及容器、洁净检测的监督检验、评价检验和风险监测、注册（许可）检验、复验及委托检验等工作。开展与药品、医疗器械、化妆品相关的检验方法、质量标准、产品质量以及安全性、有效性等有关的科研工作。组织开展标准研究以及安全监测和质量标准控制新方法、新技术研究、引进及推广工作。承担国家标准物质原料的初选，参与国家标准品、对照品的协作标定工作；对全区相关生产经营企业和医疗机构的检验部门及人员进行业务指导。

2012 年，新增保健食品、化妆品有关卫生和理化指标监督检验和保健食品、化妆品注册试验及相关的项目检验；承担保健食品标准的实验室复核等职能。

（三）业务工作

2007—2016 年十年间，主要承担的检验任务包括：国家监督抽验、自治区监督抽验、注册检验、委托检验、稽查委托送检等。检验业务工作涵盖了药品、食品、保健食品、化妆品、医疗器械、药包材、洁净检测七大领域，共检验各类检品 48836 批次，其中药品 17709 批次、食品 22220 批次、保健食品 2541 批次、化妆品 2542 批次、医疗器械 3201 批次、药包材 103 批次、洁净检测 238 次。

（四）科研成果及论文发表

1. 科研成果

完成各类科研项目 26 个，其中参与完成国家相关部委科研项目 17 个。

2. 论文发表

2006—2016 年，全所职工在国家级刊物以第一作者发表论文 55 篇，在省级刊物以第一作者发表论文 14 篇。

（五）历任主要负责人

所长：陈起泰（1957 年 6 月—1982 年 4 月）

书记：白宝俊（蒙古族　1957 年 10 月—1959 年 8 月）

书记：王　健（1959 年 8 月—1971 年 7 月）

书记：聂怀珍（女　1971 年 7 月—1973 年 1 月）

书记：文海辰（1973 年 1 月—1984 年 3 月）

所长：佟汇海（满族　1985 年 1 月—1997 年 12 月）

书记：南瑞昌（1985 年 1 月—1989 年 10 月）

书记：柴金善（1989 年 10 月—1994 年 6 月）

书记：秦金锁（1994 年 6 月—1997 年 12 月）

所长、书记：陈秀勤（1997 年 12 月—2006 年 1 月）

所长、书记：王　伟（2006 年 1 月—2013 年 3 月）

所长（院长）、书记：刘文茹（2013 年 3 月—　　）

二、机关事务服务中心

2000 年，按照政事分开的原则，成立内蒙古自治区药品监督管理局机关事务服务中心。正处级事业单位，经费全额拨款。核定事业编制 8 名，其中处级领导职数 2 名（1 正 1 副）。内设科室 2 个：综合科、业务科。

主要职责：承担机关后勤服务、物业管理及机关交办的其他事务性工作，承担机关后勤服务保障工作，承担车辆等国有资产的管理、维护工作，承担办公区域及相关区域的物业管理，承担机关安全保卫、综合治理等相关工作。

历任中心主任：

孙权虎（2000 年 4 月—2006 年 4 月）

任文元（2006 年 4 月—2016 年 8 月）

王少华（蒙古族　2016 年 8 月—　　）

三、内蒙古自治区食品药品监督信息中心

2000 年 4 月 6 日，成立内蒙古自治区药品监督信息中心。相当处级事业单位，核定事业编制 5 名，处级领导职数 2 名（1 正 1 副）。经费实行差额补贴。承担对药品研究、生产、流通、使用全过程的信息收集、分析和处理工作，为药品监督提供依据。

2012 年 12 月 28 日，内蒙古自治区药品监督信息中心加挂内蒙古自治区食品药品认证审评中心牌子。2014 年 5 月，内蒙古自治区食品药品监督信息中心（内蒙古自治区食品药品认证审评中心）编制增加到 10 名。内设 3 个科室：综合科、信息科、业务科；科级领导职数 3 名。2015 年 1 月 23 日，内蒙古自治区食品药品监督信息中心（内蒙古自治区食品药品审评查验中心）划为内蒙古自治区食品药品监督管理局直属公益一类差额事业单位。

主要职责：承担食品、保健食品、药品、化妆品、医疗器械监管信息化建设及信息服务等工作。依照有关规定承担食品、保健食品、药品、化妆品、医疗器械的注册、生产、经营等方面的技术审评、材料审查、现场检查和相关认证等工作。

2017 年 8 月，内蒙古自治区食品药品审评查验中心独立设置。之后，自治区食品药品监督信息中心所承担的主要职能职责调整为：承担食品、保健食品、药品、化妆品、医疗器械监管信息化建设及信息服务等工作。

截至 2016 年底，内蒙古自治区食品药品监督信息中心有科研人员 10 人（含内蒙古自治区食品药

品审评查验中心)，其中：正高1人，副高4人，中级2人，初级3人。

2016年4月，内蒙古自治区食品药品监督信息中心职工刁娟、王伟、于志伟等五人共同完成的《食品中环已基氨基磺酸钠的测定方法的改进》项目，获得内蒙古自治区职工优秀技术创新成果二等奖。中心职工在国家级和省级科研刊物发表论文3篇。

历任主要负责人：

副主任：武　昕（女　主持工作　2000年4月—2001年11月）

主　任：王玉杰（女　蒙古族　2001年11月—2011年5月）

副主任：徐天平（主持工作　2011年5月—2013年7月）

主　任：王　伟（兼任审评中心主任　2013年7月—2017年10月）

副主任：蔡　斌（主持工作　2017年10月—　　）

四、内蒙古自治区食品药品稽查总队（食品化妆品监督所）

内蒙古自治区食品化妆品监督所成立于2012年。核定事业编制25名，处级领导职数3名（1正2副）。经费实行全额拨款。所长：杜雄鹰（2012年7月—2017年8月）。

主要职能职责：监督实施消费环节食品安全规范，组织开展消费环节食品安全状况调查、风险预警和监督抽验工作，负责保健食品、化妆品卫生监督许可执法监管和技术监管，监督实施国家保健食品、化妆品卫生标准、生产经营、管理规范和技术规范，组织开展对保健食品、化妆品的风险预警和监督抽验工作等。

内蒙古自治区食品药品稽查总队成立于2013年9月。核定事业编制15名，处级领导职数2名（1正1副）。经费实行全额拨款。总队长：王月明（2014年6月—2017年8月）。

2017年8月，内蒙古自治区机构编制委员会办公室批复，自治区食品药品稽查总队与自治区食品化妆品监督所整合为内蒙古自治区食品药品稽查总队（加挂自治区食品化妆品监督所牌子）。

2017年12月，为贯彻落实盐业体制改革精神，将部分自治区盐业人员划转到自治区食品药品稽查总队。

整合后，内蒙古自治区食品药品稽查总队核定事业编制34名，处级领导职数3名（1正2副）。经费实行全额拨款。总队长：杜雄鹰（2017年8月—　　）。

主要职能职责：组织实施全区食品（含保健食品）、药品、化妆品、医疗器械生产、流通、使用和餐饮服务的监督检查和执法稽查工作；依法查处全区食品（含保健食品）、药品、化妆品、医疗器械的大案要案，参与重大食品安全保障工作；组织全区食品（含保健食品）、药品、化妆品、医疗器械的风险预警、监督抽验和后处理工作；受理违法举报投诉；负责全区食盐质量安全管理与监督抽验工作；处理重大食品、药品、餐饮突发事件。

五、内蒙古自治区药品不良反应监测中心

2001年12月31日，内蒙古自治区药品检验所同时挂内蒙古自治区药品不良反应监测中心牌子。该中心是我国最先成立的省级药品不良反应监测中心之一。内设药品不良反应监测科。核定事业编制5名，从自治区药检所编制中划转，受内蒙古自治区药品监督管理局委托，承担全区药品不良反应监测的技术业务工作。

2012 年 7 月 2 日，内蒙古自治区药品不良反应监测中心从内蒙古自治区药品检验所分离出来，正式单独挂牌成立。同时挂内蒙古自治区医疗器械不良反应监测中心牌子，为自治区食品药品监督管理局所属相当于处级事业单位，是具有法律法规授权的公共事务管理职能的全额拨款事业单位。内设药品不良反应监测科、综合科。核定事业编制 10 名。核定处级领导职数 2 名（1 正 1 副），科级领导职数 4 名（2 正 2 副）。

主要职能职责：贯彻国家药品不良反应监测工作的有关法律法规，协助自治区药品监督管理局制定全区药品不良反应监测工作实施计划及管理办法。根据国家及自治区药品监督管理局的工作计划和要求，指导全区药品生产、经营、使用单位开展药品不良反应病例的收集、整理、报告工作。受理全区药品生产、经营、使用单位及个人报送的药品不良反应病例材料，经分析评价后按规定时间向国家药品不良反应监测中心、自治区药品监督管理局、自治区卫生厅报告。组织开展全区药品不良反应监测的宣传、教育、培训、交流工作，编辑出版药品不良反应信息刊物。承担自治区药品监督管理局交办的其他工作。

自 2014 年起，增加化妆品不良反应监测职能，负责全区化妆品不良反应报告的收集、评价、反馈、上报、汇总统计和应急处理等相关工作。

历任主要负责人：

主任：陈秀勤（女　2001 年 1 月—2008 年 12 月）

王　伟（2008 年 12 月—2013 年 6 月）

乔翠玲（女　2013 年 6 月—2015 年 6 月）

其其格（女　蒙古族　2015 年 6 月—2017 年 11 月）

崔　黎（女　2017 年 11 月—　　）

六、内蒙古自治区食品药品审评查验中心

内蒙古自治区食品药品审评查验中心成立于 2012 年 12 月 28 日，挂靠内蒙古自治区食品药品监督信息中心。

2017 年 8 月 14 日，内蒙古自治区食品药品审评查验中心独立设置。核定事业编制 10 人，是具有法律法规授权的公共事务管理职能的相当于处级全额拨款事业单位。

主要职能职责：承担全区食品、药品、保健食品、化妆品、医疗器械的研究、生产，以及经营企业和医疗机构制剂的技术审评、现场查验和相关认证工作；承担自治区食品药品审评查验发展趋势的研究及对外交流与合作工作。承担对盟市审评查验工作机构的能力评价工作。承担自治区食品药品监督管理局聘任的审评专家及检查员的使用、培训、考评等工作。

中心主任：王　伟（2013 年 7 月 8 日—　　）

七、内蒙古自治区食品检验检测中心

内蒙古自治区食品检验检测中心是内蒙古自治区食品药品监督管理局和呼和浩特市政府合作建设的自治区级食品检验机构。

2013 年 3 月 17 日，自治区食品药品监督管理局与呼和浩特市人民政府协商决定，由内蒙古自治区食品药品监督管理局、呼和浩特市两级食品药品监督管理局共同建设内蒙古自治区食品检验检测中心。

7 月 20 日，经内蒙古食品药品监督管理局、内蒙古质量技术监督局、呼和浩特市人民政府三方协商，就联合建设内蒙古自治区食品检验检测中心达成协议。呼和浩特市人民政府负责落实项目建设用地、基础设施建设资金；内蒙古自治区食品药品监督管理局参与该检验检测中心建设，并提供业务指导服务；内蒙古质量技术监督局将现有国家级乳肉制品检测中心的全部仪器设备和专业技术人员整体并入内蒙古自治区食品检验检测中心。

2016 年 4 月 12 日，内蒙古自治区食品检验检测中心正式成立，为自治区食品药品监督管理局所属正处级公益一类事业单位，同时挂呼和浩特市食品检验所牌子。业务上由自治区食品药品监督管理局和呼和浩特市食品药品监督管理局共同管理，以自治区食品药品监督管理局管理为主。

主要职能职责：承担全区乳肉制品及食品检验；收集、整理、综合上报和反馈食品质量信息；开展检验检测技术研究、食品质量安全监控技术研究、产品标准和方法标准的制定、修订等工作。

内蒙古自治区食品检验检测中心内设科室 4 个：办公室、业务科、质保科及检验科。2017 年增设科研管理科，经调整后内设科室 5 个。核定事业编制 27 名。

中心主任：郑玉山（蒙古族　2016 年 4 月—　　）

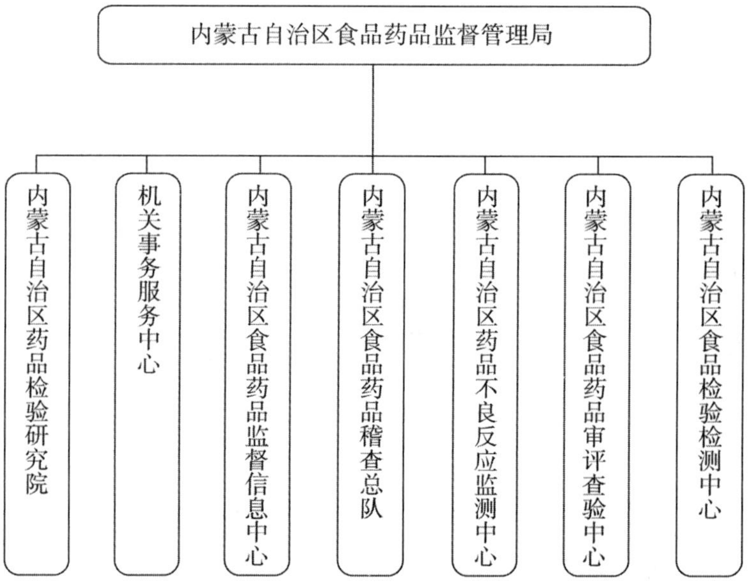

2017 年内蒙古自治区食品药品监督管理局所属事业单位机构图

第五节　队伍建设

一、行政管理

2000 年 2 月 28 日，内蒙古自治区人民政府办公厅印发《自治区药品监督管理局职能配置、内设机构和人员编制规定》，以及内蒙古自治区人民政府机构改革工作领导小组办公室批复的内蒙古自治区药品监督管理局国家公务员职位分类实施方案，内蒙古自治区药品监督管理局核定行政编制 34 名。其中：局长 1 名，副局长 3 名；处级职数 12 名（6 正，含机关党委专职副书记 1 名；6 副）。

2001年11月2日，根据内蒙古自治区机构编制委员会的批复，内蒙古自治区药品监督管理局增设政策法规处和财务处，人事教育处与机关党委分设，市场监督处挂稽查处牌子。调整后，自治区药品监督管理局机关增加行政编制6名，共40名；行政处室8个，增加处级职数4名（3正1副）。通过竞争考核、双向选择和组织决定，内蒙古自治区药品监督管理局机关40个职位中，除助理巡视员1个职位外，其他39个职位人员全部定岗。定岗人员平均年龄为40.95岁。其中医药专业人员11名，占定岗人数28.2%；女干部17名，占定岗人数43.6%；少数民族干部10人，占定岗人数25.6%。

2004年5月16日，在内蒙古自治区药品监督管理局的基础上，组建内蒙古自治区食品药品监督管理局。7月13日，根据自治区编制委员会批复，增加食品安全处，增加处级职数3名（1正2副），人员编制总额不增加。其中：局长1名，副局长4名，助理巡视员1名；处级领导职数19名（10正，含机关党委专职副书记1名；9副）。

2009年，按照中央“大部制”改革精神，内蒙古自治区食品药品监督管理局隶属于内蒙古自治区卫生厅。局行政编制为52名，其中：局长1名、副局长3名；处级领导职数26名，其中：正处级领导职数14名（含机关党委专职副书记1名、离退休人员工作处处长1名、食品药品稽查专员3名）；副处级领导职数12名（增加办公室规划财务处副主任1名、离退休人员工作处副处长1名，药品注册安全监管处增加副处长1名）；处级非领导职数14名（7正7副）。主任科员以下职数6名。

截至2010年3月底，全区食品药品监督管理系统行政事业编制共1879名，空编338人。其中：行政编制总计1101人，已到位951人，空编150人；事业单位人员编制633人，已到位477人，空编156人。全系统共核定领导职数为：正厅级1人、副厅级3人、副巡视员2人；正处级27人，调研员11人，副处级52人，副调研员18人；科级领导职数137人，科级非领导职数83人。

2013年9月26日，按照《国务院关于改革和完善地方食品药品监督管理体制的指导意见》和内蒙古自治区人民政府关于改革和完善食品药品监督管理体制的有关要求，对自治区食品药品监督管理职能部门的职能进行调整和整合，自治区卫生、自治区质量技术监督、自治区工商行政管理等部门食品药品监督管理职能统一划转内蒙古自治区食品药品监督管理局，相关职能处室和编制也随之划归内蒙古自治区食品药品监督管理局。

随着监管职能职责的增加，监管队伍进一步扩大。根据内蒙古自治区人民政府办公厅《内蒙古自治区食品药品监督管理局主要职责内设机构和人员编制规定》的通知，内蒙古自治区食品药品监督管理局机关核定行政编制105名（后增加到106名）。其中：局长1名，副局长4名（其中1名副局长兼任内蒙古自治区卫生行政主管部门副职）。设食品安全总监、药品安全总监各1名（副厅级）；处级领导职数44名，其中：正处级领导职数21名（含机关党委专职副书记1名，离退休人员工作处处长1名、食品药品稽查专员4名），副处级领导职数23名。

2017年，内蒙古自治区食品药品监督管理局总编制294名。其中：行政编制为106名，实有103名，空编3名。处级职数77名，实有54名，空编23名；直属7个事业单位编制188名，其中：处级职数18名，实有17名。

二、人事管理

内蒙古自治区食品药品监督管理局组建后，重在培养食品卫生、药学及相关专业的业务干部和提高职工业务素质。选配、充实食品卫生、药学及相关专业和40岁以下的干部，优化盟市食品药品监督管理局领导班子的结构。

加强专业技术人才和党政管理人才的管理。2005 年印发《自治区食品药品监督管理系统关于进一步加强干部队伍建设的实施意见》《自治区食品药品监督管理系统人才队伍建设规划（十一五)》，并制定了干部培养规划、后备干部储备、选拔任用、优化配置、表彰奖励等各方面管理的具体办法。

是年，自治区食品药品监督管理局按照上级有关部门的要求，对本系统贯彻落实《党政领导干部选拔任用工作条例》情况进行全面检查。

2006 年，自治区食品药品监督管理局共调整、提拔处以上干部 33 人到盟市食品药品监督管理局任职。重点选配、充实了食品、卫生、药学及相关专业及 45 岁以下的干部，优化了盟市食品药品监督管理局领导班子的结构。派 1 名盟市食品药品监督管理局领导干部（党外）到福建省挂职锻炼。各盟市食品药品监督管理局选派干部到自治区食品药品监督管理局相关处室工作学习的同时，还选派后备干部到旗县分局任职（挂职）锻炼。

2007 年，完成干部任用、审批备案等规划内的全部工作。加强领导干部作风建设，规范干部选拔任用程序和环境。加强对领导干部特别是主要领导干部作风建设的考核和监督，落实了领导干部诫勉谈话、述职述廉和个人有关事项报告制度。

是年，自治区食品药品监督管理局为加强专业技术人才的管理，结合人事厅“事业单位岗位设置管理实施意见”，组织事业单位学习培训、宣传教育，积极为事业单位改革做好前期准备。组织承担全区医药行业药学专业高级职称评审工作。按时完成组建专家库、高评委及相关工作，并配合内蒙古自治区人事厅完成评审任务。

2008 年，在全区食品药品监督管理系统开展事业单位岗位设置有关工作。组织开展 2008 年全区药学系列高级职称评审工作，组成 3 个专家审评小组，对 210 名参评人员进行审评，审评通过率达到 77.4%。

是年，内蒙古自治区食品药品监督管理局对呼伦贝尔市、兴安盟、巴彦淖尔市、乌海市、乌兰察布市及自治区食品药品监督管理局机关的后备干部进行考核提拔工作，选配政治过硬、熟悉业务、作风扎实的优秀干部充实各级班子。自治区食品药品监督管理局完成乌海市、鄂尔多斯市、赤峰市、阿拉善盟、兴安盟等盟市干部轮岗、交流、选拔任用核实备案、批复工作。

2009 年，内蒙古自治区食品药品监督管理局贯彻执行中央和自治区党委、政府加强执政能力和作风建设的有关规定，区局《关于进一步加强干部队伍建设的实施意见》要求，加强领导班子和干部队伍建设。完成赤峰市、鄂尔多斯市、巴彦淖尔市、呼伦贝尔市、乌兰察布市、通辽市、阿拉善盟食品药品监督管理局及内蒙古自治区药品检验所的后备干部考核提拔工作。开展事业单位岗位设置有关工作，组织内蒙古自治区药品检验所公开招考 15 名工作人员的面试及专业技能考试工作。

是年，组织开展全区蒙药系列中高级职称评审，弥补内蒙古自治区蒙药技术职称评审工作的空白。

2010 年，自治区食品药品监督管理局在调整使用干部过程中，采取公开竞争的方式选拔处级干部 6 人；轮岗交流 12 人，处级干部中由领导职务转任非领导职务 3 人。对新设置的保健食品化妆品监管处、餐饮服务监管处、稽查局 3 个处局的领导岗位均采取竞争上岗的办法进行选拔配备。

是年，自治区食品药品监督管理局组织内蒙古自治区药品检验所面向社会公开招考 5 名工作人员的专业技能考试及面试工作。自治区食品药品监督管理局批准呼伦贝尔市、赤峰市、兴安盟、包头市、鄂尔多斯市、乌海市、通辽市食品药品监督管理局所属事业单位的岗位设置报告，为基层尽快完成岗位重新聘任工作创造了条件。

全区药学系列高级职称评审上报内蒙古自治区人事厅药学系列高级职称 154 人，通过率 80.6%。

2011 年，评定上报内蒙古自治区人事厅药学系列高级职称 146 人，通过率为 78.1%。

2013 年，自治区食品药品监督管理局直属事业单位招聘人员 7 人（7 人中有学士学位的 6 人）。

是年，自治区食品药品监督管理局人事处完善局机关公务员信息库，完成公务员和事业单位工作人员信息统计和工资统计报表及各类机构、人员和军转人员的统计工作。

是年，全区食品药品监督管理系统药学系列高级职称参评的 222 人中，有 176 人通过评审，通过率 78.6%。

2014 年，自治区食品药品监督管理局为 2013 年度获得药学专业高级技术资格人员发放职称证书 166 本，受理 2014 年度评审材料 172 份，完成《内蒙古自治区药学高级专业技术资格评审条件》修订工作。

2015 年，内蒙古自治区食品药品监督管理局制定《2015 年处级干部选拔任用工作方案》，召开民主推荐大会，组织 3 个考察组对 17 名拟任处级干部进行考察，完成考察报告和个人有关事项、个人档案的“两核查”报告。完成 19 名科级干部（其中主任科员 10 人、副主任科员 8 人、科员 1 人）的任职和报备工作和 8 名新考录公务员试用期满转正定级考核工作。

是年，按照内蒙古自治区党委组织部关于干部个人事项报告工作要求，推进局机关处级干部个人事项报告工作，共组织 63 人上报个人事项，上报率达到了 100%。自治区食品药品监督管理局所属事业单位公开招聘 7 名工作人员。自治区食品药品监督管理局事业单位岗位共聘岗 71 个。

是年，受理职称评审申报材料 196 份。按照内蒙古自治区人力资源和社会保障厅要求，完成药学系列中级职称评审条件的修改。共受理药学专业高级职称评审材料 310 份，评审通过 226 人，通过率为 73%。

2016 年，自治区食品药品监督管理局新录用公务员 1 名。会同第三方人力资源公司完成了内蒙古自治区食品检验检测中心临时聘用人员的招聘工作，录用合同制管理工作人员 20 名。

是年，自治区食品药品监督管理局共组织 10 名厅级干部、63 名处级干部填报个人事项，上报率为 100%。对局机关及所属事业单位 151 人干部人事档案进行集中审核。

三、教育培训

2005 年，自治区食品药品监督管理局举办自治区、盟市食品药品监督管理局局长、盟市食品药品监督管理局人事科长及骨干人员培训班，重点培训学员树立科学的发展观、政绩观，对学员进行人事管理、工资计算机管理、执业药师、从业药师统计软件使用等业务培训。

2006 年，举办第二期内蒙古自治区盟市食品药品监督管理局副局长、旗县分局副局长和后备干部培训班，并安排全体学员去延安接受革命传统教育和爱国主义教育。举办盟市食品药品监督管理局人事科长及骨干人员业务会议（培训），重点是组织人事管理及公务员登记、人才信息库操作系统及录入、工资改革以及相关政策和软件使用等内容培训。

是年，内蒙古自治区食品药品监督管理局组织相关领导、有关处室的处长和盟市食品药品监督管理局局长等 30 多人到美国、加拿大、英国、新西兰、澳大利亚等国进行相关业务学习培训。

2007 年，举办内蒙古自治区盟市食品药品监督管理局副局长、旗县分局副局长和后备干部培训班，并安排全体学员去西柏坡接受爱国主义教育。举办全区事业单位领导、盟市食品药品监督管理局人事科长及业务人员培训，重点是培训事业单位人事制度改革、工资政策，以及相关政策和软件使用等内容。

2008年，举办内蒙古自治区食品药品监督管理系统首期处级后备干部培训班，重点培训领导商数与领导力提升、领导者的心理调适、依法行政理论与实践、科学发展共建和谐、领导理念与艺术等内容。开展了全区药品检验系统业务骨干培训和盟市局长、旗县分局长培训工作，先后有两批药品检验骨干和一批旗县分局长参加国家食品药品监督管理局组织的业务学习。针对人事干部轮岗较多的实际，全系统组织人事干部参加人事部举办的行政事业单位人事业务培训。

2009年上半年，按照内蒙古自治区党委组织部《2006—2010年干部教育培训规划》的要求，制定《内蒙古自治区食品药品监督管理局2009年教育培训工作计划》。组织药品检验系统业务骨干培训和盟市旗县分局长培训工作，先后有两批药品检验骨干和三批旗县分局长参加国家食品药品监督管理局组织的业务学习。内蒙古自治区食品药品监督管理局局机关7人分别参加内蒙古自治区组织部和内蒙古党校的培训。

2010年，先后组织5人参加国家食品药品监督管理局组织的业务学习。组织局机关4人分别参加内蒙古自治区组织部和内蒙古党校的培训。

2011年3月16—20日，内蒙古自治区食品药品监督管理局在乌海市举办第二期全区新任职领导干部知识培训班，参加学员64名。按照国家食品药品监督管理局和内蒙古自治区组织、人事部门要求，推荐上报2名自治区食品药品监督管理局领导，23名盟市、旗县食品药品监督管理局领导干部，参加国家食品药品监督管理局年度脱产培训。组织局机关8人参加内蒙古自治区党委组织部和内蒙古自治区党校的任职培训、自主选学培训、能力提升培训。

是年，内蒙古自治区食品药品监督管理局组织6期机关公务员综合知识培训。选配1名自治区食品药品监督管理局局领导到国家食品药品监督管理局参加第6期专题研修班，选配3名旗县（市、区）食品药品监督管理分局局长到国家食品药品监督管理局研修学院参加以提升领导干部履职能力为主题的第17期培训。选配6名机关公务员参加5个专题8个专业的自主选学培训，以适应公务员队伍个性化、差异化需求。

2013年，向内蒙古自治区人力资源和社会保障厅上报内蒙古自治区食品药品监督管理局公务员在线学习计划，并组织相关人员参加内蒙古自治区人力资源和社会保障厅组织的公务员在线学习。制定《内蒙古食品药品监督管理局干部教育培训考核评估办法》。

2014年，组织105人次参加国家食品药品监督管理局、自治区食品药品监督管理局相关培训。

是年，内蒙古自治区食品药品监督管理局与国家食品药品监督管理总局高级研修院联合举办1期旗县分管局长培训班，重点培训领导商数与领导力提升、领导者的心理调适、依法行政理论与实践、科学发展共建和谐、领导理念与艺术等内容。

2015年，内蒙古自治区食品药品监督管理局制定《2015年自治区食品药品监督管理系统培训计划》，年内共组织各类培训11期，培训监管人员1493人次。

2016年，内蒙古自治区食品药品监管局机关共举办培训班28期，培训监管人员7902人次。餐饮服务食品安全监管三大攻坚行动期间举办培训班12期，累计培训旗县以下监管人员4270名；首次培训村级协管员9037名，比2015年受训人数增长了3倍；对各盟市、旗县160余名药品流通监管骨干人员和集中整治检查员进行了集中培训；委托国家食品药品监督管理总局高级研修学院对全区170余名稽查执法业务骨干进行了培训；组织全区稽查执法人员2000多人进行三级考试。

2016 年内蒙古自治区食品药品监督管理局行政机构干部教育培训情况表

表 1–5

指标名称		计量单位	代码	按职务划分			合计
				厅局级	处级	科级及以下	
到岗人数		人	01	8	53	40	101
按培训方式分	参加集中培训	人次	02	12	53	40	105
		学时	03	312	1200	936	2448
	参加专题培训	人次	04	5	22	—	27
		学时	05	272	88	—	360
	参加初任培训	人次	06	—	—	1	1
		学时	07	—	—	96	96
	参加任职培训	人次	08	—	4	—	4
		学时	09	—	1600	—	1600
	参加在职培训	人次	10	—	6	1	7
		学时	11	—	24	720	744
	参加专门业务培训	人次	12	14	154	108	276
		学时	13	240	3620	2714	6574
	参加网络培训	人	14	—	14	13	27
		学时	15	—	1108	1218	2326
	参加境外培训	人次	16	1	—	—	1
		学时	17	112	—	—	112
	以上 8 项培训总人数	人	18	8	53	40	101
	以上 8 项培训总人次	人次	19	32	253	163	448
	以上 8 项培训总学时	学时	20	936	7640	5684	14260
	参加党委（党组）中心学习	人次	21	120	519	312	951
	参加各类论坛流动课程	人次	22	—	—	—	—
按培训渠道分	参加党校、行政院校干部学院培训	人次	23	17	26	1	44
		学时	24	584	1688	96	2368
	参加本系统培训机构培训	人次	25	15	154	108	277
		学时	26	352	3620	2714	6686
	参加本单位内部培训	人次	27	—	53	40	93
		学时	28	—	1200	936	2136
	参加高等学校培训	人次	29	—	—	1	1
		学时	30	—	—	720	720
	参加国家食药监管总局网络培训	人	31	—	—	—	—
		学时	32	—	—	—	—
	参加其他网络学院培训	人	33	—	14	13	27
		学时	34	—	1108	1218	2326
	参加社会其他培训机构培训	人次	35	—	6	—	6
		学时	36	—	24	—	24
年度累计培训时间	40 学时以内	人	37	—	—	—	—
	40 ~ 90 学时（不含 90）	人	38	—	—	—	—
	90 ~ 110 学时（不含 110）	人	39	—	—	—	—
	110 学时及以上	人	40	—	53	40	101
国外来华培训班		人次	41	—	—	—	—
参加学历（学位）教育		人	42	—	—	—	—
本部门共投入干部教育培训经费		万元	43	—	—	—	—

2017年，自治区食品药品监督管理局出台《食品生产职业化检查员管理办法》《药品医疗器械检查员管理办法（试行）》，制定实施《食品药品稽查执法人员能力素质提升计划》，采取监管人员全员培训、稽查人员等级考试、检验人员技能竞赛等多种形式的培训教育，监管人员业务水平得到有效提升。建立婴幼儿配方乳粉和食品添加剂审评专家及核查员库，职业化检查员队伍建设稳步推进。

四、执业药师培训

2005年，为进一步提高全系统专业干部业务能力，自治区食品药品监督管理局鼓励和引导执业药师到药品经营企业注册，逐步解决药品经营企业执业药师缺乏的问题。并加强对执业药师注册变更和年度统计汇总等方面工作。健全执业药师继续教育学分登记档案，对完不成学分的人员取消注册资格。

截至2006年11月底，内蒙古自治区食品药品监管系统取得执业药师资格人数3444人，共有1623名执业药师进行了首次、变更、再次注册。从业药师3594人。全年共有2295名执业药师和1956名从业药师参加了继续教育。

2007年，自治区食品药品监督管理局筹备成立执业药师协会，并召开了第一届理事会。制定下发《自治区驻店药师资格制度暂行规定》《自治区驻店药师资格考试实施办法》。

2008年，自治区食品药品监督管理局对全区4000多名执业药师、从业药师进行继续教育培训。

2009年，自治区食品药品监督管理局完成执业药师注册变更612人。委托内蒙古自治区执业药师协会对全区4000多名执业药师、从业药师进行了继续教育培训。开展全区药品零售企业驻店药师认证考试工作。

2010年，自治区食品药品监督管理局修订并下发《驻店药师注册管理办法》。全年完成注册变更425人。

是年，自治区食品药品监督管理局组织召开全区执业药师、驻店药师管理工作座谈会，研究、探讨执业药师、驻店药师继续教育工作的新思路、新模式，讨论内蒙古自治区执业药师驻店药师的管理办法，交流各盟市执业药师和驻店药师培训经验。

2013年，自治区食品药品监督管理局完成执业药师注册变更701人。指导执业药师协会开展从业人员继续教育和考务工作。

是年，完成内蒙古自治区执业药师协会的换届工作。设立开通“内蒙古执业药师网站”，进行网上继续教育培训。

2014年，全区新注册执业药师595名，再注册435人，变更注册120人，注销7人。全区委托执业药师协会完成执业药师继续教育4153人。

2015年上半年，全区执业药师共计注册702人次，其中首次注册380人次、再次注册213人次、变更注册101人次、注销注册8人次。

是年，全区通过执业药师资格考试11005人。其中，在自治区食品药品监督管理局注册的执业药师有7121人次。

2016年，完成执业药师注册3657人次，其中，首次注册2537人次，再次注册744人次，变更注册322人次，注销54人次。

是年，自治区食品药品监督管理局开展全区从业药师确认工作的初审工作，共审核申请材料1600份，上报符合确认条件人选1312人，审核通过确认1271人。

第六节 基础设施建设

2000 年，内蒙古自治区药品监督管理局组建后，基础设施建设和设备更新步伐加快。

2002 年，为尽快完善全区各级药监机构基础设施，配备必要的药品监督执法装备，内蒙古自治区药品监督管理局协同内蒙古自治区财政厅成立“内蒙古自治区药品监督管理执法装备采购领导小组”，积极争取和落实各项资金。同年，自治区药品监督管理局共下拨盟市、旗县专项启动经费 232 万元，并全部到位。本着急需、公开、公正的原则，面向社会公开招标，采购执法装备。共采购车辆 12 辆，电脑 32 台，摄像机 9 台，电视录放像机 19 台，电视机 9 台，总价值 268.8 万元。此外，在国家药品监督管理局的支持下，建成以自治区药品监督管理局“国家远程药事教育网”交互站为基点，12 个盟市药品监督管理局“远程药事教育网”接收站为支点，辐射全区 86 个旗县（市）药品监督管理局的信息交流网络。

是年，内蒙古自治区计划委员会为内蒙古自治区药品检验所和乌兰察布盟药品检验所改造建设项目立项投资 300 万元。完成内蒙古药品检验所改造项目、乌兰察布盟药品检验综合楼建设项目主体工程。

2003 年，完成内蒙古自治区药品检验所、乌兰察布盟药品检验所改造任务。防治“非典”期间争取地方捐赠款 100 万元，争取地方支持购买检验设备 100 余万元，通过政府招标采购为自治区基层药品监督管理分局配备执法车辆 64 台，价值 580 多万元。

是年，自治区食品药品监督管理局用于药品检验的经费较上年增加 1 倍，为内蒙古自治区药检所配备检验设备 12 台（件），价值 360 多万；为 11 个盟市药检所配备了高效液相色谱仪、紫外分光光度计、微粒测定仪、溶出度测定仪等 121 台大型检测仪器，价值 237 万元，初步缓解了执法装备缺乏和药品检验设备落后的问题，使基层的执法装备和药品检验条件得到改善。锡林郭勒盟、乌兰察布盟、兴安盟、阿拉善盟药品监督管理局和内蒙古自治区药品检验所积极走出去，与国家医疗器械检测中心、中药保护办、中检所，以及北京市、天津市药品监督管理局等单位建立长期协作关系，在检验设备上得到各方面的支持。

2006 年，为改善机关和药品检验机构工作条件，自治区食品药品监督管理局、内蒙古自治区药品检验所、呼和浩特市食品药品监督管理局决定合建综合实验办公楼。综合实验办公楼地址；呼和浩特市金桥经济开发区世纪六路。同年国家发改委、自治区发改委批准立项。自治区发改委批准的建设规模为 25800 平方米，实际建设规模 25379.3 平方米，大楼共计 12 层，其中地下 1 层，地上 11 层，为框架结构。2008 年 4 月，自治区发改委批准项目概算为 6800 万元，其中中央预算内投资（国债）3843 万元，自治区政府配套投资 1900 万元，呼市政府配套投资 120 万元，自筹资金 1157 万元，投资合计 7020 万元。同年 5 月 18 日工程开工建设，2010 年 10 月底竣工，决算总投入 1.66 亿元。

2007 年，抓住国家加强中西部地区食品药品监督管理部门基础设施建设的历史机遇，全区食品药品监督管理系统争取国债资金 1.42 亿元，自治区人民政府配套资金 760 万元。为了使用好项目资金，自治区食品药品监督管理局成立基础建设工作领导小组，对项目建设的规模、资金、方式等进行统筹安排，使有限的资金发挥最大的效益。至 2007 年底，全区 4 个盟市食品药品监督管理局、33 个旗县食品药品监督管理分局，采取自建、购置等方法解决了办公场所。此外，还为基层食品药品监督管理局配置执法车辆和计算机、摄像机、照相机等执法设备，全系统的基础设施建设明显改善，形成固定资产1.56亿元，比2004年增长近3倍，办公用房、执法装备等硬件建设实现跨越式发展。

2010年，自治区质检站对综合实验大楼工程进行了验收，工程质量合格。2011年，自治区住房和城乡建设厅对综合实验大楼工程项目进行验收，并获得2011年度内蒙古自治区“草原杯”工程质量奖和自治区优质样板工程。同年，自治区食品药品监督管理局、自治区药品检验所、呼和浩特市食品药品监督管理局入驻新建综合实验办公楼，办公和实验条件得到改善。

2014年，继续推进呼和浩特国家级乳肉制品检验检测中心（内蒙古自治区食品检验检测中心）建设，落实国家和自治区项目资金，上报国家食品药品监督管理总局确认并开始实施盟市食品药品检验检测实验室改造建设项目9项，涉及中央和地方配套资金20952万元。组织开展县级食品安全检验检测资源整合试点工作。同年，争取自治区财政专项资金，为全区102个旗县（市、区）及苏木乡镇配备食品安全监管快速检测设备。第一批为4个盟市的38个旗县（市、区）配备了食品安全监管快速检测设备，财政预算专项资金1800万元。

2015年，内蒙古自治区食品药品监督管理局与呼和浩特市政府联合，重点建设呼和浩特国家级乳肉制品检验检测中心（内蒙古自治区食品检验检测中心），部分设备完成了招标采购。国家食品药品监督管理总局批复自治区食品安全实验室改造项目12个，下拨专项资金2.48亿元，首批5个项目当年完成。自治区财政拨付专项资金5400万元，为102个旗县（市、区）配备了食品快检设备。

2016年，各级政府不断加大食品药品安全资金投入力度，逐步建立稳定增长的经费保障机制。自治区本级食品药品监督管理经费投入4.08亿元，各盟市投入5亿元，投入最多的盟市赤峰市达到7340万元、最多的旗县（市、区）通辽市科尔沁区达到2273万元。全区食品药品监督管理经费达到常住人口的人均19.9元，其中，最高的盟市阿拉善盟达到人均36.1元、最高的旗县（市、区）呼伦贝尔市陈巴尔虎旗达到人均43.8元。

是年，完成内蒙古自治区食品检验检测中心建设并通过实验室资质认定，可全项检验153个产品标准，参数达1632个。利用国家投资3.44亿元，盟市按4：1进行配套投入9350万元，实施实验室改造项目23个。全区10个盟市食品实验室完成改造投入使用，7个县级检验检测资源整合项目验收竣工。为12个盟市所属115个旗县（市、区）和开发区配备食品安全快速检测设备4513台套，实现了旗县（市、区）级食品快检设备配置全覆盖。

2017年，全年各级财政安排监管经费达到5.03亿元，按常住人口人均监管经费达到20元以上，其中食品检验检测经费投入1.84亿元，较2016年增长22.8%。内蒙古自治区食品检验检测中心全面投入使用，23个检验检测实验室改造和12个盟市实验室改造及10个县级检验检测资源整合项目全部完成。建成标准化基层监管所528个，103个旗县（市、区）实现快检设备配备全覆盖。

2014—2017年，内蒙古自治区食品药品监督管理局共争取中央、自治区专项资金19亿元。其中：中央专项资金4.61亿元，自治区专项资金14.39亿元（基本支出4亿元、食品检验检测机构项目资金4.47亿元、食品快检车辆和快检设备1.84亿元、化解债务资金0.9亿元、基本建设资金0.18亿元、能力建设及政府债务置换资金3亿元），其他专项资金0.3亿元。

第二章　盟市机构与队伍

2001 年，根据内蒙古自治区机构编制委员会印发的盟市、旗县市区，药品监督管理分局机构改革意见，自治区以下药品监督管理系统，核定公务员编制为 1010 人。

12 个盟市药品监督管理局机关行政编制 356 名，其中处级领导职数 48 名（12 正 36 副），科级领导职数 109 名（66 正 43 副）；满洲里市、二连浩特市药品监督管理局机关行政编制共 16 名，其中副处级领导职数 2 名，科级领导职数 8 名。核定 12 个盟市药品监督管理局工勤人员事业编制共 61 名；满洲里市、二连浩特市药品监督管理局工勤人员事业编制共 4 名。

84 个旗县（市、区）药品监督管理分局核定行政编制 654 名，其中科级领导职数 168 名（84 正 84 副）。旗县（市、区）药品监督管理分局工勤人员事业编制共 84 名。

2001 年内蒙古自治区盟市、旗县（市、区）药品监督管理局（分局）

机构编制（领导职数）配置表

表 1-6　　单位：人

序号	项目内容名称	盟市药品监督管理局				旗县（市、区）药品监督管理分局			
		行政编制	领导职数		工勤人员编制	分局个数	行政编制	科级领导职数	工勤人员编制
			处级	科级					
1	合计	356	48（12 正 36 副）	109（66 正 43 副）	61	84	654	168（84 正 84 副）	84
2	呼和浩特市	46	4（1 正 3 副）	12（5 正 7 副）	7	5	40	10（5 正 5 副）	5
3	包头市	34	4（1 正 3 副）	10（5 正 5 副）	5	7	55	14（7 正 7 副）	7
4	赤峰市	31	4（1 正 3 副）	9（5 正 4 副）	5	11	83	22（11 正 11 副）	11
5	乌海市	23	3（1 正 2 副）	7（5 正 2 副）	3	2	16	4（2 正 2 副）	2
6	通辽市	27	4（1 正 3 副）	8（5 正 3 副）	5	7	56	14（7 正 7 副）	7
7	鄂尔多斯市	26	4（1 正 3 副）	8（5 正 3 副）	5	7	55	14（7 正 7 副）	7
8	呼伦贝尔盟	30	4（1 正 3 副）	9（5 正 4 副）	5	11	84	22（11 正 11 副）	11
9	兴安盟	24	4（1 正 3 副）	7（5 正 2 副）	4	5	40	10（5 正 5 副）	5
10	锡林郭勒盟	26	4（1 正 3 副）	8（5 正 3 副）	5	10	80	20（10 正 10 副）	10
11	乌兰察布盟	26	4（1 正 3 副）	8（5 正 3 副）	5	10	80	20（10 正 10 副）	10
12	巴彦淖尔盟	26	4（1 正 3 副）	8（5 正 3 副）	5	6	47	12（6 正 6 副）	6
13	阿拉善盟	21	3（1 正 2 副）	7（5 正 2 副）	3	3	18	6（3 正 3 副）	3
14	满洲里市	8	1（1 副）	4（3 正 1 副）	2				
15	二连浩特市	8	1（1 副）	4（3 正 1 副）	2				

2002年，全区盟市、旗县市区药品监督管理系统公务员到位719人，占总编制数的71.9%；盟市药品监督管理局公务人员到位223人。旗县市区药品监督管理分局公务人员到位486人。

12个盟市的35名局长、副局长，来自医药系统的占51.4%，来自卫生系统的占37.2%，来自政府部门的占11.4%。其中：大学学历占40%，研究生学历占5.7%，少数民族干部占28.6%，妇女干部占8.6%，民主党派占6%，平均年龄45.1岁。

84个旗县药品监督管理分局和2个准处级局局长、副局长149人，其中：来自医药系统的占32.2%，卫生系统占44.3%，政府部门的占25.5%；大专以上学历为99.3%，专业人员比例为57.11%，少数民族占21.5%，妇女干部占16.1%，民主党派0.7%，平均年龄为39.9岁。

第一节　监督管理体制

一、垂直管理

（一）药品监督管理机构

2000年，内蒙古自治区药品监督管理局成立后，全区12个盟市均设立药品监督管理局，正处级建制，为内蒙古自治区药品监督管理局的直属机构。在内蒙古自治区药品监督管理局的领导下，负责本行政区域内的药品监督管理工作。

满洲里市、二连浩特市设药品监督管理局，副处级建制，为所在盟市药品监督管理局的直属机构。在盟市药品监督管理局的领导下，负责本行政区域内的药品监督管理工作。

盟市所在地的旗县（市、区）药品监督稽查机构不单设。即：呼伦贝尔盟的海拉尔市，兴安盟的乌兰浩特市，通辽市的科尔沁区，赤峰市的红山区，锡林郭勒盟的锡林浩特市，乌兰察布盟的集宁市，呼和浩特市的新城区、玉泉区、回民区、赛罕区，包头市的昆都仑区、东河区、青山区，巴彦淖尔盟的临河市，鄂尔多斯市的东胜区及乌海市的海勃湾区不单设药品监督稽查机构。

全区84个旗县市设置药品监督管理分局，正科级建制，为盟市药品监督管理局的派出机构，同时挂药品监督稽查队牌子。在盟市药品监督管理局的领导下，负责本行政区域内的药品监督管理工作。

全区12个盟市均设药品监督稽查队，为盟市药品监督管理局的执法机构。

全区12个盟市设有11个药检所，原呼和浩特药检所不保留，人员和职能归并到内蒙古自治区药检所。根据自治区实际，增设二连浩特市和满洲里市2个口岸药检所。撤销了原有的32个旗县级药检所，加挂药品稽查队牌子，盟市所在地的市、区不设分局。

新成立的药品监督管理机构主要职能职责是：

1. 贯彻执行国家和自治区关于药品、医疗器械监督管理的法律、法规、规章，并监督实施。

2. 监督实施药品生产质量、经营质量、医疗单位制剂管理规范；负责本行政区域内处方药与非处方药分类管理的组织实施和监督。

3. 依法对一类医疗器械产品审核注册，负责一次性使用无菌医疗器械生产销售人员登记，并实施监督。

4. 领导本行政区域内药品检验工作，负责对药品生产、经营企业和医疗单位的药品进行检验。

5. 依法查处制售假劣药品的行为，监管中药材集贸市场，负责本行政区域内药品广告的监管。

6. 对本行政区域内医疗机构配制的制剂品种进行初审，对药品的包装、标签、使用说明书及医药包装材料进行监督管理。

7. 依法监管麻醉药品、精神药品、毒性药品、放射性药品及特种药械。

8. 承办国家和自治区药品监督管理局交办的其他事项。

9. 领导下属机构开展药品监督管理业务。

根据上述职责，盟市药品监督管理局内设办公室、人事教育科、药品注册安全监管科和医疗器械市场监管科 4 个职能科室及药品监督稽查队。

1. 办公室

协助局领导处理日常工作，协调机关政务工作；负责局机关会议和综合性材料的起草；负责机关文秘档案、机要保密、综合调研、财务管理、规章制度建设和行政复议等工作；按照规定管理经费。

2. 人事教育科

负责局机关及直属单位的机构编制、人事管理和党群、离退休人员管理与专业技术职务评聘等工作，协助实施执业药师（含执业中、蒙药师）资格认定、注册登记和发证工作，组织实施药品监督培训教育工作。

3. 药品注册安全监管科

监督实施药品生产质量、医疗单位制剂管理规范，负责处方药与非处方药分类监督管理；接受委托对申报新药、仿制药品单位进行现场检查，依法监管麻醉药品、精神药品、毒性药品、放射性药品和特种药械，对医疗机构配制的制剂品种进行初审，对药品包装、标签、使用说明书及医药包装材料进行监督管理，指导药品检验机构工作。

4. 医疗器械市场监管科

按规定权限审查和核发药品零售企业“药品经营许可证”，依法对一类医疗器械产品的注册审批，负责一次性使用无菌医疗器械生产企业销售人员的登记，依法对医疗器械广告进行监督管理。监管中药材集贸市场。

5. 药品监督稽查队

受理药品质量及违法案件的举报和投诉；依法对药品、医疗器械市场进行检查，集中打击违法生产、经营活动；查处制售假劣药品、医疗器械的各类案件；查处涉及跨地区的重大案件；办理国家和内蒙古自治区交办的有关案件。

满洲里市、二连浩特市药品监督管理局内设办公室、综合业务科（挂药品监督稽查队牌子），其职责与盟市药品监督管理局对应内设机构职责一致。

在此次机构改革过程中，还对行政审批事项进行了清理和规范。盟市、旗县（市、区）药品监督管理机构行政审批制度改革工作由内蒙古自治区药品监督管理局组织，审批事项的重新配置由内蒙古自治区编制委员会审定，报内蒙古自治区人民政府备案。

同时，把组建机构与深化干部人事制度改革、完善公务员制度结合起来，通过定编定岗、严格选拔、竞争上岗等途径，优化干部队伍结构、提高人员整体素质。

根据人员配备宁缺毋滥的原则和内蒙古自治区人民政府的要求，2000 年各盟市药品监督管理局机关行政编制使用控制在 60% 以内，剩余编制和领导职数逐步配备。

（二）食品药品监督管理机构

2004 年 9 月底，按照国家和自治区食品药品监督管理体制改革和职能调整精神，在盟市药品监督管理局的基础上，12 个盟市组建食品药品监督管理局。

新组建盟市食品药品监督管理局，增加了食品、保健品、化妆品监督管理的职能。内设机构也相应增加了食品、保健品、化妆品监督管理的科室。

旗县（市）分局也统一更名为食品药品监督管理分局，增加食品安全的综合监督、组织协调和依法查处重大食品安全事故等职能，并成立由政府分管领导牵头的“食品安全协调领导小组”或“食品安全委员会”，各有关部门的主要领导为委员会成员。委员会办公室设在同级食品药品监督管理局，办公室主任由食品药品监督管理局局长兼任。为更好、更有效地履行综合协调职能，食品安全委员会办公室主任同时任盟市政府副秘书长、旗县政府办公室副主任。在食品药品监督管理局内部设立综合协调和办事机构，承担食安办具体工作。

二、属地管理

2009 年，根据中共中央、国务院关于食品药品监督管理体制改革精神，自治区人民政府决定取消食品药品监督管理体制自治区以下垂直管理，实行盟市、旗县政府属地分级管理，盟市、旗县食品药品监督管理机构隶属同级卫生部门。

实行属地分级管理后，原来由食品药品监督管理局承担的食品安全综合协调、组织查处食品重大安全事故的职责转交卫生部门承担。将卫生部门承担的食品许可、餐饮业和食堂等消费环节食品安全监督管理、保健食品和化妆品卫生监督管理等职能，划入食品药品监督管理部门。

至 2012 年底，全区 9 盟市已全部完成职能划转。盟市食品药品监管部门已开始全面履行餐饮服务安全监管新职责；旗县（市、区）食品药品监管部门职能交接步伐也在加快进行，绝大多数旗县已完成餐饮服务安全监管职能的交接工作。

全系统因职能增加而新增编制 1200 多名，6 个盟市增设食品化妆品监督所。各盟市食品药品检验所食品认证扩项工作全面展开，全区 12 个盟市食品药品监督所都能承担餐饮安全检验检测任务。

2013 年，按照《国务院关于改革和完善地方食品药品监督管理体制的指导意见》和内蒙古自治区人民政府关于改革和完善盟市、旗县食品药品监督管理体制的有关精神，对盟市、旗县食品药品监督管理相关部门的职能做了调整，明确各级食品药品监督管理部门的主要职能职责。

是年，内蒙古自治区人民政府制定出台《关于改革完善盟市旗县食品药品监督管理体制的实施意见》，要求盟市、旗县按照国务院要求的进度尽快完成机构改革工作。

重新组建盟市、旗县食品药品监督管理局加挂食品安全委员会办公室牌子，为同级人民政府工作部门，负责对食品药品生产、流通、消费环节的食品安全和药品安全性、有效性实施统一监督管理。参照国家食品药品监督管理总局和自治区食品药品监督管理局的“三定”规定，确定盟市、旗县食品药品监督管理部门的职责、内设机构、人员编制、领导职数等。盟市、旗县食品药品监督管理部门的职责原则上要与国家、自治区食品药品监督管理局要求一致。

盟市、旗县食品药品监管机构领导班子由同级地方党委管理，主要负责人的任免须事先征得上级业务主管部门同意，业务上接受上级主管部门的指导。

按照“一乡一所”的原则，在苏木乡镇、街道办事处设立食品药品监督管理所，作为旗县食品药品监督管理分局派出机构，由旗县食品药品监管分局实行统一管理。在嘎查村和城镇社区居委会设立食品药品监督协管员，给予一定的报酬，承担协助执法、隐患排查、信息报告、宣传引导等职责。对人口和网点较少、经济欠发达、监管任务较轻的苏木乡镇和街道办事处，按区域设立食品药品监督管理所，充实监管力量。

按照国家关于在食品药品监管体制改革中充实加强基层监管力量的要求，人员编制要向旗县（市、区）和苏木乡镇食品药品监管机构倾斜，确保满足基层食品药品监管工作需要，配齐配足配强人员，所需人员编制不足部分由盟市、旗县（市区）调剂解决。

此次改革，加强了食品药品监管稽查执法体系，在盟市食品药品监督管理局设食品药品执法稽查支队，为副处级行政执法单位。在旗县食品药品监督管理分局设食品药品执法稽查大队，为副科级行政执法单位。同时设立盟市、旗县食品药品投诉举报、行政受理和盟市食品药品评审机构，作为同级食品药品监督管理部门的直属事业单位。负责群众投诉举报受理、“12331”投诉举报信息平台管理和职能整合后行政许可、认证、备案等事项的公开受理、评审。

在盟市、旗县公安机关设立食品药品违法犯罪侦查机构，派驻同级食品药品监督管理部门办公，实行食品药品监督管理部门和公安机关的双重管理，以公安机关管理为主。苏木乡镇、街道办事处食品药品监督管理所与所在地公安派出所建立联动工作机制，加大对食品药品安全违法行为的惩处打击力度。

为了实现行政监管与技术检验检测相统一，此次改革把分散在各部门的食品药品安全检验检测机构进行了整合。原质量技术监督、工商行政管理等部门涉及食品安全检验检测机构、编制、人员、资产等随职能划入同级食品药品监督管理部门（数据以 2012 年 12 月 31 日为准），分别组建盟市食品（含保健食品）检验检测机构、药品（含化妆品）检验检测机构，为盟市食品药品监管部门直属的副处级全额拨款事业单位。满洲里市、二连浩特市食品药品检验所为同级食品药品监督管理部门直属的正科级全额拨款事业单位。

旗县设立食品检验检测机构，根据工作需要可增加食品药品检验检测职能，为旗县食品药品监督管理部门直属的副科级全额拨款事业单位。为避免重复建设和投入浪费，科学划分盟市、旗县食品药品检验检测机构的职能职责，旗县食品药品检验检测机构主要承担常规检验和快检任务。在距离中心城镇较远的苏木乡镇分片配备食品检验检测人员及快检设备，为保障偏远农村牧区餐饮安全就近提供快速便捷服务。

在内蒙古自治区东部地区通辽等地建立区域性食品药品检验检测中心，初步形成以自治区食品药品检验检测机构为龙头，区域性检验检测中心为骨干，盟市、旗县检验检测机构为主体，第三方检验检测机构为补充的检验检测技术保障和技术支撑体系。

此次改革明确要求，建立健全风险监测和应急管理体系，独立设置盟市、旗县药品不良反应（医疗器械不良事件、药物滥用）监测、保健食品化妆品不良反应监督监测机构，为同级食品药品监督管理部门直属参照公务员管理的正科级、正股级事业单位。盟市独立设置食品药品应急管理与培训机构，为同级食品药品监督管理部门直属的正科级全额拨款事业单位。

同时，明确要求，加快各盟市、旗县食品药品电子监管体系建设，加强食品药品监管信息化建设。盟市设立食品药品监督信息中心，为同级食品药品监督管理部门直属的正科级全额拨款事业单位。加快建设电子追溯系统，积极推进电子监管，加强食品药品安全信息监测和监管网络建设，建立起完善的产品追溯体系，实现来源可追溯、去向可查询、责任可追究。

2014 年，全区食品药品监管体制改革调整工作有序推进，至 12 月底，全区 12 个盟市、102 个旗县（市、区）全部设立了食品药品监督管理部门。898 个苏木乡镇（街道办事处）设立独立或区域基层食品药品监管派出机构。自治区到苏木乡镇（街道办事处）全部设立食品安全委员会及其办公室，初步形成了纵向到底、横向到边的四级监管体系。

2014 年 4 月 1 日，按照自治区人民政府《关于改革完善盟市旗县食品药品监督管理体制的实施意见》（内政发〔2014〕11 号）的精神，加强了盟市、旗县食品药品监督管理部门的职能职责。将盟市卫生局承担的宾馆餐饮区域和单纯性餐饮服务公共场所卫生许可职能划入盟市食品药品监督管理局；将盟市工商行政管理局承担的食品流通环节监督管理的职责，划入盟市食品药品监督管理局；将盟市质量技术监督局承担的食品生产环节行政许可和监督管理职责、化妆品强制检验职责等划入盟市食品药品监督管理局；将盟市商务局承担的酒类食品安全监督管理职责，划入盟市食品药品监督管理局；将盟市农牧业局承担的食用农产品从种植养殖环节进入到批发、零售市场或生产加工后的质量安全监督管理职责，划入盟市食品药品监督管理局。同时整合盟市质量技术监督局、食品药品监督管理局等部门所属涉及食品安全检验检测机构，构建统一的食品安全检验检测技术支撑体系。

新组建的盟市食品药品监督管理局主要职能职责是：

1. 贯彻执行国家、自治区关于食品（含食品添加剂，保健食品，下同）、药品（含中药、蒙药等民族药，下同）、化妆品和医疗器械监督管理的法律、法规和规章；负责制定盟市食品安全、药品、化妆品、医疗器械监督管理方面的意见和工作规划并监督实施；推动建立健全食品药品安全企业主体责任、地方政府负总责的机制，并组织实施和监督检查，着力防范区域性、系统性食品药品安全风险；协调、督促各有关部门落实食品安全监管责任。参与起草盟市食品安全、药品、化妆品、医疗器械监督管理的地方性管理办法。

2. 负责建立食品安全隐患排查治理机制，制定盟市食品安全检查年度计划、重大整顿治理方案并组织实施。参与制定盟市食品安全风险监测计划，并按计划组织开展食品安全风险监测工作。

3. 负责食品生产、流通和消费环节食品安全的监督管理。监督实施食品安全标准和食品行业安全管理规范。负责组织实施盟市食品流通行政许可、宾馆餐饮区域和单纯性餐饮服务公共场所卫生许可证的核发。组织开展酒类食品安全监督管理。

4. 负责药品、医疗器械监督检查。建立药品不良反应、医疗器械不良事件和药物滥用监测体系，并开展监测和处置工作。负责监督实施药品和医疗器械生产、经营等质量管理规范，监督实施中药、民族药生产质量管理规范、炮制规范和品种保护制度。负责医院蒙药制剂在盟市内调剂使用的审批；负责医疗机构制剂补充申请部分注册事项的审批。依法核发药品零售企业和医疗器械经营企业许可证。负责第一类医疗器械产品的注册。配合实施国家基本药物制度。

5. 负责实施化妆品行政许可的相关工作和行政监督管理。监督实施国家、自治区化妆品卫生标准、生产经营管理规范和技术规范。组织开展对化妆品的检测、不良反应监测工作。

6. 负责制定盟市食品、药品、化妆品、医疗器械监督管理的稽查制度并组织实施。负责食品、药品、化妆品、医疗器械的监督、检查、抽验，依法查处违法违规行为，建立问题产品召回和处置制度并监督实施，负责受理食品、药品、化妆品、医疗器械的投诉举报。

7. 负责麻醉药品、第一类精神药品运输证明和麻醉药品、精神药品邮寄证明的核发及监督管理。负责药品生产企业质量授权人变更的备案。负责中蒙药材集贸市场和各类药品交易会的监督管理。

8. 负责建立食品、药品、化妆品、医疗器械安全信息统一公布制度和重大信息报告制度，公布重大安全信息。负责食品药品安全事故应急体系建设，组织和指导食品药品安全事故应急处置和调查处理工作，监督事故查处落实情况。

9. 负责保健食品广告的审查和药品、医疗器械广告的备案，负责对药品、医疗器械、保健食品和化妆品广告的监测和移交工作。

10. 负责制定盟市食品药品安全科技发展规划并组织实施，推动食品药品检验检测体系、诚信体系、电子监管追溯体系和信息化建设。

11. 指导所属旗县市区食品药品监督管理工作，规范行政执法行为。

12. 承担盟市食品安全委员会日常工作。负责食品安全监督管理综合协调，推动健全协调联动机制。督促检查有关部门和各旗县市区人民政府履行食品安全监督管理职责并负责考核评价。

13. 承办盟行政公署、市人民政府和自治区食品药品监督管理局以及市食品安全委员会交办的其他事项。

2017 年年底内蒙古自治区和各盟市食品药品监督管理系统职工人数

表 1-7 单位：人

序号	自治区级与各盟市	编制人员数量		实有人员数量		
		行政编制	事业编制	行政人员	事业人员	其他人员
1	自治区本级	106	188	103	173	0
2	呼和浩特市	76	108	72	109	6
3	包头市	42	115	43	90	35
4	呼伦贝尔市	43	63	41	60	0
5	通辽市	56	92	50	87	6
6	兴安盟	32	64	30	49	18
7	赤峰市	46	80	41	78	32
8	锡林郭勒盟	50	50	48	50	0
9	乌兰察布市	46	107	40	97	6
10	鄂尔多斯市	48	88	44	81	18
11	巴彦淖尔市	35	90	34	86	7
12	乌海市	41	60	39	38	10
13	阿拉善盟	32	37	31	37	20
14	合计	653	1142	616	1035	158

2017 年年底内蒙古自治区各旗县（市区）食品药品监督管理系统职工人数

表 1-8 单位：人

序号	旗县（市区）所在盟市名称	机构设置		编制人员数量		实有人员数量		其中从事食药监管人员			设置监管所数量	协管员信息员	原来基层监管所数量
		独立	综合设置	行政编制	事业编制	行政编制	事业编制	行政人员	事业人员	其他人员			
1	呼和浩特市	8	1	167	231	159	293	159	293	435	85	1754	80
2	包头市	0	9	875	295	790	254	480	187	210	78	850	78
3	呼伦贝尔市	6	8	653	392	600	352	471	291	65	103	820	98
4	通辽市	8	0	117	350	99	330	75	270	157	92	2238	98
5	兴安盟	1	5	446	226	424	328	179	226	164	73	815	73
6	赤峰市	0	12	1426	501	1207	454	807	382	185	153	3864	152
7	锡林郭勒盟	0	12	705	216	619	225	215	139	66	47	1053	51
8	乌兰察布市	11	0	134	713	135	944	129	835	84	110	1762	110
9	鄂尔多斯市	2	7	418	568	361	579	256	470	321	69	1755	77
10	巴彦淖尔市	0	7	915	297	897	301	492	132	34	57	1424	58
11	乌海市	0	3	221	40	233	39	68	11	0	16	350	17
12	阿拉善盟	0	3	145	66	145	66	123	60	38	11	318	11
13	合计	36	67	6222	3895	5669	4165	3454	3296	1759	894	17003	903

第二节 盟市级机构

一、呼和浩特市食品药品监督管理局

呼和浩特市食品药品监督管理局前身是呼和浩特市医药管理局（医药分公司），成立于20世纪80年代初。2001年11月，呼和浩特市药品监督管理局成立，隶属于自治区药品监督管理局，实行自治区以下垂直管理。至2002年3月底，市属5个旗县相继成立药品监督管理分局。

承担全市药品、医疗器械研制、生产、流通和使用全过程的行政监督和技术监督职能。内设机构5个：办公室、人事教育科、药品注册安全监管科、医疗器械市场监管科和药品监督稽查队。

2004年7月，在呼和浩特市药品监督管理局的基础上，组建呼和浩特市食品药品监督管理局。增加食品、保健食品、化妆品安全管理、组织协调和依法组织对重大食品安全事故查处等职能，同时承担市食品安全委员会办公室的职能职责。

2010年10月，呼和浩特市食品药品监督管理局由自治区以下垂直管理改为地方政府分级管理，成为市政府组成部门。

2014年11月，呼和浩特市食品药品监督管理局加挂市食品药品安全委员会牌子。

2017年，内设机构在原有科室的基础上，增加了特殊食品监管科，承担特殊食品（保健食品、特殊医学用途配方食品和婴幼儿配方食品等）和食盐的监督管理的职能。

呼和浩特市食品药品监督管理局行政编制46人，内设机构15个：办公室、人事科、财务科、综合协调科、法制科（投诉举报受理办公室）、食品生产监管科、食品流通监管科、餐饮服务监管科、药品化妆品生产监管科（蒙中药监管科）、药品化妆品流通监管科、医疗器械监管科、科技信息科、稽查科、新闻宣传与应急管理科、行政事项审批办公室（后增加特殊食品监管科）。另设局机关党委。

派出机构有呼和浩特市食品药品监督管理局经济技术开发区分局，机构规格为正科级，其主要职责是负责开发区内食品药品监督管理工作。

呼和浩特市食品药品监督管理局所属事业单位5个。

1. 呼和浩特市食品药品检验所。其前身是呼和浩特市药品检验所，成立于1980年，2002年并入自治区药品检验所。2011年4月，重新组建呼和浩特市食品药品检验所，为局属副处级事业单位，内设8个科室，核定事业编制45名，其中，副处级领导职数1名，科级领导职数19名（10正9副）。专业技术人员占85%。承担全市“三品一械”和餐饮服务安全检验。

2. 呼和浩特市药品不良反应和药物滥用监测中心。成立于2012年4月，为局属正科级事业单位，核定事业编制10名。2015年3月，该中心撤销。2017年12月，中心重新设立。承担全市药品、化妆品、疫苗不良反应和医疗器械不良事件及药物滥用滥测职能。

3. 呼和浩特市食品化妆品监督管理所。成立于2012年4月，为局属正科级事业单位（参公），核定事业编制70名，科级领导职数3名。承担全市消费环节食品、保健品、化妆品检验职能。

4. 呼和浩特市食品检验所。成立于2015年12月，为局属正科级事业单位，核定事业编制12名，科级领导职数2名（1正1副）。承担全市肉、乳制品等食品检测职能。

5. 呼和浩特市食品药品稽查支队。成立于2017年12月，整体接收盐业体制改革划转人员，核定科级领导职数3名（1正2副）。负责全市“三品一械”和餐饮服务安全执法稽查和案件查处。

呼和浩特市食品药品监督管理局历任主要负责人名录

表 1-9

序号	姓名	性别	民族	职务	任职时间
1	格日勒图	男	蒙古族	党组书记　局长	2001 年—2005 年 3 月
2	孙炜东	男	汉族	党组书记　局长	2005 年 3 月—2013 年 3 月
3	刘锦国	男	蒙古族	党组书记　局长	2013 年 3 月—2013 年 8 月
4	焦　鸿	女	汉族	党组书记　局长	2013 年 8 月—

二、包头市食品药品监督管理局

包头市食品药品监督管理局前身是包头市医药管理局（医药分公司），成立于 20 世纪 80 年代初。2001 年 8 月，包头市药品监督管理局成立，隶属于自治区药品监督管理局，实行自治区以下垂直管理体制。主要承担全市药品、医疗器械研制、生产、流通和使用全过程的行政监督和技术监督职能。新组建的包头市药品监督管理局，内设机构 5 个：办公室、人事教育科、药品注册安全监管科、医疗器械市场监管科和药品监督稽查队。行政编制 34 名，其中，处级领导职数 4 名（1 正 3 副），科级领导职数 10 名（5 正 5 副）。另核定机关工勤人员编制 5 名。

2002 年 1 月，增设监察室，增加 1 名正科级领导职数。

2004 年 7 月，在包头市药品监督管理局基础上，组建包头市食品药品监督管理局。增设食品安全监管职能，相应增设食品安全科，增加 2 名（1 正 1 副）科级领导职数。在原职能基础上，增加了食品、保健食品、化妆品安全管理的综合监督、组织协调和依法组织对重大食品安全事故查处的职能，同时承担市食品安全委员会办公室的职责。

2010 年 10 月，包头市食品药品监督管理局由自治区以下垂直管理改为地方政府属地分级管理，成为市政府组成部门。

根据包头市人民政府办公厅《关于印发市食品药品监督管理局主要职责内设机构和人员编制规定的通知》精神，卫生部门的食品卫生许可、餐饮和食堂等消费环节食品安全监督管理、保健食品和化妆品卫生监督管理划入食品药品监督管理部门；食品安全综合监督、组织协调和查处食品安全重大事故的市食品安全委员会办公室职能划给卫生部门。

包头市食品药品监督管理局内设 8 个科室。办公室（规划财务科）、保健食品化妆品监管科、餐饮服务监管科、药品注册安全监管科（中蒙药监管科）、医疗器械市场监管科、稽查科、政工科（精神文明建设办公室）和监察室。

核定机关行政编制 38 名，其中，局长 1 名，副局长 2 名，纪检组长 1 名，科级领导职数 17 名（11 正 6 副）。核定机关工勤人员编制 5 名。

2011 年 12 月，经包头市编制部门批准，增设政策法规科，并将医疗器械市场监管科分设为医疗器械监管科和药品市场监管科，增核科级领导职数 3 名（2 正 1 副）。至此，局机关内设科室数调整为 10 个，科级领导职数调整为 20 名（13 正 7 副）。

2014 年 12 月 22 日，包头市人民政府办公厅关于印发《包头市食品药品监督和工商行政管理局主要职责内设机构和人员编制规定的通知》，正式组建包头市食品药品监督和工商行政管理局。核定行政编制为 81 名。其中，局长 1 名，副局长 7 名，纪委书记 1 名，总会计师 1 名，食品药品安全总监 1 名，科级领导职数 46 名。核定机关工勤人员编制 12 名。

2015 年 4 月底，市辖 9 个旗县区均组建了市场监督管理局，稀土高新区组建了食品药品监督和工商行政管理局。

2016 年 6 月，单独组建包头市食品药品监督管理局，挂包头市食品药品安全委员会办公室牌子，为包头市人民政府工作部门。核定行政编制 42 名，内设 14 个科室。

全市 87 个苏木乡镇、街道办事处设立基层市场监督管理所 78 个，其中，单独设置 70 个，按区域综合设置 8 个，实现了监管全覆盖。市、县两级政府均成立食品（药品）安全委员会及其办公室，青山区 10 个街道办事处全部成立食品（药品）安全委员会及其办公室。

包头市食品药品监督管理局所属事业单位 3 个。

1. 包头市食品药品检验中心

包头市食品药品检验中心前身为包头市药品检验所，成立于 1962 年。2001 年 12 月，重新组建包头市药品检验所。承担全市药品质量检验检测职能。

包头市药品检验所为局属科级事业单位，核定事业编制 55 名（专业人员 44 名，行政后勤人员 11 名），其中科级领导职数 3 名（1 正 2 副）。

2010 年 10 月，包头市药品检验所下划包头市食品药品监督管理局属地管理。同年 12 月，经包头市编制委员会办公室批准，包头市药品检验所更名为包头市食品药品检验中心，并加挂包头市医疗器械检验检测中心牌子。在原有药品质量监督检验职能的基础上，增加对食品餐饮、保健食品、化妆品及医疗器械药包材的质量技术监督检验职能。内设科级机构 11 个：办公室、业务技术科、质量督查科、中蒙药科、保健食品科、化学药品科、化妆品科、生测科、卫生学科、食品科、医疗器械与药包材科。人员结构调整为管理人员 4 名，专业技术人员 46 名，工勤人员 5 名。

2. 包头市药品不良反应监测中心

2011 年 12 月，包头市药品不良反应监测中心经市编委批准成立。核定事业人员编制 8 名。主要负责制定药品不良反应监测、医疗器械不良事件监测工作制度，承担全市药品不良反应监测、医疗器械不良事件监测报告的收集、整理、评价、反馈和上报等工作。

3. 包头市食品化妆品监督所

2011 年 12 月，包头市食品化妆品监督所成立。主要职责是：受市食品药品监督管理局委托，负责对餐饮业、食堂等消费环节食品安全和保健食品、化妆品研究、生产、流通、使用的监督管理。核定人员编制 40 名，其中从市卫生局卫生监督所从事餐饮服务、保障食品和化妆品监管人员中整体划转 8 人。

包头市食品药品监督管理局历任主要负责人名录

表 1-10

序号	姓名	性别	民族	职务	任职时间
1	陈　功	男	汉族	党组书记	2001 年 7 月—2005 年 2 月
				局长	2001 年 9 月—2005 年 2 月
2	杨玉春	男	汉族	党组书记　局长	2005 年 2 月—2008 年 1 月
3	杜怀忠	男	汉族	党组书记	2008 年 1 月—2011 年 11 月
				局长	2008 年 1 月—2010 年 9 月
4	张永和	男	汉族	党组书记	2011 年 11 月—2012 年 12 月
				局长	2010 年 9 月—2012 年 12 月
5	赵峰云	男	汉族	党组书记　局长	2012 年 12 月—

三、呼伦贝尔市食品药品监督管理局

呼伦贝尔市食品药品监督管理局前身是呼伦贝尔盟医药管理局（医药分公司），始建于20世纪80年代初。2000年7月，组建呼伦贝尔盟药品监督管理局，隶属于自治区药品监督管理局，实行自治区以下垂直管理。主要承担全市药品、医疗器械研制、生产、流通和使用全过程的行政监督和技术监督职能。内设机构5个：办公室、人事教育科、药品注册安全监管科、医疗器械市场监管科、药品监督稽查队。行政编制30名，其中，处级领导职数4名（1正3副），科级领导职数9名（5正4副）。另核定机关工勤人员编制5名。

2001年10月，撤盟建市后，更名为呼伦贝尔市药品监督管理局。

2004年1月，增设监察室，增加1名正科级领导职数。

2004年9月，在呼伦贝尔市药品监督管理局的基础上，组建呼伦贝尔市食品药品监督管理局。增设食品监督管理职能。同时挂呼伦贝尔市食品安全委员会办公室的牌子。

是年，增设食品安全科，增加2名（1正1副）科级领导职数。

2008年6月，增设医疗器械监管科。

2010年10月，食品药品监管体制由自治区以下垂直管理改为地方政府分级管理。内设机构10个：办公室（规划财务科）、人事教育科、政策法规科、保健食品化妆品监管科、餐饮服务监管科、药品注册安全监管科（中蒙药监管科）、药品市场监管科、医疗器械监管科、稽查科（稽查局）、行政审批科。另设机关党总支、监察室。

核定机关行政编制32名，其中，局长1名，副局长2名，纪检组长1名，科级领导职数19名［14正（含机关党总支专职副书记、监察室主任各1名、食品药品稽查专员2名）、5副］。另核定机关工勤人员编制5名。

2014年4月1日，根据《呼伦贝尔市委办公厅、政府办公厅〈关于印发各旗市区人民政府职能转变和机构改革方案〉的通知》精神及旗市区“三定”方案，确定在市本级、海拉尔区、牙克石市、扎兰屯市、根河市、扎赉诺尔区单独设立食品药品监督管理局，挂食品安全委员会办公室牌子；将额尔古纳市、莫力达瓦旗、阿荣旗、鄂伦春旗、新巴尔虎右旗、新巴尔虎左旗、鄂温克旗、陈巴尔虎旗食品药品监督管理、工商行政管理、质量技术监督三个部门的人员和资源进行整合，组建市场监督管理局，挂食品药品监督管理局和食品安全委员会办公室牌子；满洲里市食品药品监督管理和工商行政管理两个部门整合，成立食品药品监督和工商行政管理局，挂食品安全委员会办公室牌子。全市苏木乡镇（街道办事处）成立食品药品监管派出机构102个，基本实现苏木乡镇监管工作全覆盖。

2014年12月，根据《呼伦贝尔市改革完善食品药品监督管理体制实施方案》要求，组建呼伦贝尔市食品药品监督管理局。呼伦贝尔市工商、质监部门从事食品监管工作的16名人员划入市食品药品监督管理局，呼伦贝尔市产品质量计量检测所14名专业技术人员划入市食品药品检验所。

改革后内设机构13个：办公室（规划财务科）、综合科、法制科、食品生产监管科、食品流通监管科、餐饮服务监管科、药品化妆品注册生产监管科、药品化妆品流通监管科、医疗器械监管科、科技宣传与应急管理科、稽查科（局）、人事教育科、行政审批科。另设监察室、机关党委。行政编制46名，处级领导职数6名（1正5副，副职中含纪检组长1名）；科级领导职数22名（15正7副，正职中含机关党委专职副书记1名、监察室主任1名）。另核定机关工勤人员编制7名。2001—2016年，呼伦贝尔市食品药品监督管理局获得国家食品药品监督管理局、自治区食品药品监督管理局等上级部门表彰共计18次，先进个人表彰8人次。

呼伦贝尔市食品药品监督管理局下设 2 个事业单位。

1. 呼伦贝尔市食品药品检验所

呼伦贝尔市食品药品检验所前身是呼伦贝尔盟药品检验所，成立于 1962 年。1973 年，呼伦贝尔盟药品检验所重新组建，承担全市药品质量检验检测职能。

2001 年 12 月，撤盟建市后更名为呼伦贝尔市药品检验所，整建制上划至自治区药品监督管理局垂直管理。

呼伦贝尔市药品检验所为呼伦贝尔市食品药品监督管理局所属正科级事业单位。核定事业编制 55 名（专业人员 44 名，行政后勤人员 11 名），其中科级领导职数 3 名（1 正 2 副）。

2010 年 10 月，垂直管理体制改为属地管理后，呼伦贝尔市药品检验所下划呼伦贝尔市食品药品监督管理局。

2011 年 9 月，更名为呼伦贝尔市食品药品检验所，并加挂呼伦贝尔市药品不良反应监测中心牌子。在原有药品质量监督检验职能的基础上，增加对餐饮食品、保健食品、化妆品以及医疗器械药包材的质量技术监督检验职能。同时负责全市药品不良反应监测、医疗器械不良事件监测报告的收集、核实、评价、反馈和上报等工作。

呼伦贝尔市食品药品检验所内设 11 个科室：办公室、人事教育办公室、财务室、业务一室、业务二室、抗生素室、卫生学室、化学药品室、中蒙药室、食品室、药品不良反应监测室。在岗人员 49 名，其中管理人员 5 名，专业技术人员 42 名，工勤人员 2 名。

2. 呼伦贝尔市食品药品执法稽查支队

呼伦贝尔市食品药品执法稽查支队前身为呼伦贝尔市食品化妆品监督所，该所于 2013 年 7 月经市编委批准成立，核定编制数 12 人。

2015 年 2 月，呼伦贝尔市食品化妆品监督所更名为呼伦贝尔市食品药品执法稽查支队，全额拨款事业单位，负责全市“三品一械”和餐饮服务安全执法稽查和案件查处。核定编制 19 名，其中从呼伦贝尔市产品质量计量检测所划转 7 名。2016 年初，核减编制 1 名，共有编制 18 名。

呼伦贝尔市食品药品监督管理局历任主要负责人名录

表 1-11

序号	姓名	性别	民族	职务	任职时间
1	王　涛	女	满族	党组书记　局长	2001 年 7 月—2005 年 2 月
2	包保津	男	蒙古族	党组书记　局长	2005 年 2 月—2011 年 12 月
3	陈奎祥	男	汉族	党组书记　局长	2011 年 12 月—2016 年 7 月
4	宋长奇	男	汉族	党组成员　副局长　主持工作	2016 年 7 月—2017 年 12
				党组书记　局长	2017 年 12 月—

四、兴安盟食品药品监督管理局

兴安盟食品药品监管局前身是兴安盟医药管理局（医药分公司），成立于 20 世纪 80 年代初。2001 年 10 月 22 日，兴安盟药品监督管理局挂牌成立，隶属自治区药品监督管理局垂直管理。主要承担全市药品、医疗器械研制、生产、流通和使用全过程的行政监督和技术监督职能。内设科室 5 个：办公室、人事教育科、药品注册安全监管科、医疗器械市场监管科、稽查队。行政编制 24 人。人员从原盟医药管理局、卫生局药政、药品检验三支队伍中通过竞争上岗。

2004 年 7 月，在兴安盟药品监督管理局基础上，组建兴安盟食品药品监督管理局。增加了食品安全综合监管的职能，内设科室增加食品安全科，增加行政编制 2 人，行政编制增加到 26 人。

2010 年，兴安盟食品药品监督管理局由垂直管理变为属地管理。内设 7 个科室：办公室、人事教育科、纪检监察室、食品安全科、药品注册安全监管科、医疗器械市场监管科、药品监督稽查队。下辖盟药品检验所。

2014 年 4 月 1 日，按照《兴安盟行政公署关于改革完善盟旗食品药品监督管理体制的实施意见》，将分散在质监、工商部门的食品生产、流通环节监管职能，卫生部门的餐饮服务公共场所卫生许可监管职能，商务部门的酒类食品流通监管职能和食安办全部职能，划入同级食品药品监管部门。

2015 年 1 月，根据《内蒙古自治区党委办公厅、自治区人民政府办公厅关于印发〈兴安盟行政公署职能转变和机构改革方案〉的通知》（厅发〔2014〕38 号）精神，重新组建兴安盟食品药品监督管理局，为盟行政公署工作部门，挂盟食品安全委员会办公室牌子。增设食品生产流通监管科、餐饮服务监管科，内设 9 个科级机构。行政编制为 31 名，其中：处级领导职数 3 名（1 正：局长 1 名，2 副：副局长 2 名），科级领导职数 13 名（11 正、2 副，11 正含 2 名食品药品稽查专员）。核定工勤人员事业编制 5 名。

2015 年 7 月 15 日，兴安盟机构编制委员会依据《兴安盟食品药品监督管理局关于增加内设机构的请示》文件批复，内设机构增至 12 个：办公室（挂政策法规科牌子）、食品安全综合科、食品生产监管科、食品流通监管科、餐饮服务监管科、药品化妆品注册生产监管科、药品化妆品流通监管科、医疗器械监管科、食品药品稽查科、科技标准科、新闻宣传科和应急管理科。另设机关党委（人事教育）。

兴安盟食品药品监督管理局所属事业单位 3 个。

1. 兴安盟食品药品检验检测中心。其前身为兴安盟药品检验所，成立于 1980 年 10 月。承担全盟药品医疗器械检验职能。2011 年 6 月更名为兴安盟食品药品检验所，增加食品检验职能。同时加挂药品不良反应监测中心和食品药品投诉举报中心牌子。2015 年 8 月，更名为兴安盟食品药品检验检测中心。内设科室 6 个：办公室、质量控制室、业务室、食品检验室、药品化妆品检验室、微生物检验室。核定全额事业编制 37 名。

2. 兴安盟食品药品执法稽查支队。成立于 2015 年 7 月，挂兴安盟食品药品投诉举报中心牌子。承担全盟食品、药品、化妆品、医疗器械和餐饮服务安全稽查及案件查处职能。核定事业编制 17 名，其中全额事业编制 6 名。

3. 兴安盟药品不良反应监测中心。成立于 2015 年 8 月，承担全盟药品、化妆品、疫苗不良反应和医疗器械不良事件及药物滥用监测等职能。核定事业编制 5 名，其中全额事业编制 3 名。

兴安盟食品药品监督管理局历任主要负责人名录

表 1–12

序号	姓名	性别	民族	职务	任职时间
1	蒋佳何	男	汉族	党组书记　局长	2001 年 7 月—2005 年 1 月
2	张国兴	男	汉族	党组书记　局长	2005 年 2 月—

五、通辽市食品药品监督管理局

通辽市食品药品监管局前身是哲里木盟医药管理局（医药分公司），成立于20世纪80年代初。2001年8月16日，通辽市药品监督管理局成立，正处级建制，隶属于自治区药品监督管理局垂直管理。承担全市药品、医疗器械研制、生产、流通和使用全过程的行政和技术监督职能。内设机构5个：办公室、人事教育科、药品注册安全监管科、医疗器械市场监管科和药品监督稽查队。

2004年，在通辽市药品监督管理局的基础上，组建通辽市食品药品监督管理局。增加了食品、保健食品和化妆品的综合监督、组织协调和依法组织对重大食品安全事故查处职能职责。

2010年10月，通辽市食品药品监督管理局由自治区以下垂直管理改为地方政府属地分级管理，成为市政府组成部门。所属7个旗县市分局改为属地管理。

相关部门的职能职责作了调整，将卫生部门的食品卫生许可、餐饮和食堂等消费环节食品安全监督管理、保健食品和化妆品卫生监督管理划转食品药品监督管理部门，将食品安全综合监督、组织协调和查处食品安全重大事故的市食品安全委员会办公室职能划转卫生部门。

2015年6月1日，通辽市按照“三合一”（食品药品监督管理、工商行政管理、质量技术监督管理）模式成立市场监督管理委员会。旗县一级，除科尔沁区单独设置食品药品监督管理局外，其他旗县均比照市级机构设置模式成立了市场监督管理局，加挂旗县食品药品监督管理局、食品药品安全委员会办公室的牌子。苏木乡镇按照“二合一”组建市场监督管理所，加挂食品药品监督所、工商行政管理所、食品药品安全委员会办公室的牌子。

2016年6月，通辽市食品药品安全监管职能职责从市场监督管理委员会划出，单独设置通辽市食品药品监督管理局，挂市食品药品安全委员会办公室牌子，作为市政府的工作部门。随之市、旗、镇三级食药监管机构全部独立设置。体制改革调整后，通辽市食品药品监督管理局内设机构11个：办公室、食品药品安全协调科、食品生产流通监管科、餐饮服务监管科、药品化妆品注册生产监管科、药化流通医疗器械监管科、食品药品稽查局、应急管理与科技宣传科、法制科、规划财务科、开发区直属分局。核定行政编制56名。

通辽市食品药品监督管理局所属事业单位2个。

1. 通辽市食品药品检验所

通辽市食品药品检验所前身是哲里木盟药品检验所，成立于1974年。1990年，增挂内蒙古自治区东部区食品药品检验中心牌子，副处级建制。1999年，撤盟建市后更名为通辽市药品检验所。2007年，通辽市药品检验所更名为通辽市食品药品检验所。

通辽市食品药品检验所拥有各种检验仪器设备达400多台套，年食品药品检验量5000批次左右，抽验能力涵盖食品安全国家标准中规定的主要安全性项目，特别是突出农药、兽药残留、重金属、食品添加剂、非法添加物质、真菌毒素等重点指标的检验。同时设有中蒙药检验研究室。

2. 通辽市食品药品监督执法支队

通辽市食品药品监督执法支队的前身是原通辽市食品化妆品监督所。通辽市食品化妆品监督所成立于2012年5月，正科级建制。2016年7月，通辽市食品化妆品监督所更名为通辽市食品药品监督执法支队。负责全市“三品一械”和餐饮服务安全执法稽查和案件查处。

通辽市食品药品监督管理局历任主要负责人名录

表 1-13

序号	姓名	性别	民族	职务	任职时间
1	孙　义	男	汉族	党组书记　局长	2001 年 8 月—2010 年 6 月
2	李惠放	男	汉族	党组书记　局长	2010 年 6 月—

六、赤峰市食品药品监督管理局

赤峰市食品药品监管局前身是昭乌达盟医药管理局（医药分公司），成立于 20 世纪 80 年代初。2001 年 9 月 22 日，赤峰市药品监督管理局挂牌成立，正处级建制，隶属自治区药品监督管理局垂直管理。主要承担全市药品、医疗器械研制、生产、流通和使用全过程的行政监督和技术监督职能。内设机构 5 个：办公室、人事教育科、药品注册安全监管科、医疗器械市场监管科和药品监督稽查队。

至 2002 年，11 个旗县（区）药品监管分局陆续组建，正科级建制，为赤峰市药品监督管理局的派出机构。

2004 年 9 月 8 日，成立赤峰市食品安全委员会，加强食品安全监管的综合协调。随之各旗县（区）药品监管分局陆续成立食品安全委员会。

9 月 9 日，在赤峰市药品监督管理局基础上，挂牌成立赤峰市食品药品监督管理局，增加食品监督管理职能。赤峰市食品安全委员会办公室设在赤峰市食品药品监督管理局，负责委员会各项工作的具体落实。

10 月上旬，全市 11 个旗县区食品药品监督管理分局队伍的组建全部完成，开始全面履行食品药品综合监管职能。

2010 年 9 月，赤峰市食品药品监督管理局下划赤峰市属地管理，列为赤峰市人民政府工作部门。

2011 年 3 月，组建赤峰市食品药品监督管理局红山区分局，正科级建制，同松山区分局、元宝山区分局作为市局派出机构。

2012 年 1 月，按照自治区、赤峰市食品药品监管部门职能调整精神，将原来由市食品药品监督管理局承担的食品安全综合协调和组织查处食品安全重大事故的职能交给市卫生局负责；将原来由市卫生局承担的餐饮服务和保健食品、化妆品的行政许可和监督管理职能交给市食品药品监督管理局负责。

9 月 27 日，旗县食品药品监督管理分局下划旗县属地管理，保持正科级建制。赤峰市食品安全委员会办公室移交市卫生局。2013 年 3 月末，除市本级和红山、松山、元宝山（简称三区）外，其余 9 个旗县均完成职能移交、机构组建和人员划转工作。

2014 年 4 月 1 日起，全市卫生部门承担的餐饮环节监管职能、工商部门承担的食品流通环节监管职能、质量技术监督部门承担的食品生产加工环节监管职能划入食品药品监管部门。市食品安全委员会办公室也同时由市卫生局移交至赤峰市食品药品监督管理局。

2014 年 10 月 28 日，赤峰市三区食品药品监督管理分局和其所属的食品化妆品监督所下划至三区政府实行属地管理。

2014 年 12 月 15 日，将市食品药品监督管理局、工商行政管理局、质量技术监督局监管职能和队伍进行调整整合，成立赤峰市市场监督管理委员会。推进食品药品综合执法。

2016 年 8 月，赤峰市食品药品监督管理局单独设立。内设 11 个科室：办公室、法制与科技信息科、食品药品安全综合协调科、新闻宣传与应急管理科、食品生产监管科、食品流通监管科、餐饮服务监管科、药品化妆品生产注册监管科（蒙中药监管科）、药品化妆品流通监管科、医疗器械监管科、执法稽查科。另设机关党委。

赤峰市食品药品监督管理局所属事业单位3个。

1. 赤峰市食品药品检验所

赤峰市食品药品检验所的前身是昭乌达盟药品检验所，成立于1965年。1983年，撤盟建市后更名为赤峰市药品检验所。

2001年9月，赤峰市药品检验所由卫生局整体划转至赤峰市药品监督管理局，作为市局直属事业单位，正科级建制。

2012年，将赤峰市药品检验所更名为赤峰市食品药品检验所，加挂内蒙古东部食品医疗器械检测中心的牌子，升格为副处级，核定事业编制50名，内设9个科室。承担全市药品、保健食品、化妆品、医疗器械检验检测职能。同时按授权承担内蒙古东部地区部分医疗器械检测职能。

2. 赤峰市食品化妆品监督所

2013年4月，赤峰市食品化妆品监督所（相当于科级建制）成立，作为赤峰市食品药品监督管理局直属事业单位，承担全市食品、保健食品的监督抽检任务。

3. 赤峰市药品不良反应监测中心

2013年4月，设立赤峰市药品不良反应监测中心，核定事业编制10名。作为赤峰市食品药品监督管理局直属事业单位，承担全市药品、化妆品不良反应、医疗器械不良事件的检验监测职能。

赤峰市食品药品监督管理局历任主要负责人名录

表1–14

序号	姓名	性别	民族	职务	任职时间
1	宋廷毅	男	汉族	党组书记　局长	2001年8月—2014年12月
2	杨　勇	男	汉族	党组副书记　副局长（主持工作）	2016年8月—2017年9月
				党组书记　局长	2017年10月—

七、锡林郭勒盟食品药品监督管理局

锡林郭勒盟食品药品监督管理局前身为锡林郭勒盟医药管理局（医药分公司），始建于20世纪80年代初。2001年8月，组建锡林郭勒盟药品监督管理局，隶属于自治区药品监督管理局垂直管理。承担全盟药品、医疗器械研制、生产、流通和使用全过程的行政监督管理和技术监督管理职能。内设机构：办公室、人事教育科、药品注册安全监管科、医疗器械市场监管科和药品监督稽查队。行政编制26名，其中，处级领导职数4名（1正3副），科级领导职数8名（5正3副）。另核定机关工勤人员编制5名。

2002年1月15日，全盟批准设立的12个旗县市药品监督管理机构组建顺利完成，实现了药品监督管理系统垂直管理。同年11月完成上划接交工作。

2002年12月，锡盟行政公署成立了食品药品安全委员会，办公室设在锡盟药品监督管理局，成员单位有宣传部、卫生局、农牧局、质监局、工商局、商务局、公安局、民族事务局和教育局。

2004年7月，在锡林郭勒盟药品监督管理局基础上，组建锡林郭勒盟食品药品监督管理局。在原职能基础上，增加了食品、保健食品、化妆品安全管理的综合监督，组织协调和依法组织对重大食品安全事故查处的职能。内设科室增加食品安全科。增加行政编制 2 名，行政编制增加到 26 名。

2007 年，增加行政编制数 2 名，行政编制增加到 28 名。

2010 年 10 月，锡林郭勒盟食品药品监督管理局由自治区以下垂直管理改为地方政府属地分级管理，成为锡盟行政公署组成部门。根据锡盟行政公署《关于印发锡盟食品药品监督管理局主要职责内设机构和人员编制规定的通知》精神，将卫生部门的食品卫生许可、餐饮业和食堂等消费环节食品安全监督管理、保健食品和化妆品卫生监督管理职能划入食品药品监督管理部门；将综合协调食品安全、组织查处食品安全重大事故的职责划入锡盟卫生局。内设机构增加到 8 个：办公室、人事科、药品注册安全监管科（中蒙药监管科）、药品市场监管科、医疗器械监管科、餐饮服务监管科、保健食品化妆品监管科、稽查科。行政编制 21 名，其中，局长 1 名，副局长 3 名，科级领导职数 12 名（8 正 4 副），核定工勤人员编制 5 名。

2014 年 12 月，锡林郭勒盟食品药品监督与盟工商行政管理局合并，成立锡林郭勒盟食品药品监督和工商行政管理局。将盟食品药品监督管理局、盟工商行政管理局职能和队伍进行调整整合，推进食品药品综合执法。

2016 年 12 月 22 日，根据自治区编办《关于锡林郭勒盟食品药品监督管理局单设相关事宜的批复》（内机编办发〔2016〕38 号）和锡林郭勒盟机构编制委员会《关于盟食品药品监督和工商行政管理局、盟金融工作办公室机构编制调整的通知》（锡机编发〔2016〕7 号）精神，撤销锡林郭勒盟食品药品监督和工商行政管理局，设立锡林郭勒盟食品药品监督管理局，挂锡林郭勒盟食品药品安全委员会办公室牌子，为锡林郭勒盟行政公署工作部门。将原锡林郭勒盟食品药品监督和工商行政管理局承担的食品药品监督管理职责，划入锡林郭勒盟食品药品监督管理局。主要负责全盟食品、药品、化妆品、医疗器械监督管理，承担锡林郭勒盟食品药品安全委员会日常工作。

锡林郭勒盟食品药品监督管理局重新设立后，内设机构 12 个：办公室（人事科）、财务装备科、政策法规科（行政审批办公室）、综合协调科（科技标准科）、食品生产监管科、食品流通监管科、餐饮服务监管科、药品化妆品注册生产监管科（蒙中药监管科）、药品化妆品流通监管科、医疗器械监管科、食品药品稽查科、宣传教育和应急管理科。核定行政编制为 50 名，核定工勤人员编制 6 名。

锡林郭勒盟食品药品监督管理局所属事业单位 3 个。

1. 锡林郭勒盟食品药品检验检测中心

锡林郭勒盟食品药品检验检测中心前身是锡林郭勒盟药品检验所，成立于 20 世纪 80 年代初。2012 年 12 月 6 日，锡林郭勒盟药品检验所更名为锡盟食品药品检验检测中心，承担全盟药品生产、经营、使用过程的技术检验，以及食品、保健食品和化妆品检验检测职能。编制 38 名。内设 9 个科室。

2. 锡林郭勒盟药品不良反应监测中心

2012 年 12 月 6 日，成立锡林郭勒盟药品不良反应监测中心，在盟食品药品检验检测中心加挂牌子。承担全盟药品不良反应和药物滥用监测的日常监管工作，承担对基层报告单位监测工作的技术指导和业务考核，配合上级监测中心开展辖区内突发、群发事件的应急调查，组织开展药品安全性监测与评价的研究。

3. 锡林郭勒盟食品药品监督执法支队

锡林郭勒盟食品药品监督执法支队前身是锡林郭勒盟食品监督所。2012 年 11 月，成立锡林郭勒盟食品监督所，为科级事业单位，隶属锡盟食品药品监督管理局管理。承担食品安全监管、保健食品和化妆品执法监督管理职能，编制 10 名。

2015年2月13日，锡盟食品药品监督所更名为锡林郭勒盟食品药品监督执法支队，核定事业编制24名。2016年12月，锡林郭勒盟食品药品监督管理局单独设立后，核定编制14名。承担全盟“三品一械”和餐饮服务安全监督执法职能。

锡林郭勒盟食品药品监督管理局历任主要负责人名录

表1-15

序号	姓名	性别	民族	职务	任职时间
1	呼格吉胡	男	蒙古族	党组书记　局长	2001年8月—2004年2月
2	赵建中	男	汉族	党组书记　局长	2004年2月—2011年8月
3	李志鹏	男	汉族	党组书记　局长	2011年8月—2014年12月
4	刘德生	男	汉族	党组副书记　局长	2014年12月—2016年5月
5	阿穆古朗	男	蒙古族	党组书记　局长	2016年6月—

八、乌兰察布市食品药品监督管理局

乌兰察布市食品药品监督管理局前身是乌兰察布盟医药管理局（医药分公司），始建于20世纪80年代初。2000年5月，乌兰察布盟药品监督管理局组建，正处级建制，由自治区药品监督管理局垂直管理。主要承担全盟药品、医疗器械研制、生产、流通和使用全过程的行政监督和技术监督职能。行政编制18人，工勤人员编制4人。内设机构4个：办公室、药品医疗器械注册科、药品生产监管科和市场监管科，还有1个正科级事业单位药品检验所。

2004年6月，在乌兰察布市药品监督管理局基础上，组建乌兰察布市食品药品监督管理局。在原职能基础上，增加食品、保健食品和化妆品的综合监督，组织协调和依法组织对重大食品安全事故查处职能。内设科室在原有科室的基础上，增加食品安全科。

2010年1月，乌兰察布市食品药品监督管理局下放到地方政府属地分级管理。内设7个科室，1个察哈尔经济技术开发区分局，1个药品检验所。核定行政编制38名，工勤编制6名。

2014年4月，重新组建乌兰察布市食品药品监督管理局。职能职责也做了相应调整。核定行政编制46名，工勤编制6名。内设12个职能科室：办公室、食安办综合科、政策法规科、食品生产监管科、食品流通监管科、餐饮服务监管科、药品化妆品注册生产监管科、药品化妆品流通监管科、医疗器械监管科、宣传与应急管理科、科教人事科、纪检监察室。

2016年，乌兰察布市食品药品监督管理局被评为全国先进集体。

机构改革调整后，乌兰察布市食品药品监督管理局所属事业单位3个。

1. 乌兰察布市食品药品检验所。其前身是乌兰察布盟药品检验所，成立于1974年。编制79名。2003年，撤盟建市后更名为乌兰察布市药品检验所。2011年，更名为乌兰察布市食品药品检验所。承担食品、药品、医疗器械检验职能。2014年，机构改革核定事业编制64名。正科级建制。

2. 乌兰察布市食品药品行政执法稽查支队。成立于2014年，负责“三品一械”和餐饮服务安全执法稽查及案件查处。核定事业编制35名，领导职数1正3副，正科级建制。

3. 乌兰察布市药品不良反应监测中心。成立于2014年，负责药品、化妆品、疫苗不良反应和医疗器械不良事件检测。核定事业编制8名，领导职数1正1副，正科级建制。

乌兰察布市食品药品监督管理局历任主要负责人名录

表 1-16

序号	姓名	性别	民族	职务	任职时间
1	康久亮	男	汉族	党组书记　局长	2000 年 5 月—2008 年 2 月
2	彭万臻	男	汉族	党组书记　局长	2008 年 3 月—2010 年 3 月
3	张贵平	男	汉族	党组书记　局长	2010 年 6 月—2013 年 7 月
4	付俊峰	男	汉族	党组书记　局长	2013 年 7 月—

九、鄂尔多斯市食品药品监督管理局

鄂尔多斯市食品药品监督管理局前身是伊克昭盟医药管理局（医药分公司），始建于 20 世纪 80 年代初。1999 年 12 月 16 日，伊克昭盟药品监督管理局成立，是内蒙古自治区最早成立的盟市级药品监督管理机构。承担全盟药品、医疗器械研制、生产、流通和使用全过程的行政监督和技术监督职能。内设机构 5 个：办公室、人事教育科、药品注册安全监管科、医疗器械市场监管科和药品监督稽查队。

2001 年 8 月，根据内蒙古自治区人民政府《关于药品监督管理体制改革实施方案的通知》精神和自治区机构编制委员会《关于盟市旗县市区药品监督管理局分局机构改革意见的通知》精神，重新组建鄂尔多斯市药品监督管理局，隶属自治区药品监管局垂直管理。核定行政编制 26 人，工勤人员编制 5 人；核定处级领导职数 4 名（1 正 3 副）；核定科级领导职数编制 8 名。

2002 年 1 月，7 个旗级药品监督管理分局全部组建成立。17 个旗医药支公司全部进行了转制。

2004 年 9 月，在鄂尔多斯市药品监督管理局的基础上，成立鄂尔多斯市食品药品监督管理局。新增食品、药品、保健品、化妆品安全综合监管职能。内设科室在原来的基础上，取消人事教育和监察科。增加审评认证、政策法规、培训教育、医疗器械、保健食品化妆品 5 个科室。科室增加到 10 个。行政编制增加到 33 名，其中：局长 1 名，副局长 3 名，科级领导职数 15 名。另核定机关后勤人员事业编制 5 名。

2010 年，鄂尔多斯市食品药品监督管理局由自治区以下垂直管理改为地方政府属地管理，成为市政府组成部门。独立设置，保留正处级建制。调整后鄂尔多斯市食品药品监督管理局内设机构 10 个：办公室、培训教育科、政策法规科、餐饮服务与食品安全监管科、药品注册安全监管科（中蒙药监管科）、药品市场监管科、医疗器械监管科、保健食品化妆品监管科、稽查科、认证审评科。行政编制不变。

2014 年，新组建鄂尔多斯市食品药品监督管理局，增挂鄂尔多斯市食品安全委员会办公室的牌子，为鄂尔多斯市人民政府工作部门。核定行政编制 49 名，其中局长 1 名，副局长 4 名，科级领导职数 23 名（13 正 7 副），核定机关后勤工作人员事业编制 6 名。内设机构 13 个：办公室、食品安全协调科、政策法规科、培训教育科、食品生产监管科、食品流通监管科、餐饮服务监管科、药品注册生产监管科（挂蒙中药监管科牌子）、药品流通监管科、医疗器械监管科、保健食品化妆品监管科、科技标准科、机关党委。

2001—2016 年，鄂尔多斯市食品药品监督管理局获得国家食品药品监督管理总局、自治区食品药品监管局等上级部门表彰共计 16 次，先进个人表彰 4 人次。

2017 年，全市有食品药品监管对象 41234 家（其中包括食品生产企业和加工小作坊 1383 家、食品流通企业18213家、餐饮服务企业13175家、畜禽屠宰企业49家、种养殖企业1442家、药品生产经营使用单位2632家、医疗器械生产经营企业1104家、保健食品生产经营企业1158家、化妆品经营企业2078家)。

2017年，全市2个旗区食药监管部门独立设置，7个旗区实行食药、质监、工商“三合一”，全部加挂食品药品监督管理局和食品药品安全委员会办公室牌子，并由政府主要领导分管食品药品安全；全市74个苏木乡镇（街道办事处、园区）中有69个成立了食品药品监管机构，全市标准化建设率100%。全市配备食品药品监管人员1286人，每万常住人口配备6.3人，聘请食品药品安全协管员、信息员2045名，基本建立起纵向到底、横向到边的四级监管体系。

鄂尔多斯市食品药品监督管理局所属事业单位4个。

1. 鄂尔多斯市药品医疗器械检验研究中心

鄂尔多斯市药品医疗器械检验研究中心前身是伊克昭盟药品检验所，始建于1973年。2001年，鄂尔多斯市药品检验所成立，核定事业编制10名。承担全市药品检验检测职能。

2011年，鄂尔多斯市药品检验所更名为市食品药品检验研究中心，在全自治区率先取得食品检验机构资质认定，新增了食品微生物检验室和食品理化检验检测实验室，配备了近1000万元的检测设备，引进1名博士研究生和7名硕士研究生，餐饮食品、保健食品、化妆品检验检测全面开展。

2014年，鄂尔多斯市食品药品检验研究中心更名为鄂尔多斯市药品医疗器械检验研究中心。科级事业单位，核定事业编制35名，内设科室6个，科级领导职数4名（1正3副）。

2. 鄂尔多斯市药品医疗器械不良反应监测中心

2014年，鄂尔多斯市药品医疗器械不良反应监测中心成立，科级事业单位，核定事业编制5名，其中正科级领导职数1名。承担全市药品医疗器械不良反应监测职能。

3. 鄂尔多斯市食品检验检测中心

2014年，鄂尔多斯市食品质量安全检验检测中心由市质量技术监督局整建制划转市食品药品监督管理局管理，更名为鄂尔多斯市食品检验检测中心，挂鄂尔多斯市食品生产许可审查中心牌子，科级事业单位，核定事业编制25名，其中科级领导职数3名。承担全市食品乳制品检验检测职能。

4. 鄂尔多斯市食品药品监管综合执法局

2011年，设鄂尔多斯市食品化妆品监督所，科级事业单位。核定编制10名。

2014年，根据内蒙古自治区人民政府《关于改革完善盟市旗县食品药品监督管理体制的实施意见》，在撤销鄂尔多斯市食品化妆品监督所的基础上，组建鄂尔多斯市食品药品稽查支队，核定事业编制20名，其中科级领导职数3名（1正2副）。

2017年5月，根据鄂尔多斯市机构编制委员会《关于鄂尔多斯市食品药品监管综合行政执法体制改革的通知》，市食品药品稽查支队更名为市食品药品监管综合执法局。负责全市“三品一械”和餐饮服务安全监管综合执法。

鄂尔多斯市食品药品监督管理局历任主要负责人名录

表1-17

序号	姓名	性别	民族	职务	任职时间
1	李光荣	男	汉族	党组书记　局长	2001年—2009年1月
2	杨云峰	女	汉族	党组书记　局长	2009年1月—2016年1月
3	张众志	男	汉族	党组书记　局长	2016年1月—2017年11月

从2015年到2017年12月，全市共举行18次大型国际国内会议及活动。市食品药品监督管理局配合组委会圆满完成了各项活动期间食品药品安全监管任务。

2015—2017年鄂尔多斯市大型活动保障人数和时间统计表

表1-18

序号	保障活动名称	保障人数（人）	保障时间
1	第十届全国少数民族传统体育运动会	12000	2015年8月9日—17日
2	第三届国际那达慕大会暨首届鄂尔多斯国际创意文化大会（20余项系列活动）	30000	2016年8月—12月
3	第十三届全运会女篮预选赛	140	2017年3月25日
4	全国青少年田径锦标赛	1100	2017年6月3日—5日
5	2017年全国青年跳水锦标赛	200	2017年6月24日
6	首届国际蒙医心身医学高峰论坛	300	2017年6月24日
7	2017全国幼儿足球交流大会	800	2017年6月30日—7月4日
8	第17届全国大学生田径锦标赛	4000	2017年7月12日
9	2017年第三届全国体育舞蹈公开赛	800	2017年7月14日
10	第七届全国中小学优秀体育课教学活动	2300	2017年7月6日
11	第六届库布齐国际沙漠论坛	1200	2017年7月29日
12	2017年“德日素杯”全国女子篮球锦标赛（鄂尔多斯赛区）	200	2017年7月31日
13	2017鄂尔多斯首届中国围棋人会	5000	2017年8月8日
14	“许绍发杯”全国青少年乒乓球锦标赛	550	2017年8月
15	第二届亚洲沙滩足球锦标赛	200	2017年8月
16	联合国防治荒漠化缔约方大会第十三次会议	3000	2017年9月6日
17	中国足协U系列青少年女子足球比赛	300	2017年9月
18	2017年全国青年游泳锦标赛	300	2017年12月

十、巴彦淖尔市食品药品监督管理局

巴彦淖尔市食品药品监督管理局前身是巴彦淖尔盟医药管理局（医药分公司），始建于20世纪80年代初。2001年，巴彦淖尔盟药品监督管理局成立，隶属于自治区药品监督管理局，实行自治区以下垂直管理。承担全盟药品、医疗器械研制、生产、流通和使用全过程的行政监督和技术监督职能。内设机构5个：办公室、人事教育科、药品注册安全监管科、医疗器械市场监管科和药品监督稽查队。核定行政编制26名，工勤人员编制5名；核定处级领导职数4名；核定科级领导职数8名。核定旗县分局6个，行政编制47名，工勤人员编制6名。

2004年9月，在巴彦淖尔盟药品监督管理局的基础上，组建巴彦淖尔市食品药品监督管理局。新增食品、保健品、化妆品安全综合监管职能。内设科室在原有基础上增设食品安全科，增加2名科级领导职数。

2010年，巴彦淖尔市食品药品监督管理局由自治区以下垂直管理改为地方政府属地管理，为市人民政府工作部门，业务接受同级卫生行政部门的指导和监督。局机关内设机构7个：办公室、保健食品化妆品监管科、餐饮服务监管科、药品注册安全监管科、药品市场监管科、医疗器械监管科、稽查科。核定行政编制26名，其中，处级领导职数3名（局长1名，副局长2名），科级领导职数11名（7正4副）。机关工勤人员编制4名。

2013年初，从卫生局划转餐饮服务食品安全监管职能。

2014年12月，撤销原市食品药品监督管理局和市工商行政管理局，组建巴彦淖尔市食品药品监督和工商行政管理局。

2016年5月，巴彦淖尔市食品药品监督管理局机构单设。内设机构11个：办公室、综合科、政策法规科、财务装备科、食品生产监管科、食品流通监管科、餐饮服务监管科、药品化妆品注册生产监管科（中蒙药、医疗机构制剂、特药管理科）、药品化妆品流通监管科、医疗器械监管科、行政许可科，另设机关党委。核定行政编制35名，核定处级领导职数5名（1正4副），科级领导职数21名（13正8副），工勤事业编制5名。

2017年，全市共有7个旗县区局、1个开发区局，全部实行食药、质监、工商“三合一”食品药品监督管理体制，全部加挂食品药品监督管理局和食品药品安全委员会办公室牌子，按区域设立57个市场监管所（加挂食品药品监管所牌子），并聘请食品药品安全协管员、信息员。全市基本建立起纵向到底、横向到边的四级监管体系。全市共有获证食品生产企业323家，生产加工小作坊618家；食品经营单位11849家；餐饮服务单位7743家。新建或改扩建食品加工园区7家，新建或改扩建便民市场和农贸市场12个（食品摊位4499个）；共有涉药械单位2540家。

巴彦淖尔市食品药品监督管理局直属事业单位4个。

1. 巴彦淖尔市食品药品检验所

1997年，成立巴彦淖尔盟药品检验所，核定事业编制42名，承担全盟药品检验检测职能。2003年，撤盟建市后更名为巴彦淖尔市药品检验所。2012年，更名为巴彦淖尔市食品药品检验所，增加食品、保健食品、化妆品的检验职能，核定事业编制43名。2015年，质监系统14名检验人员划转到巴彦淖尔市食品药品检验所，调整后核定事业编制57名。

2. 巴彦淖尔市药品医疗器械不良反应监测中心

2012年，成立巴彦淖尔市药品医疗器械不良反应监测中心，核定事业编制5名，承担全市药品医疗器械不良反应监测职能。

3. 巴彦淖尔市食品药品投诉举报中心

2017年，按照综合执法改革有关精神，原巴彦淖尔市食品化妆品监督所更名为巴彦淖尔市食品药品投诉举报中心，核定事业编制7名。负责受理全市“三品一械”和餐饮服务投诉举报。

4. 巴彦淖尔市食品药品综合行政执法局

2017年，原巴彦淖尔市食品药品监督管理支队更名为巴彦淖尔市食品药品综合行政执法局，核定事业编制21名。承担全市“三品一械”和餐饮服务安全综合执法职能。

2015年8月—2017年，巴彦淖尔市举行了10次大型国内外、区内外会议或活动。巴彦淖尔市食品药品监督管理局配合组委会顺利完成了活动期间食品药品安全监管任务。

巴彦淖尔市食品药品监督管理局历任主要负责人名录

表 1-19

序号	姓名	性别	民族	职务	任职时间
1	李　雳	男	汉族	党组书记　局长	2001—2004 年
2	白利钧	男	汉族	党组书记　局长	2004—2009 年
3	刘奋先	男	汉族	党组书记　局长	2009—2010 年
4	韩志清	男	汉族	党组书记　局长	2010 年 7 月—2017 年 12 月
5	赵永君	男	汉族	党组书记　局长	2017 年 12 月—

十一、乌海市食品药品监督管理局

乌海市食品药品监督管理局前身是乌海市医药管理局（医药分公司），始建于 1983 年。2001 年 8 月，乌海市药品监督管理局组建，正处级建制，隶属于自治区药品监督管理局垂直管理。主要承担全市药品、医疗器械研制、生产、流通和使用全过程的行政监督和技术监督职能。行政编制 22 名。内设办公室、人事教育科、药品注册安全监管科、医疗器械市场监管科和药品监督稽查队。2001 年 9 月，组建乌达区、海南区药品监督管理分局，加挂药品监督稽查队的牌子，为乌海市药品监督管理局的派出机构，正科级建制。

2004 年 9 月，在乌海市药品监督管理局的基础上，组建乌海市食品药品监督管理局。在原有监管药品职能的基础上，增设食品安全监管职能，内设机构增设了食品安全科。共有 6 个职能科室和 1 个药品监督稽查队。行政编制 23 名，工勤编制 3 名。

2010 年 9 月，乌海市食品药品监督管理局下放地方政府属地管理。调整后内设机构 6 个：办公室、人事科、保健食品化妆品监管科、餐饮服务监管科、药品医疗器械安全监管科（中蒙药监管科）、稽查局。

2013 年 7 月，乌海市食品安全委员会办公室职能划入乌海市食品药品监督管理局。

2014 年 12 月，设立乌海市市场监督管理委员会，挂乌海市食品药品监督管理局、乌海市食品安全委员会办公室牌子，为乌海市人民政府工作部门。市工商行政管理局、市质量技术监督局、市食品药品监督管理局的职责整合至市场监督管理委员会。

2016 年 6 月，重新设立乌海市食品药品监督管理局，挂乌海市食品药品安全委员会办公室牌子，将市场监督管理委员会有关食品药品监督管理职能划入新设立的食品药品监督管理局，为乌海市人民政府工作部门。核定行政编制 41 名，内设 11 个职能科室。

乌海市食品药品监督管理局所属事业单位 3 个。

1. 乌海市检验检测中心

乌海市检验检测中心前身是乌海市药品检验所，成立于 1977 年。隶属于市卫生局。2002 年 3 月，重新组建乌海市药品检验所，正科级建制，划转市食品药品监督管理局管理。2011 年 12 月，在乌海市药品检验所的基础上，组建乌海市食品药品检验所。同时，挂乌海市药品不良反应及医疗器械不良事件监测中心牌子。

2013 年，撤销乌海市食品药品检验所，组建乌海市食品药品检验检测中心（加挂乌海市保健食品化妆品检验检测中心、乌海市药品不良反应及医疗器械不良事件监测中心、乌海市农业产品质量安全检验检测中心、乌海市饲料检测中心牌子），隶属乌海市食品药品监督管理局，核定事业编制 38 名。

2016 年，更名乌海市检验检测中心，加挂市粮油质量检验检测中心牌子。核定事业编制 84 名，内设科室 19 个，为市政府直属处级事业单位。

2. 乌海市药品不良反应监测中心

2014 年 12 月，独立设置乌海市药品不良反应监测中心，为乌海市食品药品监督管理局所属科级全额拨款事业机构。负责全市药品不良反应、医疗器械不良事件等报告和技术监测工作。

3. 乌海市食品药品化妆品监督所

2016 年 12 月，成立乌海市食品药品化妆品监督所。核定事业编制 5 名。负责全市食品、保健食品、化妆品监督检查等工作。

乌海市食品药品监督管理局历任主要负责人名录

表 1–20

序号	姓名	性别	民族	职务	任职时间
1	王春林	男	汉族	局长	2001 年 11 月—2011 年 12 月
2	王　理	男	汉族	局长	2011 年 12 月—2015 年 5 月
3	冯文彬	男	汉族	局长	2015 年 5 月—2016 年 7 月
4	王　理	男	汉族	局长	2016 年 8 月—

十二、阿拉善盟食品药品监督管理局

阿拉善盟食品药品监督管理局前身是阿拉善盟医药管理局（医药分公司），始建于 1980 年 5 月。2001 年 11 月 8 日，阿拉善盟药品监督管理局成立，正处级建制，隶属自治区药品监督管理局垂直管理，核定行政编制 21 名，工勤编制 3 名。内设办公室、人事教育科、药品注册安全监管科、医疗器械市场监管科、药品监督稽查队。承担全盟药品和医疗器械研发、生产、流通、使用全过程的行政监督与技术监督职能。2002 年 12 月，增设纪检监察室。

2002 年，阿拉善盟所属 3 个旗药品监督管理分局陆续组建，正科级建制。

2004 年 9 月 22 日，在阿拉善盟药品监督管理局基础上，成立阿拉善盟食品药品监督管理局。增加食品安全综合监督，组织协调和依法组织查处重大事故等职能。同时增设食品安全监管科，内设机构 7 个。同年各旗分局统一更名为食品药品监督管理分局。

2010 年 4 月，阿拉善盟食品药品监督管理局由自治区以下垂直管理改为地方政府属地管理，为阿拉善盟行政公署工作部门，隶属阿拉善盟卫生局管理。其职能职责进行了相应调整，综合协调食品安全和组织查处食品安全重大事故的职责划入阿拉善盟卫生局；盟卫生局食品卫生许可、餐饮业和食堂等消费环节食品安全监督管理、保健食品和化妆品卫生监督管理等职责，划入盟食品药品监督管理局。核定行政编制为 19 名。工勤人员事业编制 3 名。内设机构 7 个。

2014 年，增加食品生产、流通及酒类监管职能，核定行政编制 36 名。

2017 年，增加食盐流通环节质量安全监管职能。

阿拉善盟食品药品监督管理局所属事业机构 3 个。

1. 阿拉善盟食品药品化妆品检验检测中心

阿拉善盟食品药品化妆品检验检测中心前身为阿拉善盟药品检验所，成立于 1987 年 1 月。隶属盟卫生处管理，与阿拉善盟卫生防疫站中心实验室共用检验检测设备。2001 年，阿拉善盟药品检验所划转阿拉善盟药品监督管理局管理。

2012 年 2 月 8 日，更名为阿拉善盟食品药品化妆品检验检测中心。内设餐饮服务监管科和保健食品、化妆品监管科 2 个科室。承担全盟食品、药品、保健食品、化妆品检验检测。

2014 年 12 月，更名为阿拉善盟食品药品检验研究中心，挂盟医疗器械检验所牌子。核定事业编制 16 名。2017 年 1 月，挂盟粮油检测中心牌子。

2. 阿拉善盟信息化与药品不良反应监测中心

2012 年 2 月 8 日，阿拉善盟信息化与药品不良反应监测中心成立，为阿拉善盟食品药品监督管理局所属科级全额拨款事业单位。核定事业编制 4 名。内设综合科及业务科 2 个科室。主要承担全盟药品不良反应、医疗器械不良事件监测及全盟食品药品监督管理系统信息化建设等职能。

3. 阿拉善盟食品药品稽查执法支队

阿拉善盟食品药品稽查执法支队前身是阿尔善盟食品化妆品监督所，成立于 2012 年 2 月，核定事业编制 5 名。2014 年，更名为阿拉善盟食品药品稽查执法支队。增加事业编制 3 名。2016 年，增加食盐质量安全监管职能，编制增至 10 名。负责全盟“三品一械”和餐饮服务安全执法稽查和案件查处。

阿拉善盟食品药品监督管理局历任主要负责人名录

表 1-21

序号	姓名	性别	民族	职务	任职时间
1	关长虹	男	蒙古族	党组书记　局长	2001 年 10 月—2002 年 10 月
2	聂永声	男	汉族	党组书记　局长	2003 年 12 月—2016 年 10 月
3	王国泽	男	汉族	党组书记　局长	2016 年 10 月—

第二篇

食品监督管理

第一章　食品行政许可管理

2009年前，内蒙古自治区食品安全监管主要以“食品卫生管理”为重点。食品行政许可管理包括：食品卫生行政许可、食品生产许可、食品流通许可、餐饮服务许可。2009年后，食品监管更加注重食品安全质量监管，食品卫生许可证由食品生产许可证、食品流通许可证、餐饮服务许可证所代替。

第一节　食品卫生行政许可

1956年，内蒙古自治区卫生厅制订《经常性卫生监督工作试行方案》。

1957年，全区各级卫生行政管理部门、防疫部门，加强对饮食行业及集体伙食单位的卫生行政许可发放的管理，禁止出售及食用腐烂食品，以防食物中毒的发生。监督各酒厂采取措施，降低酒中的含铅量，使之达到规定标准1.0毫克/升以下，对不具备食品卫生标准要求的食品生产企业和经营单位，有关部门不发放卫生行政许可证。

是年，食品卫生行政许可发放部门要求平地泉行政区（1954年设立）加强对丰镇的蛋品加工厂的经常性监督，提高蛋品质量，逐步做到消灭蛋品中的沙门氏菌和其他致病菌，使其达到国家规定的标准。呼和浩特市制定“四防一消”（防鼠、防蝇、防尘、防腐和消毒）的食品卫生行政许可发放管理制度。

是年，内蒙古自治区卫生部门对各种食品制造、储存、搬运、出售过程进行各环节的卫生监督。其中，通过发放食品卫生行政许可证把好市场准入关。在乳制品生产中，要求厂家切实贯彻《全国乳品厂试行卫生规程》和《乳制品操作要点》，以使产品质量达到《乳制品试行技术标准》的规定。督促畜牧、兽医工作部门对乳牛进行检查，凡病牛产乳均监督其消毒后才准出售。在肉食品卫生方面，着重加强对屠宰场及肉食加工厂的卫生管理，监督屠宰场做好废弃物的处理及环境卫生和个人卫生。要求在屠宰场设置必要的卫生设备，做到消灭蛆和苍蝇。加强屠宰前后的检疫工作，要求肉食商店必须有防蝇设备，并做好运输保管过程中的卫生工作。经营者只有达到以上经营要求，方可发证。

1963年，食品卫生监管工作主要以预防食物中毒和肠道传染病为主，食品卫生行政许可发放管理工作的重点是抓好行业、集市、乳肉食品和食品加工的卫生达标、检查考核验证等监督工作。

1965年8月17日，国务院批转了卫生部、第一轻工业部等部门联合出台的《食品卫生管理试行条例》，这是新中国成立后我国第一部国家层面的综合食品卫生管理法规，为食品卫生行政许可发放管理工作提供了法律依据。

1979 年，国务院颁布《中华人民共和国食品卫生管理条例》。随着农贸市场的开放，各种食品摊贩大量涌现，为加强管理，内蒙古自治区卫生防疫部门与工商行政管理部门联合颁布了统一规定，对食品摊贩实行“健康证”“卫生许可证”“营业证”即三证管理制度。并且规定：食品生产经营者只有在取得“卫生许可证”“健康证”后方可领取“营业证”，三证缺一不可。自实行“三证”制度后，20 世纪 80 年代初，全区共颁发卫生许可证 48065 个，占应发单位的 83.9%。其中向国营单位颁发卫生许可证 9632 个，占应发单位的 81.8%；向集体单位颁发卫生许可证 9547 个，占应发单位的 78.8%；向个体生产经营者颁发卫生许可证 28886 个，占应发单位的 86.6%。

1982 年 11 月 19 日，《中华人民共和国食品卫生法（试行）》颁布。标志着食品卫生管理工作走向法治化。

内蒙古自治区卫生厅发布《内蒙古自治区食品卫生许可证发放管理试行办法》《内蒙古自治区食品卫生索证管理试行办法》2 个食品卫生许可证发放管理的规范性文件。食品卫生许可证发放管理工作逐步走向规范化、制度化、法治化。

1995 年 10 月 30 日，为保证食品卫生，防止食品污染和有害因素对人体的危害，保障人民身体健康，增强人民体质，《中华人民共和国食品卫生法》由第八届全国人民代表大会常务委员会第十六次会议通过施行。

1996 年 7 月，内蒙古自治区卫生厅根据新颁布的《中华人民共和国食品卫生法》，修订发布《内蒙古自治区食品卫生许可证发放管理办法》和《内蒙古自治区采购食品索证管理办法》。内蒙古自治区人民政府对原《内蒙古自治区城乡集市贸易食品卫生管理条例》进行修订，并提交内蒙古自治区人大常委会审议通过。

2002 年上半年，自治区卫生部门组织开展全区食品生产经营卫生许可证专项治理整顿工作。全区共检查持证食品生产经营单位 56313 家，检查出不符合卫生要求的 3814 家，其中责令停止生产经营 1422 家，收缴卫生许可证 666 家，吊销卫生许可证 73 家，其他形式查处 1645 家。

2003 年 6 月 15 日，内蒙古自治区卫生厅制定发布《内蒙古自治区食品卫生许可证发放管理办法》，进一步规范食品卫生许可证发放的程序。

2005 年 12 月，卫生部印发《食品卫生许可证管理办法》，明确要求“任何单位和个人从事食品生产经营活动，应当向卫生行政部门申报，并按照规定办理卫生许可证申请手续；经卫生行政部门审查批准后方可从事食品生产经营活动，并承担食品生产经营的食品卫生责任”。

2009 年《中华人民共和国食品安全法》实施后，食品卫生许可证被食品生产许可证、食品流通许可证、餐饮服务许可证所替代。《食品卫生许可证管理办法》终止。

2015 年 10 月 1 日，新修订的《中华人民共和国食品安全法》规定，食品生产企业需取得食品生产许可证、食品销售和餐饮服务企业需要取得食品经营许可证。

第二节 食品生产行政许可

1984 年 4 月 7 日，国务院颁发《工业产品生产许可证试行条例》，决定对重要工业产品实施生产许可证管理。条例的颁布标志着国家工业产品生产许可证制度的正式诞生。

依据国家关于工业产品生产许可的法律法规，在中华人民共和国境内从事以销售为目的的食品生产加工经营活动，实行 3 项具体制度：一是生产许可制度。对符合条件的食品生产企业，发放“食品生产许可证”，准予生产获证范围内的产品；未取得食品生产许可证的企业不准生产食品。二是强制检验制度。未经检验或经检验不合格的食品不准出厂销售。三是市场准入标志制度。对实施食品生产许可证制度的食品出厂前必须在其包装或者标识上加印（贴）市场准入标志——QS 标志，没有加印（贴）QS 标志的食品不准进入市场销售。食品市场准入标志由“企业食品生产许可”的汉语拼音“Qiyeshipin Shengchanxuke”的缩写“QS”表示。标志主色调为蓝色，字母“Q”与“生产许可”四个中文字样为蓝色，字母“S”为白色。取得食品生产许可证的企业在使用食品市场准入标志时，不能变色，并标注食品生产许可证证书编号。食品生产许可证编号由英文大写 QS 与 12 位阿拉伯数字组成。食品生产许可发放和管理由内蒙古自治区质量技术监督局负责。

20 世纪 80 年代末至 90 年代初，由于市场销售的冷饮食品质量良莠不齐，内蒙古自治区对冷饮生产实行准产证制度。标准计量、工商行政管理、物价、卫生防疫等部门对冷饮行业共同进行综合治理。

1990 年，包头市对 100 余家冷饮食品生产企业进行检查，为其中具备生产条件、质量稳定的 64 家企业发放“冷饮生产许可证”。呼和浩特市对 64 家企业进行整顿，为 33 家合格企业发放“冷饮生产准产证”。

1991 年，内蒙古自治区召开全区生产许可证管理发放工作会议，按照会议精神要求，加强生产许可证管理，凡列入国家发证计划目录的产品，部门和地方不搞重复发证。确需发证而国家又未列入发证计划的地方产品，须经内蒙古自治区生产许可证办公室（设在内蒙古自治区质量技术监督局）同意，并经内蒙古自治区人民政府批准，再按发证程序实施。

1998 年 11 月 18 日，国家质量技术监督局发出《关于进一步做好工业产品生产许可证管理工作的通知》，明确原来由有关部门发证的产品，其许可证书一律改由国家质量技术监督局负责发放，其中包括食品工业产品。

至 1999 年末，内蒙古自治区酒类、乳品等工业产品生产许可证办公室设在内蒙古自治区经济贸易委员会。

2000 年，全区完成 120 余家白酒生产企业生产许可证工厂条件审查和现场抽样工作。

2001 年，按照《内蒙古自治区临时生产许可证发放管理办法》，对 1998—2000 年通过工厂条件审查的白酒企业的申报材料进行全部核查，有 203 户企业通过核查并获得国家质检总局颁发的全国工业产品生产许可证。

2002 年，全国工业产品许可证实行国家统一管理。同年 9 月，内蒙古自治区质量技术监督局根据国家质检总局的要求，制定《内蒙古自治区 5 类食品质量安全市场准入制度实施方案》。食品质量安全市场准入制度的主要内容是：对食品生产企业实施保证产品质量必备条件的审查发证，否则不准生产；对食品实施强制检验，否则不得出厂；对检验合格的食品加贴市场准入标志，否则不得销售；对无证企业和产品依法查处。该方案对各级质量监督部门在食品质量安全监督管理中所承担的职责作了明确分工。对食品发证管理工作提出要求：承担发证检验的质量检验机构，应当具备全项检验能力，发证检验不允许分包检验；承担委托检验（出厂检验）的质检机构，应当具备相应规定项目的检验能力，一般不承担发证检验。不具备自检能力的生产企业，必须委托具有法定资格的质检机构进行出厂检验，并签订委托检验合同。

2002 年 10 月开始，内蒙古自治区质量技术监督局对内蒙古自治区 5 类（谷物粮食、动物性食物、豆类及乳类和乳制品、蔬菜水果、油脂）食品生产企业发放食品生产许可证，到 2003 年 7 月集中发证工作基本结束。

是年，为严格审核“食品生产许可证”，国家对食品生产许可证审查员的资格做出规定，“食品生产许可证”审查员须经全国统一考试合格，方可取得资格。

2003 年，内蒙古自治区质量技术监督局通过组织培训及参加全国统一考试，确定内蒙古自治区首批 30 名食品生产许可证国家注册审查员。

是年，按照国家质检总局关于《小麦粉等 5 类食品生产许可证实施细则》等有关文件规定和要求，经企业自愿申报，内蒙古自治区质量技术监督局和有关盟市质量技术监督局组织审查员和质检机构对企业进行了生产条件现场审查和产品质量抽查。截至 10 月底，内蒙古自治区共报送国家质量监督检验检疫总局 96 家企业、116 个产品，占企业专项调查总数的 18.2%。其中，61 家企业 76 个产品获得了食品生产许可证。但全区 5 类食品生产许可证的审查发证工作不平衡，呼伦贝尔市、通辽市、乌兰察布盟、锡林郭勒盟和满洲里市、二连浩特市未有一家申证企业，呼和浩特市的发证率仅为 5%。

是年，全区有 266 家米、面、油、酱油、食醋生产企业的 321 个产品获得食品生产许可证。

2004 年 2 月 9 日，国家质检总局印发《食品质量安全市场准入审查通则（2004 版）》，要求食品生产加工企业凡具有营业执照的，必须单独申请“食品生产许可证”，并全面开展已获“食品生产许可证”企业的监督检查。加大查处无证生产小麦粉等 5 类食品的工作力度。同时，要求严格按照市场准入条件开展审查工作，凡是不符合必备条件的，绝不能发放“食品生产许可证”。严格责任追究和过错追究，坚持谁审查谁负责的原则，不降低标准，不搞地方保护，不照顾情面，不突击审查发证。内蒙古自治区质量技术监督局在转发国家质检总局的文件中，提出以实施年审制为主要手段，加强对获证企业的监督管理，促进企业完善自律机制，确保食品质量安全市场准入制度的有效实施。随后，内蒙古自治区质量技术监督局组织各盟市质量技术监督局对 5 类食品所有获证企业进行监督检查。

2004 年 10 月 25 日，内蒙古自治区质量技术监督局印发《内蒙古自治区质量技术监督局关于贯彻落实〈国务院关于进一步加强食品安全工作的决定〉实施意见》。确定全区全面实施食品质量安全市场准入制度。

2004 年，内蒙古自治区质量技术监督部门基本完成乳制品、肉制品、饮料、调味品、冷冻饮品、方便面、饼干、罐头、速冻面米食品、膨化食品等 10 类食品大中型企业的质量安全市场准入工作。

2005 年，内蒙古自治区质量技术监督部门共检查企业 263 家，合格 247 家，大部分企业具备生产条件，有 13 家企业被暂扣证书，进行整改。全区承担 5 类食品发证和委托检验的质检机构 11 家，进行发证检验 384 批次，与 369 家食品企业签订出厂检验委托协议。

从 2002 年 8 月至 2004 年底，全区有 355 家企业获得“食品生产许可证”。

从 2005 年 7 月 1 日起，内蒙古自治区质量技术监督局开始对食品生产企业进行无证查处。按照《内蒙古自治区质量技术监督局关于贯彻落实〈国务院关于进一步加强食品安全工作的决定〉实施意见》要求，无证查处强调了突出整治重点，把粮、肉、蔬菜、奶制品、豆制品、儿童食品及群众反映强烈的食品作为重点食品；把农村、城乡接合部及长期存在制假活动的区域作为重点地区；把无证企业作为重点整治对象，严查小麦粉、大米、食用植物油、酱油、食醋、婴幼儿配方乳粉、白酒 7 类食品的无证生产活动。完成白酒产品生产许可证发证工作。

从 2005 年 9 月 1 日起，国家质量监督检验检疫总局将部分食品的生产许可证发证工作下放由省级质量技术监督部门审核发证，首批下放食品生产许可证的是：小麦粉、大米、食用植物油、糖果制品、茶叶、黄酒、酱腌菜、蜜饯、炒货制品、蛋制品、可可制品、焙炒咖啡、水产加工品、淀粉及其制品 14 类食品。落实省级食品生产许可工作，全区申请自治区级许可的企业总计 31 家，属于自治区级发证的 28 家，发证前抽查企业 13 家，有 28 家 14 种产品获得食品生产许可证。

同年，自治区质量技术监督局对新建及整改后的5类食品和肉制品等10类食品企业严格审查监管，确保发证质量。启动啤酒等13类食品生产许可证申报工作。完成豆制品等7类食品生产企业保证产品质量必备条件专项调查。全区28类约3000家食品生产企业纳入监管范围，684家企业的780个产品获得生产许可证。

2006年4月4日，国家质量监督检验检疫总局下发《关于做好食品生产许可证延续及换证工作的通知》（质检食监函〔2006〕27号）和《不予食品生产许可决定书的发放工作规定》。按照文件要求，自治区各盟市质量技术监督局向获证企业告知了有关证后监管、年度报告、“食品生产许可证”延续及换证等事宜，并将符合不予许可条件的企业名单汇总上报自治区质量技术监督局经报批后，由盟市质量技术监督局向企业发出印有国家质量监督检验检疫总局或内蒙古自治区质量技术监督局行政公章的不予许可决定书。对不符合发证条件的企业进行有效整改，整改后重新提出申请。

2006年下半年，自治区质量技术监督局对全区已获“食品生产许可证”的337家企业（370张证书）进行年度审查，合格293家企业（309张证书），不合格7家企业（9张证书），有26家企业（28张证书）因停产未进行年度审查，年度审查合格率为86.9%。其中现场抽查企业216家，抽查比例为64.1%；对7家（9张证书）有效期满未延续、不再生产获证产品及倒闭企业，注销其食品生产许可证。通过年度审查，对25家不合格企业下达整改通知书，经限期整改验收，25家企业复查全部合格。发现存在的主要问题是：有部分盟市对年度审查制度重视不够，部分企业以季节性生产为由不能全面提交企业持续保证食品质量安全必备条件情况的年度报告。

2006年，全区有454家企业生产的501种产品获得了“食品生产许可证”，对6767家食品生产加工企业建立了企业档案。查处无证生产企业459家，614家企业被纳入开业歇业申报制度管理范围。全区有7家已获证食品添加剂生产企业全部按要求进行了备案，使用食品添加剂的1631家食品生产加工企业进行了备案。

2007年7月，经国家质量监督检验检疫总局全国生产许可证审查中心审核确认，内蒙古自治区有49人符合国家注册审查员条件，准予注册并颁发“食品生产许可证”国家注册审查员证书。证书有效期3年。8月，根据“食品生产许可证”发证要求，国家质量监督检验检疫总局负责婴幼儿配方乳粉生产许可证审核批准，自治区质量技术监督局负责许可证的申请受理、实地核查及其他相关工作，盟市质量技术监督局负责材料初审和生产条件把关。年底，将白酒纳入食品安全市场准入管理，成为国家实施生产许可证管理的产品。

2007年，经企业申请，自治区质量技术监督局通过审核企业的申报材料，并进行生产条件现场核查、产品质量抽查，对全区符合发证条件的313家企业350种产品发放了“食品生产许可证”。将婴幼儿配方乳粉纳入食品质量安全市场准入制度管理。

2008年，内蒙古自治区质量技术监督局制定《食品生产许可申报材料审查细则及处理准则（试行)》，全区有614家食品生产加工企业新获得“食品生产许可证”652张，换证105家119张。白酒企业换证、变更总计90张。因不再生产许可产品、企业倒闭、重组或注销、到期未延续换证和申请注销等原因，自治区质量技术监督局向国家质量监督检验检疫总局申请注销呼和浩特市回民区真味香园食品厂等64张“食品生产许可证”。

是年，国家制定了《乳制品加工行业准入条件》，要求从4月1日起，各地质量技术监督部门在受理新建或改（扩）建的乳制品加工企业申请“食品生产许可证”时，申请材料中必须附上省级人民政府投资主管部门核准文件。已获生产许可证的乳制品加工企业要严格按照《乳制品加工行业准入条件》要求的期限进行整改，逾期仍达不到乳制品加工行业准入条件的乳制品加工企业，依法注销“食品生产许可证”。

2009年，为加强食品安全监督管理，根据内蒙古自治区人民政府办公厅印发关于《内蒙古自治区质量技术监督局主要职责内设机构和人员编制规定》，自治区质量技术监督局内设机构中增设食品生产监管处。明确卫生行政部门负责提出食品生产环节的卫生规范和条件，纳入食品生产许可的条件，不再发放食品生产环节的卫生许可证。全年共发放、换发“食品生产许可证”824张。

2010年11月，国家质量监督检验检疫总局发文对获得生产许可的乳制品生产企业的许可条件提出重新进行审核的要求。到2011年3月1日，未重新获证的乳制品生产企业一律停止生产。在资格重审中，获得通过的企业平均投入300万元改善生产条件、完善检测能力，蒙牛、伊利两大企业投入近亿元进行改造提升。

2011年5月，内蒙古自治区人民政府办公厅印发《关于进一步加强全区乳品质量安全工作的通知》后，内蒙古自治区质量技术监督局对民族传统乳制品生产许可证发放采取新的办法，将内蒙古民族传统民族特色乳制品归入28大类发证食品中的“其他食品”类别，由内蒙古自治区发证。此做法得到国家质量监督检验检疫总局的支持。内蒙古自治区质量技术监督部门对157家乳制品生产企业所持有的171个乳制品和婴幼儿配方乳粉生产许可证进行了重新审核，重新核发69家乳制品获证企业76张生产许可证，淘汰56%乳制品生产企业。636家食品生产企业换发了生产许可证，吊销、撤销“食品生产许可证”21张，484家食品生产企业领取了新的“食品生产许可证”。

2012年2月，内蒙古自治区质量技术监督局发出《关于进一步规范全区食品生产许可工作若干问题的通知》。通知要求严把六关：一是严把食品生产许可关。严格食品生产许可的初审、受理、现场审核、发证抽样与检验、不合格项整改、许可前抽查、产业政策合规性审查、行政许可审核审批、许可证附页内容管理、证后监管、许可信息公布等项工作。提高风险食品许可门槛，加强企业法人许可申报前的培训。二是严把审查评审关。盟市质量技术监督局成立专门审查机构，审查人员实行考核聘任制，现场评审实行审查组长负责制，在许可证有效期内的“终身”负责制。三是严把食品发证检验关。提高各级负责发证检验机构的检验能力，对申请行政许可企业的出厂检验能力进行数据比对，对发证检验样品真实性进行研究判断，抽取样品在生产状态下进行。四是严把食品信息公布关。强化全区食品动态监管网使用效能，实现生产许可网上申报和公布。五是严把食品出厂检验关。落实检验设备要求，强化对检验人员的能力培训，开展实验室能力比对。六是严把证后监管与日常巡查监督关。加强年度审查，确保企业许可条件持久保持，加强对停产企业的监管。

是年，自治区质量技术监督局新核发“食品生产许可证”485家企业，换证445家企业，变更224家企业，注销105家企业，对8164户食品加工小作坊进行审查登记，并纳入监管范围。

2013年，按照自治区食品药品监督管理体制改革和职能调整精神，自治区质量技术监督局、自治区工商行政管理局、自治区卫生厅等部门食品监管职能划转自治区食品药品监督管理局，食品生产许可准入等相关职能职责由自治区食品药品监督管理局承担。

在机构和职能调整过渡期，自治区食品药品监督管理局、自治区质量技术监督局、自治区工商行政管理局、自治区卫生厅等部门积极做好机构和职能交接及工作过渡，自治区质量技术监督部门继续严格食品生产企业生产许可准入关。为食品生产企业新发“食品生产许可证”521张，换发392张，变更231张，吊销2家企业“食品生产许可证”。

是年，地方食品药品监督管理机构改革和职能调整有序推进，国家对《中华人民共和国食品安全法》开始修订。为保证地方食品药品监督管理机构改革与新修订的食品安全法公布实施过渡期间食品生产、流通、餐饮许可证的管理工作有序进行，国家食品药品监督管理总局下发《关于做好改革过渡期间食品安全许可证发放工作的通知》，明确原来由质监部门负责的食品生产许可、工商部门负责的食品流通许可工作，统一调整由食品药品监管部门承担。自地方食品药品监管机构改革到位后，由地方食品药品监管部门依法履行审核发放“食品生产许可证”和“食品流通许可证”的职责，同时，继续做好“餐饮服务许可证”的审核发放工作。在地方食品药品监管机构改革没有到位的地方，继续由当时承担许可证审查发放的机关继续履行许可管理工作。为保持食品安全许可管理工作的连续性和有效性，地方食品药品监管部门在机构改革到位后，继续按照质检和工商部门发布执行的许可证审查发放程序和条件，办理相关许可证的审查发放工作。同时，继续沿用原版本的“食品生产许可证”“食品流通许可证”和“餐饮服务许可证”，但许可证上的发证机关，相应调整为行政区域所在地负责发放许可证的食品药品监管局。婴幼儿配方乳粉的生产经营许可工作，除按照上述规定外，同时按照食品药品监管总局新发布的关于婴幼儿配方乳粉的规定一并执行。

从 2014 年 4 月 1 日起，内蒙古自治区食品药品监督管理部门承担食品安全监管职能，全区质量技术监督系统不再承担食品安全监管职能，不再从事食品、食品添加剂、化妆品的生产许可工作，相关职能移交自治区食品药品监督管理部门。2014 年，全区新发“食品生产许可证”273 张、换发“食品生产许可证”392 张、变更“食品生产许可证”153 张、依法注销“食品生产许可证”63 张、吊销“食品生产许可证”3 张，新发“食品添加剂生产许可证”6 张，变更“食品添加剂生产许可证”3 张，登记备案 10608 家食品加工小作坊。

2015 年初，经过盟市食品药品监督管理局上报、处室审核、召开局长办公会等程序，自治区食品药品监督管理局对全区的食品生产许可共分三批进行了下放。自此，全区 12 个盟市食品药品监管部门可以自行开展除婴幼儿配方乳粉以外的 28 大类食品生产许可审批工作，同时接受自治区食品药品监督管理局的监督管理。

2015 年 10 月 1 日起，国家食品药品监督管理总局修订的《食品生产许可管理办法》正式实施。该办法实施后，食品生产许可实行一企一证，对具有生产场所和设备设施并取得营业执照的一个食品生产者，从事食品生产活动，发放一张食品生产许可证；食品生产者按照省级食品药品监督管理部门确定的食品生产许可管理权限，向有关食品药品监督管理部门提交生产许可变更、延续申请；食品生产者生产多个类别食品的，按照省级食品药品监督管理部门确定的食品生产许可管理权限，向省级、地市级或县级食品药品监督管理部门提出申请。新获证及换证食品生产者应当在食品包装或者标签上标注新的食品生产许可证编号，不再标注 QS 标志。婴幼儿配方乳粉、保健食品、特殊医学用途配方食品和食品添加剂的生产许可由自治区食品药品监督管理局进行审批。

2016 年，根据国家食品药品监管总局规定，结合自治区实际，内蒙古自治区食品药品监管局决定从 2016 年 1 月 1 日起，颁发新版食品生产经营许可证，原来核发的旧版“食品生产许可证”，俗称“QS”，变为新版“食品生产许可证”，简称“SC”。核发新版“SC”证 696 张，“食品生产加工小作坊登记证”2564 张。

第三节　食品流通行政许可

2009 年 8 月 28 日，国家工商行政管理总局印发《食品市场主体准入登记管理制度》（工商食字〔2009〕176 号），规定申请从事食品流通经营的，在依法取得“食品流通许可证”后，向有登记注册管辖权的工商行政管理机关申请办理登记注册，对未取得“食品流通许可证”的，登记注册机关不得核发营业执照，或者对其经营范围不予核定食品经营项目。县级及其以上地方工商行政管理机关，应当按照法律法规和规章的规定，受理食品经营者的食品流通许可申请，根据法律法规规定的程序进行审核，对于符合规定的食品经营者依法核发“食品流通许可证”。“食品流通许可证”编号由17位字母及数字本体码和1位数字校验码组成，其中本体码从左至右依次为SP、6位首次发放机关码、2位年份码、1位主体性质码、6位顺序码。首次发放机关代码指市场主体首次申领食品流通许可证的工商行政管理机关的代码，内蒙古自治区工商行政管理局用150000表示，盟市、旗县（区）工商（分）局及登记机关代码分别使用相应企业登记机关6位行政区划代码表示。

内蒙古自治区工商行政管理局《关于食品流通许可证发放管理办法（试行）》明确了“食品流通许可证”的发放范围，凡在内蒙古自治区有固定经营场所、从事食品经营活动的商场、超市、市场、食杂店、农民专业合作社凭“食品流通许可证”申请办理营业执照后，方可从事食品经营活动。取得食品生产许可的食品生产者在其生产场所销售其生产的食品、取得餐饮服务许可的餐饮服务提供者，在其餐饮服务场所出售其制作加工的食品、农民销售自产农产品，不需要取得食品流通许可。从事食用农产品销售、食品现场加工、保健品销售、开办食品市场（仅限租赁场地的市场开办者）、举办食品展销会等活动及食品流动摊贩，暂不施行食品流通许可。

2010年，内蒙古自治区工商行政管理局对冷库办理“食品流通许可证”做出规定：冷库作业食品生产者在自己场所销售自产食品，只需取得“食品生产许可证”，不需办理“食品流通许可证”。以冷库作为食品仓储场所的食品经营者应当办理“食品流通许可证”。截至年底，全区共核发食品流通许可证10.7万户，其中：新发3.4万户，换发7.3万户。

自2011年始，在食品流通许可项目中对乳制品进行分类单项审核和管理。在原有项目基础上，对“食品流通许可证”经营项目进行调整，增设乳制品（含婴幼儿配方乳粉）或乳制品（不含婴幼儿配方乳粉）。对申办“食品流通许可证”涉及上述新增相关经营项目的，由申请者依法提出申请，由其核发机关按照条件审核，并依法核发“食品流通许可证”。其中，对申请并核准经营婴幼儿配方乳粉的在其“食品流通许可证”经营项目中标注“乳制品（含婴幼儿配方乳粉）”，对申请并核准经营除婴幼儿配方乳粉以外的乳制品的，在其“食品流通许可证”经营项目中标注“乳制品（不含婴幼儿配方乳粉）”。登记注册机构依据核发的“食品流通许可证”许可项目在营业执照的经营范围中予以标注，严格按照“食品流通许可证”所核准的事项，不作任何更改，进行相关经营范围的登记。

从2011年4月1日起，凡申请乳制品经营者均按照上述规定和要求，依法受理、核准和核发“食品流通许可证”及营业执照。据此，自治区各级工商行政管理部门，对申请乳制品经营项目的经营场所进行现场核查，除符合一般食品经营的要求规定条件外，还要求具备乳制品销售、贮存特殊要求的设备设施和完善的乳制品安全管理制度。原“食品卫生许可证”未到期的，许可项目中有乳制品经营或申请乳制品经营的，一律重新进行现场核查，并换发“食品流通许可证”。

截至2011年底，全区有食品流通经营主体146282户，其中持有“食品流通许可证”的经营户142851户，占食品流通经营主体总数的97.7%。持有原“食品卫生许可证”的经营户3431户，流通环节食品经营企业5224户。

2012年，坚持“先证后照”的程序，即先发“食品流通许可证”后发“营业执照”，依法规范“营业执照”核发行为。严格审查乳制品经营资格，建立完善并及时更新流通环节食品经营者“经营户籍库”，对食品经营主体及时进行特别标注，做到食品经营主体底数清、情况明、数字准。截至年底，全区流通环节共有食品经营户15.26万户。

2013年，内蒙古自治区启动食品流通许可延续相关工作。根据登记项目对食品经营主体进行现场复核：一是对食品批发经营资格进行复核；二是对乳制品经营资格进行复核；三是对从业人员健康情况进行复核；四是对食品经营户经营场地及条件进行复核。建立健全食品经营户退出机制，对“食品流通许可证”有效期届满且未申请延续的、办理“食品流通许可证”后半年内未从事食品经营的，以及“食品流通许可证”未到有效期而不参加营业执照年检、验照的食品经营者，许可机关依法办理注销手续。

2014 年，按照国务院食品安全监管职能调整的精神，内蒙古自治区人民政府决定，全区食品安全监管职能统一由自治区食品药品监督管理局承担。盟市、旗县（区）食品药品监督管理机构改革和划转工作到位后，由各盟市、旗县（区）食品药品监督管理部门依法履行流通环节食品安全监管行政许可管理职能，审核发放“食品流通许可证”。遵循属地管辖原则，采取先证后照、一审一核制，按照“一户一档”，“谁发证、谁建档、谁管理”的原则，继续沿用原版本“食品流通许可证”。同时，各地认真组织对食品流通许可经营场地进行现场核查工作，食品药品监督管理部门人员暂不到位的，仍由工商行政管理部门执法人员按原规定的条件要求和程序进行现场核查。

2015 年 10 月 1 日起，新修订的《中华人民共和国食品安全法》及《食品经营许可管理办法》正式实施。自治区食品药品监督管理局设定 2015 年 10 月 1 日至 2015 年 12 月 31 为食品经营许可实施的过渡期，2016 年 1 月 1 日，全区统一正式启用“食品经营许可证”。食品流通和餐饮企业原食品流通、餐饮服务许可证在有效期内的，其许可证继续有效。

2015 年，为引导药店不断规范婴幼儿配方乳粉经营行为，全区确定批准试点药店 508 个。

自 2016 年 1 月 1 日起，按照《食品经营许可管理办法》相关规定，内蒙古自治区开始对申请经营婴幼儿配方乳粉的药店核发“食品经营许可证”。全年为 1646 户经营婴幼儿配方乳粉的药店核发了“食品经营许可证”。

2016 年，内蒙古自治区食品药品监督管理局自主开发了食品经营许可平台软件并投入使用。截至 2016 年 11 月 30 日，全区共有食品销售经营者 194732 家，发放“食品经营许可证”78440 张。其中：核发大型超市 52 个，食品贸易商、一级批发商等食品批发类经营户 2104 个，酒类经营户 1725 个，网络食品销售商 736 个，同时为食品销售经营者核发新版“食品经营许可证”54251 张。开展对食品销售经营者食品经营许可事中事后监督检查工作。

是年，对饭馆、咖啡馆、酒吧、茶座等四类场所的卫生许可证和食品经营许可证进行整合，取消卫生部门对上述四类场所核发的卫生许可证，由食品药品监管部门一家许可、统一监管，顺利实现餐饮服务场所卫生许可证和食品经营许可证的“两证合一”。

第四节 餐饮服务行政许可

2000 年 1 月，国家卫生部发布《餐饮业食品卫生管理办法》，自 2000 年 6 月 1 日起施行。该办法规定，县级以上地方人民政府卫生行政部门负责本行政区域内餐饮业的卫生监督管理工作，且餐饮业经营者必须先取得“卫生许可证”方可向工商行政管理部门申请登记领取营业执照。未取得卫生行政许可不得从事餐饮业经营活动。

2009 年 6 月 1 日，食品安全法施行后，由食品药品监管部门取代卫生监督部门对餐饮服务环节进行监管，并正式启用“餐饮服务许可证”，取代“食品卫生许可证”。

为做好换发“餐饮服务许可证”工作，国家食品药品监管局专门下发通知，要求自 6 月 1 日起，对餐饮服务经营者申请新发、变更、延续、补发许可证的，各级餐饮服务监管部门应当严格按照食品安全法的要求，核发餐饮服务许可证。同时明确，餐饮服务经营者在2009年6月1日前已经取得“食品卫生许可证”的，在有效期内继续有效，有效期届满，按有关规定换发“餐饮服务许可证”。

2010年5月1日，根据食品安全法和食品安全法实施条例要求，卫生部制定的《餐饮服务许可管理办法》和《餐饮服务食品安全监督管理办法》正式施行。《餐饮服务许可管理办法》规定，被吊销“餐饮服务许可证”的单位，其直接负责的主管人员，自处罚决定做出之日起，5年内不得从事餐饮服务管理工作。《餐饮服务食品安全监督管理办法》规定，食品药品监督管理部门可以根据餐饮服务经营规模，建立并实施餐饮服务许可食品安全监管量化分级、分类管理制度。

自2012年1月1日起，餐饮服务监管职能由自治区卫生厅正式移交自治区食品药品监督管理局。至年底，全区除呼伦贝尔市、巴彦淖尔市、锡林郭勒盟外，其余9盟市全部完成职能划转，全区食品药品监管部门已全面履行餐饮服务安全监管新职责。旗县（区）食品药品监管部门职能交接也同步进行，绝大多数旗县完成餐饮服务安全监管职能的交接工作。

自治区食品药品监督管理局履行餐饮服务监管职能后，在许可管理方面，印发了《关于切实加强餐饮服务许可工作的通知》《内蒙古自治区餐饮服务许可管理办法实施细则》。指导各盟市的行政许可工作，有序推进餐饮服务食品安全监督量化分级管理。至10月末，全区共完成251家特大型餐馆、1581家大型餐馆、3891家中型餐馆、21580家小型餐馆、1112家快餐店、4055家小吃店、272家饮品店、3515家学校食堂、1045家机关企事业单位食堂、380家其他食堂、7家集体用餐配送单位、6家中央厨房、143家餐饮连锁企业、872家旅游景区餐饮单位的量化分级工作。

在2013年新一轮食品药品监管体制改革开始前，食品药品监管部门与原卫生行政部门对餐饮企业的监管职能职责的划分是：由食药监管部门负责餐饮企业加工制作场所食品安全的监管，核发“餐饮服务许可证”；原卫生行政部门负责公共场所（就餐场所）卫生监管，核发“卫生许可证”。新一轮食品药品监管体制改革开始后，在宾馆餐饮区域和单纯性餐饮服务公共场所，“餐饮服务许可证”和“卫生许可证”两证并存情况在个别地区还不同程度存在。2015年，中央编办体改司按照简政放权、放管结合、优化服务的要求，聚焦餐饮企业反映较多的重复申领卫生许可证问题进行了研究，提出“取消卫生部门对餐饮企业核发的公共场所卫生许可证，由食品药品监管部门一家许可、统一监管”的建议，并协调相关部门达成一致意见。

2016年2月，国务院印发《关于整合调整餐饮服务场所的公共场所卫生许可证和食品经营许可证的决定》。该决定提出，取消地方卫生部门对饭馆、咖啡馆、酒吧、茶座4类公共场所核发的“卫生许可证”，由食品药品监管部门一家许可、统一监管。从此，饭馆、咖啡馆、酒吧、茶座4类公共场所，不再办理卫生计生部门核发的“卫生许可证”，将“卫生许可证”和“餐饮服务许可证”两证合一。卫生许可证正式取消。

第二章　食品安全标准管理

第一节　食品标准管理体系

内蒙古自治区工农业产品标准体系经历四个阶段：第一阶段，1958 年以前，根据内蒙古地区生产和管理的需要，各部门自行制定标准。如 1950 年，自治区粮食厅制定一批全区统一的粮油检验标准。第二阶段，1958—1962 年，自治区执行国家科学技术委员会标准局确定的国家标准、部颁标准、企业标准、工厂标准四级标准体系。第三阶段，1963—1985 年，实行国家标准、部标准和企业标准三级标准体系。第四阶段，1985—1999 年，实行国家标准、专业标准、地方标准和企业标准四级标准体系。根据 1988 年 12 月颁布的《中华人民共和国标准化法》的规定，专业标准改称行业标准。

1960 年 5 月，内蒙古自治区计量管理局改称内蒙古自治区标准计量局，各盟市标准化管理机构也相继建立，全区标准化工作由自治区各级计量管理部门负责，标准化管理工作逐步由生产主管部门的条条管理体制变成生产主管部门和地方标准化管理部门条块相结合的管理体制。

1963 年开始实行国家标准、部门标准和企业标准三级标准体系。

1979 年 7 月 31 日，国务院颁发《中华人民共和国标准化管理条例》。条例规定，各级标准化行政主管部门主管本行政区域的标准化工作。内蒙古自治区的食品标准化工作由自治区标准局承担。

1979 年 9 月 28 日，国务院颁布《中华人民共和国食品卫生管理条例》。条例第三条指出：一切销售的食品必须做到无毒、无致病病菌病毒、无寄生虫、无腐败霉变、洁净无杂质，于人民健康有益无害。条例第四条指出：食品卫生标准，由卫生部门会同有关部门制定。食品标准应包括卫生标准及相应的检验方法。

1980 年 5 月 5 日，自治区人民政府批转自治区标准局制定的《关于企业标准管理的规定》，企业标准由自治区和盟市两级标准化行政主管部门批准发布并管理。同年，根据《标准化管理条例》，自治区标准局规定，对重要农产品应有统一的标准，没有国家标准和部门标准的，都必须制定企业标准。企业标准分自治区和盟市两级管理，其制定程序和工业标准的制定程序相同。

1982 年，《中华人民共和国食品卫生法（试行）》颁布。全区食品卫生标准的制定和实施工作由卫生行政主管部门负责。至 1999 年末，食品卫生标准实施和监督一直由卫生行政主管部门负责。

1985—1999 年，实行国家标准、行业标准、地方标准和企业标准四级标准体系。

1985 年 4 月，内蒙古自治区标准计量局决定：将过去由标准化管理部门审批发布的企业标准改为地方标准。自治区在增设地方标准的同时，将过去标准化管理部门发布的标准分为强制性标准和推荐性标准两种。产品质量实行国家标准、行业标准、地方标准和企业标准四级标准体系。其中地方标准分为自治区级地方标准和盟市级地方标准。凡是没有国家标准和行业标准的产品，都可以制定地方标准。同时增加检验设备，逐步实现计量检测，以确保产品的质量。

1989 年 4 月 1 日实施的《中华人民共和国标准化法》规定，省、自治区、直辖市标准化行政主管部门统一管理本行政区域的标准化工作，有关行政主管部门分工管理本行政区域内本部门、本行业的标准化工作，内蒙古自治区标准化工作开始实行统一管理与分工负责相结合的管理体制。

2004 年，国家质检总局会同国家发展改革委员会、农业部、卫生部、商务部、食品药品监督管理局等部门，清理与食品安全有关的产品和卫生标准，对食品国家标准、行业标准和地方标准进行全面清理。地方标准的清理主要包括：与国家标准、行业标准重复、交叉、矛盾的，技术落后、水平低的，结构、性质（强制性和推荐性）、层次定位不合理，以及超出其制定范围的地方标准。食品地方标准的确定原则为：没有国家、行业标准，而由于独特的气候因素和地域特点影响，需要在本地区范围内统一的技术要求，可确定为食品推荐性地方标准。

2009 年，食品安全地方标准由内蒙古自治区卫生部门提出立项计划并组织制定，内蒙古自治区质量技术监督部门组织相关标准之间的衔接审查并统一编号，联合发布（法律另有规定的从其规定）。

2010 年，内蒙古自治区卫生厅印发《内蒙古自治区食品安全地方标准管理办法》和《内蒙古自治区食品安全企业标准备案实施细则》，规定对没有食品安全国家标准和行业标准的，而又需要在自治区范围内统一的食品安全技术要求及相关检验方法，可以制定食品安全地方标准，食品安全地方标准为强制性标准。对于食品生产企业拟生产的食品而没有国家标准和地方标准的企业制定的标准进行备案，严格参照国家标准和有关法律法规，对企业标准进行技术审查，合理确定企业标准中的技术指标，规范食品企业生产行为，保障了食品安全。

2011 年，内蒙古自治区质量技术监督局制定《内蒙古自治区专业标准化技术委员会管理办法》《内蒙古自治区专业标准化技术委员会章程》，组建内蒙古自治区肉制品等 5 个领域的标准化技术委员会（TC）机构。并向自治区人民政府上报《关于在我区实施标准化战略的意见》。

2015 年 3 月 11 日，国务院印发《深化标准化工作改革方案》（国发〔2015〕13 号），通过改革，把政府现行标准体系转变为由政府主导制定的标准和市场自主制定的标准体系，政府主导制定的标准由 6 类整合精简为 4 类，分别是：强制性国家标准、推荐性国家标准、推荐性行业标准、推荐性地方标准。市场自主制定的标准分为团体标准和企业标准。政府主导制定的标准侧重于保基本安全，市场自主制定的标准侧重于提高竞争力。同时建立完善与新型标准体系配套的标准化管理体制。2015 年 12 月 24 日，内蒙古自治区人民政府印发《关于标准化工作改革的意见》（内政发〔2015〕141 号），提出优化完善地方标准，培育发展团体标准，放开搞活企业标准。自治区标准体制实行国家标准、行业标准、地方标准、团体标准和企业标准。

第二节　食品标准制定与实施

一、粮油及农产品标准

民国 28 年（1939 年）开始，由于征购粮油的需要，绥远省对粮油的标准进行管理。从民国 30 年（1941 年）开始，绥远省政府每年都制定粮食油料征购办法，规定了粮食油料的品质和验收规则。民国33年（1944年）9月22日，绥远省政府专门印发《小麦验收标准》和《稻谷验收标准》。

中华人民共和国成立后，随着粮油收购、调拨、加工和销售工作的开展，内蒙古自治区粮食部门对粮油标准进行管理。自治区粮食厅于1950年开始制定全区统一的粮油检验标准，包括稻谷、玉米、高粱、小麦、大豆、谷子、小豆、绿豆、荞麦、糜子、黍子等原粮检验标准和成品粮黄米的检验标准。

1953年，为了与东北的粮油收购标准取得一致，内蒙古自治区人民政府贸易部发布调整粮食质量标准和粮价的指示，将原来的粮食等级提高一级。此后，内蒙古自治区粮食厅陆续制定出莜麦、大麦、芸豆、蚕豆、豇豆、扁豆、杂豆、豌豆、糙米、黑麦、稗子等原粮检验标准，花生果、亚麻籽、芝麻、蓖麻籽、葵花籽、芥菜籽、大麻籽等油料检验标准，大米、小麦粉、小米、高粱米、莜麦面、荞麦面、米面、豆面、玉米面、玉米碴、炒米等成品粮检验标准及马铃薯淀粉检验标准。

1962年，内蒙古自治区粮食厅对小麦、黑麦、黍子、荞麦面、米面、豆面、玉米面、炒米、淀粉等标准进行修订，并对以前发布的46项粮油标准统一进行修订编号。自治区粮食厅对粮油检验标准的代号与编号作出统一规定：原粮标准代号为“原”，成品粮标准代号为“成”，油料标准代号为“油料”，薯类标准代号为“薯”。标准的编号是在标准代号之后加顺序号。

“文化大革命”期间，粮油标准制定工作一度中断。

1973年，内蒙古自治区农业标准制定工作恢复。

1974年8月，内蒙古自治区粮食局对过去颁布的小麦、谷子、高粱、糜子、荞麦、稻米、大麦、莜麦、黍子等检验标准进行修订。同时，制定《炒米质量标准》。

到1979年，内蒙古自治区一直执行由内蒙古自治区粮食局提出、内蒙古自治区标准局发布的《粮油质量标准》。

1979年至1985年3月，内蒙古自治区标准局、自治区农业厅、自治区粮食厅制定内蒙古自治区农业企业标准46项，修订粮食标准33项。

1982年，根据内蒙古自治区人民政府指示，由内蒙古自治区标准局牵头，组织自治区农业厅、轻工业厅起草《糖用甜菜的收购标准》，后经内蒙古自治区人民政府批准，自治区标准局发布为自治区企业标准。

1984年，国家经济委员会印发《关于分工制定农产品标准的通知》，要求原则上由一个部门牵头，联合有关部门共同研究制定农产品标准。粮食、油料、畜、禽、土特产品等商业部门收购的农产品标准，由商业部门牵头，农业等有关部门参加；水产品标准由农牧渔业部门牵头，有关部门参加；林产品标准由林业部门牵头，物资等有关部门参加。不必制定全国统一标准的农产品，由地方制定相应标准并贯彻实施。

1987年12月，内蒙古自治区发布《河套蜜瓜品种标准》《河套蜜瓜原良种生产技术规程》地方标准后，内蒙古自治区农业委员会发文指出：“这两项标准是鉴定河套蜜瓜品种和生产原良种的技术法规，要认真贯彻执行”。

1988年6月15日，内蒙古自治区标准计量局针对农业生产受自然条件影响大、地域性强的特点，为使农产品标准更加符合实际，决定由部分旗县标准化管理部门试行批准发布农业标准，并印发《关于旗县发布农业标准暂行规定》。旗县发布的农产品标准为企业标准，制定标准的范围是本旗县产销的农业、土特产品和推荐性的农业生产技术、管理方面的标准。至1990年底，巴彦淖尔盟、赤峰市、伊克昭盟、哲里木盟、锡林郭勒盟、兴安盟、乌兰察布盟的一些旗县均制定发布过地方农业企业标准。

1988年12月29日，《中华人民共和国标准化法》由第七届全国人民代表大会常务委员会第五次会议修订通过，自1989年4月1日起实施。标准化法规定，地方标准由省、自治区、直辖市标准化行政主管部门审批，从1989年4月起盟市、旗县（区）暂停制定农业地方标准。

1990年5月，为保证小麦粉标准的正确实施，内蒙古自治区标准计量局与自治区商务厅联合成立“小麦粉标准样品审定委员会”。直到1999年末，该委员会每年负责各种小麦粉标准样品的制定发放工作。同年，内蒙古自治区商务厅在呼和浩特市粮食学校举办1期粮油标准培训班，讲解粮油国家标准和地方标准，对粮油生产和经销企业负责人和检验人员进行培训。

1991年2月，根据国家技术监督局发布的《农业标准化管理办法》规定，制定农业标准的范围是：作为商品的农产品及其初加工品等。农业标准分为强制性标准和推荐性标准。县级以上各级标准化行政主管部门可以制定农业标准规范，推荐执行。

在搞好农业标准和地方标准制定工作的同时，内蒙古自治区有关部门参与部分国家标准的研究起草工作。如内蒙古自治区商业厅粮食业务处起草了亚麻籽油国家标准，标准代码为GB8235—87。

是年，内蒙古自治区食品工业协会与内蒙古自治区技术监督局举办《食品标签通用标准》《婴幼儿食品国家标准》宣讲学习班。其中讲解的婴幼儿食品标准包括婴幼儿配方奶粉、补充食品、强化食品、辅助食品等16项标准。

1991—1999年，内蒙古自治区制定农业地方标准332项，其中绝大多数为推荐性标准。

2000年，内蒙古自治区质量技术监督局修订地方标准。根据《内蒙古自治区农业标准化“九五”计划》的安排，确定海拉尔市奶牛饲养、五原县秸秆养羊、元宝山猪场配套饲养3个国家农业标准化示范项目。

2001年10月15日，国家发展计划委员会、国家粮食局、国家质检总局制定《关于执行粮油质量标准有关问题的规定》（国粮发〔2001〕146号），自2001年10月20日起执行新的粮食质量标准，原国家粮食储备局、国家技术监督局于1997年7月8日发布的《关于执行粮油质量标准有关问题的规定》（国粮办联〔1997〕150号）同时废止。新的粮油质量标准适用于商品粮油、各级储备粮油和市场经营的粮油。国家标准、行业标准在全国范围内统一执行。尚无国家标准、行业标准的粮油，执行地方标准；尚无国家标准、行业标准、地方标准的粮油，执行企业标准。但在省、自治区、直辖市间调运时，后两种情况均执行发粮方的地方标准或企业标准，企业标准必须报当地粮食行政主管部门和标准化行政主管部门备案。

2005年7月14—15日，在呼伦贝尔市召开全国粮油标准化技术委员会一届四次会议，推动粮油标准化工作的制度和工作体系建设，加快制定《粮油标准制修订管理办法》等管理制度，为下一步作好一批重点标准的制（修）订工作打基础。

2007年，内蒙古自治区质量技术监督局提出实施名牌战略年活动。地理标志产品保护工作实现了零的突破，“苏尼特羊肉”被批准实施地理标志产品保护。

2012年，内蒙古自治区质量技术监督局制定的《内蒙古蒙餐标准》审定批准。“库伦荞麦”“太和小米”“固阳燕麦”获得地理标志产品保护。

2016年，内蒙古自治区完善粮食质量安全标准体系，实行从田间到餐桌的全过程监管制度，严防发生区域性、系统性粮食质量安全风险。

二、食品卫生质量地方标准

20世纪50—60年代，内蒙古自治区防疫站参加了国家食品卫生标准的制（修）订工作，是国家乳及乳制品、肉及肉制品协作组的主要成员。

20世纪70—80年代，内蒙古自治区卫生防疫部门先后参与了全国胡麻油、煎炸油、绵白糖、白砂糖、蜂蜜等国家卫生标准的制定，并主持起草了“鲜、冻牛羊兔肉卫生标准”“肉灌肠卫生标准”“奶油卫生标准”3个国家卫生标准，以及乳及乳制品的卫生标准制定等工作。参与《食品营养成分表

（第二版）》的编纂和食品营养成分测定、研究。

1974 年，内蒙古自治区卫生厅制定的《奶油标准》获得全国卫生科研成果奖。

1979 年，自治区卫生厅对呼和浩特市、包头市、集宁市食品生产经营企业使用食用色素标准进行了抽查，所有抽查企业食用色素均符合规定标准。

1983—1989 年，内蒙古自治区商业厅受内蒙古自治区标准计量局的委托，制定了鲜冻猪牛羊肉、猪牛羊肉馅、工业食用猪油、炼制食用工业牛羊油、猪肉复制品、猪（羊）肠肚制品、卤牛杂罐头、牛尾汤罐头、鲜冻牛羊肉馅小包装、鲜冻羊制副产品小包装、酱牛羊肉、熟猪牛羊头肉、熟猪肥肠、熏鸡、鲜冻白条鸡、酱卤制猪副产品、酱制牛羊口条、猪肉松、生物血粉、红烧羊肉罐头、小包装速冻水果蔬菜、小包装生猪肉、猪肉罐头制品和猪肉脯、牛肉脯、牛蹄筋汤罐头、盐水火腿、鲜（冻）马驴骡肉等 31 项肉类产品的自治区地方质量标准。

1986 年，因冷饮食品质量问题多，内蒙古自治区轻工业厅、商业厅、物价局、标准计量局联合发文，冷饮食品（冰棍、雪糕）执行 QB969—85《冷冻食品》中甲级品的质量标准规定，原内蒙古自治区地方标准蒙 Q/SY17—85《冰棍、冰砖、雪糕》同时废止。冷饮食品价格按物价部门现行规定执行。

是年，内蒙古自治区卫生厅发布《饮食业及集体食堂暂行卫生标准》《城乡食品摊贩暂行卫生标准》《冷饮食品厂暂行卫生标准》《糕点、糖果食品厂暂行卫生标准》和《副食商店暂行卫生标准》5 个暂行卫生标准（又称达标标准）。

1988 年 5 月 1 日，经内蒙古自治区标准计量局批准，发布了乳粉、白砂糖、绵白糖、啤酒、食用盐等 15 种产品的质量监督检查规范为自治区地方标准，编号为蒙 DB470. 1—470. 15—88。

1988 年，对 1982 年内蒙古自治区农业厅、轻工业厅起草的《糖用甜菜的收购标准》进行修订，修订为《糖用甜菜地方标准》。新标准增加“含糖指标”和“含糖计价方法”。但由于绝大部分甜菜收购站没有配齐检糖仪器，以质论价收购只是在个别糖厂搞试点，未能全面推开，仍然执行外观修削标准和扣杂标准。

1999 年，按照《1999 年内蒙古自治区制修订地方标准项日计划》，自治区质量技术监督局批准发布了 25 项地方标准，其中强制性标准 2 项。截至年底，自治区地方标准累计为 589 项，其中强制性标准 197 项。根据《内蒙古自治区产品标准管理办法》，全区各旗县开展了食品标准注册登记工作。

2002 年，全区质量技术监督部门建立健全内蒙古自治区“菜篮子”产品质量标准体系。围绕“菜篮子”产品产地、环境、收购、储存、保鲜、运输、加工、包装、销售等环节，建立以国家标准、行业标准为主体，与内蒙古自治区地方标准相配套的“菜篮子”产品质量标准体系，提高标准档次和水平。开展“菜篮子”产品生产基地标准化建设，会同农业、畜牧业等部门，重点在列入北京市“场地挂钩”名单的无公害产品生产基地和呼和浩特市、包头市及其他盟市所在地全面推行农业标准化工作，运用标准化手段，规范无公害农产品生产的全过程。实施食品质量安全市场准入制度，开展无公害农产品产地认定和产品认证工作，建立无公害农产品标识制度。

2004 年，内蒙古自治区质量技术监督局制定 8 项自治区地方标准，尤其是《奶片标准》对维护自治区乳制品声誉起到积极作用。组织内蒙古河套酒业集团股份有限公司等 3 家企业为国家首批试点单位，开展“标准化良好行为”企业试点工作。为 47 个产品办理采用国际标准证书。

2005 年，试点企业中伊利集团液态奶集团公司、河套酒业集团被确认为“4A”级（最优为 4A），塞飞亚集团被确认为“3A”级试点企业。同时启动第二批“标准化良好行为”试点企业创建活动。

同年，内蒙古自治区质量技术监督局复查和清理食品生产加工企业备案的产品标准 4794 项，为食品质量安全监管工作提供技术规范。制定内蒙古自治区奶酒标准，对规范奶酒生产、保证奶酒质量、维护正规奶酒生产企业和消费者的利益起到积极作用。开发建成“内蒙古地方标准信息检索系统”，提高地方标准的利用率。

2006 年，内蒙古自治区质量技术监督局制定馒头、豆腐、肉干等地方标准，为食品小作坊的规范生产提供了技术依据。同时，内蒙古河套酒业集团股份有限公司等 13 家酿酒企业的 38 个产品获国家酒类产品质量等级认证。

2007 年，全区开展企业标准化，推进“标准化良好行为”企业试点工作，蒙牛集团液态奶事业部和海拉尔啤酒厂通过“标准化良好行为”企业确认。

2008 年，内蒙古自治区质量技术监督局落实《国家质检总局和自治区人民政府共同推动乳业发展合作协议》，将“内蒙古重点产业技术标准研究”列入自治区 2008 科技创新奖励引导资金项目指南。中国标准化院与伊利集团签署技术标准战略合作协议。

是年，武川县马铃薯农业标准化示范区升级为国家级一类农业标准化示范区并成功申报北京奥运会、残奥会马铃薯供应。审批发布《混糖月饼》《乳及乳制品中土霉素、四环素、金霉素、强力霉素残留量测定高效液相色谱法》《乳及乳制品中黄曲霉毒素 M1 含量测定高效液相色谱法》等 4 项地方标准。

2009 年 6 月 1 日起，内蒙古自治区质量技术监督部门负责的食品企业产品标准备案职能移交给内蒙古自治区卫生行政管理部门，但在《中华人民共和国食品安全法》实施前已在质量监督部门备案的食品企业产品标准在有效期内继续有效。2010 年，内蒙古自治区属于此类情况的企业标准有 2202 项。为此，内蒙古自治区质量技术监督局下发《关于加强过渡期内食品企业产品标准管理的通知》。

2009 年 9 月 9 日，根据国家标准化管理委员会《关于批准筹建全国食品分析与抽样标准化技术委员会等 109 个全国专业标准化技术委员会的通知》规定，内蒙古自治区质量技术监督局负责筹建全国冷冻饮品标准化技术委员会。自治区质量技术监督局印发《关于公开征集全国冷冻饮品标准化技术委员会委员的函》，向全国有关企业部门征集委员。12 月 15 日，全国冷冻饮品标准化技术委员会成立大会暨第一次年会在呼和浩特举行，作为常设机构的委员会秘书处设在内蒙古伊利集团，这是全国冷冻饮品行业首次成立的专门化的标准制定机构。

2010 年 9 月 16 日，国务院办公厅下发《关于进一步加强乳制品质量安全工作的通知》。自治区引导企业积极申请“C”标志，蒙牛企业的液态奶产品、伊利在呼和浩特市企业的液态奶、奶粉等均通过“C”标志认证。同年，组建了内蒙古自治区肉制品标准化技术委员会（TC）机构。

2011 年 5 月，内蒙古自治区卫生厅与质量技术监督局共同组织有关部门、相关企业和专家制定奶豆腐、奶茶粉、奶皮子等乳粉制固态奶制品的地方标准，并发布实施。

2013 年，《食品安全追溯体系设计与通用规范》《牛肉物流环节关键控制点追溯信息采集指南》等 4 项内蒙古自治区地方标准通过专家审定。

2014 年，内蒙古自治区拟定食品安全地方标准工作意见。2014—2015 年，以内蒙古自治区民族特色食品和地方优势食品为重点，开展制定、修订食品安全地方标准立项工作，同年提出制定风干牛肉、炒米等传统民族特色食品地方标准。参与国家《工业化豆芽生产许可审查细则》《糖稀审查意见》的编写与审定。

2015 年，内蒙古自治区质量技术监督局组织制定发布《蒙餐》《内蒙古地方菜》地方标准。内蒙古自治区食品药品监督管理局组织编制了《婴幼儿配方乳粉生产过程检查指南》（NMFDA/T 001—2015）监督管理推荐标准。标准规定从企业生产过程中生产许可资质和食品标签、原辅材料查验、工艺流程质量控制、微生物和污染物控制、产品检验和检验能力、产品追溯和信息查询 6 个环节为监督检查内容，每个环节分别在检查项目、检查要求、判定依据、评分标准 4 个方面给出具体规定。同时，为完善监管档案记载和企业食品安全信用档案的材料、标准，还设置《监督检查记录表》《生产过程监督检查意见书》《检验报告》等监督检查记录。

1995—2005 年，全区共有 78 个产品采用国际标准标志进行备案。

1995—2005 年内蒙古自治区采用国际标准标志产品名录

表 2-1

序号	备案号	产品名称	企业名称
1	（1995）1500C011	瓶装啤酒	赤峰啤酒厂
2	（1995）1500C013	曼斯特啤酒	呼和浩特曼斯特啤酒饮料有限公司
3	（1995）1500C023	白砂糖	包头糖厂
4	（1995）1500C035	飞碟啤酒	内蒙古林西啤酒厂
5	（1995）1500C054	巴特辛啤酒	呼伦贝尔盟莫力达瓦达斡尔族自治旗啤酒厂
6	（1995）1500C055	兴安岭牌啤酒	呼伦贝尔盟牙克石酿酒厂
7	（1995）1500C056	海拉尔牌啤酒	呼伦贝尔盟海拉尔制酒厂
8	（1995）1500C057	吊桥牌啤酒	内蒙古扎兰屯市制酒厂
9	（1995）1500C058	雅青牌啤酒	呼伦贝尔盟甘河啤酒厂
10	（1995）1500C060	根河牌啤酒	呼伦贝尔盟根河市酒厂
11	（1996）1500C004	金川淡色啤酒	内蒙古临河啤酒厂
12	（1996）1500C055	啤酒	内蒙古宁城黑啤酒厂
13	（1996）1500C069	甘波牌啤酒	甘河啤酒厂
14	（1997）1500C005	啤酒	包头市雪鹿啤酒集团股份有限公司
15	（1997）1500C006	秀水泉牌啤酒	内蒙古扎兰屯市啤酒厂
16	（1997）1500C010	双马牌白砂糖	赤峰双马集团总公司
17	（1997）1500C015	雪晶牌矿泉啤酒	乌兰浩特啤酒厂
18	（1997）1500C019	宁城老窖酒 38 度优级	内蒙古宁城老窖酒厂
19	（1997）1500C020	宁城老窖酒 39 度优级	内蒙古宁城老窖酒厂
20	（1997）1500C021	宁城老窖酒 46 度优级	内蒙古宁城老窖酒厂
21	（1997）1500C022	宁城老窖酒 48 度优级	内蒙古宁城老窖酒厂
22	（1997）1500C023	宁城老窖酒 50 度优级	内蒙古宁城老窖酒厂
23	（1997）1500C024	宁城老窖酒 53 度优级	内蒙古宁城老窖酒厂
24	（1997）1500C025	宁城老窖酒 55 度优级	内蒙古宁城老窖酒厂
25	（1997）1500C027	精制盐	吉兰泰盐化工业集团公司
26	（1997）1500C037	达赫啤酒	呼和浩特达赫工贸有限公司
27	（1997）1500C045	淡色啤酒	乌海市啤酒厂
28	（1998）1500C002	淡色啤酒	赤峰宝山啤酒厂
29	（1998）1500C006	淡色啤酒	敖汉旗啤酒厂
30	（1998）1500C013	白砂糖	察哈尔右翼前旗糖厂
31	（1998）1500C028	白砂糖	通辽市丰华制糖有限公司
32	（1998）1500C049	啤酒	包头市雪鹿集团股份有限公司

续表 2-1

序号	备案号	产品名称	企业名称
33	（1998）1500C054	精制盐	内蒙古锡林郭勒盟额吉淖尔盐场
34	（1998）1500C066	食用小苏打	内蒙古旭月集团白彦淖化工有限公司
35	（1998）1500C070	冰峰牌白砂糖	扎兰屯市糖厂
36	（1999）1500C007	食品添加剂碳酸氢钠	内蒙古远兴天然碱股份有限公司碱湖试验站，
37	（1999）1500C028	啤酒	海拉尔啤酒集团有限责任公司
38	（2000）1500C002	金谷啤酒	丰镇金谷酒精有限责任公司
39	（2000）1500C008	食品添加剂碳酸钠	内蒙古蒙西联化工分公司苏尼特分公司
40	（2000）1500C015	曼斯特啤酒	内蒙古曼斯特啤酒饮料股份有限公司
41	（2000）1500C023	11 度优级淡色啤酒	牙克石市兴安岭啤酒有限责任公司
42	（2000）1500C028	11 度优级淡色啤酒	乌海市德龙啤酒有限责任公司
43	（2001）1500C006	食品添加剂碳酸氢钠	锡林郭勒苏尼特碱业有限公司
44	（2002）1500C06	伊利婴儿奶粉	内蒙古伊利实业集团股份有限公司
45	（2002）1500C07	伊利婴儿奶粉	内蒙古伊利实业集团股份有限公司
46	（2002）1500C08	伊利婴儿奶粉	内蒙古伊利实业集团股份有限公司
47	（2004）1500C07	蒙牛婴儿奶粉	内蒙古蒙牛乳业（集团）股份有限公司
48	（2004）1500C08	蒙牛婴幼儿奶粉	内蒙古蒙牛乳业（集团）股份有限公司
49	（2004）1500C09	蒙牛婴儿奶粉（1 段）	内蒙古蒙牛乳业（集团）股份有限公司
50	（2004）1500C10	蒙牛婴儿奶粉（2 段）	内蒙古蒙牛乳业（集团）股份有限公司
51	（2004）1500C11	蒙牛婴儿奶粉（3 段）	内蒙古蒙牛乳业（集团）股份有限公司
52	（2004）1500C12	蒙牛慧聪婴儿配方奶粉（1 段）	内蒙古蒙牛乳业（集团）股份有限公司
53	（2004）1500C13	蒙牛慧聪较大婴儿配方奶粉（2 段）	内蒙古蒙牛乳业（集团）股份有限公司
54	（2004）1500C14	蒙牛慧聪幼儿配方奶粉（3 段）	内蒙古蒙牛乳业（集团）股份有限公司
55	（2004）1500C15	饮用天然矿泉水	内蒙古贺兰山天荣矿泉水有限责任公司
56	（2004）1500C28	伊利婴儿奶粉	内蒙古伊利实业集团股份有限公司
57	（2004）1500C29	托菲尔 A+B 幼儿奶粉	内蒙古伊利实业集团股份有限公司
58	（2004）1500C30	托菲尔 A+B 婴儿奶粉	内蒙古伊利实业集团股份有限公司
59	（2004）1500C31	托菲尔 A+B 婴幼儿奶粉	内蒙古伊利实业集团股份有限公司
60	（2004）1500C32	托菲尔婴儿奶粉	内蒙古伊利实业集团股份有限公司
61	（2004）1500C33	托菲尔幼儿奶粉	内蒙古伊利实业集团股份有限公司
62	（2004）1500C34	托菲尔婴幼儿奶粉	内蒙古伊利实业集团股份有限公司
63	（2004）1500C35	伊利婴幼儿鲜奶粉	内蒙古伊利实业集团股份有限公司
64	（2004）1500C36	伊利婴儿鲜奶粉	内蒙古伊利实业集团股份有限公司
65	（2004）1500C37	伊利婴幼儿奶粉	内蒙古伊利实业集团股份有限公司
66	（2004）1500C38	食品添加剂碳酸氢钠	内蒙古鄂托克旗双信化工有限责任公司
67	（2004）1500C39	食品添加剂碳酸氢钠	内蒙古鄂托克旗聚业化工有限责任公司

续表 2-1

序号	备案号	产品名称	企业名称
68	（2005）1500C01	使用马铃薯淀粉	内蒙古奈伦农业科技股份有限公司
69	（2005）1500C34	食品添加剂碳酸氢钠	锡林郭勒苏尼特碱业有限公司
70	（2005）1500C42	海拉尔啤酒	海拉尔啤酒（集团）有限责任公司
71	（2005）1500C43	雪晶牌 11 度优级淡色啤酒	乌兰浩特蒙原酒业有限责任公司
72	（2006）1500C05	美苗益较大婴儿及幼儿配方奶粉	内蒙古蒙牛阿拉乳制品有限责任公司
73	（2007）1500C08	白砂糖（优级）	包头华资实业股份有限公司
74	（2007）1500C09	绵砂糖（优级）	包头华资实业股份有限公司
75	（2009）1500C01	食品添加剂碳酸氢钠	锡林郭勒苏尼特碱业有限公司
76	（2010）1500C03	马铃薯淀粉	内蒙古奈伦农业科技股份有限公司
77	（2010）1500C23	食品添加剂碳酸氢钠（小苏打）	内蒙古鄂托克察汉淖化工厂
78	（2010）1500C24	食品添加剂碳酸氢钠（小苏打）	内蒙古鄂托克旗隆诚化工有限责任公司

2016 年，根据内蒙古自治区地方特色食品状况，自治区食品药品监督管理局配合内蒙古自治区卫生与计划生育委员会组织修订了奶豆腐、奶皮子、酸酪蛋、楚拉、炒米、嚼口、蒙古族传统乳制品生产卫生规范及奶片、毕希拉格登 9 个食品安全地方标准。2017 年参与酸马乳、生驼乳、嚼口、奶茶粉巴氏杀菌驼乳、牛羊肉分割卫生规范等 9 项食品安全地方标准的立项研究。

三、食品标签通用标准

1987 年，内蒙古自治区全面实施国标 GB7718—87《食品标签通用标准》。标准规定了食品标签应该标注的内容：食品名称、配料表、净含量、生产厂家和厂址、生产日期、保质期或保存期、生产批号、产品标准代号、质量等级、食用方法等。

1989 年，根据内蒙古自治区标准计量局、物价局制定下发的《内蒙古自治区食品标签设计、印制和使用监督管理办法》的规定，生产企业的食品标签设计好后，由所在旗县标准计量部门审查，符合要求的食品标签，由盟市标准计量部门发给“食品标签准印证”，凭准印证到食品标签印刷企业印制食品标签，并将食品标签准印证号印在食品标签的右上角。生产企业不得使用未经审查或未经批准的食品标签，印刷企业不得印制无准印证号的食品标签。

1990 年，内蒙古自治区标准计量局根据国家技术监督局的要求，组织各盟市标准计量部门在全区进行 4 次食品标签检查，共检查酱油、碳酸饮料、乳粉、袋装糕点等 21 类食品 101 家生产企业和 697 家经销单位的 4397 种产品，符合《食品标签通用标准》的产品只占 36%。

1991 年 4 月 16—19 日，内蒙古自治区标准计量局与内蒙古自治区食品工业协会在呼和浩特市举办《食品标签通用标准》和多种婴幼儿辅助食品标准宣传贯彻研讨会，给食品生产、经销单位负责人及标准化管理部门的有关人员详细讲解《食品标签通用标准》和多种婴幼儿辅助食品标准实施监督的有关政策法规等。

是年，根据国家技术监督局的要求，内蒙古自治区技术监督局组织对全区食品生产和经销企业的 4868 种食品进行监督检查，标签合格率提高到 70%。

1992 年 9 月 9 日，《内蒙古自治区食品标签管理办法》发布后，内蒙古自治区技术监督局印发

《贯彻〈内蒙古自治区食品标签管理办法〉的几项规定》，决定使用内蒙古自治区技术监督局印制的《食品标签准印证》《现场行政处罚通知书》。

1992年12月10—14日，内蒙古自治区技术监督局举办食品标签法制管理及食品标签编写研讨班。至1992年底，全区共抽检492家生产企业和1240家经销单位的食品3.5万种，标签合格率提高到80.3%，比1991年提高10个百分点。

1993年2月，根据国家技术监督局制定的《执行〈食品标签通用标准〉好的单位表扬办法》，由各盟市技术监督部门和有关部门推荐，内蒙古自治区技术监督局组织评审决定，对1992年度执行食品标签标准好的6家生产企业、4家经销单位和10个食品标签进行通报表扬，并将表扬通报刊登在1993年2月20日《内蒙古日报》上。全年共检查799家生产企业和1668家经销单位的1.6万种食品，标签总合格率达到85.4%。

1994年，GB 7718—1994《食品标签通用标准》发布，替代了GB 7718—1987《食品标签通用标准》。内蒙古自治区技术监督局发出《关于认真执行〈食品标签通用标准〉第一号修改单的通知》，要求办理食品标签准印手续，严格执行新《标准》规定。同年1月，内蒙古自治区技术监督局举办食品标签不合格生产企业培训班，讲解有关食品标签的法律、法规和标准，要求食品标签不合格企业拿出整改意见。

1995年6月20日，国家技术监督局发布《查处食品标签违法行为规定》。同年10月，为扶持贯彻食品标签标准好、产品质量可靠的食品生产企业，以内蒙古质量行组织委员会的名义，在呼和浩特市举办"信得过食品"展示展销会，向消费者推荐了48家企业生产的70种食品，推动了食品标签《标准》的贯彻实施。

1995年11月28日至12月1日，内蒙古自治区技术监督局召开全区贯彻国家《查处食品标签违法行为规定》会议，宣讲《查处食品标签违法行为规定》《食品标签通用标准》《饮料酒标签标准》《特殊营养食品标签》等食品标签新标准，讲解技术监督行政执法的要求及有关法律知识。

1997年11月，内蒙古自治区技术监督局印发《关于进一步做好〈食品标签通用标准〉实施工作的通知》，对预包装食品生产日期的标注提出明确要求。

1993—1999年，全区食品标签合格率一直稳定在国家技术监督局要求的85%以上。

2004年，全区宣传贯彻新修订的GB7718—2004《预包装食品标签通则》强制性国家标准和《预包装特殊膳食用食品标签通则》。

2005年，全区实行《预包装食品标签通则》，核准公告全区54家企业550种产品的库存食品标签延长使用期限，减少企业的经济损失2.46亿元以上。

2011年，国家发布食品安全国家标准GB7718—2011《预包装食品标签通则》替代GB7718—2004《预包装食品标签通则》。

2014年，内蒙古自治区食品药品监督管理局在全区范围内开展为期7个月的食品生产领域食品标签标识专项监督检查。重点检查婴幼儿配方乳粉、婴幼儿辅助食品、乳制品、食品添加剂、酒类产品、肉制品、粮食加工品和食用植物油等重点食品的标签标识。对食品标签标识虚假标注、夸大标注及利用食品标签标识制假售假等违法行为进行查处并予以曝光，建立黑名单制度和企业不良记录档案，严重不合格的企业主动下架或采取召回产品等措施，情节特别严重的注销或吊销企业的"生产许可证"。

2016年，内蒙古自治区食品药品监督管理局印发《内蒙古自治区食品药品监督管理局开展婴幼儿配方乳粉标签标识规范和监督检查工作实施方案》，并在全区范围内开展婴幼儿配方乳粉标签标识规范和监督检查工作，对婴幼儿配方乳粉标签标识在产品名称、标示内容、含量和功能等方面的违法违规进行查处。

第三章　食品安全检测保障体系建设

第一节　食品检测体系建设

内蒙古自治区成立后，全区各盟市陆续建立了一批专业检验检测机构，其中包括食品卫生监督检验机构。

1953 年，内蒙古自治区普遍建立各级卫生防疫站，卫生监督监测工作为其主要任务之一。

1954 年，全国卫生行政会议提出“应该逐步建立卫生监督监测制度，首先从新建的主要厂矿开始试办预防性卫生监督，然后逐步开展全面的卫生监督”。这一时期，全区各级卫生防疫站逐步建立了卫生监督监测科（室），实行了预防性和经常监督监测。

1956 年 3 月 3 日，在内蒙古自治区工业厅化验室基础上，成立内蒙古自治区工业试验所，隶属内蒙古自治区工业厅，承担全区工业化验及乳品、酒类、饮料、盐等产品的质量监督检验。这是自治区最早建立的综合性产品质量监督检验机构。是年，全区旗县区以上的各级食品公司普遍建立了兽医卫生检验机构，购置了必要的检测仪器，配备了 249 名兽医卫生检测人员，开始对经营和屠宰加工的肉类制品进行检疫和检验工作。

1965 年，国务院批转卫生部、商业部、第一轻工业部、工商行政管理局、全国供销合作总社制定的《食品卫生管理试行条例》，明确由卫生部门负责食品卫生的监督工作和技术指导，卫生部门研究制定各种主要食品、食品原料、食品附加剂、食品包装材料的卫生标准（包括检验方法），食品生产、经营主管部门负责组织本系统所属单位的食品卫生检验工作，卫生部门进行抽查检验。

1976 年后，“文化大革命”中被撤并的卫生防疫组织和检测机构先后建立和恢复，1977 年成立内蒙古自治区食品卫生监督检验所，编制 25 人。满洲里和二连浩特两个口岸城市设立了进口食品检验所，各盟市卫生防疫站内都设立食品卫生科。大部分旗县卫生防疫站或设立食品卫生科，或充实食品卫生监督监测专业人员。全区共有食品卫生监督员 1000 余名，其中兼职的监督员有 192 名。为了适应食品行业的快速发展，各盟市、旗县区还设立了人数不等的食品卫生检查员；举办了各级各类食品卫生专业学习班 138 期，2970 多名相关人员接受了食品卫生专业培训。

20 世纪 80 年代初，为适应国民经济迅速发展和贯彻《中华人民共和国标准化管理条例》的需要，自治区、盟市和部分旗县区标准化管理部门依法建立综合性产品质量监督检验机构，逐步开展了为当地经济建设服务的产品质量监督检验工作。为了充分利用拥有检验手段的科研单位、行业检验中心和企业的检验力量，自治区和部分盟市依法建立了一批产品质量监督检验站，按照各自的检验分工，分别承担指定产品的质量监督检验任务。这些质检站与标准化管理部门所属的综合性质检机构一起，形成覆盖全区的产品质量监督检验网络。

1980 年 9 月，内蒙古自治区产品质量监督检验所成立，隶属内蒙古自治区标准局，这是国家法定产品质量监督检验机构，承担包括食品在内的产品质量检验工作。食品生产环节的安全监督管理由内蒙古自治区产品质量技术监督部门承担。此后，各盟市相继成立产品质量监督检验所，逐步形成从上到下比较系统的质量监督管理体系，综合性产品质量监督检验能力逐步增强。到 1999 年末，自治区和 12 个盟市、1 个计划单列市设有综合性质检所，还有 32 个旗县也建立了产品质量监督检验所。

1982 年，内蒙古自治区食品公司建立了中心化验室，配备了比较精密的仪器和设备，开展对全区肉类、蛋品的检测和对各地在检验中发现的疑难病例的诊断分析。

1996 年，自治区卫生厅防疫处更名为自治区卫生厅卫生防疫监督处，行使公共卫生监督执法职责。

1999 年，内蒙古自治区产品质量监督检验所内设有食品化学检验室，对食品进行检验测试。对承检产品部分检验项目因所需设备价格昂贵、一时难以配齐的，或者所需设备利用率低、不值得配备的，可有条件地选择所外若干检验机构作为“分包试验室”。水利部牧区水利科学研究所承担了分包检验项目食品中微量元素分析。盟市产品质量监督检验所主要承担与人民群众日常生活密切相关的食品等产品质量检测检验。

为加强行业内或部门内的产品质量监督管理，内蒙古自治区的一些主管部门在本行业或部门内设立质量检验站（中心、室），对各自行业或部门的企业生产的产品进行检验。共有检验机构有 5 家。

1999 年内蒙古自治区食品行业质检机构概况表

表 2-2

序号	机构名称	隶属关系	检验范围
1	内蒙古糖酒副食蔬菜公司中心检测化验室	内蒙古自治区商务厅	副食品、调味品、饮料、糖制品
2	内蒙古粮油质量检测中心	内蒙古自治区商务厅	粮食、油脂、食品、饲料
3	内蒙古粮油储运公司化验室	内蒙古自治区商务厅	成品粮、油脂、食品
4	内蒙古饲料公司培训化验中心	内蒙古饲料公司	饲料原料、成品、粮食
5	内蒙古盐业质量检测站	内蒙古自治区轻纺工业厅	食盐、工业盐、盐化产品、矿物质饲料盐

2001 年 10 月，自治区卫生防疫防病机构进行机构重组和功能调整，将原内蒙古自治区卫生厅防疫站、内蒙古自治区放射卫生防护所、内蒙古自治区流行病防治研究所、内蒙古自治区地方病防治研究所承担的执法监督职能进行整合集中，组建内蒙古自治区卫生厅卫生监督所，内设食品卫生监督科。依据食品卫生法等法律法规，承担全区食品生产经营单位和餐饮业的监督管理和业务指导，承担全区的食品卫生监督抽检任务，专门负责承担各类卫生许可和执业许可的申请受理、初审、上报和卫生许可证的具体发放和颁发前的预防性卫生审查工作，承担经常性巡回卫生监督检查、抽样送检和现场监督监测工作，受理危害公共卫生案件的举报、投诉，参与危害公共卫生事件和重大传染病疫情的调查处理，依法对危害或可能危害人体健康事件采取相应措施，承办卫生监督人员培训等工作。

2002 年至 2003 年 2 月，为提高质量检验机构食品检验能力和检测水平，内蒙古自治区质量技术监督局组织全区质检机构开展食品质量安全检验项目的对比实验。委托内蒙古自治区产品质量检验所对 10 个盟市的质检所进行对比实验，涉及食品质量安全的项目包括铅、汞、山梨酸钾、苯甲酸钠、过氧化苯甲酰、“666”、滴滴涕等。通过对各地对比实验数据的分析判断，总体检测水平不高。自治区质量技术监督局据此通报全区，对实验结果偏离较大的质量检验所提出整改要求。整改前暂停开展相关项目的检验工作，按照缺什么补什么的原则，整改结束后经内蒙古自治区质量技术监督局复验合格，准予恢复相关项目的检验工作。

2003 年 9 月 16 日，为了规范质量技术监督部门所属质检机构承担质检部门以外的其他行政执法机关的产品质量委托检验工作，保证检验工作的科学公正和权威性，内蒙古自治区质量技术监督局印发《内蒙古自治区质量技术监督部门所属质检机构承担行政执法机关委托检验工作的有关规定》。规定质检机构应在法定资格范围内接受执法机关的委托检验，接受委托的检验机构必须与委托方签订书面委托检验协议，注明检验产品名称、检验依据、项目、样品数量、判定规则、检验费用、检验期限，对检验结果异议的处理、违约责任及其他必要内容，检验机构接受委托不得再行委托。

2004 年，国家质量监督检验检疫总局与国家认证认可监督管理委员会联合下发《关于成立国家乳制品及肉类产品质量监督检验中心的通知》，批准国家乳制品及肉类产品质量监督检验中心成立。同年，国家认证认可监督管理委员会下发《关于对国家乳制品及肉类产品质量监督检验中心授权的通知》，对国家乳制品及肉类产品质量监督检验中心正式授权。国家乳制品及肉类产品质量监督检验中心开展的质量监督检验业务，受国家质量监督检验检疫总局和国家认证认可监督管理委员会的监督和指导，该中心主要承担国家质检总局下达的乳及乳制品、肉类产品在全国范围内产品质量监督抽查检验任务。

2008 年 1 月，国家质量监督检验检疫总局发文，加快建立健全县级质量技术监督食品安全监管检测体系，争取用 3 年时间，基本建立起满足日常监管需要，具备常规检验能力，人员素质高，监督管理规范，特色鲜明，保障有力的县级食品安全监管检测体系。并规定了检测检验机构必备条件：具备常规检验能力，一般应具有微生物实验室、微生物检测仪器、样品前处理设备、理化检测设备等，专职检验技术人员不得少于本实验室总人数的 70%，实验室面积达到 200 平方米以上。同年，产品免检工作停止进行，所有免检产品不再享有免检资格。

2012 年 1 月 1 日起，内蒙古自治区卫生厅承担的全区餐饮服务监管职能移交给内蒙古自治区食品药品监督管理局。自治区和各盟市陆续增设了食品化妆品监督所，承担餐饮安全检验检测任务。

同年，在内蒙古自治区产品质量监督检验所基础上，成立内蒙古自治区产品质量检验研究院，成为具有第三方公证地位的内蒙古自治区综合性产品质量检验机构。通过中国实验室合格评定委员会认可及资质认证，共取得 5551 个参数的检验能力，具备开展包括食品及食品包装材料等产品质量的检验检测能力。

2012 年末，全区建立自治区、盟市和部分旗县三级食品检验机构 45 个，食品检验人员上千人，年检验食品近 5 万批次，基本满足了食品日常监管检验的基本需要。

2013 年，国家食品药品监督管理总局批复内蒙古自治区食品安全实验室改造项目 12 个，下拨专项资金 2.48 亿元，首批改造 5 个项目完成。自治区财政拨付专项资金 5400 万元，为 102 个旗县（市、区）配备了食品快检设备，使全区食品安全实验室等检验检测设备得到进一步改善和提升。

是年，鄂尔多斯市质量计量检验所承建内蒙古自治区西部食品质量安全检测中心，乌兰察布市质量技术监督局承建内蒙古马铃薯质量监督检验中心。

2014 年 1 月，按照食品监管职能调整的要求，自治区质量技术监督局承担的食品、食品添加剂和化妆品的监督管理职能划转到内蒙古自治区食品药品监督管理局，自治区质量技术监督局不再组织对食品、食品添加剂、化妆品的抽样检验。

是年，内蒙古自治区食品药品监督管理局组织开展县级食品安全检验检测资源整合试点工作。扎兰屯市被国家食品药品监督管理总局列为工作试点。自治区财政专项资金为4个盟市的38个旗县（市、区）配备了食品安全监管快速检测设备。

2016年4月，整合自治区、呼和浩特市食品检测和农产品检测资源，成立内蒙古自治区食品检验检测中心，主要承担乳肉制品及食品的检验、复验和委托检验工作；收集、整理、综合、上报和反馈食品质量信息；开展食品质量标准、检验方法、标准物资及相关安全性、有效性的研究工作；承担对下级同类检验机构业务技术工作的指导、协调和检验项目资格认定的组织实施工作。

2016年11月29日，内蒙古自治区质量技术监督局向内蒙古自治区食品检验检测中心核发“检验检测机构资质认定证书”。自此，内蒙古自治区食品检验检测中心具备了向社会出具具有法定作用的数据和结果资质，具备了153个产品标准和1632个参数按相关标准开展检验检测的能力，标志着内蒙古自治区食品安全技术监管体系进一步完善，检验检测能力上了新的台阶。

第二节　食品监督检验

从20世纪80年代初开始，内蒙古自治区标准计量局、自治区卫生厅等食品监督管理部门对食品开展不定期抽查检验。

1982年4月，内蒙古自治区标准局、自治区工商行政管理局、自治区卫生厅联合发出《关于加强冷饮调味肉食品卫生管理严格质量监督检验的通知》，由各地标准化管理部门牵头，在5—9月间组织卫生防疫站、工商行政管理部门对当地生产的啤酒、汽酒、汽水、冰棍、酸梅汤、酱、酱油、醋、肉和肉制品分期进行卫生、质量监督检验。巴彦淖尔盟、呼伦贝尔盟、哲理木盟、昭乌达盟等地开展冷饮、糕点、调味品和肉制品的联合检查。监督检验结果平均合格率不足50%，由当地标准化管理部门责令不合格企业限期整顿。

1983年，内蒙古自治区产品质量监督检验所和7个监督检查站，共监督检验产品346种，监督检验252个企业。经检验，质量合格的产品有248个，受检产品合格率71.7%。其中，质量好的是乳制品等产品，质量差的有白酒，酒精度普遍超标。

1984年，内蒙古自治区标准计量局开展粮油质量检查。包头市、赤峰市、哲里木盟、兴安盟、伊克昭盟等地标准计量局（所）在当地粮食主管部门的支持下，组织检验机构开展粮油质量监督检验。全区共抽查了小麦粉、挂面、玉米面、高粱米、炒米和食用油等7个品种计370个样本，检验结果：等级不符或不合格数为170个，占检查样本的45.9%。其中小麦粉检查了100个样本，有60个样本等级不符或不合格，占60%；挂面检查了60个样本，有35个样本等级不符或不合格，占58.3%；食用植物油检查了110个样本，有32个样本等级不符或不合格，占29.1%。

1985年，全区有啤酒生产企业24家，生产能力9万吨。内蒙古自治区产品质量监督检验所，以及呼和浩特市、包市头、赤峰市标准计量局等自治区各级质量监督检验站，开展全区食品安全监督检验。一季度共检验啤酒等产品144种，产品批次合格率为85.6%；复查优质产品37个，质量稳定提高的36个。赤峰陈曲、宁城老窖等产品为优质产品；鹿春液白酒为质量不合格产品。二季度，对73个企业的138个批次产品进行了监督检验，检验结果合格91个批次，批次合格率为65.9%。三季度对奶粉、啤酒进行了统一检查，接受统检企业18个，共抽取鲜、熟啤酒样品30个，经检查22个样本合格，样本合格率73.3%，比1984年提高了54.1个百分点。

是年，内蒙古盐业公司、内蒙古产品质量监督检验所对全区各盐场的湖盐质量进行监督检验和行业评比。对一些小盐场的原盐中有害元素过高、不具备生产条件、未经批准生产的均令其停产，对已生产出的原盐查封禁售。

1986年，自治区产品质量监督检验所（站）对全区22个啤酒厂两次共抽取56个样品进行检验，有47个样品合格，合格率83.9%，合格率比前两年有显著提高。

1987年，内蒙古自治区产品质量监督检验所（站）抽查全区主要奶粉企业38个批次的产品，24个批次不合格，合格率为63.2%。对不合格的牙克石乳品厂、莫力达瓦旗尼尔基乳品厂、呼和浩特市饮料食品厂、达拉特旗乳品厂、正镶白旗乳品厂进行罚款处理。第三季度，抽查14个乳粉企业18种产品，19个啤酒企业22种产品，其中乳粉抽查合格率为66.7%，啤酒抽查合格率为50%。四季度抽查了78家企业生产的106种产品，白酒抽查合格率100%，绵白糖抽查合格率90%，果酒抽查合格率59.1%，香槟酒抽查合格率50%，乳粉抽查合格率47.4%。55种优质产品稳定提高率96.5%。

1988年第一季度，内蒙古自治区产品质量监督检验所（站）抽查11个企业生产的5类213种产品，合格率在80%以上的有白砂糖、白酒、乳粉等。从市场上抽取27个企业生产的69种白酒进行检验，有60种合格，抽查合格率为86.9%。抽查了21个企业生产的65种罐头，有45种合格，抽查合格率为69.2%。抽查区内11个厂家生产的53种糖果，都不同程度存在质量问题。第二季度，抽查了植物油、酒类、小麦粉、糖果等78个企业生产的83种产品。抽查的23家企业的31种啤酒，26种合格，抽查合格率83.9%。葡萄酒、香槟酒在执行标准方面混乱，12个企业的14种小香槟，只有2种合格。抽查的17家企业的标准粉，有10家因面筋质低、水分高而不合格。新的小麦粉国家标准分为特制一等、特制二等、标准粉、普通粉4个等级，另有内蒙古精粉一个等级，共5个等级。糖果抽样检查了巴彦淖尔盟糖厂的4种糖果，其卫生指标全部不合格，责令停产整顿。第三季度，抽查白酒、啤酒、乳粉91个企业生产的130种产品。白酒抽查合格率98.2%，啤酒70%，乳粉55.8%。

1989年，为进一步加强食品卫生监督监测工作，内蒙古自治区食品卫生监督检验所对消费量较大的地产鲜乳、乳粉、罐头类、酒类等食品及自治区区级以上各类地产名优食品实行定期监督监测，每年监测1~2次，并公布监测结果。对全区35个企业的38个全脂加糖乳粉和速溶全脂加糖乳粉进行统检，26个合格，合格率为68.4%。抽检16个优质产品15个合格，优质产品稳定合格率为93.8%。

1990年第一季度，内蒙古自治区产品质量监督检验所按照抽查计划，抽查了罐头类23个企业的49种产品，合格的31种，抽查合格率为63.2%，与上年一季度抽查罐头合格率相比，提高了7.4个百分点。检查46种标签，有38种完全符合食品标签标准的要求。第二季度抽查了15个企业生产的26种白酒，有24种合格，抽查合格率为92.3%。

1991年第三季度，国家技术监督局组织国家级产品质量监督检测中心抽查产品中，发现呼和浩特市第三面粉厂和包头市第三面粉厂生产的“内蒙标准粉”麸星多，加工精度不合格。根据《产品质量国家监督抽查补充规定》要求，由有关行政主管部门责令不合格企业进行整改。整改期间接受内蒙古自治区产品质量监督检验所的执法检查。企业完成整改后，在半年内向自治区技术监督局提出复审申请，复审合格企业方可恢复生产。

1992年，国家统检内蒙古自治区碳酸饮料217家、247个批次，合格88个批次，批次抽样合格率为35.6%。有61个企业生产的64个批次的饮料是劣质产品，占25.9%。自治区质量技术监督局立即采取措施进行整改。

1993 年，全区抽查 6 个企业 7 个批次罐头产品，5 个企业 6 个批次的产品合格，合格率为 85.7%，比第一季度抽查罐头产品合格率提高了 10.71 个百分点。对全区 18 个企业 18 个批次的白糖实行统一检验，17 个企业 17 个批次合格。

1998 年四季度，自治区产品质量监督检验部门对小麦粉和食用植物油进行统一检查，检查 197 家企业 225 个批次的袋装小麦粉，合格企业 86 家，合格产品批次 99 个，企业合格率为 43.7%，产品合格率为 44%。检查了 56 家企业 58 个批次的瓶（桶）装食用油，合格企业 47 家，合格产品 49 个，企业合格率为 83.9%，产品合格率为 84.5%，与 1997 年同期相比，分别提高了 19 和 18.7 个百分点。

1999 年一季度，内蒙古自治区产品质量监督检验所（站）检查熟肉制品 104 个企业 130 个批次，合格率为 70.8%。不合格的主要项目是水分、亚硝酸盐、卫生指标、淀粉、蛋白质。二季度啤酒合格率 95%，乳粉合格率为 71.4%。三季度监督检查，酱油抽样合格率为 47.6%，食醋抽样合格率为 67.3%，碳酸饮料抽样合格率为 54.4%，乳粉及乳制品检查合格率一般在 95% 左右。不合格项目是：酱油为氨基酸态氮和全氮，食醋为总酸，碳酸饮料为可溶性固形物、二氧化碳气容量和细菌总数。

1996—2001 年，全区共监测食品约 16 万件，监测合格率由 1996 年的 86.5% 上升到 2001 年的 92.6%。

2002 年，全年完成国家、自治区两级卫生部门抽查的食品检测样品 68 份。其中熟肉制品 10 份，合格率 90%；消毒牛奶 6 份，合格率 100%；纯净水和矿泉水 21 份，合格率 57%；奶粉 11 份，合格率 73%；酱腌菜 5 份，合格率 40%；补锌食品 5 份，合格率 20%；补铁食品 5 份，合格率 20%；补钙食品 5 份，合格率 0。

2003 年 1—3 季度，全区共监督检查食品 26 种、2438 家企业、2987 个批次，合格 2381 个批次，产品抽样批次合格率为 79.7%。其中熟肉制品、酱油、食醋、果酒、料酒、奶酒、非酒精饮料、瓶（桶）装饮用水、冷冻饮品、面包、瓜子等产品抽样合格率偏低。全区抽检瓶（桶）装饮用水 148 家企业、152 个批次，合格 109 个批次，产品抽样合格率为 71.7%。其中纯净水产品抽样合格率为 50%，与上年相比下降了 11.8 个百分点。主要问题是细菌总数、霉菌、酵母菌、电导率等项目不合格。全区共抽检冷冻饮品 84 家企业、107 个批次，合格 46 个批次，产品抽样合格率为 43%。全区共抽检酱油产品 109 家企业、117 个批次，合格 74 个批次，产品抽样合格率为 63.2%，比上年提高 13.2 个百分点。全区共抽查面包产品 84 家企业、88 个批次，合格 54 个批次，产品抽样合格率为 61.4%。

2004 年，内蒙古自治区质量技术监督局对小麦粉、大米、食用植物油、酱油、食醋 5 种食品进行专项监督抽查，共抽查检验 282 家食品加工企业 291 批次的产品，合格 232 批次，抽样合格率为 79.7%。对夏令食品质量进行专项监督抽查，按照国家要求实行适用标准、检验方法、检验项目、判定原则四统一，检查冷冻食品、碳酸饮料、含乳饮料等生产企业 110 家、170 批次，合格 109 批次，抽检合格率为 64.1%。其中冷冻饮品检验 76 批次，合格 48 批次，合格率为 63.2%；碳酸饮料（含乳饮料）检验 94 批次，合格 61 批次，合格率为 64.9%。

2005 年，自治区质量技术监督局对桶装饮用水、白酒、罐头、膨化食品、含乳饮料、婴幼儿配方乳粉、小麦粉等 7 类重点食品进行专项抽查，共抽查 614 家企业的 811 种产品，合格 730 种，抽样合格率为 90%。其中婴幼儿配方乳粉和膨化食品的抽查合格率为 100%。

2006 年，四季度共抽查 12 类 394 家生产企业的 495 种食品，合格 393 种，抽样合格率为 79.4%。同时对巴氏灭菌乳、酸牛乳、乳粉、奶油、干酪等 6 种乳制品进行专项监督抽查，共抽查 88 家企业的 120 种产品，合格 113 种，产品抽样合格率为 94.2%。

2007 年一季度，内蒙古自治区产品质量检验检测机构对酱卤肉制品、熏煮香肠火腿制品、果蔬类罐头、禽肉水产罐头、粉条、食物、食用植物油、豆腐、肉干、啤酒、面包、糕点等食品进行质量监督抽查。共抽查330家企业生产的400种产品，合格346种，产品抽样合格率为86.5%，其中果蔬类罐头、粉条合格率为100%；肉干合格率为71.4%；面包、蛋糕合格率为67.4%。二季度共抽查7类食品，其中碳酸饮料和含乳饮料质量同期相比有所提高，批次合格率分别为71.1%、91.1%；乳粉和酸牛乳质量保持上年同期水平，批次合格率分别为97.4%和88.6%；酱油、醋、桶（瓶）装饮用水质量下降，批次合格率分别为78.2%、76.3%、66.2%。三季度抽查的9类食品中，婴幼儿配方奶粉、啤酒、白酒、液态乳、挂面、月饼等产品质量抽样合格率均超过90%，冷冻饮品、熟肉制品合格率在80%以上，速冻米面制品合格率为66.7%。四季度对大米、食醋、酱油、桶（瓶）装饮用水、果汁及果汁饮料等14类669家生产企业的749种产品进行抽查，合格586家655种，产品抽样合格率为87.4%，比上年同期提高8个百分点。速冻米面食品产品合格率在60%以下。

2008年，中国·呼和浩特乳肉制品检验检测中心内蒙古产品检验院为内蒙古供应奥运食品单位检验羊肉样品12批次、牛肉样品32批次、灭菌乳45批次、酸乳3批次的检验，检出1个批次的牛肉因大肠菌群超标判定为不合格。共抽查1605家企业生产的2037种产品，产品抽样合格率为86%。

2010年上半年，自治区产品质量检验检测机构对28类食品进行抽查检验，共抽查1081家企业生产的1559批次的产品，实物质量合格的有1423批次，合格率91.3%。对乳制品三聚氰胺的跟踪检测，未检出三聚氰胺。

2011年2—3季度，内蒙古自治区质量技术监督部门对酱油、食醋、小麦粉、液体乳等其他产品进行抽查。抽查680家企业、793种产品，合格602家、710种，抽查产品合格率为89.5%。11月对酒类产品进行抽查检验，共抽检245批次，合格210批次，不合格35批次，抽检合格率为85.7%。对瓶（桶）装水进行监督抽查，共检查饮用天然矿泉水及其他饮用水生产企业84家、85个批次样品，通过溴酸盐、菌落总数、大肠菌群的检测，合格率为72.2%。对肉制品生产加工企业使用的原料肉和生产的成品肉制品进行“瘦肉精”（盐酸克伦特罗）抽检，抽检81个批次样品，合格77个批次，合格率为95.1%。监管部门依法责令不合格产品生产企业停产，封存产品待抽检合格后再开工生产。

2012年，内蒙古自治区食品药品监督管理局全面完成国家食品药品监督管理局部署的4批1635个品种的抽检任务，并强化对抽检结果的分析和应用。根据监督抽样结果，内蒙古自治区食品药品监督管理局下文要求7个有关盟市对不合格品所涉及的餐饮企业进行查处。一季度，自治区质量技术监督部门对食品等21类产品进行监督抽查，共抽查478家食品企业的553种产品，合格企业453家、合格产品527品种，产品抽样合格率为95.3%。二季度抽查11类食品，252家企业生产的291种产品，合格企业220家、合格产品258种，产品抽样合格率为88.7%。三季度抽查326家食品企业的380种产品，合格企业304家、合格产品356种，产品抽样合格率93.7%。

2013年，内蒙古自治区食品药品监督管理局开始承担全区食品检验监测任务。

2014年，内蒙古自治区食品药品监督管理局完成自治区本级食品安全抽检4321批次，检出不合格产品347批次，不合格率8%。

2015年，内蒙古自治区食品药品监督管理局完成抽检监测任务56573批次，发布食品药品检测公告25期，对815批次问题产品进行核查处置，约谈涉及问题产品企业194家。

2016年，内蒙古自治区食品药品监督管理局共抽检食品83662批次。其中：食用农产品抽检28427批次，对发现的479批次不合格产品依法进行核查处理。

2017年，内蒙古自治区食品药品监督管理局完成4.6批次/千人的食品抽检任务，提前完成“十三五”检验检测任务。

第三节　食品风险监测与安全评估

一、食品安全风险监测

食品安全风险监测是通过系统持续的收集食源性疾病、食品污染，以及食品中有害因素的监测数据及相关信息，进行综合分析和及时通报的活动。

1989年，为加强食品卫生监督、监测工作，内蒙古自治区食品卫生监督检验所开始对消费量较大的本地产食品（如鲜乳、乳粉、罐头类、酒类）及自治区级以上各类地产名优食品实行定期监督、监测，每年监测1～2次，并公布监测结果。

进入21世纪，针对食品安全隐患和消费者对食品安全要求的不断提高，国家和自治区食品监管部门加强了食品安全风险监测。

2007年，内蒙古自治区工商行政管理局在全区范围内建立流通环节食品安全监测数据直报点。在全区选取4个地级市政府所在市工商行政管理分局消费者权益保护科（股）或负责食品安全的监管机构作为直报点。统一规定监测的食品品种、检测项目、检测依据标准和实施时间，开发食品安全监测信息上报统计软件，建立食品安全监测信息平台，定期汇总分析各直报点上报的食品安全监测数据，统一发布监测信息，并根据监测信息反映的流通环节食品安全状况，组织部署相关地方工商行政管理局对问题突出的食品进行重点整治。同年，根据《关于建立流通环节食品安全监测数据直报点有关问题的通知》，自治区工商行政管理局对6种食品开展质量监测。监测区域为：包头市昆都仑区、巴彦淖尔市临河区、赤峰市红山区、呼伦贝尔市海拉尔区，监测品种为：糕点、蜜饯、豆芽、熟肉制品、豆腐、馒头，每个品种每个直报点监测5个批次。

2008年，国家质量监督检验检疫总局从食品生产加工环节的风险监控中发现存在违规使用食品添加剂等物质的问题，其中包括内蒙古自治区的5个糕点产品。即明城祥云食品厂、宁城县吉庆食品厂、宁城县益民食品厂、赤峰梦香园食品厂、红山区长寿食品厂生产的糕点中明矾含量均超出100毫克/千克的标准规定值。

2009年8月，内蒙古自治区质量技术监督局印发《关于进一步加强产品质量安全风险信息管理工作实施方案（试行）》。加强以食品为重点的产品质量安全风险信息管理工作，建立质量安全风险信息管理体系。建立分级分类管理制度体系、工作机制。建立风险信息管理平台，实现信息共享，建立风险信息分析研判技术支持系统。同时成立质量安全风险信息管理领导小组，下设办公室，负责建立风险信息收集、筛查、核准、报送及风险信息研判、处置、资料归档等制度。

2010年1月25日，为有效实施食品安全风险监测制度，规范国家食品安全风险监测工作，卫生部、工业和信息化部、工商总局、质检总局、食品药品监管局5部门联合制定印发《食品安全风险监测管理规定（试行）》（卫监督发〔2010〕17号），对食品安全风险监测第一次进行了法律界定与约束。提出以实现食品安全风险信息有效管理为突破口，本着早发现、早研判、早预警、早沟通、早报告、早处置的原则，做到主动应对、及时反应、有效处置、全面控制，切实抓好食品安全风险信息管理工作。提出完善以下8项制度：风险信息监测制度、信息筛查和报告制度、风险信息研判制度、风险信息处置制度、风险信息通报和报告制度、风险信息公开制度、企业报告制度和信息举报奖励制度。

是年，内蒙古自治区食品药品监督管理局、自治区卫生厅、经济和信息化委员会、商务厅、工商行政管理局、质量技术监督管理局印发《2010年内蒙古自治区食品安全风险监测实施方案》，成立领导机构，落实责任单位和具体工作人员，开展食品安全风险监测自查和督查工作，召开了全区食品安全风险监测工作研讨会，举办4期食品安全风险监测培训班，对食品样品采样、实验室检验、质量控制、数据上报等方面进行了培训，共培训220余人次，确保圆满完成自治区区承担的食品安全风险监测任务。全年共完成化学污染物监测样本2101份，上报监测数据15171个，其中检出样本1165份，检出率为55.45%，超标样本112份，超标率为5.33%；完成食源性致病菌监测样本1620份，上报监测数据5660个，其中阳性样本69份，阳性率为4.26%。食源性疾病监测未发现异常病例和异常健康事件。

是年，国家质量监督检验检疫总局在食品安全风险检测中发现，内蒙古自治区问题样品共68个，涉及19家食品生产企业。随即自治区质量技术监督局对可能存在风险的122种食品进行风险监测。检测的内容有糕点、粉条、饮用水，小麦粉，检测的项目有溴酸盐、明矾、过氧化苯甲酰等。抽查105家企业、112种产品，所检项目符合要求的有102家、109种产品。另外在监督抽查中，重点安排了熟肉制品中的重金属及色素、植物油和火锅调料中的过氧化值、酿造酱油中的氨基酸态氮、酿造食醋中的总酸和不挥发酸、白酒中的甜蜜素、乳制品中的解抗剂的监测，抽查结果显示总体情况较好。除个别企业生产的酱油、食醋、白酒存在问题外，其他产品质量各项指标均合格。根据风险监测结果，对存在的问题进行积极整改，对问题企业进行行政处罚。针对通辽市某企业食品生产环节出现兽药残留超标问题、包头市某肉制品加工企业的食品致病菌超标问题，经质量技术监督部门通报后，各有关部门和单位及时采取措施，化解安全风险。同时对供应上海世界博览会的产品，17个品种34批次产品进行风险监测，各项指标均合格，对可能存在风险的肉制品抽查35家企业、45个品种，所检项目均合格。

2011年1月31日，按照国家质量监督检验检疫总局部署，内蒙古自治区质量技术监督局开展对火锅底料的风险监测。全区121家调味料生产加工企业中，涉及火锅底料的生产企业有58家（其中在产企业19家、停产企业39家），根据生产企业生产经营和企业分布情况，将火锅底料生产企业数量较多的呼和浩特市、包头市、赤峰市三地列为重点地区，把生产规模较大的小肥羊、小尾羊、草原牧歌和红太阳等作为重点企业，重点监测、重点监督。经对全区14家企业27个批次火锅底料产品取样检测，未检出罗丹明B、苏丹红化学染色剂。同年国家质量监督检验检疫总局采取异地风险监测的方式，指定黑龙江省和山西省的检验机构分别承担内蒙古自治区境内东西部总计69家乳制品企业的抽样和检验工作。

2011年上半年，国家粮食产品质量监督检验中心在内蒙古自治区各类食品生产企业抽检样品440个批次。风险监测检验结果显示，27家企业的30个产品存在食品安全质量问题。30个问题产品集中在8个地区，其中：呼和浩特市3个，包头市4个，兴安盟3个，通辽市7个，赤峰市5个，乌兰察布市5个，鄂尔多斯市2个，乌海市1个；问题产品涉及的项目有12类，其中：食用植物油6个样品，食醋4个样品，葡萄酒3个样品，蜂蜜3个样品，粉条2个样品，酱腌菜2个样品，风干肉2个样品，糕点2个样品，豆干2个样品，炒货2个样品，碳酸饮料1个样品，小麦粉1个样品；问题产品的检测项目16项，属于高风险类的项目计6项16个样品，其中铅含量超标4个样品，苯并芘超标2个样品，盐酸克伦特罗残留2个样品，氯霉素残留1个样品，超范围使用甜蜜素6个样品，二氧化硫1个样品。

是年，内蒙古自治区质量技术监督局制定《2011年度食品生产加工环节风险监测计划》。重点选择消费量较大且与人民生活密切相关的8类12种食品及非食用物质、致病菌、易被滥用的食品添加剂等90个风险因素开展监测。共抽查69家企业80批次产品，合格率为95%。中秋国庆两节期间，自治区质量技术监督局对呼和浩特市、包头市、乌兰察布市、锡林郭勒盟4个盟市的月饼加工生产企业和加工小作坊生产的月饼开展了质量安全风险监测，在全区321家糕点生产企业中抽查50家生产企业及加工小作坊，抽取了56个批次的产品，按照监测项目要求进行检验，检验结果为52个批次合格，4个批次不合格，合格率为92.9%，不合格项目主要为菌落总数超标。

2012年8月，内蒙古自治区质量技术监督局印发《质量安全风险排查整治和道德领域突出问题专项教育治理活动实施方案》，组成4个工作组开展食品生产加工环节风险排查与整治。全区获得“食品生产许可证”企业2951家、食品加工小作坊6728户，产品涵盖26大类食品及添加剂、食品相关产品和化妆品。在食品生产加工环节风险排查与整治中，以呼和浩特市、包头市、呼伦贝尔市、通辽市、赤峰市、巴彦淖尔市、鄂尔多斯市7个市为重点监管地区，108家食品生产企业为重点监管企业，将乳制品、肉制品、酒类、食用油、其他民族特色食品等列入重点监管目录。通过实施分类分级监管，采取专家研判、分析对策、约谈地方政府等办法，妥善处置发现的问题，解决食品安全生产重大事件和区域性问题8件。全年质量技术监督部门监督抽查食品生产企业2611批次的产品，对1623批次的产品进行风险监测。监督抽查与风险监测合格率比2011年同期分别提高2.9和2.1个百分点。

是年，内蒙古自治区各级质量技术监督部门组织实施常规和专项风险监测工作，对粮油制品、食用植物油、油脂及制品、调味品、肉制品、饮料、酒类等18类26种具有潜在危险的产品共安排1623批次常规风险监测，有14批次样品检出问题，问题检出率为8.6‰。

2013年，内蒙古自治区质量技术监督局对食品、乳制品开展风险监测。食品类自治区级监测1570批次、国家级监测566批次，合格率为98.5%；乳制品监测221批次，全部合格。

2014年1月，内蒙古自治区食品药品监督管理体制改革和职能调整后，食品安全监督抽检和风险监测职能由自治区质量技术监督局划转自治区食品药品监督管理局。内蒙古自治区食品药品监督管理局制定《2014年食品安全监督抽检和风险监测计划实施方案》。年内，完成国家食品药品监督管理局1483批次的抽检监测任务。根据自治区各盟市食品安全状况、居民饮食消费特点、易发多发问题等因素，确定自治区食品安全监督抽检和风险监测计划，共涉及19大类91个食品细类4698批次。同时建立了风险排查与执法打假相互推动的工作机制。

2015年，内蒙古自治区食品药品监督管理局开展食品安全风险排查，食品生产环节实施食品安全风险交流直报，探索在食品经营环节实施12分制积分监管办法，实施餐饮服务量化分级3年提升计划。

2016年，内蒙古自治区食品药品监督管理局开展监管方式创新。一是梳理食品销售关键环节安全隐患及风险，为有效防范系统性、区域性食品安全风险，内蒙古自治区食品药品监督管理局归纳汇总涵盖食品销售经营许可制度、场所、设施设备、进货查验、销售过程控制及运输管理6个方面共32个风险点，按照高、中、低3个风险等级，制定《食品销售关键环节风险清单》，指导基层有针对性地开展食品安全隐患排查和治理活动。二是分析汇总高风险食用农产品品种和高风险项目。根据抽检监测、日常监管、舆情处置中发现的食用农产品质量安全问题，列出在蔬菜、水果、畜禽、水产品等49个食用农产品中存在的50余种易残留农、兽药高风险项目，为日常监管检测重点。三是建立食品及食用农产品销售环节产品追溯试点，在呼和浩特市维多利大学东路店开展了食用农产品电子追溯系统试点工作。

二、食品安全评价

1949—1979年，我国食品安全主要表现为数量上的“食品安全”，即食品总量供给保证市场需求。

20 世纪 90 年代中后期，国家在农产品安全领域开始实施食品安全风险检测分析。

2002 年，农业部畜牧兽医局成立了“动物疫病风险评估小组”，开始强调食品质量安全风险评估。

2004 年，为贯彻落实国务院《关于进一步加强食品安全工作的决定》（国发〔2004〕23 号），国家食品药品监督管理局决定开展食品安全调查与评价工作。

2005 年，根据国家食品药品监督管理局要求，内蒙古自治区食品药品监督管理局印发《内蒙古自治区食品安全调查与评价工作实施方案》，对自治区肉制品、乳制品、清真食品、粮油等重点特色食品进行抽样调查，对 12 个盟（公署）市（政府）所在地开展食品安全综合评价，并对检测结果进行客观分析。

2006 年，内蒙古自治区食品药品监督管理局制定了《内蒙古自治区 2006 年食品安全调查与评价工作实施方案》。选择粮油食品、清真食品（国家调查评价部分）、豆制品、肉（猪肝）、乳制品（自治区调查评价部分）5 个行业的重点品种，组织开展两个层面的调查与评价工作。一是食品链中产品关键安全指标状况调查，二是生产加工企业的食品安全保证体系及执行情况的调查。同年，在组织好国家食品药品监督管理局安排的调查与评价抽样外，全区进一步扩大调查评价的品种和样本量。先后两次对与群众生活密切相关的小麦粉、大米等 15 类 673 个批次食品开展安全调查与评价，督促各盟（公署）市（政府）和有关部门加强对不合格产品的调查处理。

2007 年 2 月 28 日—3 月 15 日，按照国家食品药品监督管理局《关于核查 2006 年 31 个城市食品放心工程综合评价不合格产品企业的通知》精神，内蒙古自治区食品药品监督管理局对涉及区内不合格产品企业组织检查。经检查，面粉中未发现添加不合格信息中标明的溴酸钾、次硫酸氢钠甲醛和过量使用过氧化苯甲酰。

2007 年 5 月，内蒙古自治区食品药品监督管理局在城乡市场确定监测点，对食品安全状况和食品安全保障情况进行监测调查，分析和评估食品安全状况。全年共对碳酸饮料、腐竹、小麦粉、酱油、儿童膨化食品 5 大类 383 个批次食品进行抽验，合格率 84.6%；由内蒙古自治区农产品质量安全综合检测中心对自治区蔬菜基地生产的 3 大类 18 个品种 505 份样品进行抽检，合格率 97.62%；9 月开始在城市、城镇、农村食品市场进行采样，对水产品、粮油、肉、蛋、奶、乳饮料 6 大类 12 个品种 354 批次样品进行安全性评价检验，检验综合合格率 89.4%，较上年有大幅度提高，为政府制定食品安全控制措施和政策法规、预防食品安全风险提供了科学依据。

是年，内蒙古自治区食品药品监督管理局及相关监督管理部门开展对水产品、粮油制品、肉及肉制品、蛋及蛋制品、奶及奶制品等食品放心工程重点品种和国际社会广泛关注的食品安全风险进行评估，收集基础数据，为有关部门进行科学严密的统计分析提供第一手资料，以便了解内蒙古自治区食品安全的总体状况。

2008 年，根据国家食品药品监督管理局《关于印发 2008 年食品安全调查与评价工作方案》的通知精神，乌兰察布市被确定为食品安全消费地市级城市，乌兰察布市食品药品监督管理局制定《乌兰察布市创建食品安全消费城市工作实施方案》和《乌兰察布市营养膳食调研报告》呈报国家食品药品监督管理局。

2009 年，全区加大投入增加评价品种，扩大评价面，并鼓励盟市开展食品安全评价。选择消费量大、风险性高的食品及原料、辅料和调味品进行抽检，重点对微生物污染、有毒化学物质残留开展检测评价，对食品中的农药、兽药残留、有毒有害元素等进行调查和评价、风险评估与分析，定期公布检验检测结果，规范食品安全检验检测综合评价。

2010 年，对全区餐饮服务企业砖茶使用情况进行评价性检测。按照国家标准 GB19965—2005 砖茶氟含量不得超过300毫克/千克标准，对206个批次砖茶检测，有190个批次超标，不合格率为92.2%。190个不合格批次中氟含量超过标准3倍的有8个批次。

2012年7月，国务院食品安全办公室等部门组成调研组，赴内蒙古开展食品安全风险监测评估体系建设调研。自治区主席巴特尔及自治区食安办等有关部门向调研组汇报了内蒙古食品安全风险评估工作。

2017年7月，自治区食品药品监督管理局印发《2017年内蒙古自治区食品安全评价性抽检实施方案》。并组织盟市之间开展随机交叉抽验，选择肉制品、食用农产品、淀粉制品、饮料等12类8个品种进行安全性评价抽验。

第四节 食品信用体系建设

2004年4月7日，国家食品药品监督管理局等8部门联合下发《关于加快食品安全信用体系建设的若干指导意见》，开展为期两年的食品安全信用体系建设试点工作，探索建立食品安全信用体系，建立健全食品生产经营企业的信用档案；把制售假冒伪劣和有毒有害食品列入黑名单，并及时向社会公开。

2005年，内蒙古自治区制定下发《关于积极推进食品安全信用体系建设的通知》，将呼和浩特市、包头市作为内蒙古自治区食品安全信用体系建设试点城市。在粮食、肉类、乳品等试点行业积极推行《粮食行业小麦粉加工企业生产经营档案示范文本》《肉类食品行业猪肉生产经营企业档案示范文本》《婴幼儿配方乳粉企业生产经营档案示范文本》。其他盟市以推行三个行业的生产经营档案示范文本为切入点，启动本地区食品安全信用体系建设试点工作，逐步建立起食品安全信用标准制度、信息征集制度、信用评价制度、信用披露制度和信用奖惩制度，促进食品生产和销售经营者诚信守法规范经营。

2006年，内蒙古自治区质量技术监督局按照食品质量安全风险程度、产品质量、质量控制能力、质量诚信情况，将食品生产企业划分为A（守信）、B（基本守信）、C（失信）、D（严重失信）4个等级，实施分类监管。

2007年，内蒙古自治区开展“诚信兴商宣传月”活动，实现市场监管信息互通共享，实行信用分类监管，综合治理失信行为，建立失信惩戒机制，推动地方信用体系建设。

2009年，内蒙古自治区质量技术监督局印发《内蒙古自治区企业质量信用等级评定实施方案（试行）》，将企业质量信用等级分为A、B、C、D四个等级，A级又细分为AAA、AA、A三个等级。质量信用等级评定包括：产品质量状况、质量管理和质量体系建设情况、标准化管理和企业标准体系建设等。

2011年，内蒙古自治区经济和信息化委员会、发展和改革委员会、财政厅、监察厅、农牧业厅、商务厅、卫生厅、工商行政管理局、质量技术监督局、内蒙古出入境检验检疫局、食品药品监督管理局、中国人民银行呼和浩特中心支行等部门联合发布《关于印发内蒙古自治区食品工业企业诚信体系建设工作实施方案和内蒙古自治区食品工业企业诚信体系建设工作部门联席会议制度的通知》，通知要求到2013年底，在全区初步建立起比较完善的食品工业企业诚信管理体系、诚信信息征集和披露体系、诚信评价体系，政府部门协同推动、行业协会组织实施、食品企业积极参与、诚信责任有效落实的运行机制，基本形成企业诚信责任可落实、诚信行为可监督、诚信效果可评价、诚信奖惩有制度，覆盖全区主要食品行业的食品工业企业诚信体系。并在2011年12月底前，在婴幼儿配方乳粉、乳粉、液体乳和部分肉类加工企业开展建设试点工作。

是年，在全区食品生产获证企业中推行质量诚信体系建设，引导企业诚信守法，履行社会责任。要求各盟市实行质量诚信体系建设的食品企业不低于食品企业总数的30%，各旗县区质量技术监督局与辖区内的食品生产企业签订履行食品质量安全诚信责任书。倡导在食品生产加工行业中成立行业协会，提高行业自律能力。

2012 年，按照《中华人民共和国食品安全法》要求，全区建立食品经营者食品安全信用档案，记录许可颁发、日常监督检查结果、违法行为查处情况。根据食品安全信用档案的记录，对有不良信用记录的食品经营者增加监督检查频次，探索流通环节食品安全信用分类监管工作模式，以流通环节食品安全信用档案建设为依托，通过信用信息征集、信用评定、奖惩机制等方式，初步建立流通环节食品安全信用分类监督管理制度。加强对流通环节食品经营者的信用评价，将食品经营户分为诚信食品经营户、一般守信食品经营户、警示食品经营户、严重失信食品经营户 4 个信用级别。

是年，鄂尔多斯市被国家质量监督检验检疫总局确定为全国首家创建国家食品质量安全示范城市试点。全市共创建食品安全示范店 6580 户，推动了流通环节食品经营诚信体系建设。在大中型商场、超市、集贸市场全面建立食品经营诚信管理体系，经销婴幼儿乳粉专柜率先建立诚信管理制度，建立食品安全信用档案，及时向社会公布流通环节食品经营者的信用情况，为诚信者创造良好发展环境，对失信行为加大惩戒力度。

2013 年，内蒙古自治区工商行政管理局以食品经营者行业协会建设为抓手，提高食品经营行业诚信度，在食品经营行业形成人人讲诚信的意识，构建诚信经营市场环境。全区成立各类食品行业协会及分会 26 个。同年，全区开展企业质量信用档案数据库建设试点工作，对纳入行政许可管理和强制性认证目录产品的生产企业建立企业信用档案。共有 76 家企业被评为质量信用 A 级企业，3 家企业被评为工业产品分类监管 AA 类企业。

2014 年，内蒙古自治区食品药品监督管理局继续推行食品经营者信用分类监督管理。要求各盟市食品药品监督管理局健全评价体系，建立健全食品经营主体档案，综合记录食品经营主体行为规范和食品质量状况，并根据日常监管记录对食品经营户实施 A、B、C、D 四级信用等级评定，按照信用等级实施分类监管。即对自律性强、诚信经营、无违法违规行为的 A 类守信食品经营户，按月（季）巡查，实施“远距离”监管；对违法违规行为情节轻微的 B 类警示食品经营户，通过行政告诫、限期整改等行政措施和增加市场巡查频次等监管措施，实施“近距离”监管，防止严重违法违规行为的发生；对发生各类违法违规行为构成行政处罚的 C 类失信经营户，通过采取行政处罚、重点巡查、日常监控等措施，实施“零距离”监管，防止严重违法违规行为的再次发生；对发生严重违法违规行为强制退出市场的 D 类严重失信经营户，采取有效行政强制措施，取消其从事食品经营资格，实施强制退出。

2015 年，以打造“食品安全内蒙古”为总体目标，在全区实施食品经营主体分级分类管理模式，配合实施食品经营者“红黑名单”公示活动，加大对违法违规行为的查处和规范工作力度，推进食品经营主体信用分类和监管分级的行业诚信体系建设。全年完成 40% 主体的分级分类工作，全区共创建食品安全示范店 905 户，有效推进了“食品安全内蒙古”建设。

2016 年，内蒙古自治区食品药品监督管理局在全区实施食品经营主体分级分类管理模式，建立并完善食品经营主体分级分类动态管理体系，研究制定食品经营分级分类监管指导意见，对不良信用企业予以惩戒并增加监管频次，对信用良好企业予以扶持。

第五节 食品安全应急预案

2004年，内蒙古自治区人民政府印发《高致病性禽流感应急预案》，并成立了由自治区人民政府分管副主席任总指挥的内蒙古自治区防治高致病性禽流感指挥部。指挥部成员由内蒙古自治区人民政府办公厅、农牧业厅、卫生厅、财政厅、发展和改革委员会、公安厅、交通厅、商务厅、工商行政管理局、质量技术监督局、食品药品监督管理局、出入境检验检疫局、监察厅、纠风办、民政厅、林业厅、科技厅、保密局、政府法制办、环境保护局、旅游局、政府调研室、内蒙古军区、武警内蒙古总队和海关、铁路、民航等有关单位负责人组成，下设办公室，实行联合办公。指挥部办公室设在内蒙古自治区农牧业厅，负责处理全区防治高致病性禽流感工作的日常事务，县级以上地方人民政府亦设立防治高致病性禽流感指挥部，负责指挥和实施本行政区域内防治高致病性禽流感工作，指挥部办公室设在畜牧兽医行政管理部门。

2005年12月21日，内蒙古自治区食品药品监督管理局制定《内蒙古自治区食品安全重大事故应急预案》。预案对食品安全事故作了具体规定，按照食品安全事故的性质、危害程度和涉及范围，将食品安全事故分为四级：特别重大食品安全事故（Ⅰ级），指事故危害特别严重，涉及其他省、自治区、直辖市，并造成严重威胁和有进一步扩散趋势的；超出内蒙古自治区人民政府处置能力水平的；发生跨国食品安全事故，造成特别严重社会影响的；国务院认为需要由国务院或国务院授权有关部门负责处置的。重大食品安全事故（Ⅱ级），指事故危害严重，影响范围涉及自治区内2个以上盟市行政区域的；造成伤害人数100人以上，并出现死亡病例的；造成10例以上死亡病例的；国家食品药品监督管理局和内蒙古自治区人民政府交办的；内蒙古自治区人民政府认定的重大食品安全事故。较大食品安全事故（Ⅲ级），指事故影响范围涉及盟市辖区内2个以上旗县行政区域，给公众饮食安全带来严重危害的；造成伤害人数100人以上，或者出现死亡病例的；盟行政公署、市人民政府认定的较大食品安全事故。一般食品安全事故（Ⅳ级），指事故影响范围涉及旗县（市、区）辖区内2个以上苏木乡镇，给消费者饮食安全带来严重危害的；造成伤害当事人无死亡病例的；旗县市区人民政府认定的一般食品安全事故。

2006年，内蒙古自治区食品药品监督管理局编制《全区重大食品安全事故应急预案操作手册》。建立重大食品安全事故应急指挥系统和事故调查机制，完善事故报告和信息发布制度，建立重大食品安全事故预警体系和专家支撑体系。实行重大食品事故月报告制度。

同年，食品安全调查与评价工作中发现标识内蒙古产地的“东方牌”假奶粉后，内蒙古自治区食品药品监督管理局立即启动食品安全事故应急处理机制，及时通报各地开展核查，并组织专案组查源追踪。在自治区食品药品监管、公安、工商、卫生等部门的密切配合下，捣毁跨山东、河北、内蒙古三省区的制售假奶粉黑窝点，抓获3名犯罪嫌疑人移交公安机关处理。

2007年，内蒙古自治区质量技术监督局印发《内蒙古自治区质量技术监督部门食品安全突发事件应急预案》，对食品生产加工环节质量安全风险预警和食品安全突发事件应急处置做了具体规定和要求。同年，设立内蒙古自治区质量技术监督局食品安全监管工作领导小组，负责全区生产加工环节食品质量安全预警和突发事件应急处置工作。其主要职责：及时掌握全区食品质量安全预警和食品安全突发事件信息，经分析评估，根据事态的严重程度，向内蒙古自治区人民政府、内蒙古自治区食品安全委员会、国家质量监督检验检疫总局报告和通报相关盟市人民政府（行署）有关部门；研究应对重大食品质量安全突发事件的重要措施，决定启动和终止全区质量技术监督部门食品安全突发事件应急预案，组织指挥、协调处置重大食品质量安全突发事件。食品安全预警工作由各级质量技术监督局和所属食品检验机构指定专门人员具体负责。凡是1个镇超过15家，1个县超过30家生产加工同一种食品的企业和小作坊，为区域性集中生产，列为预警重点监测区域。在该区域中，质量技术监督部门，盟市、旗县食品检验机构在实施监督检验时发现同一类食品卫生指标及食品添加剂严重超标，且合格率低于30%的，应形成检验结果预警报告，及时报盟市质量技术监督局。合格率低于10%的，或发现食品生产禁用的苏丹红、甲醇等有毒有害物质，盟市质量技术监督局必须及时报告自治区质量技术监督局和当地人民政府（行署）。自治区级食品检验机构在实施监督检查时，检验发现同一类食品合格率低于30%的，或同一地区同一类食品合格率低于10%的，要及时形成检验结果预警报告报内蒙古自治区质量技术监督局。内蒙古自治区质量技术监督局收到执法检查结果和检验结果预警报告后，组织有关专家和技术人员对造成不合格的原因进行科学分析，提出评估意见，有针对性的组织对全区同类食品生产企业实施专项执法检查和监督抽查，消除食品安全隐患。对存在区域性、行业性和倾向性的食品安全问题形成预警报告，报内蒙古自治区人民政府、内蒙古自治区食品安全委员会和国家质量监督检验检疫总局。

截至2007年底，12个盟市、84个旗县区也制定了相应的应急预案，初步形成全区食品安全突发事件应急处置体系框架。

2008年，内蒙古自治区食品药品监督管理局转发国家食品药品监督管理局《关于进一步做好食品安全事故应急工作的通知》，开展自查和对基层的食品安全事故应急处理的检查工作，及时发现问题、堵塞漏洞，落实食品安全责任制，落实食品安全事故信息报告制度，做到重大事故不瞒报、不漏报。

是年，“三鹿牌”奶粉重大食品安全事故发生后，全区食品药品监督管理部门、质量技术监督部门、工商行政管理部门、农牧业等部门立即启动食品安全事故应急预案，进入紧急应急状态。成立全区加强乳制品监管工作领导小组，落实内蒙古自治区主席办公会议精神，采取一系列应急措施，应对食品安全事故突发事件。

2010年，内蒙古自治区质量技术监督局印发《内蒙古自治区供应世博会生产加工食品质量安全突发事件应急处置方案》，成立了供应世博会食品安全突发事件应急反应领导小组，应急程序为风险信息收集→先期处置→应急处置→阶段报告→提出协查通报建议→对外信息处置→后期处置。

2011年，内蒙古自治区卫生厅、内蒙古自治区食品药品监督管理局转发卫生部办公厅和国家食品药品监督管理局办公室《关于加强食物中毒预防控制和应急处置工作的通知》，要求各地遵照执行，并切实做好餐饮服务环节食品安全监管和应急处置工作，预防和控制食物中毒事故的发生。

2012年，内蒙古自治区工商行政管理局印发《内蒙古自治区工商行政管理系统流通环节食品安全事故应急预案》。

2013年，内蒙古自治区人民政府办公厅印发《内蒙古自治区食品安全事故应急预案》，明确食品安全事故指食物中毒、食源性疾病、食品污染等源于食品，对人体健康有危害，或者可能有危害的事故。食品安全事故共分四级，事故等级的评估核定由内蒙古自治区食品安全委员会办公室会同有关部门依照有关规定进行，此预案适用于指导全区食品安全事故应对工作。

是年，国家食品药品监督管理总局发布《食品药品安全事件防范应对规程（试行）》。内蒙古自治区食品药品监督管理局在满洲里市举行了全区食品安全事故（Ⅲ级）应急演练。全区妥善处理了8起疑似食品药品安全突发事件。

2016年11月8日，由国家食品药品监督管理局、内蒙古自治区人民政府联合主办，内蒙古自治区食品药品监督管理局、鄂尔多斯市人民政府承办的2016年国家食品安全示范性演练暨内蒙古自治区重大食品安全突发事件应急演练在鄂尔多斯市举行。演练包括食物中毒事件发生后信息报告、舆情监测与预警、响应启动与升级、响应终止、事件调查及善后处理等应急处置全过程，涉及食品生产、流通、餐饮各环节，贯穿乡镇、旗县、盟市、自治区四级政府监管部门，以及基层食品安全信息员在食品安全突发事件应对工作中的规范程序及协同配合。此次应急演练得到了国家食品药品监督管理总局的高度评价。

是年，内蒙古自治区食品药品监督管理局应急管理和指挥中心建立。年内妥善处置食品安全事件3起、处置不良反应事件1起。

第四章　食品安全监督管理

中华人民共和国成立后相当长一段时间，食品卫生安全监管主要是食品卫生监督管理。1982 年颁布的《中华人民共和国食品卫生法（试行）》和 1995 年颁布的《中华人民共和国食品卫生法》，食品监管侧重食品卫生监管。2004 年 9 月国务院发布《关于进一步加强食品安全工作的决定》（国发〔2004〕23 号），把食品安全提高到关系广大人民群众的身体健康和生命安全的战略高度。决定的发布，标志着食品监管重点从食品卫生监管转向食品安全监管。2009 年《中华人民共和国食品安全法》的颁布，把食品安全监管上升到法律层面。

第一节　食品卫生监督管理

内蒙古自治区成立初期，针对传染病、流行病多发的状况，食品卫生的重点是卫生防疫。内蒙古自治政府在乌兰浩特成立了由党政军负责人组成的防疫委员会，由部队和学校抽调人员，又从社会上招收部分卫生工作者组成防疫队，以重点预防鼠疫等传染病进行食品卫生宣传和监管。

20 世纪 50 年代初，全区相继建立卫生防疫部门，政府主管部门和全社会开始注重食品卫生工作，防疫工作逐步纳入食品卫生工作管理之中。结合开展爱国卫生运动，进行广泛的食品卫生宣传教育，全区逐步建立了食品卫生监督监测制度，加强对食品卫生的管理。

从 20 世纪 50 年代开始，食品卫生管理工作根据不同阶段食品行业存在的不同问题及对食品卫生的不同要求，基本分为三个阶段。第一阶段，以食品卫生制度的建立、食品经营场所环境卫生、食品从业人员个人卫生为重点。第二阶段，以贯彻食品卫生“五四制”（1960 年 2 月，国家卫生部和商业部联合下发的《关于食品加工、销售、饮食卫生“五四制”》）为重点，要求在食品生产经营过程中做到 20 项基本卫生要求。一是由原料到成品实行“四不制度”：采购员不买腐烂变质的原料；保管员、验收员不收腐烂变质的原料；加工人员（厨师）不用腐烂变质的原料；营业员（服务员）不卖腐烂变质的原料。二是成品（食物）存放实行“四隔离”：生食品与熟食品隔离；成品与半成品隔离；食物与杂物、药物隔离；食物与天然冰隔离。三是用（食）具实行“四过关”：一洗、二刷、三冲、四消毒。四是环境卫生采取“四定”办法：定人、定物、定时间、定质量。五是个人卫生做到“四勤”：勤洗手剪指甲、勤洗澡理发、勤洗衣服被褥、勤换工作服。还要做到“三防一消”（防鼠、防蝇、防尘和对环境卫生每日至少消毒一次）。第三阶段，以防止食品污染、提高食品卫生质量为重点，大致从

20世纪70年代后期以建立各种食品标准为标志逐步展开。

1949年10月至1952年底，国家进入国民经济恢复时期。在这一时期，遵照国家“发展经济，保障供给”的方针，内蒙古自治区商业部门、工商行政管理等部门的工作主要是，宣传共产党和人民政府对私营工商业的政策，贯彻有关工商法规，组织开展食品集市贸易，沟通城乡物资、食品交流，恢复生产，发展经济，保障供给。

同时，根据国家颁布的有关法律、法规，以及内蒙古自治区人民政府发布的《内蒙古自治区交易市场管理办法》《内蒙古自治区粮食管理办法》和自治区人民政府贸易部发布的《内蒙古自治区旗、县、市交易市场暂行规则》等，加强食品市场管理，稳定市场物价，打击经济领域的投机倒把活动。

1955年，食品行业卫生管理以饮食行业为重点，首先着重于管理出售量大、接触面广的食品公司、饭馆、饮食摊贩、食品制造加工屠宰业、瓜菜摊贩等，对其制造、保管及运送销售等过程进行经常性检查，并逐步实行监督，严禁出售腐烂变质的食品，督促其改善防鼠、防尘、防蝇、冷藏设备；督促屠宰场改进操作过程，加强检验工作，增添必要的卫生设备；冷食加工业在开业前检查其环境卫生及用具，化验成品，合格者方准开业；要求水果摊贩规范食品的存放；豆腐坊、粉坊解决污水排放等问题。

是年，大兴安岭林区因为出现大批职工下肢溃疡症状，引起自治区、呼伦贝尔盟及海拉尔市防疫站的高度重视，以呼伦贝尔盟及海拉尔市防疫站防疫人员为主，内蒙古自治区防疫站人员给予必要的技术指导，在林区开展了水质的物理、化学成分调查及食品中毒来源的分析和研究，进一步查清食品中毒及流水作业工人发生下肢溃疡的原因。

1956年，社会主义所有制改造完成后，食品企业基本是公私合营、政企合一的单一公有制经济及管理体制，食品生产和销售环节单一，食品原料和产品统购统销，食品企业没有较大的商业利益驱动，偷工减料、违规造假现象基本没有。政府主管部门主要采取思想教育、群众运动、质量竞赛和行政处分等监管方式对食品进行监管。食品卫生监管职能由主管部门和卫生防疫部门为主，没有专门设立食品卫生监督机构。

这一时期，经常性卫生监督工作的重心是在工矿企业。主要是学习当时苏联经验，以保障职工身体健康，提高劳动出勤率。

内蒙古自治区卫生防疫部门研究制定了生产操作过程中的卫生制度和办法。以车间为单位逐步建立群众卫生监督员，普遍改善厂内厨房、食堂的卫生设备等，如采购、冷藏、操作方法、清洁状况防范等，提高炊事人员的个人卫生水平，以减少和避免肠胃传染病、食物中毒发生。在食品加工业方面，以提高产品质量为重点，监督其改善作业环境卫生及个人卫生。

1957年，内蒙古自治区卫生防疫部门对各种食品制造、储存、搬运、出售过程进行卫生监督。在乳制品生产中，要求厂家切实贯彻《全国乳品厂试行卫生规程》和《乳制品操作要点》，以使产品质量达到《乳制品试行技术标准》的规定，督促畜牧、兽医工作部门对乳牛进行检查，凡病牛产乳均监督其消毒后才准出售。在肉类食品卫生方面，重点加强屠宰场及肉食加工厂的卫生管理，监督屠宰场做好废弃物的处理及环境和个人卫生，要求在屠宰场设置必要的卫生设备，做到消灭蛆和苍蝇，加强屠宰前后的检疫工作，要求肉食商店必须有防蝇设备，并做好运输保管过程中的卫生工作。

1961年，按照社会主义总路线和中央提出的“调整、巩固、充实、提高”八字方针的要求，以保障食品供给为重点，加强市场管理，内蒙古自治区工商行政管理部门先后发布《内蒙古自治区市场管理暂行办法》《内蒙古自治区工商企业登记管理试行办法》等地方性规章，加强对城乡粮食、肉类、禽蛋、蔬菜等农副产品交易市场管理，包括食品物资等采购和推销的管理及食品质量的管理。

20 世纪 60 年代，为防止食品在生产、运输、销售过程中发生污染，在食品生产经营单位推行了隔山灶、排烟罩、餐具消毒、工具售货、货款分开等措施。节假日前，自治区各级卫生防疫部门出动卫生监督员对直管单位、大型农贸市场进行节日食品卫生检查。同时召开直管大中专院校食品卫生工作会议，就食物中毒高发期各学校食品卫生安全及从业人员食品卫生知识培训工作进行部署。

20 世纪 70 年代，内蒙古自治区在食品生产经营单位的治本工程建设中，着重加强对食品生产经营单位的厂址和店铺地址的选择、冷储设备、地面硬化、容器加盖、指定专门厂家生产包装直接入口食品用纸等管理和监督。

1974 年，内蒙古自治区革命委员会下发关于加强工商行政管理工作的文件，明确把工作重点放在加强市场和主要农牧产品的管理方面。批转了锡林郭勒盟革命委员会《关于加强肉食市场管理的报告》全区城乡市场初步扭转了自“文化大革命”初期放任自流的局面。

1978 年 5 月，国务院召开全国食品卫生工作会议，为贯彻会议精神，6 月召开自治区党委常委会议，专门听取食品卫生工作的汇报，并对贯彻全国会议精神提出了意见和部署。

1979 年 8 月 28 日，国务院颁布《中华人民共和国食品卫生管理条例》。条例对食品卫生管理范围、食品卫生标准、食品检验、食品卫生监督管理作出明确规定。并要求各省、自治区、直辖市人民政府根据该条例的规定，结合各地的具体情况，制定实施细则和管理办法。

这一时期，食品行业逐步建立各种食品标准，食品生产和销售向规范化发展。

1981 年 6 月，内蒙古自治区标准局、自治区卫生厅、自治区商业厅组成食品卫生检查小组，对呼和浩特地区量大面广的糕点、冷饮、生熟肉制品和调味品等 40 种与人民生活关系重大的产品进行监督检查，并向自治区人民政府上报保证国家食品卫生标准贯彻执行、确保人民群众生命安全和身体健康的专题报告。自治区人民政府批转了此报告，要求生产企业严格按标准组织生产，标准化部门加强对标准实施监督。

从 20 世纪 80 年代开始，随着经济体制改革与对外开放，食品生产、流通模式和经营主体都发生了重大变化。与食品相关的产业得到长足发展，食品产业的从业人员骤增，食品领域不再由国营企业垄断，出现了多种所有制经济并存的局面。在食品行业迅速发展的同时，由于食品生产和经营单位承包经营，经济效益独立核算，食品质量开始出现问题。食品卫生和食品中毒事件呈上升趋势，新出现的集体和私营食品企业及个体商贩监管亟待加强，食品安全的立法工作逐步提上日程。

1982 年 11 月 19 日，《中华人民共和国食品卫生法（试行）》正式实施，食品卫生监督管理开始步入法制轨道。按照《中华人民共和国食品卫生法（试行）》要求，内蒙古自治区卫生厅、自治区商业厅、自治区工商行政管理部门等在全区开展了食品卫生大检查。全区因食品卫生状况未达到规定标准要求，或在食品生产经营销售过程中有违法违规行为，被警告和限期改进处理的食品国营和集体单位 12700 家、个体经营者有 4000 户，被责令停业整顿的国营和集体食品单位有 5300 家、食品个体经营者有 1500 户，被通报批评的国营和集体食品单位有 21 家、食品个体经营者有 2 户，被责令书面检查的食品集体单位有 17 家，被吊销卫生许可证的国营和集体食品单位有 193 家、食品个体经营者有 155 户，有 1 个食品集体单位、2 户食品个体经营者受到了刑事处罚。同时，对 6000 个食品国营和集体单位进行了罚款处理，罚款金额合计 28.5 万元；接受罚款处理的食品个体经营户有 2700 个，罚款金额合计 3.4 万元。此外，在监督监测中，发出 180 次责令追回通知，追回有害食品共计 4350 公斤。在 2800 次没收和销毁危险食品的行动中，没收和销毁了 25 万公斤危险食品。

是年，按照内蒙古自治区人民政府办公厅《关于区外 23 种酒立即停售和开展饮料酒质量大检查的通知》精神，自治区及各盟市标准化管理部门会同工商行政管理、卫生防疫和商业部门，对市场上销售的区外生产的酒和饮料进行质量大检查，呼和浩特市、昭乌达盟、哲理木盟、呼伦贝尔盟和乌兰察布盟抽样检验1167个品种，其中有852个品种符合国家标准，抽查合格率为73.0%。对不合格的315个品种立即封存，并与生产厂联系退货。内蒙古自治区质量检验所为此专门印发通告，在呼和浩特市等地广为张贴。

1984年4月7日，为配合全区贯彻落实《中华人民共和国食品卫生法（试行）》，自治区卫生厅制定《内蒙古自治区食品从业人员健康体检暂行管理办法》《内蒙古自治区食品商贩和城乡集市贸易食品卫生暂行管理办法》和《内蒙古自治区饮食行业卫生管理暂行办法》等规范性文件。

1990年1月15日，内蒙古自治区人民政府成立了自治区查处伪劣商品、取缔虚假广告领导小组，由内蒙古自治区人民政府分管副主席任组长，标准计量局会同工商、卫生、防疫、物价、商业、供销、商检及公安等有关部门，组成“查劣扫假”领导小组，在全区范围内进行广泛查处伪劣商品活动。共检查了58个企业生产的6大类108种食品，有41个企业生产的68种食品违反《食品标签通用标准》的规定，不标明生产日期和保质日期，无生产批号、厂名厂址、配料表、净含量，有的食品包装无任何标志。

1992年6月19日，内蒙古自治区第七届人大常委会第二十六次会议审议通过《内蒙古自治区城乡集市贸易食品卫生管理条例》。条例强调了城乡集市贸易食品卫生管理。

1993年4月10日，内蒙古自治区人民政府发布《内蒙古自治区违反城乡集市贸易食品卫生管理条例罚款办法》（主席令第52号），对城乡集市贸易中违反食品卫生管理条例的各种情况制定了处罚标准。

1995年，《中华人民共和国食品卫生法》颁布后，全区各地针对季节性、时令性和人民群众普遍关心的食品卫生问题，组织开展了一系列食品监督执法活动。

1996年5月3日，包头等地发生5.3级地震，内蒙古自治区和包头市卫生行政部门在政府的统一组织部署下，紧急开展灾后食品卫生应急监督，完成了灾后食品卫生防疫任务。

同年5月16日晚，内蒙古自治区卫生、公安、工商行政管理等部门联合行动，在呼和浩特市捣毁了6个违法加工肉类食品的黑窝点。

同年7月，内蒙古自治区人民政府对1992年版《内蒙古自治区城乡集市贸易食品卫生管理条例》进行修订，提交内蒙古自治区人大常委会审议通过。内蒙古自治区卫生厅修订发布了《内蒙古自治区食品卫生许可证发放管理办法》《内蒙古自治区采购食品索证管理办法》。

是年，全区首次开展食品、公共场所“食品卫生信得过单位”评选活动，内蒙古伊利集团、草原兴发股份有限公司等31家食品生产经营单位获得“食品卫生信得过单位”的称号，并通过《内蒙古日报》向社会公布。

是年，自治区卫生部门对全区470869户食品生产经营单位进行了监督检查，对违法的1500户食品生产经营者进行了罚款，共计罚款505396元；没收或销毁不合格食品97575公斤。从事食品生产经营的230400人进行了体检，对查出患有各种妨碍食品卫生疾病的1276人员，及时调离食品生产经营岗位。

1997年，自治区党委、政府把食品卫生监督执法工作作为盟市委、政府行署和卫生行政部门工作实绩考核的主要指标之一，从1997年开始，连续5年对食品卫生监督覆盖率进行考核。通过考核，强化了政府部门依法监督管理的责任和意识，促进了食品卫生监督覆盖面的拓宽和工作质量的提高。自治区人民政府将食品卫生工作列入政府的重要工作议事日程，多次专题研究食品卫生工作，有针对性地进行工作部署。自治区人大听取自治区人民政府和卫生行政部门贯彻实施食品卫生法的汇报，对全区食品卫生法的贯彻实施情况进行了全面检查。自治区四大班子的主要领导参与食品卫生法宣传和元旦、春节等节日食品卫生检查活动，对食品卫生突发事件多次作出批示。从1996年开始连续两年，全区各地分别组织开展元旦、春节期间食品卫生监督检查，中秋节前夕月饼卫生质量抽检，以及在夏秋季食源性疾患高发时期开展夏秋季食品卫生抽检活动，并在每年的1月和8月，由内蒙古自治区卫生厅通过《内蒙古日报》向社会及时发布元旦、春节、中秋节和夏秋季食品卫生抽检结果，公布合格食品，曝光伪劣食品。

1998年9月28日，内蒙古自治区人大常务委员会审议通过《内蒙古自治区爱国卫生条例》。

2001年10月，内蒙古自治区卫生厅卫生监督所成立。到2002年底，该所共出动监督员550人次，对直管的36家食品经营单位（其中餐饮业17家、食品经营单位5家、学校学生食堂14家），13户食品生产企业进行日常卫生监督检查300多户次，年平均每户监督检查6次以上。对内蒙古饭店、内蒙古建筑职业技术学院新校区食堂的新、改、扩建项目进行了审核及现场验收。对28家申办食品生产、经营的企业进行了预防性卫生监督；为25家申办食品生产、经营企业发放了“卫生合格证”；三家申请纯净水的单位生产的样品不符合卫生标准，未予发证；为直管食品行业、餐饮服务行业从业人员进行预防性健康体检3186人，查出的13名乙肝表面抗原携带者全部调离接触直接入口食品岗位；对六家餐饮单位进行了7次行政处罚，处罚款3.3万元。吊销一家纯净水生产企业的“卫生许可证”。

2001年，全区食品卫生监管坚持打假与扶优相结合，树立先进典型，宣传守法企业，各级卫生行政部门组织开展“向消费者公示卫生安全食品活动”，内蒙古伊利股份有限公司、内蒙古蒙牛乳业股份有限公司、包头金鹿油脂有限公司、内蒙古恒丰食品工业股份有限公司4家企业的产品被卫生部公示为“卫生安全食品”，另有13家企业生产的16种产品被自治区确定为“向消费者推荐的卫生安全食品”。各级卫生行政部门把打击违反食品卫生法活动与教育人民群众、增进消费者的自我保护意识结合起来，及时向社会反馈食品卫生抽检结果，公布卫生合格食品，曝光伪劣食品，取得了较好的社会效果。

1996—2001年，每年“3·15”消费日分别开展了以“食品卫生质量与健康”“餐具与健康”“防止学生食物中毒”“预防食物中毒”“食品安全与经济发展”“食品安全需要消费者参与”等为主题的宣传周活动。全区各地利用电视广播报刊等媒体进行宣传的同时，还采取召开新闻发布会、企业代表座谈会，食品抽检结果公示，伪劣食品展示，向消费者推荐卫生安全食品，食品卫生信得过单位评选，知识竞赛，发放宣传材料，制作墙报、板报等多种形式，向社会宣传，增强了人民群众的卫生意识和法治观念。

2002年，全区共有食品卫生监督机构157个，食品卫生监督员1292名，食品生产经营单位近12万户，从业人员29万多人。1996—2002年，全区监督频次年均达到4.57次/户，食品卫生监督覆盖率连续五年保持在95%以上，食品卫生监测合格率由1984年的65.7%上升到2001年的92.55%。全区对违法食品生产经营单位实施行政处罚77698次。其中，警告18295户，责令停止生产经营3635户，吊销卫生许可证126户，取缔非法经营3386户，罚款金额274.96万元，销毁伪劣食品409.7吨。

2003年6月，内蒙古自治区卫生厅制定了《内蒙古自治区采购食品索证管理办法》。全年自治区卫生厅卫生监督所出动监督员1490人次，对直管的38家食品经营单位进行日常卫生监督544多户次，监督监测覆盖率为100%，年平均每户监督检查14次以上。同年，包头市、呼和浩特市分别出台了《包头市熟肉制品管理办法》《呼和浩特市食品卫生管理办法》等地方食品卫生管理办法。

从20世纪90年代开始，内蒙古自治区食品产业迅速发展，截至2004年底，全区形成了具有地方特色的乳业、肉类加工业、粮油加工业、特色资源加工业、马铃薯加工业、果蔬加工业六大优势产业。

全区共有食品生产加工企业67263家、食品批发市场920处、批发门店6012家、批发摊点3364个、超市2145家、零售门店50954家、酒店（宾馆）2594家、餐馆23744家、食堂2966个（其中学校食堂1589个）、小吃摊点4189个。

遍布城乡的食品产业和餐饮业，极大地满足了人们生活需求，但也带来了一系列问题，给食品安全监督管理提出了严峻挑战。制售假冒伪劣食品等违法犯罪行为屡禁不止，农畜产品生产过程中滥用和使用不规范农业投入品现象严重，食品生产、加工、包装、仓储、运输过程中存在不符合食品安全要求的行为，食源性疾病时有发生。

第二节 食品质量监督管理

进入21世纪后，随着食品安全问题频发，食品领域的监管重点由食品卫生监管转向食品质量安全监管。

2000年，内蒙古自治区质量技术监督局在全区开展“打击假冒，保护名优产品”活动。查处巴彦淖尔盟巴音花生产假冒矿泉水案件，取缔9家生产销售假冒娃哈哈、八达岭、崂山等知名矿泉水的个体私营企业，没收矿泉水7200多件及标识与包装物6000余张；呼和浩特市质量技术监督局查处1起生产劣质豆制品并假冒名优产品的非法窝点，现场没收产品1200袋及包装物15000个。

2001年，开展酱油打假专项活动。全区共检查366家生产、经销企业，抽样检验108批次，合格74批次，抽样合格率为68.5%；端掉无照酱油生产窝点27个，检查中未发现使用非食品原料生产酱油现象。不合格的主要项目是氨基酸态氮、全氮、细菌总数、可溶性无盐固形物等四项。

2002年，自治区质量技术监督局组织完成对全区474家肉制品、乳制品、饮料、茶叶、调味品新5类食品生产企业的专项调查，建立质量档案数据库。从源头加强食品质量监督检查，把质量监督检查的重点转移到生产、加工、运输、仓储环节和与安全、卫生、健康相关领域上。

2004年，内蒙古自治区质量技术监督局对盟市、旗县政府所在地的夏令食品生产企业进行专项抽查，共抽查夏令食品生产企业110家170个批次，合格109个批次，抽样合格率为64.1%；大中型和小型企业的产品抽样合格率分别为90.5%，60.4%。其中：抽查冷冻饮品生产企业43家76个批次，抽样合格率为63.2%；抽查碳酸饮料（含乳饮料）生产企业67家94个批次，抽样合格率为64.9%。

2005年，共检查食品生产、经营企业23.5万家次，查处食品违法案件1.5万起，涉及总货值金额1612.51万元；取缔无证照食品企业8919家，吊销食品生产、经营和餐饮企业证照237个，取缔私屠乱宰185家，累计罚款646.78万元。

2007年，全区各级食品监管部门共监督检查食品企业495585家次，查处违法行为22450起，取缔无“卫生许可证”的食品生产、经营、餐饮企业1750家，吊销“卫生许可证”99家，吊销“食品生产许可证”2家。

2008年，内蒙古自治区食品药品监督管理局、自治区质量技术监督局等部门加强对食品质量监督，全区共抽查食品31大类1439家1729个批次，抽样合格率为90%。

2010年，内蒙古自治区质量技术监督局等部门，共检查肉类加工厂和个体肉类加工点410个，肉食冷藏点186处，牲畜贩运点123处，查扣冻病死牲畜12000头（只），加工后待售冻病死畜肉共35275公斤，死畜和畜肉就地销毁。在整治过程中打击不法加工销售冻病死畜及其制品的违法行为，立案查处69件，案值43万元。

是年，自治区农牧业等部门加强对畜禽定点屠宰场的规划和监管，严格肉品品质控制，推动肉品检验证章和“肉品检验合格证”的实施，从2010年9月15日开始，全区无检验合格证的肉品不得在市场上销售。强化对畜禽屠宰管理、肉品品质检验和无害化处理人员的业务培训，确保两类人员的持证上岗率，推行检验人员负责制。以换发标志牌、证照为契机，集中开展打击私屠滥宰专项整治工作。全区共出动执法人员2761人次、出动执法车辆761台次，查处取缔私屠滥宰窝点57处，处罚不法经营户290户，没收销毁不合格肉品4.3万公斤、禽类1200余只。

是年，自治区质量技术监督等部门对食品生产加工环节进行整治，开展以重点整治区域、重点整治品种、重点监管企业为主的食品安全整顿工作。落实“四查、四建、四落实”的工作举措，通过产品质量监督抽查、现场巡查等方式，采取专项检查、互查、突击检查等形式，有力规范和打击了食品生产中的违法违规行为。2009—2010年，累计出动执法人员5.45万人次，检查生产企业5744家次、小作坊9070家次，确定重点整治区域289个，当场处罚989起，责令整改414起，立案606起，结案581起，查获货值168.54万元。

是年，自治区食品药品监督管理部门加大对保健食品生产单位的监督检查，严肃查处未取得保健食品生产卫生许可证的违法生产行为。对获得保健食品批准证书的企业逐一检查，并对生产情况进行重点检查。

2011年3月15日，内蒙古自治区党委书记胡春华会见国家质量监督检验检疫总局副局长蒲长城一行时，对做好食品安全工作做了重要批示：“食品产业是内蒙古除能源产业之外的第二大支柱产业，占GDP的10%以上。食品产业对于内蒙古自治区至关重要。而食品产业的发展关键是质量，是食品安全。食品安全监管涉及几个部门，要密切配合，相互支持，搞好协调，各负其责。各部门在各自职责中宁可重复多管一些，也不要出现监管上的漏洞和真空，防止出现质量或安全问题”。

2012年，自治区人民政府确定在全区推广鄂尔多斯市食品小作坊集中监管和食品安全电子追溯系统建设的做法。鄂尔多斯市被国家质检总局确定为全国首家“创建国家食品生产安全示范城市”试点。全区共检测食品23618个批次，合格22570个批次，合格率95.6%。创新食品监管方式，建立食品安全责任约谈机制，约谈生产企业53次、地方政府15次、基层质监局16次。第二年连续开展食品企业和基层监管互查活动，共排查食品安全风险隐患96项，向企业提出整改要求1860条次，向旗县质量技术监督部门提出监管改进要求63条，互查活动取得实效。

2013年，自治区质量技术监督局积极做好食品监管职能划转过渡期的监管工作，加强食品质量安全监管，开展了肉制品、原料乳、食用油等9个食品安全专项整治行动，依法查处违法企业522家，监督检查食品加工小作坊7291家，处罚499家、取缔51家；共监督抽查食品1508批次，合格率92%以上；风险监测1637批次，合格率95%以上，查处一批违法案件，打掉一批制假黑窝点，确保自治区食品生产安全。创新监管模式，全区建成42个食品加工园区，国家食品安全示范城市建设在鄂尔多斯市正式启动。

2017年，为防范食品安全风险，内蒙古自治区食品药品监督管理局推动落实四化监管，实施风险分级分类管理。聚焦群众关切的突出问题，加大对农村牧区食品监管力度，全面开展“六小”食品专项治理。完成食品监督抽检115617批次，达到4.6批次/千人，提前完成“十三五”检验检查任务。查处各类食品药品违法违规案件8445件，捣毁窝点50处，移送司法机关56件，案件查办数比上年增加34.5%。

第三节　食品流通监督管理

1998年，为进一步加强对粮食市场的监督管理，推进粮食流通体制改革。内蒙古自治区工商行政管理局下发《关于进一步搞好粮食市场管理有关问题的通知》，并与有关部门组成粮食流通体制改革执法监察领导小组，对全区粮食市场管理工作进行执法检查。全区各地普遍实行粮食市场管理责任制，建立粮食市场管理机构185个，成立粮食市场巡查队697个，设置举报电话468部，重新审核登记确认粮食批发市场78处；对粮食市场实施全面监督管理，严厉打击各类非法行为，共查处粮食违法案件363件，没收非法收购的粮食4564.5吨，罚没款1645万元，确保自治区粮食流通体制改革的顺利进行。

是年，自治区工商行政管理部门采取驻场式与巡查式相结合、日常监管与专项整治相结合等方法，进一步规范市场交易行为。先后组织开展以节日市场、食品饮料市场整治为主要内容的“红盾行动”，查获伪劣食品5920公斤、劣质饮料20多万瓶。

1999年，自治区工商局在先行试点的基础上，推广统一规范的食品安全监管软件，初步实现精确定位监管的目标。各地普遍在大型商场、超市、批发市场及商品配送源头建立了进销货台账制度。包头市实行农村食品送货车辆和城区食品经营仓库备案制度。全区工商行政管理部门开展对节日食品市场清理，共查处假劣白酒6.1万瓶，假烟、走私香烟130件，过期变质食品2.8万公斤，劣质饮料1.5万盒（袋），捣毁制假黑窝点13个。

2000年，自治区工商行政管理管理部门组织对因雪灾出现的冻病死畜肉的监管，共查扣处理冻病死畜11618头（只）、79323公斤，防止冻病死畜肉流入市场。

2002年，自治区工商行政管理部门共整顿集贸市场2965个，取缔假冒伪劣商品摊位776个，取缔无照经营24788户，端掉制假黑窝点194个，查处各类经济违法违章案件124246起，总案值18424万元。

2003年，全区工商行政管理系统共查处674处集贸市场，全面实施食品、药品放心工程，共检查食品经营主体27942户，抽查食品1184批次，查处案件297件。

2004年，自治区工商行政管理部门把整治的重点放在维护群众食品消费安全上，以粮食、肉食、奶食、蔬菜、副食品和饮料为重点，组织开展儿童食品、夏秋时令食品、节日食品市场等一系列专项整治行动，严厉打击制售注水肉、病死肉、“地沟油”和变质、过期、伪劣食品的不法行为，确保广大群众的食品消费安全放心。

2005年，内蒙古自治区工商行政管理部门共检查禽类产品交易市场282处、经营户3025户，关停现场宰杀活禽经营户116户，取缔禽类养殖户132户。

2006年，内蒙古自治区工商行政管理局深入开展整顿规范市场经济秩序工作，严厉打击扰乱市场经济秩序的违法行为，推行食品网上备案监管，依法对成品粮、食用油、食用盐等13大类630批次的商品进行监督抽检，适时向社会公布了抽检和处理结果，发出消费警示。共查处食品违法案件1716件，查获假冒伪劣食品价值236万元，使全区食品市场秩序明显好转。

2007年，内蒙古自治区工商行政管理局开展猪肉、禽蛋等副食品市场、定点屠宰场专项整治行动。共检查各类大型商场、超市、集贸市场、肉制品加工企业、大中专院校、屠宰场以及猪肉、禽蛋等副食品经营户9137户（家），其中检查屠宰场65家，查处未填写进销货台账的经营户7户，限期整改3户，对2户擅自经营自灌香肠的熟食店责令下架退市，不得销售。取缔无照经营户21家，未经批准擅自设立屠宰点1户，立案调查擅自从事生猪屠宰案件1起，查获未经检疫鸡30只、猪肉50公斤、牛肉100公斤，没收病死牛1头、病死猪肉8吨。工商行政管理及动物防疫部门联合对查获的病死猪肉、牛肉做了无害化焚烧及深埋处理。

2008年，自治区工商行政管理部门建立食品安全监管长效机制，在大型商场、超市和食品批发市场建立电子台账，部分地区实现市场主办者与工商部门监管软件联网，完善商品备案、消费查询、预警提示等项功能，经营者对市场准入、快速检测、下架退市等重点环节的自我监控能力不断提高，确保上市食品质量安全。一些地区还建立批发配送、零售经营和工商所相互贯通的电子监控系统，完善散装食品管理办法，依托信息化手段监管食品安全的能力得到提高。全年共检查食品经营主体21万户，查办食品违法案件899件、案值295万元，取缔食品制假售假窝点123个。

2009年，自治区工商行政管理局在先行试点的基础上，推广了统一规范的食品安全监管软件，初步实现精确定位监管的目标。各地普遍在大型商场、超市、批发市场及商品配送源头建立了进销货台账制度。包头市实行农村食品送货车辆和城区食品经营仓库备案制度。至12月底，全系统共发放食品流通许可证1751个。

2010年，内蒙古自治区工商行政管理局加大对农村牧区食品市场的监管力度。一是加强了对食品经营者索证索票，进销货台账记录的监督检查；二是突出对经销过期、变质及假冒伪劣食品等违法行为的查处；三是根据农村牧区食品市场的特点，加大对乳品及含乳食品、砖茶、散装食品等的监管力度；四是利用工商流动食品检测车和快速检测箱加大对偏远农村牧区食品质量的检测力度。在山东省查扣仿冒“草原兴发”卷羊肉927公斤，价值15767元。

2011年，自治区工商行政管理、自治区食品药品监督管理部门，督促指导食品经营者落实索证索票、进货质量查验、进销货台账等制度，严把食品入市质量关。在食品批发市场和批发商户中，全面推行“食品安全信息公示栏”“食品送货车贴牌”“食品进货、销货一票通”的监管模式，特别是在食杂店进货台账推行“粘贴式购货台账”或“表格式购货台账”，较大的商场、超市逐步建立电子台账，对索取的票证实行电子化管理，切实做到票证齐全、台账规范，提高了管理水平。严格食品质量监测，健全完善企业自检、消费者送检和工商部门抽检的食品质量监测体系，严格执行不合格食品退市、下架制度。积极开展食品安全“示范店”活动，全区示范店3067家。全区共出动执法人员40026人次，检查农贸市场及批发市场2634个、猪肉经营22904户、取缔无照经营192户，查处违法案件7件，罚没金额1.5万元，查处质量不合格猪肉62公斤。

2012年，自治区食品药品监督管理部门开展农村牧区食品市场专项整治执法行动。一是管住流通环节食品经营的源头，在食品批发企业中推行“一票通”（指规范食品批发经营单位的销货凭证与食品零售经营单位的进货凭证使用同一种多联票据，统一格式，统一内容，合二为一，关联使用），同时强化食品配送环节监管，推行对食品送货车的监管；二是在零售食品店健全进货“一票通”台账；三是加强农村牧区食品安全示范店的建设，全区培育农牧区食品安全示范店1991户；全区共检查农牧区食品市场3465个次，检查农牧区食品经营14.9万户次，取缔无照经营249户。

2013年，自治区食品药品监督管理局在食品监管职能调整过程中，重视过渡期流通环节食品安全监管，在强化日常监管的基础上组织开展食品市场专项整治。共查处不符合食品安全标准的肉及肉制品121吨。至2013年底，全区共有各类食品经营主体19.09万户，创建食品安全示范店6580个，查扣各类不符合食品安全标准的食品（不含肉及肉制品）50吨。自治区流通环节食品市场无重大安全事件发生，得到了自治区政府的表扬。

2014年，内蒙古自治区食品药品监督管理局对全区各类食品经营主体进行调查摸底。截至11月1日，全区共有各类食品经营主体172504户。其中：专门从事食品批发经营户1965户，食品零售经营户142954户，批零兼营户27585户。各类乳制品经营主体14432户。其中：含婴幼儿配方乳粉经营户1955户，仅限婴幼儿配方乳粉286户。同年，加强对农村牧区食品市场监管，推动实行食品流动配货车与食品经营总代理送货下乡备案管理制度，扶持食品连锁经营，监督食品批发配送企业落实主体责任；实行食品经营主体分级分类监管，启动全区性大中型流通企业食品安全风险审计，推动实施先行赔付和食品销售电子监管溯源机制。

2015年，内蒙古自治区食品药品监督管理局加强对超过保质期食品和回收食品的监管，开展食品销售环节现场制售规范整顿工作。经检查，全区有822户食品销售经营企业不合格，责令整改515户；立案528起，罚没金额134.08万元。

2016年8—11月，内蒙古自治区食品药品监督管理局在全区开展食品流通监管重点工作的督查。实地检查了12个盟市和24个旗县区的106家食品销售企业。经检查，完成食品销售小摊贩备案管理4838户。食用农畜产品产地证明和市场准入无缝衔接工作有序展开，有39个旗县区已使用农畜产品产地证明。12个盟市和2个计划单列市及所辖的103个旗县区食品安全监督管理部门全部按照要求开始使用《食品生产经营市场监督检查要点表》《食品生产经营日常监督检查结果记录表》；销售经营者开展食品经营许可事中事后监督检查工作，对72431户食品销售经营者经营项目保持获证能力检查，不符合获证要求的有372户，达标率99.5%。截至11月底，全区共立案查处各类食品、药品、医疗器械、化妆品一般程序案件4007件，涉案货值金额2亿多元，罚没款6000多万元，涉嫌刑事犯罪依法移送公安机关25件，取缔无证经营106户，责令停产停业52户，吊销许可证12户，捣毁窝点20个。

第四节 餐饮服务监督管理

古代明朝万历九年（1581年），归化城已有各种小吃店。中华人民共和国成立后，全区餐饮业迅速发展。20世纪50—80年代初，餐饮业以国营饭店为主。商业部门下属的饮食服务公司负责行业管理，卫生部门负责卫生监管。60年代，自治区卫生厅制定《餐饮卫生管理暂行办法》。80年代开始，餐饮业逐步民营化，餐饮业由卫生、工商、食品药品监管部门共同监管。

2004年，内蒙古食品药品监督管理局在全区共检查餐饮企业和食品生产经营企业等173187家次。查处违法行为9222起，涉及货值金额1317.4万元，立案查处1953起，取缔无卫生许可证餐饮店654家、无营业执照餐饮店671家。

2010年2月8日，卫生部门发布《餐饮服务食品安全监督管理办法》。6月25日，国家食品药品监督管理局和商务部联合制定了《餐饮服务食品安全百千万示范工程建设指导意见》。

是年，按照国家食品药品监督管理局要求，内蒙古自治区成立了食品安全法宣传工作领导小组，制定了详细的工作实施方案，在全区范围内组织开展餐饮服务食品安全宣传周活动。内蒙古自治区副主席刘新乐出席启动仪式，食品药品监督管理、质监、卫生、工商等相关部门参与，同时邀请有关行业协会和部分食品生产经营及餐饮单位共同参加。宣传周期间，组织人员深入学校、社区、工地、农村、机关的“五进”活动，进一步推动了餐饮服务食品安全知识的广泛宣传。

是年，内蒙古自治区食品药品监督管理局制定《内蒙古自治区2010年餐饮服务食品安全监督抽检工作实施方案》，并在全区12个盟市组织开展餐饮服务食品抽检。全区共抽检样品3786批，餐盒、羊肉、砖茶等17个品种均有不同程度的不合格率，非发酵豆制品、凉拌菜、沙拉、生活饮用水、熟肉制品、鲜榨蔬果汁、砖茶等品种有害菌超标率高。

2010年餐饮服务专项检查评价性检测结果统计表

表2-3

序号	供样地区	批数	不合格批数	不合格率（%）
1	呼和浩特市	18	18	100
2	包头市	36	35	97
3	呼伦贝尔盟	18	11	61
4	兴安盟	18	17	94
5	通辽市	18	16	89
6	赤峰市	18	17	94
7	乌兰察布市	18	18	100
8	鄂尔多斯市	15	15	100
9	巴彦淖尔盟	11	8	73
10	乌海市	18	17	94
11	阿拉善盟	18	18	100
12	合计	206	190	92

2011年，按照《国务院食品安全委员会办公室关于印发〈“瘦肉精”专项整治方案〉的通知》（食安办〔2011〕14号）和国家食品药品监督管理局《关于印发餐饮服务环节“瘦肉精”专项整治实施方案的通知》（食药监办食〔2011〕78号）要求，自治区卫生厅组织全区开展了为期1年的餐饮服务环节“瘦肉精”专项整治工作。全区共检查餐饮服务单位4.7万户次，没收来路不明、无检疫合格证或检疫不合格的鲜肉、病死畜肉22公斤，处罚6户，罚款0.8万元，共出动卫生监督员2.7万人次、车辆8000多台次。严厉打击餐饮服务环节采购和使用含“瘦肉精”肉及肉制品违法行为，进一步增强了餐饮服务单位及其从业人员的法治观念，强化了食品安全主体责任意识，严格落实了食品采购索证索票管理规定，规范了肉及肉制品采购和使用行为，有力地保障了人民群众的饮食安全。2010—2011年，共出动卫生监督员9.7万人次、车辆1.8万多台次，检查餐饮单位21.1万户，处罚3590户，吊销卫生许可证218户。

是年，内蒙古自治区食品药品监督管理局开展全区餐饮服务环节抽检和调查评价。制定《内蒙古自治区餐饮服务监督抽检实施工作方案》，召开全区会议进行培训，要求各地按照方案要求分期报送检验结果，按时上报检验数据。同年，根据国家食品药品监督管理局开展餐饮环节“塑化剂”监督抽检的安排，全区组织开展“塑化剂”监督抽检工作，共完成抽样检测33批次。全面落实餐饮服务经营单位食品和食品原料进货、索证、索票及台账登记制度，完善食品原料采购验收索证登记本、食品出入库登记本等台账制度，继续推行餐饮业量化分级管理、卫生监督公示、食品安全承诺和餐饮单位食品添加剂卫生管理、食物中毒报告等制度。监督管理机构与餐饮经营单位100%签订食品安全责任书。强化日常监督检查，严格执行餐饮操作规程，加强了对餐厨废弃物的有效管理。

是年，在加强餐饮服务单位监管的同时，重点对学校、幼儿园和建筑工地食堂及农家乐旅游景点、小型餐饮单位等进行整顿。严厉查处餐饮服务环节的无证经营行为，取缔无证经营单位343户。认真落实食品和食品原料进货、索证、索票及台账登记制度，有效规范熟食卤味、盒饭、冷菜等高风险食品的生产经营行为，加大对餐具清洗消毒的监督检查力度。严厉打击采购、使用病死或死因不明的畜禽及其制品、劣质食用油、违法添加非食用物质和滥用食品添加剂等行为。

2012年1月1日，餐饮服务监督管理职能由内蒙古自治区卫生厅划转内蒙古自治区食品药品监督管理局。为全面掌握全区餐饮服务单位基本情况，内蒙古自治区食品药品监督管理局在全区范围内开展餐饮服务单位的调查摸底工作，准确掌握了全区餐饮服务单位数量、从业人员、监管情况等，为科学制定餐饮服务监管提供了依据。并在全区开展餐饮服务食品安全培训工作，聘请具有餐饮监管经验人员授课，提升监管人员业务能力。乌兰察布市首次将餐饮“从业人员晨检制度”“色标管理法”等管理方式引入餐饮后厨管理，有效地预防了食物中毒等食品安全事故的发生。

是年，内蒙古自治区食品药品监督管理局制定印发《关于切实加强餐饮服务许可工作的通知》《内蒙古自治区餐饮服务单位食品安全管理人员培训大纲》《内蒙古自治区餐饮服务单位食品安全管理人员培训管理实施细则》《内蒙古自治区餐饮服务食品安全监督量化分级管理实施方案》《内蒙古自治区餐饮服务监督量化分级管理指南》《内蒙古自治区重大活动餐饮服务食品安全监督管理规范实施细则》《内蒙古自治区餐饮服务食品安全事故应急预案》7个文件，加强餐饮服务食品安全监管。

是年，内蒙古自治区食品药品监督管理局有序推进餐饮服务食品安全监督量化分级管理。共召开监管部门会议286次、餐饮服务单位会议316次，举办监管部门培训246次、3298人，举办餐饮服务单位培训364次、64738人，在广播、电视、报纸、网络上宣传报道1702条，举办宣传活动191次、发放宣传材料251784份，投入专项经费215.52万元，各级监管部门领导带队检查375次。全区共完成251家特大型餐馆、1581家大型餐馆、3891家中型餐馆、21580家小型餐馆、1112家快餐店、4055家小吃店、272家饮品店、3515家学校食堂、1045家机关企事业单位食堂、380家其他食堂、7家集体用餐配送单位、6家中央厨房、143家餐饮连锁企业、872家旅游景区餐饮单位的量化分级管理。

是年，全区共出动执法人员366492人次（不包括检查学校食堂），检查餐饮单位224348家次，查扣不合格食品及原料4576.2公斤，销毁问题食品4490.4公斤，下发监督意见书120385份，责令整改16545户，立案（行政处罚）767起，责任约谈102起，警告2882户，责令停产停业68户，没收非法所得5.21万元，罚款151.04万元，吊销“餐饮许可证”1家，取缔无证经营户318家。

是年，内蒙古自治区食品药品监督管理局把小餐饮的整顿规范作为重点工作来抓。启动餐饮服务食品安全监管信息化建设系统，先行在包头市的23户安装该系统，逐步在全区各盟市推广，以此逐步建成餐饮服务行政审批、日常监管等7个应用系统，全面提升餐饮服务食品监管水平。

是年，根据国家食品药品监督管理局、商务部《关于印发餐饮服务食品安全百千万示范工程建设指导意见的通知》精神，内蒙古自治区食品药品监督管理局成立推进餐饮服务食品安全示范工程建设领导小组及其办公室，制定《内蒙古自治区推进餐饮服务食品安全示范工程建设实施方案》，确定包头市青山区、兴安盟扎赉特旗、鄂尔多斯市东胜区和伊金霍洛旗、乌兰察布市凉城县、呼和浩特市新城区和赛罕区、乌海市海南区、呼伦贝尔市阿荣旗、巴彦淖尔市杭锦后旗为自治区级餐饮服务示范县，并确定把鄂尔多斯市东胜区、包头市青山区、兴安盟扎赉特旗、乌兰察布市凉城县作为国家级餐饮服务示范县（区）的候选地区。

2013年、2014年连续两年，自治区食品药品监督管理局与交通厅、民政厅、教育厅、旅游局、监狱管理局、机关事务管理局签订餐饮安全监管工作合作协议书，之后形成长期有效的合作工作机制。

2015年，内蒙古自治区食品药品监督管理局根据《内蒙古自治区2015年餐饮服务监管工作要点》

和《内蒙古自治区餐饮服务食品安全量化分级管理等级提升三年行动规划（2015—2017）》要求，对各盟市 2015 年度餐饮食品安全工作的组织、实施、成效及指标完成情况进行评价。推进餐饮企业“明厨亮灶”（明厨亮灶，是顾客可以直观地看到后厨员工的操作是否规范，卫生是否合格，是否有一些不应该出现的物品）工程和量化分级提升，全区实现“明厨亮灶”餐饮单位 25745 家，占持证企业总数的 32.9%；量化分级评定 77559 家，占持证企业总数的 92.3%。

2016 年，内蒙古自治区食品药品监督管理局制定下发《关于制定餐饮服务食品安全管理员管理细则的通知》。

2017 年，内蒙古自治区食品药品监督管理局完成餐饮等级提升三年行动计划，餐饮量化等级评定率达到 95.98%，“明厨亮灶”率达到 60.6%。

第五节　食品安全综合监督管理

2003 年，根据全国实施食品药品放心工程电视电话会议精神，自治区成立了以分管副主席为组长的食品安全协调领导小组，办公室设在内蒙古自治区药品监督管理局。地方各级人民政府成立以当地政府分管领导为组长、由药品监管局牵头的食品安全协调领导小组或食品药品放心工程领导小组。自治区食品安全协调领导小组制定了《领导小组职责》《例会制度》《信息联络制度》《投诉举报与重大案件的组织协调制度》《食品安全事故应急处理制度》《责任追究制度》等工作制度。为促进食品药品放心工程工作的深入开展，自治区食品安全协调领导小组组成 6 个督查组，分别对 12 个盟市食品药品放心工程实施情况进行督促检查，重点对学校食堂、餐饮单位、建筑工地，食品添加剂生产企业，生猪屠宰市场，城乡接合部食品加工点、无证经营食品摊点，药品、医疗器械市场等五个方面开展专项整治，查处一批大案要案，对典型案例进行曝光。

2004 年 5 月 16 日，在内蒙古自治区药品监督管理局的基础上成立内蒙古自治区食品药品监督管理局。相应增设了食品安全处，增加了对食品、保健品、化妆品的综合监督、组织协调和依法组织对重大食品安全事故查处的职能。9 月底，各盟市、旗县药品监督管理局也相应成立食品药品监督管理局，增设食品安全监管机构，初步形成自治区、盟市、旗县三级对应的食品安全监管机构。

是年，为加强对食品安全工作的组织领导，根据内蒙古自治区人民政府办公厅《关于成立自治区食品安全委员会的通知》（内政办字〔2004〕389 号），在内蒙古自治区食品安全协调领导小组的基础上，成立了以分管副主席郭子明为组长，由自治区食品药品监管局、自治区卫生、自治区工商、自治区质监等 18 个相关部门组成的内蒙古自治区食品安全委员会，办公室设在自治区食品药品监督管理局，办公室主任由自治区食品药品监督管理局局长郝富兼任。各盟市相应成立由政府分管领导牵头的食品安全协调领导小组或食品安全委员会。

是年，内蒙古自治区人民政府办公厅印发《关于食品药品放心工程实施方案的通知》，明确了食品药品放心工程实施的总体思路、工作重点、工作措施和各相关部门的工作职责。自治区食品药品监督管理局按照自治区食品安全协调领导小组和《内蒙古自治区实施食品放心工程工作方案》的部署和要求，组织协调相关部门开展“食品安全关系你我”为主题的食品安全宣传活动和联合执法行动。重点查处米面加工厂、食用油加工点、腐竹加工厂、肉制品加工厂、辣椒、木耳等干菜、馒头、粉条加工点、水产品干制腌制水发点、酱油醋酿造厂，以及花椒、香料、方便面辅料等调味品加工点、牛奶收购站（点）等，对不合格的单位提出了相应的整改意见。

2005年，内蒙古自治区食品安全委员会印发《内蒙古自治区食品安全委员会工作规则》《内蒙古自治区重大食品安全事故处理办法》《内蒙古自治区食品安全事故责任追究制度》《内蒙古自治区食品安全信息报送及发布制度》《内蒙古自治区食品安全监管信息考评制度》《内蒙古自治区食品安全投诉举报与查处制度》和《内蒙古自治区食品安全监管部门职责》等7个文件和规定，食品安全综合监管工作进一步规范化、制度化。

是年，内蒙古自治区食品药品监督管理局开展了食品监管法律法规调研、食品安全监管体制调研、食品检验检测机构调研、食品行业状况调研等一系列调研工作，制定《内蒙古自治区食品放心工程三年规划》《2005年内蒙古自治区食品安全工作要点》，代拟《内蒙古自治区食品药品专项整治工作安排》《内蒙古自治区重大食品安全事故应急预案》等文件。同时，成立了食品安全专家委员会，建立了自治区食品安全专家基础数据库，为内蒙古自治区开展重大食品安全事故调查、保健食品评审和食品安全监管提供咨询服务。

2006年，内蒙古自治区人民政府进一步明确相关食品监管部门的职责分工：农牧业部门加强对上市蔬菜、各类水果的农药残留检测；商务部门重点打击私屠乱宰行为，防止注水肉、病害肉上市和销售加工；质量技术监督部门加大对食品生产加工环节的监督管理，打击滥用添加剂和制假售假行为，从源头上保证上市食品的安全可靠；工商行政管理部门重点查处无证照经营食品的个体摊贩，加强对流通环节监管；卫生部门对聚餐人数多的餐饮单位进行重点监控，严防群体性食品中毒事件发生；食品安全监督管理部门做好食品安全监管综合组织协调工作。

是年，根据内蒙古自治区的实际情况，自治区食品药品监督管理局制定了突出自治区地方特点的全区食品安全整治行动实施方案，把粮、油、豆制品、婴幼儿乳粉、乳饮料、清真熟肉和糕点等作为重点整治品种，明确了每个监管环节的量化指标，强化企业是食品安全第一责任人意识，促使企业改进生产经营条件，加强关键环节控制和工艺技术管理，推行生产经营企业示范档案。自治区食品药品监督管理局印发《关于建立自治区重大食品安全事故月报制度的通知》。要求各级食品监管部门每月定期报告辖区内食品安全事故总体情况。

2006年底，内蒙古自治区食品安全委员会组成督察组，对各盟市完成2006年《食品安全目标管理责任书》管理指标情况进行综合评价检查。检查内容为全年《食品安全目标管理责任书》指标完成情况和食品放心工程落实情况、加强食品安全监管的保障情况。食品放心工程落实情况，包括源头污染治理、食品生产加工环节监管、食品流通环节监管、食品消费环节监管、重点整治情况、食品安全信用体系建设情况、大案要案查处情况。

2007年3月，在全区食品药品监管工作会议上，自治区分管副主席代表自治区政府与12个盟市政府（行署），以及自治区食品安全委员会7个主要成员单位签订食品安全责任书。各盟市、旗县、苏木乡镇政府及主要职能部门层层签订责任状，落实食品安全监管责任制，进一步强化各级政府和相关部门的食品安全监管责任，在全区范围内建立“纵向分级落实”和“横向分片负责管理”的工作机制，明确食品安全第一责任人和直接责任人的领导责任，全面强化食物链各环节监管责任制和责任追究制。各级政府将食品安全工作纳入政府目标责任考核范围，主要领导或分管领导定期或不定期检查指导食品安全工作，及时解决工作中存在的矛盾和问题，进一步巩固“政府统一领导，部门各负其责，各方联合行动”的监管工作格局，推动自治区食品安全工作的深入开展。此项工作成为常态化工作以后每年进行一次。同年，自治区食品药品监管局组织开展了对盟（市）公署（政府）所在地的食品安全进行两次综合评价，积极开展食品安全监管网、供应网和信息网“三网”建设工作，在苏木乡镇、嘎查村设立协管员和信息员。到2007年底，全区共聘请食品安全协管员和信息员1.2万余人，通过多渠道落实工作经费，保证农村牧区食品安全工作有人抓、有人管，提高了基层监管覆盖率和执法效率，增强了食品安全综合监管能力。

是年，按照国家食品药品监督管理局要求，自治区食品药品监督管理局遴选出兴安盟扎赉特旗和呼和浩特市武川县作为全国首批国家级食品安全示范县。制定食品安全示范县创建工作方案，指导推动创建活动，探索建立食品安全监管长效机制。同年，内蒙古自治区食品药品监督管理局印发《关于开展自治区级食品安全示范县考核工作的通知》，确定自治区级食品安全示范县的考核标准、验收内容和验收方式，对2个国家级食品安全示范县和8个自治区级食品安全示范县进行考核验收。

2009年6月1日，《中华人民共和国食品安全法》颁布实施，强调了保证食品安全，保障公众身体健康和生命安全。明确指出，食品生产经营者应当依照法律法规和食品安全标准从事生产经营活动，对社会公众负责，保证食品安全。内蒙古自治区食品药品监督管理局印发《关于做好中华人民共和国食品安全法学习宣传工作的通知》《关于开展〈中华人民共和国食品安全法〉宣传周活动的通知》，对食品安全执法人员进行培训，在全区部署并组织大规模的食品安全法宣传贯彻活动。各地启动食品安全法宣传周活动仪式，通过设立咨询台、摆放宣传展板、悬挂宣传条幅，发放食品安全法和食品安全知识宣传材料，广泛开展食品安全法宣传。宣传周活动期间，邀请全国人大法工委专家举办专题讲座，对内蒙古自治区各相关部门执法人员进行食品安全法培训，在新闻媒体开辟专栏宣传食品安全法，收到良好的社会效果。

是年，依据《国家食品药品安全“十二五”规划》和《内蒙古自治区国民经济和社会发展第十二个五年规划纲要》，成立了内蒙古自治区食品药品安全“十二五”规划工作领导小组，制定《内蒙古自治区食品药品安全“十二五”规划》，并将其纳入内蒙古自治区“十二五”规划编制整体工作之中。

2010年，为贯彻落实国务院办公厅有关食品安全的要求，内蒙古自治区人民政府印发《内蒙古自治区2010年食品安全整顿工作方案》，对全区食品安全整顿工作进行安排部署。成立内蒙古自治区食品安全整顿工作领导小组，确定工作时限和考核指标，逐级分解工作任务，落实工作责任。内蒙古自治区食品安全委员会办公室两次组织6个厅局50人的督查组，对12个盟市食品安全整顿工作进行了督查。检查食品生产企业112家，经检查发现在发证、证后监管、企业检测、监管队伍及企业主体责任等方面存在一些问题。对此自治区食品监管部门制定了相应的对策，督促问题单位进行整改。

9月，在农牧业厅增设了农畜产品质量安全监管局、卫生厅增设了食品安全综合协调和卫生监督局、质监局增设了食品生产监管处、工商局增设了食品流通监管处、食品药品监管局增设了餐饮服务监管处和保健品化妆品监管处等内设机构，强化了监管力量。到2011年，除自治区卫生厅与食品药品监管局因事业编制不足暂未实施职能移交外，其他各部门均已按照“三定方案”履行监管职能。

2011年3月，内蒙古自治区人民政府召开全区食品药品监管工作会议，内蒙古自治区副主席刘新乐代表内蒙古自治区政府与12个盟市政府（行署）及内蒙古自治区食品安全委员会主要成员单位签订了《食品安全责任书》。将政府食品安全监管责任内容细化为6大重点任务30项具体措施，并首次提出对各级政府和相关部门的食品安全工作实行“一票否决”。6月13—20日，内蒙古自治区食品药品监督管理局组织开展“人人关心食品安全，家家享受健康生活”为主题的食品安全宣传周活动。组织开展食品安全“四进”（进中小学校、进乡村农户、进城市社区、进超市集市）等宣传活动，开展食品安全主题宣传咨询活动。组织开展媒体宣传教育活动，召开媒体见面会；新闻媒体坚持正面宣传，对集中整治情况、依法开展食品生产经营活动的诚实守信企业进行跟踪报道，选择典型案例进行了曝光。

是年，为贯彻落实《食品安全宣传教育工作纲要》，内蒙古自治区食品安全委员会办公室制定了

《内蒙古自治区食品安全信息报告与发布制度》《内蒙古自治区食品安全舆情信息工作规范（试行）》，建立健全了信息公布和食品安全分析、应对处置等各项制度，及时向社会公布食品安全监管工作动态、曝光违法违规案件，正确引导社会舆论。为鼓励社会各界积极参与食品安全工作，制定了《内蒙古自治区食品安全举报奖励办法》。

2012 年，内蒙古自治区食品安全委员会印发了《内蒙古自治区重大食品安全事故应急预案》和《内蒙古自治区贯彻落实〈国务院关于加强食品安全工作的决定〉的实施意见》，为自治区处置重大食品安全事故提供了重要依据。修订了《内蒙古自治区食品安全信息报告与发布制度》《内蒙古自治区食品安全舆情处置工作规范》，建立健全了信息公布、应对处置等各项制度。

是年，为贯彻落实《食品安全宣传教育工作纲要》，内蒙古自治区食品药品监督管理局在全区组织开展了丰富多彩的宣传活动。通过举办“食品检测机构开放日”等活动提升餐饮服务企业食品安全主体责任意识。全年共制作宣传标语、横幅 1200 余条，制作食品安全科普宣传栏 800 余块，播放公益广告 1200 部，发放食品安全科普宣传资料 10 万份，接受群众咨询 16000 人次，通过新闻媒体宣传食品安全知识 520 期，群发食品安全短信 300 条、150 万人次，真正实现了电视有影像、广播有声音、报纸有文章、手机有短信，取得了良好的宣传效果。

2013 年 9 月，按照国务院关于机构改革和职能调整的精神，重新组建内蒙古自治区食品药品监督管理局。从 2014 年起，将食品安全监管工作统一划转内蒙古自治区食品药品监督管理部门负责。这一重大改革，结束了食品监督管理职能职责多头负责、交叉负责的状况。

是年，内蒙古自治区食品药品监督管理局提出建设“食品药品安全内蒙古”的奋斗目标。12 个盟市政府和二连浩特市、满洲里市政府同步发出倡议，利用 3 年左右的时间在 12 个盟（市）公署（政府）所在地城市、两个计划单列市率先建成食品药品安全城市。在全区推广鄂尔多斯市、乌兰察布市、通辽市等地采取政府财政补助和政策扶持的方式，鼓励和引导小食品企业向食品加工园区和综合市场集中的经验，推动“三小”企业“入园”经营。

2014 年 9 月，国家食品药品监督管理总局和内蒙古自治区人民政府签署了《共建食品药品安全内蒙古合作协议》，明确从 8 个方面对内蒙古自治区的食品药品安全创建工作给予支持和指导。内蒙古自治区人民政府印发了《食品药品安全内蒙古建设方案》，计划到 2017 年自治区成立 70 周年之际，基本建成食品药品安全内蒙古。首批推荐呼和浩特市、通辽市、鄂尔多斯市、乌兰察布市 4 个市作为试点，参加国家食品安全城市创建活动。

2015 年 4 月，根据内蒙古自治区人民政府办公厅关于成立自治区食品药品安全委员会的通知（内政办字〔2015〕58 号），自治区人民政府决定将自治区食品安全委员会与自治区药品安全工作领导小组职能予以整合，成立自治区食品药品安全委员会，主任由刘新乐（自治区副主席）担任，副主任有许宏智（自治区人民政府副秘书长）、杨玺（自治区人民政府副秘书长、食品药品监管局局长）、郭健（自治区农牧业厅厅长）、欧阳晓晖（自治区卫生计生委主任），成员单位有 26 家。该委员会办公室设在自治区食品药品监督管理局，主任由杨玺兼任。“十二五”时期，全区食品安全支出 21.5 亿元。2015 年全区查处食品违规违法案件 5146 件，责令停产企业 58 家，吊销许可证 43 家。

是年，内蒙古自治区党委、政府将“食品药品安全内蒙古”建设工作纳入 2015 年内蒙古自治区对盟市实绩考核内容。制定《食品药品安全内蒙古建设标准》及“四品一械”监管工作指导意见、发展规划等，对建设内容做了进一步的细化和明确，并作为年度验收和工作评价的主要依据下发实施。全区 12 个盟市结合实际，出台详细的实施方案或实施意见，确定工作进度，实施盟市、旗县（市、区）、苏木乡镇（街道办事处）三级政府所在地同时推进，以中心城区创建带动和辐射农村牧区，有序推动建设工作。全年完成总体建设任务的30%，呼和浩特市、乌兰察布市、鄂尔多斯市、通辽市作为内蒙古自治区首批创建“国家食品安全城市”试点地区，起到示范引领作用。

2016年4月28日，内蒙古自治区党委、自治区人民政府印发《内蒙古自治区党委、自治区人民政府关于进一步加强食品安全工作的意见》（内党发〔2016〕8号），明确提出构建多层次的食品安全责任体系：强化党委对食品安全工作的领导责任，政府对食品安全工作的行政责任，有关部门对食品安全工作的监管责任，食品生产经营者的主体责任。构建强有力的食品安全监管体系，广覆盖的食品安全监控体系，全方位的食品安全监管支撑体系。

2016年4月，根据内蒙古自治区党委办公厅、自治区人民政府办公厅《关于调整自治区食品药品安全委员会组成人员的通知》（厅发〔2016〕9号），对自治区食品药品安全委员会成员进行全面调整，主任由布小林（自治区党委副书记、自治区代主席）担任，设立副主任3名，其中常务副主任由刘新乐（自治区副主席）担任，另外两名副主任分别由王玉明（自治区副主席）、马明（自治区副主席、公安厅厅长）担任，成员单位增至28个部门。委员会办公室设在自治区食品药品监督管理局，办公室主任由杨玺兼任。

随之，内蒙古自治区人民政府印发《内蒙古自治区人民政府关于进一步加强食品安全保障工作的通知》（内政发〔2016〕65号），内蒙古自治区人民政府办公厅印发《内蒙古自治区人民政府办公厅关于印发2016年食品安全重点工作安排的通知》（内政办发〔2016〕48号）、《内蒙古自治区人民政府办公厅关于全面贯彻落实“四有两责”切实做好食品药品监管工作的意见》（内政办发〔2016〕51号）等一系列重要文件精神，多管齐下推动“党政同责”“四有两责”的落实。

2016年5月7—9日，中共中央政治局常委、全国人大常委会委员长张德江率全国人大食品安全法执法检查组在内蒙古自治区开展执法检查。执法检查组先后深入呼和浩特市、巴彦淖尔市和内蒙古自治区食品检验检测中心进行视察。重点检查农产品生产环节质量安全、食品销售环节质量安全、肉羊繁育、饲喂环节质量安全、乳制品质量安全、农畜产品质量安全、食品检验检测等监管情况，并就贯彻好实施好食品安全法，加快构建严密高效、社会共治的食品安全治理体系做了重要讲话。张德江指出，近年来，内蒙古自治区食品安全工作取得较好成效。自治区党委高度重视，召开党委常委会专题研究食品安全法贯彻落实工作，出台《关于进一步加强食品安全工作的意见》；自治区政府认真履行食品安全监管工作的统一领导、组织、协调职责，制定和实施《食品药品安全内蒙古建设方案》；自治区人大加强食品安全地方立法工作，制定《食品生产加工小作坊和食品摊贩管理条例》。自治区各级相关职能部门坚持依法行政，不断深化食品安全监管体制改革，大力推进监管体系和监管能力建设，持续开展专项整治和综合治理，守住了不发生区域性、系统性安全事件的底线。张德江要求，要严格开展执法检查，推动新修订的食品安全法全面正确有效实施，全面落实习近平总书记提出的保障食品安全“四个最严”要求，地方各级政府及其职能部门要切实担负起食品安全监管责任，严格监管、严肃执法，着力保障乳及乳制品、肉制品食品安全，探索形成严密高效的监管路子，为全国做出示范。

2016年5月11日，自治区党委召开常委（扩大）会议，传达学习中共中央政治局常委、全国人大常委会委员长张德江在内蒙古考察时的重要讲话和指示精神，安排部署贯彻落实工作。自治区党委书记王君就贯彻落实张德江在内蒙古考察时的重要讲话和指示精神，进一步做好食品安全工作作了全面部署安排。

是年，内蒙古自治区党委、政府将“食品药品安全内蒙古”建设内容分解细化为100项具体指标，落实到各级党委、政府和相关部门。印发了年度考评细则，制定了验收标准，层层签订食品药品安全责任书，食品药品安全建设与自治区考核指标挂钩。全区开展两次重点工作督查，实现整体推进、分步达标，全面推动全区食品药品安全建设工作。自治区财政追加食品药品安全监管经费3亿元。各盟市普遍加大食品药品监管经费投入，全区7个盟市人均监管经费达到常住人口15元/万人的标准，310个基层监管所完成了标准化建设，7个盟市所在地建成或在建1个以上餐厨垃圾处理场，54个旗县（市、区）建成1个以上食品加工园区或新建（改扩建）1个以上综合型农贸批发市场，11个盟市食品抽检数量超过了3批次/千人。呼和浩特市、乌兰察布市被列入国家第三批食品安全示范城市创建试点。

2017年，全区食品药品监管部门对照建设“食品药品安全内蒙古”建设标准，查找薄弱环节，补齐监管短板，紧盯硬性指标，四级联动，推动“食品药品安全内蒙古”建设和“双安双创”（开展全国食品安全示范城市创建与农产品质量安全县创建）持续深入开展，全年完成“食品药品安全内蒙古”建设的阶段性目标任务。12个盟市全部启动国家食品安全示范城市创建工作，呼和浩特市、乌兰察布市通过初步验收，等待国家最终验收评估。

是年，积极发挥食品药品安全委员会办公室综合协调作用，搭建食品药品安全委员会专门信息网络平台，开展信息通报、形势会商、应急处置、隐患排查、打击犯罪等协调联动工作，依法及时公开行政许可、抽样检验、行政处罚等监管信息，妥善处置了应急事件12起、舆情事件16起。推进实施食品安全追溯体系、信用体系建设和食品安全责任保险制度。组织参加全国“双安双剑”成果展，开展食品安全宣传周、食品安全法知识竞赛、安全用药月等活动，推动形成食品药品安全社会共治格局。

是年，内蒙古自治区等12个省（自治区、直辖市）人民政府食品安全工作，被国务院食品安全委员会考核为A级，予以通报表扬。

第五章　食品安全专项整治与重大事件处理

第一节　食品安全专项整治

一、粮油肉等食品安全专项整治

2000 年，内蒙古自治区各级工商行政管理部门在全区范围内开展市场秩序专项整治活动，对影响广大人民群众生产生活的重要行业和领域进行重点清理检查。及时组织因雪灾冻病死畜肉的收集封存，共查扣冻病死畜 11618 头（只）、79323 公斤，防止冻病死畜肉流入市场。

2001 年 6 月，针对内蒙古自治区部分地区贩卖土私盐现象比较严重的情况，内蒙古自治区工商行政管理局深入包头市组织指导打击土私盐专项整治活动。同时全区各级工商行政管理部门在当地盐务、质量技术监督等部门的配合下，对所有用盐单位进行了一次拉网式检查，特别是对包头市、鄂尔多斯市等地的养牛厂、食品厂、酿造厂、酱菜厂、炒货厂、餐馆及食盐销售网点进行重点排查。专项整治活动期间，全区共检查用盐单位 1683 户，立案查处 34 户，查获土私盐 38. 13 吨，取缔无照酿造企业 1 户，拆除生产土私盐加工场地 7 处，捣毁土私盐生产容器 8 个。

8 月 15 日—9 月 15 日，按照内蒙古自治区人民政府关于整顿市场经济秩序的统一部署和要求，全区工商行政管理部门集中开展了为期一个月的肉食品市场专项整治工作。重点查处私屠滥宰、出售病害肉、注水肉及无照生产经营肉制品的黑窝点等。全区共检查肉食品生产加工和经销企业 3106 个，检查市场 230 处、经营户 12950 户，取缔非法屠宰户 190 户，查处销售病害肉、注水肉的企业 250 个，查获病害肉、注水肉、私宰肉 150136 公斤，查处案件 243 起，案值 122. 6 万元，罚款 22. 33 万元。呼和浩特市工商行政管理局查处一起无营业执照、无检疫手续非法屠宰生猪案，非法经营额超过 12 万元，当场查封煺毛机 1 台、屠宰车间 2 间。包头市工商行政管理局在市场巡查时发现一辆客货车上的猪肉存在问题，当场予以查扣。经查实，这些猪肉未经检疫、私屠乱宰、死后宰杀，属病死猪肉，全部予以焚毁处理。

2001—2002 年，根据国务院整顿和规范市场经济秩序工作部署，全区组织开展了为期两年的食品打假专项斗争和规范食品市场经济秩序工作。各地开展了保健食品、儿童食品、肉与肉制品、粮油制品、食品添加剂、食品非法宣传、集体供餐、桶装水、集贸市场等专项整治活动，查处了一批不符合卫生要求的食品生产经营单位，取缔了一批非法加工的黑窝点。全区共出动卫生监督人员21万人次，出动检查车辆5543辆次，受理消费者举报案件463起，查处违法案件1273起，捣毁无证窝点535个，查获违法产品383.6吨，货值360.6万元，罚款104.6万元，吊销卫生许可证130家，移送司法机关处理14人。

2002年，全区工商行政管理系统落实流通环节食品安全监管责任制，开展农村牧区等食品市场专项整治活动和“瘦肉精”专项执法检查。全年监测粮油制品、熟肉制品、乳制品、蔬菜及散装裸装食品3860个批次，查办食品违法案件1985件，移送司法部门16件，共建食品安全示范店3272个。

2004年，为贯彻落实国务院召开的全国食品安全专项整治工作电视电话会议精神，内蒙古自治区人民政府按照《食品放心工程实施方案》和《食品安全专项整治方案》精神，对全区食品安全专项整治工作做出全面部署。各相关职能部门以粮、肉、蔬菜、水果、奶制品、豆制品、水产品为重点品种，在农村牧区、城乡接合部开展食品源头污染治理、生产加工、流通和消费四个环节的专项整治行动，严厉打击制售假冒伪劣和有毒有害食品的违法犯罪行为。全区共检查食品生产、加工、经营和餐饮企业173187家次，查处违法案件9222起，货值金额1317.4万元，立案查处1953起。取缔无“卫生许可证”生产企业265家、无“卫生许可证”经营单位1319家，取缔无“营业执照”生产企业707家、无“营业执照”经营单位2003家，吊销“卫生许可证”195家、“营业执照”74家；取缔无“卫生许可证”餐饮店654家，取缔无“营业执照”餐饮店671家，取缔私屠滥宰场地55处。查处含有害物质水发制品1起，查处农药残留超标水果35000公斤，查处豆制品类菌落总数超标36起747公斤，查处蔬菜类有机磷农药超标10起46300公斤。

2005年9月25日—11月20日，各级食品药品监督管理部门在全区范围内开展了打击违法经营面食制品及牛羊肉专项整治工作。检查生产经营单位24970户，下达整改通知书926份，取缔无证经营户186家，监督抽检442批次。检查农村牧区食品经营者167075户，检查批发市场、集贸市场2057家；查处不符合食品安全标准案件175件，涉案食品数量2917.38公斤，罚款金额50.61万元；查处不符合食品安全标准的食用农产品案件2件，涉案数量4公斤，罚款金额1.1万元；检查发现未持续符合许可条件的食品经营者210户；检查发现未建立或履行进货查验和检查记录的经营户1443家。

2007年，自治区质量技术监督部门在全区开展食品专项整治“两打”（严厉打击食品生产违法行为和严厉打击食品经营违法行为）行动，共检查食品生产加工企业、小作坊10123家，查处违法案件721件，其中立案502件，涉案货值122万元，查处黑窝点43个。打击食品黑窝点和使用非食品原料生产加工食品及无证生产的违法行为，现场处罚案件1494起，立案查处案件2320起，结案2291起，责令改正1241起。

2009年，为贯彻落实食品安全法，内蒙古自治区食品药品监督管理部门会同自治区质量技术监督部门、自治区工商行政管理部门，在全区集中开展为期两年的食品安全整顿工作。开展淀粉质量专项检查，全区78家淀粉生产企业中，有64家生产马铃薯淀粉，14家生产玉米淀粉，对41个马铃薯淀粉样品和6个玉米淀粉样品进行检验，马铃薯淀粉合格25个，合格率为61%，玉米淀粉合格2个，合格率为33.3%。

2010年，自治区农业部门和质量技术监督部门加强对农产品生产环节专项整治。一是加强对农药的监管，取消不符合条件者的经营资格。强化市场监管，以旗县为单位，以村、镇零售市场为重点，多次开展农药市场巡查。加强禁限用高毒农药监管，严格按照登记作物和对象进行使用，杜绝在种植业生产过程中使用禁用农药，蔬菜抽检合格率连续四年稳定在95%以上。二是加强对兽药的监管。加强市场检查和重点兽药生产企业监控，建立兽药生产企业巡查和包厂责任制度，养殖环节“瘦肉精”等禁用物质监测合格率为100%，畜禽产品兽药残留监测合格率达到99%以上，禁用兽药残留检出不合格比例降低5个百分点。三是加强对饲料的监管，提高饲料行业准入门槛，不断清理、规范饲料生产企业，重点查处使用瘦肉精等违禁药物行为，加强监督抽检，有效防范重大饲料质量安全事件的发生，饲料抽检合格率达到94%以上。四是加强对水产品的监管。开展水产苗种生产和质量安全督查，规范苗种生产许可，完善水产苗种生产单位数据库。水产品药物残留监测产地合格率达到97.4%以上。五是加强无公害农产品、绿色食品和有机食品监管。无公害农产品抽检合格率达到98.1%，绿色食品和有机农产品抽检合格率达到100%。

2011年，内蒙古自治区食品药品监督管理局、自治区工商行政管理局开展严厉打击流通环节销售假冒伪劣食用油、“地沟油”违法行为专项行动。各基层工商行政管理部门实施食品网格化监管，加强部门间的协作配合，制定处置“地沟油”和食用油安全事件的应急措施和程序。乌兰察布市察哈尔右翼前旗工商行政管理局联合公安部门捣毁了一个加工地沟油的“黑窝点”，查获94袋动物内脏及下脚料制成的脂肪油，没收全部用于加工油脂的工具，当场封存扣留9000公斤地沟油，并将案件移交当地公安部门处理。赤峰市在专项行动中，取缔“地沟油”黑窝点4处，收缴“地沟油”7200余公斤，全区累计取缔“地沟油”黑窝点7个，累计查处“地沟油”约2.1万公斤。

是年，内蒙古自治区食品药品监督管理部门、内蒙古自治区工商行政管理等部门在全区开展羊肉市场专项检查整治行动，重点打击以鸭肉等冒充羊肉的掺杂掺假行为。各级工商行政管理部门充分发挥快速检测设备的作用，有计划、有重点地开展食品快速检测。赤峰市工商行政管理局查处了一起以鸭肉冒充羊肉案，查扣424箱20余吨假冒羊肉，罚没款20.4万元。

2012年，根据国家食品药品监督管理局的统一部署，内蒙古自治区食品药品监督管理局会同自治区质量技术监督、工商行政管理等部门，在全区范围内开展为期四个月的肉类市场专项整治执法行动。集中整治假羊肉等肉类产品掺假售假违法违规行为，全区共检查肉类经营户5376户，规范经营行为256户，立案17起，罚没款120余万元。在流通销售环节取缔无证经营户18户，查获不符合食品安全标准的肉及肉制品1447吨。在生产环节取缔“黑窝点”5个，对7户有违法行为的企业进行处罚，移送司法机关追究刑事责任案件1起。在餐饮服务环节责令整改270户，查扣肉制品661.5吨。呼和浩特市工商行政管理局派出专案组先后赴黑龙江、山东等地进行调查取证，取得了视频证据资料，依法严厉查处了一批肉类市场的违法违规案件。

是年，内蒙古自治区食品药品监督管理部门开展对重点区域、重点场所食品经营，以及季节性和节日食品市场专项整治执法行动。针对群众节日消费的特点，对肉制品、乳制品、粮油及制品，饮料、儿童食品等进行抽检，坚决取缔无照经营食品行为，确保主体资格（是指主体从事某项工作、职业、活动时依照法律或专业规范应当具备的相应的资质）合法有效。全区共检查各类食品市场2122个次，检查食品经营户12.6万户次，规范和查处不合格食品经营户1624户。

2013年，按照自治区食品药品安全委员会的统一部署，各监管部门通过市场排查、明察暗访、群众举报、经营者自查等方式，组织进行拉网式摸底检查。重点加强乳及乳制品、肉及肉制品（包括牛肉干、羊肉卷、冷鲜肉和冷冻肉等肉类）市场专项整治，开展了酒类市场、两节市场、食用油市场及打击非法经营“地沟油”、食品添加剂等专项整治行动。截至12月10日，全区共检查各类食品经营户598635户次、各类市场7633个次，捣毁售假窝点36个，查办各类食品违法违规案件3074件，涉案金额5951万元，其中，检查肉食品经营户23245户次，查办肉类食品违法案件306件，查获不符合食品安全标准的肉及肉制品121吨。查扣各类假冒伪劣食品50432公斤，罚没款867万元，依法移交公安机关案件13起。

2014年，自治区人民政府办公厅印发《内蒙古自治区2014年食品药品安全专项整治和综合治理工作实施方案》，针对群众反映强烈的问题和抽检监测发现的风险隐患，开展专项整治和综合治理。按照国家食品药品监督管理总局部署，组织开展医疗器械“五整治”、保健食品打“四非”、农村牧区食品市场“四打击四规范”等专项整治行动。集中组织开展食品标识标签、婴幼儿配方乳粉、特殊药品等各类专项整治行动20多项，检查各类企业32万户次。自治区食品药品监督管理局被自治区安全生产委员会评为2014年“安全生产月”活动优秀单位。

是年，内蒙古自治区食品药品监督管理部门对重点品种、重点区域、重点时段，不间断地展开各项食品安全专项整治行动，加大对违法行为的查处力度。先后组织开展了婴幼儿配方乳粉、冻肉及熟肉制品、活禽和禽类食品、食用明胶、烤鱼片等儿童食品、儿童鱼肝油、农村牧区食品市场、超保质期食品、肉及肉制品、冷库食品市场、食品标签标识、端午节中秋节食品市场、校园周边食品市场、桶（瓶）装饮用水市场、食用油、酒类食品市场、保健食品市场等专项整治行动，共检查食品经营户171294户次，检查批发市场、集贸市场等各类市场2578个次，查处不符合食品安全标准的食品案件908件，查处不符合《食品安全标准》的食品34128公斤，罚没款214.08万元。

2015年，按照国家食品药品监督管理总局部署，自治区食品药品监督管理局开展酒类市场、肉及肉制品市场、水产品市场以及桶（瓶）装饮用水、饮料和边销茶市场、保健酒、配制酒市场及进出口食品市场、农村牧区食品市场等专项整治。全年共检查食品经营户195684户次，其中检查农村牧区食品经营户51201户，检查批发市场、集贸市场等各类市场1985户次，其中农村牧区625户次；查处各类食品案件464件，案值53.99万元；收缴罚没款115.67万元；查处不符合食品安全标准的食品40173公斤。

2016年，内蒙古自治区食品药品监督管理局针对重点时段作为监管平台，以重点场所为依托，在重点区域、重点品种开展食品安全销售环节的专项整顿。全区共查处不符合食品安全标准的案件1520件，案值221.36万元，涉案食品及食用农产品数量14566公斤，罚没款370.76万元。在口岸开展进口食品专项整治行动，满洲里市食品药品监督管理局在辖区内开展进口食品专项整治行动，268家俄罗斯进口食品经营企业全部建立经营档案和台账，与206家俄罗斯进口食品经营户、企业及6家市场主办单位签订《食品安全责任书》《市场管理者责任书》，与9家俄罗斯工艺食品生产者签订了规范中文标识的承诺书。同时针对重点口岸和重点销售地区，开展打击销售走私冻肉及肉制品的集中行动。加强俄罗斯、蒙古国等流入到内蒙古自治区食品市场的牛、马、羊等冷冻肉及肉制品的监督检测。

二、乳及乳制品监管

1985年，全区乳品生产能力达到15400多吨，13个乳制品被评为自治区优质产品，10个乳制品被评为轻工部优质产品，5个乳制品获得国家金、银质奖。全区乳品优质产品率占52.7%。

是年，针对奶粉质量下降的问题，内蒙古自治区质量监督检验所对全区各企业生产的全脂速溶奶粉、全脂加糖奶粉的质量进行统一检查。依据国家标准局颁发的“1985年度奶粉统检细则”，GB35—77、QB42—81、SB109—83和蒙QHH15—80标准，对奶粉的感观、理化、卫生指标、包装、标志和企业的质量保证条件进行检查。此次全区共检查32户企业、36个样本，合格企业12户，企业合格率为33.3%。

1986年，内蒙古自治区质量监督检验所在全区33个乳品厂抽取了68个乳粉样品进行检查，有42个样品合格，产品合格率61.8%，符合特级品的有39个样品。

2004 年，安徽阜阳“劣质奶粉事件”引起中央和地方各级党委、政府高度重视，自治区质量技术监督局立即组织有关盟市质量技术监督局对劣质奶粉名单上标称的内蒙古自治区企业开展清查，共检查奶粉生产企业 54 家。在检查曝光的劣质奶粉名单中，涉及内蒙古自治区生产企业 7 家，经实地核实，名单中所列的内蒙古生产企业有 2 家：内蒙古通辽市珠日和蒙兴乳业食品有限责任公司和内蒙古永欣乳业有限公司，质量监督部门责令其立即停产。

是年，自治区食品药品监督管理部门与自治区工商管理等部门配合共同检查大型超市及批发企业 246 家，检查奶粉零售企业 3175 家，共查获问题奶粉 31050 袋，查办案件 2 件，案值分别为 38 万元和 51 万元，并移交公安机关处理。

2005 年 12 月 2 日，根据国家食品药品监督管理局、质量监督检验检疫总局、国家工商管理局等五部门《关于加强液态奶监督检查工作的通知》要求，成立了由自治区人民政府分管副主席为组长，自治区食品药品监督管理局、质量技术监督局、工商行政管理局等部门组成的液态奶监管领导小组。相关部门对蒙牛、伊利、三元公司液态奶生产企业实施为期三周的驻厂监督，重点对原料进厂及产品标签标识进行督促检查核实，监管期间未发现有使用复原乳的情况。同时对其他液态奶生产企业、流通领域和 23 家生产厂家依照驻厂监管要求进行了检查，重点查包装标识、主要成分和含量、有效期等，未发现存在违法情况，也未发现生产企业使用复原乳的情况；38 家酸乳生产加工企业的检查也未发现使用复原乳的情况。

2007 年 5 月 25 日，国家食品药品监督管理局、国家质量监督检验检疫总局、发展和改革委员会、农业部、海关总署、工商行政管理总局联合发出《关于进一步加强液态奶监管工作的通知》。通知提出 5 项要求：一是开展液态奶专项国家监督抽查，重点检查糠氨酸和乳果糖项目，抽查工作执行“五统一”（统一检验项目、统一检验方法、统一检验标准、统一判定标准、统一汇总发布），确保抽查工作的科学性和权威性。二是实施液态奶重点企业驻厂监管，全国产品产量排名前 12 家的乳品企业，按每季度一次驻场监管，每次为期 2 周，确保每天监管人员驻厂跟班时间不少于 8 小时。三是建立和完善联合检查制度，相关部门联合检查实施驻厂监管以外的液态奶生产企业和所有销售企业。四是进一步建立突击性联合督查机制。五是加强液态奶监管工作的宣传。自治区食品药品监督管理局、自治区质量技术监督局、自治区农牧业厅、自治区工商行政管理局等部门转发《关于进一步加强液态奶监管工作的通知》，并提出液态奶生产环节、流通环节监管工作具体要求。重点检查奶牛饲料、防疫环节、原奶进厂、生产过程、成品仓库、产品标识等环节，以及液态奶销售环节等。

2007 年 8 月 3 日，国家质量监督检验检疫总局与内蒙古自治区人民政府在呼和浩特市签订《关于共同推动内蒙古自治区乳业发展合作协议》。国家质量监督检验检疫总局副局长李传卿与内蒙古自治区副主席郭子明分别在协议书上签字。按照合作协议，国家质量监督检验检疫总局将重点支持和帮助内蒙古自治区建立健全符合内蒙古实际的奶牛品种繁育、奶牛养殖、饲料及原辅材料加工、原乳收购与加工等标准体系；支持奶牛养殖基地标准化示范区建设，在项目立项上给予资金支持；给予质量、计量检测机构建设，提高技术装备水平和科学检测能力方面的支持；帮助指导乳制品企业建立和实施食品安全管理体系；支持实施名牌战略，开展国家质量免检；支持乳制品出口并指导企业做好检验检疫工作等。内蒙古自治区人民政府将重点负责推进乳业名牌战略，打造“乳业名牌大区”，力争到 2010 年有 1 ~2 户企业走进世界乳业 20 强。加强农产品宏观调控，加快农业基地建设步伐，为内蒙古乳品进入国内外市场创造条件。

2007 年 9 月，“三鹿牌婴幼儿奶粉事件”发生后，国务院发布《乳品质量安全监督管理条例》（第 536 号令），于 2008 年 10 月 9 日公布实施。该条例着重从奶畜养殖、生鲜乳收购、乳制品生产、乳制品销售等全过程的质量安全管理进行规范，加大对违法生产经营的处罚力度，强化监管部门的法律责任。自治区食品药品监管相关部门按照条例有关规定要求，在全区开展了乳品质量安全检查。

2007 年 9 月 19 日，内蒙古自治区人民政府召开会议，针对伊利、蒙牛两个企业的奶产品检出含有三聚氰胺事件，专门听取伊利、蒙牛两家企业的汇报后。会议做出以下决定：1. 加强对原料奶的管理，对区内两家企业的所有奶站派出人员实施“人盯人、人盯站、人盯车，封闭运行”的“三盯封闭监督”管理模式，确保原料奶质量合格；2. 帮助企业增加检测能力；3. 给予企业一定的经济支持，帮助企业渡过难关；4. 要求出厂产品批批检验。会后，内蒙古自治区食品药品监督管理局、内蒙古自治区质量技术监督局、内蒙古自治区工商行政管理局等部门，联合开展全面清查乳制品生产加工企业、销售企业、个体商贩活动，共检查乳制品生产企业 145 家，其中奶粉生产企业 48 家；对检出含有三聚氰胺的产品清点库存，不得出厂，流入市场的立即召回。

2009 年，为贯彻落实《乳制品质量安全监督管理条例》，自治区质量技术监督局制定《内蒙古质量技术监督系统开展食品安全整顿和加强食品生产监管实施办法》。以乳制品为突破口，监督企业把好四关：即原辅材料入厂验收关、添加物质进料使用关、生产加工过程监控关、产品出厂检验关。产品出厂批批检验，防止未经检验或经检验不合格的产品流入市场，乳制品生产企业驻厂监管撤出后，实施常态监管，跟踪企业出厂产品中的三聚氰胺的检测。

2010 年 2 月，内蒙古自治区质量技术监督局就进一步做好清查销毁问题乳粉工作发出紧急通知。要求对案件查办做到“三个一律”，即一旦发现问题乳粉坚决查处，违法企业一律停产停业，一律吊销证照，一律追究司法责任。查办案件做到“上溯有源，下追有终”，销毁的信息一定要有详细记录并保留影像资料。8 月起，内蒙古自治区质量技术监督局按照国家质量监督检验检疫总局的通知，组织各基层质量技术监督局对辖区内所有获得食品生产许可证的乳制品及含乳食品企业，每月安排一次监督抽查，抽取企业使用的各品种各批次原料乳粉样品，送内蒙古自治区内有资质的检验机构专门检验三聚氰胺含量。对开工生产的所有乳制品及含乳食品生产企业抽取当月生产的所有品种的产品各一个样品，交有资质的检验机构专门检验三聚氰胺的含量，发现问题立即查处，属于主观故意的，依法吊销生产许可证，并依法移交公安部门处理。

2011 年 1 月，国务院办公厅印发《关于进一步加强乳品质量安全工作的通知》。内蒙古自治区食品药品监督管理局、自治区质量技术监督局、自治区工商行政管理局等部门迅速行动，以抓重点、抓难点、抓亮点、抓增长点为主线，将食品特别是乳制品确定为重中之重，在全国率先开展“放心乳粉从内蒙古做起”行动。全区质量监督部门采取“许可重审、驻厂监督、批批检验、防伪包装、平台交易、全程监控、质量追溯”7 大措施，对乳粉产品生产实施全程监督，确保通过交易平台进入消费市场的产品质量全部符合国家标准，让广大消费者更放心、更安心。该行动受到自治区人民政府、国家相关部门的高度重视。5 月 24 日，包装印有“放心乳粉”字样和防伪标识的婴幼儿配方乳粉在蒙牛、伊利公司同时下线。

2011 年 5 月，内蒙古自治区质量技术监督局制定《内蒙古自治区“放心乳粉”实施办法（试行）》。通过实施“放心乳粉从内蒙古做起”行动，促进乳制品生产企业健康发展，提升内蒙古乳制品行业的整体水平。全区各级质量技术监督部门督促企业树立“企业是食品安全第一责任人”的责任意识，以内蒙古伊利实业（集团）股份有限公司等 6 家乳制品企业为试点，积累经验，逐步扩大到其他乳粉生产企业。采取多项工作措施，将产品相关数据实时上传到监控平台，并被授予专用二维防伪码，以实现产品全程监控、质量溯源。

是年，内蒙古自治区质量技术监督局自筹 100 多万元资金，为全区已取得生产许可证的 71 家乳制品生产企业全部建立电子信息追溯系统。系统具备查询、监管等功能。同时利用监督抽查、风险监测等技术手段，通过检验检测数据分析，及时提出预警信息，确保产品质量符合国家标准要求。按照国家要求，旗县级政府指定监管部门对辖区内的婴幼儿配方乳粉生产企业派员驻厂监督，监督指导企业落实质量安全主体责任。全区有7个旗县（区）质量监督部门派人员对7家企业实施驻厂监督。

是年，内蒙古自治区工商行政管理局安排部署全系统继续组织清缴“问题乳粉”专项整治。锡林郭勒盟、兴安盟工商行政管理局对输入性“问题乳粉”全面清剿，有效控制“问题乳粉”的流向，及时将案件移交公安机关。全区共检查乳制品经营户15.4万户次，取消不具备经营条件的乳制品经营户4215户；抽检各类乳制品2380个批次，合格率为97%。

2012年3月20日，内蒙古自治区质量技术监督局在北京组织召开“放心乳粉从内蒙古做起”行动二期工程新闻发布会，“放心乳粉从内蒙古做起”行动二期工程正式启动。

是年，内蒙古自治区食品药品监督管理局开展乳制品市场专项整治执法行动，严格乳制品特别是婴幼儿配方乳粉市场主体准入，在食品流通许可项目和注册登记经营范围中分类单项审核和管理。共检查乳制品经营户14.94万户次，规范乳制品经营户1898户，抽样检验乳制品1335个批次，合格率98%。

2013年，内蒙古自治区人民政府办公厅印发《内蒙古自治区进一步加强婴幼儿配方乳粉质量安全工作实施方案》。成立婴幼儿配方乳粉质量安全工作领导小组，领导小组办公室设在内蒙古自治区食品药品监督管理局。农牧业部门负责推进奶牛标准化规模养殖和健康养殖，强化奶牛养殖环节日常监管，严格饲料、饲料添加剂、兽药生产经营准入和资质审核；食品药品监管、质监、工商行政管理部门负责参照药品管理办法，严格管理婴幼儿配方乳粉生产加工企业，全面实施质量安全监管责任制，严格生产经营许可初审，落实《粉状婴幼儿配方食品良好生产规范》和经营许可条件，加强对企业执行情况的监督检查；企业落实质量安全主体责任，取缔不具备自建自控奶源、不实施原辅料批批验收、不实施产品出厂批批检验生产婴幼儿配方乳粉的企业，加大对非法生产经营婴幼儿配方乳粉行为的打击惩处力度；出入境检验检疫部门负责加强进出口婴幼儿配方乳品检验检疫监督管理，规范婴幼儿配方乳粉进出口程序，落实婴幼儿配方乳粉质量安全控制制度，保障进出口婴幼儿配方乳粉质量安全；经济和信息化等部门负责研究制定激励惩戒措施，推动生产经营单位诚信体系建设，建立所有乳品生产经营单位信用档案，及时向社会公告违法企业及其法定代表人黑名单，并通报有关部门，在投资、用地、融资、信贷等方面予以严格限制；卫生、食品药品监督管理部门负责强化食品安全风险监测，合理布局风险监测点，开展婴幼儿配方乳粉食品安全风险监测，及时进行风险通报，并对婴幼儿配方食品（乳基）国家标准执行情况进行跟踪评价。

是年，根据国家食品药品监督管理局和自治区人民政府的统一部署，内蒙古自治区食品药品监督管理局组织开展婴幼儿乳粉专项整治，严厉打击乳品生产及鲜奶收购各环节的违法违规行为。

是年，自治区工商行政管理局先后两次派出6个督察组，分赴12个盟市和2个计划单列市，分别对节日食品市场和食品安全监管工作进行监督检查。检查的主要内容是：依法核发食品流通许可证，落实食品安全监管十项制度，食品包装标识、生产日期、保质期和有关食品储存及在日常食品监管中留有执法痕迹。截至年底，全区有各类食品经营主体190864户，其中食品批发经营户有4719户、乳制品经营户84014户（含婴幼儿配方乳粉经营户14939户），创建食品安全示范店6580个。

2014年，为推动内蒙古自治区药店销售婴幼儿配方乳粉工作顺利进行，内蒙古自治区食品药品监督管理局成立全区药店销售婴幼儿配方乳粉工作推进协调小组，加强对试点药店进销货和监管行为指导和监管。经过严格筛选，全区共确定286家药店经营单位作为婴幼儿配方乳粉销售试点药店。开展了婴幼儿配方乳粉生产企业和销售企业代表约谈活动，实现药店销售婴幼儿配方乳粉全程可追溯监管。销售婴幼儿配方乳粉试点药店实施自愿退出原则，对国大药房在内蒙古所属各药店启用的“婴幼儿配方乳粉电子追溯信息卡”在全区范围内进行推广。同时在全区开展食品生产企业食品安全主体责任审计、婴幼儿配方乳粉生产企业监管指南、食品生产企业过程监管3项监管创新工作。

同年，在全区开展婴幼儿配方乳粉专项整治行动，检查婴幼儿配方乳粉经营主体9602户次，规范清理不符合婴幼儿配方乳粉经营条件的经营主体54户，查处销售不符合婴幼儿乳粉食品安全标准案件1件，查扣不符合食品安全标准的配方乳粉数量5公斤，取缔无证无照配方乳粉经营户2户。

2015年，针对内蒙古自治区市场上鲜奶吧存在着无证经营、超范围经营、超期销售等现象，内蒙古自治区食品药品监督管理局要求各盟市食品药品监督管理局组织开展鲜奶吧的清理整顿工作，杜绝无证经营现象；对新开办的鲜奶吧，严格按规定条件批准准入，对已发证的鲜奶吧从奶源控制、加工流程、使用添加剂、清洗消毒、留样等各个环节进行严格全过程控制；指导经营者建立并落实食品安全管理制度，健全完善食品安全档案；加大对鲜奶吧制售品种的监督抽检及风险监测力度，督促经营者定期对生鲜乳及加工制作成品进行检验。

2016年，针对使用乳粉生产复原乳，不按规定进行标注的违法现象，内蒙古自治区食品药品监督管理局紧急启动风险预警机制，要求各盟市食品监管部门加强对生产复原乳企业的监管，按有关规定对使用乳粉加工复原乳而未进行正确标注的行为进行严厉查处；要求各盟市食品生产监管部门在当地政府的领导下，加强对奶源质量的监管，密切关注奶牛数量的变化对当地产奶总量及奶源整体质量的影响，对不合格原奶坚决杜绝其进入生产环节；要求各盟市食品生产监管部门会同农业行政管理部门加强对原奶质量的监管，防止复原乳以原乳形式进入生产加工环节，乳品生产加工企业在液态奶生产加工过程中使用复原乳的，必须如实向当地食品药品监管部门备案。

三、小作坊个体商贩监管

1997年9月24日，内蒙古自治区人大常务委员会审议通过《内蒙古自治区食品摊贩和城乡集市贸易食品卫生管理条例》。

2002年，内蒙古自治区人大常务委员会审议通过《内蒙古自治区食品摊贩和城乡集市贸易食品卫生管理条例》。全区工商行政系统共整顿集贸市场2965个，取缔假冒伪劣商品摊位776个，取缔无照经营户24788户，端掉制假黑窝点194个，查处各类经济违法违章案件124246件，总案价值18424万元。

2005年10月，国家质量监督检验检疫总局印发《关于加强食品生产加工小作坊监管的指导意见（试行）》，内蒙古自治区各级质量监督部门结合本地区落实区域监管责任制的实际，加强对加工小作坊监管。摸清底数、建立档案，取缔非法生产。要求加工小作坊签订食品安全承诺书，明确其法定义务和应承担的法律责任，实行开业、歇业“两申报”制度，规范小作坊生产经营行为，严格实施出厂强制检验，鼓励小作坊联建检验室，引导小作坊规模经营，建立食品安全区域监管责任制，严格食品生产许可等措施，严打制售假冒伪劣食品违法行为。

2006年，内蒙古自治区质量技术监督局确定全区食品重点整治地区60个，涉及豆腐、馒头、粉条、熟肉、酱油、食醋等生产加工小作坊1500个。为配合此次专项整治，自治区质量技术监督局颁布了风干肉、豆腐、蒸制面食品地方标准。包头市、乌海市招商引资建豆腐生产企业，使其成为供应全市豆腐的主渠道，取缔豆腐加工小作坊。兴安盟科尔沁右翼前旗俄体镇是传统的粉条加工地区，曾出现过硫磺熏制现象，在当地质量技术监督部门严厉打击的同时，组织生产加工户成立了粉业协会，制定粉条地方标准，粉条质量和产品声誉大幅提高。

2007 年 6 月 22 日，国家质量监督检验检疫总局印发《关于进一步加强食品生产加工小作坊监管工作的意见》。根据食品生产加工小作坊多、小、散、乱、差的特点，食品生产加工小作坊监管坚持监管、规范、引导、便民的原则，以区域性专项整治为抓手，以严打一批、帮扶一批、整合一批、关闭一批为主要工作目标，整顿食品生产加工小作坊。自治区各级质监部门以此为据在全区开展整治食品生产加工小作坊活动，包头市成立全区第一家豆腐集中生产地，从根本上改善了小作坊生产条件、场所和环境卫生脏乱差的问题。

2008 年，内蒙古自治区食品药品监督管理局、内蒙古自治区质量技术监督局开展食用植物油专项执法检查，共检查食用植物油生产加工单位 61 家，小作坊 87 家，小作坊全部签订了质量承诺书。检查中没有发现生产加工企业存在分装单位（食品分装单位是指将其他制造单位生产的食品进行重新包装，也就是分装）和分装行为，没有发现使用废弃油脂、工业油脂、泔水油、地沟油等作为食用油原料的违法行为，获证企业执行标准全部符合国家强制性标准。

2010 年，根据《中华人民共和国食品安全法》有关食品摊贩和小作坊管理授权地方立法的精神，内蒙古自治区食品药品监督管理局组织开展了全区食品摊贩和小作坊的管理立法调研工作。在调查研究、反复征求各方面意见的基础上，起草《内蒙古自治区小作坊、小摊贩、小餐饮监管办法》，提交到内蒙古自治区人民政府法制办公室作为立法项目。

是年，内蒙古自治区质量技术监督局开展食品企业基本情况的调查，截至 2010 年 6 月底，全区共有食品生产小作坊 4311 家，已全部签订食品安全承诺书。对全区 124 家食用油获证企业实施检查，检查重点是在产企业除杂工艺中的过滤方法、非法使用添加剂和滥用非食用物质行为，以及原料入厂、产品出厂检验制度落实等情况。经检查，38 家企业处于停产状态，6 家食用油生产企业由于生产卫生环境不符合要求，已责令停产整改。对有固定场所、生产加工规模小、销售范围较固定的 243 家农村小油访进行逐一检查，检查中，大部分加工小油坊都属于来料加工，部分小油坊在除杂过滤中发现采用的是食用盐，部分小油坊直接压榨粗油，尚未发现使用“土盐”除杂的行为，未发现无证生产食用油的小油坊。

2011 年，内蒙古自治区人民政府办公厅印发《关于进一步加强食品生产加工小作坊和食品摊贩监督管理工作的意见》，明确了各级政府及相关部门对生产加工小作坊和食品摊贩监督管理的职责分工，各级政府负总责，有关部门负专责的监管体系。具体分工为：食品生产加工小作坊的监督管理由质量技术监督部门负责；食品摊贩监督管理由工商行政管理部门负责。同年，内蒙古自治区食品安全委员会办公室分赴 12 个盟市对开展为期两年的全国食品安全整顿工作进行评估考核。通过督查，未发现流通环节发生重大食品安全事故，食品生产环境比较平稳。针对小规模食品加工厂和小作坊式食品加工户普遍存在生产加工场所分散、卫生和产品质量难以达标的实际，工商行政管理部门鼓励和引导有条件的地区创办食品工业园区。

2012 年 2 月 3 日，内蒙古自治区质量技术监督局印发《内蒙古自治区质量技术监督局食品加工小作坊审查分级及监督管理暂行办法》。该办法对小作坊应当具备的卫生条件要求、设备要求、加工过程控制要求、人员要求、质量安全管理要求、包装储运要求等作出明确规定，对办理小作坊审查登记的程序、食品质量安全监管要求、法律责任作出具体的规定。同年，内蒙古自治区人民政府决定在全区推广鄂尔多斯市食品小作坊集中监管和食品质量安全电子追溯体系建设的做法。该市将信息化技术应用到食品监管工作中，实现电信运营商、终端设备、监管对象、监管部门的无缝链接。

2015 年 5 月 22 日，内蒙古自治区第十二届人民代表大会常务委员会第十六次会议通过《内蒙古自治区食品生产加工小作坊和食品摊贩管理条例》，自10月1日起施行。自治区食品药品监督管理局制定了《食品小作坊生产加工的食品品种目录》和“四品一械”（食品、药品、保健食品、化妆品、医疗器械）行政许可、现场检查工作指南等配套制度59项。

2016年，内蒙古自治区食品药品监督管理局制定《内蒙古自治区食品生产加工小作坊登记及监督管理办法（试行）》《内蒙古自治区食品摊贩和小餐饮备案管理办法》等配套制度及规范性文件，并向社会公开。

四、食品添加剂专项整治

1996年1月2日，中华人民共和国卫生部发布《食品添加剂使用卫生标准》（GB2760），1997年2月1日起实施。该标准规定了食品添加剂的品种、使用范围及最大使用量。至此添加剂可按规定标准应用于食品加工之中。

2002年，全区工商行政管理部门开展食品添加剂、农村牧区食品市场等专项整治活动。

2004年，全区以使用非食品原料生产加工食品、超范围和超量使用食品添加剂、生产“三无”食品及生产环境脏、乱、差作为重点治理内容，确定了10个重点地区和354家重点整治的小企业小作坊，开展专项整治行动。查处无证生产企业459家，244家不能有效保障食品质量安全的企业停产或转产，264家企业停产整顿，614家企业纳入开业歇业申报制度管理。

2007年，国家出台更严格的食品添加剂国标，从过去禁止放什么添加剂，具体到每种产品允许放什么添加剂，使食品添加剂使用更加科学规范。同年5月，国家质量监督检验检疫总局制定《食品生产加工企业食品添加剂物质使用备案管理办法》。该办法规定，凡从事食品生产加工的企业，必须将食品中全部添加物质的种类、用途、用量等情况向所在地县级质量技术监督局备案，并对备案内容的真实性负责。

2008年，“三聚氰胺事件”发生后，自治区农牧业厅向内蒙古自治区人民政府提交了《关于近期生鲜乳收购出现违禁添加物情况的报告》，报告提出因乳品质量安全监管涉及多部门管理，农牧业部门力量有限，建议执行地方政府负总责的制度，执行“分片划区、一村一企”规定，严厉查处乳制品生产企业向未取得生鲜乳收购许可证的单位和个人购进生鲜乳的行为。

2009年9月18日，卫生部、国家质量监督检验检疫总局等九部委联合发文，要求加强食品添加剂监督管理工作，自治区食品药品监督管理局、自治区卫生厅、自治区质量技术监督局等部门决定从9月开始到2010年底，集中开展打击违法添加非食用物质和滥用食品添加剂专项整治活动，进一步整顿全区食品添加剂市场。自治区食品药品监督管理局组织开展违法添加非食用物质和滥用食品添加剂专项检查抽验工作，组织内蒙古自治区产品质量检验所、内蒙古自治区粮油质量检测中心、内蒙古自治区食品药品检验所和内蒙古自治区兽药监察所的相关检测人员，对米面制品、淀粉制品、豆腐制品、肉与肉制品、酒类、水发水产品、调味品7大类14个品种的甲醛等共43项检测指标进行专项重点检查。共抽取1341个样品，其中城市817个样品，旗县323个样品，苏木乡镇201个样品。从检验结果看，除鸡肉、豆腐2个品种全部合格外，其余品种不同程度存在问题，问题最大的是粉条、馒头、鱿鱼3个品种，粉条不合格率100%，馒头不合格率为91.7%，鱿鱼中甲醛的检出率83.3%。

2010年，全区食品监管部门对139户食品添加剂专营店开展违法添加非食用物质和滥用食品添加剂的专项执法检查。其中，呼伦贝尔市的根河市查处超期、变质食品添加剂15公斤，乌兰察布市查处“三无”食品添加剂309糖化酶2袋（5公斤），满洲里查扣非食用物质添加剂30公斤和有问题的食品添加剂15公斤。

是年，内蒙古自治区食品安全委员会在全区组织开展打击非法添加瘦肉精、问题乳粉、地沟油、肉制品、酒类、塑化剂等重点食品、重点领域的专项整治。自治区质量技术监督局重点开展对乳制品、含乳制品生产企业的监管和供上海世界博览会食品生产企业的监管，督促企业落实质量安全主体责任。建立食品质量安全报告制度和质量安全风险信息管理机制，对可能存在风险的8种食品进行风险监测。

2011年3月，媒体披露双汇“瘦肉精”问题后，内蒙古自治区人民政府办公厅迅速制定下发《关于开展“瘦肉精”等违禁药品专项整治工作的紧急通知》（内政办发电〔2011〕16号），在全区组织开展“瘦肉精”专项整治工作。3月23日，自治区农牧业厅召开了全区农畜产品质量安全监管暨“瘦肉精”等违禁药品专项整治工作会议，进一步强调各地农牧行政管理部门要进一步提高认识，明确属地管理责任，积极筹划，全力以赴，建立目标管理制度，落实畜禽产品质量安全责任。增加检测频率，依法检查，严肃查处，并建立“瘦肉精”等违禁药品突发事件快速信息报告制度。加强舆论宣传引导，提高全民防范意识。

2011年4月，内蒙古自治区工商行政管理部门开展打击食品非法添加和滥用食品添加剂专项整治工作。全区各级工商行政管理部门严格规范食品添加剂经营者的经营主体资格，监督其建立和完善索证和进销货台账（记录进货、销售的流水账）制度，并向添加剂使用者出具销售凭证，实行添加剂实名销售。全区共检查食品添加剂经营户3280户次，查处销售假冒伪劣、标签标识不规范食品添加剂案件12起，查处流通环节涉及违法添加非食用物质和滥用食品添加剂的案件21起，查扣非食用物质和食品添加剂共计2197.4公斤。

2011年5月3日，内蒙古自治区质量技术监督局印发《严厉打击食品非法添加行为切实加强食品添加剂监管工作方案》。明确要求，任何单位和个人禁止在食品生产加工中使用食品添加剂以外的任何化学物质和其他可能危害人体健康的物质。按照卫生部公布的47种有可能加入食品中的非食品物质名单，加强非法添加行为的源头治理，对农业部公布的食品中可能违法添加的非食用物质和禁止在饲料和饮用水中使用的物质，属于工业生产许可证管理的，生产企业必须在标签中加印“严禁用于食品和饲料加工”等警示标识。按照卫生部公布的22种可能被滥用的食品添加剂名单，查处超范围、超限量等滥用添加剂的行为。制定《食品生产加工企业检查记录》，对7大项60个小项规定的内容进行现场检查，共互查企业215家，督查企业55家，40家企业被责令停业整顿，撤销、吊销21家企业的“食品生产许可证”，并列入黑名单。

2011年5月12日，按照《国务院办公厅关于严厉打击食品非法添加行为切实加强食品添加剂监管的通知》（国办发〔2011〕20号）有关要求，内蒙古自治区人民政府办公厅印发《内蒙古自治区严厉打击食品非法添加和滥用食品添加剂行为专项行动方案》（内政办发〔2011〕50号）。方案明确了食品添加剂生产、销售环节以及食品生产加工、流通、消费和食用农产品、饲料生产、畜禽屠宰、进出口食品的诚信体系建设，以及违禁物质生产流通等各个环节具体责任部门开展的工作任务和整治重点，实行周报告制度。各盟市、各相关部门持续深入开展食品安全专项整治工作，切实解决影响食品安全的突出问题。各地区、各部门张贴国务院食品安全委员会办公室等9部门公布的《关于严厉打击食品非法添加行为严格规范食品添加剂生产经营使用的公告》，加强政策宣传和添加剂生产、经营、使用知识培训，全面开展排查，组织企业开展依法生产、经营、使用添加剂承诺，对发现的违法违规行为坚决予以打击；在紧急开展“瘦肉精”整治月的基础上，安排部署了为期1年的“瘦肉精”专项整治行动。巴彦淖尔市、包头市、乌兰察布市查处4起涉及区内外的“瘦肉精”案件。根据国家有关防范和处置邻苯二甲酸酯类物质污染工作的要求，自治区部署“塑化剂”排查处置工作，重点检查有无采购和使用邻苯二甲酸酯类物质，有无使用台湾问题企业生产的“塑化剂”等情况。

2011年6月，按照国家食品药品监督管理局统一部署，在全区开展餐饮服务环节“瘦肉精”专项整治的同时，开展为期10个月的农村食品市场、乳制品市场、食用油和酒类市场等流通环节专项整治行动，对重点食品品种和重点区域、重点场所，以及季节性、节日食品市场进行重点专项整治。全区共检查食品经营户42.88万户次，检查批发市场、集贸市场等各类市场5781个（次），查处食品流通环节违法违规案件1985件，罚没款655.19万元，案件数、罚没款数与上年同期相比分别提高16%和71%。

2012年，内蒙古自治区食品药品监督管理局和自治区质量技术监督部门联合开展添加剂等17项食品安全专项整治行动。在全区重点打击流通环节违法添加非食用物质和滥用食品添加剂违法行动中，加大对食品添加剂经营户的日常巡查频次，督促食品添加剂经营户建立和完善索证索票、进销货台账制度、不合格食品添加剂退市和食品添加剂实名制销售制度，共检查食品添加剂经营户3372户次，取缔无照经营5户。以辣椒、花椒和火锅底料等食品为重点，核查经营场所和库房是否存放罗丹明B、苏丹红、碱性橙等工业染料，全区共检查食品经营户6.7万户次，未发现食品中违法添加罗丹明B等工业染料的经营行为。

2015年，内蒙古自治区食品药品监督管理局开展含铝食品添加剂使用标准执行情况专项检查，重点检查曾经使用酸性磷酸铝钠、硅铝酸钠和辛烯基琥珀酸铝淀粉为原料的食品添加剂生产企业，膨化食品、焙烤食品、小麦粉及其制品生产经营企业，食品添加剂经营企业，加工经营小麦粉制品（馒头、花卷、包子、发糕等）、焙烤食品（饼干、面包、蛋糕等）、油炸小麦粉制品（油条、油饼、炸糕、麻花等）的餐饮服务单位。

五、酒类专项整治

1998年，内蒙古自治区质量技术监督部门针对白酒市场销量大、管理混乱的情况，提出“规范散装白酒，打击假冒名优，促进白酒质量提高”的整治方案。一是对生产企业及市场销售无包装、无标识的散白酒，制定统一检验方案，规定散白酒的主要质量指标，经抽查43个企业的43个批次产品，合格率为93%；二是广泛检查批发市场及宾馆饭店销售的名优白酒，查出327家销售假冒名优白酒的单位和个人，端掉“黑窝点”31个，没收假冒名优白酒4000多件。

2006年，全区共有散装白酒批发企业183家、散装白酒零售单位2456家、散装白酒批零兼营单位600家。在专项整顿中发现，有694家经营单位存在销售“标签标识标注不规范、配料表内容不完整、无标签”白酒等问题，对74家经营单位的违法违规行为依法进行处罚。

2011年6月9日，国务院食品安全委员会办公室发布《关于进一步加强酒类质量安全工作的通知》（食安办〔2011〕23号）。根据通知要求，全区开展酒类专项治理活动。包头市工商行政管理局在青山区工商行政管理分局进行试点，并全面落实“一票一书二库”制度：“一票”即实现对流通领域酒类食品的可追溯管理，要求酒类供应商在向零售商供货时，提供加盖供应商印章的“商品流通票据”；“一书”即落实不销售假酒承诺制度，签订不销售假酒承诺书；“二库”即落实酒类供应商信息资料库和销售经营者信息库制度，对酒类供应商和经营者信息进行全面备案登记。呼伦贝尔市工商行政管理局查获假冒茅台酒30余瓶、假冒“海拉尔”牌纯粮白酒59箱。全区各级工商行政管理部门共检查酒类经营户37521户次，查扣涉嫌假冒“五粮液”“茅台”“河套”“汾酒”“郎酒”“水井坊”“剑南春”“青花瓷”“蓝花瓷”等白酒3723瓶、假冒国产葡萄酒4032瓶、假冒进口葡萄酒18瓶、假冒其他酒类345瓶，并对两起涉案金额大、影响大的假冒“长城干红酒”“五粮液”案件移送司法机关处理。

2012 年，内蒙古自治区食品药品监督管理局在全区开展酒类市场专项整治，对流通环节酒类质量进行重点抽检。全区共检查酒类经营户 7.97 万户次，查获假冒白酒 1872 公斤，下架不能提供主体资格及进货票据的奶酒 1677 瓶、无质量检验报告奶酒 1123 瓶。

2013 年 1 月 23 日，内蒙古自治区人民政府为加强酒类生产和流通管理，维护酒类市场秩序，保护生产者、经营者和消费者的合法权益。根据《中华人民共和国产品质量法》《中华人民共和国食品安全法》和国家有关法律、法规的规定，结合自治区实际，自治区人民政府第一次常务会议审议通过《内蒙古自治区酒类管理办法》，自 2013 年 5 月 1 日起实施。

2014 年，内蒙古自治区食品药品监督管理局开展白酒生产企业产品质量安全隐患排查，摸清内蒙古自治区白酒生产企业的质量安全现状，掌握白酒行业的风险隐患，严惩生产假冒伪劣白酒等违法行为。通过建立企业质量安全受权人制度，使企业真正承担起质量安全主体责任，构建白酒生产企业监管机制。同年 11 月—2015 年 3 月，内蒙古自治区食品药品监督管理局在全区开展了为期 5 个月的食品流通环节酒类市场专项整治。

六、校园及周边食品监管

20 世纪 50—90 年代，学校食堂监管重点是预防控制食物中毒。卫生部门每年不定期到学校食堂进行监督检查。

2004 年，内蒙古自治区人民政府下发《关于进一步加强中小学和幼儿园安全管理工作的紧急通知》，明确把中小学幼儿园纳入公共卫生管理领域，卫生部门负责加强少年儿童卫生防疫工作和对中小学、幼儿园食堂及周边饮食店、小卖部、家庭小餐桌的监督管理，开展经常性查验工作。

2007 年，按照国务院办公厅有关要求，结合内蒙古自治区实际，内蒙古自治区食品药品监督管理局制定《内蒙古自治区 2007 年食品安全专项整治行动方案》，把整治学校食堂、建筑工地食堂等作为专项整治重点，采取联合行动、集中执法和综合执法等有效措施进行整治，校园及周边食品安全环境得到明显改善。

2012 年，内蒙古自治区食品药品监督管理局与教育部门联合开展农村义务教育学生营养改善计划餐饮安全监管调研督查专项活动，要求各盟市加强日常监督检查，严查食品采购、贮存、配送、分餐等各环节食品安全隐患，制定《内蒙古自治区农村义务教育学生营养改善计划学生供餐准入管理办法》，确定不同供餐模式的准入条件和管理要求，规范准入条件，严把供餐准入关，较好地履行了监管职责。自治区食品药品监督管理局与自治区教育厅组成联合调查组，赴赤峰市宁城县三座店乡存金沟小学调查食物中毒事件，完成了对食物中毒事件的核查处置工作。自治区食品药品监督管理局在全区开展学校食堂专项检查，共出动执法人员 25805 人次，检查中小学食堂 7007 户次，查扣不合格食品及原料 318 公斤，销毁问题食品 251 公斤，下发监督意见书 5677 份，责令整改 471 户，行政处罚 86 起，责任约谈 21 起，警告 623 户，责令停业 10 户，罚款 24.2 万元，取缔无证经营户 3 家。

2013 年，根据国家食品药品监督管理局的统一部署，内蒙古自治区食品药品监督管理局与教育、交通、旅游、监狱管理、民族事务等部门联合组织开展学校食堂、高速公路服务区餐厅、旅游景区餐饮服务单位、监狱食堂和清真餐厅等食品安全隐患排查治理专项行动。

2014 年，为建立保障学校周边食品安全的长效机制，内蒙古自治区食品药品监督管理局在全区各旗县区城镇集中开展在校园周边设立“食品安全严管街”活动。各旗县区食品药品监督管理局所属食品药品监督管理所（工商所），按区域建立校园周边街道食品安全网格化监管，明确网格巡查员的食品安全监管工作职责。实行定人、定岗、定责，加强责任分工，建立食品原材料采购台账制度，检查食品经营主体的进货台账和下架退市记录。食品药品监督管理部门承担校园周边严管街的食品安全监管工作，协调城管、市容、教育、卫生、工商、质监、公安和街道办事处、居委会等相关职能部门，按照职责分工，各负其责，通力协作，加大对校园周边超范围经营或无照经营食品行为的查处取缔力度，取缔无证无照、非法占道经营流动食品摊点，查处销售假冒伪劣和有毒有害食品的行为。

2015 年，内蒙古食品药品监督管理局针对重点品种、重点区域、重点问题，在全区开展学校食堂（托幼机构）、校园周边食品市场专项整治。

2016 年，内蒙古自治区人民政府办公厅印发《关于加强学校食堂等餐饮业食品安全监管工作的意见》，自治区食品药品监督管理局制定《餐饮单位“清单式”内部巡查制度》，组织开展大排查、大整改、大培训攻坚行动和量化等级提升工作，联合自治区教育厅开展 3 次全区学校食品安全大排查工作。在学校开学和中高考等重点时段，对 275 所学校食堂及其周边餐饮服务场所进行监督检查，保障学生饮食安全。

七、重大节庆食品安全保障

1990 年，内蒙古自治区标准计量局在春节期间，对商业、供销、农业、外贸 4 个系统 12 个经销公司的部分食品进行突击检查，重点抽查了 5 个经销罐头的公司，共抽检 5 类 66 种罐头，价值 67.5 万元。从检查结果看，食品标签问题较突出，超过保质期的有 15 种；无生产日期、无净重标记、无固形物含量的 17 种；无保质期要求的 25 种，没有合格证的 65 种；劣质罐头 6 种。

1999 年，内蒙古自治区质量技术监督局统一组织开展节日市场商品质量执法大检查，联合公安、新闻等单位打击了一批制售假冒伪劣商品的违法分子，对市场上标识混乱、假冒现象严重的粮油制品和质量低劣的酱油、饮料等商品进行行业性整顿，限期整改，强制复查。此次节日执法大检查，共查获劣质酱油、食醋 12 吨，劣质白酒 3238 件，注水猪肉 461 吨，假冒名优白酒 301 件，假冒化妆品 137 件。端掉兑制劣质酱油生产企业 7 家、批发单位 3 家；查处非法印制各种名优大米、面粉包装袋厂 8 家，没收印版 31 块、假冒包装袋 12000 多条；查封生产假冒上海等地糖果厂 3 家，没收糖果 5 吨；查获制售假冒白糖生产点 1 家，没收白糖 1300 公斤、假冒包装 8.2 万个及制假工具；端掉非法生产劣质熟肉制品加工点 5 家。是年，自治区工商行政管理局对节日市场进行清理，共查处假劣白酒 6.1 万瓶、过期变质食品 2.8 万公斤、劣质饮料 1.5 万盒（袋），捣毁制假黑窝点 13 个。

2000 年，全区各级质量技术监督部门开展元旦、春节期间节日市场大检查。对本地区销售的白酒、啤酒、葡萄酒、生熟肉制品、食用油、调味品、小麦粉、大米等食品进行包装标识、“生产许可证”、安全认证等方面的检查。查处假冒伪劣白酒 198 批 31454 升，查处伪劣生熟肉制品 67 批 4120.5 公斤，查处伪劣食用油 22 批 457 公斤、伪劣小麦粉 70 批 268923 公斤、伪劣大米 36 批 5370 公斤，查处伪劣饮料 224 批 369204 公斤。查处 1 处无证生产砖茶窝点，查封砖茶 615 吨、制茶原料 25 吨、制茶设备两台，价值 4.6 万元。

2001 年，内蒙古自治区质量技术监督局开展元旦、春节期间市场商品质量监督和安全检查工作。食品类重点检查酒类、粮油、饮料、包装食品等。同年“3·15”期间，呼和浩特市质量技术监督局共出动执法人员 100 多人次，检查肉制品加工企业使用原料的进货渠道、检验检疫证明和票据等手续是否齐全有效，对来路不明、手续不全的 488 公斤生肉，采取了封存措施。

2004 年，内蒙古自治区食品药品监督管理局与自治区质监、工商行政管理、卫生等部门在全区开展以粮食、肉食、奶食、蔬菜、副食品和饮料为重点的节日食品市场一系列专项整治行动，严厉打击制售注水肉、病死肉、“地沟油”和变质、过期、伪劣食品的不法行为。开展儿童食品、农村牧区食品、清真食品、豆制品、奶制品、酒类等食品安全专项整治，突出重点品种、重点区域的整治。禽畜屠宰和肉制品监管成效明显，生猪定点屠宰率达到95%以上，病死肉、有害肉得到有效控制，确保人民群众的食品消费安全放心。

2005年，内蒙古食品药品监督管理局开展节假日食品、儿童食品、农村牧区食品、清真食品、豆制品、奶制品、酒类，以及苏丹红一号和禽流感等食品安全专项整治。全区共检查食品生产企业、食品经营企业23.5万家次，查处食品违法案件1.5万起，涉案货值金额1612.51万元；取缔无证照食品企业8919家，吊销食品生产、经营和餐饮企业证照237个，取缔私屠乱宰场185家，累计罚款646.78万元。

2006年，内蒙古自治区食品药品监督管理局、自治区工商行政管理等部门加强国庆、中秋两节期间食品药品安全监督管理工作。重点检查集贸市场、各大超市、商场、城乡接合部和路边散摊的粮、油、肉、蔬菜、水果、奶制品、豆制品、水产品、月饼等节日大宗消费食品与百姓日常相关的消费食品。

2007年，是内蒙古自治区成立60周年。内蒙古自治区食品药品监督管理局在全区开展为期4个月的“保食品药品安全，迎60周年大庆”集中整治行动。一是做好《自治区重大食品安全事件应急处理预案》的落实，防范“大庆”期间重大食品安全事故的发生；二是针对庆祝活动的整体安排，确定大庆期间食品安全监管的重点区域和重点环节。集中整治的重点环节是：初级农产品种植养殖源头、生产加工环节、流通环节和餐饮消费环节；重点品种是：小麦粉、粮油、蔬菜、豆制品、水产品、肉及肉制品、乳及乳制品、饮料及桶（瓶）装饮用水、冷冻食品、儿童食品、保健食品和酒类等；整治的重点企业是：农副产品种植养殖基地、大中型农贸批发市场、食品生产加工企业、畜禽屠宰场、超市、餐饮企业、机关食堂、建筑工地食堂、学校及幼儿园食堂等集体就餐场所；重点区域是：内蒙古自治区人民政府和各盟市政府（行署）、旗县政府所在地、学校周边地区、旅游景点、车站及人口密集区、城乡接合部、农村牧区集贸市场。

2008年，伊利集团公司的乳制品、武川县马铃薯和通辽市科尔沁牛业股份公司的奥运冷冻牛羊肉等13个企业和基地的产品，被列为北京奥运会的供应食品。为确保涉及奥运会供应食品质量安全，自治区食品药品监督管理部门、自治区各级质量技术监督等部门，按照国家要求对涉及奥运会食品分层次进行监管：内蒙古自治区食品药品监督管理局制定了《加强奥运会和残奥会期间食品药品安全保障和维护稳定工作方案》，明确分工，实行严格的责任制和责任追究制。明确由一个监管部门主要负责，其他部门协调配合，齐抓共管，做好全程监控。马铃薯供应基地主要由农牧业部门监督，加强田间管理，由农业专家24小时指导服务。内蒙古伊利实业集团股份有限公司、内蒙古科尔沁牛业股份有限公司定点供应等企业采取驻厂监管、封闭生产、批批检验的措施，监管小组实施24小时不间断监管。对136家销往6个奥运会比赛城市的食品生产加工企业的原辅料来源、生产条件检验报告、销售记录等实施严格监管，特别对动物源性食品企业严加监管。严格小作坊生产食品在限定区域销售的制度。由于措施得力、防控有方，内蒙古供应奥运会食品未发生任何质量安全问题。

2010年，内蒙古自治区食品药品监督管理部门、自治区质量技术监督部门、自治区工商行政管理部门在中秋、国庆两节期间开展月饼和熟肉制品监督检查工作。同时，围绕与广大消费者息息相关的粮、肉、蔬菜、水果、奶制品、禽类、儿童食品、饮用水等重点食品，在全区先后开展节日食品市场专项检查。采取四突出的方法：一是突出重点场所和重点品种，集中力量开展食品市场专项执法检查；二是突出食品质量监管，确保流通环节食品消费安全；三是突出案件查办工作，严厉打击食品违法经营行为；四是突出发挥“12315”行政执法体系的作用，积极防范并有效应对食品安全突发事件。同时针对中央电视台“3·15”晚会国家质检总局发布的有关食品方面的质量抽查结果，有针对性地开展清查工作。

是年，为确保上海世界博览会进行期间和广州亚运会期间的食品质量安全，内蒙古自治区食品药品监督管理局、内蒙古自治区质量技术监督局等相关部门对供“上海世博会”和“广州亚运会”的4大类19个品种进行检查监控，对食品生产企业检查巡查34次，安排风险监测36个批次，监督检验24个批次，共抽取样品54个，覆盖供世博会的全部品种。内蒙古自治区供上海世博会食品未出现任何质量问题。

2011年，内蒙古自治区食品药品监督管理局、自治区工商行政管理局开展中秋、国庆节日期间食品市场监管活动。一是集中开展中秋节月饼市场专项执法检查；二是集中开展国庆节食品市场专项执法检查。对重大食品安全事故，按照程序快速启动应急机制。

2012年，内蒙古自治区食品安全委员会下发《关于切实做好中秋、国庆及十八大期间食品安全工作的通知》。要求各地区食品安全委员会办公室加强综合协调和指导监督工作。农牧业部门负责加强农畜水产品养殖环节的监管；商务部门负责加强畜禽屠宰环节的监管；质量技术监督部门负责加强食品生产企业和小作坊的监管；工商行政管理部门负责加强流通环节食品监管；食品药品监督管理部门负责加强餐饮服务环节的监管；公安部门配合相关部门开展“两节”，以及“十八大”期间食品安全专项整治工作；教育部门加强学校食堂和校内小卖部的管理。内蒙古自治区食品药品监督管理部门、自治区工商行政管理部门以商场、超市、批发市场为重点，开展元旦、春节城乡食品市场集中清理检查，打击制售假冒伪劣食品，经销过期霉变、有毒有害和不符合食品安全标准等违法行为。同年，内蒙古自治区食品药品监督管理局开展自治区“两会”和自治区党代会等多次重大活动餐饮服务食品安全保障工作，盟市、旗县承担了本地区重大活动餐饮服务食品安全保障任务。全年全区共完成国际性重大活动保障21次，全国性重大活动保障38次，省级重大活动保障45次，省级以下重大活动保障271次。

2014年，内蒙古自治区食品药品监督管理局、内蒙古自治区工商行政管理局开展元旦、春节期间流通环节食品安全监管工作。一是严厉打击流通环节食品非法添加物和滥用食品添加剂、“瘦肉精”“地沟油”等违法犯罪专项行动；二是严把食品市场准入关，落实索票索证制度和进销货查验制度，加大食品市场监管和执法抽检工作，全面排查流通环节食品安全隐患；三是加大案件查办力度。加强对退市食品的监管，严防过期食品流入城乡接合部及农村牧区食品市场。

是年，全区各级食品药品监督管理部门加强端午节、六一儿童节及大中专院校招生考试期间食品市场监管工作。一是集中开展端午节粽子市场专项执法检查；二是集中开展六一儿童节中小学校周边小食杂店、超市专项执法检查，严格检查经销散装食品、预包装食品经营户销售不合格食品、过期变质食品及劣质食品的问题，特别是严查校园周边“五毛钱”小食品安全问题，依法取缔不具备食品安全经营条件、存在严重食品安全隐患的食品经营户；三是集中整治大中专院校考场周边食品生产、加工、经营企业网点。

2015年12月至2016年3月15日，为保障2016年元旦、春节期间食品安全，严厉打击食品经营、销售及餐饮环节违法行为，内蒙古自治区食品药品监督管理局开展“两节”期间食品安全专项监督检查工作。共检查经营户12128户次，取缔无照经营食品10户，规范食品进货台账187户，规范散装食品标识122户，查封标签不符合食品安全法规定的进口肉制品53件；查扣“三无”［无生产日期、无质量合格证（或生产许可证）、无生产企业名称］，超保质期的粮食制品、调味品、豆制品、食用油、膨化食品、酒类、肉及肉制品、散装食品、牛奶、儿童食品等66个品种160余公斤，货值15300余元；下达责令整改通知书263户；解决消费者投诉5起，挽回经济损失420元；处理群众投诉举报1起，查封扣押标签标示不符合规定的儿童饮料4种食品、200余瓶（袋），计50余公斤。全区检查餐饮企业27335户次，组织监督抽验1086批次。下达整改通知书1767份，限期整改企业1767家，处罚餐饮企业126家，封存扣押问题食材510公斤。

2017年，按照自治区党委、政府的统一部署和安排，全区各级食品药品监管部门深入落实李克强总理关于内蒙古自治区成立70周年庆祝活动重要指示和李纪恒书记关于做好重大活动食品安全保障工作的讲话要求，将自治区成立70周年食品药品安全保障工作作为首要任务，制订工作方案，成立了领导机构，建立健全协调保障机制，压实各方责任，采取排查巡查、重点检查等方式，密集开展食品药品生产经营全链条日常监督检查。组织开展了2次全区性食品药品安全专项督查，组织食品药品安全应急演练17次，共派出100余万人次开展社会面食品药品安全监管，保障定点接待酒店40家，安排645名监管人员全天候、全过程驻点监管，对60余万人次的餐饮食品进行了安全保障，得到了中央代表团的肯定，受到国家食品药品监管总局通报表扬。

是年，圆满完成了第六届库布齐沙漠论坛、《联合国防治荒漠化公约》第13次缔约方大会、中国—蒙古国贸易博览会、外交部内蒙古全球推介活动、全国民族团结进步创建经验交流现场会、全区第九届少数民族运动会等15项重大活动的食品安全保障工作任务。

第二节　重大事件处理

一、砖茶氟超标事件处理

砖茶（边销茶），是边疆少数民族地区生活的特需商品，内蒙古自治区是全国砖茶的主要销售区之一，20世纪90年代，内蒙古自治区年需砖茶达7500吨左右。市场销售的砖茶主要是湖北省、湖南省的产品。为稳定砖茶市场，保障供给，国家对边销茶实施“定点生产、归口经营”的政策。国家民族事务委员会、供销合作总社专门定点湖北赵李桥茶厂、湖南临湘永巨茶厂、湖南白沙溪茶厂3家为内蒙古地区供应砖茶。

1995年，为降低砖茶中的氟含量，国家开始进行降低砖茶氟含量的研究，研制成功氟含量为180~210毫克/千克的低氟砖茶。

1999年，内蒙古自治区技术监督局对市场销售的砖茶质量调查时，发现涉及非定点生产企业有6家，非法经营质量低劣的砖茶量约占市场1/5的份额。依据GB9833《紧压茶》、GB9679《茶业卫生标准》，对市场销售的21个批次青砖茶、黑砖茶和茯砖茶的理化、卫生、包装、标识等15项指标进行全面检验，合格5个批次，抽样合格率为23.8%。其中，青砖茶抽检合格率为57.1%，黑砖茶抽检合格率为20%，茯砖茶质量无一合格。经了解，湖南生产茯砖茶的企业多为个体生产企业，无去杂、除尘、净化设备，质量无法控制，是造成茯砖茶质量不合格的主要原因。为此，内蒙古自治区技术监督局提出组织修订GB9679《茶叶卫生标准》，统一规定砖茶氟含限量指标和相应的检验方法，建议砖茶生产企业在产品包装或说明上注明砖茶氟含量及科学饮用方法，指导消费。建议相关部门对茶区的生产企业提出整顿治理的规范要求。

2007年，内蒙古自治区工商行政管理局对全区茶叶市场进行了为期3个月的集中整治。一是重点对边销茶、绿茶、花茶、红茶等系列产品加大检查力度，对进货来源、包装、广告等进行监督检查；

二是督促检查茶叶经营者建立健全进货查验、索证索票、购销台账、产品质量安全承诺、不合格茶叶退市等制度；三是取缔无照经营；四是检查茶叶中农药残留超标及重金属超标问题，茶叶经销中加入有害着色剂和非食品原料等行为；五是对农村集贸市场、茶叶经销门店、超市、商店等重点地区进行巡查。全年累计检查各类门店5672户，查获无QS认证标志、过期茶叶3种，价值8.3万元。

2007年10月，呼伦贝尔市地方病防治研究所研制成功符合国家标准（GB19965—2005砖茶含氟量<300毫克/千克）的低氟砖茶，并指导云南省普洱市普春茶厂、浙江省武义县骆驼九龙砖茶有限公司大批量生产低氟砖茶，在呼伦贝尔市、锡林郭勒盟、呼和浩特市、赤峰市克什克腾旗大量销售。

2008年，针对内蒙古自治区市场销售的砖茶氟含量普遍超标的问题，内蒙古自治区民族事务委员会、质量技术监督局、食品药品监督管理局向国家民族事务委员会、国家质量监督检验检疫总局、国家食品药品监督局提出《关于对砖茶中氟含量超标问题处理意见的请示》。请示建议，国家相关部门组织实施对砖茶生产的专项整治，加强对砖茶生产企业的监管力度和诚信建设，确保生产环境和工艺流程符合国家有关规定，从源头上保证产品质量。建议在过渡时期制定氟含量临时限定标准，将调整氟含量标准同砖茶含铅量超标及农药残留问题共同研究解决，加大砖茶产区企业和销区市场的管理力度。此后，砖茶合格率逐年提高。

是年，内蒙古自治区食品药品监督管理局对具有地方特色且产量大的食品进行食品安全的总体状况调查与风险评估。采样点包括4个盟市和8个旗县的食品批发市场、大型超市、连锁超市、城乡集贸市场、乡镇农贸市场及食杂店，每个品种的样本量为32个。调查与评价的品种为奶茶粉和砖茶。其中砖茶合格率非常低，主要为铅、滴滴涕及氟3项指标超标，特别是氟的含量严重超标，GB19965—2005规定为每1千克砖茶允许含氟量为≦300毫克，而湖北省赵李桥茶厂生产的砖茶含氟量达到1700毫克，引起内蒙古自治区和国家有关部门的高度重视。

2008年奶茶粉、砖茶不同抽样区域分布表

表2-4

序号	品种	市区（批次）	旗县（批次）	乡镇苏木（批次）	取样来源（批次）	
					超市	农贸市场
1	奶茶粉	8	15	9	24	8
2	砖茶	8	17	7	23	9
3	合计	16	32	16	47	17
4	总合格率	50.0	50.0	50.0	51.1	47.0

2008年呼和浩特等4个盟市奶茶粉、砖茶抽样合格率表

表2-5

序号	盟市	合格率（%）	
		奶茶粉	砖茶
1	呼和浩特市	100.0	0
2	包头市	100.0	0
3	锡林郭勒盟	100.0	0
4	乌兰察布市	100.0	0

2008 年奶茶粉、砖茶在市区、旗、县、乡镇苏木抽样合格率表

表 2-6

序号	品种	抽验区域合格率（%）		
		市区	旗县	乡镇苏木
1	奶茶粉	100.0	100.0	100.0
2	砖茶	0	0	0

2008 年抽样 32 批次砖茶生产企业不合格指标统计表

表 2-7

序号	企业所在省区	抽样批次	不合格指标（批次）		
			氟	铅	滴滴涕
1	湖北	20	20	16	3
2	湖南	7	7	5	0
3	四川	4	4	4	2
4	内蒙古	1	1	1	0

2009 年，呼伦贝尔市地方病防治研究所在鄂尔多斯市伊金霍洛旗、乌兰察布市四子王旗、赤峰市克什克腾旗开展《不同氟含量低氟砖茶预防饮茶型氟中毒效果的评价》研究中发现，普通高氟砖茶仍在市场广泛销售。内蒙古自治区人民政府对普通砖茶引起饮茶型氟中毒现象非常重视，自治区人民政府办公厅发文明确要求，对定点厂家生产的含氟量较高的砖茶立即下架封存，有步骤、有计划的清理退市。

2015 年，全区抽检砖茶 32 批次，4 批次不合格，不合格率占 12.5%。

2016 年，全区抽检砖茶 48 批次，全部合格。

2017 年，全区抽检砖茶 120 批次，1 批次不合格，不合格率占 0.8%。

二、婴幼儿配方奶粉事件处理

2004 年 4 月，阜阳劣质奶粉事件曝光后，内蒙古自治区食品安全协调领导小组办公室印发《关于立即开展对全区奶粉生产经营情况进行全面检查的紧急通知》。自治区食品协调领导小组办公室牵头组织自治区卫生厅、工商行政管理局、质量技术监督局组成 3 个调查组，分别前往“黑名单”涉及的呼伦贝尔市、通辽市、巴彦淖尔市核查劣质奶粉的生产和销售情况。调查发现，“黑名单”中标称内蒙古自治区生产的共有 6 个厂家 10 个产品。经查明，在 6 家企业中，海拉尔蒙丹乳业有限公司完全是冒充内蒙古自治区的企业，其余 5 家均证照齐全；有 4 家否认生产过“黑名单”中的产品（其中 1 家 2003 年初已停产），另外 2 家没有生产乳粉的能力，1 家承认生产过“黑名单”中的个别产品，由当地政府组织有关部门去安徽阜阳确认，其包装、生产日期等两地产品均不能吻合，排除了安徽阜阳黑名单劣质奶粉生产源头在内蒙古自治区的嫌疑。此次检查在生产厂家封存散装劣质奶粉 151.3 公斤、装箱劣质奶粉 70 件，销毁劣质奶粉 6.4 公斤；在市场封存劣质奶粉 44 公斤，没收劣质奶粉 799 袋，销毁劣质奶粉 1018 袋，查出有问题奶粉 1113 袋，封存违法经营奶粉 1200 公斤。

2004 年 4 月，根据举报，内蒙古自治区质量技术监督局会同通辽市质量技术监督局、公安局在科尔沁左翼后旗查获了一起生产劣质奶粉大案，执法人员在科尔沁左翼后旗吉云纸箱厂查出麦芽糊精、乳清粉、玉米淀粉、白砂糖等制假原料25.6吨，奶粉半成品18.2吨，标注“科左后旗能维乳业有限公司生产”和“产品质量由中国人民保险公司承保”字样的包装袋近25万个，标注“内蒙古自治区科尔沁左翼后旗能维乳业公司生产”和“内蒙古科左后旗梅雪乳业有限公司生产”的奶粉包装箱6360个。在制假人员住所查出标注“内蒙古自治区科尔沁左翼后旗能维乳业有限公司生产”和“黑龙江哈尔滨东方乳业有限公司生产”的16种奶粉（包括婴幼儿奶粉405件）8000余袋。经检验，蛋白质含量仅为3.03%～3.56%，属劣质奶粉。经查明，浙江省苍南县温某、黄某、曾某等人与科尔沁左翼后旗左某共同注册成立“内蒙古科尔沁左翼后旗能维乳业有限公司”“内蒙古科左后旗赛鹤乳业公司”，并取得“营业执照”和“卫生许可证”，这两家公司无厂房、无设备，生产加工劣质奶粉。安徽阜阳劣质奶粉案曝光后，全国各地开展奶粉专项执法检查，温某、黄某、曾某等人逃离科尔沁左翼后旗后不知去向，已出厂的劣质奶粉主要流入通辽市开鲁县、库伦旗等地。监管部门对查获的假冒劣质奶粉进行封存销毁。同时对流入市场的劣质奶粉进行跟踪检查。

是年，通辽市质量技术监督局在当地一单位仓库内，查获被转移的奶粉533件，每件20袋，经检验为劣质奶粉；在哈达乳业公司仓库内，查获各种制假原料，案值总计51.39万元，立即封存销毁。两案件相关人员移交公安部门查处。

2008年9月11日，石家庄三鹿集团股份有限公司声称，经公司自检发现2008年8月6日前出厂的部分批次三鹿牌婴幼儿奶粉受到三聚氰胺的污染。9月22日，内蒙古自治区人民政府召开全区乳业管理与安全生产电视电话会议，内蒙古自治区主席巴特尔对全区三鹿牌婴幼儿奶粉清查工作做了全面部署。9月16日、9月18日，中央主要媒体公布内蒙古伊利、蒙牛两大乳品加工企业部分批次的奶粉和液态奶制品被检出含有三聚氰胺后，内蒙古自治区人民政府连续召开5次会议，及时启动自治区重大食品安全应急预案，成立应急处置领导小组，研究提出10项具体措施，先后3次向国务院报告请示工作，并及时下发紧急通知，指导和督促全力做好乳制品生产销售安全工作和进一步做好婴幼儿奶粉事件处置工作。因食用“三鹿牌”奶粉致病的患儿经救治无重症和死亡病例，受三聚氰胺污染的乳制品得到及时处置，伊利、蒙牛两企业召回问题奶粉25吨。两企业对出厂产品实行批批检验，做到不合格产品绝不出厂。

2008年9月23日，内蒙古自治区人民政府决定在全区范围内进行大规模食品安全整顿行动，及时消除食品安全隐患。派出工作组帮助企业开展监督检测，提出要严把原奶入口关，要求乳品企业伊利、蒙牛两大公司认真贯彻落实国家和自治区的有关决定，立即启动危机处置预案，对所有的产品进行自检、自查，强化生产、运输、加工、流通等各环节管理，做到不合格产品不出厂，有问题产品不销售。自治区食品药品监督管理局、自治区质量技术监督局派出4个工作组，盟市相关部门组织118个工作组，深入各盟市、旗县区，开展乳制品安全检查工作，对164家乳品加工企业实施驻厂监管。其他相关部门和地方政府也根据各自职责展开工作。

2008年10月10日，国家质量监督检验检疫总局等六部门发出《关于立即全面清理检查市场乳制品的紧急通知》。清理检查的范围是乳制品生产企业在2008年9月14日前生产的或非经批批检验的含三聚氰胺的乳制品（包括婴幼儿配方奶粉、普通奶粉和其他配方奶粉、液态奶）。要求必须按国家标准进行清理检查和批批检验，经检验三聚氰胺含量符合限量值规定的，由生产企业在产品包装上加贴“经检验符合三聚氰胺限量值规定”的标识，可以出厂销售。2008年9月14日以后生产的，已经批批检验三聚氰胺含量符合限量值的乳制品，不加贴以上标识，对检出不符合限量值的产品立即召回封存，进行无害化处理，不得出厂销售。

从2009年2月开始，内蒙古自治区食品药品监督管理局、质量技术监督局、工商行政管理局等部门共同联合开展乳制品生产企业整顿和规范工作，通过对68家规模以上企业进行验收，全区乳制品生产企业质量管理水平进一步提高，特别是一些中小型企业全过程管理制度得到完善，全区12个盟市都建立了三聚氰胺监测体系，规模较小的企业建立稳定的检验体系，所有乳制品生产企业都建立三聚氰胺监测制度。在整顿过程中，企业与奶站签订合同，保证奶源质量。除具备条件的奶畜养殖场、奶农合作社开办的奶站外，其他奶站采取直管、托管、监管的方式，强化了对奶站的管理。

2009年5月15日，国家质量监督检验检疫总局通知各地立即开展对乳制品生产企业的监督检查。内蒙古自治区质量技术监督局立即行动，一是督查乳制品生产企业“三查一报告”（查进货查验，查生产过程，查成品出厂检验及销售记录，向盟市质量监督部门报告存在问题及改进措施），二是要求盟市质量技术监督局落实“两查一报告”（查企业各项制度执行情况，查企业使用原料、添加物质和质量状况，向当地政府和自治区质量技术监督局报告结果）。

2009年9月，国家质量监督检验检疫总局制定《乳制品生产企业落实质量安全主体责任监督检查规定》，规定企业应建立并落实原辅材料采购查验制度、生产过程控制制度、产品出厂检验制度、不合格产品管理制度、食品标识标注要求、不合格食品召回制度、消费者受理制度，以及食品安全事故处置等。该规定将乳制品生产企业质量安全监督检查分为特别监督检查和常规监督检查两类，乳制品生产企业发生质量安全事故或涉嫌存在质量安全问题，质量技术监督部门可开展特别监督检查。

2010年7月，国家质量监督检验检疫总局就问题乳粉查处提出若干意见。凡查出三聚氰胺超出限量规定的问题原料乳粉等，一律责令停产，暂扣其“食品生产许可证”，立即向公安机关报告；核查原料来源、流向，责令法人代表从速召回问题乳粉；凡企业主体责任不落实，细节未查明的，企业不得恢复生产，待查明后依法处理。

2010年10月13日，内蒙古自治区食品安全委员会下发《内蒙古自治区进一步排查问题乳粉工作方案》，决定在全区开展一次“问题乳粉”全面排查行动，要求在10月18日前对所有乳制品生产企业和专营企业进行一次彻查，覆盖率达100%。检查监管责任状的落实情况、主体责任落实情况，查清“问题乳粉”的来源、问题乳粉销毁情况等。要求质量监督部门对企业购入的生鲜乳、原料乳粉和加工过程中使用的添加剂加强监督抽查。问题乳粉在工商行政管理、质量监督部门的监督下销毁。

2011年，内蒙古自治区食品安全委员会办公室组织开展“问题乳粉”清查清缴工作。重点查办标识“乳多宝”牌和无标识“问题乳粉”案件。组织协调锡林郭勒盟行署、呼伦贝尔市政府、兴安盟行署，开展从黑龙江省流入内蒙古自治区标识为“乳多宝”牌和无标识“问题乳粉”案件的查办工作。内蒙古自治区食品安全委员会办公室先后发出71份密件，调度指挥案件查办工作，并实行案件查办进展情况日报告制度，向全国食品安全整顿办公室报告当天的情况。经过1个月的努力，与案件有关的犯罪嫌疑人全部缉拿归案。同时查实了黑龙江省通报的牙克石市牧人乳业公司生产的“牧人牌”散装乳粉问题。

三、其他重大事件处理

1989年，包头市质量检验所根据群众举报，查处河北省任县等地掺假香油7万多瓶。内蒙古质量检验所以此为线索，在呼和浩特市查获了同类掺假香油3万多瓶。呼和浩特地区成立了自治区、呼和浩特市两级联合检查组，成员逾250人，对粮油食品市场进行检查，查获2500瓶的河北任县掺假香油，并捣毁一批制售假冒伪劣商品的地下黑工厂。

1991年12月，张家口康保县酒厂销售到二连浩特市的塑料软包装45度高粱白酒，通过私人携带流入蒙古人民共和国，蒙古国方面质量监督部门进行了抽样检验，检验确认康保县酒厂的白酒质量低劣。内蒙古自治区质量技术监督局得知这一信息，即刻对该厂销售到二连浩特市百货公司和饮食业服务公司的软包装高粱白酒（俗称“老头酒”）进行抽样检验。从检验结果看，该酒质量低劣，系酒精勾兑冒充高粱白酒，另采用塑料软包装亦有损于产品质量。内蒙古自治区质量技术监督局责成二连浩特市质量技术监督局对经销单位依法查处，并对经销此种产品的附近地区发出通报，停止此酒的采购和销售。

1999 年 10 月，针对部分消费者的反应，内蒙古自治区质量技术监督局组织第一质检站对呼和浩特地区 8 个批发单位销售的黑龙江、吉林等地生产的 11 种“高粱王”白酒进行质量监督检验。检验结果显示，其质量、标识无一合格。此情况引起社会广泛关注，内蒙古自治区有关新闻媒体进行了报道，其他盟市质量技术监督部门立即开展对市场销售的“高粱王”白酒监督检查工作。

是年，内蒙古自治区质量技术监督局重点整治巴彦淖尔盟巴音花地区假冒伪劣矿泉水质量案件。内蒙古自治区巴彦淖尔盟巴音花地区水资源丰富，一些个体矿泉水厂不具备生产矿泉水法定资格和生产条件，冒用青岛崂山、北京八达岭、杭州娃哈哈等名优产品包装标识，严重扰乱了内蒙古自治区西部地区矿泉水市场秩序。为彻底解决这一区域性的矿泉水质量问题，内蒙古自治区质量技术监督局将巴音花地区列为全区矿泉水质量整顿的重点地区，指导当地质量技术监督部门多次进行专项检查，共没收销毁假冒矿泉水 7200 多件，没收假冒包装标识标值 48.9 万元，取缔了 9 家非法生产企业，拆除生产设备价值 400 多万元。

是年，满洲里市技术监督局与公安部门配合，查获假冒威登牌沃得克白酒和雪花村牌优特加白酒 3930 件，没收制作工具，将 4 个违法分子移交公安部门处理。各地技术监督部门也以白酒批发销售点和宾馆饭店为突破口，查处销售单位 327 家，并根据线索直追制假者，端掉黑窝点 31 个，没收假冒茅台、五粮液、剑南春、古井贡白酒 4000 多件。

2000 年，在内蒙古自治区市场上发现一些不法商贩将牧区冻、病死的牛、马、羊等牲畜贩运到城镇加工成肉食品，在市场上倾销。3 月 30 日，内蒙古自治区人民政府办公厅向全区发出《关于开展非法贩运加工病死牲畜专项整治工作的紧急通知》，全区各级工商行政管理部门对全区肉食市场及屠宰加工点进行集中检查，共查获贩运加工冻、病死牲畜 10121 头（只），加工待销售的冻、病死畜肉 13460 公斤，经卫生、动物检验检疫等部门检验，这些冻、病死畜肉均程度不同地存在着污染和腐烂变质问题，监管部门立即对冻、病死畜肉进行封存处理。

2001 年 5 月 20 日，呼和浩特市工商行政管理局接到内蒙古巴彦淖尔盟恒丰面粉厂举报假冒“河套牌”面粉后，与呼和浩特市公安局一同前往售假现场，当场对店内销售的假冒河套牌面粉 27 袋（每袋 25 公斤），以及有关涉嫌物品予以查扣。之后又赶到制假窝点，现场查获制假包装封口机 3 台、台秤 2 台、盘秤 2 个，假冒“河套牌”系列包装袋 18400 个、包装纸箱 200 多个，假冒“河套牌”雪花粉防伪新版合格证 15000 个、旧版合格证 10000 个，假冒“河套牌”挂面袋 2000 个、科仁面粉 20 袋（每袋 25 公斤）。经查，当事人李某在呼和浩特市铁路小区租房从事制假 3 年，为牟取暴利，以每袋 58 元买来的科仁面粉装到假“河套牌”面粉袋中，用简易封口机封口后，以 91 元价格出售给一些个体商贩，从中获利，因涉案金额大，将当事人移交公安机关依法追究其刑事责任。

2002 年，根据内蒙古自治区信访局通报，3 月 8 日，包头市土默特右旗三间房乡农民从小卖部购买 48 度红高粱酒，饮用后 3 人死亡、4 人致伤。事件引起各地政府和工商管理部门、质量技术监督等监管部门高度重视，立即下发《关于加强对白酒生产领域监督管理的通知》，对全区酒类生产和销售领域进行全面排查，发现问题酒立即封存处理，对违法者进行严厉惩处。

2003 年，“海城豆奶中毒事件”发生后，内蒙古自治区也连续发生几起学校群体食物中毒和食源性疾患事件。4 月 30 日，内蒙古大学及其所属职业技术学院 57 人因食用受污染食品发生细菌性痢疾。6 月 23 日，赤峰巴林左旗羊场乡中学 206 名学生食用变形杆菌污染的食品发生群体性食物中毒。9 月 19 日，呼和浩特市赛罕区民族小学 41 名学生因食用蜡样芽孢杆菌污染的米饭发生食物中毒。这些事件暴露出学校在食品卫生自身管理及各部门在监管过程中存在的问题，内蒙古自治区卫生厅、教育厅、农牧业厅、公安厅、质量技术监督局、工商行政管理局，针对学校卫生安全中存在的薄弱环节，采取有效措施，解决在学校食品卫生安全管理、学校周边环境治理、学校集体供餐企业监管等方面存在的问题，要求各盟市、各部门开展学校卫生安全检查整治工作。

2006 年 9 月 29 日，丰镇市实验中学 217 名学生先后出现食物中毒症状，共有 82 名学生入住丰镇市医院接受治疗。乌兰察布市政府立即启动公共卫生应急预案，成立应急处理领导小组开展事故调查与救治工作。经全面调查，乌兰察布市疾病控制中心的检测结果证实，9 月 28 日晚，该校学生食堂将已经变质的剩菜掺到新炒的菜里出售给学生食用，导致部分学生感染痢疾志贺氏菌集体中毒。9 月 30 日，7 名食堂管理人员被公安机关采取刑事拘留强制措施，丰镇市政府对该校校长作出停职检查等待处理的决定。

2010 年，全区食品药品监督管理、质量技术监督、工商行政管理等部门有针对性地查处了一批与群众生活和节日消费密切相关的案件。乌兰察布市四子王旗查处 1025 公斤问题乳粉案件，呼伦贝尔市额尔古纳市查处篡改乳粉生产日期案件，鄂温克旗查处病死畜案件。全区共检查食品经营户 324142 万余户次，检查批发市场、集贸市场等各类市场 1366 个，取缔无照食品经营户 1225 户，查处制售假冒伪劣食品案件 1715 件，案值 472.86 万元，罚没金额 383.05 万元。

2011 年，内蒙古自治区质量技术监督局接到国家质量监督检验检疫总局指示，对兴和县麻油小作坊在生产菜籽油中常年加入工业盐问题进行调查。兴和县麻油、菜籽油加工历史悠久，在兴河县质量技术监督局普查建档的麻油生产加工企业和小作坊共 20 家。在 2011 年开展的整治“三小”活动中，又关停了 11 家设备简陋、生产环境差的麻油生产小作坊，当年处于生产半生产状态的生产企业及加工小作坊 9 家。小作坊采用手工或半机械加工的传统方法，工艺方法简陋，生产出的粗制品中含有大量的渣滓与悬浮物，需要澄清，小油坊的澄清工艺中使用盐作为澄清媒介。经调查核实，未发现有使用工业盐作为澄清剂的现象。

2011 年 12 月 27 日，蒙牛集团四川眉山工厂液体乳黄曲霉毒素 M1 超标事件发生后，内蒙古自治区人民政府召开紧急会议，专题研究处置问题。按会议要求，内蒙古自治区质量技术监督局当即对自治区境内 7 家乳制品生产企业开展监督检查，抽取 46 批次的样品进行检验，未发现黄曲霉毒素超标问题。同时，内蒙古自治区质量技术监督局安排自治区质检院派员赴蒙牛集团在外埠的 9 家企业（含眉山工厂）抽样检验 40 批次液体乳产品，检验结果全部合格。检查结果及时报告内蒙古自治区人民政府、国家质量监督检验检疫总局和内蒙古自治区食品安全委员会，并通报新闻媒体，对稳定事态起到重要作用。随后，内蒙古自治区质量技术监督局对乳品生产企业提出要求，将黄曲霉毒素 M1 作为原料乳收购的必检项目，进行批批检验，从源头上加强防控。此后，又抽检 163 批次的产品进行检验，未发现黄曲霉毒素 M1 超标的问题，平息了事态。

2012 年，内蒙古自治区质量技术监督部门采取处置措施，妥善应对出现的几件食品突发事件。4 月 9 日，网络曝光区内食品生产企业有使用工业明胶和食品添加剂行为。内蒙古自治区质量技术监督局当即组织执法人员对全区 10 家老酸奶生产企业进行检查，未发现使用工业明胶的问题。并在全区范围内开展对老酸奶生产企业的检查，共检查 1198 家食品企业、886 户食品小作坊，未发现使用工业明胶加工食品的问题。

2012 年 6 月 12 日，伊利集团发生婴幼儿乳粉汞含量异常事件，内蒙古自治区质量技术监督局牵头组成联合调查组进驻企业开展调查，经过全面排查，确认乳粉汞含量异常是由于生产工艺导致。在质监部门的监督下，伊利集团公司将召回的 712.45 吨乳粉全部销毁，这一事件很快得到平息。事后伊利公司改变相关工艺，对乳粉生产原料和产品增加汞含量检测内容。

2012 年 6 月 17 日，西北农林科技大学一学生在网上发布《我在内蒙的十天——蒙牛冰淇淋代加工点实习记录》一文，披露蒙牛代加工企业天辅乳业住宿卫生条件恶劣，冰淇淋车间脏乱差的问题。内蒙古自治区质量技术监督局责成乌兰察布市质量技术监督局组织调查组进驻企业进行调查，发现网文的一些情况与事实不完全相符，但也暴露天辅乳业在管理上存在的问题。监管部门要求企业逐项进行整改，同时约谈蒙牛公司负责人加强对代加工企业的质量安全管理，杜绝类似事件发生。

是年，针对“违禁超限”和“假冒伪劣”两大突出问题，全区组织开展了食品安全重点领域的综合治理。对在包头市回民中学发生的较大食物中毒事故中负有领导和监管责任的 9 人进行了行政处分，对包头市教育局等 3 个单位给予通报批评。妥善协调处理了内蒙古自治区师范大学鸿德学院学生饮用水污染事件。

是年，部分媒体报道内蒙古奶酒行业存在制假问题，随后发酵演变成“假奶酒事件”，内蒙古自治区质量技术监督局紧急组织对全区奶酒生产企业开展专项监督检查。对有“食品生产许可证”的奶酒生产企业进行突击检查，杜绝无证生产；对奶酒标识标注进行规范性检查；对已停产的企业明察暗访，打击隐匿行为；加大抽查范围与频次，结合市场购样抽检与企业现场抽检，公告有证生产企业名单及检验情况；对流动造假、隐匿造假、异地造假等作案方式进行综合治理，堵塞网络销售假劣奶酒渠道，使“假奶酒事件”很快平息。

2013 年上半年，内蒙古自治区工商行政管理局依法妥善应对和处置了媒体曝光的“美素丽儿”婴幼儿配方乳粉、假牛肉干以及硫酸铜腌制皮蛋等食品安全突发性事件。密切关注各类媒体舆情信息，监督企业召回问题产品，对企业一时无法召回的问题食品，工商行政管理部门依法做下架、封存处理，维护了自治区乳制品、肉类制品等食品市场的安全稳定。

第三篇

药品监督管理

第一章　药品注册与标准

第一节　药品注册

一、药品注册与核查

1963年，卫生部、化工部、商业部联合下达《关于药政管理的若干规定》，规定了对药品新产品的审批管理。

1979年，卫生部与国家医药管理局共同制定《新药管理办法》，明确规定新药由国家卫生部统一审批。

1985年前，内蒙古自治区新药研制的临床研究、鉴定、审批，均执行卫生部制订的《新药管理办法》和《药政管理条例（试行）》。

同年，新药的审批权集中到国家一级，仿制药及保健药品在省一级，造成了药品的低水平重复生产，同品种竞相仿制，影响药品质量的提高，不利于新药的研制开发和对药品生产企业的知识产权保护。

1987年1月，内蒙古自治区卫生厅药品审评委员会成立。同年，内蒙古自治区卫生厅指定内蒙古自治区医院、内蒙古医学院附属医院、内蒙古自治区中蒙医医院为内蒙古自治区新药临床试验单位。

1988—1996年，按照国家新制定的《新药审批办法》，内蒙古自治区药品审评委员会共初审新药106种，并按照国家卫生部颁布的《中药保健药品管理办法》，审批保健药品27种。

1996年，国务院要求省级卫生行政部门对已经批准生产的药品进行清理整顿，在清理整顿期间暂停批准仿制已有批准文号的药品及保健药品。

1998年3月，国家药品监督管理局成立后，修订了一系列药品注册管理规章。

1999年5月1日，修订后的《新药审批办法》颁布实施，国家药品监督管理局下发《药品注册工作程序（试行）》，对药品注册的各个工作环节作出具体规定。随之，内蒙古自治区发布《内蒙古自治区药品注册工作程序》《内蒙古自治区药品包装用材料、容器监督管理审批工作程序》，使内蒙古自治区药品注册工作步入规范化、程序化轨道，有效地防止药品研制、生产的低水平重复。

2000年，内蒙古自治区药品监督管理局还建立“内蒙古自治区药品监督管理局药品审评专家库”，按照“坚持原则、作风正派、科学公正、业务精通”的原则，首批28名专家入选专家库。

加强新药研究的监督管理，《新药审批办法》《新生物制品审批办法》均规定省级药品监督管理部门要对申报新药临床研究和生产单位进行现场考核，以保证印制材料和提供检验审核样品的真实性，保证研究和制备条件达到基本要求。此项工作由申报单位所在省、市、自治区药品监督管理局药品注册处组织实施。对新生物制品生产现场进行考核时，中国药品生物制品检定所派项目专家参加，并现场抽取样品。

2000年，内蒙古自治区受理新药审批品种比1999年减少12.8个百分点，其中独家申报品种的比例增加12个百分点，比1998年增加52个百分点，仿制药品种下降70个百分点，进口药品注册品种减少14.6个百分点。

是年，国家药品监督管理局要求各省、自治区、直辖市实施《药品包装、标签和说明书管理规定》。内蒙古自治区药品监督管理局要求全区制药企业认真清理并重新审核本企业产品的包装、标签、说明书等。不符合要求的重新设计，并报经内蒙古自治区药品监督管理局核准后方可印制使用。

2001年是新的《新药审批办法》等有关药品注册工作规章实施的第二年，国家药品监督管理局要求上报“各地药品生产企业合法生产的药品品种目录”，并对当地医院制剂进行调查摸底。内蒙古自治区药品监督管理局审核上报各类药品3469个，各类医院制剂7181个，其中4700个为蒙药制剂。

是年3月，新修订的《中华人民共和国药品管理法》正式实施。新修订的药品管理法颁布后，明确了新药、仿制药、进口药都必须由国家药品监督管理局审批，取消了地方审批药的权限。新修订的药品管理法规定：(1）生产新药或者已有国家标准的药品须经国家药品监督管理局批准，并发给批准文号，生产没有实施批准文号管理的中药材和中药饮片除外。实施批准文号管理的中药材、中药饮片品种目录，由国家药品监督管理局会同国家中医药管理局制定，药品生产企业在取得药品批准文号后方可生产该药品。(2）研制新药必须按照国家药品监督管理局的规定如实报送研制方法、质量指标、药理及毒理试验结果等有关资料和样品，经国家药品监督管理局批准后方可临床实验。完成临床试验并通过审批的新药，由国家药品监督管理局发给新药证书。(3）国家药品监督管理局组织药学、医学和其他技术人员对新药进行审评，对已经批准生产的药品进行再评价。

2002年10月15日，《药品注册管理办法（试行)》经国家药品监督管理局局务会议审议通过，自2002年12月1日起施行。办法规定，国家食品药品监督管理局主管全国药品注册工作，负责对药物临床试验、药品生产和进口进行审批；省、自治区、直辖市食品药品监督管理部门依法对申报药物的研制情况及条件进行核查，对药品注册申报资料的完整性、规范性和真实性进行审核，并组织对试制的样品进行检验。

是年，国家药品监督管理局对药品注册的申报方式进行重大改革，由过去的申报单位直接上报改为由省级药品监督管理局上报，每月上报2次。

在此之前，内蒙古自治区药品监督管理局把工作重点放在帮助申报单位完善资料和研制现场的核查工作上，以确保上报资料的真实性、可靠性。内蒙古自治区医药工业欠发达，但在新药研制、开发等方面在西部省、自治区、直辖市中尚属中等偏上水平。区内一些申报单位为弥补自己研制能力的不足，与区外医药工业发达省、市的研制单位联合申报新药，也为内蒙古自治区药品监督管理局的药品审评工作带来挑战。

2003年，按照新的《药品注册管理办法（试行)》有关规定，内蒙古自治区药品监督管理局对涉及新药、已有国家药品标准的药品及药品补充申请等制定内蒙古自治区药品注册有关程序。对3453个已统一换发批准文号的品种建立基础数据库，其中化学药品1507个、中蒙药1934个。加大产品标准注册登记管理力度。启用新的产品标准注册登记软件，重新复查审核了数据库中的产品标准，及时更换旧的标准信息，加强对企业执行标准的动态管理。全区共重新审核登记企业2908家、7149种产品，审核备案企业标准589项，核发药品标签准印证2281个。

2003年"非典"疫情发生后，自治区药品监督管理局开通绿色通道，加快防治"非典"新药、医疗器械的注册申报。当年受理审查"清热八味胶囊"等3个防治"非典"药品，注册医用呼吸道飞沫播散防护装置等5种医疗器械产品。及时办理标准备案和注册手续，帮助企业解决生产中存在的问题和困难，免费为口罩、防护服、消毒液等"防非"相关产品生产企业提供标准文本。

2004年，国家制定药品注册管理规章5项，分别是：《医疗机构制剂审批管理办法》《体外生物诊断试剂注册管理办法》《药用辅料管理办法》《中药材注册管理办法》及《药品标准管理办法》。修订药品及保健食品注册管理法律法规6项，分别是：《中药品种保护条例》《保健食品注册管理办法》《药品说明书和标签管理办法》《直接接触药品的包装材料和容器管理办法》《药品检验所管理办法》及《地区性民间习用药材管理办法》。制定化学药、生物制品、中药及天然药物质量控制研究技术指导原则等。

是年，按照《药品注册管理办法》的规定，内蒙古自治区食品药品监督管理局开展新药、生物制品、已有国家（药品）标准的药品及药品补充申请的审查上报工作。

2005年3月22日，《医疗机构制剂注册管理办法（试行）》经国家食品药品监督管理局局务会审议通过，自2005年8月1日起施行。办法规定，省、自治区、直辖市（食品）药品监督管理部门负责本辖区医疗机构制剂的审批和监督管理工作。在此之前，医疗机构制剂的审批权在盟市卫生行政部门，办法出台后，内蒙古自治区食品药品监督管理局开展医疗机构制剂批准文号的清理。全年受理上报各类新药89份，其中化学药品42份，生物制品1份，中药39份，蒙药7份；受理上报已有国家药品标准品种92份、中药保护品种4份和药品包装材料注册申请2份；完成456份补充申请的初审、备案工作。

国家食品药品监督管理局对新药已有国家药品标准品种下放到省级受理后，内蒙古自治区食品药品监督管理局增加了对药品注册申报资料审查、药品研制原始记录审查和药品研制的现场核查职能。内蒙古自治区食品药品监督管理局运用全国药品监督管理系统业务专网及药品注册省局受理审查管理系统软件，提升了药品注册工作的信息化水平。为更好地履行职能，内蒙古自治区食品药品监督管理局加强药品申报现场考核、抽样工作。现场核查是对所受理药品的研制、生产情况及条件进行实地确证，以及对品种研制、生产的原始记录进行审查，并做出是否与申报资料相符评价的过程。全年共进行303个品种现场考核，涉及包头中药有限责任公司等17家制药企业。

2006年8月，内蒙古自治区食品药品监督管理局启动了旨在加强制剂监管，提高制剂质量，规范标签、说明书的医疗机构制剂清理整顿重新核发批准文号工作。并对内蒙古自治区69家药品生产企业约3337个文号进行了普查。清查结果接受国家食品药品监督管理局验收，全部现场通过，完成1382个品种的再注册工作。

2007年，内蒙古自治区食品药品监督管理局开展药品再注册受理工作，通过再注册，淘汰一些长期不生产、不具备生产条件、质量不能保证、安全风险大的产品。4月，自治区食品药品监督管理局在全区范围内开展药品注册现场核查工作和药品批准文号普查清理工作，重点检查申报资料及批准文号来源的真实性、合法性。通过清查，涉及内蒙古自治区共70家企业的3541个批准文号中，确认不存在真实性问题的共有3508个批准文号品种，7个品种批准文号被撤销；对于外省转移来的25个品种及时进行委托，查出1个品种的批准文号来源不真实。

2008年，内蒙古自治区食品药品监督管理局加强奥运会期间的兴奋剂监管。对区内药品品种含蛋白同化剂、肽类激素药品进行逐一核对并上报核对结果，对生产药品中含兴奋剂目录所列禁用物质的生产企业，在其说明书或标签上注明“运动员慎用”字样。

是年，配合国家食品药品监督管理局完成《药品注册管理办法》实施后过渡期品种的处理。过渡期品种涉及内蒙古自治区有362份，其中核查品种316份、新受理申请46份，并建立药品注册不良记录数据库。

2009年，国家食品药品监督管理局深化药品注册审批改革，进一步合理划分国家食品药品监督管理局与省、自治区、直辖市食品药品监督管理局的事权关系。

是年，内蒙古自治区食品药品监督管理局启动药品再注册工作，结合药品批准文号清查工作开展药品再注册。批准文号清查工作完成清理后保留有3541个批准文号，经国家食品药品监督管理局审查组审核通过。

2010年，内蒙古自治区食品药品监督管理局组织开展上市药品的再注册工作。在批准文号清查的基础上，按照国家对符合药品再注册条件的药品进行了再注册，并按企业需求将注册品种分为3批，每批约1000多个。下发《关于加强一类医疗器械注册管理工作的通知》，加强对盟市局一类医疗器械产品注册审批的指导。

从2000年（自治区药品监督管理局组建）到2010年7月底，内蒙古自治区食品药品监督管理局共受理上报各类新药注册申请598份，其中：化学药品349份、中药192份、蒙药55份、体外诊断试剂2份；受理上报已有国家药品标准品种注册申请271份；完成2964份补充申请的初审及审批工作；完成中药品种保护初审36份；审批医疗机构制剂16份；受理上报各类药材注册申请12份。

2011年，随着大规模的再注册工作完成，药品再注册转入常态化。内蒙古自治区食品药品监管局对药品注册依据的法规文件进行了清理，保留注册审批事项6项、审核事项15项、备案事项6项。

是年，共受理上报各类新药注册7份，其中：化学药品4份、中药3份；受理上报化学仿制药品10份；受理初审上报中药保护申请2份；完成257份药品补充申请的审批审核备案工作；受理医疗机构制剂注册申请13份；审理医疗机构制剂品种再注册1份；审理已有国家标准药用辅料注册申请1份。

2013年，重点开展医疗机构制剂品种整顿工作。为确保医疗机构制剂的安全性，内蒙古自治区食品药品监督管理局组织召开确定蒙药毒性药材名单的专家会，内蒙古自治区食品药品检验所、内蒙古医科大学蒙医药学院、内蒙古民族大学蒙医药学院、蒙药生产企业、内蒙古奥特奇制药有限公司、部分蒙医医疗机构的12名蒙医药专家参加了会议，对蒙药材中的毒性药材和含重金属的药材进行遴选，审议确定毒性药材名单。

是年，新药注册申请8份，仿制药申请5份，药品注册补充申请290份。

2014年，为加强对化妆品注册管理，内蒙古自治区食品药品监督管理局在全区范围内进行了一次化妆品摸底调研。并完成药品（含药品包装材料）、医疗机构制剂、化妆品、药物临床试验机构、药物非临床试验机构数据库的建设。

自2015年1月19日起，启用“内蒙古自治区食品药品监督管理局药品注册专用章”。药品注册专用章是内蒙古自治区食品药品监督管理局实施药品、医疗机构制剂行政审批及服务的专用章，适用于药品再注册、药品补充申请事项和医疗机构制剂注册的行政审批事项。

2015年，内蒙古自治区食品药品监督管理局加强制度建设，印发《内蒙古自治区药品注册核查员管理暂行办法》《内蒙古自治区国产非特殊用途化妆品备案后现场检查工作指南》《关于对医疗机构制剂标准实施编号管理的通知》《药物临床试验质量管理规范》等一系列规范性文件。全年共受理药品再注册申请2280份，审核批准再注册申请2205份。

2016年，全区有3058个批准文号开展再注册工作，自治区食品药品监督管理局全年受理6个盟市1233个批准文号产品的再注册申请，对不按期提交再注册申请的制剂品种依法注销制剂文号。

二、批准文号换发

药品批准文号是药品生产合法化的标志。《中华人民共和国药品管理法》规定，生产药品“须经国务院监督管理部门批准，并发给药品批准文号”。

1982年，在整顿药品生产企业的基础上，内蒙古自治区卫生厅先后下发《关于区内生产药品品种重新审批实行全自治区统一编号的通知》和《关于更改重新批准生产的药品审批编号的通知》等文件，对全区药品生产品种进行整顿，并为批准生产的药品品种重新办理审批手续。

是年，全区重新审核批准的药品品种667种，其中西药与生化药285种、中成药315种、蒙成药67种。卫生部公布关于淘汰127种药品的文件下达后，内蒙古自治区卫生厅在全区范围内进行清理。

1987—1990年，内蒙古自治区卫生厅多次下发文件，对全区生产的药品品种严格进行整顿，实行统一注册并换发新的批准文号。经审核准予注册并换发了批准文号的中、蒙、西药品共计2918个。内蒙古自治区卫生厅药政处据此编写《一九九〇年内蒙古自治区药品批准文号汇编》。

1996年，按照卫生部的统一部署，内蒙古自治区卫生厅重新换发和注册药品批准文号。在重新注册、换发药品批准文号工作中，严格按照国家药典标准、部颁标准和自治区标准，对每一品种进行认真清理。

1997年，全区共有注册药品品种754种，其中西药480种、中成药186种、蒙成药88种，换发批准文号3484个。

20世纪90年代末，全区药品生产，特别是乡镇企业药品生产仍然存在盲目上马和低水平重复生产的问题，有些产品甚至是国家明令禁止审批或准备淘汰的品种。为此，内蒙古自治区卫生厅要求全区各级药检机构加强对药品质量的检查和抽验工作，抽检率必须在70%以上。内蒙古自治区卫生厅关于加强药品质量检查和抽验工作的文件明确指出：企业待出厂的药品，经检验多次达不到药品标准要求的，由卫生行政部门撤销其药品批准文号；对准备新上的、低水平重复生产的、效益低的药品品种，特别是疗效不确定的保健药品立即停止审批；今后不再审批保健药品；对已经批准的保健药品要进行整顿和再评价；对将治疗药品或微生态制剂批成保健药品的要撤销其批准文号。

2000—2005年，国家药品监督管理局在全国范围内启动了地方标准整顿和统一换发药品批准文号专项工作。地方标准整顿包括中药保健药品整顿、化学药品地方标准再评价、中成药地方标准整顿。内蒙古自治区食品药品监督管理局依据相关文件要求，进行了统一换发药品批准文号专项整顿。

一是开展中药、保健药品整顿专项工作。根据国家药品监督管理局《关于开展中药保健药品整顿工作的通知》要求，按规定对内蒙古自治区上报的31个品种逐一进行审查，在规定时限内完成中药、保健药品整顿初审和上报工作，通过整顿，换发批准文号12个。

二是开展化学药品地方标准再评价专项工作。根据国家药典委员会《关于西药地方标准品种再评价工作有关问题的通知》精神，针对内蒙古自治区的实际，上报化学药品地标再评价申请421份，通过整顿，换发批准文号360个。

三是开展中成药地方标准整顿专项工作。根据国家药品监督管理局《关于强化中成药国家标准管理工作的通知》要求，对上报的171份中、蒙药品种申报资料进行审查，并派人协助国家药品监督管理局完成整顿品种的资料汇总工作，通过整顿，换发批准文号 107 个。同时，对药品批准文号也进行了统一换发专项工作。

2001—2005 年，根据国家药品监督管理局《关于做好统一换发药品批准文号工作的通知》及有关要求，内蒙古自治区药品监督管理局分批次对报送资料的真实性、合法性、规范性进行逐一审查，共完成上报统一换发药品批准文号申请 3660 份。通过统一换发批准文号和地标专项整顿，全区 3518 个批准文号换发为“国药准字”，并对药品说明书等相关内容进行规范。全区共完成初审上报各类新药 56 个品种，其中化学药品 24 个、新生物制品 1 个、中药 24 个、蒙药 7 个。完成了 513 个品种补充申请的初审备案工作，初审上报已有国家药品标准品种 44 个，受理医疗器械产品注册标准 11 个，受理审查医疗器械注册产品 9 个，注册二类器械产品 7 个，完成了中药品种保护初审上报及医疗器械产品注册工作。

及时对国家药品监督管理局审查的“国标”及“化学药品地标升国标”品种进行核对更正及核发批准文号工作，共下发换号品种 12 个。从国家药品监督管理局反馈数据显示，在全国被退回的 2754 个品种中，涉及内蒙古自治区生产企业申报的品种 19 个（其中 15 个品种是由于企业进行 GMP 改造已无该品种生产范围或该产品已停止使用所致），在全国暂不换号的 7262 个品种中，涉及内蒙古自治区生产企业申报的品种 59 个，明显低于全国平均水平。在此次统一换发批准文号和地标专项整顿工作中，内蒙古自治区食品药品监督管理局被国家食品药品监督管理局授予“全国先进单位”称号。在完成以上专项整顿后，内蒙古自治区食品药品监督管理局建立了药品生产企业注册品种数据库，以方便药品生产企业和管理部门查导。

此后，随着新修订的《中华人民共和国药品管理法》实施，药品批准文号的监督管理工作得到统一规范。已纳入国家药品标准管理的原地方药品标准品种，有关药品生产企业按国家药品监督管理局颁布的国家药品标准及换发的药品批准文号组织生产。按地方药品标准生产的药品可流通和使用至 2003 年 12 月 31 日，未纳入国家药品标准管理的地方药品标准品种停止生产、销售和使用。药品批准文号采用的中华人民共和国行政区划代码，内蒙古自治区代码为 150000。

在“地标升国标”和统一换发批准文号过程中出现部分地区和企业骗取批准文号的现象，国家食品药品监督管理局在各省、自治区、直辖市的批准文号清查工作结束后，派出工作组对各省、自治区、直辖市的清查工作进行复核验收。核查重点是“地标升国标”和统一换发文号工作中涉及的高风险品种。经验收符合标准后，要求各省、自治区、直辖市在进行药品再注册时，将批准文号清查和药品再注册工作紧密结合起来。

自 2006 年 9 月 1 日起，内蒙古自治区食品药品监督管理局在药品批准文号普查基础上，以《内蒙古自治区药品批准文号汇编》、自治区卫生厅历次换号文件和卫生部、国家食品药品监督管理局的批件为依据开展清查，对于汇编上没有或漏编的品种，通过查找当时的批复文件，有 419 个品种的批准文号得以确认。1 个品种靠当时报批的申请表和检验报告书得到确认，7 个品种批准文号被撤销。

2007 年 12 月 18 日，内蒙古自治区批准文号清查工作“现场通过”国家食品药品监督管理局验收组的验收。

2008 年，内蒙古自治区食品药品监督管理局启动药品批准文号再注册工作。全区共清查药品批准文号 3541 个，按国家食品药品监督管理局建立国家药品批准文号数据库要求，对数据资料传输入库。在批准文号清查资料入库后，按照国家食品药品监督管理局的部署，对符合再注册要求的进行再注册。根据国家食品药品监督管理局制定的《真实性不能判定品种的解决方案》，对真实性存在问题的药品批准文号进行判定，对文号来源弄虚作假的品种不予再注册，并按规定程序注销或撤销药品批准文号。

2011 年，眼科制剂进行新制剂批准文号换发。内蒙古自治区食品药品监督管理局摸索医疗机构制剂整顿方法，从小剂型入手，进行医疗机构制剂整顿工作探索，经过申报资料形式审查、医学药学审评、行政审批等环节，为全区 22 个眼科药用医疗机构制剂品种换发了新制剂批准文号。

2015 年，内蒙古自治区食品药品监督管理局参照药品标准编号管理方式，对除有关部门颁布《制剂规范》以外的医疗机构制剂标准实施编号管理。全年核发制剂批准文号 5197 个。

第二节　药品标准

内蒙古自治区医药标准体制经历了五个发展阶段：

第一阶段，中华人民共和国成立前，成药标准多用药品制造商及民间处方。

第二阶段，1950—1962 年，全区开始整理用药处方，编辑自治区药品标准。

第三阶段，1963—1984 年，根据国务院批准由卫生部、化工部、商业部下达的《关于药政管理的若干规定》和卫生部印发的《药品标准工作管理办法》规定，药品标准实行国家标准（药典标准）、部标准（卫生部颁布的药品标准）、地方标准（由国家药品监督管理局审批的部分药品标准及省、自治区、直辖市卫生厅制定的药品标准）三级标准体制。

第四阶段，1985—1999 年，根据《中华人民共和国药品管理法》的规定，全区药品标准实行国家标准和自治区地方标准两级标准体制。

第五阶段，2000—2016 年，新修订的《中华人民共和国药品管理法》发布后，取消了药品地方标准，中药材、中药饮片逐步纳入国家标准化、规范化轨道。

一、制定与修订

中华人民共和国成立前，内蒙古地区曾经执行过的药品质量标准主要有唐代编纂公布的《新修本草》、辽大康六年（1080 年）中国第一部官方颁布的成方规范《太平惠民和济局方》、元至元四年（1267 年）忽必烈命许国祯等修撰的《御药院方》和 1930 年国民政府卫生部颁布的《中华药典》。

1949 年 11 月，卫生部召集在京有关医药专家研讨编纂药典问题。截至 2015 年，我国共出版了 11 部《中华人民共和国药典》。随着版本的不断升级，一方面收载的药品品种增多，另一方面对药品质量的控制和监管也更加严格。

中华人民共和国成立初期，除《中国药典》（1953 年版）收载一般常用药物外，从国家到各省、自治区、直辖市，几乎没有制定过部颁标准和地方标准。其间，内蒙古自治区不少药品制剂，尤其是中药材几乎没有质量标准，对人民群众用药安全有一定影响。

1957 年，在整理全区医药遗产的基础上，内蒙古自治区药材分公司编印《内蒙古药材手册》，其中包含药材质量、规格等内容。

1959 年，内蒙古自治区药品检验所拟定《中药切片炮制规范》《中药调剂规范》《中药代煎操作规程》。根据中央卫生部《关于加强制定药品标准规格》和《关于制定中药标准规范及检验工作任务》的指示，内蒙古自治区卫生厅组织内蒙古自治区药品检验所等单位的技术人员，开始制定《内蒙古自治区药品标准》。

1962 年 9 月 25 日，内蒙古自治区卫生厅将《中国药典》（1957 年版）和卫生部标准未收载的自治区 70 种药品规格整理归纳，颁布了《内蒙古自治区药品标准规格暂行规定》，作为区内药品生产、供应、检验及药政管理工作的依据。

1963年9月，内蒙古自治区卫生厅又制定一批药品标准，其中：《内蒙古自治区药品标准规格暂行规定》收载西药与制剂70种；《内蒙古自治区中药材标准规格暂行规定》包括内蒙古自治区特产的26种中药材；《内蒙古自治区中成药标准规格暂行规定》收载处方252个，按照习惯分为风疾、伤寒等15个科，每个处方又包括处方来源、功能主治、用法、用量和禁忌等内容。同时公布的还有《内蒙古自治区中药饮片炮制规范》，收载267种，按照炮制方法的不同，分炒的130种、烫的20种、炙的23种、煅的45种、薰的14种、煮的23种、霜的5种、煨的2种、釉的2种、其他3种。

是年，为方便查阅和执行中央与自治区发布的药政法令及有关管理规定，内蒙古自治区卫生厅编印了《药政管理工作资料汇编》第一辑（上、下两册）。

1966年，内蒙古自治区卫生厅编印了《药政管理工作资料汇编》第二辑。

1972年5月，按照编制国家新药典工作会议的精神，内蒙古自治区成立药品标准编审办公室。在完成《中国药典》（1963年版）下达给内蒙古自治区甘草浸膏等17种药品标准编制任务的同时，在内蒙古自治区卫生局、化工局、商业局的领导下，完成编制《自治区药品标准（1976年版草稿）》的任务。这些标准是：《内蒙古药品标准》，收载药品标准42种，其中原料药2种、针剂6种、片剂27种、粉剂1种、其他剂6种；《内蒙古药品标准》（脏器药品部分），收载药品标准27种，其中原料1种、针剂5种、片剂21种；《内蒙古中成药标准》，收载药品标准166种，其中丸剂120种、散剂16种、膏剂3种、针剂5种、片剂15种、酒剂5种、其他剂2种；《内蒙古蒙成药标准》，共收载100个药品标准，其中推荐的15个蒙成药标准首次收入《中国药典》（1977年版）；《内蒙古糖衣片色泽标准》，共收载17个药品标准。

1977年，由于中药饮片的切制直接影响中药质量和治疗效果，为此，内蒙古自治区药品标准编审办公室组织药品生产、供应、检验等单位的医药人员，在《内蒙古自治区中药饮片炮制规范》（1963年版）的基础上，重新制定相关标准并由内蒙古自治区卫生局发布，为内蒙古自治区地方标准。

1978年，卫生部、化工部、商业部正式颁布《药品卫生标准》，对中成药和西药制剂制定了具体的细菌检查的指数，并要求从1980年1月1日起按新标准检验出厂。

1980年7月30日，内蒙古自治区卫生厅和内蒙古自治区医药总公司又重新公布《内蒙古自治区中药饮片切制规范》（1977年版），为自治区地方标准，从10月1日起在全区正式执行。该规范按植物、矿物及药用部位分12类542种。其中：根及根茎类117种、果实及种子类113种、全草类57种、叶类14种、花类24种、皮类20种、藤木类23种、树脂类11种、菌藻类13种、动物类77种、矿物类44种、其他类29种。每种药材又包括品名、处方用名、来源、加工、规格标准、炮制、炮制作用、功能与主治、处方应付、贮藏、说明等项内容。

自1980年开始，内蒙古自治区药品标准编审办公室通过大量调查研究，对自治区卫生厅过去发布的药品标准重新进行修订。

1982年10月，内蒙古自治区卫生厅颁布《内蒙古自治区药品标准》（1982年版），共收载自治区生产、供应、使用的中西药品328种，其中中成药的丸剂161种、散剂28种、膏剂6种、酒剂7种、注射剂3种、糖浆剂6种、水剂1种、油剂1种、冲剂1种、片剂33种、其他剂型3种，西药78种。

1983年12月，为贯彻1978年国务院批转卫生部发布的《药政管理条例（试行）》和卫生部发布的《医院制剂工作条例》，内蒙古自治区卫生厅组织制定《内蒙古自治区医院药物制剂规范》（1983版），作为药政、药检和医疗单位监督检验药品制剂质量的依据。该规范共收载中西药品制剂236个品种，其中中药制剂78个品种、西药制剂158个品种。每个品种又包括处方、制法、性状、检查、功能与主治、用法与用量、规格、贮藏等内容。

根据中华人民共和国卫生部下达的“1982—1983 年药品标准科研项目任务”，内蒙古自治区药品标准编审办公室组织有关人员，对《中国药典》（1977 年版）收载内蒙古自治区起草的 17 项药品标准进行修订，并新起草 4 项药品标准，收入《中国药典》（1985 年版）。

1984 年 7 月，内蒙古自治区卫生厅正式发布《内蒙古蒙成药标准》（1984 年版），由内蒙古科学技术出版社出版，是内蒙古自治区成立后内蒙古自治区人民政府组织制订并颁布执行的关于蒙成药质量的第一部法定标准。包括汤剂 16 种、散剂 36 种、丸剂 43 种、膏剂 6 种、外用剂 2 种，共 103 个品种。每个品种列有品名、处方、制法、性状、检查、功能、主治、用法、用量、规格、贮藏、附注 12 个项目。该标准于 1987 年 7 月由内蒙古科学技术出版社以蒙古语、汉语两种文字对照合订出版，曾获内蒙古自治区科研成果奖。

1987 年 10 月，自治区卫生厅发布《内蒙古蒙药材标准》（1986 年版），由内蒙古科学技术出版社出版，共收载蒙药材 322 个品种，并将《中国药典》（1985 年版）收载的蒙药常用品种也收入在内。

1988 年 6 月，内蒙古自治区卫生厅发布《内蒙古自治区中药材标准》（1988 年版），作为全区中药材生产、供应、使用、检验、管理等部门控制中药材质量的依据。该标准共收载 164 个品种，其中根及根茎类 31 种、种子果实类 29 种、全草类 21 种、叶类 9 种、花类 5 种、皮类 6 种、藤木类 6 种、树脂类 4 种、动物类 23 种、矿物类 17 种、其他类型 13 种。

1988 年 8 月，内蒙古自治区卫生厅发布《内蒙古蒙成药标准》（补充本），收载汤剂 16 种、散剂 17 种、水丸剂 30 种、胶囊剂 16 种、片剂 17 种、冲剂 3 种、橡皮膏 3 种、其他剂型 8 种，共 110 个品种。

1991 年，根据《中华人民共和国药品管理法》和卫生部关于制定地方标准的指示精神，内蒙古自治区卫生厅组织自治区药品检验所，在 1982 年版《内蒙古药品标准》的基础上，将自治区 1989 年以前审批的中、西药品标准进行整理和修订，于 1991 年 6 月编印《内蒙古药品标准》（1990 年版），作为内蒙古自治区药品生产、经营、检验、医疗和监督管理等部门控制药品质量的法定依据。该标准收载中成药制剂 197 种、化学药 149 种、抗生素 15 种、生化药 13 种，共 374 种。

1993 年，根据卫生部《关于制定民族药部颁标准的通知》，由卫生部药典委员会组织，内蒙古自治区药品检验所牵头，会同辽宁、青海、新疆等省区药品检验所开展蒙药部颁标准的研究制定工作。在《内蒙古蒙成药标准》（1984 年）、《内蒙古蒙药材标准》（1987 年）和《内蒙古蒙成药标准》（1988 年补充本）的基础上，起草蒙药部颁标准。

1996 年 4 月 1 日，《中华人民共和国药典》（1995 年版）颁布。新版药典颁布后，各省、自治区、直辖市加强了对药品审批注册的管理。

是年，全区各药厂经过核准生产的药品品种，由中华人民共和国成立前的 2 种增加为 852 种。

是年，全国中成药（包括蒙成药）地方标准整顿工作结束，解决了中成药地方标准存在的同名异方、同方异名、处方不合理，疗效不确切等混乱问题，中成药纳入国家标准管理，并由地方标准上升为国家药品标准。由于种种原因，仍有一些地方中成药没有纳入国家标准管理，为此，国家药品监督管理局发出《关于强化中成药国家标准管理工作的通知》，要求切实做好未纳入国家药品标准管理的企业监督管理工作。

1998 年 8 月，经卫生部批准，汇编《中华人民共和国卫生部药品标准》（蒙药第一册）。该标准是国内从事蒙药生产、供应、使用和监督的法定依据，从 1998 年 11 月 1 日起实施。

2001 年，国家药品监督管理局强化中成药国家标准管理工作。内蒙古自治区药品监督管理局完成

“中成药（蒙成药）地方品种申报品种”的上报。在上报品种中，中成药88个，蒙成药78个。

2003年，根据《中华人民共和国药品管理法》和有关地方药品标准品种整顿工作的要求，内蒙古自治区药品监督管理局对已纳入国家药品标准管理的原地方药品标准品种，要求有关药品生产企业按照国家药品监督管理局颁布的国家药品标准及换发的药品标准文号组织生产，按地方药品标准生产的药品可流通和使用至2003年12月31日，未纳入国家药品标准管理的地方药品标准品种立即停止生产、销售和使用。

是年，国家质量检验检疫总局等7部委联合印发的《关于采用国际标准的若干意见》，要求药品生产企业采用国际标准和国外先进标准组织生产，建立标准体系。随即中成药地方标准撤销。

是年，重症急性呼吸综合征（“非典”）疫情发生后，国家标准化管理委员会紧急批准发布了（GB19082—2003）《医用一次性防护服技术要求》等4项强制性国家标准，随后又发布了《过氧乙酸》等6项国家标准。

2004年，为推进蒙药标准化工作，按照内蒙古自治区人民政府要求，内蒙古自治区食品药品监督管理局提出蒙医药现代化、标准化项目建设意见，深入10个盟市开展蒙药制剂调研，对蒙药制剂的标准、炮制、调剂使用等广泛征求蒙药生产企业和蒙医院有关人员的意见和建议，收集蒙药制剂处方817个，牵头开展《蒙药制剂规范》制定工作。

2005年，内蒙古自治区食品药品监督管理局组织专家研究起草《蒙药新药临床研究指导原则》，分期分批对现有蒙药材标准进行完善，制定“蒙药材炮制规范”及“蒙药材标准”。

2006年，内蒙古自治区食品药品监督管理局、卫生厅联合制定《内蒙古自治区医疗机构蒙药制剂调剂使用暂行办法》。

2007年，编制完成《蒙药制剂规范》。对全区蒙药品种进行摸底、清理，全区12个盟市共收集817个蒙药制剂处方，其中阿拉善盟192个、鄂尔多斯市123个、呼伦贝尔市101个、锡林郭勒盟70个、呼和浩特市68个、乌兰察布市62个、兴安盟54个、包头市49个、通辽市44个、赤峰市34个、巴彦淖尔市17个、乌海市3个。

2008年，内蒙古自治区食品药品监督管理局启动《蒙药制剂规范》（第二册）的编撰工作。

2009年，由内蒙古自治区食品药品检验所承担的蒙药标准化建设项目——《内蒙古蒙药制剂规范》（第一册）的研究、编撰、出版工作全部结束，于2009年2月20日由内蒙古自治区食品药品监督管理局正式予以颁布。该规范是内蒙古自治区为保证医疗机构蒙药制剂质量、保障用药安全有效而制定的首部法定蒙药制剂规范。

2010年，内蒙古自治区食品药品监督管理局承担了30种国家食品药品监督管理局安排的民族药标准修订任务，组织起草制定了蒙药制剂规范。为提高医疗机构制剂质量控制水平，在对内蒙古自治区医疗机构制剂蒙药品种进行筛选和吸收先进技术、实验方法的基础上，遵循《中国药典》（2010年版）要求的药品质量控制方法和技术，完成《内蒙古蒙药制剂规范》（共两册），涉及内蒙古自治区的54项标准。

2014年，内蒙古自治区食品药品监督管理局启动蒙药标准化体系建设工作，推进蒙药产业标准化、规范化发展。

2015年，内蒙古自治区食品药品监督管理局对原有的内蒙古自治区中蒙药材地方标准进行清理整顿。废止地方药材标准133个，包括《内蒙古蒙药材标准》（1986年版）收载的55个品种标准、《内蒙古中药材标准》（1988年版）收载的78个品种标准。

是年，内蒙古自治区食品药品监督管理局组织完成《内蒙古自治区蒙药制剂规范》（第二册）、

《内蒙古自治区蒙药炮制规范》（2015年）、《内蒙古自治区蒙药材标准》（增补本）等标准和规范的编辑出版，颁布蒙药材标准、蒙药材炮制规范、制剂规范285项；完成《中国蒙药名词规范》编撰工作。

2016年，根据国家食品药品监督管理局办公厅《关于加强地方药材标准管理有关事宜的通知》，在继2015年发布废止部分地方药材标准公告后，按照国家食品药品监督管理局注册司要求，再次发布公告废止26个地方药材标准，其中中药材标准19个、非药材类标准3个、蒙药材标准4个。

是年，内蒙古自治区食品药品监督管理局向国家食品药品监督管理总局上报《内蒙古自治区地方药材标准清理结果》。制定了地方药材标准审评原则：一是中药材标准与《中国药典》（2015年版）收载标准基原（中药基原指的是科属，有同科同属，有同科不同属）相同的，一律废止；中药材标准与部颁蒙、藏、维分册收载标准基原相同的，执行国家标准，原标准性味、功能与主治、用法与用量保留；中药材标准与部颁中药材第一册收载标准基原存在不同的，修订标准。二是蒙药材标准与部颁蒙药分册收载基原相同的，一律废止；蒙药材标准与部颁蒙、藏、维分册收载标准基原相同的，执行国家标准，原标准性味、功能与主治、用法与用量保留；蒙药材标准与部颁中药材第一册收载标准基原存在不同的，修订标准。

废止标准涉及蒙药材标准59个（不包括2003年取消的关木通药用标准）、中药材标准98个（包括六神曲、半夏曲、红曲）。其中，收载于《内蒙古蒙药材标准》的鹿鞭（肾）、猴枣标准，根据国家食品药品监督管理局地方药材标准清理检查组专家意见，在2015年公告后，2016年再次进行了公告。清理整顿后，《内蒙古蒙药材标准》（1988年版）由原322个标准保留262个（其中修订219个）；《内蒙古中药材标准》由原164个保留66个（其中修订15个）。

废止地方标准药材名单如下：

1.《内蒙古蒙药材标准》（1986年版）收载55个品种标准：三颗针、大栀子、大蒜、小秦艽花、八节毛、莲菜、凤仙花、火绒草、水苦荬、玉簪花、石莲子（苦石莲）、白益母草、白葡萄、地梢瓜、多叶棘豆、肋柱花、并头黄芩、蒙花锚、芯芭、赤飑子、返顾马先蒿、沙芥、驴耳凤毛菊、阿尔泰狗娃花、刺柏叶、刺玫果、抱茎苦荬菜、苦地丁、齿叶草、齿缘草、金莲花、泡囊草、细叶铁线莲、珊瑚、柿子、草乌花、扁蕾、莲座蓟、铁杆蒿、铃铃香、通经草、梅花草、菱角、接骨木、悬钩子木、硬毛棘豆、紫藤子（可瓜子）、篦齿蒿、蓝刺头、蓝盆花、辣椒、蒙酸模、漏芦花、橡子、豌豆花、糙苏。

2.《内蒙古中药材标准》（1988年版）收载78个品种标准：土贝母、千年健、川木香、片姜黄、平贝母、穿山龙、徐长卿苷、绵马贯众、猫爪草、千金子、天仙子（莨菪子）、胡麻子（亚麻子）、核桃仁、瓦松、苦地丁、垂盆草、翻白草、人参叶、银杏叶、满山红、闹羊花、地枫皮、僵蚕、九节菖蒲、马宝、石楠叶、代代花、白巨胜、白药子、光慈姑、肉桂子、芫荽子、芫荑、苦楝子、狗宝、枳椇子、扁豆花、荷梗、浮小麦、黄药子、鹿筋、鹿肾、萱草根、紫贝齿、藤黄、油松节、山慈菇、甘松、母丁香、郁李仁（柄扁桃）、没药、乳香、浮海石、灵芝、一枝蒿、木槿花、葛花、木槿皮（川槿皮）、苎麻根、胡椒、罂粟壳、地锦草、伸筋草、鸡骨草、十漆、大青盐、云母石、芸苔子、松香、鹿骨、橘络、禹粮石、内蒙紫草、刘寄奴、蚕沙、官桂、寒水石、猴枣。

3. 需废止的已有国家标准的品种共19个：苣荬菜、鹿鞭（肾）、桂皮、鬼箭羽、紫梢花、玄晶石、刺猬皮、毛冬青、苦丁香（甜瓜蒂）、芸香草、甜地丁、海桐皮、豹骨、紫草茸、龙齿、龙骨、胆矾、琥珀、猴枣。

4. 需废止的非药材类3个品种：六神曲、半夏曲、红曲。

5. 需废止的蒙药材4个品种：草乌叶、沙棘、冬葵果、广枣。

二、实施与监督

中华人民共和国成立初期，内蒙古自治区药品由制药企业按处方进行生产并检验。1957 年 7 月，内蒙古自治区药品检验所成立后，一方面参与药品标准的制定工作，另一方面监督用药处方和药品标准的实施。

1959 年 7 月，卫生部、化工部、商业部联合发布了《关于保证与提高药品质量的指示》。指出“大跃进”以来有些药品由于质量不好，已经危及人民的健康，主要原因是管理混乱，对质量检查放松造成的。文件提出恢复健全药品检验机构，严格检验制度等具体措施。根据指示要求，内蒙古自治区开始加强药品质量标准审批。药厂生产的每一种药品，必须经内蒙古自治区卫生厅审批，新产品未经临床试验和卫生部门批准，不准出厂。

1963 年，内蒙古自治区首批《药品标准》颁布后，自治区卫生厅印发全区贯彻执行，要求生产企业严格执行标准，按照标准生产、检验和出厂，内蒙古自治区药品检验所对药品标准的实施进行监督检查。

1964 年 7 月，内蒙古自治区卫生厅、商业厅联合组成药品质量检查组，对呼和浩特市医药公司所属中成药加工部、饮片加工炮制车间、中药仓库、门市部、中医院、内蒙古医学院附属医院中药房进行检查。针对检查中发现的质量问题，内蒙古自治区卫生厅、商业厅要求各级药品生产、供应、使用部门，对药工人员进行“质量第一”的教育。药材经营部门和使用单位在进货时严格把关，并成立中药研究小组，专门负责中药质量的检查、真伪品种的鉴别等项工作。

1965 年 10 月 27 日，内蒙古自治区卫生厅在卫生部、化学工业部印发的《药品新产品管理暂行办法（草案）》的基础上要求凡国内已生产的药品，并定有标准（国家药典、部标准、省市自治区药品标准）的区内厂家，生产前不再经内蒙古自治区卫生厅审批，但应报内蒙古自治区卫生厅和内蒙古自治区药品检验所备案。

1973 年，内蒙古自治区卫生厅、医药总公司发布《内蒙古自治区中药饮片切制规范》。该规范是中药材经营部门和医疗单位中药饮片加工炮制的技术标准，也是监督检查中药饮片规格质量的法定规范。中药加工炮制必须严格按规范要求操作，各医药公司要经常对药工人员进行“质量第一”的教育，主管部门要经常组织力量检查指导，提高加工炮制的技术水平，各级药品质量监督检验部门要认真抓好具体监督管理工作，并明确划分中药饮片加工炮制分工负责的范围。

1978 年，卫生部、化工部、商业部正式颁布《药品卫生标准》，对中成药和西药制剂制定了具体的细菌检查的指数，要求从 1980 年 1 月 1 日起按新标准检验出厂。

1979 年 9 月 19 日，内蒙古自治区革命委员会转发国务院批转卫生部关于颁发《中华人民共和国药政管理条例（试行）》报告，要求各级卫生行政部门加强对医药生产、供应、使用单位的药品质量监督检查，切实抓好药政管理和药品检验工作。凡未经药政管理部门检验批准和不合格的药品，生产单位不准生产、出厂，商业部门不准收购、销售，医疗单位不准使用。

此后，内蒙古自治区卫生行政部门对新药和旧药的生产实行审批制度。新药研制后，将新药的制造方法、质量标准、起草说明等资料报内蒙古自治区卫生局，经内蒙古自治区药品检验所进行核对试验，并确定临床质量标准，组织鉴定，经卫生部门批准后生产。

1980 年 6 月 9 日，内蒙古自治区人民政府批转内蒙古自治区医药总公司、经济委员会、计划委员会、卫生厅、工商行政管理局、商业局、畜牧局、内蒙古军区后勤部关于贯彻执行国务院批转卫生部等单位《关于在全国开展整顿药厂工作的报告》实施方案，随即在全区开展整顿药厂和整顿药品品种工作。此次整顿对全区53家药厂在药品生产中执行标准情况进行普查，44家西药厂生产的110种药品执行药典标准，35种执行卫生部标准，31种执行内蒙古自治区药品标准，150种执行外省、市、自治区药品标准；9家中药厂生产的124种药品执行药典标准，162种执行自治区药品标准，263种执行外省、市、自治区药品标准。

按照《中华人民共和国药政管理条例（试行）》的规定，中西药品生产单位所生产的每种药品，必须报经省级卫生行政部门审核批准。鉴于内蒙古自治区地域辽阔，交通不便，统一由自治区卫生局审批时间较长，为此，1980年5月14日，内蒙古自治区卫生厅规定，药品审批一律由盟市卫生局办理，未经批准的药品不得生产。审批时，生产国内有质量标准的药品，要报送药品标准等材料；申请生产新药的，需报送质量标准（草案）与检验结果等材料。7月26日，内蒙古自治区卫生厅决定，对批准生产的药品实行统一编号。

是年，内蒙古自治区卫生厅为旗县以上卫生局、药品检验所的药政和检验人员颁发“药品质量监督证”，以实施药品标准监督，加强药政管理和药品质量监督。

1982年1月31日，内蒙古自治区卫生厅对审批药品的编号按“治疗用药”与“营养滋补用药”两类作了更改。

是年，内蒙古自治区卫生厅组织药检、药厂和药学教育等有关部门的专业技术人员，对区内历年来审批的药品标准，结合生产实践和用户反映，经过审查修订，制定了《内蒙古自治区药品标准》。

1985年1月29日，按照药品管理法相关规定，内蒙古自治区卫生厅对药品审批程序重新作出规定：凡申请生产属于中国药典和自治区药品标准的药品，需报盟市卫生处（局），同时抄报内蒙古自治区医药总公司，抄送盟市药品检验所，经药检所复验后，由盟市卫生处（局）转报内蒙古自治区卫生厅审批。盟市药品检验所不能承担全项检验的，由内蒙古自治区药品检验所复核。凡申请生产外省、自治区、直辖市药品标准和新药品种，盟市卫生处（局）审查其生产条件，经内蒙古自治区药品检验所检验样品，并确定相应的质量标准，由内蒙古自治区卫生厅审批。到1999年末，全区各地执行上述规定。

1993年，国家质量技术监督局对同年4月30日以前批准发布的190个强制性国家医药标准进行复审，最后确定66个强制性国家医药标准，其余17个原强制性国家医药标准改为推荐性标准，由企业自愿采用，有107个原强制性医药国家标准调为医药行业标准。

1994年，为加强药品标准化，卫生部药典委员会修订了药品命名原则。

是年，淘汰了“水泻散”等105个临床疗效不确切的中成药品种，撤销其批准文号并停止生产，已生产出厂的合格产品在1995年底前仍可销售和使用。

2000年，《中华人民共和国药典》（2000年版）颁布执行。自执行之日起，与药典同品种的原国家或省、自治区、直辖市药品标准停止执行。内蒙古自治区药品监督管理局要求各药品生产企业严格执行药典各项规定，对执行《中华人民共和国药典》（2000年版）的品种，核查其生产工艺，提供所生产品种是否有药典规定外杂质的情况；各药品生产企业若申请修改标签及使用说明书内容，要向内蒙古自治区药品监督管理局申报。《中华人民共和国药典》（2000年版）所收载品种的有效期，按药品有效期规定执行。对尚无药品有效期规定的品种，参照《中华人民共和国药典》（2000年版）收载的药物稳定性指导原则的有关要求进行考核，报内蒙古自治区药品监督管理局核准。

2001年，国家药品监督管理局组织医药学专家对抗生素类抗感染药等药品地方标准品种进行再评价，内蒙古自治区药品生产企业通过再评价的药品品种有29种，停止使用药品品种10种。

2001年7月16日，内蒙古自治区药品监督管理局决定撤销赤峰维康生化制药有限公司（原内蒙古赤峰生物化学制药厂）生产的诺氟沙星胶囊的生产批准文号（内卫药准字〔1996〕第000372号），撤销赤峰永巨制药厂生产的诺氟沙星胶囊的生产批准文号（内卫药准字〔1996〕第001482号）；中成药终止保护呼和浩特中药厂生产的牛黄降压丸，批准文号为ZZ－0077－内卫药准字〔1994〕0696号，包头中药厂生产的芪枣冲剂，批准文号为ZZ－2925－内卫药准字〔1992〕0427号。

2003年，国家食品药品监督管理局严格药品审批管理，深化药品审评机制改革，强化药品安全性、有效性和质量可控性的评价。严格执行标准，依法取消药品地方标准，启动国家药品标准提高行动计划，决定用3～5年时间对药品进行全面清理，对于标准低、质量不可控的药品，发现一个淘汰一个。

2006年，国家食品药品监督管理局组织有关部门对中药品种保护相关文件进行了统一整理、研究，重新明确了有关规定并下发《关于中药品种保护有关事宜的通知》，并对批准保护的中药品种予以公告。

是年，国家食品药品监督局发布《关于印发化学药品和生物制品说明书规范细则的通知》《关于印发中药、天然药物处方药说明书格式内容书写要求及撰写指导原则的通知》。内蒙古自治区食品药品监督管理局要求区内的药品生产企业遵照执行。

2009年，《国家基本药物目录管理办法（暂行）》颁布，国家基本药物目录中的化学药品、生物制品、中成药，都是《中华人民共和国药典》收载的卫生部、国家食品药品监督管理局颁布药品标准的品种。内蒙古自治区为适应本地用药水平、用药习惯、用药特点，满足基层医疗卫生机构对民族药、地方特色中成药、地方病种特需药品的需求，在建立国家基本药物制度的初期，允许全区基层医疗卫生机构在国家基本药物目录外，配备和使用自治区增补目录药品。基本药物增补目录中的化学药品、生物制品和中成药，按国家基本药物分类和命名原则进行分类命名，蒙成药依据系统和功效分类和命名。

2011年，涉及内蒙古自治区的54项中成药标准提高任务全部完成起草。

2014年，内蒙古自治区12个盟市食品药品监督管理局对全区医疗机构制剂室进行了配制行为的合法性、规范性与符合性进行专项检查。监督抽验365个批次品种，其中122批次品种检验结果合格；检查发现违法违规配制制剂26家，对其责令限期整改或立案查处。

2015年，因国家2000年颁布的《医疗机构制剂许可证验收标准》有些条款已经不适应内蒙古自治区医疗机构制剂室，特别是蒙中药配制的现实需要和监管要求，现场检查评定方式等需要改进和完善。为此，内蒙古自治区食品药品监督管理局制定下发《核（换）发“医疗机构制剂许可证”验收标准（试行）》。

2016年，按照国家药典委员会要求，通过在全区食品药品监管系统、大专院校及蒙药科研使用单位进行广泛征集，共向国家药典委员会推荐5名药典委员候选人。

第二章　药品生产监督管理

第一节　药品生产企业

日伪统治时期，日本侵略者为掠夺资源，在赤峰和归绥建立了手工业式的生产麻黄素和甘草膏的半成品厂，日寇投降时倒闭。

1952年，国家重新建立了赤峰麻黄素厂与归绥甘草膏厂，两年后开始生产片剂和针剂。部分盟市医药公司设立了中成药加工部，生产当地习惯使用的丸散膏丹。

1958年，在“鼓足干劲、力争上游、多快好省地建设社会主义的总路线”的形势下，内蒙古自治区出现了兴办药厂的高潮。1960年，全区已有各种类型的制药企业56个。不仅建立生产麻黄素、甘草膏的机械化新车间，而且可以生产土霉素、四环素、甘草次酸、甘草酸铵、山道年、驱蛔灵、来苏水等原料药和100多种西药片剂、针剂和酊水剂，从而改变了完全靠区外调进药品的局面。有200多种中成药、蒙成药的生产也逐渐转向机械化生产。

1963年，为贯彻调整、巩固、充实、提高“八字方针”，内蒙古自治区卫生厅会同有关部门通过对全区制药企业状况进行调查研究，决定保留10个条件好的制药企业，其余都撤销或归并。保留的单位是：呼和浩特制药厂、赤峰制药厂、扎兰屯制药厂、海拉尔生化制药厂、集宁生化制药厂、呼和浩特医药公司、包头市医药公司、哲里木医药公司和昭乌达盟医药公司的4个中成药加工部、库伦旗蒙成药加工部。

1966年，根据中共华北局决定，从天津迁来卫生材料厂和医疗器械厂，分别迁到乌兰察布盟察哈尔右翼前旗和伊克昭盟东胜投入生产。

“文化大革命”期间，各地自发办起一大批制药企业。这些新办的制药企业，由于生产条件（技术力量、厂房设备、检验能力等）差，不能保证产品质量，原有的制药厂也由于普遍放松了管理，出现了一些重大质量事故。

1973年，全区（不包括已划出的东三盟、西三旗）共有制药企业73个。

1974年，根据国务院批转卫生部、燃化部、商业部《关于加强药品质量管理工作的报告》精神，内蒙古自治区革命委员会生产建设指挥部卫生局会同内蒙古自治区燃化局、内蒙古自治区商业局通过调查摸底，按各制药企业的生产条件（技术力量、厂房设备、检验能力等）和生产布局，进行了初步整顿。正式核准28个制药厂，并补办产品审批手续，加强了质量监督制度。未经核准的制药企业一律停办。

1975—1978年，内蒙古自治区人民政府卫生局等3个相关部门又陆续批准新建了一批制药厂。到1978年，全区有制药厂38个。报经内蒙古自治区卫生厅核准的药品生产品种586种，其中西药195种、生化药39种、蒙成药44种、中成药308种。绝大部分是制剂类药品，原料药只有12种。

1978年，卫生部、化工部、商业部正式颁布《药品卫生标准》，对中成药和西药制剂制定了具体的细菌检查指数，并要求各药厂从1980年1月1日起按新标准检验出厂。《药品卫生标准》规定：口服药品不得检出大肠杆菌、活螨和螨卵，外用药不得检出绿脓杆菌、金黄色葡萄球菌等致病菌。新颁布的《药品卫生标准》对中成药的蜜丸、片剂、浓缩丸、冲剂、散剂、水丸，西药的片剂、粉剂、胶丸、冲剂，以及糖浆、合剂、水剂等液体制剂的杂菌、霉菌总数都规定了限度标准。此后，全区各药厂全部建立了无菌室，培训了菌检人员，把细菌检查列为常规检验项目。

1979年，呼伦贝尔盟、哲里木盟、昭乌达盟和阿拉善左旗、阿拉善右旗、额济纳旗重新划回内蒙古自治区后，全区共有各种类型的制药企业87个。生产西药、生化药和中蒙成药970种，年产原料药1400吨、注射剂6600万支、片剂30亿片、中蒙成药2000万盒。全区有蒙药制药企业3家，即内蒙古蒙药制药厂、库伦蒙药制药厂和乌兰浩特中蒙药厂，内蒙古蒙药制药厂是全国最大的民族制药企业之一，能生产丸、散、汤、膏、酒、丹等各类剂型近100余种，对发展内蒙古的医药卫生事业，保护各族人民健康，作出一定的贡献。但也有一些药厂盲目生产，药品质量问题比较严重，亟待加强监管。

1980年，按照国务院批转卫生部等单位《关于在全国开展整顿药厂工作的报告》精神，内蒙古自治区卫生厅、医药管理局等部门对全区的药品生产企业又进行了一次全面彻底的整顿。根据有关部门报请内蒙古自治区政府批准的整顿药厂实施方案，成立由自治区计划委员会、自治区经济委员会牵头的药品生产企业整顿领导小组，自治区卫生厅、医药管理局抽调专人组织成立日常办事机构。各盟市也成立相应的组织领导机构。整顿工作的具体步骤：一是结合药品质量大检查对各药厂进行调查摸底，并发布整顿药厂的原则、政策规定、整顿的方法和检查验收的标准；二是先由各药厂自行对照检查，自己认为符合条件者，向盟市提出验收申请；三是各盟市先提出具体审查意见，然后由自治区组织检查验收，最后将验收结果报内蒙古自治区整顿药厂领导小组审定。此次整顿，保留制药厂44个，关停43个。

1982年1月，内蒙古自治区卫生厅、自治区医药总公司与自治区工商行政管理局联合对全区药品生产企业进行重新审核整顿，并联合发文对合格的制药厂予以公布，核发“营业执照”。经重新审核批准生产的西药与生化药235种、中成药315种、蒙成药67种，共计617种。经过近两年的整顿，为内蒙古自治区的医药工业生产打下了扎实稳定的发展基础。

1985年，药政管理部门对全区53个药品生产企业进行检查验收，有45个药品生产企业取得“药品生产企业许可证”。对暂没有通过检查验收的药品生产企业，药政管理部门责令限期整顿，待达到规定条件时再进行验收发证。

1990年，全区药品生产企业发展至72家，均获得了“药品生产企业许可证”。

1995年，内蒙古自治区卫生行政部门和医药行业主管部门对全区药品生产企业进行检查验收。全区共有85家药品生产企业，经过检查验收均领取“药品生产企业合格证”和“药品生产企业许可证”。与此同时，各级药政管理部门注重抓好日常药品生产企业的监督管理工作，对药品生产企业的生产行为及质量管理进行经常性监督检查，发现问题及时查处，并按验收细则规定每年进行一次年检。

1997年，内蒙古自治区医药工业企业按验收细则年检，通过验收的有81家，比上一年减少了

4 家。

1998 年，内蒙古自治区医药工业企业按验收细则年检，通过验收的有 88 家，比上一年增加了 7 家。

2000 年，全区有药品生产企业 90 家，医疗器械生产企业 48 家。主要生产化学原料药、化学药制剂、大输液、中成药、中药材加工和一、二类医疗器械产品。

2006 年，全区有药品生产企业 62 家，其中，中药材、中药饮片加工企业 13 家。

2008 年，全区有通过 GMP 认证的药品生产企业 54 家，已经形成 20 多个剂型、1554 个品种的化学原料药和化学药品制剂生产能力，20 种剂型、1950 个品种的中蒙药生产能力。

2009 年，全区有药品生产企业 102 家，其中已经通过 GMP 认证的 86 家。形成 3747 个品种、18 个剂型的生产能力，全年药品生产企业产值 131.83 亿元，比 2000 年增长了 13.2 倍。

2010 年末，全区有药品生产企业 91 家（不包括准备撤销未认证企业 9 家），其中已经通过 GMP 认证的 54 家（其中中药饮片 1 家）。

2017 年，全区有获 GMP 认证的药品生产企业 99 家。

第二节　药品生产许可

一、药品生产审批

1959 年，根据卫生部、化工部、商业部《关于保证与提高药品质量的指示》要求，全区开始药品质量标准审批。药厂生产的每一种药品，必须经内蒙古自治区卫生厅审批，新产品未经临床试验和卫生部门批准不准出厂。各药品生产企业必须建立健全必要的规章制度和质量控制机构。

1974 年，国务院批转卫生部、燃化部、商业部《关于加强药品质量管理工作的报告》。

1973—1977 年，全区先后开展 3 次全区性的药品质量大检查，有多家药品生产企业被查处。

从 1980 年开始，全区制药行业开始评审优质产品，这是在全区药品生产企业全面推行质量管理的基础上进行的。为坚持高标准、严要求，内蒙古自治区卫生厅与内蒙古自治区医药总公司研究确定内蒙古药品检验所为评优产品的检测机构，负责对全区参加评优产品的检验与复验。对被评定为国优、区优、局优的优质产品，由内蒙古药品检验所建立优质产品档案，以考察和保证优质产品的稳定性。

“六五”（1981—1985 年）期间，全区制药行业共评选优质产品 44 个。其中，中蒙药 20 个品种。赤峰制药厂的盐酸麻黄素获国家金质奖，呼和浩特制药厂的甘草浸膏获国家银质奖。8 个品种获国家医药管理局优质产品奖，34 个品种获自治区优质产品奖。

二、药品生产许可

各级医药管理机构，依照药品管理法和药品生产管理规范、医药商品质量管理规范等有关规定，监督检查企业的生产经营活动，核发药品生产、经营企业合格证。

1984 年 9 月 20 日，《中华人民共和国药品管理法》颁布，自 1985 年 7 月 1 日开始实施。按照《中华人民共和国药品管理法》规定，国家对药品生产企业实施许可证管理，管理体系日趋完善。一是推行行业准入制度，规定开办药品生产经营企业必须经过批准，并取得“药品生产企业许可证”；二是推行产品准入制度，规定对药品实行注册管理制度，对经注册准予生产的药品发放“药品生产批准证书”；三是加强特殊药品管理。

1985年，国家卫生部根据《中华人民共和国药品管理法》的规定，开始对开办药品生产企业实行审核批准制度。对药品生产企业必须具备的条件作了具体规定：（1）具有与生产药品相适应的药师或助理工程师以上技术人员和技术工人；（2）具有与所生产药品相适应的厂房、设备和卫生环境；（3）具有能对所生产药品进行全项检验的机构、人员，以及必要的仪器设备、实验动物等；（4）建立健全各项规章制度与操作规程。

《中华人民共和国药品管理法》还对开办药品生产企业的审核批准程序作出了明确规定：开办药品生产企业必须由所在省、自治区、直辖市药品生产经营主管部门同意，经所在省、自治区、直辖市卫生行政部门审核批准并发给“药品生产企业许可证”。无“药品生产企业许可证”的，工商行政管理部门不得发给“营业执照”。

内蒙古自治区党政主要领导对《中华人民共和国药品管理法》的实施十分重视，自治区党委、人大主要负责人认真听取内蒙古自治区卫生厅关于宣传贯彻药品管理法情况汇报，并作出重要指示。内蒙古自治区人民政府于1985年12月向各盟市、旗县政府发出《关于进一步宣传贯彻〈药品管理法〉的通知》，要求认真宣传，加强执法队伍的培训提高，深入清查假劣药品和麻醉、精神药品，严禁私种罂粟，吸食毒品。

《中华人民共和国药品管理法》实施后，全区各级卫生行政部门所属的药政管理机构依法制定相应的药品管理政策，颁布地方药品标准；审批药品，核发批准文号；初审新药；对药品生产、经营、使用进行监督；组织对已经生产药品的药效、副作用进行调查和再评价；监督管理特殊药品；审查药品广告；依法行政，全区药品生产和流通秩序进入了一个稳定发展时期。

是年，内蒙古自治区卫生厅制定并发布《药品生产企业验收细则》。根据细则规定，从1985年开始，每年对药品生产企业进行一次许可证年度检查。全区各制药企业普遍开展自检，寻找差距，认真整改。全区药品生产企业重新换发药品生产品种批准文号。获得批准生产的药品有西药267种、中成药266种、蒙成药130种。

1986年，《内蒙古自治区医药行业质量管理规定（讨论稿）》发布。该规定要求，新建药品生产企业（包括新建车间）必须由开办单位向内蒙古自治区医药总公司提出开办药品生产企业（车间）的申请报告，同时报送新建厂（车间）生产的品种、规模、厂址和建厂（车间）的可行性调研资料。经审查同意后，按基建程序进行设计施工和建设工作，新厂（车间）建成投产前，由内蒙古自治区医药总公司按《中华人民共和国药品管理法》的要求组织审查验收，合格者发给“药品生产企业合格证”，企业凭合格证申请“药品生产企业许可证”和“营业执照”。

1990年，国务院批转国家医药管理局《关于进一步治理整顿医药市场的意见》，要求各级医药管理部门认真做好药品生产的行业管理工作。凡生产药品的企业必须严格按照《中华人民共和国药品管理法》及其实施办法规定的条件和程序进行审批。私营企业和个体工商户不得生产药品。药品生产企业只准销售本企业生产的药品，不准转手倒卖或批发其他企业生产的药品。药品生产企业的销售对象主要是国营商业批发企业。医疗单位不得转手批发经营药品，自行配制的制剂不得在市场销售。在治理整顿中，对已生产药品的企业，零售药品的个体工商户都要进行复查验收，达不到要求的或虽符合要求、但手续不全的视情况取消其生产资格或限期整顿，对限期整顿后仍达不到要求的，按《中华人民共和国药品管理法》规定取消其资格。

是年，全区药品生产企业发展至72家，均获得“药品生产企业许可证”。

1990年、1995年，内蒙古自治区卫生厅分别对全区药品生产企业进行了两次大规模的检查验收。

对符合条件的制药企业和经过限期整顿达到标准的制药企业核发“药品生产企业许可证”，并每年进行一次许可证年度检查。

1995年12月5日，国务院办公厅发出通知，为保证药品生产质量，新开办药品生产企业的审批权收回卫生部和国家医药管理局。此后，凡新开办药品生产企业均经卫生部、医药管理局或中医药管理局联合审查同意方可立项和办理审批手续。新开办的药品生产企业，必须持有国务院卫生行政部门批准的新药审批手续，经国家药品认证委员会GMP（药品生产质量规范）认证后，各省、自治区、直辖市医药管理局、卫生厅（局）方可分别核发“合格证”和“许可证”。

是年，全区共有药品生产企业85家。经过内蒙古自治区卫生行政部门和医药行业主管部门检查验收，85家企业均领取了“药品生产企业合格证”和“药品生产企业许可证”。

是年，开启“药品生产企业合格证”年检工作，按《药品生产企业验收细则》要求，对药品生产企业每年进行一次年检。

1999年，按照国家医药管理局文件精神，内蒙古自治区医药管理局暂停受理新开办药品经营企业和医疗单位制剂室的申请、审查及发证工作。因个别地区没有按要求执行，2000年3月28日，内蒙古自治区药品监督管理局下发《关于暂停审批和办理药品经营（零售）企业合格证、许可证的紧急通知》，要求“在未接到国家药品监督管理局和自治区医药管理局新的规定之前，一律不再受理办证申请，对违规办证的，要追究当事人和有关部门主要领导的责任”。对在1999年3月以后，擅自批准设立的药品经营（批发、零售）企业和1995年12月1日后未按规定擅自审批的药品生产经营（批发、零售）企业进行清理。

2000年，内蒙古自治区药品监督管理局成立后，针对药品行业行政审批程序多、手续繁、效率低等状况，对行政审批制度进行了改革，对部分审批项目内容进行了调整。将药品执法主体由卫生部门调整为药品监督管理部门。行政审批制度改革的内容：6项审批事项予以取消；医疗器械标准改由企业自行组织有关专家审理。开办药品生产和经营企业，由原来的“二证一照”（合格证、许可证、营业执照）改为“一证一照”，“合格证”被取消。二、三级野生药材转运随着全国统一市场的形成，不再进行审批管理。对于保留的审批事项，建立监督制约管理机制，明确操作程序，建立健全有关配套制度。对全区药品生产、经营企业进行换发许可证工作，通过重新换证，加强对生产、经营企业的监督检查，提高企业管理和技术档次，规范企业的生产和经营行为，对不符合换证条件的企业做出限期整改或取消资格等处理决定。

是年，按照国家药品监督管理局的部署，内蒙古自治区药品监督管理局开展对全区药品生产、流通企业的换证工作。从8月下旬到9月初，分别在呼和浩特市和伊克昭盟两地召开生产和经营企业换证工作会议，对换证工作进行具体安排，并以“以会代训”的形式，对全区抽调的77名换证审查人员进行严格培训和考试，明确换证工作纪律。经过4个月的紧张工作，共完成57家生产企业、93家医疗机构制剂室和130家批发企业的验收工作，分别占总数的63%、38%和41%。

至2001年底，全区药品生产企业、医疗器械生产企业、药品和医疗器械经营企业、医院制剂室的换发证工作基本结束，全区91家药品生产企业经过申报、初审、验收和审批。6家企业实施异地改造或限期整改，13家企业依法予以撤销，72家企业取得新的“药品生产企业许可证”。全区242家医疗机构制剂室经过申报、初审、现场检验验收和审核批准，8家医疗机构制剂室限期整改，85家医疗机构制剂依法予以撤销，146家取得新的“医疗机构制剂许可证”。并规定在2001年7月1至2002年1月1日之间，凡未取得新的“药品生产企业许可证”“医疗机构制剂许可证”的企业，一律不得进行药品生产活动。

是年，完成了2001年申请换发全国“工业产品许可证”的输液器生产企业初审工作。全区48家医疗器械生产企业有20家生产企业通过现场审查验收，取得“医疗器械生产企业许可证”和《医疗器械生产企业备案表》。

2002年，新修订的《中华人民共和国药品管理法》实施后，停止由卫生管理部门发许可证、医药管理部门发合格证的行政审批业务，改为由药品监督管理部门发许可证、取消了合格证，减少审批的部门和环节。国家药品监督管理局要求药品生产企业和医疗机构制剂室重新换领“药品企业生产许可证”和“医疗机构制剂许可证”。按照国家药品监督管理局的要求，内蒙古自治区各级药品监管部门抓住换发许可证的机遇，依法规范了药品生产企业、药品经营企业和医疗机构的制剂室的生产与经营。

修订后的《中华人民共和国药品管理法》与1985年颁布的药品管理法相比，在生产许可方面新增加的内容为：药品生产企业必须按照国家药品监督管理局依据《中华人民共和国药品管理法》制定的《药品生产质量管理规范》组织生产，药品监督管理部门按照规定对药品生产企业是否符合《药品生产质量管理规范》的要求进行认证，对认证合格的企业发给认证书。

2004年8月5日，为加强药品生产的监督管理，国家食品药品监督管理局发布《药品生产监督管理办法》，原内蒙古自治区药品监督管理局印发的《内蒙古自治区〈药品生产监督管理办法〉（试行）实施细则》停止实行。对“药品生产许可证”不再实施年检，各级食品药品监督管理部门对药品生产企业的监督检查，由内蒙古自治区食品药品监督管理局根据《药品生产监督管理办法》的有关要求另行规定。

2005年9月7日，为加强药品生产质量管理规范检查，国家食品药品监督管理局颁发《药品生产质量管理规范认证管理办法》。随即，内蒙古自治区食品药品监督管理局在全区范围内对“药品生产企业许可证”进行统一换证。这是国家食品药品监督管理局组建以来第一次全国范围换证（注：2005年前均为“药品生产企业许可证”）。内蒙古自治区食品药品监督管理局将换证工作与药品GMP认证跟踪检查结合起来，通过换证，加强药品生产的监督管理。

2006年，按照国家食品药品监督管理局的有关规定，内蒙古自治区全面开展了对药品生产企业的跟踪检查和飞行检查。把质量保证体系的建立和执行情况及原辅材料购入检验情况作为检查的重点环节；把注射剂和粉针剂作为跟踪检查和飞行检查（食品药品监督管理部门针对药品研制、生产、经营、使用等环节开展的不预先告知的监督检查）的重点品种，对检查中发现的违法违规问题，严格按照有关法律法规进行处罚，直至收回其“药品生产企业质量管理规范证书”，吊销其“药品生产许可证”。全区对54家药品生产企业全部进行了检查，其中飞行检查4家，收回GMP证书1家，停产整顿4家，限期整改10家。

2008年，在全区开展的药品生产企业检查中，建立了药品GMP现场检查与品种工艺现场核查相结合的工作机制，推动药品GMP从按剂型、类别检查向按品种工艺检查的转变。

2010年，国家食品药品监督管理局颁布《药品生产质量管理规范（2010年修订）》。按照国家食品药品监督管理局“新开办企业、基本药物生产企业和注射剂品种生产企业应率先实施，其他企业涉及硬件部分可以给予2~3年改造期”的总体实施计划，督促企业制定实施计划。内蒙古自治区食品药品监督管理局组织对全区药品安全监管人员、药品GMP检查员及企业负责生产质量管理人员进行培训。

2011年，国家食品药品监督管理局要求各地按照属地监管的原则，深入开展基本药物生产和质量监督检查工作。对辖区内基本药物的生产，特别是基本药物集中招标采购中标品种的生产进行监督检查，确定复方丹参片等20个品种为首批重点监督检查品种。内蒙古自治区食品药品监督管理局在各盟市食品药品监督管理局开展的基本药物监督检查中，重点关注基本药物中标价格情况，将中标价格明显偏低的品种列为重点监督检查对象。杜绝偷工减料、以次充好、替代投料、掺杂使假等违法违规行为，消除药品安全风险，确保基本药物质量安全。制定《基本药物生产工艺和处方核查工作实施方案》，对生产企业和临床前研究机构和临床试验机构开展日常监督检查和现场核查，对辖区内基本药物207个品种规格进行核查。制定下发《关于在全区部分药品生产企业推行药品质量受权人制度的通知》，对四类药品和基本药物生产企业全部实行质量受权人制度，制定药品生产企业年度监督检查计划，强化药品生产用原料、辅料、化学中间体的来源及质量监管，建立健全检查记录。

是年，内蒙古自治区食品药品监督管理局制定下发《关于进一步加强含麻黄碱类复方制剂管理的通知》和《关于加强药品生产企业销售含麻黄碱类复方制剂监督管理有关事宜的通知》，对未按规定生产销售、违法违规的企业依法严肃处理。

2012年，各盟市食品药品监督管理局对辖区内药品生产企业在自查的基础上进行现场检查，发现企业不严格按照处方和工艺规程进行生产，以及发现未严格执行GMP等问题，及时提出整改意见。

2014年，为进一步理顺行政审批流程，简化审批手续，缩短办理时限，提高行政效能，内蒙古自治区食品药品监督管理局认真研究，逐项核对国家食品药品监督管理局取消、下放和调整的行政审批事项，研究加强事中事后监管工作方案和配套措施，编制《药品生产许可办理服务指南》《药品生产质量管理规范（GMP）认证办理服务指南》等一系列服务指南和办事流程图，明确审批程序和审批条件，向社会公开，方便行政相对人申请，接受社会监督。

国家食品药品监督管理总局逐步下放至省级食品药品监督管理局的审批项目为：药品生产质量管理规范（GMP认证），药品委托生产行政许可，经营第一类中的药品类易制毒化学品审批，生产第一类中的药品类易制毒化学品审批，蛋白同化制剂、肽类激素进口准许证，麻醉药品、第一类精神药品和第二类精神药品原料药定点生产审批。

2015年，全区药品生产企业、医疗机构制剂室进行集中换证。内蒙古自治区食品药品监督管理局下发《自治区换发“药品生产许可证”“医疗机构制剂许可证”工作实施方案》，协助审评查验中心完成66家药品生产企业换发（更换）新版生产许可证和8家医疗机构制剂室换发（更换）新版许可证。

截至2016年底，内蒙古自治区食品药品监督管理局完成104家药品生产企业换证工作。大部分医疗机构制剂室陆续按照《核（换）发“医疗机构制剂许可证”验收标准》的有关要求，进行改造升级、购置改善设施设备、人员岗位培训、修订完善质量管理体系文件。

第三节　药品生产企业 GMP 认证

1969年，世界卫生组织（WHO）颁发“GMP”（英文“Good Manufacturing Practice”一词的缩写，中文翻译为“药品生产质量管理规范”）。GMP是世界各国对药品生产全过程监督管理普遍采用的法定技术规范，是适应保证药品生产质量管理的需要而产生的，监督实施GMP是药品监督管理工作的重要内容，是保证药品质量和用药安全有效的可靠措施。

GMP的内容包括：人员、厂房、设备、卫生条件、起始原料、生产操作、包装和贴签、质量控制系统、自我检查、销售记录、用户意见和不良反应报告等方面。在硬件方面要有符合要求的环境、厂房、设备；在软件方面要有可靠的生产工艺、严格的制度、完善的验证管理。

1988年，中国颁布首部《药品生产质量管理规范》，GMP正式在全国药品生产企业推行。

1992 年，卫生部对《药品生产质量管理规范》进行修订，并逐步开始在药品生产中实施。

1993 年，内蒙古自治区医药管理局制定 8 年质量工作目标规划，提出《内蒙古医药行业 1993—2000 年推行 GMP、GSP（药品经营质量管理规范）规划》，重点以推行和实施 GMP、GSP 为主要内容，以严格药品生产经营企业的条件审查为主要手段，以合理布局地区间药品生产经营企业为主要内容，强化企业管理和宏观调控。要求今后凡新开办的药品生产企业和药品经营企业，必须符合 GMP、GSP 要求；审查是否符合行业发展规划和网点设置规划，工业企业要达到最低投资限额要求，商业批发企业要具备在 24 小时内供应国家基本药物目录所列品种，以及向县级以上药品生产、经营行业主管部门指定的特定地区或单位供应药品的能力，从根本上解决药品生产经营企业布点过多过滥的问题。

是年，内蒙古自治区医药管理局、内蒙古自治区卫生厅共同在全区开展对大输液、粉针剂、化学原料等认证工作，监督企业贯彻执行 GMP 认证标准。在此基础上，对初步具备条件的企业开展 GMP 认证前的咨询服务。

1994 年，内蒙古自治区医药管理局制定《1994 年〈药品生产（经营）企业合格证〉换（发）证工作安排》《药品生产企业合格证验收通则》，选取了一些药厂和二级站，通过发证促其达到 GMP、GSP 要求。将换发证工作与药品专营工作相衔接，为药品专营创造条件；将换发证工作与推行 GMP、GSP 工作相结合；将换发许可证工作与整顿药品市场秩序结合起来，以换证为契机，整顿流通秩序、规范生产经营行为、提高企业整体素质、促进医药流通体制改革，对规模小、经营效益差、资不抵债、质量体系不健全、经营行为不规范，并曾有违法经营劣迹和不符合换证条件的企业，取消其生产、经营资格，从源头上解决药品生产、经营秩序混乱的问题。

1998 年，全区开展医药企业大容量注射液生产车间的 GMP 达标工作。

1999 年，国家药品监督管理局在调研的基础上广泛征求制药企业意见，认真吸取近 20 年推行 GMP 的经验和教训，结合国情对 1992 年颁布的《药品生产质量管理规范》进行修订。6 月 18 日，颁布《药品生产质量管理规范》（1998 年修订）（国家药品监督管理局第 9 号令），于 1999 年 8 月 1 日起施行。

新修订的《药品生产质量管理规范》参照世界卫生组织（WHO）及美国、欧洲等发达国家的 GMP 内容，使我国 GMP 内容更加科学合理。为初步引入 QA（质量保证）、QC（质量控制）管理方式，增加验证内容，特别增加了对药品质量管理的要求，增加了软件部分条款，软件内容所占比重增大。把 GMP 内容划分为基本原则和对不同类别药品的特殊要求两大部分，条理更加清晰，更便于操作，突出验证工作在药品生产和质量管理中的重要作用。

2000 年，按照《药品生产质量管理规范（1998 年修订）》的要求，内蒙古自治区药品监督管理局对全区药品生产企业进行 GMP 认证。先后完成内蒙古康源制药有限公司大输液、针剂车间的 GMP 认证；完成赤峰永巨制药厂大输液车间、通辽生化制药厂冻干粉针剂车间、内蒙古福瑞制药有限公司片剂车间 GMP 认证材料的初审上报工作；完成协助国家药品监督管理局认证中心检查组进行现场检查；完成对内蒙古库伦蒙药厂蒙药口服制剂 GMP 改造、包头康力药业公司大输液迁址改造工程等 7 个工程项目的可行性报告及扩建设计论证审查。

是年，按照“监、帮、促相结合”的方针，根据内蒙古自治区的实际情况，一方面积极创造条件，促进区内新药的开发、研制和申报，另一方面严格按照国家的有关法律、法规及程序要求，做好新药审批管理工作，全年共受理各类新药 37 个品种，完成初审上报 33 个。完成西药地方标准上升为国家标准补报品种 56 个。

是年，组织有关专家，按照“中药保健药品资料技术要求”，对符合申报要求的 36 个中药保健品种进行集中审评，选出31个品种进行资料完善与上报。至2001年底，全区有8家企业的11个车间通过GMP认证，占全区企业总数的11%。

2001年，国家药品监督管理局提出要进一步加大监督实施药品GMP认证工作力度，做好换发许可证工作。对实施药品GMP认证和换发“药品生产企业许可证”“医疗机构制剂许可证”等工作作了重点部署。

同年，内蒙古自治区药品监督管理局对全区通过药品GMP认证的企业进行全面跟踪检查，检查重点是认证检查时存在问题需限期整改的、原“达标”转认证的、有举报信反映管理松懈的企业。检查方式为突击检查。并要求各盟市药品监督管理部门加强对辖区内未通过GMP认证的大容量注射剂、粉针剂生产企业相应剂型停产情况的日常监管，发现违规行为，按有关规定严肃查处。

2002年，为促进全区GMP认证工作的开展，内蒙古自治区药品监督管理局分层次、有重点地对全区药品生产企业实施GMP情况进行调研。对包头市等4个盟市药品生产企业进行现场调研，对正在实施GMP认证改造的企业进行实地考察。在此基础上，对全区需进行GMP认证的66家药品生产企业的认证实施情况进行问卷调查。

是年，根据药品管理法要求，国家药品监督管理局对药品生产、经营企业实施GMP、GSP认证提出了严格的时限要求，即到2004年6月30日前，我国药品制剂和原料药的生产必须全部符合GMP的要求，并取得GMP认证证书。药品生产、经营企业实施GMP、GSP认证是国家规定的法定制度。新修订的《中华人民共和国药品管理法》规定，药品生产企业必须按照《药品生产质量管理规范》（GMP）组织生产，并需通过药品监管部门的GMP认证。

是年，按照国家药品监督管理局的要求，内蒙古自治区各级药品监管部门抓住换发许可证的机遇，依法规范药品生产企业、药品经营企业和医疗机构的制剂室。

是年，内蒙古自治区药品监督管理局完成赤峰艾克制药科技股份有限公司等12家企业申报GMP认证材料及现场的初审工作，协助国家认证中心检查组对赤峰艾克制药科技股份有限公司等11家企业进行认证现场检查。完成赤峰永巨制药厂大容量注射剂、内蒙古福瑞中蒙药股份有限公司冻干粉针剂、片剂GMP认证两年一次的年检工作。在GMP认证工作中，为避免企业在改造中走弯路，防止工程建成后再出现问题，根据企业的要求，组织技术人员对乌兰浩特中蒙药厂等20多家企业的GMP改造方案进行论证审查，帮助企业解决难题。到2002年底，全区有13家药品生产企业的23个车间通过GMP认证，占全区应认证企业总数的19.7%。

2002年8月28—30日，国家药品监督管理局GMP实施情况调研组对内蒙古药品生产企业GMP实施情况进行调研。听取内蒙古自治区药品监督管理局及18家药品生产企业GMP认证实施情况的汇报。其间，调研组考察内蒙古大唐药业有限公司、内蒙古吉兰泰盐化集团呼和浩特制药厂两家企业，就老企业存在的困难及解决办法进行座谈。

2003年“非典”期间，防治“非典”的药品用量增加，特别是抗生素、胸腺素、干扰素、呼吸机、医用防护服、口罩等用量急剧上升。为确保这些产品的质量，国家食品药品监督管理局发出了《关于开展胸腺肽制剂生产企业专项检查的紧急通知》，全国各地对辖区内所有生产胸腺素制剂企业和生产质量进行了一次全面的监督检查，对不按GMP生产，擅自进行委托生产等违法违规行为予以查处，消除生产质量隐患。内蒙古自治区药品监督管理局规定配制用于治疗“非典”的医疗机构制剂必须在具有“医疗机构制剂许可证”或者取得药品GMP认证证书的药品生产企业配制。

是年，按照“统一标准、规范监管、保证质量、促进发展”的要求，GMP两级认证制度开始实施。内蒙古自治区正式启动药品GMP自治区级认证工作。建立了GMP认证审查公示制度，提高工作透明度。按照国家食品药品监督管理局实施药品 GMP 两级认证的要求，内蒙古自治区药品监督管理局制定《内蒙古自治区药品生产质量管理规范认证工作程序》。经内蒙古自治区药品监督管理局批准，实施 GMP 改造的药品生产企业，其硬件建设、软件编制及人员培训等工作已全部完成并达到 GMP 认证条件，属于自治区级认证范围的，可直接向其所在地盟市药品监督管理局申报《认证申请表》及相关材料，盟市药品监督管理局受理后，按照《内蒙古自治区药品生产质量管理规范认证工作程序》的有关要求进行初审。已取得有效期为一年期的“药品 GMP 证书”的企业期满申报复查，由内蒙古自治区药品监督管理局初审，报国家食品药品监督管理局认证。至 2003 年底，内蒙古自治区 65 家应认证药品生产企业有 33 家通过 GMP 认证，占全区应认证企业总数的 51%。

2004 年，为推进 GMP 认证工作，国家财政部、国家发展改革委员会联合发出通知，调整药品 GMP 认证收费执收单位和收费标准，设立 GSP 行政收费项目。截至年底，内蒙古自治区有 88 家药品生产企业，按照国家要求，当年全区应通过认证的企业 65 家。内蒙古自治区食品药品监督管理局完成 50 家企业的 GMP 认证工作，对 12 家放弃认证的企业限期停产，进行现场监督检查和跟踪督查，实现停产过程的平稳过渡。并对 50% 的 GSP 认证企业进行跟踪检查，有效防止企业认证后出现质量滑坡等问题。

2005 年，国家食品药品监督管理局印发《药品生产质量管理规范认证管理办法》。内蒙古自治区食品药品监督管理局将换证工作与药品 GMP 认证跟踪检查相结合，通过换证，加强药品生产的监督管理。公布监督实施药品 GMP 成果，重点做好自治区级 GMP 认证企业跟踪检查，并加快内蒙古自治区医用气体、中药饮片等药品生产企业 GMP 认证的实施步伐。全年 88 家药品生产企业中，通过 GMP 认证 53 家，淘汰了劣势企业、劣势品种。

2006 年，黑龙江省齐齐哈尔第二制药有限公司生产、销售假药案件（以下简称“齐二药事件”）发生后，内蒙古自治区食品药品监督管理局迅速制定《内蒙古自治区药品生产专项检查工作实施方案》，并在半年时间内对全区的所有原料药和药品制剂生产企业进行全面排查，配合注册部门作了药品研究申报品种的检查及药物临床和非临床研究机构的检查。加大对药品生产企业药品 GMP 认证后的监督检查力度，对重点监管品种和部分高风险产品生产企业的质量体系进行全面检查，对企业通过药品 GMP 认证后新增品种进行重点检查。并从 2006 年 7 月上旬，分东西两组对包头市、巴彦淖尔市、乌海市、鄂尔多斯市 4 个地区的药品生产企业进行 GMP 认证后的跟踪专项检查。检查药品生产企业 6 家，医疗机构制剂室 1 家。检查中有 3 家药品生产企业被责令限期整改，1 家药品生产企业新增生产范围申请被退回，1 家制剂室整改不到位被推迟验收。对检查中发现问题多的企业和认证中存在的缺陷未及时整改的企业，当场责令其整改。

是年，全区 62 家药品生产企业中有 55 家通过了 GMP 认证，7 家新开办药品生产企业申请认证。全区有医用氧气生产企业 20 家，中药材、中药饮片加工企业 13 家，通过 GMP 认证改造，企业的软硬件条件得到改善。

2007 年，国家食品药品监督管理局对 1999 年 11 月颁布实施的《药品 GMP 认证检查评定标准（试行）》进行修订，自 2008 年 1 月 1 日起施行。

2008 年，内蒙古自治区针对 GMP 认证后管理滑坡，特别是不按照核定的工艺处方组织生产等问题，开展了药品质量受权人制度试点。严把原辅料入厂检验关，确保批量生产记录真实、投票记录真实、检验结果真实；开展生产工艺和处方核查，解决不按照核定工艺和处方组织生产问题，从源头上保证药品安全；加大飞行检查和巡查力度，加大监管频次；强化属地监管责任，在高风险企业生产的关键部位设置监控设备，实时监控；严格药品生产企业的准入条件，鼓励同行业兼并重组。会同自治区发改委等部门对全区化工企业生产原料药情况进行全面摸底，并制定相关监管措施，凡属于原料药的，必须依法取得药品生产许可证、药品生产批准文号和药品 GMP 证书。

2009 年，药品生产企业 GMP 认证检查实现了两个转变：一是将单纯的药品 GMP 认证向认证检查转变，加大对生产企业的监督检查力度；二是从以剂型体系为主认证向以品种为主的认证转变，从新药及大容量注射剂类药品开始，按照品种对其生产全过程进行检查，确保药品生产企业严格按照注册申报的处方和工艺进行生产，确保药品的原料、辅料质量可控、可追溯，最终逐步实现药品 GMP 检查向品种检查方式的过渡。

是年，在全区推行药品生产企业质量受权人制度试点。药品生产企业质量受权人制度是欧盟等发达国家和地区长期推行的药品生产质量管理模式，也是药品 GMP 的重要组成部分。通过施行质量受权人制度，推动药品生产企业建立和完善以药品 GMP 为核心，质量受权人制度和质量保证、质量控制制度协调统一的质量保证体系。

是年，全区有中药注射剂生产企业 2 家，主要生产 2 个品种，均属于国家食品药品监督管理局明确要求并实行严格监管的高风险品种生产企业。内蒙古自治区首先在高风险药品生产企业相对集中的赤峰和通辽地区开展了质量受权人制度。

是年，内蒙古自治区食品药品监督管理局制定《2009 年药品 GMP 跟踪检查工作方案》，对注射剂、特殊药品类高风险产品生产企业进行跟踪检查，对全区已取得药品 GMP 证书的药品生产企业和几家尚未实行药品 GMP 认证的药用胶囊、药品辅料生产企业进行药品 GMP 跟踪检查。

2010 年，国家食品药品监督管理局颁布《药品生产质量管理规范（2010 年修订）》。为加快全区推进新修订药品 GMP 的实施工作，内蒙古自治区食品药品监督管理局主动为一些无力进行新版 GMP 认证的企业牵线搭桥，进行兼并重组联合。

截至 2013 年底，全区已通过新版 GMP 认证企业 17 家，其中通过国家食品药品监督管理局认证检查 2 家、通过内蒙古自治区食品药品监督管理局认证检查企业 15 家。

2014 年，内蒙古自治区食品药品监督管理局对 21 家药品生产企业进行了 GMP 认证，对 29 家 GMP 认证企业进行了跟踪检查。

2015 年，完成 49 家企业药品 GMP 认证申请资料的审查，通过了 42 家现场检查，34 家取得新版 GMP 认证证书。组织召开 12 次中心 GMP、生产许可、医疗机构制剂许可资料评审和现场查验结果的审评会议，编写并提交了 112 份企业审评情况报告。承接国家食品药品监督管理局无菌制剂的 GMP 认证的下放工作。委派 1 名药检干部作为观察员参加 WHO（世界卫生组织）对北方药业预认证工作。

是年，按照国家食品药品监督管理总局《关于切实做好实施药品生产质量管理规范有关工作的通知》，内蒙古自治区食品药品监督管理局逐一检查确认未通过 GMP 认证的药品生产企业，于 2016 年 1 月 1 日全部停止生产，并督促药品生产企业在规定时限内完成 GMP 认证工作。

第三章　药品经营监督管理

据记载，清顺治至康熙中期（1644—1692年），一位河北武安人在今呼和浩特地区建立最早的药店——同泰永药店，该店一直维持到1956年公私合营。山西人开办的以卖蛤蟆膏为主的广德堂药店，建店时间比同泰永稍晚。

康熙年间（1662—1722年）清朝政府废除了限制中医进入蒙古地区的禁令，从清代后期开始，哲里木（今通辽市）地区中药店发展迅速，到光绪年间（1875—1908年），仅奈曼旗衙门营子（现青龙山镇）一带的中医药店和诊所就多达数十家。内蒙古自治区成立前，哲里木地区比较著名的药品经营机构有设立在通辽县的广生堂药铺和设在库伦旗北街的保安堂药铺等。这些中药经营店铺，除经营饮片外，还兼制丸散膏丹。

康熙三十五年（1696年），山西人在今呼和浩特地区开办永合堂药店，由于药铺的房基低于路基，人称“圪洞子药铺”。

清同治年间（1862—1874年），一位人称张三先生的山西中医在宁远（今凉城县）开设了现今乌兰察布地区的第一家中药店。光绪二年（1876年），今乌兰察布地区经营中药的药店发展到了4家。

清代归化城（今呼和浩特旧城区）先后开业的药铺除上述3家外，还有元泰和、德泰玉、广兴泰、永龄堂、德义和、和合堂、半半堂等。

民国年间（1912—1949），今巴彦淖尔市临河县城有私营中药铺7家，即民国15年（1926年）创办的寿民堂，民国16年（1927年）创办的龙振西药房，民国22年（1933年）创办的保临堂，民国23年（1934年）创办的福寿堂，民国27年（1938年）创办的寿山堂，民国28年（1939年）创办的万春堂和祥泰魁中药铺。

民国5年（1916年），一个喇嘛医在通辽设立了“库伦药局”。库伦药局于民国18年（1929年）关闭。

民国初年，山西人在包头马王庙南口开设有广恒堂中药店，以及东河区前街开设的万古药房、中西药房等。托克托县城关专门经营西药的药房有信合牲药房、瀛西药房、新民药房、中西药房、中美药房、纯德药房、中外药房和瀛惠西药房等。赤峰地区药品经营机构有两个特点：一是经营的几乎全是中药，二是几乎2/3的经营者都来自河北省武安县。因此赤峰药业界有所谓“武安帮”的称谓。赤峰地区历史比较久远的药店有宝生永、永安堂、长兴隆、济升堂、德盛恒等。赤峰地区的中药店在建筑设计和房舍使用上，几乎全都采用的是“前店后厂”模式，即前面的店铺卖药，后面的房屋院落用来加工炮制药材。药店的员工既是店员，又是制药工人。

民国22年（1933年），扎鲁特旗巨里河开设了一家西药店，它是哲里木地区首家开设在农村的以经营西药为主的药店。

进入民国以后，乌兰察布全境的中药铺增加到43家。随着“茶马互市”（起源于唐、宋时期中国西部历史上汉藏民族间一种传统的以茶易马或以马换茶为主的贸易往来）和开垦荒地等活动的日益扩展，1937—1945年，现今乌兰察布地区的中药店最多时发展到62家，有130多名从业人员。

抗日战争期间，一些日籍和中国医药人员在包头先后开设了几家西药店，即瑞新药房、中西药房、大恒药房和天明药房等。

到民国35年（1946年），归绥市（今呼和浩特市区）地区的药店发展到30多家，从业人员144人。除上述几家外，民国年间在现今呼和浩特市区开设的药店还有济仁堂、春和玉、广聚药房、庆春堂、仁和堂、怀仁堂、北元泰和、宏达堂、南山堂、聚兴昌、晋太和、仁育堂、德和堂、尧乐集药房、广源恒、春林药房、福昌和、丰泰永、克已人、同仁堂、太和堂、保元堂、庆生堂、聚仁堂、王一帖等。

民国37年（1948年），以通辽土改时被没收的广生堂药铺为基础建立了国营大众药房，1950年大众药房改称哲里木盟人民药房。

1949年前，赤峰地区的药品经营机构还有：福源堂、同春药店、宏济和、永春堂、宏达堂、惠民药房、福盛祥、德寿兴、兴亚药房、祥记药店、永庆和、庆仁堂、玉记药店、仁德堂、崇盛玉、大生药房、千中药房、道生药房和德远药房等。其中，大生药房、千中药房、道生药房和德远药房为西药房。

1949年12月，乌兰察布地区有中、西药店40余家；在归绥市（今呼和浩特市区）警察局卫生科注册开业的药房还有普太和、同太永、家庭药房、益生药房、益元药房、广源恒、万寿堂、福长和、丰太和药店等。

上述药店大多数经营中药，只有个别药店专营或兼营蒙药。专兼营蒙药比较著名的药店有人称“圪洞子药铺”的永合堂药店，以及广源恒药店、永春堂药店和春林药房等。永合堂药店长年雇佣30多名店员。民国年间还在包头开设了永合堂包头分号。永合堂的许多店员后来自立门户，在呼和浩特旧城大北街、大南街、小南街等地开设了自己的药铺。

第一节　药品供应与经营企业

1949年，内蒙古自治区医疗卫生机构所需药品器材的供应几乎全部实行供给制，即均由内蒙古自治区卫生部下属的材料科和药库负责供应，逐级下发，调拨分配。随着形势的发展，这种药品器材的供给制度也逐渐改进与变化。

是年，内蒙古自治区卫生部在乌兰浩特创建了全区第一个公立的药品经营企业即内蒙古人民药房。接着，通辽、海拉尔、赤峰林东等地区也相继建立了本地区的人民药房，各级人民药房经营的药品器材都以批发业务为主。许多用药单位所需的药品器材，也逐渐由过去的全部靠上级供给制，变成了自己根据需要到人民药房进行采购。

1950年，归绥市（今呼和浩特市）成立了绥远省医药公司，负责现今内蒙古西部地区药品器材的经营供应任务。

1953年1月，根据国家关于建立医药公司统一经营体制的有关决定，内蒙古自治区卫生部将所属的人民药房移交给内蒙古自治区贸易部管辖。内蒙古自治区贸易部以此为基础成立了内蒙古自治区医药公司，内蒙古自治区医药公司成立后陆续在全区各地建立了分支经营机构。

1955 年，蒙绥合并后的内蒙古自治区医药公司下设有 10 个分支医药公司，1956 年下设分支机构发展到 42 个。经过对私营药店进行社会主义改造，全区先后有 447 个药店实现了公私合营。为改善全区药品器材的供应状况，这期间，根据卫生部、商业部、供销总社的部署，内蒙古自治区卫生部积极支持医药行业开展送成药下乡活动，向农村牧区供应了许多急需的“保健箱”和“接生箱”。

1957 年，中共中央和国务院决定，把商业部新组建的中国药材公司交由卫生部领导。鉴于中西药由一个单位统一管理经营比较有利，自治区党委、政府决定将自治区医药公司由自治区商业厅划归自治区卫生厅领导。

1958 年，内蒙古自治区卫生厅接管医药供应系统后，围绕药品经营重点做了两件事：一是抓医药供应网点的发展建设。通过各地党政领导机关的支持和各级卫生行政部门的努力，在 3 个月内实现了在全区各旗县普遍设有医药公司的预期目标，有的旗县还在重点苏木乡镇设立了医药批发及中药收购点。二是贯彻落实国务院《关于发展中药生产问题的指示》“就地生产、就地供应”的方针。全区在加强野生药物资源普查，搞好药材收购的同时，努力创造条件，使许多野生药材实现了家种家养。

1959 年，内蒙古自治区卫生厅在呼和浩特市南郊八里庄建立了 550 亩药材种植试验场，进行中药材的引种试种。在几年时间内取得了种植枸杞、黄芪、党参、红花等药材以及饲养蝎子、蛤蚧等动物共 30 多个动植物品种的成功经验。通过边试验边推广，将试验成功的药物纳入了国家种植计划，并逐年安排落实了收购任务。

1963 年，根据国务院的决定，内蒙古自治区卫生厅将内蒙古自治区医药公司所属的企业全部移交商业部门管辖，内蒙古自治区医药公司恢复了独立的建制。这种医药经营管理体制，延续了十多年。

1979 年 7 月，根据国务院批转卫生部关于建议成立国家医药管理总局的报告精神，内蒙古自治区医药管理局（后又改称医药总公司）宣告成立，统一管理全区的药品生产和供应企业。

1985 年年底，全区医药系统共有医药药材二级批发站 9 个，三级批发站 113 个，四级批发和收购、零售单位 448 个。基本上形成了包括边远林区、牧区在内的覆盖全区医药商业服务网络。

1996 年年底，全区共有药品批发经营企业 311 个，药品零售企业 1234 个。

1998 年，在流通领域中大力提倡批发企业搞总代理，零售企业搞连锁化经营，采取网点延伸开发农村牧区医药市场，由此带来了流通秩序的混乱。

1999 年，由于医药市场混乱，违法经营上升，无证经营及证照转让问题严重，对国有主渠道经营带来较大冲击。

2000 年，内蒙古自治区有药品批发企业 320 家，其中，国有企业 301 个；药品零售企业 2029 家，其中，国有零售企业 1709 个。药品经营（批发、零售）企业大多数分布在旗县以上城市。有些药品经营企业受利益驱动，吸纳不法药贩或无证经营户进行非法经营活动，有的企业出租经营场所、柜台、证照、票据，扰乱了正常药品市场经营秩序。

2008 年，全区药品批发企业 183 家，其中法人批发企业 145 家，非法人批发企业 38 家。零售连锁经营企业 38 家，零售药店 6988 家。

2009 年，全区药品经营企业 9067 家。其中，批发企业 179 家，零售连锁总部 19 家，零售企业 8869 家。通过 GSP 认证的企业 7233 家。

2010 年年末，全区有药品经营企业 9441 家。其中，药品批发企业 176 家，药品零售连锁总部 19 家，药品零售企业 9246 家；已经通过 GSP 认证的药品经营企业 1967 家，全部完成了旗县以上药品经营企业的认证工作。

2015 年，全区有药品经营企业 11395 家。其中，药品零售企业 11097 家，药品零售连锁总部 113 家，药品批发企业 185 家。

2017 年，全区有获 GSP 认证的药品经营企业 13200 家。

第二节　药品经营许可

中华人民共和国成立后，国家对药品经营制定了一系列政策和法规，通过药政管理部门和医药经销单位共同监督实施，以保证药品质量和用药安全。

1963 年 4 月，内蒙古自治区工商行政管理局与自治区卫生厅联合下发《内蒙古自治区对合作药店、药贩管理试行办法》规定，凡经营中西蒙药品之合作商店及摊贩，如当地需要时，必须经县以上卫生行政部门审查同意和工商行政管理部门批准，发给营业执照方可营业。如系摊贩必须在指定的经营地点经营，不得随意流动，凡未经批准私自出售中西蒙药品的游动药商、药贩一律取缔。如经查获，可将其药品由当地国营医药供应部门按批发价格予以收购，若有抗拒管理或屡教不改者，工商行政管理部门应将其药品没收，并将没收药品交卫生行政部门处理。对其中有以假充真等投机违法行为者，送交有关部门依法处理。

1981 年 5 月，国务院《关于加强医药管理的决定》指出：“中西药品和医疗器械是防病、治病、康复、保健、计划生育的特殊商品，医药生产和流通既是我国社会主义的经济事业，又是人民的保健福利事业。”国务院《决定》就“严格药政管理，健全药事法制”作出五项规定，明确“药政管理机构是监督执行国家有关药品质量的法令、条例、规定的部门，药品检验所是执行国家对药品质量进行检查、检验和鉴定职权的专门机构，有权对违反药政管理的行为和伪劣药品据情处理”。《决定》还对医药事业实行统一管理，做好医药商品供应，加强中药材生产管理，认真保护药源等事项做了原则性规定。国务院的决定为进一步发展医药生产和供应指明了方向，确定了方针政策，产生了良好效果。

1984 年，中国进入了经济体制改革和扩大对外开放新时期，在对内搞活经济、对外实行开放的新形势下，个体药品经营者开始步入医药市场，医药市场出现了一些混乱现象。对医药市场的监管提出了新的挑战。

1985 年，内蒙古自治区卫生厅根据《中华人民共和国药品管理法》制订了《药品经营企业验收细则》，会同自治区工商行政管理局下发“药品经营企业许可证”和换发营业执照的联合通知，开始对全区药品经营企业以及城乡经销医药商品的集体和个体户进行整顿验收与发放许可证工作。

各盟市、旗县卫生行政部门按照自治区两部门的通知，对药品经营企业和经销点进行整顿验收，督促药品经营单位按验收标准改善条件。乌海市、呼和浩特市、呼伦贝尔盟和锡林郭勒盟举办了药品经营人员训练班，包头市、赤峰市和哲里木盟、兴安盟对药品经营者进行了考试，发给从业证。在此基础上各盟市和旗县卫生行政部门分别进行具体验收。

截至 1985 年底，全区有 960 个药品经营企业和零售药品单位提出申请，已对验收合格的近 700 多个单位发了“药品经营企业许可证”。验收发证工作从此成为一项常规性工作。

1986 年 3 月，内蒙古自治区人民政府办公厅转发了自治区经济贸易委员会、自治区卫生厅、自治区工商行政管理局和自治区医药总公司等 7 部门发布《关于加强医药市场管理的报告》。自治区药品监督管理相关部门对医药市场进行了治理整顿，医药市场秩序有了明显好转。

1990年，内蒙古自治区医药管理局会同内蒙古自治区卫生厅对1985年制定的《药品经营企业验收细则》进行了修订。为药品批发企业和零售企业分别制定了验收标准，对药品经营企业必须具备的条件作了明确的规定，即药品经营企业必须具备的条件至少包括三个方面：一是须具有与所经营的药品相适应的技术人员；二是须具有与所经营药品相适应的营业场所、设备、仓储设施和卫生环境；三是须有健全的管理制度，严防假药、劣药进入流通领域和流入消费者手中，严防污染、变质和各种差错的发生。

是年，国务院批转国家医药管理局《关于进一步治理整顿医药市场的意见》。《意见》要求，各级医药管理部门认真做好药品经营的行业管理工作。凡经营药品的企业必须严格按照《中华人民共和国药品管理法》及其《实施办法》规定的条件程序进行审批，经所在省、自治区、直辖市医药管理部门审查，并取得同意开办的“药品经营企业合格证”后，经同级卫生行政管理部门审核批准，取得“药品经营企业许可证”，再由当地工商行政管理部门审核批准发给企业法人营业执照，方可批发药品。

《意见》要求，从事药品零售的集体、私营企业和个体工商户必须领取有关证照后方可经营，并由各级医药管理部门统一管理。医疗单位不得转手批发经营药品，自行配制的制剂不得在市场销售。在治理整顿中，对已经营药品的企业和零售药品的个体工商户都要进行复查验收，达不到要求的或虽符合要求，但手续不全的视情况取消其经营资格或限期整顿，对限期整顿后仍达不到要求的，按《中华人民共和国药品管理法》规定取消其资格。

是年，为了加强药品经营行业管理工作，内蒙古自治区医药管理局会同内蒙古自治区卫生厅开展了全区药品经营企业许可证审核。全区核发“药品经营企业许可证”2244个，其中批发企业244个，零售企业2000个。

1994年，国务院发出《关于进一步加强药品管理工作的紧急通知》。要求全国各地依法做好药品生产经营企业换发许可证工作。自治区医药管理局会同自治区卫生厅制定了《1994年“药品生产经营企业合格证”换发（证）工作安排》。《安排》要求，在换发证工作中贯彻三个结合：一是换发证工作与企业转制加速建立现代企业制度和整顿医药生产、经营秩序相结合；二是换发证工作与药品专营工作相结合；三是换发证工作与推行GMP、GSP工作相结合。

1995年，内蒙古自治区医药管理局会同内蒙古自治区卫生厅对1985年制定的《药品经营企业验收细则》再次进行了修订。

是年，全区核发“药品经营企业许可证”1545个，其中批发企业311个，零售企业1234个。不具备药品经营企业必要条件的零售企业被吊销了“药品经营企业许可证”。

1996年，在核发“药品经营企业许可证”中，全区取缔非法经营药品企业257家。

内蒙古自治区医药管理局和内蒙古自治区卫生厅同时决定，对已经取得“药品经营企业许可证”的企业实行年检制度。除平时的日常监督检查外，每年都按核发“药品经营企业许可证”必须具备的“验收细则”逐项进行复查。一旦发现违法销售假劣药品者，坚决依法严肃处理。情节严重者，吊销其药品经营企业许可证。

1996年，国务院办公厅发出《关于继续整顿和规范药品生产经营秩序加强药品管理工作的通知》。按照《通知》精神，全区开展自查自纠活动。做到企业内部经营管理混乱与外部营销监管混乱兼治，生产企业和经营企业兼治。

1998年，内蒙古自治区医药管理局制定了《内蒙古自治区医药管理局关于申请开办药品经营（零售）企业审查工作暂行规定》等一系列规范文件，药品经营企业监管做到了有章可循。

是年，按照国家药品监督管理局部署，内蒙古自治区医药管理局加强药品质量监督管理工作力度，全区清查和销毁过期失效药品共计854个品种，价值647873元。为了有效保证药品质量，从生产到销售进行全过程管理，大力推行并帮助企业认真做好GMP、GSP达标认证工作。

是年，国家药品监督管理局、卫生部在1992版GSP的基础上重新修订了《药品经营质量管理规范》，并于2000年4月30日以国家药品监督管理局令（第20号）颁布，自2000年7月1日起正式施行。

20世纪90年代，非公有制经济快速发展，个体经营获得法律认可，并进入社会经济生活的诸多领域，包括药品零售领域，相应的为个体药品经营者发放了“个体药品经营证”。按照“捆绑式”认证思路，将个体药品经营者加盟药品经营企业纳入GSP认证工作中，实现了与农村牧区“两网”（药品监管网、供应网）建设的成功对接，引导企业之间的加盟和重组。

截至2000年，内蒙古自治区药品和医疗器械经营企业迅速增多，全区有药品和医疗器械批发企业320家，零售企业2029家。一方面方便了人民群众用药需求，另一方面也导致了药品和医疗器械经营企业间的过度无序竞争。

2000年，机构改革后，内蒙古自治区医药公司改制撤销，同时撤销内蒙古自治区医药管理局，组建了内蒙古自治区药品监督管理局。新组建的内蒙古自治区药品监督管理局对全区药品统一行使监督管理的职能。

是年，针对全区擅自开办、乱批药品经营（批发、零售）企业的违规现象，内蒙古自治区药品监督管理局下发《关于暂停审批和办理“药品经营零售企业合格证”“许可证”的紧急通知》，要求“在未接到国家药品监督管理局和自治区药品监督管理局新的规定之前，一律不再受理办证申请”，并对在1999年3月以后擅自批准设立的药品经营（批发、零售）企业和1995年12月1日后未按规定擅自审批的药品生产企业进行清理。

是年，国家药品监督管理局下发《关于换发“药品经营企业许可证”工作安排的通知》，明确了换发经营许可证的标准、条件。据此，内蒙古自治区药品监督管理局制定了全区换证工作方案和程序。对全区换证工作提出明确要求：凡在1999年3月底之前持有“两证”的药品批发零售企业，除特殊规定外，均须在规定时间内申请换发新版“药品经营企业许可证”。在换证过程中，将换证工作同整顿医药市场、规范经营行为结合起来，同推进药品分类管理结合起来，通过换证达到了规范药品市场秩序、减少经营企业数量、全面提高企业素质的目的。

至2001年年底，全区320家药品批发企业，经内蒙古自治区药品监督管理局现场验收合格的231家，企业数减少28%；法人企业由原有270家减少到170家，法人企业数减少37%；此次换证未申报的企业有22家，验收未通过的企业57家；经验收合格并符合法人企业条件的170家，符合非法人企业条件的51家；改为区域性配送中心的10家，改为零售药店的10家。未申报的企业大多属于不予换证的范畴，验收未通过的企业大多属于经营条件极差、管理水平低、负债重、亏损严重，无市场竞争能力的“小、穷、亏”企业。药品零售企业的换证工作在12个盟市中有8个盟市完成现场验收工作，零售企业换证工作基本结束。

2002年，全国“药品经营许可证”换证工作结束后，国家药品监督管理局发出《关于进一步加强“药品经营许可证”管理工作的通知》。防止一些地区在换证后放松对“药品经营许可证”的管理，甚至出现个别地区无视国家有关法律法规，违规发证、违规变更、擅自将药品批发企业的非法人分支机构变更为药品批发企业法人等问题。为此，内蒙古自治区药品监督管理局决定对已取得“药品经营许可证”的批发、零售及零售连锁企业进行年度检验。

2003年，内蒙古自治区药品监督管理局在全区开展了对药品批发企业的普查。重点查处药品批发企业买卖、出租、出售或变相买卖、出租、出售“药品经营许可证”以及吸纳他人挂靠经营等违法违规行为。

2004年，内蒙古自治区食品药品监督管理局增加了《药品经营许可证管理办法》中对开办药品批发企业条件中新的要求。此外，验收检查方法也有所变动。对新开办的药品经营企业，一是要严格按照条件和标准进行审查和验收，必须符合GSP的相关要求；二是新开办药品批发企业必须符合当地合理布局的要求。

2006年，内蒙古自治区食品药品监督管理局部署开展区内药品经营企业自查自纠活动。自查自纠的重点是：（1）药品批发企业无证经营、挂靠经营、以收取管理费或票据款等方式为他人经营药品提供便利条件，药品零售企业出租、出借柜台的违法违规行为。（2）对照《药品经营质量管理规范》主要项目进行自查，查找是否存在经营管理滑坡问题。特别是购进渠道混乱、购销记录不完备及在药品经营活动中不索取合法票据，甚至从非法渠道采购药品等违法行为。药品连锁企业不按规定履行配送义务，对其门店不进行管理，连锁门店自采等行为。药品经营无药品质量技术人员或质量技术人员不在岗现象，质量技术人员不能履行应尽责任的行为。（3）药品经营企业无正当理由在领取“药品经营许可证”后，不在规定时限内提出GSP认证申请并通过GSP认证的。

2008年，内蒙古自治区食品药品监督管理局以查处企业超方式、超范围、挂靠经营、出租出借证照，以及非法渠道购销药品、走票等为重点，对全区5711家药品经营企业进行了有针对性的专项检查，取缔挂靠经营企业19家，处罚超范围经营企业37家，核减38家企业的经营范围，吊销“药品经营许可证”2家，取缔无证经营291家。对2794家药品经营企业进行了GSP跟踪检查，撤销44家企业的GSP认证证书，注销11家企业的“药品经营许可证”。

2009年，内蒙古自治区食品药品监督管理局组织各盟市食品药品监督管理局对各辖区内基本药物配送情况进行摸底调研，建立本辖区基本药物配送企业数据库，完善基本药物配送企业招标和监管办法。结合药品经营企业换证、认证和GSP检查等，重点检查基本药物购进、验收、储存、销售和运输等环节。对相关医疗机构进行全覆盖、无遗漏的监督检查。

是年，内蒙古自治区食品药品监督管理局制定《内蒙古自治区药品批发和零售连锁企业许可证换证工作方案》及《自治区药品经营企业再认证工作方案》，组织召开了全区换证再认证工作会议，依法注销了达不到换证规定的6家药品批发企业。

2010年，针对换证后可能出现的企业质量管理下滑现象，与基本药物监督检查工作相结合，内蒙古自治区食品药品监督管理局制定药品经营日常监督检查工作方案，完善许可证审批制度和程序。确定重点监管企业并做到日常监督检查全覆盖，检查结果纳入药品经营企业质量信用体系。全年注销药品批发企业“药品经营许可证”28家，药品零售连锁企业总部“药品经营许可证”10家。

2013年，内蒙古自治区药品认证审评中心挂靠在内蒙古自治区食品药品监督信息中心。

2014年，内蒙古自治区药品认证审评中心更名为内蒙古自治区食品药品审评查验中心，药品、食品、保健食品、化妆品、医疗器械的注册、生产、经营等方面的技术审评、材料审查和现场检查等相关工作由内蒙古自治区食品药品审评查验中心承担。

2015年，内蒙古自治区食品药品审评查验中心审查并流转了178份药品经营企业的认证、许可申请材料。组织了27个检查组，检查员80余人次，对169家药品批发企业、零售连锁企业进行了认证和许可审评阶段的现场检查。组织了10次GSP审评会议，编写并提交了169份企业审评情况报告。

2016年，内蒙古自治区食品药品监督管理局开展对药品批发企业和药品连锁企业集中整治，淘汰不规范企业、处罚违法违规企业。全区共有药品批发企业190家、药品连锁企业175家。全年累计注销药品批发企业许可证 6 家、吊销许可证 1 家，占批发企业总数的 3.68%；注销药品连锁企业许可证 5 家，占连锁企业总数的 2.86%。撤销批发企业 GSP 证书 1 家、零售连锁 4 家，收回批发企业 GSP 证书 8 家、零售连锁 1 家，分别占企业总数的 4.74%、2.86%；核减批发企业经营范围 8 家；移交稽查立案查处企业 16 家。经过整顿，全区药品批发企业由 190 家减少到 183 家，减幅 3.68%；零售连锁企业由 175 家减少到 170 家，减幅 2.86%。

第三节　药品经营企业 GSP 认证

GSP 在中国称为《药品经营质量管理规范》。实施 GSP 改造和认证是医药流通体制改革的重要一步。药品经营企业必须按照 GSP 开展药品经营活动，并需经过药品监督管理部门的 GSP 认证。

1992 年，中国颁布首部《药品经营质量管理规范》，GSP 正式在全国药品流通企业推行。

1993 年，国家医药管理局颁发《GSP 实施指南》，要求在医药经营批发企业中实施。内蒙古自治区按照《GSP 实施指南》要求，选择在赤峰市医药站、包头市医药站、通辽市药材站进行 GSP 实施指南的试点工作，并按 GSP 标准统一全区医药商业各项原始记录和规章制度。

是年，内蒙古自治区医药管理局制定《内蒙古医药行业 1993—2000 年推行 GMP、GSP 规划》。规划的重点以推行和实施 GMP、GSP 为主要内容，以严格药品生产、经营企业的条件审查为主要手段，以合理布局地区间药品生产、经营企业为主要内容，强化企业管理和宏观调控。并规定新开办的药品经营企业必须符合 GSP 要求。被列为 1995 年前实现 GSP 要求的第一批药品流通企业有 8 家。

1997 年，结合合格证年检、品牌产品确认、质量监督抽查等形式，在内蒙古自治区医药行业推行 GSP 认证工作。

1998 年，卫生部在 1992 年版 GSP 的基础上重新修订了《药品经营质量管理规范》，并于 2000 年 4 月 30 日以国家药品监督管理局令（第 20 号）颁布，2000 年 7 月 1 日起正式实施。

是年，内蒙古自治区医药监督管理局制定《内蒙古自治区核发药品经营（零售）企业合格证 GSP 验收细则》等一系列规范文件，药品经营企业监管做到了有章可循。

是年，按照国家关于医药经营企业 GSP 达标进程，完成了全区医药企业粉针剂车间的 GSP 达标收尾工作。按照 2001 年修订的《中华人民共和国药品管理法》规定，到 2004 年底，全区药品经营企业全部完成 GSP 认证。

2002 年，按照国家药品监督管理局关于加快 GSP 认证工作步伐的要求，内蒙古自治区药品监督管理局成立了 GSP 认证工作领导小组，制定 GSP 认证工作实施方案。先后组织 17 名同志参加国家药品监督管理局举办的 GSP 认证审查员培训班，取得了国家认证审查员资格；加强企业负责人和质量负责人的 GSP 认证培训工作，减少企业认证的盲目性，提高认证工作的效率；认真做好认证企业的认证资料初审和前期现场监督检查工作。

到年底，全区已有 8 家药品经营企业通过国家药品监督管理局组织的认证检查，4 家完成现场验收的准备工作，3 家企业已向国家药品监督管理局申报认证。

2003 年，国家药品监督管理局严格省级 GSP 认证制度，要求完成全国大中型药品批发、零售连锁企业以及大型零售企业的 GSP 认证，促使全国地市级以上城市的药品批发零售连锁企业以及中型药品零售企业尽快完成 GSP 认证工作。

3 月 28 日至 4 月 2 日，全区药品经营企业 GSP 认证工作会议在呼和浩特市召开。会议通过《内蒙古自治区药品监督管理局GSP认证工作实施方案》。方案规定，2003年4月至2004年9月为GSP认证申请受理期，至2004年年底认证现场检查全部结束。

是年，为推进内蒙古自治区药品经营企业GSP认证工作的深入开展，内蒙古自治区药品监督管理局制定了《关于加强药品经营监督管理规定（暂行）》，全面推进GSP认证工作。派出80多名业务骨干参加国家食品药品监督管理局组织的培训，建立内蒙古自治区GSP认证检查员库，组织GSP认证模拟现场检查，为认证工作规范有序开展奠定坚实的基础。

是年，内蒙古自治区已有106家药品流通企业通过GSP认证。各级药品监督管理部门主动开展工作，积极取得当地党政领导和有关部门的支持和理解，有力地推动了GSP认证工作的深入开展。呼伦贝尔市药品监督管理局主动向当地市委、人大、政府汇报全市药品经营企业GSP认证工作，得到当地党政领导和各方面的高度重视。呼伦贝尔市人大常委会将全市的GSP认证工作列为《中华人民共和国药品管理法》执法检查的重要内容，呼伦贝尔市有关部门协调配合，将GSP认证工作及药品流通体制改革有机地结合在一起，有力地推动了GSP认证工作，取得良好的效果。

2004年，内蒙古自治区食品药品监督管理局内部成立认证中心（编外机构）。隶属自治区食品药品监督管理局市场监督处管理，只负责GSP认证工作。

是年，按照国家食品药品监督管理局的要求，开展旗县以上药品经营企业GSP认证工作。内蒙古地区地域跨度大、交通不便，认证企业多、任务重、难度大。为保证认证质量和进度，内蒙古自治区食品药品监督管理局设立了通辽市、赤峰市、呼和浩特市、鄂尔多斯市4个GSP认证工作站，采取分区受理，统一安排现场检查的方法，既保证了认证质量，又加快了认证速度。

2004年年底，内蒙古自治区旗县及以上药品经营企业的GSP认证工作基本结束，换发“药品经营许可证”工作开始。一批规模小、经营能力差、不能按规定期限通过GSP认证的药品经营企业被依法取消经营资格。

2005年，完成旗县以下苏木乡镇和嘎查村药品零售企业的GSP认证工作，对已认证企业进行跟踪检查，防止企业认证后出现滑坡等问题。当年对54家药品批发、18家药品连锁企业进行跟踪检查，完成已认证企业（批发、零售、连锁零售）总数50%的跟踪检查任务。

2006年9月30日，由于内蒙古自治区东西跨度长，难以及时发现和纠正批发（零售、连锁）企业出现的问题，内蒙古自治区食品药品监督管理局下发了《关于进一步加强对药品经营企业GSP认证跟踪检查的通知》，由盟市食品药品监督管理局负责批发企业、零售连锁企业总部的跟踪检查工作，内蒙古自治区食品药品监督管理局负责抽查工作，抽查效果基本满意。

是年，内蒙古自治区食品药品监督管理局对全区GSP认证后的药品经营企业进行跟踪检查，全区药品批发企业合格52家，合格率73%，16家被责令限期整改，2家责令停业整顿，1家被撤销GSP认证证书。药品零售连锁企业有13家合格，合格率87%，1家被责令限期整改，2家给予行政警告。零售企业1311家企业合格，合格率75%，432家被责令限期整改，4家被撤销GSP认证证书。

从2002年到2006年年底，对全区药品批发、零售连锁和零售药店进行GSP认证工作，至2006年，全区169家药品批发企业、39家药品零售连锁企业及其914家门店，3469家药品零售企业，除新开办未到认证期限外，全部通过GSP认证，未通过GSP认证的药品经营企业全部予以淘汰，取消其经营资格。

2007年，按照属地管理原则，全区各盟市分别制定了《GSP跟踪检查计划》，按计划、分阶段开展了对辖区内各类药品经营企业的跟踪检查。在检查中发现并查处存在严重违反GSP规定的企业18家。

2008年，内蒙古自治区食品药品监督管理局制定药品经营企业GSP认证后跟踪检查的重点是：治理只收加盟费，不管理、不配送药品的零售连锁企业，取缔挂靠经营19家，处罚超范围、超方式经营37家，撤销GSP证书44家，注销药品经营许可证4家。初步解决了GSP认证后管理滑坡，经营企业变相出租、出借柜台、走票等一些长期困扰药品监管工作的突出问题。

2009年，全区开展药品经营企业集中许可证换证和再认证工作。根据有关规定，在新的《药品经营质量管理规范》出台前，认证工作仍执行现行的GSP认证标准。同时，按照GSP跟踪检查计划，全年完成药品经营企业跟踪检查1293家，其中药品批发企业12家，零售企业1281家，撤销了严重违反《药品经营质量管理规范》的9家药品零售企业GSP证书。

2010年，内蒙古自治区食品药品监督管理局及各盟市食品药品监督管理局分别制定下发《药品零售企业GSP认证工作实施方案》，严格按照国家食品药品监督管理局制定的标准核发药品经营质量管理规范认证证书，明确了组织现场检查的实施主体。具体分工是：内蒙古自治区食品药品监督管理局负责组织区内药品批发企业及其所属批发分支机构和零售连锁企业总部的GSP认证现场检查；各盟市食品药品监督管理局负责本辖区内药品零售企业、批发企业的零售分支机构和零售连锁门店的认证现场检查。重点对进货渠道混乱、购销记录不完整、质量管理人员营业时间不在岗等违反GSP规定的行为进行查处。全年跟踪检查药品批发企业63家，零售连锁总部6家，零售企业1780家，经查批发企业限期整改1家，零售企业限期整改204家，零售企业撤销认证证书14家。

2011年，全国GSP认证跟踪检查覆盖率达到100%。同年，内蒙古自治区食品药品监督管理局开展了一次为期10天的药品经营企业监督检查，每个盟市抽取6家药品批发企业和6家药品零售企业进行检查，重点监督检查的企业为两年内新开办的或有不良行为记录的或涉及案件的企业。

2012年，卫生部对《药品经营质量管理规范》重新修订，于2012年11月6日经卫生部部务会审议通过，自2013年6月1日起施行。

2013年，内蒙古自治区食品药品监督管理局通过对内蒙古自治区相关药品批发企业进行实地调研，初步掌握企业实施新版GSP存在的困难和问题，制定了切实可行、具有指导意义的培训计划和内容。

2014年，全区完成了91家药品批发企业和零售连锁总部的GSP换证认证。

2016年，内蒙古自治区食品药品监督管理局组成4个飞行检查组，对自查没有发现问题或者发现问题很少，但核查和交叉检查发现问题较多，违法违规线索明确，可能存在严重安全风险的全区12个盟市的14家企业，突击进行了飞行检查。根据飞行检查的情况和查实的问题，决定对7家批发企业收回GSP证书并将其中4家移交稽查部门进一步处理；7家零售连锁企业撤销GSP证书4家、收回GSP证书1家，移交盟市局处理2家。

第四节　农村牧区药品两网建设

1996年，国家开始重视农村牧区药品管理和供应工作。按照国务院办公厅《关于继续整顿和规范药品生产经营秩序加强药品管理工作的通知》精神，内蒙古自治区医药管理局贯彻“由县级国有医药（药材）公司统一供应”的规定，要求各盟市医药管理局指导旗县医药管理局（公司），配合卫生部门制定好苏木乡镇卫生院和嘎查村卫生室以及苏木乡镇和嘎查村个体医疗诊所的用药计划，坚决制止联购分销，疏通供应渠道，增设和下伸网点。在各盟市医药管理局选2~3个旗县作为试点，制定农村牧区药品供应管理网络具体实施方案。

1997年，内蒙古自治区人民政府发布《关于进一步加强药品监督管理执法工作的通知》，强调加强农村牧区药品管理工作。提出各地医药公司供应网点延伸不到的苏木乡镇，可以试行由苏木乡镇卫生院代购药品，分发给嘎查村卫生所的办法，从而确保嘎查村用药方便和药品质量。

针对内蒙古自治区农村牧区药品监管人员少，农村牧区药品供应能力薄弱的实际，自2003年开始，全区开展了内蒙古自治区农村牧区药品“两网”建设，即农村牧区药品监督网和药品供应网的建设。采取聘任苏木乡镇和嘎查村干部、计划生育专职干部、卫生院长等方式，基本建立覆盖苏木乡镇和嘎查村的药品监督协管员和信息员网络，实现了苏木乡镇有协管员，嘎查村有信息员的目标。在药品供应网建设方面，鼓励药品零售连锁企业到偏远地区开办药品零售企业。利用农村牧区的卫生资源构建药品供应网络、开办非处方药品专柜等多种形式，在苏木乡镇和嘎查村扶持新建药品零售网点2000多个（占全区药品零售企业总数46%），基本达到乡乡有药店，为农牧民群众方便用药提供了条件。通过药品供应网络建设，规范了药品供应渠道，把游医药贩挤出农村牧区药品市场，净化了农村牧区药品市场秩序。乌兰察布盟化德县药品监督管理分局在深入调研的基础上，大胆尝试村级“OTC药品代销柜”试点，取得一定的成绩。

2004年，在全国范围内全面开展农村牧区药品“两网”建设工作。“两网”建设目标是：全国100%的省（市、自治区）均要开展“两网”建设工作，各省（市、自治区）60%以上的旗县基本完成农村牧区药品监管网络建设，不低于60%的旗县实现药品连锁配送进旗县到苏木乡镇，不低于40%的行政嘎查村实现药品配送供应进村；对农村中已有的卫生医疗机构等单位申请从事药品销售的，按照《中华人民共和国药品管理法》的规定获得经营许可，促进农村牧区药品供应网络建设。

是年，全区“两网”建设初见成效，从根本上解决了内蒙古自治区广大农村牧区药品市场混乱和广大农牧民购药难的问题。截至年底，全区从各地聘请药品监督协管员和信息员5066名，形成了旗县、苏木乡镇、嘎查村三级药品监管网络，全区通过药品监督协管员和信息员提供信息破获的案件100多起。建起了“点多、线长、面广”的农村牧区药品供应网络。

鄂尔多斯市、乌海市、赤峰市、巴彦淖尔盟、兴安盟5个盟市基本达到乡乡有药品供应网点，全区1219个乡镇苏木中有1013个苏木乡镇设有药品供应网点，覆盖率83.1%。

2005年，全区初步构建了旗县、苏木乡镇、嘎查村三级的药品监管网络，初步实现了药品监管无盲点的目标。在药品“两网”建设试点地区和药品供应网建设中，将苏木乡镇卫生院和嘎查村卫生室纳入药品供应网络，利用现有的医药卫生资源拓展农村牧区药品供应渠道。通过GSP认证，鼓励和支持有实力的药品经营企业向偏远的农村牧区发展，从根本上解决农村牧区药品供应困难和假劣药品问题，逐步实现城乡药品同质同价的目标。

是年，全区苏木乡镇药品供应网络覆盖率达到87%，嘎查村达到55%。通辽市、赤峰市、鄂尔多斯市、乌海市、兴安盟5个盟市的苏木乡镇药品供应网点覆盖面达到95%。

2006年后，全区各级食品药品监督管理部门从建设社会主义新农村的高度，把推进农村牧区药品“两网”建设与“万村千乡市场工程”有机结合起来，鼓励达到《药品经营管理规范》（GSP）条件、具备配送能力的“万村千乡市场工程”试点企业向内蒙古自治区食品药品监督管理局申请药品零售经营资格；准许达到国家食品药品监督管理局《关于印发偏远地区药柜设置规定（试行）的通知》要求设置标准的“万村千乡市场工程”试点企业村级农家店经营药品；鼓励具有配送能力的药品经营企业与“万村千乡市场工程”试点企业在农家店设置药柜。

是年，将农村牧区药品供应网络建设的重点由数量发展转向注重质量提高上。以建立健全与当地农牧民收入水平相适应的区域性药品供应网络，形成全区性药品供应体系。根据国家食品药品监督管理局药品“两网”建设示范县标准，开展农村牧区药品供应网络示范点建设工作。确定包头市固阳县和呼伦贝尔市扎兰屯市作为内蒙古农村牧区药品“两网”示范县。为解决边远地区和人口稀少地区农牧民用药的安全有效，根据《内蒙古自治区实施〈中华人民共和国药品管理法〉办法》，制定了《农村牧区药品专柜管理办法》，实现“两网”建设与新农合的有机结合。

2006年，把药品供应网络建设的重点转向利用农村牧区现有医疗卫生资源，规范苏木乡镇卫生院、嘎查村卫生室和个体诊所用药转移，在规范农村牧区医疗机构药房进货渠道和储存条件方面，收到了明显效果。

截至2006年底，全区673个乡镇苏木中有564个设置了药品零售企业，苏木乡镇药店覆盖率为80.4%；全区11604个行政嘎查村中，1005个设置了药品零售企业，除少量人口分布过于稀少地区外，利用规范嘎查村卫生室药房等活动建立的“一点两用”的药品供应网点基本覆盖所有行政嘎查村，在偏远地区设立非处方药品专柜107家。

2007年，内蒙古自治区把农村牧区药品“两网”建设与新农合相结合，深入推进农村牧区药品监督网络和供应网络建设，在药品监督网建设方面，截至2007年底，聘任药品监督员13283人，苏木乡镇的协管员覆盖率100%，嘎查村信息员覆盖率达92%以上，通过药品协管员和信息员等提供线索破获的各类案件1300多起。

在药品供应网建设方面，一是引导社会力量在农村牧区开办药品零售企业，鼓励药品批发企业向基层延伸网点，扩大农村牧区药品零售企业的覆盖面；二是采取医疗机构药房“一点两用”和建立非处方药专柜等措施，使药品供应网络基本覆盖了大部分苏木乡镇和嘎查村。截至年底，内蒙古自治区苏木乡镇以下零售药店3412家，比2006年增长14.6%；内蒙古自治区苏木乡镇药品供应网点覆盖率98%，比2006年提升了两个百分点；嘎查村覆盖率72%，比2006年提升了5.7个百分点。

2008年，按照“监督关口前移，监管网络下延”原则，构筑药品监督网络。加强苏木乡镇、嘎查村的医疗机构药房规范化建设。各盟市局分别制定《乡镇卫生院、村卫生室及个体诊所“规范药房（柜）”建设标准》，并按标准验收。全区657个苏木乡镇的医疗机构有521个苏木乡镇按“规范药房”要求进行了建设。嘎查村级卫生室达到当地要求标准的有7005家。全区657个苏木乡镇中有643个设有药品供应网点，覆盖率98%，比上年同期上升了2个百分点。11435个行政嘎查村中8216个建有药品供应网点，覆盖率72%，比上年同期上升5.7个百分点。

2009年，为扩大药品“两网”示范县以点带面的效应，在全区开展了创建自治区级示范旗县活动。内蒙古自治区食品药品监督管理局制定了《自治区级农村牧区药品“两网”建设示范旗县区条件》，确定通辽市开鲁县等12个旗县区为内蒙古自治区级农村牧区药品“两网”示范旗县，并拨付专项资金用于“两网”建设。

2010年，内蒙古自治区食品药品监督管理局拨付农村牧区药品“两网”人员培训资金142万元，各盟市食品药品监督管理局分别制定了培训方案。各盟市食品药品监督管理局和各旗县食品药品监督管理分局通过抓“两员”管理促“两网”建设，充分调动协管员、信息员的积极性、主动性，构建扎实的农村药品监管体系。全区各旗县相继制定了《医疗机构规范药房建设实施方案》和《验收标准》，形成了以药品经营企业与农村卫生网点有机结合的农村药品供应网络。

2011年，内蒙古自治区食品药品监督管理局细化示范旗县创建试点遴选条件，确定3~5个旗县市区抓好试点工作。

第五节 药品分类监督管理

药品分类管理是国际上通行的药品管理模式，1951 年从美国开始，目前世界上有 100 多个国家和地区对药品实行分类管理。

1997 年 1 月 15 日，《中共中央、国务院关于卫生改革与发展的决定》（〔1997〕3 号）发布。《决定》指出，人人享有卫生保健，全民族健康素质的不断提高，是社会主义现代化建设的重要目标，是人民生活质量改善的重要标志，是社会主义精神文明建设的重要内容，是经济与社会可持续发展的重要保障。

1999 年 4 月 19 日，为保障公众用药安全有效、使用方便，根据《决定》精神，国家药品监督管理局下发《关于我国实施处方药与非处方药分类管理若干意见的通知》（国药管安〔1999〕120 号）。

6 月 12 日，国家药品监督管理局又下发了《处方药与非处方药分类管理办法（试行）》，自 2000 年 1 月 1 日起施行。要求 2003 年底前地市以上城市零售连锁企业和中型零售企业必须达到分类管理要求。零售药店销售第二类精神药品、粉针剂、大小容量注射剂和其他凭处方销售的品种，必须做到凭处方销售。实施药品分类管理的零售药店，其专业技术人员没有履行职责或者未按规定配备专业技术人员的，取消药品分类管理药店的资格。没有被确定为药品分类管理的药店，不得销售必须凭处方销售的药品。为推动药品分类管理工作，内蒙古自治区药品监督管理局依法开展了非处方药审核登记工作。

2000 年，修订后的《中华人民共和国药品管理法》规定，国家全面实施药品分类管理制度。建立并完善处方药与非处方药分类管理制度，是全国医药卫生事业发展的需要，是医疗卫生体制和药品监督管理深化改革的一件大事。对促进国家药品监督管理模式与国际接轨，保障人民用药安全，有效增强人们自我保健、自我药疗意识，合理利用医疗卫生与药品资源，实现“人人享有初级卫生保障”目标起到重大作用。

是年，内蒙古自治区药品监督管理局在包头市、鄂尔多斯市和乌兰察布盟等地区进行药品分类管理试点，在试点基础上，逐步扩大分类管理的范围，截至 2001 年底，全区 12 个盟市有 389 家零售药店实行处方药与非处方药分类管理，占全区药店总数的 19%。

2002 年，内蒙古自治区制定了《药品分类管理流通实施方案》，按实施方案的要求，在 2003 年底前，旗县所在地及较大镇以上的零售连锁企业及单体零售药店要达到分类管理要求。2004 年底前，所有药店必须达到药品分类管理要求。达不到要求的，不允许销售处方药。

是年，内蒙古自治区药品监督管理局在药品分类管理方面主要做了 4 项工作：一是把是否实行药品分类管理作为企业换发证的一项条件，对没有实施药品分类管理的药品经营企业不予换发证；二是普遍开展药品分类管理培训，对没有配备从业药师或驻店药师的药品经营企业实施培训认定；三是对药品分类管理实施情况进行监督检查，进一步规范分类管理的标志、分类摆放、分类销售；四是对全部新开办药店实施药品分类管理。完成盟市所在地 60% 零售药店的分类管理任务。

2003 年，内蒙古自治区选择包头市、伊克昭盟、乌兰察布盟、赤峰市作为试点盟市，各盟市选择 5～10 个基础好的药店进行了处方药、非处方药分类管理试点，试点企业占自治区药品零售企业的 30%。制定《内蒙古自治区药品零售连锁经营企业管理办法》。同年，全区 70% 药品零售企业实行了药品分类管理。

2004 年，国家食品药品监督管理局下发《关于加强流通领域处方药与非处方药分类管理工作的通知》。要求各地加快药品分类管理推进速度，至 2005 年底之前，县级及县级以上城市的药品零售企业要达到药品分类管理的要求，达不到要求的依法重新核定其经营范围。

2005 年，内蒙古自治区食品药品监督管理局印发《内蒙古自治区 2005 年药品流通领域实施处方药与非处方药分类管理工作的方案》，目标是基本实现处方药凭医师处方购买，在执业药师或从业药师指导下销售和使用。

2006 年，各地严格执行零售药店处方药与非处方药管理的有关政策规定。采取措施加强对必须凭处方销售的药品销售情况的监管，加强执业药师对安全合理用药的指导，加强对处方药品销售的管理。各盟市药品监督管理局对已实施到位的如何分类摆放等工作加强了指导、监督和检查，防止出现反弹。对监管中发现违规销售药品问题的企业依法进行处罚。

是年，确定通辽市、赤峰市、包头市、鄂尔多斯市、巴彦淖尔市 5 市为内蒙古自治区药品安全信用分类管理重点联系单位，决定用 3 年时间分两步建立起全区的药品安全信用分类管理体系：第一步完成全区药品安全信用分类管理办法和档案的整合、规范工作；第二步在办公网络化的基础上，实现药品安全信用分类管理资源共享，监管措施联动。

2007 年，根据药品零售企业情况划分类别，对药品零售企业实行分类管理，具备经营处方药条件的允许其经营处方药，不具备经营处方药条件的改为经营非处方药。

第四章　药品检验

国家除设立专门的技术监督机构外，也要求药品生产企业和药品批发企业必须设立与生产经营水平相适应的检验部门。

药品检验按照检品来源的性质，主要有委托检验、抽验、报验等。委托检验又称“送验”。20 世纪 60～70 年代以“送验”为主要检验方式，20 世纪 80 年代主要实行报验制度，20 世纪 90 年代计划抽验成为检验工作的主体。此外，还辅以监督抽验、审批抽验、质量考察、复核检验等。

第一节　不同时期药品检验

一、卫生部门管理时期

中华人民共和国成立前，内蒙古自治区对药品的检验主要集中在中药及中药材方面。

民国 20 年（1931 年），国民党绥远省政府发布《药材检验暂行规则》规定：“在本省市场集散各种药材，非经检验领有检验证书不得装运。”

是年 7 月，绥远省政府对省内药材检验的分工作了划分：“绥东三县（今集宁市、兴和县、丰镇市）由各县建设局办理，包头一带设检验专员负责，省垣附近由省建设厅直接办理。”鉴于包头是药材集散地，为适应市场需要，绥远省建设厅经省政府核准，拟于当年成立包头药材检验所，并制定检验所章程和检验规则。在该所正式成立前，由省建设厅派出技士暂行驻包头，兼办药材检验事务。

1951 年，为保证广大群众用药安全有效，自治区卫生及其所属的药政管理部门将药品质量监督检查纳入工作日程，主要是对私营药店和诊所以及公立医疗机构的药品进行外观质量检查。

1957 年，内蒙古自治区卫生厅药品检验所成立，开始对中西药品实施检验监督，并参加药品标准的制定、修订和检验方法的科研工作。这是内蒙古自治区级药品质量监督检验的法定专业机构。

1958 年，卫生部下发“药检工作的十个规定”，其中《药品检验管理办法》对抽验的范围、对象作了明确规定。

1962 年，包头市药品检验所成立，为区内第一家盟市级监督检验药品质量的法定机构。

1963 年，卫生部发布《关于中西药品质量管理的若干规定（草案）》，明确规定各级卫生行政部门所属的药品检验所执行国家对中西药品质量的监督检验。贯彻专业检验与群众性质量监督相结合的原则。对中西药品生产、供应部门和医疗单位的药品和制剂，药品检验所有权进行定期或不定期抽检，被抽检单位不得拒绝。对中药材的质量鉴定，应以有经验的中药人员按传统并结合现代科学方法进行。进口的中西药品由进口的口岸药品检验所按合同规定的质量标准进行检验。中西药品的出口企业由外贸部门商品检验局负责，如检验有困难时，可由商品检验局委托卫生部门药品检验所进行检验。各地中西药品生产、供应部门和医疗单位等需要送检的药品，一律送当地药品检验所检验，如当地不能进行检验或有困难时，由该药品检验所与上一级药品检验所联系解决。

1965 年，全区各级药品检验所在药品质量监督、检查工作中，按照管理与帮助相结合、检验工作与调查研究相结合、专业检验与群众性质量监督相结合的原则，深入药品生产、经营、使用单位进行抽检、检查，发现质量问题及时研究解决。

1973—1977 年，内蒙古自治区开展了 3 次全区性的药品质量大检查。以区内制药厂为重点并对医药公司和医疗单位的药品质量都进行了全面检查。

3 次药品质量检查统计表

表 3-1

年度	被检单位数	处理不合格药品		抽查医药公司库存药品的不合格率
		品种数	产品批次	
1973	85	43	60	乌兰察布盟公司 2.2%
1975	73	192	278	锡林郭勒盟医药站 4%
1977	51	276	—	巴彦淖尔盟公司 1%

1980 年，昭乌达盟、呼伦贝尔盟、哲里木盟、乌兰察布盟、伊克昭盟、巴彦淖尔盟、呼和浩特市、乌海市、锡林郭勒盟和兴安盟药品检验机构先后建立。盟市药品检验工作逐步开展。

从 1958 年开检到 1985 年，内蒙古自治区药品检验所共检验各类药品 15842 件，除 1958 年、1959 年和 1961 年 3 年检品的 1574 件药品因历史资料不全，无法详细分类外，其余 14268 件检品的检验结果，分 3 个阶段统计。

1958—1985 年各类药品检验情况统计表

表 3-2

年代	检品件数	年平均件数	合格		不合格	
			件数	%	件数	%
总计	14268	509	9086	63.7	5182	36.3
送检	8620		5899	68.4	2721	31.6
抽检	5648		3187	56.4	2461	43.6
1958—1965	5511	689	2775	50.4	2736	49.6
送检	2778		1521	54.8	1257	45.2
抽检	2733		1254	45.9	1479	54.1
1966—1976	4317	392	2976	68.9	1341	31.1
送检	3592		2550	71	1042	29
抽检	725		426	58.8	299	41.2
1977—1985	4440	493	3335	75.1	1105	24.9
送检	2250		1828	81.2	422	18.8
抽检	2190		1507	68.8	683	31.2

1985 年，《中华人民共和国药品管理法》开始实施，抽验作为一项长期性工作伴随监督检查同时进行。当年，全区药品检验机构的检验室共完成检品 4230 件。其中，内蒙古药品检验所完成 1001 件，合格率 76.6%，不合格率 23.4%。分类情况是：送检 233 件，合格率 76.8%；抽检 568 件，合格率 72.7%；药品审批送样 200 件，合格率 87.5%。

1986 年起，内蒙古自治区逐年安排抽检药品。由于加强了药品监管，全区各级药品检验所抽检合格率逐年提高。

1988 年，实行报验制度，由各药品生产、经营单位和医疗单位按计划内的品种批数定期到药检所报送检品。

1991 年，卫生部下发“全国药品抽验工作指导意见”，规范了抽验范围、抽验程序，药品检验由各级药品检验所抽验，定期发布质量公报，进行质量分析，此后计划抽验成为检验工作的主体。各省、自治区、直辖市药品监督管理部门每年按照全国药品抽验计划，在总结上年药品抽验工作基础上，结合本辖区药品质量监督工作及药品质量情况，制定本省、自治区、直辖市药品抽验计划。同年，内蒙古自治区遵照该指导计划对药品生产经营和医疗单位实施计划性抽验。

1993 年，全区开展质量监督检验机构认证工作，内蒙古自治区医药工业企业的质检机构开展认证试点工作，赤峰制药厂和内蒙古蒙药制药厂为试点单位。首先对大输液、粉针剂、化学原料药生产企业的质检机构进行认证工作，全部质检机构认证工作计划两年内完成。

1996 年，据内蒙古自治区药政管理部门统计，1986—1996 年药品抽检合格率分别为 61.70%、73.00%、73.00%、74.00%、77.70%、81.19%、87.74%、81.78%、87.14%、85.16% 和 85.19%。从 1987 年以后，每年都达到了内蒙古自治区卫生厅抽检合格率超过 70% 以上的要求。全区药品抽验合格率及按品种统计如下。

1996 年全区药品抽验合格率及按品种统计表

表 3-3

品种	合格率	生产企业	经营企业	医院购进	医院制剂	合计
药材	总数	111	1005	1124	—	2240
	合格数	100	786	789	—	1675
	合格率	90.09%	78.21%	70.20%	—	74.78%
中成药	总数	198	822	958	35	2013
	合格数	156	674	764	23	1617
	合格率	78.79%	82%	79.75%	65.71%	80.33%
蒙成药	总数	71	29	30	125	255
	合格数	66	25	26	88	205
	合格率	92.96%	86.21%	86.67%	70.40%	80.39%
化学药	总数	344	1949	2225	306	4824
	合格数	330	1800	2056	267	4453
	合格率	95.93%	92.36%	92.40%	87.25%	92.32%
合计	总数	724	3805	4337	466	9332
	合格数	652	3285	3635	378	7950
	合格率	90.06%	86.33%	83.81%	81.12%	85.19%

1997 年，遵照卫生部《关于统一使用药品检验报告书及用章的通知》精神，从 6 月 1 日起，内蒙古及盟市卫生局药检所正式启用新的药品检验报告书。

1999 年，内蒙古自治区药品检验所派人员对 10 个盟市进行药品抽检，共检生产、经营企业和医疗单位 99 家，抽验药品 1700 批次。全区共完成各类检验药品 2106 件，其中：抽验 1657 件，送验 176 件，审批 273 件，抽验率为 78.6%。

是年末，全区拥有自治区级药品检验机构 1 个，盟市级药品检验机构 12 个，旗县级药品检验机构 31 个。机构总数 46 个，人员编制总数 735 人，形成了完善的药品质量监督检验网。呼和浩特市、呼伦贝尔盟、赤峰市、哲理木盟等盟市还在苏木、乡聘任药品检查员，形成全面覆盖的四级药品监督网络。

二、药品监管部门管理时期

2000 年，内蒙古自治区药品监督管理局成立后，内蒙古自治区药品检验所从内蒙古自治区卫生厅整体划转内蒙古自治区药品监督管理局，呼和浩特市药品检验所并入内蒙古自治区药品检验所，承担自治区药品生产、经营、使用过程中的质量检验和复验工作。11 个盟、市及二连浩特市、满洲里市药品监管机构中也设立了药品检验所，旗县不再设药品检验所。

针对全区药品监管系统药品检验设备陈旧落后的实际状况，内蒙古自治区药品监督管理局积极报请国家药品监督管理局和内蒙古自治区有关部门为药品检验所实验室改造立项。2001 年，投入改造资金 220 余万元，完成了内蒙古自治区药品检验所一栋实验楼改造。

是年，建立了内蒙古自治区药品质量公报制度。

2001 年年末，内蒙古自治区药品检验所完成全区 2001 年度药品抽验计划和国家药品监督管理局下达的 3 次专项监督抽验检查任务。全区共完成计划抽验 44 个品种 1175 个批次；其中：27 个品种 45 个批次不合格，不合格率（批次）3.8%。

2002 年，为加大对制售假劣药品违法行为的打击力度，各级药品检验部门有针对性地开展药品监督抽验，全年共完成药品监督抽验 6606 件，抽验不合格 1086 件，不合格率为 16.4%。其中：中药材、中药饮片不合格率为 50.9%，中成药不合格率为 9.7%，化学药制剂不合格率为 6.4%，抗生素不合格率为 4.1%，生化药品不合格率为 9.2%，蒙成药不合格率为 32.7%。全年共复核检验新药 116 个品种 393 批次。其中：二类新药 35 种 138 批次，三类新药 3 种 9 批次，四类新药 62 种 189 批次，仿制药 12 种 45 批次，医院制剂 4 种 12 批次。

是年，内蒙古自治区药品检验所完成全国药材市场抽验主检的药材 24 个品种 279 批次，不合格 90 批次，不合格率 32%，全检率 98%；完成基层药品抽验 502 批次，不合格 16 批次。从抽验结果来看，全区中药不合格率仍居高不下，特别是苏木乡镇及以下医疗机构中药质量存在严重问题，如黄芪、金银花、肉苁蓉、檀香、土茯苓等。另外还存在过期药品多、药品陈旧、进货渠道混乱等问题。全年根据国家药品监督管理局安排，内蒙古自治区药品检验所对内蒙古化德县进行检查抽验。共检查抽验了全部 9 个乡卫生院，40 个村的个体诊所，18 个药品零售网点共 112 个单位；抽验药品 502 批次，其中：14 个品种、16 批次不符合规定，不合格率 3.2%。检查中发现两批假药。准确、及时的药品检验为打假治劣工作提供了有效的技术支持。

2003 年，在抗击“非典”的特殊时期，内蒙古自治区药品监督管理局加大药品市场的整治力度，及时追加与防治“非典”相关药品的抽验计划、抽验品种及抽验经费。

内蒙古自治区药品监督管理局印发《内蒙古自治区药品抽查检验工作程序暂行规定》，在 2003 年下达抽验计划的基础上，追加抽验计划和抽验品种。当年的抽验品种突出了4个重点：即假劣药品频发的品种、与防治“非典”相关的药品、中药材和基层用药品种的抽验。抽验的重点品种为：柴胡、土茯苓、黄芩、板蓝根冲剂（小型药品生产企业产品）及其他相关可疑品种，重点抽样单位为药品批发企业、连锁企业及医疗机构。全年，完成抽验任务11118批次，检出不合格药品1875批次，不合格率16.86%。对防治“非典”有关药品进行一次监督抽验，共抽验37个品种768批次的药品，其中不合格28个品种184批次，不合格率24.0%。

是年，内蒙古自治区开展农村牧区用药监督管理和抽验试点工作。目的是通过试点工作掌握基层的药品质量情况和当时的监管状况，探讨在新形势下加强农村牧区基层用药监管抽验工作的新思路和新方法，为开展农村牧区基层用药监督管理和抽验工作提供可靠的依据。试点地区确定为乌兰察布盟化德县、巴彦淖尔盟五原县。试点期间药品抽验数量共1000批，每个试点500批。抽验重点品种为农村、牧区常用的药品、用量大的药品、购物渠道不规范的药品。检查抽验覆盖的重点是试点县的苏木乡镇卫生院、嘎查村卫生室（所）及个体诊所（包括乡医、个体医）、药店及其他药品销售网点。检查抽验覆盖率苏木乡镇卫生院为100%，乡医、个体医不低于50%。

2004年，内蒙古自治区各级食品药品监管部门积极探索在监督检查中进行药品抽验改革，其中50%的检品实现了药品抽样与检验分离。在农村牧区推广应用药品快速鉴别技术，在22个旗县开展了农村牧区用药状况评价性抽验。全区各级食品药品监管部门普遍提高了抽样的针对性和靶向性，特别是在中药材、中药饮片的抽样上，加大抽样力度，抽验的靶向性进一步增强。检验品种和项目参照国家质量公告的不合格检验项目和各盟市在药品检验过程中发现的问题及常见的不合格项目进行检验。全年全区共完成检品9488批次，其中中药材、中药饮片检品2703件，检出不合格品1289件，占抽检品的47.5%。完成其他药品和制剂检品6785批次，检出不合格品531批次，占抽检品的7.8%。

是年，重点加强对农村牧区药品质量情况的评价和监督工作，将药品抽验工作与“新型农村合作医疗试点工作”及“两网”建设紧密结合。当年抽验结果显示，全区化学药品、抗生素质量进一步好转。中药材、中药饮片受全国药材市场产品质量影响不合格率仍然偏高，特别是医疗机构和经营单位的问题比较突出。各医疗机构生产的制剂受制剂生产条件影响，质量令人担忧。从各药检所检验抽样质量分析报告看，中药材、中药饮片存在以次充好、药材陈旧、名称不规范以及进货渠道不规范等问题，尤其是药品使用单位，因仓储条件差、养护工作不到位导致霉变、虫蛀等现象较为突出。

2005年，内蒙古自治区食品药品监督管理局印发《内蒙古自治区药品监督抽验程序规定》《内蒙古自治区食品药品监督管理局药品快速鉴别工作制度》《内蒙古自治区食品药品监督管理局假劣药品、不合格医疗器械信息传递制度》。药品监督执法人员在实施药品监督检查中使用药品快速鉴别方法检验，结果为可疑的品种，按照有关规定进行抽样，送药品检验机构定性。被送检的药品检验机构根据《内蒙古自治区药品监督抽验程序规定》的有关要求进行检验，并发出《药品检验报告书》。

是年，内蒙古自治区药品检验机构加强技术装备建设，统一招标采购1026万元的设备，技术装备水平得到提高。全年共完成检品9509批次，其中监督抽验7789批次，检出不合格药品1490批次，靶向抽验水平进一步提高。

2006年，国家食品药品监督管理局印发《药品质量抽查检验管理规定》。明确检查抽验分为评价抽验和监督抽验。评价抽验是药品监督管理部门为掌握、了解辖区内药品质量总体水平与状态而进行的抽查检验工作。监督抽验是药品监督管理部门在药品监督管理工作中，为保证人民群众用药安全而对监督检查中发现的质量可疑药品所进行的有针对性的抽验。国家药品抽验以评价抽验为主，省、自治区、直辖市药品抽验以监督抽验为主。全年监督抽验药品8457批，检出不合格药品2252批次，检出不合格率26.6%。

2008年，按照国家食品药品监督管理局印发《药品质量抽查检验管理规定》要求，自治区全年药品抽验任务，分评价性抽验和监督抽验两部分，以监督抽验为主。对销售使用量大的牛黄解毒丸等24个常见药品，在药品经营企业和医疗机构进行评价抽验。监督抽验包括中药材、中药饮片专项抽验，中成药中非法添加化学药物专项抽验，发布虚假广告药品的专项抽验和跟踪抽验。检出不合格三黄片24批次，占评价抽验不合格药品的52.2%。中药材、中药饮片不合格率仍然居高不下，质量问题突出。

2009年，为推动内蒙古自治区基本药物制度建立，保证基本药物质量安全，内蒙古自治区食品药品监督管理局起草了《内蒙古自治区基本药物质量监督抽验管理办法（试行）》等7个基本药物监督管理配套办法。该办法规定，内蒙古自治区食品药品监督管理局负责制定全区基本药物抽查检验工作计划，基本药物抽查检验不收取费用。各级食品药品监督管理部门负责基本药物抽样，各级药品检验机构承担基本药物检验，对生产、流通、使用基本药物各环节的监督抽验覆盖率要求达到100%。

是年，自治区药品监督管理局对纳入国家基本药物目录的品种实行全品种全覆盖监督抽验，确保内蒙古自治区内药品生产企业中标的基本药物品种抽验覆盖率达到100%。在完成基本药物生产企业中标品种抽验的基础上，合理安排对基本药物生产企业生产的未中标基本药物品种和流通、使用环节的基本药物进行监督抽验，执行全品种覆盖抽验。在流通环节，重点抽验需要低温储存、冷藏药品、注射剂等高风险品种，严格检查流通企业的药品储存情况。在使用环节，重点检查苏木乡镇、社区卫生医疗机构的基本药物购进、储存和使用情况。对抽验不合格的基本药物及时向社会公布，加强社会监督。对生产经营使用不合格基本药物的依法查处。

2010年，内蒙古自治区建立基本药物抽验工作情况和抽验结果信息统计及公告制度。全年抽验流通环节（批发、零售）基本药物累计450种，抽样757批次，检验757批次，其中合格的751批次，不合格的6批次；抽验使用环节的基本药物累计557批次，其中合格的552批次，不合格的5批次，全区共完成基本药物监督抽验1572批次。

2011年，结合内蒙古自治区药品监管体制改革，进一步明确了自治区和盟市两级食品药品监管部门各自承担的药品监督抽验责任和任务。

自治区食品药品监督管理局承担的药品抽验责任和任务：

1. 负责全区基本药物生产企业生产的国家基本药物目录品种的全覆盖监督抽验；

2. 负责对自治区增补的211种基本药物进行全覆盖抽验；

3. 开展部分基本药物品种在内蒙古自治区经营、使用（政府办基层医疗机构）环节的评价性抽验，以保障基本药物在内蒙古自治区流通和使用环节中质量水平稳步提高；

4. 负责在内蒙古自治区中标的基本药物品种供货企业药品样品备案和对比检验任务。一是新建与备案样品数量相适应的储存库房，配备相应的库内设施设备。二是实行专人管理和养护。三是对发生不良反应的品种和各基层医疗机构、配送企业有反应的样品进行对比实验。

盟市食品药品监督管理部门承担的药品抽验责任和任务：

1. 负责本辖区药品研制、生产、经营、使用环节的质量技术监督。包括假冒伪劣药品、质量可疑品种、中成药中非法添加化学药物、违法广告药品、质量跟踪、中药材中药饮片等监督抽验，确保药品在本辖区的质量安全；

2. 负责承担辖区生产企业生产的基本药物中标品种的监督抽验任务，确保本辖区生产企业生产的基本药物质量安全；

3. 负责承担内蒙古自治区增补的211种基本药物在本辖区生产企业的生产和流通使用环节中的监督抽验任务，确保自治区增补品种在本辖区的质量安全；

4. 负责承担辖区内基本药物配送企业、经营（零售）企业、医疗机构（政府办基层医疗机构），经营和使用的基本药物品种监督抽验任务，保证基本药物在流通和使用环节的质量安全。

是年，内蒙古自治区食品药品监督管理局共发布《药品质量公告》4期，抽验药品10683批次（不含中药材和中药饮片），不合格387批次，不合格率为3.6%；抽验医疗器械58批次，不合格7批次，不合格率为12%。各盟市药品安全专项整治领导小组办公室共向辖区内药品从业人员和社会公众发放调查问卷6000份，94.64%的社会公众对药品安全状况表示满意。

2012年，全区药检部门继续开展国家基本药物全品种覆盖抽验，将高风险品种纳入国家评价性抽验计划，及时依法查处不合格产品并曝光。全区完成药品监督抽验6989批次，其中完成基本药物抽验3544批次。区内生产企业生产的国家基本药物中标品种89个，自治区增补基本药物中标品种94个，做到了全覆盖抽验。生产企业国家基本药物中标品种合格率为99.6%，生产企业内蒙古自治区增补基本药物中标品种合格率为97.4%。国家基本药物在经营、使用环节合格率为99.4%，内蒙古自治区增补基本药物在经营、使用环节合格率为99.8%。

是年，完成中成药中非法添加化学药物专项抽验229批次，检出不合格药品19批次，不合格率为8.3%；日常市场监督检查抽验1462批次，检出不合格药品135批次，不合格率为9.2%；抽验违法广告药品145批次，检出不合格5批次，不合格率为3.4%；完成中药材中药饮片监督抽验1159批次，检出不合格药品521批次，不合格率为44.9%。

是年，国家下达给内蒙古自治区的国家基本药物抽验任务2775批次，自治区增补基本药物品种抽验任务2658批次，其他药品（非基本药物）监督抽验5081批次。完成国家基本药物抽验2967批次，做到了国家基本药物生产企业全覆盖抽验、生产基本药物品种全覆盖抽验，抽验结果不合格5批次，合格率99.8%；完成自治区增补基本药物品种抽验2542批次，不合格61批次，合格率97.6%；完成其他药品监督5242批次，不合格775批次，合格率85.2%。

2014年，药品计划抽检2622批次，检出不合格品291批次，合格率为88.9%。

2016年，在基本药物抽检全覆盖和突出高风险品种抽检的基础上，完成基本药物抽验2248批次，合格率为99.7%。

第二节　药品分类检验

一、蒙药检验

从13世纪到17世纪初，今内蒙古地区出现不少民间医疗方法及方药，如酸马奶疗法，矿泉疗法以及民间用药方法。饮食疗法也属于蒙医传统疗法之一。民间谚语：“病之始，始于食不消；药之源，源于百煎水”。在药学方面，蒙医药探索出适合于本地区实际情况的独特的配制法和用药法等，同时还吸收了西藏、印度等地区的药物学理论知识，使蒙药物学理论不断完善和发展。

蒙医用药据考证有文字记载的达2200余种，其中常用蒙药材近500种。许多蒙药是与中医交叉使用的品种，但炮制方法不同，从理论到应用的功能与主治也有差异。属于蒙医专用，中医不用或很少用的药约有300多种。

1958年，为解决蒙药紧缺品种的货源，内蒙古自治区卫生厅派著名蒙医古纳会同自治区药材经营部门专业人员赴西藏自治区考察，带回100多种蒙药材标本，获得了一批可靠的蒙药资源资料。

1959年，为帮助蒙古人民共和国普查野生药源，卫生部根据两国协定，派有丰富经验的老药工杨文安等参加的中国药材专家组，在蒙古人民共和国考察两个多月，取得了满意成果，受到了蒙古人民共和国保健部的表彰。

1966年前，内蒙古自治区卫生厅多次组织有关专业技术人员赴呼伦贝尔盟等地普查蒙药资源，发现过去一直认为短缺的“石牛黄”“禹粮土”“寒水石”“香青兰”“山沉香”等蒙药，实际在区内蕴藏较为丰富。

1973年，内蒙古自治区卫生厅药政处和内蒙古自治区药品检验所在调查研究的基础上，多次组织有关蒙医药人员进行学术讨论，基本上澄清了由于历史原因造成的蒙药品种混乱现象。

通过实验，对广枣、沙棘、荜拨、草乌、兰盆花、诃子等蒙药材以及蒙药复方“扎冲-13”“萨普拉·淖尔布”“那如苏木珠尔”等方剂的有效成分和药理作用的研究也取得了一些成果。此外，结合临床试用，以提高疗效和降低毒副作用为目的的蒙药剂型改革研究也初见成效。

1980年12月，卫生部、医药管理局印发《部分省市中成药执行药品卫生标准座谈会纪要》。按照国家要求，内蒙古自治区规定：鉴于蒙药制剂具有历史的传统性，为了逐步提高蒙药制剂的卫生条件，内蒙古自治区卫生厅对蒙药制剂室的验收采取特殊政策。

1981年，内蒙古自治区药品检验所设立蒙药科，并建立品种较为齐全的蒙药标本室。

蒙医用药的炮制方法富有民族与地区特点。传统的蒙药有十大剂型。常用蒙成药方剂有200多种。由于蒙药具有用量小、疗效好、服用方便和药价低等优点，自治区各族人民喜欢用蒙药治病的人越来越多。随着蒙药的普及，有些中医和西医临床上也开始使用一部分蒙药。

20世纪80年代后，内蒙古自治区关于蒙药的研究有了新的进展。内蒙古自治区中蒙医研究所、药品检验所、内蒙古医学院、包头医学院和民族医学院等单位，都把较强的科研力量投入到蒙药研究及蒙药新药品种的检验检测，确保蒙药用药的安全性。

蒙医用药过去一向以自制为主，蒙医机构也多自制自用，随着对蒙成药的需求量日渐增多，到20世纪80年代，区内有4个制药厂生产蒙成药。1980年，国家投资1000万元在通辽新建具有现代化制药设备的大型蒙药厂，1987年正式投产。

1995年，全区核发“医疗单位制剂许可证”时，全区的蒙药制剂室建设有了很大提高，尤其是哲里木盟所属医疗单位的蒙药制剂室，全部达到了普通制剂室验收细则的规定要求，全区相当部分蒙药制剂室取得了“医疗单位制剂许可证”。

内蒙古蒙药厂生产的蒙成药额日敦-乌日勒（汉名如意珍宝丸）是治疗半身不遂、痹症瘀血阻络症的良药，曾获内蒙古自治区优质产品奖，深受区内外患者欢迎。呼和浩特市、哲里木盟、锡林郭勒盟、呼伦贝尔盟等少数民族相对集中的地区还设有蒙药经营部（供应站），经营蒙药材500余种，蒙成药150余种。检验部门加大了对蒙药产品的质量检验工作。

1999年，蒙药产品以其特有的治疗功效迅速发展，如额尔敦-乌日勒，那如-3，吉日古木-13，沙日嘎-4等产品逐步被人们认可，已在全国27个省、自治区、直辖市销售。蒙药生产企业运用新技术和现代化手段推进蒙药事业发展，有部分产品进入欧洲市场。

2000年，内蒙古自治区药品监督管理局成立后，积极推进蒙药现代化、标准化建设，逐步加强了对蒙药产品的质量检验工作。针对蒙药基础研究薄弱，蒙药材种植品种少、规模小、产量低，技术评价体系不健全、不规范的实际，研究制定《蒙药新药临床研究指导原则》。将蒙药诊断判定标准研究纳入蒙药临床基地建设，逐步提高完善蒙药制剂标准。自治区药品监督管理局组织相关专家实行地产药材规模化种植技术攻关，推行中蒙药材 GAP（中药材生产质量管理规范，它是我国中药制药企业实施的 GMP 重要配套工程，是药学和农学结合的产物，是确保中药质量的一项绿色工程和阳光工程）制度。

2001 年，全区药品抽验结果显示：蒙成药不合格率较上年上升 25.7 个百分点，主要为苏格木勒-10、通拉嘎-5 等五批不合格，全年蒙成药共抽验 34 个检品，不合格 15 个，不合格率 44.1%。

2002 年，在全区药品监督抽验中，蒙成药不合格率为 32.7%。与上一年相比，蒙成药抽验合格率有所提高。

2003 年，在全区药品抽验中发现，医院制剂室配制的蒙药制剂质量问题较多，主要原因是这些制剂室的生产条件、检验条件差，执行的质量标准落后。

2005 年，内蒙古自治区食品药品监督管理局提出建设蒙医药现代化、标准化项目。

2006 年，内蒙古自治区食品药品监督管理局、自治区卫生厅联合制定《内蒙古自治区医疗机构蒙药制剂调剂使用暂行办法》。规定医疗机构蒙药制剂调剂使用的调出方必须持有“医疗机构执业许可证”和“医疗机构制剂许可证”，具备开展制剂全项检验所必需的药学技术人员、设施、检验仪器等，调入方必须是从事蒙医诊疗活动且持有“医疗机构执业许可证”的医疗机构（不含诊所）。

2009 年，为配合建立内蒙古自治区基本药物制度，保证基本药物质量安全，内蒙古自治区食品药品监督管理局起草了《内蒙古自治区蒙药基本药物遴选办法（试行）》，明确遴选的药物应是治疗效果好、临床用药首先选择使用、质量稳定、安全性高的品种。因严重不良反应，国家食品药品监督管理部门明确规定暂停生产、销售或使用的品种不得纳入蒙药基本药物目录。

2013 年，内蒙古自治区食品药品监督管理局组织蒙医药学专家，对内蒙古自治区医疗机构蒙药制剂、蒙药材安全性进行研讨，确定了内蒙古自治区蒙药制剂所涉及的毒性药材名单。同年，开展蒙药生产中提取和提取物使用监督检查。内蒙古自治区医疗机构蒙药制剂毒性药材共 22 种：草乌、泡囊草、瑞香狼毒、马钱子、天仙子、红粉、东莨菪、砒石、闹羊花、全蝎、雄黄、章丹、胆矾、水银、银珠、黄矾、朱砂、雌黄、硝石、漆树膏、密陀僧、白硇砂。经炮制后不按毒性药材对待的蒙药药材共 8 种：斑蝥、商陆、木鳖子、蟾酥、万年灰、硫黄、铜绿、藜芦。

2015 年，自治区食品药品监督管理局对全区 36 家蒙、中药生产企业提取和提取物情况进行摸底调查，对企业提取能力、委托提取以及生产经营等情况实施了全面监督检查。全区中蒙药制剂生产企业监督检查覆盖率 100%。

二、中药检验

从 1959 年开始，内蒙古自治区药材种植纳入了国家计划。内蒙古自治区药政、药检部门经常深入了解种植与收购的中药材质量情况。自 1960 年开始，发现并制止错种错收的药材，一是错种的药材：把迷果芹（野生的萝卜党参）误为党参，曾大量栽种、收购并销往天津；伊克昭盟从青海买回山大黄种子，误当大黄，种植数百亩，造成重大经济损失；有些地方以商陆误为人参，把毫无疗效的野香薷当正品香薷种植，把德惠草误为远志，误将土三七当三七等。二是错收购的药材：把马尾黄芪错当黄芪大量收购，并调往广州等地；误将不可药用的山银柴胡当银柴胡，收购 200 吨；错以甜杏仁当苦杏仁、欧当归充当归收购等。由于发现和纠正及时，保证了中药材的质量，也减少了药材经营部门的损失。

“文化大革命”期间，中药饮片的炮制质量滑向了低谷。内蒙古地区生产的各类药品，尤其是蒙成药，细菌污染严重。1973 年，卫生部发布《关于加强卫生措施严防中成药细菌污染的通知》，内蒙古自治区卫生厅也就严防中成药细菌污染做了安排。内蒙古自治区药品检验所为此建立了无菌室，配备了细菌检测人员，为各盟市药品检验所和中药厂培训了检验人员，并深入药厂考察生产过程细菌污染的主要环节，研究改进防止细菌污染的措施，组织各药厂进行检查评比，交流防菌降菌经验等。

为治理“文化大革命”中造成的中药饮片不炮不制的混乱情况，内蒙古自治区卫生厅在1980年修订颁布了《中药饮片切制规范》，并于1984年进行修订，加强了对中药饮片质量监督检查。

1979年9月，自治区基本完成中药处方用药计量单位由旧制两、钱、分改为公制克、毫克的工作。

1980年12月，卫生部、医药管理局印发《部分省市中成药执行药品卫生标准座谈会纪要》。按照国家要求，内蒙古自治区规定：中成药不含生药原粉的制剂和区内评优产品、出口产品，一律按卫生部颁发的药品卫生标准执行；含有生药原粉的中成药制剂和蒙成药一律不准含有致病菌；暂放宽中药蜜丸的杂菌总数，按每克不超过50000个为合格，超过的不准出厂、销售和使用。同时还规定，对含有豆豉、神曲等发酵类药材的中成药和蒙成药，暂不执行霉菌、杂菌两项标准，但要精心选料，改善配制条件，提高质量。

1982年，全区统一检查了18家药品经营企业和15家医疗单位经营和常用的中药饮片共计100种，发现炮制率相差悬殊，饮片质量参差不齐，统计结果如下：

1982年100种中药饮片炮制率统计表（经营单位）

表3-4　　单位:%

中药经营单位名称	炮制率	中药经营单位名称	炮制率
赤峰市医药分公司	91	翁牛特旗医药公司	100
哲里木盟医药分公司	76	巴林右旗医药公司	96
包头市医药分公司	73	突泉县医药公司	90
阿拉善盟医药分公司	49	敖汉旗医药公司	80
伊克昭盟医药分公司	29	克什克腾旗医药公司	76
乌兰察布盟医药分公司	28	宁城县医药公司	72
呼伦贝尔盟医药分公司	14	清水河县医药公司	33
呼和浩特医药分公司	13.5	达茂旗医药公司	27
锡林郭勒盟驻张家口医药站	2	和林县医药公司	10

1982年100种中药饮片炮制率统计表（医疗单位）

表3-5　　单位:%

医疗用药单位	炮制率	医疗用药单位	炮制率
集宁市医院	99	包钢职工医院	54
包头建华医院	93	四子王旗医院	50
赤峰市医院	93	扎兰屯市医院	41
海拉尔市医院	91	巴彦淖尔盟医院	23
伊克昭盟医院	88	武川县医院	11
阿拉善左旗医院	85	和林格尔县医院	10
察右前旗医院	68	乌达矿务局医院	4
乌兰察布盟医院	55		

为了改进和加强中药饮片炮制，中国药材公司于1984年3月发布了《中药饮片质量管理暂行办法》和《中药饮片质量管理检查评比试行办法》，从1984年6月1日起实行。内蒙古自治区各中药经营企业开始重视此项工作，包头市、伊克昭盟、哲里木盟和巴彦淖尔盟医药分公司专设了独立核算的中药饮片加工厂。

1984年5月，卫生部、医药管理局发出《关于查处18种中药材伪品的紧急通知》，内蒙古自治区卫生厅及时转发并作了具体部署，药政、药检部门组织熟悉中药材知识和有鉴别能力的技术人员，到医药公司、医疗单位和中药厂进行全面检查。全区共查出中药材伪品32种，7824公斤，损失近20万元。数量大的有：杜仲藤、柴胡、红杜仲、牛膝、黄芪、当归、天麻、冬虫草以及麝香、珍珠等。

1987年10月，卫生部发布实施了《中药保健药品管理规定》。中药保健药品发展迅速，但是，在已审批的中药保健药品中，存在命名不规范、组方不合理等问题。为此，国家中医药管理局开展了中药保健药品整顿，整顿后撤销中药“健字”文号，统一纳入药品管理。擅自审批的中药保健药品，或3年以上不生产的中药保健药品，由各省、自治区、直辖市药品监督管理部门撤销其批准文号。取消同方异名或同名异方，所保留的品种均为一方一名。

1990年，为提高中成药出口产品质量，国家中医药管理局召开中成药出口产品重金属限量研讨会。会议研讨了中成药重金属的检测方法和标准，提议卫生部、药品生物制品检定所等有关部门制定出台中成药重金属检测方法及检测指标。

1992年，针对当时医药市场出现的制售伪劣中药有所回升的现象，国家中医药管理局发出《关于加强质量管理严厉打击制售伪劣中药的通知》。要求各中药工商企业、医疗单位开展一次全面彻底的质量自查工作。生产企业重点检查是否按处方要求投料，是否按工艺进行生产；商业企业重点检查经营和在库养护药品是否按质量标准验收入库和复核出库；医疗单位重点检查有无伪劣、失效中成药及伪劣饮片调剂配方。组成由各地医药管理局牵头，由中医卫生管理部门、政协、民主党派、社会团体等参加的调查组，对本地区存在的中药质量问题进行查处。对抽验不合格的企业和产品曝光，对二次抽查不合格的企业令其停产整顿。

1994年，按照卫生部《关于淘汰第三批105个中成药品种的通知》，内蒙古自治区医药管理局要求区内仍在生产淘汰品种的生产企业要立即停止生产，经营所列入淘汰范围品种的有关单位在1995年年底前对库存尽快消化处理，此后不得再购进。

是年9月，国务院发出《关于进一步加强药品管理工作的紧急通知》，把整顿和规范中药材专业市场作为加强药品管理工作的重要内容，提出明确要求。国家中医药管理局、国家医药管理局、卫生部、国家工商行政管理局共同制定了《整顿中药材专业市场的标准》，于1995年4月联合发布，并在全国范围内开展了为期一年的中药材专业市场整顿工作。整顿后禁止设立除中药材专业市场以外的其他药品集贸市场，除了已批准的14家中药材专业市场和同意继续整顿的3个中药材专业市场以外，其他中药材专业市场和以中药材专业市场为名经营药品的集贸市场，在1996年底前一律关闭或取缔。经过此次整顿，内蒙古自治区1997年前形成的2个中药材市场——包头市土默特右旗敕勒川和赤峰牛营子中药材市场被取缔。中药生产经营秩序有了一定好转。但仍有一些地方的药品经营秩序比较混乱。

1995年，内蒙古自治区医药总公司按照国家中医药管理局部署，对系统内的中药饮片加工企业进行了一次调查。内蒙古自治区医药总公司系统内共有饮片加工企业8家，这8家企业隶属于各盟市医药分公司药材公司（站）。上市的品种500多个，其中：饮片切割200多种、炮制100多种、净化200多种，规格、质量均按照国家药典和内蒙古自治区饮片加工的有关质量要求规范组织生产。饮片加工全过程基本达到了规范化、制度化。炮制的饮片质量100%达到规范标准，上市饮片销售实行产、供、销一条龙，主要由各地的零售医药门市部和部分医疗单位购进销售。内蒙古自治区饮片加工企业生产加工的饮片，覆盖面约占市场饮片销售量的70%左右，余缺部分由外省、区、市调入。因技术设备原因内蒙古自治区尚不具备毒性饮片加工的条件。

1998年，全区中蒙成药生产企业11户。随着药厂对GMP认识的提高，将GMP认证作为药厂生存的关键。“八五”（1991—1995年）期间一部分药厂进行GMP硬件改造，但长期以来软件跟不上，在一定程度上制约了中药工业发展。

2000年，药品检验工作转交药品监督管理部门之后，中药的检验任务也随之改由各级药品监管部门承担。

2002年，内蒙古自治区卫生厅制定《中蒙医医疗机构“放心药房”建设规范》，对药品采购、药库管理、制剂与炮制、药房调剂、中药煎煮等5个方面作了具体要求，并分阶段对全区各级中医医疗机构“放心药房”建设工作进行达标验收。当年在全区药品监督抽验中，中药材、中药饮片不合格率为50.9%，中成药不合格率为9.7%。

2003年，中药材的抽验是当年抽验工作的重点之一。针对当时药品市场中人参相关产品以次充好、以假乱真，标签、说明标志失实等情况，国家食品药品监督管理局在全国范围内进行了人参产品的专项检查抽验。

2004年，为加强含马兜铃酸药材及其制剂的监督管理，国家食品药品监督管理局发出《关于加强广防己等6种药材及其制剂监督管理的通知》。自治区各盟市食品药品监督管理局立即对本辖区内生产含广防己、青木香的中成药品种进行专项监督检查。对辖区内生产、经营、使用单位含广防己、青木香的中药制剂及含马兜铃、寻骨风、天仙藤和朱砂莲的中药制剂严格按处方药管理；各有关药品生产企业将处方中含有广防己、青木香的中成药品种替换为防己、土木香。

是年，全区各级食品药品监管部门普遍提高中药材、中药饮片抽样的针对性和靶向性。内蒙古自治区食品药品监督管理局组织开展对中药提取物及委托生产检查，全区有10个中药前处理和提取委托事项，其中，3个为集团内委托，未发现非法购买中药提取物或不按规定委托生产中药提取物的违法违规行为。中药材二氧化硫含量检测方法和限量标准质量检查情况：全区有3家企业在2011年标准公示后，即将二氧化硫限量检查纳入企业内控标准；其余企业按“紧急通知”要求，都对库存药材进行了检测，并将其纳入企业内控标准。全年全区完成中药材、中药饮片检品2703件，检出不合格品种1289件，不合格率为47.69%。

2005年，因药品市场存在天南星科植物鞭檐梨头尖（俗称水半夏）假冒中药材半夏的情况，国家食品药品监督管理局加强了对中药材半夏的监督管理。内蒙古自治区亦对辖区内的生产、经营、使用半夏的单位进行监督检验。

是年，在监督抽验中，中成药中非法添加化学药品专项抽验136批次，检出不合格药品2批次，不合格率1.47%；中药饮片专项抽验2396批次，检出不合格饮片1748批次，不合格率72.95%。

2010年，抽验中药材、中药饮片207批次，检出不合格药品91批次，检品的不合格率44.0%。中药材、中药饮片不合格率居高不下，其主要问题有：一是以次充好，掺杂掺假；二是以假充真；三是名称使用混乱；四是对药材购进验收把关不严，储存养护不符合条件，饮片无批号、无产地、虫蛀霉变现象严重。中成药中非法添加化学药品的问题严重，即中成药中擅自添加格列苯脲、枸橼酸西地那非等化学成分。

2011年，为加强对中药饮片生产、经营、使用的监督管理，内蒙古自治区食品药品监督管理局、内蒙古自治区卫生厅联合发布《内蒙古自治区中药饮片生产经营使用专项监督检查工作实施方案》，明确了监督检查的重点为中药饮片生产行为监管、中药饮片经营行为监管、中药饮片使用行为监管、中药饮片质量监督抽验。

2013年，根据国家食品药品监督管理总局《关于进一步加强中药质量管理的紧急通知》要求，针对中药产品存在的突出问题，内蒙古自治区食品药品监督管理局开展了对中药饮片、中药提取物及委托生产中成药生产过程的排查。全区共检查药品生产企业47家，其中，中成药生产企业32家，中药饮片生产企业15家。抽查库存中药材608批次，抽检中药材151批次；全区有10个中药前处理和提取委托事项，其中3个为集团内委托，未发现非法购买中药提取物或不按规定委托生产中药提取物的违法违规行为。中药材二氧化硫含量检测方法和限量标准质量检查情况：全区有3家企业在2011年标准公布后，即将二氧化硫限量检查纳入企业内控标准。

2015年，根据国家食品药品监督管理总局《关于进一步加强中药饮片生产经营监管的通知》和年初飞行检查通报（通告）中涉及的原药材和中药饮片市场存在的突出问题，内蒙古自治区食品药品监督管理局制定下发《2015年药品生产领域中药材中药饮片质量安全专项整治工作方案》，在全区范围内开展中药材和中药饮片质量安全专项整治行动。以飞行检查、监督抽验、跟踪检查、专项督查、暗访调查等多种方式，加大监管的频次和力度。全区中蒙药制剂生产企业、中药饮片生产企业和医疗机构制剂室监督检查覆盖率100%。其中，中蒙药制剂生产企业58家次，监督抽验85批次，警告2家次、责令整改2家次、立案查处2家次；中药饮片生产企业29家次，监督抽验57批次，责令整改1家、停产整顿1家、立案查处4家次、收回GMP证书1家；医疗机构制剂室99家次，监督抽验42批次，警告27家次、责令整改35家次、立案查处2家次。通过专项整治，深挖带有区域性、系统性和普遍性的药品安全隐患，规范了辖区内药品生产企业和医疗机构购买使用中蒙药材、中药饮片行为。

三、生物制品检验

1993年，卫生部颁发《生物制品管理规定》，明确了各类生物制品标准均由卫生部制定颁发，其他部门不得制定标准。各类医疗单位的制剂室不得配制生物制剂。还规定用于防治传染病的菌苗、疫苗一律由省、自治区、直辖市防疫部门统一向生产单位订货，其他任何单位和个人不得经营。内蒙古自治区生物制品生产企业较少，生物制品检验条件也比较薄弱。

2000年，根据全国药品抽验计划，中国药品生物制品检验所组织各省级药品检验所在全国范围内对药品生产经营使用部门的生物药品进行抽样检验。

2001年，由于“人用浓缩狂犬疫苗”预防接种免疫效果难以保证，且副作用大，疫苗稳定性也较差，已被“人用狂犬病纯化疫苗”所取代的情况，内蒙古自治区药品监督管理局组织各盟市对辖区内销售及使用的单位进行检查，对生产日期为2000年10月1日以后的“人用浓缩狂犬疫苗”按假药进行了查处。

2002年，全区药品监督检验中，生化药品不合格率为9.2%。

2003年，呼伦贝尔市、兴安盟、通辽市、赤峰市、呼和浩特市药品监督管理局按照国家药品监督管理局要求，对辖区内生产人免疫球蛋白等5种制剂的生产企业开展现场检查工作。因内蒙古自治区无人免疫球蛋白等制剂生产企业，只对8家利巴韦林无菌类制剂生产企业进行了检查。

2005年，内蒙古自治区食品药品监督管理局开始受理药品批发企业经营疫苗的许可工作。为做好疫苗质量和流通过程的监管工作，全区各级药品检验机构完善疫苗检验制度和检测设备，加强疫苗的监督管理和技术监督。

2008 年，江西发生静脉注射人免疫球蛋白后死亡的严重不良事件后，按照国家食品药品监督管理局部署，内蒙古自治区食品药品监督管理局暂停全区药品经营和使用单位标示为江西博雅生物制药有限公司生产的所有批号静脉注射人免疫球蛋白的销售、使用，对发现的有关药品采取登记和召回措施。

2009 年，为应对甲型 H1N1 流感，内蒙古自治区食品药品监督管理局转发国家食品药品监督管理局《关于加强甲型 H1N1 流感疫苗安全监管工作的通知》，加强全区对甲型 H1N1 流感疫苗的监测，确保疫苗使用安全。

2010 年，在国家食品药品监督管理局的指导下，内蒙古自治区食品药品监督管理局与有关部门配合，制定全区生物制药产业发展规划和扶持政策，把生物制药产业作为内蒙古自治区战略性新兴产业予以推进。请求国家食品药品监督管理局在新药审批、品种转移以及相关的认证中给予帮助指导。在坚持标准的条件下，加快审批速度，引导生物医药企业开发新产品，注重发展生物原料药产业的同时，配套引进其制剂产品，延长产业链，推动生物医药产业项目建设，扶持已经兴建的生物制药企业尽早投产。

2011 年，内蒙古自治区疾病预防控制中心承担疑似预防接种异常反应（AEFI）报告的接受、分析、汇总及上报工作。1—10 月，通过疑似预防接种异常反应信息管理系统统计，全区共报告 AEFI422 例，其中：一般反应 384 例，占病例总数的 91.00%；异常反应 31 例，占 7.35%，无严重异常反应发生。

2016 年，内蒙古自治区以国家一、二、三类制剂新药开发为重点，发展生化制药，加快中蒙药和生物制药产业化进程。采用先进适用的生物工程技术对中蒙药和生物制药进行技术改造，促进产品升级，巩固壮大民族药业优势。形成以呼和浩特市、包头市、鄂尔多斯市为主的生物制药及制剂生产基地；以赤峰市、通辽市、兴安盟为主的优势原料药、中蒙药制剂和生物制药生产基地，带动和辐射周边地区中药材种植基地发展。

四、化学药品检验

1992 年，内蒙古自治区医药管理局要求盟市医药管理局和直属厂集中力量抓好以下产品的质量检测：土霉素（呼和浩特市、赤峰市、呼伦贝尔盟）；大输液（包头市、乌海市、赤峰市、哲里木盟、呼伦贝尔盟）；粉针（呼和浩特市、哲里木盟、呼伦贝尔盟）；一次性输液器和一次性使用无菌注射器（针）（呼伦贝尔盟、伊克昭盟）。在查处假冒伪劣商品基础上，按国家统一部署进行一次普遍的质量大检查。以企业自查为主，不留死角，发现假冒伪劣产品立即封存，并报自治区医药管理局。

1993 年，内蒙古自治区医药管理局对全区实施 GMP 的重点企业的原料药、粉针和近年开发的主要新产品进行了监督抽查。抽查单位有赤峰制药厂等 9 个医药生产企业的 12 个品种共 33 批药品，其中：原料药 7 个品种 15 批，其他制剂 18 批。所抽样品经内蒙古医药产品质量监测中心检测质量均符合规定，合格率为 100%。

1999 年，全区化学制药工业企业达 23 个。

2000 年，在国家药品监督管理局查处第三季度药品抽验不合格药品中，涉及内蒙古自治区的有 2 个生产厂家生产的 2 个品种：包头市第三制药厂生产的吲哚美辛胶囊、内蒙古黄河制药厂生产的降糖宁胶囊。

是年，在国家药品监督管理局第四季度药品抽验中，涉及内蒙古自治区经营单位 1 家：内蒙古伊克昭盟医药分公司经营的诺氟沙星胶囊，该药品的生产单位是内蒙古东胜制药厂。使用单位涉及内蒙古自治区 6 家医疗单位：其中化学药有内蒙古呼伦贝尔盟中蒙医院使用的河南新乡中杰药业有限公司生产的诺氟沙星胶囊、内蒙古医学院附属医院使用的江西瑞祥制药有限公司生产的西咪替丁片、内蒙古呼伦贝尔盟医院使用的河北邯郸滏荣制药有限公司生产的吲哚美辛肠溶片；包头市中心医院使用的海南省海灵制药厂生产的注射用头孢拉定。内蒙古自治区药品监督管理局立即发出通知，要求对自治区生产、使用、经营劣药的单位，所在辖区药品监督行政主管部门或药政主管部门接到通知后，立即予以查处。

2002 年，完成了盐酸甲基麻黄碱等 9 个化学药品地标升国标品种质量标准的审核修订和 10 个品种的使用说明书复核任务，并上报国家药典委员会。完成了国家药典委员会交付的“萘普生”等 3 个品种有关物质检测方法的增、修订任务，作为中国药典 2000 年版增补本修订内容上报国家药典委员会。

是年，全区药品检验机构共完成检品 197 个品种 3129 批次。其中，化学药制剂 50 个品种 1341 批次，不合格的 46 个品种 105 批次，不合格率 7.8%；抗生素 16 个品种 367 批次，不合格的 8 个品种 19 批次，不合格率 5.2%。

2008 年，针对化工企业生产原料药，药品生产企业又使用化工企业生产的原料药直接生产药品，按照国家食品药品监督管理局的总体部署，内蒙古自治区食品药品监督管理局加强了对化学原料药的监管检测，会同自治区发改委、自治区经贸委等部门对全区化工企业生产原料药情况进行调查摸底，全面清查和杜绝化工原料用于药品生产的行为，进一步落实对化工企业生产原料药的监督检查，把化工企业生产的原料药纳入药品生产企业管理范围。

2009 年，根据国家食品药品监督管理局关于开展化学药品制剂生产企业原料药专项检查检测的通知，内蒙古自治区食品药品监管局对内蒙古自治区化学药品制剂生产企业原料药的购进和使用情况进行检查检测，全面检查内蒙古自治区化学药品制剂生产企业原料药的购进和使用情况，依法查处非法购进和使用原料药生产药品的违法行为。

从专项检查检测的情况看，化学制剂的年度抽验不合格率一直高于其他种类药物，化学制剂不合格的主要情况为：一是对一些市场占有率高、销售量大的品种进行假冒，盗用药品名称、批准文号和批号及包装、标签等；二是药品在运输和保管过程中长期处于高温、湿热环境下使药品吸潮，致使药品性状等发生变化。自治区药品监管部门对检查中发现的问题制定了相应的对策，采取措施解决了化学制剂年度抽验不合格率居高不下的问题。

2012 年，内蒙古自治区食品药品监督管理局封存、扣押了国家通报的 15 家药用胶囊生产企业生产的未使用空心胶囊 508 万粒和使用其空心胶囊生产的胶囊剂药品现货 1962.1 万粒，经抽验对不合格产品全部进行现场监督销毁。全年完成全区监督性抽验胶囊剂药品 458 批次，不合格 25 批次。完成全区胶囊剂药品生产企业生产的胶囊药品的全覆盖监督抽验，共抽验 91 批次，合格 85 批次，不合格 6 批次，涉及 4 家药品生产企业，并按时上报国家食品药品监督管理局。

五、医疗机构用药检验监测

（一）医疗机构用药监测

1958 年，卫生部发布了《综合医院编制、制度、工作人员职责》，明确规定了综合医院药剂科（药房）的工作制度、处方制度和毒麻药品的管理制度。

1964 年，卫生部下达《关于医院药剂工作若干规定（草案）》，比较系统地规定了医疗单位药剂科（药房）的任务、人员职责和各项制度。全区绝大部分医疗单位都按这一规定加强了药剂工作，保证了各项医疗工作任务的完成。

“文化大革命”中，全区医疗单位的药剂工作也受到干扰，但广大药剂人员依然坚守工作岗位，保证了处方调配和临床用药的安全，加强了对毒麻药品的管理。

1981 年 4 月 30 日，卫生部修订颁发的《医院药剂工作条例》，1985 年国家颁布的《中华人民共和国药品管理法》，对医疗单位的药剂管理都做了十分具体的规定。明确要求：各医疗单位药剂科必须配备与医疗任务相适应的药学技术人员，未经药学专业培训的人员不得从事药剂技术工作；必须具备符合要求的调剂、制剂以及药品检验的必要房间、设备和适于药品保管要求的仓储条件；必须有一套比较健全的科学管理制度，并且明确指出，医疗单位的药剂科是在院长领导下，直接面对病人的药学科学技术科室，其基本任务是：贯彻执行《中华人民共和国药品管理法》及有关药政法令条例，科学管理全院中（蒙）西药品，紧密结合医疗需要开展药剂科研与临床药学，为临床提供质量优良的中（蒙）西药品制剂，并有权检查、监督和指导本院各医疗科室正确合理使用药品。医院要设立药事管理委员会，由院长或副院长、药剂科主任和临床各科主任或副主任组成，其任务是研究医疗用药规律，审定用药品种和采购计划，指导合理用药，总结新药临床试验结果，监测药物副作用等。

20 世纪 80 年代后期，全区一些医院开展了临床药学处方用药情况调查。处方用药存在的问题有：处方中违反配伍禁忌，多种药并用却没有考虑相互间有无抵触作用、药物的毒副作用、过敏反应以及处方书写失误等差错的发生率在 15% 左右。为改变这种情况，内蒙古自治区各级卫生行政部门积极支持各医疗单位围绕临床合理用药开展有的放矢的学术交流活动。许多医院在举办各种临床合理用药学术讲座的同时，还编印出版了《临床药讯》《药物通讯》等旨在指导临床合理用药的刊物。

内蒙古药学会在内蒙古自治区卫生厅的支持下，于 1982 年组织全区有关医院的 19 名主管药师以上的专业人员，分赴全国 11 个省市 40 家医院、医学院，学习考察开展临床药学、坚持合理用药的经验，并面向全区旗县以上医院印发了《临床药学考察报告》。

1982 年、1984 年，内蒙古自治区卫生厅先后举办两期临床药学培训班，来自全区 90 多名药师以上专业人员参加了培训。

从 1983 年起，全区许多医院都设立了临床药学小组和资料室，并安排药师参加查房会诊及疑难病症用药安全研讨。

1984 年，内蒙古自治区医院、包头市第二人民医院、伊克昭盟医院等许多医院多次通过处方展览的形式，促进和加强对临床用药的检验监测。

1985 年，内蒙古自治区卫生厅下发了《关于制定全区医疗单位〈基本药物目录〉加强药品管理的通知》。通知规定：各医疗单位应成立药事委员会。根据本单位的科室设置及医疗需要，确定本院的《基本药物目录》。药剂科应按《基本药物目录》所列品种采购药品，如需《目录》以外的药品，经临床科室主任提出，经主管院长批准，可作一次性购药。如需增补《目录》品种，应经药事委员会审定。

1986 年，内蒙古自治区医院、内蒙古医学院附属医院还逐步开展了对部分药品的血药浓度的监测。

2011 年，成立临床药师质量控制中心，对医疗机构合理使用药物进行监测，确定内蒙古医院等 10 家医院作为医疗机构合理用药监测单位。组织有关专家对赤峰市等 7 个盟市 36 家卫生行政部门和医疗机构的病原微生物实验室生物安全备案情况进行专项检查监测评估，做好“超级细菌”的应对工作，更好地促进合理使用抗菌药物。

（二）医疗单位制剂检验监测

1981 年，内蒙古自治区药品检验所抽检医院制剂 329 批次，通过检验结果发现不合格率高达

39%。为此，自治区卫生厅于1982年对全区医疗单位的制剂进行了一次全面整顿。整顿前全区医疗单位有制剂室143个，经过整顿和检查验收，为83个符合条件的制剂室颁发了“医疗单位制剂许可证”，对其余未经核准的制剂室，一律责令其停止制剂配制生产。

1983年，内蒙古自治区卫生厅在广泛征集意见的基础上，制订和发布了《医院制剂规范》，作为医疗单位制剂生产和检验的依据。其中，收载中药制剂8类87个品种，西药制剂21类158个品种。1984年，内蒙古自治区卫生厅开展了创建文明医院活动，全区多数医院建立健全了药事委员会，制定了必备药品的“基本药物目录”。

1985年，按照《中华人民共和国药品管理法》的有关规定，内蒙古自治区卫生厅制定了《医疗单位制剂室验收细则》，并部署督促有关医疗单位对本院的制剂室进行改造。这一年全区有46所医院新建、改建了制剂室，建立或充实了药检室，补充了药检仪器设备，总投资316万多元，并对没有制剂许可证而擅自从事制剂生产的满洲里铁路医院给予了行政处罚和通报。同年，全区核发“医疗单位制剂许可证”139个。

1990年，全区核发“医疗单位制剂许可证”202个。

1995年，领到核发医疗单位制剂许可证的225个制剂室中，有灭菌制剂室89个，普通制剂室50个，蒙药制剂室86个。

2000年12月18日，根据《中华人民共和国药品管理法》及其实施办法的规定，为加强内蒙古自治区医疗机构制剂室的监督管理，保证制剂质量，保障公众用药安全有效，内蒙古自治区药品监督管理局发布《内蒙古自治区医疗机构制剂室管理办法（试行）》。

2001年，全区开展“医疗机构制剂许可证”换证工作，自2001年12月1日起，凡未取得新换发“医疗机构制剂许可证”的不得配制制剂，已取得的医疗机构按照《医疗机构制剂配制质量管理规范》要求配制制剂。

2002年，针对内蒙古自治区医疗机构药品和制剂中存在的问题，特别是一些医疗机构所使用制剂的质量问题、医疗机构自配制剂对外销售和未经批准擅自配制制剂等问题，全区集中开展了对医疗机构使用药剂的专项监督检查活动。重点检查基层医疗机构（县级及县以下综合医院、卫生院、门诊部、诊所）及各种专科特色门诊部、诊所使用的药品和制剂质量及使用情况。以监督检查为主，必要时进行抽查检验，对监督检查和抽查检验中发现的违法行为，按照案件查处属地原则依法处理。

2006年，基于对2001年开始的全区医疗机构制剂配制情况的摸底检查，自治区食品药品监督管理局决定对现有制剂进行全面清理整顿。通过整顿，重新核发批准文号，淘汰不符合现行规定或处方不合理、疗效不确切、不良反应大、质量不可控的制剂品种；清理同方异名、同名异方品种；规范制剂名称；对符合规定的制剂品种重新核发批准文号。

2008年，全区开展医疗机构制剂品种整顿工作。共有制剂7100多个，其中蒙药制剂5800个，受理整顿申请4500个。

2013年，印发《内蒙古自治区食品药品监督管理局医疗机构制剂注册批件式样》，便于医疗机构注册制剂室工作。

2014年，按照《医疗机构制剂注册管理办法》有关规定，内蒙古自治区食品药品监督管理局对部分医疗机构制剂整顿品种组织开展技术审评。技术审评制剂品种的范围包括：一是含毒性药材蒙药制剂（依据《内蒙古自治区医疗机构蒙药制剂毒性药材名单》）；二是依据《中国医院制剂规范》（第二版）和《内蒙古自治区医院药物制剂规范》配制的制剂（市场上没有供应的）；三是医疗机构自立标准的制剂。经过技术审评后核发新的制剂批准文号，未通过技术审评的品种不予换发制剂批准文号。

是年，内蒙古自治区食品药品监督管理局对医疗机构制剂配制行为的合法性、规范性与符合性进行专项检查。对全区医疗机构制剂室现场检查216家次，检查覆盖率100%。检查中发现违法违规配制制剂26家，责令限期整改25家，立案查处4家。医院制剂不合格率较高的主要原因是，制剂生产环境差、工艺落后，中蒙药材净化处理、消毒处理不符合规定等，造成微生物限度等指标不符合要求。

第五章　特殊药品监督管理

第一节　麻醉药品监督管理

一、麻醉药品供应与经营

1950 年 11 月，卫生部报经政务院核准发布了《麻醉药品管理条例》及其《实施细则》。《麻醉药品管理条例》明确规定，由政府指令专门药厂负责麻醉药品的生产，指定由中国医药公司负责麻醉药品的供应工作，其他任何机构或个人均不得私自种植、制造和贩卖，违者将依法受到严惩。

内蒙古自治区在认真清理和登记医疗机构、个体开业医生及中西药店的麻醉药品的基础上，按照《麻醉药品管理条例》的规定，确定了全区的麻醉药品供应点，核准了 52 个允许购用麻醉药品的医疗单位。

1963 年，内蒙古自治区卫生厅、内蒙古自治区药政管理局制定《内蒙古自治区对合作药店药贩管理试行办法》，明确经营药品的合作药店不得经营麻醉药品。除麻醉药品经营点外，其他国营医药供应部门也不准经营。

1966 年，内蒙古自治区公交委轻工化工局、内蒙古自治区财政委员会商业局、内蒙古自治区文化委员会卫生局联合转发中央三部联合下发的《关于麻醉药品供应和使用问题的通知及几项补充规定》，结合内蒙古自治区的具体情况，提出麻醉药品供应点除原中共中央指定的呼和浩特市、通辽市两个经营点外，根据农村卫生工作开展的实际需要，经请示中华人民共和国卫生部同意，再增设 5 个供应点，即包头市、集宁市、乌兰浩特市、赤峰市和锡林郭勒盟驻张家口医药站二级站为麻醉药品供应点。各经营点对麻醉药品必须按规定加强管理，按批准的限量严格控制供应，严防流弊，指定专人负责设专库或专柜加锁，单独保管，管理人员如因事离开时，接管手续要清楚，并造册备查。

经内蒙古自治区卫生厅正式审批的所有使用麻醉药品的单位，其“购用麻醉药品印鉴片”继续有效，由原供应点负责转交给新增设经营单位作为供应依据，使用单位的审批手续仍按中共中央三部《关于加强麻醉药品管理严防流弊的联合通知及几项补充规定》精神办理，需要新增加使用单位时，各级卫生行政部门严格审查后，报内蒙古自治区卫生厅审批。对具有一定临床经验并能正确掌握使用麻醉药品的医生，根据实际情况，由当地卫生行政部门负责审批，但必须防止范围放得过宽。对个体开业医生一律不准供应。

1973年，内蒙古自治区经过核准购用麻醉药品的医疗单位381个。在各盟市普遍开展检查的基础上，内蒙古自治区革命委员会从卫生、商业（医药公司）、公安等部门抽调人员共同组成的联合检查组，对43个供应和使用麻醉药品的单位进行了一次检查。检查结果发现，大多数单位对麻醉药品的管理是严格的，基本做到了“五专”（专人负责、专柜加锁、专用账册、专册登记、专用处方），但也查出了一些单位存在和发生过的严重问题，对存在和发生过严重问题的地区和单位责令限期整改。

1987年年底，全区设麻醉药品供应点12个，各盟市卫生处（局）核准购用麻醉药品的医疗单位1468个。

1997年，《麻醉药品生产管理办法》规定，麻醉药品由卫生部、国家医药管理局共同指定的单位收购、调拨与供应，产销双方按国家下达的计划签订合同，并严格执行。种植单位与生产单位不得自行向非指定单位销售麻醉药品的原植物和生产成品。从事麻醉药品生产的单位，必须由所在地省、自治区、直辖市卫生厅（局）、医药管理部门联合申请，经卫生部会同国家医药管理局审查批准，未经批准的单位不得从事麻醉药品的生产。种植麻醉药品原植物的单位，必须经卫生部会同农业部、国家医药管理局审查批准，并抄报公安部。凡新建或技术改造麻醉药品的生产厂、生产车间必须符合GMP标准和麻醉药品生产安全管理特殊要求。

是年，卫生部、国家医药管理局完成对麻醉药品供应中转站和二级供应站的调整工作。

2000年，国家加强对医疗机构麻醉药品、一类精神药品的供应管理。为稳妥进行麻醉药品经营体制改革，国家药品监督管理局开展麻醉药品经营体制调研工作。国家麻醉药品经营体制改革对于保障医疗需求，防止流入非法渠道起到积极作用。但也存在经营环节多、供货渠道不畅，有时甚至硬性搭销普通药品等问题，此外麻醉药品丢失、被盗现象也时有发生。为此，国家药品监督管理局决定从2001年年初至2002年6月30日，在换发“药品经营企业许可证”工作的基础上，对二级麻醉药品经营单位重新进行验收和调整。验收调整的基本原则是：增加二级麻醉药品经营单位，减少三级麻醉药品经营单位，引入竞争机制，改善工作环境，方便和满足麻醉药品医疗使用。

2002年，国家药品监督管理局对麻醉药品经营企业进行调整，并公布全国二级麻醉药品经营企业名单，其中内蒙古自治区13个。即：赤峰医药集团公司东蒙麻醉药品采购供应站、内蒙古自治区呼和浩特医药分公司、包头医药分公司医药采购供应站、内蒙古自治区临河市医药公司、通辽市医药公司、内蒙古自治区驻张家口医药采购供应站、鄂尔多斯市亿利医药有限责任公司、乌兰浩特医药药材采购供应站、内蒙古自治区扎兰屯药业公司、内蒙古自治区海拉尔市医药药材公司、乌海市新华药业有限责任公司、乌兰察布盟医药总公司中蒙药站、内蒙古自治区阿拉善左旗医药总公司。

2003年，内蒙古自治区药品监督管理局对全区罂粟壳经营单位资格进行认定，盟市及旗县罂粟壳经营单位各认定1家，分别承担各所在辖区罂粟壳批发业务。

2004年，内蒙古驻张家口医药有限公司因无法正常经营，无法保证对锡林郭勒盟南部地区医疗机构麻醉药品、精神药品的及时供应，内蒙古自治区食品药品监督管理局取消了其麻醉药品、精神药品的经营资格。

2005年，国家食品药品监督管理局先后制定《麻醉药品和精神药品经营管理办法（试行）》《麻醉药品和精神药品生产管理办法（试行）》，对麻醉药品和精神药品实行定点经营制度；按照合理布局、总量控制的原则通过公平竞争确定麻醉药品和精神药品定点生产企业。

2006年，开展了对特殊管理的药品经营资格重新审批、麻黄素和第二类精神药品制剂定点生产企业资格重新认定工作。

2007 年，批准呼和浩特市福瑞药业有限责任公司等 17 家企业为内蒙古自治区区域性麻醉药品和第一类精神药品定点批发企业，承担其所在盟市的供药责任。批准内蒙古祥源药业有限公司等 41 家企业为经营二类精神药品的定点批发企业。

2009 年，内蒙古自治区食品药品监督管理局结合全区换发“药品经营许可证”，制定《内蒙古自治区麻醉药品和第一类精神药品批发企业验收检查标准（试行）》，对全区药品批发企业经营特殊药品提出更为严格的要求。

2013 年，内蒙古自治区食品药品监督管理局对麻醉药品和第一类精神药品区域性批发企业布局进行调整，结合各盟市上报情况，重新确定呼和浩特市福瑞药业有限责任公司等 14 家企业入围区域性麻醉药品和第一类精神药品定点批发企业名单。

二、麻醉药品监督管理

内蒙古自治区成立前，内蒙古东部的呼伦贝尔、兴安盟、赤峰等部分地区和绥远省（内蒙古西部）部分地区曾私自种植鸦片，吸毒贩毒者甚多。

1949 年，东北、华北人民政府发布了厉行禁烟禁毒的号召，强调严禁私种罂粟，严禁烟毒的制造、买卖及贩运。

1950 年，周恩来总理和政务院分别发表和颁布了《关于严禁鸦片烟毒的通令》和《关于麻醉药品临时登记处理办法的通令》。内蒙古自治区大张旗鼓地开展禁烟禁毒活动，全区各级卫生部门在及时配制戒烟药品的同时，抽调医疗卫生人员在公安、司法等部门配合下开展了声势浩大的戒烟活动。

在举行多次大规模检查督促的同时，内蒙古自治区人民政府、绥远省人民政府制定了一系列戒烟戒毒的政策措施。采取的戒烟戒毒和加强麻醉药品管理的主要措施和行动有：政府法令和宣传教育相结合，动员广大人民群众积极参与；公安、司法、卫生等部门严格缉私、收缴、烧毁鸦片，严惩毒犯及贩卖、倒卖麻醉药品者；严禁种植罂粟，结合土地改革，改罂粟田为良田；对成瘾者实行强制戒毒。医疗卫生部门逐步建立健全了麻醉药品管理制度。

1963 年，内蒙古自治区药政管理部门在商业、公安等有关部门的配合下，对全区供应和购用麻醉药品的单位进行了一次彻底的检查整顿，重新审查核准了 199 个医疗单位的“购用麻醉药品印鉴片”。检查结果表明，大部分医疗卫生单位对麻醉药品的管理是重视的。有专人负责，用专柜加锁保存，对医生开具麻醉药品的处方权进行了限定，基本上做到了麻醉药品的合理使用。同时，也发现个别医务人员滥开麻醉药品，导致个别人滥用成瘾等现象。卫生行政部门对发现的问题立即进行整改，并对当事人做了严肃处理。

1973 年，结合贯彻落实国务院《关于严禁私种罂粟和贩卖、吸食鸦片等毒品的通知》文件，内蒙古自治区卫生局会同商业（医药公司）、公安等部门对全区购用麻醉药品的情况进行了检查和整顿。

1979 年，为贯彻落实 1978 年 9 月国务院重新修订并颁发的《麻醉药品管理条例》和卫生部 1979 年制定的《麻醉药品管理条例实施细则》，内蒙古自治区医药管理局和内蒙古自治区卫生部门对全区购用麻醉药品的单位又进行了一次整顿。重新审批更换了“购用麻醉药品印鉴片”，核定了限量等级。到 1980 年年底，全区核准购用麻醉药品的医疗单位由 1973 年时的 381 个增加到了 1177 个。

从 1980 年起，全区实行晚期癌症患者使用麻醉药品的专用卡制度，患者凭旗县以上医院确诊的晚期癌症诊断书，经当地卫生行政部门核发专用卡后，可到指定的医疗单位用药。

1982 年，国家医药管理局、卫生部联合下发《麻醉药品生产管理办法（试行）》，加强了麻醉药品生产管理工作，保证了正常医疗的需要。

1985 年，中国加入联合国《1961 年麻醉品单一公约》。

1987 年 8 月 29 日，卫生部通知罂粟碱、阿扑吗啡和烯丙吗啡不再列入麻醉药品管理范围，所有医疗单位均可使用，其在医疗使用中均按普通药品处方供应。

1989 年，全国人大常委会批准中国加入联合国《禁止非法贩运麻醉药品和精神药物公约》。

1992 年至 1993 年上半年，全区共举办了各种类型的戒毒班（所）45 期，对 2788 名吸毒人员实行了强制戒毒，对 247 名吸毒人员实行了劳教戒毒。

1992 年 8 月，附设在内蒙古精神卫生中心的内蒙古自治区药物依赖康复研究中心成立。该中心的任务是宣传心理卫生知识，及时发现药瘾、酒精依赖者并给予有效治疗。该中心设立床位 30 张。

1996 年，内蒙古自治区医药管理部门和卫生部门在完善麻醉药品生产管理办法等方面做了大量工作，制定了相应的措施，使麻醉药品得到有效管理。

1997 年，针对麻醉药品管理工作出现的一些新情况、新问题，国家医药管理局、卫生部对 1982 年发布的《麻醉药品生产管理办法（试行）》进行了修改，并经全国专项药品管理工作会议讨论通过了《麻醉药品生产管理办法》。《办法》规定，麻醉药品的生产要在国家统一规划下，合理布局，统一计划，定点生产。

1999 年 4 月 12 日，以国家药品监督管理局令第 11 号发布《戒毒药品管理办法》，自 1999 年 8 月 1 日起实施。

是年，为满足癌痛患者对镇痛药的合理需求，国家药品监督管理局发出《关于癌痛治疗使用麻醉药品有关问题的通知》，规定癌症患者因疼痛需用麻醉药品时可按规定向当地药政管理部门申领“麻醉药品专用卡”。

2000 年，在内蒙古自治区药品监管体制改革中，原由内蒙古自治区卫生部门和医药管理部门承担的特殊药品的监管职能划转给新成立的内蒙古自治区药品监督管理局。同年，内蒙古自治区药品监督管理局下发《关于进一步加强麻醉药品管理工作的通知》，要求将麻醉药品的管理纳入禁毒工作中。

是年，内蒙古自治区药品监督管理局协助国家麻醉药品管理局对通辽市麻黄素生产企业进行抽查，配合内蒙古自治区公安厅对伊克昭盟 2 个麻黄素生产企业经营情况进行现场检查。

2001 年，按照国家药品监督管理局和内蒙古自治区禁毒领导小组的要求和总体部署，内蒙古自治区药品监督管理局组织各盟市药品监督管理局对中药生产企业及医疗机构使用罂粟壳进行了清查，对违规行为进行了查处。

2002 年，按照国家药品监督管理局的要求，内蒙古自治区药品监督管理局对内蒙古自治区药物滥用监测站进行复核验收，协助国家药物滥用监测中心对内蒙古自治区药物滥用监测情况进行实地调研；按规定程序核发麻黄素、咖啡因购用证明；统一印发“癌症病人使用麻醉药品专用卡”，制定因地制宜的监管措施，既保证癌症患者的医疗需要，又打击非法套购行为；配合全国禁毒严打整治专项斗争，组织了全区麻醉、精神药品专项检查。

2004 年，按照国家食品药品监督管理局、卫生部《医疗机构麻醉药品、第一类精神药品管理规定（暂行）》要求，内蒙古自治区食品药品监督管理局、卫生厅共同制定了《内蒙古自治区医疗机构麻醉药品、第一类精神药品使用管理专项检查方案》，组织各盟市对医疗机构麻醉、精神药品使用情况进行一次联合专项检查，检查重点是县级（含县级）以下使用麻醉、精神药品的基层医疗机构，对县级以上医疗机构根据日常监管情况进行抽查。此次专项检查，做到三个结合，即加强麻醉、精神药品监管与加强医疗机构自律相结合，加强政策宣传、转变用药观念与扩大医疗使用相结合，规范临床用药与调整盐酸哌替啶（杜冷丁）不合理用药结构相结合。

2005年，《麻醉药品和精神药品管理条例》颁布实施。对医药管理机构和卫生行政管理部门在麻醉药品和精神药品监管职能方面做了调整。按照《麻醉药品和精神药品管理条例》的有关规定，内蒙古自治区食品药品监督管理局与内蒙古自治区卫生厅就麻醉药品、第一类精神药品监管工作进行了交接。从2005年10月1日起，医疗机构需要使用麻醉药品和第一类精神药品的，要经所在地盟市卫生行政部门批准，取得麻醉药品、第一类精神药品购用印鉴卡。药品监督管理部门负责对麻醉药品和第一类精神药品的研究、生产、经营、使用、储存、运输活动进行监督检查。内蒙古自治区药品监督管理局2000年印制的麻醉药品、第一类精神药品购用印鉴卡、2002年印制的麻醉药品专用卡自2005年12月1日起停止使用。各盟市、旗县食品药品监督管理局将发放印鉴卡的详细情况登记造册移交卫生行政部门。

从2006年4月15日起，内蒙古自治区食品药品监督管理局正式启动特殊药品监控信息网络系统，对全区凡涉及特殊药品单位的麻醉药品和精神药品的生产、进货、销售、库存、使用数量以及流向实现全面网络化及动态监控，并与同级公安机关、卫生部门做到信息共享，最终达到对特殊药品监控到一针、一片的目标。当年有8个盟市相继投入使用。

2006年，为加强特殊药品的安全监管，有效预防和及时控制特殊药品在运输、储存、销售和使用等环节中安全事故的危害，内蒙古自治区食品药品监督管理局制定了《内蒙古自治区特殊药品突发重大安全事故应急预案》。同年成立由内蒙古自治区卫生厅、公安厅、食品药品监督管理局及相关卫生技术部门组成的内蒙古自治区滥用阿片类物质成瘾者社区药物维持治疗工作组，秘书处设在内蒙古自治区疾病预防控制中心。

2007年，内蒙古自治区食品药品监督管理局组织检查小组，对4家麻醉药品和第一类精神药品区域性批发企业就执行有关法律法规情况进行了全面检查，未发现重大违法违规行为，但仍存在一些管理不规范现象。

是年，内蒙古自治区食品药品监督管理局印发《内蒙古自治区特殊药品重点监管管理办法》，监管对象为：各盟市的区域性麻醉药品等特殊药品制剂生产企业。对高风险药品生产企业实行批签发负责人制度。

2008年，内蒙古自治区特殊药品网上监管平台建成，网络成员单位894户，14家区域性麻醉药品批发企业和41家二类精神药品批发企业等其他特殊药品企业实现入网并报送数据。

是年，内蒙古自治区为深化艾滋病防控措施，做好滥用阿片类物质成瘾者社区美沙酮维持治疗门诊的管理和技术制定工作，内蒙古自治区卫生厅和内蒙古自治区食品药品监督管理局等相关部门成立了内蒙古自治区滥用阿片类物质成瘾者社区美沙酮维持治疗工作组和技术指导组，具体开展技术指导工作。

2010年，对企业麻醉药品和精神药品原料药购进、储存、使用和安全管理情况进行检查，其中对含可待因复方口服溶液等生产企业，重点检查企业相关药品销售专人专责、购买方资质审核、票据及资金管理、跟踪核实药品到货情况等进行现场检查，根据企业销售记录，按30%～50%的比例，跟踪检查产品的销售流向。

2011年，为防止美沙酮口服液外流，内蒙古自治区卫生厅、公安厅、食品药品监督管理局联合发文要求各盟市对本地区门诊是否存在美沙酮口服液外流、门诊制度不健全、责任不明确、药物使用不按规定执行、行政管理和内部监管不到位等问题进行自查。内蒙古自治区社区药物维持治疗工作组在各地督查的基础上，对全区所有门诊（包括在建门诊）进行全面督导检查，对维持治疗工作的组织机构、制度建设、规范管理等情况进行全面检查，并将结果进行通报表扬或批评。

2012年，内蒙古自治区卫生厅下发《关于进一步加强麻醉药品和精神药品使用管理的通知》。

是年，内蒙古自治区食品药品监督管理局监督检查含麻黄碱类复方制剂生产企业 16 家，监督检查 49 次；麻醉药品和第一类精神药品经营企业 14 家，监督检查 35 次，未发现流弊和非法销售的现象。

2013 年，按照内蒙古自治区禁毒委员会《关于建立自治区禁毒委员会工作小组的通知》精神，内蒙古自治区食品药品监督管理局成立了麻醉药品和精神药品管理工作小组，并召开联席会议，研究部署麻醉药品和精神药品管理工作。同年，自治区麻醉药品和精神药品管理工作小组被自治区禁毒委员会评为 2013 年禁毒工作先进单位。

2016 年，内蒙古自治区食品药品监督管理局按照《内蒙古自治区特殊药品日常监管工作制度（试行)》和《药品流通环节标准化日常监管检查指南（试行)》的规定，对特殊药品经营企业进行了抽查，对抽查中发现的部分企业在特殊药品经营过程中存在的问题予以查处并通报。

第二节　麻黄素监督管理

内蒙古自治区是全国生产天然麻黄素的主要省区。20 世纪 90 年代全区共有 6 家麻黄素生产企业，3 家草酸麻黄素等粗品生产企业，产量占全国麻黄素产量的 40% 以上，在全国具有举足轻重的地位。

1992 年，国家医药管理局制定了《麻黄素管理暂行规定》。1995 年，国家医药管理局又将暂行规定修订为《麻黄素管理规定》。

1992 年，国家破获两起从内蒙古购入麻黄素加工“冰毒”案件，查出内蒙古自治区麻黄素生产企业向无购用证明单位供应麻黄素的情况比较普遍。针对上述麻黄素生产、经营过程中存在的严重问题，内蒙古自治区医药管理局协同自治区公安禁毒部门，对全区麻黄素生产、经营企业执行《麻黄素暂行管理规定》情况进行了一次全面检查，对向无购用证明单位供应麻黄素的企业进行经济制裁。规定凡从自治区麻黄素生产、经营企业购买麻黄素的单位，必须持当地省、自治区、直辖市及计划单列市医药管理局（总公司）核发的麻黄素（出口）购用证明，到内蒙古自治区医药管理局换发麻黄素（出口）购用证明；自治区内购买麻黄素的单位，直接到内蒙古自治区医药管理局办理麻黄素（出口）购用证明。各麻黄素生产、经营企业必须严格执行《麻黄素管理暂行规定》及内蒙古自治区医药管理局规定，违者追究企业法人的法律责任。凡拟出口到美国的麻黄素碱和伪麻黄素碱，必须持有美国缉毒署准许进口批件，或经全国禁毒工作领导小组办公室与美国缉毒署联系确认，内蒙古自治区医药管理局方可办理麻黄素（出口）购用证明。

1994 年 9 月，内蒙古自治区医药管理局发出通知，要求在麻黄草成熟收购季节，加强麻黄草收购管理工作。要求各地将本地的麻黄草资源牢牢掌握在国有医药主渠道手中，制止和打击掠夺性采割、掺假抬价、抢购外流等现象，坚持由医药主管部门统一收购、统一经营、统一管理。在加强管理的同时，切实搞好收购服务工作。

1995 年 8 月 31—9 月 1 日，内蒙古自治区麻黄素管理工作会议召开，会议传达国家医药管理局于 7 月 13 日颁布的《麻黄素管理规定》，并讨论内蒙古自治区医药管理局制定的《实施办法》。衔接了麻黄草收购价格，初步确定锡林郭勒盟以西收购价为 0.5 元/公斤，锡林郭勒盟以东收购价为 0.4 元/公斤；讨论制定了麻黄素 1996 年生产计划。各生产经营企业交流了麻黄素生产经营情况，此次麻黄素管理工作会议是内蒙古医药行业统一管理以来的第一次会议。

自 1997 年 1 月 1 日起，国家医药管理局、卫生部将麻黄素原料列为一类精神药品进行管理。

是年 4 月，内蒙古自治区医药管理局根据全国禁毒工作会议暨全区禁毒工作领导小组会议精神，结合内蒙古自治区医药企业的实际，制定《加强麻黄素管理的意见》。《意见》提出：(1) 在国家没有出台新的管理办法前，仍继续严格执行国家医药管理局《麻黄素管理办法》及内蒙古自治区医药管理局制定的《麻黄素管理办法实施细则》。(2) 麻黄素销售结算方式，原则上要求以支票结算，对于少量购用单位，又是信得过的老客户，可以现金结算，但要严格控制购买数量。(3) 内蒙古自治区以外的省、自治区、直辖市在内蒙古自治区购买麻黄素，供货单位需在当地禁毒办同时验证，审查无误后方可销售，并报内蒙古自治区禁毒办、内蒙古自治区医药管理局及内蒙古自治区卫生厅备案。(4) 各定点生产、经营企业加强企业内部管理，建立层层岗位责任制，指定专人进行管理，建立健全完备的基础档案，制定车间入库、仓库储存、销售等环节的管理规章。(5) 严格执行麻黄素购销增值税发票审核制度。(6) 制剂生产企业申请购买麻黄素，必须指定专人办理，并提供卫生行政管理部门批准生产含麻黄素制剂的批文复印件，上次购买麻黄素的使用说明，上次购买麻黄素增值税发票复印件、介绍信和身份证复印件。生产后剩余的尾料要严格保管，不得自行销售，确需销售的交由内蒙古自治区定点经营企业办理。(7) 根据《内蒙古自治区禁毒条例》第15条规定，为了严加管理，对麻黄素粗品的购销也同样实行购用证制度。(8) 内蒙古医药管理局刻制专用印章，以利于使用和管理。

1999年8月1日，国务院公布了此前由国家药品监督管理局局务会审议通过的《麻黄素管理办法(试行)》，即日起实施。该《办法》明确规定了麻黄素单方制剂的经营渠道。公布了《麻黄素原料药以及麻黄浸膏、麻黄浸膏粉定点生产企业名单》及《麻黄素定点经营企业名单》。为防止过度采掘日趋枯竭的麻黄草，名单公布后，不再审批新的以麻黄草为原料的麻黄素生产项目，已被批准研究以合成工艺生产麻黄素的企业加快研制工作，争取尽快进入中试和规模生产，以合成麻黄素成本较低的优势，逐步淘汰以麻黄草为原料的麻黄素生产企业。在定点经营企业方面，鉴于内蒙古自治区东西部特定地理环境和交通不便的状况，内蒙古自治区设立了2个麻黄素定点经营企业，其中内蒙古自治区医药物资供销公司负责西部地区麻黄素原料药的供应，赤峰医药集团负责东部地区麻黄素原料药的供应。全区麻黄素原料药、麻黄浸膏、麻黄浸膏粉定点生产企业名单如下。

1999年内蒙古自治区麻黄素原料药、麻黄浸膏、麻黄浸膏粉定点生产企业名单

表3-6

序号	定点企业名单	定点生产品种	备注
1	赤峰制药厂	盐酸麻黄碱 盐酸伪麻黄碱 麻黄浸膏 麻黄浸膏粉	合成麻黄素研制单位
2	通辽制药厂	盐酸麻黄碱 盐酸伪麻黄碱	——
3	内蒙古开鲁县制药厂	盐酸麻黄碱 盐酸伪麻黄碱 麻黄浸膏 麻黄浸膏粉	——
4	赤峰市天山制药厂	盐酸麻黄碱 盐酸伪麻黄碱 麻黄浸膏粉	原赤峰制药厂阿鲁科尔沁旗分厂

2000 年，原内蒙古自治区医药公司（内蒙古自治区医药管理局）承担的行业管理职能划入内蒙古自治区经贸委，对口国家行业主管部门为国家经贸委医药司。

是年，国家要求加强对甘草、麻黄草等药用资源的严格管理，对甘草、麻黄草等实行专营许可证管理制度。为此，内蒙古自治区经贸委于 2001 年制定《内蒙古自治区甘草、麻黄草专营、许可证管理暂行办法》。内蒙古自治区经贸委负责自治区甘草、麻黄草人工种植基地的规划建设。禁止新建以野生甘草和麻黄草作为原料的提出物生产加工企业，对没有按照有关规定审批开办以及技术和质量水平低、生产规模小、耗能高、污染严重的甘草和麻黄草制品生产和经营企业坚决予以关闭。该办法下发后，引起了医药管理部门和基层企业的误解，在工作中造成一定的混乱。具体问题有：（1）将甘草、麻黄草监督管理部门排斥于管理部门之外。（2）甘草、麻黄草“收购许可证”“准运证”由经贸委发放后出现一些问题。原“准运证”的发放工作一直是由内蒙古自治区医药管理局统一管理，医药管理部门具体承办，该办法下发后，给“准运证”发放工作造成一定的混乱。（3）对中药材（含甘草、麻黄草）购销活动中违法违规行为的查处，执法主体是内蒙古自治区药品监督管理局，在该《办法》中没有体现。

是年，按照国家药品监督管理局部署，在全区开展了打击冰毒犯罪和加强易制毒化学品管理专项整治行动。整治的重点是全区麻黄素及其单方制剂定点生产、经营（出口）企业，强化麻黄素生产、经营企业的仓储设施及安全管理制度的执行；检查销售环节，按照国家药品监督管理局《关于进一步加强麻黄素单方制剂监督管理工作的通知》要求，购买麻黄素单方制剂必须提交由国家药品监督管理局审核发放的麻黄素单方制剂购销凭证，重点检查麻黄素购用证明，麻黄素出口购用证明，麻黄素单方制剂购销凭证的执行情况，加强对麻黄素单方制剂的生产、销售、使用的监管。

截至 2003 年 9 月底，全区 7 家麻黄素生产企业库存麻黄素 183 吨，麻黄浸膏粉 517 吨，库存积压严重，给日常监管带来很大压力。为此，内蒙古自治区药品监督管理局要求鄂尔多斯市、赤峰市、通辽市、呼和浩特市药品监督管理局立即对本行政辖区内的麻黄素生产和定点经营企业进行监督检查。

2004 年 12 月 1 日，内蒙古通辽制药股份有限公司发生了麻黄素被盗事件，丢失左旋麻黄素 200 公斤。该事件发生后，内蒙古自治区食品药品监督管理局立即开展对麻黄素生产企业仓储情况的专项检查，检查重点是库房防盗设施、报警设施与 110 联网的落实情况、安全保障措施的有效性等一切涉及库房安全方面的防范措施，及时消除各种安全隐患。

2005 年，国家食品药品监督管理局决定对特殊药品和血液制品生产企业实施重点监管。国家食品药品监督管理局在内蒙古自治区的重点监管对象有 3 家企业：内蒙古赤峰艾克制药科技股份有限公司、内蒙古开鲁兴利制药有限责任公司、内蒙古鄂尔多斯市金驼药业有限责任公司；内蒙古自治区重点监管对象为：区内麻黄素生产企业、使用咖啡因等特殊药品原料药的制剂生产企业和各盟市的二级麻醉药品、一类精神药品、医疗用毒性药品、罂粟壳批发经营企业（包括二级麻醉药品中转站），以及供应原料血浆的血站。

2006 年，内蒙古自治区食品药品监督管理局对 7 家麻黄素生产企业进行跟踪检查。

2007 年，内蒙古自治区食品药品监督管理局组成两个检查小组，分别对东西部地区共 5 家麻黄素定点生产企业、5 家使用特殊药品原料药（咖啡因，苯巴比妥、阿片酊、麻黄素）的制剂生产企业和其他有关生产企业就执行有关法律法规情况进行了全面检查，未发现重大违法违规行为，但是仍存在一些管理不规范现象。

2009 年，内蒙古自治区食品药品监督管理局下发《关于进一步加强麻黄碱类制剂管理的通知》和

《关于加强药品生产企业销售含麻黄碱类复方制剂监督管理有关事宜的通知》。要求全区各级食品药品监管部门开展含麻黄碱类复方制剂的专项检查，严格监督药品生产企业按照审批数量生产，加强对辖区内含麻黄碱类复方制剂的监督管理，并对内蒙古自治区5家药品生产经营企业生产经营的含麻黄碱类复方制剂情况进行了现场检查，并依法暂停了5家企业消咳宁片、复方茶碱麻黄碱片的生产销售。

2010年，内蒙古自治区食品药品监督管理局开展了含麻黄碱复方制剂药品生产专项整治，规范含麻黄碱类复方制剂生产经营秩序，防止含麻黄碱类复方制剂流入非法渠道，保证正常的药品生产和医疗需求。重点检查生产、经营企业含麻黄碱制剂销售、购买方资质、出入库手续、票据等，并跟踪核实药品到货情况，达到每季度到企业现场检查一次，对销售流向进行跟踪核实，从检查情况看，未发生流弊和非法销售的现象。

2013年10月23日，根据内蒙古自治区禁毒委员会9月25日《关于调查内蒙古盛乐制药有限公司非法出售麻黄碱相关情况的函》，内蒙古自治区食品药品监督管理局与呼和浩特市食品药品监督管理局、和林县食品药品监督管理局组成检查组，对内蒙古盛乐制药有限公司生产、经营情况进行专项检查，对库存麻黄碱系列成品、粗品进行封存。下达了责令停产停业整顿书，收回“药品GMP证书”，并报国家食品药品监督管理局吊销其“药品生产许可证”。

是年，按照国家食品药品监督管理局的规定，严格控制麻黄碱的审批量，内蒙古自治区食品药品监督管理局全年审批麻黄碱12145千克，其中：盐酸麻黄碱8636千克，盐酸伪麻黄碱1481千克，盐酸甲基麻黄碱2028千克。

2014年，内蒙古自治区食品药品监督管理局通过对5家麻黄碱原料生产企业、含麻复方制剂生产企业进行飞行检查，对其生产、库存及月报情况进行核对，提出整改意见。督促盟市食品药品监督管理局完成了对辖区内含麻黄碱类复方制剂药品生产企业每季度至少检查一次的目标任务。

2016年，内蒙古自治区食品药品监督管理局会同相关盟市稳妥处理了3家原料药生产企业近60吨麻黄碱类原料药的库存问题。

第三节　精神药品与剧毒药品监督管理

一、精神药品

精神药品分为第一类精神药品和第二类精神药品。

咖啡因属第一类精神药品，是国家指令性计划品种之一，是我国化学原料药出口创汇品种。

1988年12月，国务院颁发了《精神药品管理办法》。为进一步加强对咖啡因的管理，保证医疗、科研、工业以及出口贸易的需要，卫生部会同国家医药管理局制定了《咖啡因管理规定》并于1991年7月1日发出通知，要求有关生产、供应、使用及进出口单位认真贯彻执行。

2000年，国家药品监督管理局、卫生部联合下发《枸橼酸西地那非管理暂行规定》。继枸橼酸西地那非经国家药品监督管理局批准上市后，先后有前列腺素E1乳膏，甲苯磺酸酚妥拉明、前列地尔尿道栓及前列腺素E1粉针等治疗男性性功能障碍药物获准生产或进口。鉴于治疗男性性功能障碍用药的特殊性，国家要求该类药物的管理参照国家药品监督管理局、卫生部联合下发的《枸橼酸西地那非管理暂行规定》执行。

2001年，部分地区骗购或倒卖咖啡因的案件时有发生，部分咖啡因流入非法渠道。为强化对咖啡因的监督管理，国家药品监督管理局修订《咖啡因管理规定》（国家药品监督管理局第 28 号），并于 2001 年 5 月 1 日起施行。要求各省、自治区、直辖市药品监督管理局对本辖区有关单位咖啡因生产、经营和使用情况进行清查。内蒙古自治区组织各盟市药品监督管理局对本辖区生产含有咖啡因的制剂品种的企业进行了一次清查，取缔了非法生产销售天然咖啡因的生产单位和个人。

枸橼酸西地那非制剂是用于治疗男性性功能障碍的处方药，其生产企业按特殊药品渠道经营，严禁滥用。

2001 年 11—12 月，内蒙古自治区药品监督管理局组成 4 个抽验组分别对呼和浩特市等 10 个盟市开展在中药中擅自添加枸橼酸西地那非等其他物质的检查抽验工作。

是年，国家药品监督管理局将“唑吡坦”等 4 种药物纳入精神药品管制，保证合法医疗科研需求，防止流入非法渠道。

盐酸丁丙诺啡是《联合国精神药物公约》管制的品种。该品种在我国上市以后，对其原料药及注射液作为第一类精神药品管理；将盐酸丁丙诺啡舌下含片列入第二类精神药品管理，可在零售药店凭盖有医疗单位公章的医生处方销售。针对在一些歌舞厅等娱乐场所出现氯胺胴的滥用情况（氯胺胴属于静脉全麻药，具有一定精神依赖性潜力），为保证氯胺胴的合法医疗科研需求，防止流入非法渠道，国家药品监督管理局将氯胺胴原料药纳入第二类精神药品管理。按照国家药品监督管理局的部署，内蒙古自治区药品监督管理局加强对氯胺酮的管理，要求各盟市局对辖区内不具备第二类精神药品批发资格的批发企业现库存的氯胺酮制剂进行登记造册，在各盟市药品监督管理局监督下销售给医疗机构，至销完为止不得再购入。

2003 年，内蒙古自治区药品监督管理局批准同意内蒙古自治区公安厅安康医院强制戒毒使用美沙酮口服液，在临床戒毒中，按照《戒毒药品管理办法》的规定严格管理。

是年，内蒙古自治区药品监督管理局对全区第二类精神药品（制剂）经营单位资格进行认定，全区共认定企业 775 家。各盟市药品监督管理局对本辖区内擅自经营以及不凭处方或超剂量销售第二类精神药品情况进行查处。

2004 年，内蒙古自治区食品药品监督管理局组织 12 个盟市食品药品监督管理局对辖区内药品经营单位的氯胺酮（包括可能存在的盐及其制剂）生产经营情况进行了专项检查，未发现违法违规现象。

是年，国家食品药品监督管理局将氯胺酮列入第一类精神药品管理，其制剂由麻醉药品供应渠道统一经营，医疗机构须凭“麻醉药品、第一类精神药品购用印鉴卡”从麻醉药品经营企业购买氯胺酮制剂。

2006 年，国家食品药品监督管理局、卫生部联合对拜耳医药保健有限公司生产的“盐酸伐地那非”的安全性、有效性进行了调研评估，并对该药品的处方权和分销渠道做了适当调整。内蒙古自治区要求区内各地落实处方审核签字制度和药品零售要求，加强“盐酸伐地那非”药品不良反应监测工作。

2007 年，内蒙古自治区建立推动特殊药品重大安全事件应急机制，全区自上而下的特殊药品重大安全事件应急机制和特药网上监管平台建立并运行。

是年，内蒙古自治区食品药品监督管理局对重点企业、重点品种、重点环节进行重点监管，落实日常监督检查职责，有效遏制特殊药品流弊案件发生。对区域性批发企业和重点监管的特殊药品生产企业每个月进行一次监督检查，对其他特殊药品生产企业、第二类精神药品批发零售企业以及使用特药的生产企业，每个季度进行一次监督检查。对麻黄素生产和第二类精神药品生产流通进行专项检查。

各盟市制定麻醉药品、精神药品安全管理突发事件应急预案，推进特殊药品监控信息网络建设工作，完善监控功能，先期实现对麻醉药品、第一类精神药品流向的动态监控和异常情况的预警。

2008 年，北京奥运会期间，内蒙古自治区食品药品监督管理局配合自治区质检、工商行政管理、卫生、公安、通信管理、海关等部门开展兴奋剂治理工作，对全区化工生产企业进行集中检查，对违反《蛋白同化制剂、肽类激素管理规定》的企业提出处理意见，对内蒙古自治区 2 家具有蛋白同化制剂、肽类激素生产资质的企业加强监督检查，充分发挥派驻监督员的作用，从源头上防止药源性兴奋剂事件的发生，监督含兴奋剂药品生产企业按照国家食品药品监督管理局规定的出厂时限和销售地域标注“运动员慎用”。规范兴奋剂经营秩序。配合通信管理部门，对通过互联网违法发布蛋白同化制剂、肽类激素销售信息的门户网站进行查处。对全区已经取得蛋白同化制剂、肽类激素经营资质的 38 家药品批发企业严格监督检查，规范其经营行为，对所有零售药店销售的含兴奋剂药品开展拉网式检查，覆盖率为 100%。

是年，内蒙古自治区食品药品监督管理局将第二类精神药品纳入网络监管，全区实现对所有麻醉药品、精神药品的动态监控，并把特殊药品监控网络延伸至医疗机构。

2010 年，各盟市食品药品监督管理局对辖区内蛋白同化制剂生产企业，重点检查原料供应商档案、出入库台账、批发生产记录、销售记录和购销票据，追踪核实产品销售流向。

2011 年，内蒙古自治区食品药品监督管理局开展对第二类精神药品的专项检查，采取全面检查和指导检查相结合的方式，以曲马多、地西泮为重点品种，以第二类精神药品的经营为重点环节。对生产企业重点检查计划执行情况、药品生产、销售记录，购买方资质审查情况和药品电子监管码使用情况等；对药品批发企业重点检查药品购销渠道、购买方资质审查情况以及药品电子监管码使用情况；抽取一定比例药品生产、批发企业的销售记录，跟踪核查销售流向。

2013 年，内蒙古自治区食品药品监督管理局在全区开展麻醉药品、精神药品区域性批发企业的调整工作。根据国家食品药品监督管理局对麻醉药品、精神药品区域性批发企业进行调整的部署和要求，为推动优胜劣汰和区域性批发企业动态管理机制的形成，促进麻醉药品和精神药品经营企业整体经营和安全管理水平的提升，组成 3 个组对盟市食品药品监督管理局推荐的 16 个药品经营企业进行了现场检查验收，对检查中存在的缺陷项，完成整改后报国家食品药品监督管理局备案。全年共审批二类精神药品需用计划备案 76690 千克，其中：咖啡因 74030 千克，苯巴比妥 2430 千克，艾司唑仑 30 千克，地西泮 200 千克。

2014 年，内蒙古自治区食品药品监督管理局督促盟市食品药品监督管理局完成了对辖区内精神药品生产企业每季度至少检查一次的目标任务。

2016 年，根据国家食品药品监督管理总局、公安部、卫生部和计划生育委员会《关于开展麻醉药品和精神药品管理监督检查的通知》要求，内蒙古自治区食品药品监督管理局召开公安、卫生和计划生育委员会、司法、邮政、海关等部门的联席会议进行传达部署。组织相关企业针对麻醉药品和精神药品生产、使用、储存和安全管理情况进行自查，盟市食品药品监督管理局对企业自查和整改情况进行核查。

二、毒剧药品

1956 年，内蒙古自治区人民委员会颁布《管理毒剧药品办法》，对 30 种具有剧毒作用的中西药品的供应和使用，做出具体规定。卫生部、商业部、化工部对毒药、限制性剧药的生产、供应和购用，也发布过管理规定。内蒙古许多地方历史上曾是烟毒泛滥地区，因此，加强对毒剧药品的管理具有重要意义。

1963 年，内蒙古自治区卫生厅、内蒙古自治区药政管理局制定《内蒙古自治区对合作药店药贩管理试行办法》，明确经营药品的合作药店不得经营原料药品、毒、麻、限制性剧药及其制剂。禁止经营的西药毒性药品有：三氧化二砷、水杨酸毒扁豆减、昇汞、昇汞毒片、羊角拗甙、亚坤酸钾溶液、毛旋花子甙 K、盐酸士的宁、氢溴酸东莨菪碱、氢澳酸后马托品、硝酸毛果芸酸、甲胂酸钠、硝酸士的宁，共 13 种。西药限制性剧药（剂型包括粉、针、片、浸膏、流浸膏）：盐酸麻黄素、复方樟脑酊、颠茄浸膏、山道年、巴比妥类、洋地黄类、甘汞、正肾腺上素、副肾上腺素、莨菪、安钠咖，共 11 种。

中药毒性品种：红矾（红信石）、白信石、轻粉、红粉、红汞丹、藤黄、密陀僧、马钱子、巴豆、水银、生川乌、生半夏、生南星、生附子、生草乌、官粉（铅粉），共 16 种。中药限制性剧药：甘逐、狼毒、商陆、芫花、羊金花、闹羊花、天仙子、青娘子、红娘子、斑蝥、蛇虫、水蛭、蟾酥、罂粟壳、火硝、山葱、巴豆霜、胆矾，共 18 种。

1988 年 11 月 15 日，为加强医疗用毒性药品的管理，防止中毒或死亡事故的发生，根据《中华人民共和国药品管理法》的规定，国务院第二十五次常务会议通过《医疗用毒性药品管理办法》（国务院令第 23 号），1988 年 12 月 27 日颁发施行。《管理办法》规定：毒性西药 12 种，毒性中药 28 种。

2003 年，内蒙古自治区药品监督管理局加强医疗用毒性药品（简称毒性药品）的管理，对全区毒性药品经营单位资格进行认定。盟市毒性药品经营单位及旗县毒性药品经营单位，原则上各认定 1 家，分别负责各所在辖区毒性药品的收购、经营（批发）业务。

2003 年，针对国家明令禁止生产、经营、使用的四亚甲基二砜四胺（即毒鼠强）、氟乙酰胺、氟乙酸钠、毒鼠硅、甘氟等剧毒杀鼠剂（统称毒鼠强）屡禁不止，毒鼠强引起的中毒事件时有发生的情况，按照国务院部署，内蒙古自治区药品监督管理局、公安厅、工商局、质监局、农牧业厅、安监局、财政厅、卫生厅、环保局、供销社、邮政局、交通厅联合印发《内蒙古自治区毒鼠强专项整治工作实施方案》。目标是在 2003 年内彻底消除毒鼠强的危害。

2004 年，为加强医疗用毒性药品、罂粟壳的监管，内蒙古自治区食品药品监督管理局组织开展了全区医疗用药毒性药品、罂粟壳经营单位的资格认定工作。委托盟市食品药品监督管理局对申请经营单位按照《医疗用毒性药品经营单位验收标准》《罂粟壳经营单位验收标准》进行现场检查验收。经审核认定：内蒙古自治区阿拉善左旗医药总公司等 12 家企业为二级医疗用毒性药品经营单位，乌海市国旺药业有限责任公司等 25 家企业为三级医疗用毒性药品经营单位，乌海市新华药业有限责任公司等 11 家企业为二级罂粟壳经营单位，内蒙古磴口隆仁药业有限公司等 18 家企业为三级罂粟壳经营单位。未取得经营资格的单位一律不得从事医疗用毒性药品、罂粟壳的经营业务。

2005 年，内蒙古自治区食品药品监督管理局在 GSP 认证现场检查中，包头市土默特右旗医药支公司未通过 GSP 认证现场检查，“药品经营许可证”被注销，同时取消土默特右旗医药支公司医疗用毒性药品、罂粟壳经营资格。

是年，内蒙古自治区食品药品监督管理局组织开展全区医疗用毒性药品生产经营使用专项检查。对使用罂粟壳生产药品企业进行突击检查。核对其需用计划量和生产使用量，对企业购用计划提出具体指导意见。

三、精神药品与毒剧药品案例

1. 去氧麻黄素事件

去氧麻黄素（俗称麻黄精），是一种药性猛烈的中枢神经兴奋剂。该药是大同制药厂于 1959 年在我国首次生产的。由于医药经营单位和卫生行政部门对其极易产生的毒副作用与依赖性缺乏认识，未及时严格管理。1961 年，呼和浩特医药公司等单位购进此药并投入市场零售后，几个月之内，呼和浩特市和林格尔县、托克托县、乌兰察布盟的商都县、锡林郭勒盟镶黄旗等地，相继发生许多人滥用烫吸成瘾。对此，内蒙古自治区卫生厅于 1962 年 6 月向内蒙古自治区人民政府和卫生部提交了《关于群众吸食去氧麻黄素的报告》，并采取了强制管理的措施。

据有关材料记载，当时滥用这种药品的有呼和浩特市、包头市和乌兰察布盟、锡林郭勒盟的 12 个旗县，滥用这种药品人数达万人以上。因滥用此药品而发生精神分裂症的有 25 人，中毒死亡的 7 人。引起自治区党委、政府的高度重视，迅速在全区开展了打击滥用去氧麻黄素成瘾的专项行动，自治区公安、卫生等相关部门统一行动，相互配合，除对滥用吸食群众进行宣传教育外，重点打击查处倒卖毒品的不法分子。全区共查处倒卖毒品的不法分子 521 人，提请批准逮捕判刑的 101 人，畏罪自杀的 4 人。查获没收的去氧麻黄素均逐级上缴内蒙古自治区集中封存。后因长期存放变质，于 1979 年报经卫生部批准，在有关部门派员监督下全部焚毁。

黑龙江省、辽宁省、山西省等地也发生了类似情况。党中央和国务院对此事件十分重视，由中央监察委员会在全国展开直接查处滥用麻黄素烫吸成瘾的问题。内蒙古自治区卫生厅、公安厅共同派人协助各地加强查处工作，经过一年多的努力，彻底解决了这一严重滥用烫吸成瘾的问题。

2. 复方樟脑酊事件

复方樟脑酊原是镇咳、止泻药，连续使用会产生依赖性。1970 年，少数地区个别人烫吸，包头市土默特右旗、乌兰察布盟凉城县等地发现部分人员将复方樟脑酊浓缩后自行注射，或蒸发后熬成膏状物烫吸，积习成瘾。不法分子则乘机套购倒卖，高价出售。据 1980 年调查，全区滥用复方樟脑酊比较严重的有 11 个旗县，烫吸或扎注成瘾的约 2000 人。

1974 年，内蒙古自治区医药公司、内蒙古自治区卫生厅加强对复方樟脑酊管理，并会同公安、工商行政部门制定严格控制供应使用和打击不法分子倒卖复方樟脑酊的有关规定。由于倒卖者不断从外地套购，带到内蒙古地区销售，几经查获仍不能断绝来源。

1980 年，卫生部药政管理局局长江冰到内蒙古自治区进行调查，并了解到山西、河北、贵州以及东北地区均有此问题存在。卫生部和国家医药管理局于 1981 年年初，联合发出《关于停止生产、供应、使用复方樟脑酊的通知》，从根本上断绝了毒品的来源，在较短的时间内基本消除了这一毒害。

3. 安钠咖事件

从 1970 年起，在巴彦淖尔盟、伊克昭盟部分地区发现少数人滥用安钠咖，之后逐渐蔓延，扩大到西部地区 20 多个旗县，一些人烫吸成瘾。

1983 年 9 月，人民日报社《情况汇编》第 46 期，印发了题为“巴盟地区不少人烫吸毒药品安钠咖”的专题调查材料，具体反映了问题的严重性。卫生部、公安部和国家医药管理局等 5 个部门随即发出《关于进一步加强对“安钠咖”管理的通知》，规定在全国范围内对安钠咖严加管理，其制剂一律停止零售，对医疗单位要按卫生行政部门批准限量供应，凭医生处方使用。

内蒙古自治区严格执行国家规定，对违反规定擅自制造和贩卖安钠咖的单位或个人，严加追究和惩处。针对不法分子在区外套购到内蒙古地区高价倒卖的情况，内蒙古自治区医药公司、自治区卫生厅建议国家有关部门，在全国对安钠咖和咖啡因采取更严格的管理措施。

1985 年 12 月，内蒙古自治区人民检察院向各盟市发文指出：“凡是非法制售安钠咖和个人非法贩卖安钠咖，其数量较大，情节严重的，可适用刑法第 171 条，视为制造、贩卖其他毒品予以依法处理。”

4. 强痛定事件

20世纪80年代初，赤峰市南部旗县的部分农村乡镇，有些农民滥扎强痛定针剂。该药能使人产生明显的依赖性。

1982年，卫生部发文将该药列为医疗用毒性药品、限剧药管理范围的第一类进行管理。1986年又规定列为精神药物，纳入麻醉药品供应点的经营范围停止零售，只对经审查核准的医疗单位限量供应，凭医生处方用药。

内蒙古自治区医药公司、卫生厅按照国家有关规定要求，加强对强痛定针剂的严格管理，对强痛定针剂经营的医疗单位进行审查核准，对医生处方用药也做了明确限定，滥扎强痛定针剂得到有效遏制。

5. 新喘咳宁片事件

新喘咳宁片每100片含安眠酮5克、麻黄素1.5克。药物作用为止咳、镇静，服用后副作用大，易产生幻觉。卫生部于1985年下文停止该药生产。

1978年，呼和浩特市郊区小井沟一带发现有少数人烫吸此药物，之后蔓延到与其毗邻的乌兰察布盟卓资县、凉城县和察哈尔右翼中旗的一些农村乡镇。有些烫安钠咖的人也改烫此药。

1985年7月，中共中央办公厅转发了《中国法制报》记者写的“内蒙古局部地区吸食剧毒药物成风”的调查材料之后，内蒙古自治区卫生厅派人到乌兰察布盟的卓资县会同乌兰察布盟卫生、公安、工商行政管理部门组成联合调查组，共同研究制定了加强管理、制止滥用的综合性措施。县委和县政府处理了医药经营部门和个别医疗单位违反规定乱卖新喘咳宁的行为，严惩倒卖的不法分子，情况有所好转。

1996年下半年，内蒙古自治区西部乌兰察布盟、呼和浩特市的一些农村及城镇，又陆续发现非法制贩吸食毒品“忽悠悠”片剂，即“新喘咳宁”（因该药片被人吸食后出现睡意，犹如酒醉，走起路来摇摇晃晃，所以被当地人称之“忽悠悠”）。药品主要从山西左云、右玉一带制作贩卖而入，也有一部分从包头市固阳县、呼和浩特市郊区一带传入，价格低廉，主要吸食群体为农村弱势群体、个体无业人员等。

1997年，内蒙古自治区禁毒办公室将乌兰察布盟公安机关查获的此类药片送公安部物证中心鉴定，其所含物质为安眠酮和麻黄碱，均属国家管制药品。

1997年10月6日，内蒙古自治区禁毒办公室向国家禁毒办公室就《关于非法贩卖“新喘咳宁”（忽悠悠）是否构成贩毒行为》作了请示。10月15日，国家禁毒办批复指出：“你区查获的‘新喘咳宁’药片是非法制造的，其所含物质安眠酮、麻黄素均为国家管制的精神药品，其中安眠酮因易产生依赖性，被贩毒者当作毒品销售、使用，所造成的后果严重，卫生部已于1986年10月22日下发《关于加强安眠酮管理的通知》，明确规定停止生产安眠酮及其制剂，撤销批准文号。根据全国人大常委会《关于禁毒的决定》第一条和新修订的《中华人民共和国刑法》第三百五十七条的规定，你区查获的这种药片属于毒品，进行这种药片非法交易的行为已构成贩毒行为。”自治区禁毒办公室及相关部门联合展开全区打击制售“新喘咳宁”（忽悠悠）的专项整治行动，对构成贩毒行为的不法分子移交司法部门惩处，有效遏制了吸食“新喘咳宁”（忽悠悠）在全区蔓延。

2002年10月，内蒙古自治区禁毒办公室会同内蒙古自治区药品监督管理局、内蒙古自治区卫生厅专程到乌兰察布盟凉城县、卓资县进行吸食“忽悠悠”的专题调查，并提出将打击吸食“忽悠悠”列入2003年打击吸烫安钠咖的“黄河行动”中，以防止其发展扩大。内蒙古自治区药品监督管理局、卫生厅对生产安眠酮及其制剂的企业和医疗单位进行严格监控。

6. 盐酸甲基麻黄碱事件

2003年9月，鄂尔多斯市金驼药业有限责任公司将未取得原料药批准文号而自行生产的盐酸甲基麻黄碱2475公斤，以现金交易的方式销售给无合法证明的销售对象，该批甲基麻黄碱发往广州后去向不明，导致其流入非法渠道，造成不良后果，严重违反了《麻黄素管理办法（试行）》的有关规定。内蒙古自治区药品监督管理局作出没收已查封的175公斤盐酸甲基麻黄碱和已售出的2475公斤盐酸甲基麻黄碱违法所得101.48万元，处以罚款25.1万元和取消2004年麻黄素生产计划、停止生产经营麻黄素的行政处罚决定。

第四节　放射性药品及易制毒化学品监督管理

一、放射性药品

放射性药品是指用于临床诊断或者治疗的放射性核素制剂或者其标记化合物。放射性药品与其他药品的不同之处在于，放射性药品含有的放射性核素能放射出射线。其管理原则是医疗单位设置核医学科、室（同位素室），必须配备与其医疗任务相适应的并经核医学技术培训的技术人员。非核医学专业技术人员未经培训，不得从事放射性药品使用工作。

中国临床核医学使用放射性药品进行诊断和治疗始于50年代后期，多称为医用同位素，也没有纳入药品管理范围。当时放射性药品的供应全部依赖从国外进口，60年代初期，中国开始研制放射性药品，国家科委、卫生部在中国药品生物制品检定所组建了放射性药品质量检验机构。

1965年，中国药典委员会首次制定了2种放射性药品标准。

1974年，卫生部药政管理局将放射性药品纳入药政管理轨道并将放射性药品列为部管药品，制定了国家标准（中国药典）和部颁标准，地方卫生行政部门不审批放射性药品。

1975年，颁布了《中华人民共和国卫生部放射性药品标准》。

1977年，《中国药典》首次收载《放射性药品标准》（1977年版）。

1985年12月，卫生部制订了国家《放射性药品标准》。

《中华人民共和国药品管理法》颁发后，放射性药品被法定为特殊管理的药品。1985年12月，卫生部会同核工业部发出通知，对放射性药品生产、经营单位进行检查、验收和核发“放射性药品生产经营许可证”，并颁发了检查验收细则。

1987年，卫生部又着手组织对医疗单位的核医学科室进行整顿，对使用单位发放“放射性同位素使用许可登记证”，并规定定期复审换发使用许可证。使用单位须持证才能购买使用放射性药品。国家对放射性药品的生产经营、使用单位都实行了全面的监督和管理，保证了放射性药品质量，保障了公众用药安全有效。

1989年1月13日，卫生部颁布并实施《放射性药品管理办法》。规定：卫生部主管全国放射性药品监督管理工作，能源部主管放射性药品生产、经营管理工作，放射性药品的国家标准由卫生部药典委员会负责制定和修订，报卫生部审批颁发。放射性药品的检验由中国药品生物制品检定所或卫生部授权的药品检验所承担。

1992年，卫生部药政局、能源部同位素管理办公室联合发出《关于放射免疫分析药盒品种整顿的通知》。

2002 年，为规范“密封籽源”的研制、注册、生产和使用，国家药品监督管理局下发《关于加强治疗用放射性密封籽源管理工作的通知》，要求持有“放射性同位素工作许可证”的单位，方可从事密封籽源的研制。内蒙古自治区药品监督管理局转发文件，要求各盟市药品监督管理局认真执行。

2003 年 11 月 1 日起，由内蒙古自治区药品监督管理局牵头，内蒙古自治区卫生厅、环境保护局配合，在全区医疗机构范围内开展换发“放射性药品使用许可证”工作，凡取得内蒙古自治区卫生厅核发的“放射性药品使用许可证”的医疗机构均在换证范围内。自换发新的许可证之日起，未取得许可证的医疗机构一律不得使用放射性药品，违反规定者按照国务院《放射性药品管理办法》查处。

2012 年，内蒙古自治区食品药品监督管理局发出《关于对医疗机构使用放射性药品情况摸底调查的通知》，要求各盟市食品药品监督管理局对辖区内所有医疗机构展开调查。此次调查摸底旨在依照国家有关规定，对放射性药品进行严格管理，明确使用放射性药品的医疗机构必须取得“放射性药品使用许可证”，并且要将使用过程中发生的不良反应及时上报。未取得“许可证”的不得使用，

2013 年，内蒙古自治区食品药品监督管理局受理了内蒙古医学院附属医院等 4 家医疗机构放射性药品使用许可申请。配合核发“放射性药品使用许可证”工作，依法监管使用放射性药品的医疗机构。

2015 年，内蒙古自治区食品药品监督管理局根据全区医疗机构使用放射性药品的实际情况，下发《关于进一步加强医疗机构放射性药品使用监管工作的通知》，全面加强医疗机构放射性药品使用监管。全年对提出申请使用放射性药品的 7 家医疗机构进行检查验收，为 6 家医疗机构核发“放射性药品使用许可证”。

2016 年，内蒙古自治区食品药品监督管理局根据《中华人民共和国药品管理法》《放射性药品管理办法》以及国家食品药品监督管理局《关于开展换发“放射性药品使用许可证”有效期的通知》要求，经对内蒙古医科大学附属人民医院等 5 家医疗机构申请“放射性药品使用许可证”申报资料进行审查并实施现场检查，同意核发“放射性药品使用许可证”，并要求各盟市食品药品监督管理局对辖区内使用放射性药品的医疗机构加强日常监管，督促医疗机构严格按照审批使用范围开展诊疗业务。核发医疗机构“放射性药品使用许可证”名单如下：

2016 年核发医疗机构“放射性药品使用许可证”名单一览表

表 3-7

序号	企业名称	许可证编号	有效期	许可类别	注册地址和使用（配制）地址
1	内蒙古医科大学附属人民医院	201608	2016. 7. 19—2021. 7. 18	第三类	呼和浩特市赛罕区昭乌达路 42 号
2	内蒙古林业总医院	201609	2016. 7. 19—2021. 7. 18	第二类	牙克石市林城路 81 号
3	包头市肿瘤医院	201610	2016. 7. 19—2021. 7. 18	第二类	包头市青山区团结大街 18 号
4	通辽市科尔沁区第三人民医院	201611	2016. 7. 19—2021. 7. 18	第二类	通辽市科尔沁区平安路 296 号
5	开鲁县医院	201612	2016. 7. 19—2021. 7. 18	第二类	开鲁县开鲁镇民族路 15 号

二、易制毒化学品

易制毒化学品是指国家规定管制的可用于制造毒品的前体、原料和化学助剂等物质。2012 年 9 月 15 日前，国家管制的易制毒化学品 3 类 24 个品种，第一类主要用于制造毒品的原料，麻黄素属于一类易制毒化学品；第二类、第三类主要用于制造毒品的配剂。

2005 年 11 月 1 日起，国家施行《易制毒化学品管理条例》。是我国第一部全面规范易制毒化学品生产、经营、购买、运输和进口、出口行为的行政规范。

是年，国家食品药品监督管理局决定对特殊药品和血液制品生产企业实施重点监管。国家在内蒙古自治区的重点监管对象有 3 家企业：内蒙古赤峰艾克制药科技股份有限公司、内蒙古开鲁兴利制药有限责任公司、内蒙古鄂尔多斯市金驼药业有限责任公司；内蒙古自治区重点监管对象为：区内麻黄素生产企业、使用咖啡因等特殊药品原料药的制剂生产企业和各盟市的二级麻醉药品、一类精神药品、医疗用毒性药品、罂粟壳批发经营企业（包括二级麻药中转站），以及供应原料血浆的血站。

2009 年，针对易制毒化学品管理出现的一些新情况、新问题，内蒙古自治区食品药品监督管理局对药品类易制毒化学品生产、经营企业进行一次全面清查。对达不到安全管理要求，将药品类易制毒化学品流入非法渠道的企业，取消其定点生产经营资格。各级监管部门落实属地监管责任，加强巡查制度和对企业生产经营情况的动态跟踪。强化对蛋白同化制剂、肽类激素生产、销售情况的监督检查，加大对盐酸克伦特罗等重点品种的监控，严防药品生产企业合法生产的药品流入非法渠道，危害公众健康。

2010 年，根据国家食品药品监督管理局《关于药品类易制毒化学品定点生产经营企业重新实施许可的通知》要求，内蒙古自治区食品药品监督管理局对申请生产药品类易制毒化学品许可的 5 家药品生产企业进行现场检查验收，并按照要求上报国家食品药品监督管理局审批。

2011 年，内蒙古自治区食品药品监督管理局对药品类易制毒化学品生产企业、药品类易制毒化学品原料药定点经营企业每季度现场检查一次。对易制毒化学品生产经营企业，重点检查生产计划执行情况，药品生产、储存、销售以及安全管理情况。

2014 年，内蒙古自治区食品药品监督管理局联合自治区禁毒支队共同组成工作组，协助国家食品药品监督管理局和公安部禁毒局开展了易制毒药品生产企业调研和检查指导工作。督促盟市食品药品监督管理局完成了对辖区内药品类易制毒化学品生产企业每季度至少检查一次的目标任务。

第六章　药品安全监测与再评价

第一节　药品不良反应监测

1999 年，国家药品监督管理局、卫生部共同颁布《药品不良反应监测管理办法（试行）》，中国的药品不良反应监测管理工作步入法治化轨道，也使药品监督进入新的领域。

一、药品不良反应监测机构

2001 年 12 月，内蒙古自治区药品不良反应监测中心成立，挂靠内蒙古自治区药品检验所，是中国最先成立的省级中心之一。主要承担全区药品不良反应、医疗器械不良事件和药物滥用监测的信息收集、分析评价、网络管理和宣传培训并协助配合国家药品不良反应监测中心，指导下级机构开展辖区内突发、群发、重大药品不良反应和医疗器械不良事件的应急调查等工作。

2003 年，内蒙古自治区药品监测不良反应监测工作协调领导小组和内蒙古自治区药品不良反应监测专家咨询委员会成立，聘任 57 位医学、药学专业人员为咨询委员会成员。确定 44 家医疗机构、药品生产经营企业为重点报告单位。

2011 年，全区有 7 个盟市（包括口岸市）和 5 个旗（县、区）成立了药品不良反应监测机构，有效地加强了全区药品不良反应监测工作。

2012 年 7 月 2 日，根据内蒙古自治区机构编制委员会下发文件，内蒙古自治区药品不良反应监测中心正式独立，同时挂内蒙古自治区医疗器械不良事件监测中心牌子。

是年，呼和浩特市、包头市、阿拉善盟药品不良反应监测中心独立挂牌。乌海市、通辽市、兴安盟、呼伦贝尔市、乌兰察布市挂靠在各盟市药品检验所，赤峰市、鄂尔多斯市、巴彦淖尔市、锡林郭勒盟挂靠在各盟市食品药品监督管理局，满洲里市和二连浩特市 2 个口岸市的此项工作由药品检验所的专人负责。东胜区、鄂托克旗、额尔古纳市、扎兰屯市、奈曼旗、科尔沁左翼后旗、科尔沁左翼中旗、临河区、乌拉特中旗、阿尔山市等 10 个旗县药品不良反应监测中心先后成立。到 2013 年，盟市级药品不良反应监测中心完全独立机构增加到 7 个，旗县药品不良反应监测中心增加到 15 个。全区基本上建立起药品不良反应监测系统，从技术层面上保证了药品不良反应监测工作的开展。

二、药品不良反应监测报告制度

1984 年，国家颁发的《中华人民共和国药品管理法》和 1999 年颁发的《药品不良反应监测管理办法（试行)》均明确规定，国家实行药品不良反应报告制度。药品生产企业、药品经营企业和医疗机构必须经常考察本单位所生产、经营、使用的药品质量、疗效和反应，发现可能与用药有关的严重不良反应，必须及时向当地省、自治区、直辖市人民政府、药品监督管理部门和卫生行政部门报告。

2002 年，内蒙古自治区药品监督管理局、卫生厅联合下发《关于加强药品不良反应监测工作的通知》。要求各盟市药品监督管理局、卫生局负责组织、督促本辖区药品生产企业、药品经营企业、医疗预防保健机构的药品不良反应监测工作，并确定赤峰制药（集团）有限责任公司等 15 家通过 GMP 认证的药品生产企业、包头医药公司医药采购供应站等 2 家通过 GSP 认证的药品经营企业、内蒙古自治区医院等 27 家盟市级以上医疗机构为全区药品不良反应报告重点报告单位。

2005 年，内蒙古自治区药品不良反应监测中心通过宣传药品不良反应知识、收集药品不良反应病例、推动药品不良反应报告制度的实施等各方面努力，共收到上报疑似药品不良反应病例报告 250 份、疑似医疗器械不良事件报告 18 份，较 2003 年实行药品不良反应报告制度之初收集的 82 份药品不良反应病例报告有了较大幅度的提高。

是年，内蒙古自治区食品药品监督管理局、卫生厅印发《内蒙古自治区实施〈药品不良反应报告和监测管理办法细则〉的通知》。规范和促进了全区药品不良反应工作的开展。明确了内蒙古自治区食品药品监督管理局主管全区药品不良反应监测工作，内蒙古自治区卫生厅负责全区医疗卫生机构中与实施药品不良反应报告制度有关的管理工作。各盟市食品药品监督管理部门与卫生行政管理部门共同负责管理本行政区域药品不良反应监测及药品不良反应报告制度有关的管理工作。

2006 年，内蒙古自治区食品药品监督管理局下发《关于切实加强我区药品不良反应监测工作的通知》。要求各盟市食品药品监督管理局指定 1 名工作人员具体负责收集、整理、上报本辖区的《药品（群体）不良反应报告/事件表》《药品不良反应/事件定期汇总表》，对于未发现药品不良反应的药品生产、经营企业和医疗卫生机构要向内蒙古自治区药品不良反应监测中心作出书面报告。同年，内蒙古自治区药品不良反应监测中心上报药品不良反应监测报告 581 份，较上年同期 500 份增加了 81 份。为全面推进全区药品不良反应监测工作，提高从事药品不良反应监测工作人员的业务素质，建立覆盖全区的药品不良反应监测网络，内蒙古自治区食品药品监督管理局分别在呼和浩特、丰镇等地区举办三期不良反应培训班，对上报人员进行了计算机网上填报系统的知识培训。培训人员约 300 人。

2007 年，内蒙古自治区食品药品监督管理局与卫生行政部门积极应对重大突发药品安全性事件的发生，建立突发药品安全应急体系与不良反应监测体系建设相结合的综合应急机制，制定了相应的应急预案和应急工作程序。重点加强化学药品地标升国标注射剂、中药注射剂、多组生化注射剂和疫苗的不良反应监测，提升不良反应病例报告的质量和实效，改纸质报表为电子报表，做到死亡病例立即报告。包括全区 12 个盟市食品药品监督管理局在内的 119 家单位同内蒙古自治区 ADR（药品不良反应监测，下同）中心建立了病历报告网上在线填报系统。在 2006 年呼和浩特市毫沁营乡发生小儿流感疫苗事件、鄂尔多斯市棋盘井镇发生注射剂事件，同年，呼和浩特市发生幼儿乙脑纯化疫苗事件等几起重大突发药品安全性事件中，ADR 部门反应迅速，处置得当，药品不良反应监测工作发挥了积极作用。

是年，内蒙古自治区食品药品监管部门重点加强 ADR 部门队伍业务建设，强化培训、扩大宣传、规范报表、提升数量，计划用 3 年时间完成从西到东对全区的相关单位和人员进行一次系统培训的任务，同时发挥基层药品监督机构的力量，继续向下延伸 ADR 的监测覆盖面，努力向国际上的每百万人达到200份药品不良反应报告的目标迈进。

2008年以来，内蒙古自治区食品药品监督管理局与卫生行政管理部门密切配合，采取有效措施，进一步加大药品不良反应监测工作力度，扩大监测覆盖面。

一是要求各盟市食品药品监督管理局主动协调当地卫生部门，按照国家《药品不良反应报告和监测管理办法》《内蒙古自治区实施〈药品不良反应报告和监测管理办法〉细则》的要求，对医疗机构药品不良反应监测工作进行规范，加强对药品不良反应监测工作的培训，认真做好监测报告工作。同时要求医疗机构把药品不良反应报告和监测工作与单位年度考核和规范药房建设相结合，按照“可疑即报”的报告原则，及时上报，提高药品不良反应的上报率，把药品不良反应监测工作抓实抓牢。

二是建立药品不良反应（ADR）监测工作定期通报制度，要求各盟市食品药品监督管理局每半年将各单位ADR监测工作情况在盟市范围内予以通报，同时内蒙古自治区食品药品监督管理局定期通报各盟市情况。

三是不断完善药品不良反应报告、监督和奖惩制度，对先进单位和个人给予褒奖，对工作不积极，存在不报、瞒报、漏报的单位和个人给予通报批评。

四是要求各盟市食品药品监督管理局联合卫生部门对各涉药单位ADR工作开展情况进行专项检查，对不按规定上报ADR报告的单位将按《药品不良反应报告和监测管理办法》第二十七条予以查处。

同年，全区共收集药品不良反应报告表591份。内蒙古自治区药品不良反应监测报告机构有210个，其中医疗机构144个，药品生产经营企业45个，药品监督管理局21个。2008年，ADR报告来源情况及各盟市百万人口ADR报告数量分析如下：

2008年ADR报告来源情况分析表

表3-8

序号	报告来源	报告数量（份）	报告比例（%）
1	医疗机构	417	70.6
2	辖区药监局	174	29.4
3	生产经营企业	0	0
4	合计	591	100

2008年各盟市百万人口ADR报告数量分析表

表3-9

序号	地区	报告数量（份）	辖区人口（万人）	百万人口报告数（份/百万人口）
1	乌海市	84	43.49	193
2	呼和浩特市	143（含253医院）	243.79	59
3	巴彦淖尔市	97	171.38	57
4	锡林郭勒盟	41	99.34	41
5	包头市	83	229.74	36
6	兴安盟	51	161.89	31
7	鄂尔多斯市	38	139.54	27
8	通辽市	45	308.35	15
9	阿拉善盟	3	19.94	15
10	呼伦贝尔市	4	273.65	1
11	乌兰察布市	1	232.63	0.4
12	赤峰市	1	451.80	0.2
13	合计	591	2375.54	24

以上两表数据表明：按我国第五次全国人口普查结果统计，全区各盟市百万人口报告数均未达到世界卫生组织的要求，即每百万人口200份，乌海市比较接近。同年，ADR报告人职业分布统计如下：

2008年ADR报告人职业分布分析表

表3-10

序号	报告人职业	报告数量（份）	占总报告人比例（%）
1	医生	268	45
2	药师	211	36
3	护士	33	6
4	其他	79	13

2009年，ADR中心建立了上报机构361个，较上年度提高71.9%；上报药品不良反应报告1396份，较上年度提高136.2%；百万人口病例报告57份，较上年度提高137.5%。

是年，对内蒙古自治区生产企业获得药品批准文号的品种进行筛查，将含有5种毒性饮片（药材）的86种成方制剂建立数据库，列为重点关注品种。

是年，开展ADR系统管理工作，按规定每月进行数据整合，上报国家药品不良反应监测中心。制定《内蒙古自治区药品不良反应及医疗器械不良事件监测工作综合考核办法》《内蒙古自治区药品不良反应信息上报和反馈工作程序》《药品不良反应现场调查报告表》《内蒙古自治区药品安全紧急事件处理工作程序》等一系列管理制度。开展民族药ADR监测的探索。申请《蒙成药发生的不良反应与临床发生率的研究》，并上报国家药品不良反应监测中心《中国药物警戒》科研课题待审。

2010年，监测网络全年新注册上报单位40个，全区上报药品不良反应监测报告1220份，涉及基本药物不良反应报告799例，严重不良反应18例，新发现72例，完成监测分析报告8份。

2011年，内蒙古自治区药品不良反应监测中心共收到报告1372份，其中一般病例报告1219份，占报告总数的88.85%；新的一般病例报告116份，占报告总数的8.45%；严重病例报告34份，占报告总数的2.48%；新的严重病例报告3份，占报告总数的0.22%。ADR报告来源情况分析如下：

2011年ADR报告来源情况分析表

表3-11

序号	报告来源	报告数量（份）	报告比例（%）
1	医疗机构	1107	80.69
2	辖区药监局	109	7.94
3	军队医院	152	11.8
4	计生机构	4	0.29
5	生产经营企业	0	0
6	合计	1372	100

由上表可见，全区新增药品不良反应报告单位40个，截至2011年，注册的报告单位有290个，

其中医疗机构224个，药品生产、经营企业45个，监测机构（包括各级药监局和监测中心）21个，仍有2个口岸机构未注册，报告主体仍是以医疗机构为主，报告人职业以医生为主。

是年，内蒙古自治区药品不良反应监测中心承担了8个品种基本药物（调节水、电解质及酸碱平衡药）的重点监测工作。鉴于内蒙古地区蒙药使用特点，监测范围除了国家基本药物目录的307种外，还增加了《内蒙古自治区基层医疗卫生机构基本药物增补目录》的211种（其中包括122种蒙成药）。

2012年，内蒙古自治区有上报单位350个（含代报的监测机构），共计上报药品不良反应报告4107份，相比上年同期的72个单位上报1372份报告，无论从报告单位还是报告数量上都有了明显增长。其中新的一般病例报告704份，占此次统计时段总报告数的17.03%；严重和新的严重病例报告57份，占此次统计时段总报告数的1.38%，其中新的严重报告16份，死亡病例报告5份。

是年，ADR报告约为166份/百万人口，相比2011年的56份/百万人口，有大幅度进步。2012年各盟市百万人口ADR报告数量分析如下：

2012年各盟市百万人口ADR报告数量分析表

表3-12

序号	地区	人口数	报告数（份）	百万人口报告数（份/百万人口）
1	通辽市	3139153	1684	536
2	巴彦淖尔市	1669915	444	266
3	阿拉善盟	231334	47	203
4	包头市	2650364	443	167
5	乌海市	532902	79	148
6	赤峰市	4341245	461	106
7	呼伦贝尔市	2549278	255	100
8	兴安盟	1613250	140	87
9	呼和浩特市	2866615	243	85
10	鄂尔多斯市	1940653	151	78
11	锡林郭勒盟	1028022	57	55
12	乌兰察布市	2143590	103	48
13	合计	24706321	4107	166

与2011年所不同的是，此次统计的350家上报单位中，开始较多的出现生产企业、经营企业。报告中有来自经营企业病例报告53份，来自生产企业病例报告1份，来自各级监测机构病例报告235份，合计289份，数量上较上年同期的113份有所增长。

2013年，内蒙古自治区药品不良反应监测中心共收到药品不良反应病例报告18157份。其中，新的和严重病例报告3549份，占全部报告的19.55%。均达到历年最高水平。内蒙古自治区的报告数量在全国所占比例较低，药品、医疗器械分别占1.38%和0.96%，药品不良反应病例报告质量高于全国平均水平，但医疗器械不良事件病例报告质量偏低。

2014年，内蒙古自治区药品不良反应监测中心共收到药品不良反应报告38155例，其中：新的严重病例报告6558例，占报告总数的17.19%。每百万人口平均病例报告数量1525例（2013年度全国每百万人口平均病例报告数量983例)。

是年，开展PSUR（药品定期安全性更新报告）工作，要求辖区内生产企业按要求上报药品定期安全性更新报告。全区85家生产企业，其中11家企业须上报药品定期安全性更新报告。

2015年，内蒙古自治区药品不良反应监测中心共收到药品不良反应/事件报告表44254份。其中一般病例报告43661份，占报告总数98.66%；严重病例报告593份，占报告总数1.34%；新的严重病例报告10177份，占报告总数23.00%。百万人口报告数1767份。

是年，全区共34家药品生产企业上报PSUR报告2137份，比例达到应提交报告的56%。

是年，内蒙古自治区首次开展了蒙药不良反应监测。项目由阿拉善盟信息化与药品不良反应监测中心组织实施，2015年年末立项。选定四味壮西散、七味壮西散等10种在当地传承使用百年以上的蒙药制剂，以及珍宝丸、红花益肝丸等10种使用较为广泛的蒙药制剂开展药品不良反应分析与研究。

2016年度共收到药品不良反应/事件报告表34073份。其中新的严重病例报告9417份，新的严重的药品不良反应病例报告占比由上年23.00%提升至27.64%；严重病例报告587份，严重报告占比由上年1.34%提升至1.72%；百万人口报告数1360份。从报告来源上看，经营企业上报报告占比从33.00%下降到15.24%。药品不良反应病例县级报告比例达到100%。医疗器械不良事件百万人口报告数248份，医疗机构上报报告数占比从64.83%提升至81.74%，报告结构趋于合理，报告质量明显提高。

全年完成PSUR报告175份，其中2016年再注册品种40份，结合国家药品不良反应监测中心反馈的数据，筛查ADR风险排名靠前的品种135份。为提高内蒙古自治区药品生产企业不良反应报告与监测工作水平，推动药品生产企业履行主体责任，内蒙古自治区药品不良反应监测中心制作PSUR报告模板，指导企业按规范书写PSUR报告，同时制定了《内蒙古自治区药品不良反应报告和监测专项检查工作实施方案》并开展了实地检查工作，抽查了内蒙古自治区内注射剂生产企业和蒙药生产企业。

三、药品不良反应病例报告评估

2010年，根据国家药品不良反应监测中心发布的《药品不良反应病例报告质量评估指导意见（试行)》，内蒙古自治区药品不良反应监测中心及时成立了药品不良反应病例报告质量评估领导小组，制定了《内蒙古自治区药品不良反应病例报告质量评估程序》，从2010年开始，连续3年对上一年的药品不良反应病例报告进行质量评估，2013年对之前的工作进行了总结。

2011年7月25日，内蒙古自治区药品不良反应监测中心组织召开了2011年药品不良反应/事件病例报告质量评估会，除内蒙古自治区药品不良反应监测中心参与评估的4名专家外，还外聘了5名药学专家和2名医学专家，共同组成评估专家组，按大于5%的比例对收到的2010年度药品不良反应/事件病例报告的真实性、规范性和完整性进行全面评估。2010年度药品不良反应/事件病例报告1220份，其中严重的和新的严重病例报告28份，占报告总数的2.3%；一般病例报告1192份，占报告总数97.7%。抽取全部28份严重和新的严重病例报告及48份一般病例报告进行质量评估，抽取评估的报告数占全部报告总数的6.2%，达到《药品不良反应病例报告质量评估指导意见》的要求。根据病例报告填写的质量和信息的可利用价值，同时依据《药品不良反应病例报告质量评估评分标准》，对上述76份病例报告进行分析、评价，并给出最终评分结果，76份病例报告得分结果在63~95分之间。

2012年9月20日，内蒙古自治区药品不良反应监测中心组织召开药品不良反应/事件病例报告质量评估会，除内蒙古自治区药品不良反应监测中心参与评估的5名专家外，外聘内蒙古自治区人民医院、内蒙古自治区附属医院、内蒙古自治区附属人民医院、内蒙古自治区中医院等8位临床医学和临床药学专家参加，邀请全区12个盟市和满洲里市、二连浩特市实际负责监测工作的专业人员各一名共同组成评估专家组，按大于5%的比例对收到的2011年度药品不良反应/事件病例报告的真实性、规范性和完整性进行全面评估。2011年度药品不良反应/事件病例报告1372份，其中严重的和新的严重病例报告37份，占报告总数2.7%。抽取全部37份严重和新的严重病例报告及33份一般病例报告进行质量评估，抽取评估报告数占全部报告总数的5.1%，达到《药品不良反应病例报告质量评估指导意见》的要求。根据病例报告填写的质量和信息的可利用价值，同时依据《药品不良反应病例报告质量评估评分标准》，对上述70份病例报告进行分析、评价，并给出最终评分结果：70份病例报告得分结果在70~80分之间。评估结果较2010年有所提高。

2010年、2011年、2012年连续3年分别抽取了103例报告（7.4%）、76例报告（6.2%）和70例报告（5.1%），经过会同审评，给出了各自81.6、78和78.5的平均分。

2013年10月26日，内蒙古自治区药品不良反应监测中心组织召开2013年药品不良反应/事件病例报告质量评估会，从机构独立的盟市报告中筛选了40份，其中赤峰1家医院的报告质量得到专家的普遍认可。

2014年，内蒙古自治区药品不良反应监测中心开展药品不良反应报告质量和病例报告质量评估。

2015年，根据国家药品不良反应监测中心下发的《药品不良反应病例报告质量评估指导意见》和《内蒙古自治区药品不良反应/事件病例报告质量评估实施方案》的要求，内蒙古自治区药品不良反应监测中心按季度开展病例报告质量评估工作，并请与会专家对该季度的病例报告进行讨论，当年发掘风险品种（前三季度）分别为血必净注射液、碘普罗胺注射液、注射用头孢他啶。

2016年，内蒙古自治区药品不良反应监测中心明确将当年作为自治区药品监测工作的“报告质量提升年”，并在全区药品不良反应监测系统工作会上做了部署，要求各级监测机构要严把质量关，严格审核报告的真实性、完整性和准确性，对发现的严重病例报告进行核查。2016年报告数量虽有所下降，但报告结构趋于合理，报告质量明显提高，医疗机构报告主渠道作用加强。

同年，按照国务院的任务要求，内蒙古自治区食品药品监督管理局推进仿制药质量一致性评价工作，召开了自治区药品医疗器械审评审批制度改革厅际联席会议，认真贯彻国办发8号文件提出的6条意见，明确评价对象和时限、落实企业主体责任、鼓励企业开展一致性评价工作。

四、药品聚集性事件预警信息共享平台

2013年年初，国家药品不良反应监测中心在药品聚集性信号预警功能的基础上，开展建设药品聚集性事件预警信息共享平台，实现预警信息全国共享，事发地直接处置的工作机制，实行24小时值班，提高了药品安全事件处理效率。

是年，内蒙古自治区通过国家ADR预警信息共享平台，及时准确地发现了丹参注射液的预警信息，及时与事发地巴彦淖尔市药品不良反应监测中心沟通，证实发生的群体药品不良反应，并写出分析报告上报国家药品不良反应监测中心。发现重组人组织型纤溶酶原激酶衍生物批号聚集性严重不良反应事件，及时与事发地乌海市药品不良反应监测中心沟通。发现呼伦贝尔市发生单唾液酸四己糖神经节苷脂钠注射液群体药品不良反应，经齐齐哈尔市药检所全检合格，并非药品的质量问题，该品种在全国范围内发生多起ADR案例，内蒙古自治区ADR中心写出分析报告上报国家ADR中心。

2016年，加强药品不良事件聚集性信号监测，利用国家药品不良反应监测系统预警平台，及时发现并妥善处置药品不良事件，提高了预警效率。国家药品不良反应监测系统预警平台共发出预警信号157条（国家预警信号64条、内蒙古自治区预警信号93条）。全年预警信号中未发现药品质

量问题。

五、药物滥用监测

内蒙古自治区在20世纪50—60年代药物滥用问题不是十分严重，在一些农村和边远地区药物滥用主要是樟脑酊、安钠咖等。1987年以前仅有少数人滥用毒品，1990年开始逐年呈上升趋势。1992年年底公安部门处理的药物滥用者共283人。滥用毒品以粗制海洛因为主，占95%；阿片占4.7%；杜冷丁、可待因占0.3%。农村以阿片为主。

1997年1月24—25日，全国药物滥用监测工作会议在北京医科大学中国药物依赖性研究所召开。此次会议是卫生部药政管理局委托国家药物滥用监测中心和中国药物依赖性研究所举办的。内蒙古、云南、贵州、四川、陕西、甘肃、浙江等省（区）药物滥用监测站以及广东、广西、重庆、海南、湖北、天津、辽宁、新疆、河南、山西等药物滥用问题较严重的省、区、市卫生厅（局）药政管理部门主管领导和监测站负责同志参加了会议。卫生部药政管理局和中国药物依赖性研究所负责人出席了会议。会议对各地近年来开展监测工作的情况进行了总结。内蒙古自治区等八省、市、自治区已正式建立药物滥用监测站，内蒙古自治区药物滥用监测工作受到卫生部的肯定。会议明确了1997—1998年度监测工作重点：一是继续做好对吸毒者的调查、登记工作，应加强监测站的组织、网络建设和管理工作，使监测工作在规范化、制度化和科学化方面更进一步。二是加强和改善现有的8个监测站组织建设，根据本地区药物滥用严重程度和本站现有情况对监测站组织和人员进行必要的充实和调整，以适应形势发展的要求。三是各地区监测站应加强同当地禁毒委（办）和公安、民政等有关部门的联系，争取有关方面的支持与合作。四是健全规章制度，监测中心和省级监测站应明确各自职责，建立健全监测工作制度。五是加强对监测站工作人员的业务培训。六是开展药物流行病学专项调查。根据本地区药物滥用流行新动向和新问题，有针对性地开展药物滥用调查。根据当时一些地区出现的麻醉药品和精神药物滥用问题，卫生部药政局决定开展曲马多滥用等专项调查，有关地区应积极协助做好调查的组织工作。

2001年，内蒙古自治区药品不良反应监测中心成立后，积极采取措施加快自治区、盟市、旗县三级药物滥用监测网络建设，及时收集上报监测信息，全力推动药物滥用监测工作有序开展。

同时，药品不良反应监测部门加强与公安、卫生等部门密切协作，明确工作职责，落实属地管理责任，加强互动沟通，进一步理顺报送渠道，健全监测网络，保证了监测报告及时准确；主动开展相关法律法规和业务知识学习培训，现场指导解决监测工作中存在的问题；多渠道、多角度开展科普知识宣传，将药物滥用的特点和危害广而告之，使监测工作直达基层，贴近群众，促进监测工作向纵深开展。

2012年，各盟市上报药物滥用监测报告明显增加。如乌海市上报药物滥用监测报告307例，报告数量比2011年同期增加300%以上。

2012年，内蒙古自治区食品药品监督管理局积极探索建立有效的监管机制，防止特殊药物流弊滥用事件发生。按照有关规定，要求药品批发企业认真开展自查自纠，将全年经营的特殊药品、含可待因复方制剂的各类药品品种流向及销售量追踪等情况打印成表格，并逐一开展流向追踪，防止流入非法渠道。同时要求药品零售企业严格凭处方销售以上各类处方药。

巴彦淖尔市食品药品监督管理局为加强特殊药物滥用监测工作，防止特殊药物流出，对全市相关药品经营企业、相关医疗机构经营三唑仑、安定、舒乐安定、佳静安定、联邦止咳露等产品展开了专项稽查活动。

2014年，内蒙古自治区有监测单位20家。药物滥用监测报告国家专项规定任务为2000份，实际完成 2176 份，报表完成率为 108.8%。在线上报 2375 份，有效报告 2176 份，报告有效率为 91.6%。与 2013 年同期报告总数 540 份相比，增长 302.96%。2014 年度药物滥用常规监测工作，受到国家药物滥用监测中心表彰。

2015 年，内蒙古自治区有监测单位 17 家。当年内蒙古自治区药物滥用监测报告上报总数为 3599 份，较 2014 年报告数量相比，增加 65.40%。其中，公安强戒所上报 1982 份，缉毒部门上报 671 份，司法强戒所上报 522 份，美沙酮门诊上报 274 份，自愿戒毒所上报 150 份。

2016 年，内蒙古自治区药品不良反应监测中心共收到 18 家单位上报的药物滥用监测报告 3558 份。

第二节　药品不良事件

药品不良事件（Adverse Drug Event，缩写 ADE）是指药物治疗过程中出现的不良临床事件，它不一定与该药物有因果关系。药品不良事件与药品不良反应含义不同。一般来说，药品不良反应指因果关系已确定的反应，药品不良事件是指因果关系尚未确定的反应。

西沙必利为胃肠动力药，1988 年上市，中国 1994 年正式批准进口西沙必利片剂。1995 年批准进口西沙必利混悬剂，1996 年批准西安杨森制药有限公司在国内生产片剂。因美国等国家在使用西沙必利时，发生严重不良反应和死亡病例，国家药品监督管理局发出《关于加强对胃肠动力药西沙必利管理的通知》，决定自 2000 年 9 月 1 日起，全国各零售药店停止销售西沙比利。内蒙古自治区药品监督管理局转发文件，要求各盟市药品监督管理部门立即将文件精神通知到各医药商业企业和医疗机构，如发现问题及时向内蒙古自治区药品监督管理局安全监管处报告。

由于“人用浓缩狂犬病疫苗”预防接种免疫效果难以保证、副反应大、疫苗稳定性也差，自 2000 年 10 月 1 日起，国家药品监督管理局要求停止生产并注销该品种的批准文号，改由“人用狂犬病纯化疫苗”所取代。内蒙古自治区药品监督管理局组织有关部门对辖区内销售及使用单位进行检查，对生产日期为 2000 年 10 月 1 日以后的人用浓缩狂犬疫苗按假药查处。

2001 年，国家药品监督管理局经广泛收集并综合研究有关国家的药品监督管理部门和国内外有关专家对含苯丙醇胺药品制剂（下称含 PPA 药品制剂）安全性的意见后，确认含 PPA 药品制剂易发生不良反应，存在安全隐患。据此，国家药品监督管理局发出《关于暂停使用和销售含苯丙醇胺的药品制剂的通知》，撤销含 PPA 药品制剂的批准文号，停止生产销售含 PPA 药品制剂，已经生产的由当地药品监督管理部门监督销毁处理。内蒙古自治区药品监督管理局及时转发文件，要求各盟市药品监督管理局或医药管理局、卫生局将文件传达至辖区内各药品经营企业，并对已封存的含 PPA 药品制剂监督销毁。

是年，根据国家药品监督管理局《关于麦白霉素制剂生产有关事宜的通知》精神，内蒙古自治区药品监督管理局对辖区内生产麦白霉素制剂的批准文号及质量标准进行核对，要求各企业立即停止麦白霉素肠溶制剂的生产及销售，已生产的麦白霉素肠溶制剂不得出厂，对原麦白霉素肠溶剂生产企业可改变工艺，转产麦白霉素胃溶制剂，并按仿制药品的申报程序申报生产。

2003 年，因龙胆泻肝丸在使用中发生不良反应问题，国家药品监督管理局自 3 月 1 日起对含关木通的龙胆泻肝丸严格按处方药管理，在零售药店购买必须凭医师处方。内蒙古自治区药品监督管理局严格执行相关规定，并认真实施药品不良反应报告制度。

2004 年，为控制抗生素滥用现象，内蒙古自治区食品药品监督管理局进一步加强零售药店抗菌药物销售监管的力度，推进零售药店处方药凭医师处方销售，对屡次违反药品分类管理有关要求的企业列为日常重点监管对象，加强日常重点抽查。

2005 年，内蒙古自治区食品药品监督管理局加强对防控人感染高致病性禽流感药品的不良反应监测。对防治流感常用药品：流感疫苗、抗病毒药、调节免疫功能药、抗菌药、中药注射剂以及解表、清热解毒类中成药和汤剂作为重点监测品种，发现不良反应及时上报。

2007 年，内蒙古自治区食品药品监督管理局成立药品和医疗器械不良事件稽查应急处理办公室，办公室设在稽查处。主要负责药品和医疗器械不良事件稽查应急处理的日常工作，协助有关部门做好不良事件的调查处理工作，对各盟市药品和医疗器械不良事件的稽查处理情况进行督查，并负责将有关数据、处理情况等及时通报国家食品药品监督管理局及其他相关部门。

2008 年，国家食品药品监督管理局接到国家药品不良反应监测中心报告，标示为江西博雅生物制药有限公司生产的批号为 20070514 的静脉注射人免疫球蛋白在江西南昌大学第二附属医院出现 6 例病人用药后死亡的严重不良事件。为保证公众用药安全，国家食品药品监督管理局决定暂停此药的销售和使用，问题批号产品由企业尽快召回。

内蒙古自治区食品药品监督管理局紧急通知各盟市食品药品监督管理局，要求暂停标示为江西博雅生物制药有限公司生产的所有批号静脉注射人免疫球蛋白的销售、使用，发现有关药品要采取控制措施，做好登记和召回工作。

3 月 8 日，黑龙江省完达山药业股份有限公司销售人员彭某，假冒内蒙古海拉尔医药公司（经查无此企业）名义购进了 900 瓶该企业生产的批号为 200712151 的刺五加注射液，生产厂家发货时未向彭某提供销售票据，随后彭某先后将该药品销售给呼伦贝尔地区医院、社区卫生服务站等医疗机构，并将剩余的 90 瓶送给其朋友袁某。内蒙古自治区食品药品监督管理局接到国家食品药品监督管理局《关于暂停销售使用标示为黑龙江省完达山制药厂生产的刺五加注射液的紧急通知》后，在全区立即部署了检查工作。经查，内蒙古自治区只在呼伦贝尔市发现了批号为 200712151 的问题药品。彭某所销售的药品已全部使用完毕，至检查时尚未发现药品不良反应。

截至 10 月 16 日，全区各级食品药品监督管理部门共检查 1899 家药品经营企业、2030 家医疗机构，共发现除 200712151 批号问题药品以外的其他批号刺五加注射液 77 批次、8537 盒，对这些药品采取措施先行登记保存，配合生产厂家做好召回工作，密切关注使用该产品的不良反映情况，并对康源药业有限公司和呼伦贝尔市一代天骄药业有限公司两家生产中药注射液的生产企业进行处方工艺核查。

疑似预防接种异常反应（AEFI）报告的接受、分析、汇总及上报工作由内蒙古自治区疾病预防控制中心承担，内蒙古自治区药品不良反应监测中心定期与之交流沟通，并咨询疑似预防接种异常反应的情况。2011 年 1—10 月，通过疑似预防接种异常反应信息管理系统，全区共报告 AEFI 422 例，其中一般反应 384 例，占病例总数 91. 00%；异常反应 31 例，占 7. 35%，无严重异常反应发生；偶合症 6 例，待定 1 例，全区无疫苗质量事故、接种事故和心因性反应报告。

2015 年，内蒙古自治区药品不良反应监测中心共接到 7 份死亡病例报告，分别发生在阿拉善盟（注射用青霉素钠）、包头市（盐酸罗哌卡因注射液）、赤峰市（碘普罗胺注射液）、鄂尔多斯市（注射用克林霉素磷酸酯）、巴彦淖尔市（注射用头孢曲松钠）、呼和浩特市（重组乙型肝炎疫苗）和乌兰察布市（注射用头孢曲松钠）。内蒙古自治区药品不良反应监测中心接到病例报告后，立即组织人员开展现场调查。调查结束后，自治区及发生地盟市监测中心将分析评价意见上报内蒙古自治区食品药品监督管理局和国家药品不良反应监测中心，抄送内蒙古自治区卫生与计划生育委员会。

第三节 药品再评价

药品再评价，是指国家药品监督管理部门依照法定程序，根据药品不良反应监测结果和研究资料，进行分析评价，并依据评价结论采取风险控制措施的过程。

2002 年，内蒙古自治区药品监督管理局与内蒙古自治区药品检验所共同召开内蒙古自治区化学药品地标升国标工作会议，对内蒙古自治区承担的 14 个品种的标准起草和说明书的修订工作任务进行了分工协调，并逐一落实。根据国家药品监督管理局对化学药品再评价工作的要求，向国家药典委员会整理上报了 445 个品种的统计表以及企业名称变更的批复件，为国家药品监督管理局核发内蒙古自治区化学药品地方标准上升为国家标准的品种批准文号提供了依据。

2005 年，阿拉善盟药品不良反应监测中心上报《关于开展〈对 10 类阿拉善地区传统蒙药验方及 10 类地区常用蒙药制剂药品不良反应研究和分析〉项目的实施方案》的请示，内蒙古自治区药品不良反应监测中心委托阿拉善盟药品不良反应监测中心对蒙药制剂（珍宝丸、红花益肝丸等 10 类）药品不良反应进行专门研究和分析，填补了蒙药制剂不良反应方面研究的空白。

2006 年，内蒙古自治区药品不良反应监测中心与内蒙古自治区药品检验所共同进行处方药和非处方药转换评价，上半年完成非处方药审核登记 76 个品种，出具非处方药审核登记证书 63 张，受理处方药品种转换为非处方药申请 1 个品种。

2007 年，内蒙古自治区食品药品监督管理局协助国家食品药品监督管理局完成对呼和浩特市幼儿乙脑纯化疫苗事件的调查澄清工作。

2009 年，内蒙古自治区食品药品监督管理局开展高风险类药品再评价工作。由于历史原因，一些注射剂类高风险药品，特别是一些地标升国标的药品，基础研究不充分，生产工艺有缺陷，质量标准可控性差，存在着一定安全隐患。为此，内蒙古自治区食品药品监督管理局组织了对自治区 2 家中药注射剂生产企业的再评价工作，在核查处方和工艺的基础上，结合药品不良反应监测情况，有针对性地进行抽样检验，对药品的安全性进行全面再评价。

是年，内蒙古自治区药品不良反应监测中心完成国家重点监测项目“清开灵注射剂、甲型 H1N1 流感疫苗”不良反应监测及国家评价抽验品种“香丹注射液、尼群地平片”药品不良反应评价。

2010 年，内蒙古自治区药品不良反应监测中心承担了国家药品不良反应监测中心 8 个品种基本药物（调节水、电解质及酸碱平衡药）的重点监测工作。启动药品不良反应病例报告质量评估工作，对 2009 年度收到的药品不良反应事件病例报告 1382 份中的严重病例和新的病例报告 103 份进行了评估，占 2009 年度病例报告总数的 7.4%。

内蒙古自治区药品不良反应监测中心对内蒙古自治区食品药品检验所 2010 年承担的国家评审考核的药品品种进行了不良反应分析，4 个品种为：连翘败毒片（丸）、地塞米松片、盐酸多赛平片、醋酸羟钾孕酮片，每个品种形成一份药品不良反应评价报告。

2011 年，内蒙古自治区药品不良反应监测中心按照国家药品不良反应监测中心《关于开展中药注射液安全性再评价工作的通知》要求，为推动医疗机构药品不良反应报告和监测工作的深入开展，广泛监测中药注射液重点监测品种大规模人群使用的安全性，探索药品不良反应的监测方法，初步摸索不良反应监测部门与药品生产企业合作进行上市后药品安全性再评价新的工作模式。

内蒙古自治区药品不良反应监测中心在征得内蒙古自治区食品药品监督管理局和内蒙古自治区卫

生厅有关部门同意下，确定内蒙古医学院第一附属医院、内蒙古自治区人民医院、内蒙古自治区中蒙医院等为首批中药注射液安全性再评价试点医院，由内蒙古自治区药品不良反应监测中心组织牵头，各盟市食品药品监督管理局、卫生局相关部门配合，各盟市药品不良反应监测中心参与，同浙江正大青春宝药业有限公司合作开展参麦注射液上市后安全性再评价工作。监测期为1年，自2011年11月起至2012年11月。

是年，内蒙古自治区药品不良反应监测中心承担了2011年度盐酸二甲双胍片、尼群地平片、去甲肌苷片、葡萄糖氯化钠注射液和耳聋左慈丸5个品种的药品不良信息检索、分析、整理和撰写任务，每个品种从产品的基本情况、药品不良反应监测情况（包括文献资料记载的不良反应）、注意事项和建议等四方面做了检索，并加以分析和整理，撰写成不良反应信息材料纳入质量分析报告。

2014年，结合国家疫苗监管机构再评估工作，内蒙古自治区食品药品监督管理局继续强化了疫苗不良反应监测工作。2013年内蒙古自治区疫苗不良反应病例报告总数为1831份，2014年疫苗不良反应病例报告总数2376例，增长29.77%。

是年，内蒙古自治区药品不良反应监测中心针对不良反应监测中出现的聚集性药品不良反应信号，组织安全性评价专家分析会，客观分析评价药品使用后的不良反应特点、影响因素、用药方案、用药原则以及可能存在的安全风险进行评估，并做了警示和预警。针对系统监测中出现的胞磷胆碱钠注射液出现“寒战、发热、过敏性休克”的聚集性信号，内蒙古自治区召开了胞磷胆碱钠注射液安全性评价专家分析会。

2015年9月20日，内蒙古自治区药品不良反应监测中心召开第三季度风险品种分析讨论会，邀请内蒙古自治区人民医院、内蒙古医科大学附属医院、内蒙古国际蒙医院、呼和浩特市第一医院等相关专家参加。针对内蒙古自治区药品不良反应监测中心报告中出现的新的药品不良反应、严重的药品不良反应和药品聚集性事件个例，以及预警提出的4个风险品种，专家们进行风险点评估和讨论分析。风险品种分别为：一是静脉滴注右旋糖酐铁注射液，该药品导致患者局部麻木。二是复方甘草片，长期服用致患者低血钾。三是注射用美洛西林钠，静脉滴注注射用美洛西林钠致患者全身颤抖。四是硝酸异山梨酯片，服用硝酸异山梨酯片三分钟致患者过敏性休克。这4个品种具有一定的不良反应表现品种聚集性，国家药品不良反应监测预警平台相继发出过预警信号。会议认为：说明书“不良反应”项提示有待完善、药品生产工艺有待提高，医疗机构应严格按照说明书中“用法用量”中的规定用药，用药前严格细致的核实与筛查高过敏体质患者。

2016年，按照国务院的任务要求，推进仿制药质量一致性评价工作，召开了内蒙古自治区药品医疗器械审评审批制度改革厅际联席会议，认真贯彻国务院办公厅“关于开展仿制药质量和疗效一致性评价的意见”（国办发〔2016〕8号），并提出的6条意见，明确评价对象和时限，落实企业主体责任，鼓励企业开展一致性评价等工作。

第七章　药品安全监督检查与专项整治

药品监督检查即药品监管机构根据政府法令或规定，对药品质量和企业保证质量的条件进行监督检查的活动。依法监督检查药品质量，保证社会公众用药安全有效，是国家对药品监督管理工作的重要手段。

第一节　药品安全日常监督检查

一、计划经济时期

1947 年，内蒙古自治政府成立后，新生的人民政权十分重视医疗卫生事业的发展，加强对药品安全的监督管理，特别是重视对旧中国遗留下来的个体私营药店进行监督管理十分重要。

1951 年，为保证广大群众用药安全有效，内蒙古自治区卫生行政部门及其所属的药政管理处将药品质量监督检查纳入重要工作日程。药品质量监督检查主要是对私营药店和诊所以及公立医疗机构的药品进行外观质量检查。

1951—1953 年期间，内蒙古自治区药政管理部门对区内各地私营药店进行监督检查。共查出虫蛀、霉变中药材 1750 多公斤；查出过期、失效、变质的各种西药 4000 多瓶（盒），对查出的变质药品就地予以销毁。

1954 年，按照中共中央、国务院统一部署和要求，内蒙古自治区卫生药政管理部门在全区各地组织了对私营药商的检查，包头等地有些药商抵触情绪大、消极应付，有些药商偷换包装藏匿伪劣药品。检查中发现了许多性质恶劣的问题，据不完全统计，全区查出伪劣药材 2 万余公斤。如有的不法药商将小石头砸碎后，起了 3 种中药名出售；有的将沙子染成红色当朱砂出售，有的将豹骨当虎骨出售，有的将山羊角当羚羊角出售。经过检查对这些问题都做了严厉惩罚。

1955 年，国家对私营工商业进行社会主义改造。内蒙古自治区卫生厅对呼和浩特地区 22 家私营中西药店的药品进行了质量大检查，查出 6000 多公斤伪劣中药材，7000 多瓶（盒）变质失效西药，全部予以销毁。包头、集宁、通辽、海拉尔等地的卫生行政部门也积极配合行动。全区累计查处伪劣中药材15000余公斤。此举对社会震动很大，有力地促进了全社会对私营药厂和药店进行社会主义改造的步伐。

1956年后，国家对私营药店进行社会主义改造基本完成，药店经营主体发生了重大变化，药品生产者和经营者主要由国营和公私合营组成。药材和药品实行国家统购统销，从药品原材料进货环节和药品生产、销售环节堵塞了假冒伪劣药品生产、销售渠道。新的体制也为药品有效监督管理提供了极大的方便，人民群众用药安全有了一定的保证。

1957年，内蒙古自治区卫生厅药品检验所成立，开始对中西药品实施监督检验，并参加药品标准的制定、修订和检验方法的科研工作。内蒙古自治区卫生厅药品检验所的成立，为药品实施监督检验提供了科学技术依据，为药品安全提供了技术保障。

1964年，卫生部召开全国药政工作会议，按照会议的要求，内蒙古自治区卫生厅在全区深入开展了药品质量监督检查，将全区7盟2市划为3个协作组，统一组织了以药品质量为重点的检查评比活动。三个协作区共检查县以上制药厂、医药公司和医院药房55个，公社以下的医药经营点和医疗单位166个。及时做了严肃处理。其中哲里木盟地区仅在29个基层单位就查出伪劣药品162种，折价3万余元；呼伦贝尔盟在林区的6所医院查出变质的中西药141种，价值2.2万余元；呼和浩特市从检查医药公司库存的500多种中药材中发现有64种库存药材含泥土与杂质超过规定10%～20%，责令其全部进行彻底筛选。

其间，内蒙古自治区卫生厅在哲里木盟开鲁县进行了加强农村牧区药政管理试点，在普遍建立群众性的药品监督组织，开展药品质量检查过程中，共查处霉坏变质不可再使用的中西药品455种，折价18000余元。同时，协作组帮助当地加强了中药饮片炮制工作，并举办了旨在提高当地药剂技术人员专业水平的药剂人员短训班。

1965年9月，华北区药政药检协作会议在包头市召开，与会59名代表总结交流了各地开展药品监督管理和药品检验工作的经验，会议宣读和印发论文91篇。

是年，全区各级药品检验所对药品质量进行监督检查，在检查工作中，按照管理与帮助相结合、检验工作与调查研究相结合、专业检验与群众性质量监督相结合的原则，深入药品的生产、经营、使用单位进行抽检、检查，发现质量问题及时研究解决。

受“文化大革命”影响，20世纪60年代后期全国开始出现药品质量监管不力的趋势，内蒙古自治区药品质量监督工作也受到影响。原来深入药品生产、供应、使用单位监督药品质量的行之有效的办法，都被视为“关、卡、压”。但是为了人民群众用药安全，全区广大药检人员还是做了不少工作。

1973年，包头制药厂生产的5%葡萄糖注射液，因投料差错造成6万瓶报废。既影响了医疗单位的需要，又造成数万元的经济损失。

1977年，呼和浩特市第二十五中学制药厂生产的急救用“亚硝酸异戊酯”，装量不足出厂40万支；未经批准擅自生产“鼻眼净”55万支，经检验有20万支不合格。责令其停产，全部退货并赔偿经济损失。

包头生化制药厂检验室未经检验而开出产品合格证，共出厂23批“细胞色素C注射液”和29批“胎盘片”。责令其全部退货，对补检不合格的予以报废，经济损失20万元，有关人员受到处分，当地主管部门撤销了该厂“先进企业”称号。

1973—1977年，内蒙古自治区以制药厂为重点开展了三次药品质量大检查。同时对医药经营企业和医疗单位的药品质量也进行全面的检查并进行认真处理。经过检查发现和处理的质量问题主要有：

一是部分制药厂存在重大质量事故。1972年，呼和浩特制药厂多次发生错投料、混入异物、装量不足以及包装简陋造成药品变质等问题。经内蒙古药品检验所抽检的30个品种76批产品中，就有22个品种、49批产品不合格。这些产品已销往区内各地并调往区外19个省市。内蒙古自治区卫生厅决定停止使用，作退货处理。该厂因此报损32万元。

二是医药公司系统有些单位不认真执行药品验收验付制度，对长期贮存的药品缺乏定期检查，有的药品已变质但还在出售。有的单位仓储条件差，药品露天堆放，加之包装不良，造成变质。如呼和浩特市医药公司库存的“安痛定注射液”120万支，变质的占53%；包头医药公司库存呼和浩特制药厂生产的纸盒包装的“异菸肼片”，2700万片中有70%变质；集宁医药站库存的“维U片”和“呋喃旦定片”146万片，全部变质，不可药用。经查找原因，既有制药厂包装不符合要求的问题，也有经营单位保管不善的问题。对这些变质失效药品，均作了报废处理。

三是有的医疗单位药房在继续使用明显变质失效的药品，有的医疗单位制剂室条件差，制剂质量无保证。特别是注射剂，不经检验就直接使用，大输液热原反应比较多，甚至造成个别病人的死亡。

四是个别医药经营单位和医疗机构从外来的药贩手中购买了假天麻、假蛤蚧、假麝香、假安宫牛黄丸等，均及时做了封存然后集中销毁处理。

1978年，根据国务院和卫生部重新发布的有关药品管理法规，以及整顿制药厂和医院制剂室的有关通知精神，全区进行了大规模药品执法检查整顿工作。在每年九月份开展的质量月活动中，全区医药系统都要进行一次较大规模的清仓查库活动，适时处理了大量的伪劣及过期变质药品。

1982年9月，内蒙古自治区转发了卫生部公布的淘汰127种药品的文件后，全区各级卫生行政部门立即组织药政和药检人员，深入医药公司、医疗单位和药厂督促检查。按规定首先清理了应立即停止使用的106个品种的药品，做了清点登记。据统计此次处理淘汰药品，全区医疗卫生单位报损165万元；医疗系统报损444万元。

二、改革开放初期

20世纪80年代开始，中国进入了改革开放时期。计划经济时期的药品生产和流通体制发生了重大变化，药品生产和营销主体多种经济成分并存，引进外商企业和进口国外药品。药品生产经营方式的变化，一方面活跃了药品市场，方便了人民用药，但另一方面，药品安全监督管理出现许多新情况、新问题，市场出现了假冒伪劣药品，药品监督管理面临新的挑战。

1984年9月20日，第六届全国人民代表大会常务委员会第七次会议通过《中华人民共和国药品管理法》，自1985年7月1日起施行。《中华人民共和国药品管理法》颁布实施，标志中国药品安全监管步入了法治化轨道。内蒙古自治区党委、政府对《中华人民共和国药品管理法》的实施十分重视，自治区党委、政府、人大负责人听取了卫生厅关于宣传贯彻《中华人民共和国药品管理法》情况的汇报，并作了重要指示。

《中华人民共和国药品管理法》颁布后，全区各级卫生行政部门所属的药政管理机构依法制定相应的药品监督管理政策，颁布地方药品标准；审批药品，核发批准文号；初审新药；对药品生产、经营、使用进行监督；组织对已经生产药品的药效、副作用进行调查和再评价；监督管理特殊药品；审查药品广告。全区药品生产和流通秩序进入了一个较为稳定的发展时期。

内蒙古自治区卫生药政管理部门结合宣传贯彻《中华人民共和国药品管理法》，陆续开展了以下工作：（1）对药品生产、经营企业及医疗单位的制剂室进行检查验收；（2）改革了药品审批办法和收费制度；（3）对“三无”（无批准文号、无生产批号和无注册商标）药品进行了检查处理，重新换发了区内生产药品的批准文号；（4）以清理晋江假药为重点，认真查处了大批假药劣药；（5）严肃处理了违反精神药品管理规定的重大案件。

是年，根据卫生部的紧急通知，内蒙古自治区药政管理部门开展清查福建省晋江假药的活动。仅呼和浩特市对41家医疗单位检查，就查出5000多盒价值7万多元的假药。全区共清查晋江“感冒灵冲剂”“板蓝根冲剂”等24种假药40多万盒，价值60多万元。除对少量的假药退货外，其余全部收缴销毁。

1985年1月，内蒙古自治区卫生厅召开了全区药政工作会议，讨论部署《中华人民共和国药品管理法》实施前的各项准备工作，自治区副主席赵志宏和卫生部药政局局长江冰到会讲话。同时举办了“贯彻药品管理法展览会”。

同年，内蒙古自治区各地清查“三无”药品。全区清查此类药品总价值约800多万元，都是1982年以前的产品，有些已发生了质量变化。对这类药品的查处，本着既要保证人民用药安全有效，又要考虑减少财政损失的原则，按各类药品的稳定性，分别作出自检、送检的规定，并做出相应处理。

1985年12月，内蒙古自治区人民政府向各盟市、旗县政府发出《关于进一步宣传贯彻〈药品管理法〉的通知》，要求认真宣传贯彻《中华人民共和国药品管理法》，加强执法队伍的培训提高，深入清查假劣药品和麻醉药品、精神药品，严禁私种罂粟，严禁吸食毒品。

1986年，在全区32个药厂推行全面质量管理。全区12个医药分公司（二级站）和70%的旗县支公司建立了质量管理机构或配备了专职质量检验人员。8个分公司建立了药品检验室，加强了各环节的质量检验检查工作。开展饮片质量检查评比工作，饮片的加工品种、数量均有增加。是年，全区药品抽检合格率为61.7%，到1990年，全区药品抽检合格率达到了73.0%～77.7%。流通领域药品的不合格率高于生产领域，而流通领域中医疗单位药品的不合格率又高于经营企业。其中，医疗单位的不合格药品主要存在于个体药店和个体诊所。

三、市场经济时期

1992年，中国共产党第十四次全国代表大会提出了中国经济体制改革的目标是建立社会主义市场经济体制，提出要使市场在国家宏观调控下对资源配置起基础性作用。随着市场经济体制的建立和完善，多种经济形式的共同存在和发展，需要加强政府宏观调控，以弥补市场失灵。特别是对涉及人民群众健康安全的药品生产、经营及使用全过程，更需要加强政府的监督管理，以保障人民群众用药安全有效。

1992年，按照国家药品监督管理局部署，内蒙古自治区医药管理局在全区开展了查处假冒伪劣医药产品活动，区内各二、三、四级医药批发和医药零售企业及各工业企业普遍进行了自检自查，盟市医药局和自治区医药局组织重点抽查。通过抽查发现，西药制剂存在的质量问题主要表现在裂片、花斑、注射液变色、出现沉淀等。中成药蜜丸存在的质量问题主要是变硬、返砂等；中药材存在的问题主要表现在虫蛀、霉变、泛油等。查处中成药26种金额7.13万元，中药材82种金额8.13万元，西药制剂105种金额18.29万元，予以监督销毁或退货处理。

是年，内蒙古自治区被确定为省级医药专营试点地区。内蒙古自治区医药管理局结合医药专营，强化医药工商企业的质量管理，加强质量意识和法治观念。医药生产企业严把质量关，按标准组织生产，按标准进行全项检验，凡不合格产品，坚决不准出厂，不合格的人用药品不得改为兽用。医药经营企业严格审查货源渠道，严把入库验收质量关，发现可疑品种和批号必须经检验合格方可销售，对过期、失效、报废药品由专人保管，按规定及时销毁，不得流入市场。按照医药专营的规定，国营医药工商企业必须坚持主渠道经营，不准参与医药集贸市场活动，集体、个体不准从事药品批发业务。

是年，内蒙古自治区医药管理局要求区内各医药经营单位立即停止销售江西制药二厂 1992 年 10 月以前生产的全部药品，就地封存。已经售出的通知有关单位和用户停止销售和使用。

1993 年，为加强行业管理和中药市场的整顿，中国中医科技开发交流中心负责制作并推广激光全息防伪标志，在国内中药生产厂家推广。至此药品真伪鉴别有了科学技术的支撑。

1993—1994 年，内蒙古自治区技术监督部门配合全区医药管理部门利用“质量万里行”活动，开展查处假劣药品的宣传和取缔药材批发市场非法经营假冒伪劣中西药品的行动。

1994—1996 年，国务院〔1994〕53 号和国办发〔1996〕14 号文件下发后，全区加大打击制售假劣药品的力度。各级医药管理部门配合工商、卫生、公安、质量技术监管等部门，在各级政府的领导下，开展多次专项整治行动，先后共查获有问题的药品价值 457 万元，没收非法所得 146 万元，取缔非法经营户 257 户，取缔非法诊所 381 户，取缔游医药贩 82 起。

1995—1999 年，内蒙古自治区药政管理部门制定全区“药品监督覆盖率”考核指标，按盟市予以落实。针对药品市场存在的混乱状况，在推广赤峰市喀喇沁旗四十家子乡在实行乡村联办一体化办医药管理模式的同时，在全乡范围内推行了药品防伪统购。乡卫生院、医药公司投资 30 余万元建起了中心药库，并配备了专职药品检查员，对各嘎查村卫生室的药品进行盘点，对药品的品名、产地、规格、批号、数量逐一造册登记，并通过逐级签订协议书的方式，使药品从国有主渠道正规进入卫生院中心药库，再从中心药库正规进入村级卫生组织，使不法药贩失去了推销药品的市场。四十家子乡的这一经验首先在喀喇沁旗推广，逐步推广普及到整个赤峰市。

1995 年，内蒙古自治区城市药品监督检查覆盖率 95%，基层（旗县以下）药品监督检查覆盖率为 50%。

1997 年，内蒙古自治区医药管理局在全区医药厂长（经理）会期间，组织药品市场检查，没收展出的 259 种假劣药品（包括中药材），并在新闻媒体曝光。

1997 年，一些地区出现医药市场混乱，无证或证照不全经营的现象严重，各种渠道、各类企业处于无序竞争状态，药品安全难以得到保障。针对医药市场管理难度大、部门扯皮现象严重等问题，呼伦贝尔盟、兴安盟、赤峰市等盟市医药管理局主动联合当地工商行政管理、物价管理、技术监督等部门成立医药市场纠查队等联合检查机构，形成部门工作合力，加大医药市场的稽查力度，医药市场经营秩序有所好转。锡林郭勒盟医药管理局报请锡林郭勒盟行署下发《锡林郭勒盟药品市场行业管理暂行办法》，并赋予盟医药管理局行政执法权。同年，为加大医药市场行业管理力度，内蒙古自治区医药管理局向各盟市医药管理局颁发“医药市场检查证”，并举办行政诉讼法学习班，对医药市场管理人员进行专业培训。

是年，在内蒙古自治区人民政府的统一领导下，内蒙古自治区医药管理局、工商行政管理局、卫生厅、质量技术监督局等部门密切配合，部署对全区 85 家药品生产企业，311 户药品经销批发企业，1234 户药品零售企业，555 个医疗机构（包括苏木乡镇卫生院），5274 户个体诊所进行全面自查，并在自查的基础上进行重点抽查。对抽查中发现的各种违规违纪问题进行处罚，对触犯法律的移交公安、检察部门进行惩处。

1999 年，全区城市药品监督覆盖率目标平均值为 99.8%，实际完成 100%；基层药品监督覆盖率目标平均值为 49.2%，实际完成 88.03%。基层药品监督覆盖率从 1995—1999 年的 5 年间逐年稳定增长。全区药品监督覆盖率统计如下：

1995—1999 年全区药品监督覆盖率一览表

表 3-13 单位:%

序号	年份	城市药品监督覆盖率（旗县以上，含旗县）	基层药品监督覆盖率（旗县以下）
1	1995 年	95	50
2	1996 年	100	77
3	1997 年	100	80
4	1998 年	100	83.3
5	1999 年	100	88.03

2000 年，内蒙古自治区药品监督管理局成立，加强了药品安全的监督管理。新机构成立后，重点开展了对事关社会公众生命安危和康复保健的药品流通秩序进行进一步治理整顿，严厉查处一批制售假劣药品的违法违规案件，有效遏制药品生产经营中的混乱状况。

是年，内蒙古自治区药品监督管理局、内蒙古自治区质量技术监督局联合推荐区内医药行业名优产品生产企业采用电码防伪技术，以遏制假冒伪劣药品泛滥。

2001 年，内蒙古自治区转发了公安部等 6 部局《关于做好涉嫌犯罪案件移送工作加大打击生产销售伪劣商品违法犯罪活动力度的通知》。内蒙古自治区打假工作领导小组制定了定期上报制度、重大事件处置制度、公告制度、通报制度等打假工作制度。全年查处假劣药品标值 758 万元；假劣医疗器械 24.3 万支，标值 27.4 万元；查处未经注册的医疗器械设备 3 台，标值 34 万元；销毁假劣药品、医疗器械标值总计 444 万元；取缔无证违法经营 882 户，无证医疗器械生产企业 1 户；捣毁制售假劣药品窝点 62 个，罚没款 677 万元；共移送司法机关案件 8 起，涉案人员 28 人，判刑 3 人。

是年，内蒙古自治区药品监督管理局重点对农村牧区、城乡接合部和药品流通秩序较为混乱的地区，加大监督抽检力度。特别是对群众举报频率高、造假情况较为严重的一次性使用无菌医疗器械产品，加大监督抽检力度。

随着盟市、旗县（市、区）药品监督管理机构的组建，药品、医疗器械监督管理工作逐级向下延伸，日常监督管理工作得到普遍加强，实现药品打假治劣的关口前移。为强化和规范药品、医疗器械日常监管工作的程序和要求，内蒙古自治区药品监督管理局统一制定药品、医疗器械日常监督管理制度和办法。各级药品监督管理部门普遍对行政管理相对人进行摸底调查，建立行政管理相对人信用档案。各级药品监督管理部门定期对行政管理相对人，特别是重点监控对象实施监督检查，并保存检查记录，发现问题限期整改，到 2001 年底，全区各盟市、旗县（市、区）药品监督管理分局基本完成建档工作，有的分局还把行政管理相对人标注在地图上，形象直观地体现行政管理相对人的基本情况。从而加强对药品生产、经营企业的监督管理，规范药品经营、使用单位的进货渠道，有效堵塞假劣药品流入市场的源头。

到 2001 年底，全区旗县以上城市药品、医疗器械监督覆盖率为 100%，苏木乡镇以下监督覆盖率为 80% 以上，部分地区和企业达到了 200%。

2002 年，内蒙古自治区药品监督管理局加强药品监督三级网络建设。各盟市、旗县（市、区）药品监督管理部门针对农村、牧区监管对象点多、线长、面广、地域分散的特点，为解决执法人员不足问题，在辖区内旗县（市、区）及所属苏木乡镇、嘎查村普遍建立药品监督三级网络。共聘请药品监督员、义务药品质量信息员等923名。依靠社会力量，把监管触角向下延伸，使监管重心下移到偏远的农村、牧区，初步形成健全完善的基层药品监管体系和灵活快捷的基层药品监管机制。各级药监部门通过聘请基层药品监督信息员，向社会发放民情民意调查表，在药品生产、经营及使用单位设立举报箱、投诉台，召开特邀监督员座谈会，扩大药品监督信息来源渠道，征求社会各界对药品行政执法工作的意见和建议，不断改进和加强药品监督管理工作。到2002年底，全区旗县以上地区药品监管覆盖面达100%，苏木乡镇以下地区药品监管覆盖面达90%以上。

2003年，重症急性呼吸综合征（以下简称“非典”）时期，内蒙古自治区药品监督管理部门加强对辖区内药品、医疗器械生产、经营及使用单位的监督检查，特别是加大对药品连锁经营企业总部、医疗机构等药品抽验和检查力度，加大药品购销渠道的监督抽检力度，严厉打击借防治“非典”发黑心财的非法经营单位和个人。“非典”期间，内蒙古自治区各级药监部门共出动执法检查人员22788人次，出动执法车辆6772台次，检查涉药单位17247户次，查处案件946起，取缔无证经营户231家，对借防治“非典”为名，制售假劣药品、医疗器械和消毒杀菌用品的违法行为，进行了严厉查处，有效地维护了抗击“非典”期间的药品市场秩序，受到内蒙古自治区各级党委、政府和人民群众的充分肯定和高度赞扬。内蒙古自治区药品监督管理局被自治区党委、政府评为抗击“非典”先进集体，内蒙古自治区药品监管系统共有86个单位和198人次受到自治区各级党委、政府的表彰。

是年，全区开展积极构建药品监管网络工作，加大农村牧区药品市场的监管力度。针对基层开展常规药品检验难度大的情况，特别是在边远地区推广应用药品快速鉴别技术，扩大农村牧区用药监督检查和抽验的覆盖面。各级药监部门通过聘请并积极发挥药品监督信息员和协管员的作用，进一步健全基层旗县、苏木乡镇、嘎查村三级药品监督管理网络，加大农村牧区药品市场的监管力度。到2003年，全区各级药品监督管理部门共聘请基层药品监督协管员和信息员8634名，初步建立起覆盖旗县、苏木乡镇、嘎查村的三级药品监督网络，通过药品监督协管员和信息员协助破获的案件超过1000起。通辽市构建了完整的县、乡、村三级药品监管网络，及时了解苏木乡镇药品供应及质量状况，掌握假劣药品流入市场的线索，加大对假劣药品的打击力度。

是年，为不断完善药品供应网络，进一步规范农村牧区药品购销渠道，解决多数地区农村牧区开办药店难的问题，推动农村牧区药品供应网络建设，结合内蒙古自治区农村牧区的实际，适当放宽了农村牧区药品经营网点的开办条件。到2003年，内蒙古自治区苏木乡镇药品供应网络覆盖率达到87%，嘎查村达到55%。通辽市、赤峰市、鄂尔多斯市、乌海市、兴安盟5个盟市的苏木乡镇药品供应网点覆盖面达到95%。基层药品供应网点建立，方便了群众购药，使各种违法经营和违规使用药品的行为得到有效遏制，农村牧区用药安全得到基本保证。

是年，内蒙古自治区药品监督管理局开展药品信用体系建设，在总结经验的基础上，结合工作实际，制定了《内蒙古自治区药品管理相对人信用档案管理办法》，对信用档案的建立、管理和使用提出了明确的要求。各级药品监管部门不断加强法律、法规宣传力度，帮助和促进企业树立诚信经营的理念，增强自律意识；广泛开展摸底调查工作，并与企业签订诚信责任状，建立了企业不良行为和良好行为记录管理系统，实施企业诚信守法提醒制、警示制、公开制，定期向社会公开企业信用情况。对违法经营、不讲行业道德的企业，给予公开曝光，增加其失信成本。包头市昆区药品监管分局对药品经营企业实行“积分卡”管理，逐步建立辖区内药品经营企业“绿、黄、红”三星诚信系统。赤峰市药品监管局探索实践色标管理办法，对管理相对人实行分类管理，并在一定的范围内公开，明确监管的重点，增强管理相对人严格自律、规范行为的自觉性。

2004年，国家食品药品监督管理局提出，凡是药品、医疗器械、保健品、化妆品涉嫌犯罪的案件，一律按照国务院《行政执法机关移送涉嫌犯罪案件的规定》，及时移送公安机关，并向人民检察院备案。全区共查处假劣药品、医疗器械货值金额396万元，罚没款652万元，取缔无证经营药品、医疗器械504户。

2005年，全区共查处假劣药品、医疗器械7519批次，货值金额180.97万元，罚没款765.7万元，取缔无证经营药品、医疗器械户466户。

2006年，全区共查处假劣药品、医疗器械2297批次，货值金额248.44万元，罚没款856.35万元。销毁假劣药品、医疗器械2565批次，标值183.4万元。取缔无证经营药品、医疗器械户206户，移送公安机关5起。

2007年，全区共查处假劣药品、医疗器械2533批次，货值金额1075万元，取缔无证经营药品、医疗器械217户，移送公安机关4起。

是年，"3·15"打假活动期间，内蒙古自治区食品药品监督管理局向公众展示假劣药品400余个品种，销毁回收的过期药品和查获的假劣药械标值500余万元。全年全区共查获假劣药品、医疗器械3091种，标值1427.07万元，销毁假劣药品、医疗器械7008种，标值317.08万元。

2008年，根据国家食品药品监督管理局的要求，内蒙古自治区食品药品监督管理局在全区范围内开展非药品冒充药品的调查摸底分类汇总工作。通过调查摸底，将各地区非药品冒充药品的产品，按其类别做好登记、统计，为下一步相关部门开展非药品产品整治奠定基础，在调查中发现无文号产品冒充药品的违法行为。

是年，按"一主三辅"原则，在全区范围内建立了自上而下的药品安全监管网络。"一主"即以药品行政和技术监督为主体；三辅即以监督员、协管员、信息员等聘任人员为辅，以各涉及药品医疗器械单位从业人员组成的自律组织为辅，以广大人民群众组成的社会监督力量为辅。全区共聘任药品监管员13283人，苏木乡镇覆盖率达到100%，嘎查村覆盖率达到92%以上。各级食品药品监管部门与工商、卫生、公安、邮政等部门联合建立了整治医疗机构用药、清理虚假药品广告和打击制售假劣药品等方面的合作制度。

是年，为加强救灾药品、医疗器械监管工作，规范捐赠行为，确保救灾药品、医疗器械的质量安全，内蒙古自治区食品药品监督管理局下发《关于继续做好救灾药品和医疗器械监管工作的通知》，要求捐赠人按照灾区急需药品、医疗器械目录，有针对性地进行捐赠，并对捐赠的药品、医疗器械质量安全负责；各盟市食品药品监督管理部门主动与捐赠接收机构和组织加强联系，对捐赠的药品、医疗器械统一查验留样；境外机构、组织和企业有捐赠意向的，需经国家食品药品监督管理局审核后，符合规定的方可使用；盟市食品药品监督管理部门要依法严惩药品、医疗器械捐赠和生产、销售及使用过程中的违法违规行为，构成犯罪的移送有关部门依法追究刑事责任。

2009年，在内蒙古自治区食品药品监督管理局门户网站"稽查打假信息"栏目和"内蒙古药品监督稽查管理系统"工作平台，发布假劣药品信息22条，公布假劣药品78种。

2010年始，内蒙古自治区推行基本药物监管制度建设。食品药品监管体制由自治区垂直管理改为各级政府分级管理，落实基本药物的属地监管责任制。鉴于内蒙古自治区药品监管的地域广、服务半径大、企业数量多、监管难度大等实际，各级药品监管部门把基本药物作为监管的重点，同时合理兼顾非基本药物的监管，对基本药物开展全品种监督抽验。

是年，内蒙古自治区食品药品监督管理局对全区基本药物生产企业生产的基本药物品种、规格剂型、中标情况、配送和使用基本药物的单位、医疗机构投标资质条件及招投标采购情况，进行了调查摸底。全区具备基本药物生产能力的企业33家，能够生产基本药物194个品种、236个规格、11个剂型。全区基本药物生产企业累计在区内外中标335个品种和规格，其中区内234个，区外101个。涉及基本药物配送企业500余家和使用单位1117家。

内蒙古自治区食品药品监督管理局出台《基本药物生产企业监督管理办法》《医疗机构使用基本药物监督管理办法》等6个办法。明确各级政府和食品药品监管部门的职责和任务，实现基本药物生产企业中标品种、中标企业两个100%全覆盖，中标品种检验合格率100%。

2011年4月1日起，按照国家食品药品监督管理局要求，各省、市、自治区不得采购未入药品电子监管网及未使用基本药物信息条形码统一标志的企业供应的基本药物，内蒙古自治区食品药品监督管理局督促各盟市加快对基本药物实行全品种电子监管的步伐。

是年，按照国家食品药品监督管理局关于开展药品安全示范县建设的指导意见，全区选择国家级药品安全示范县6个，其中盟市2个、旗县4个，自治区级药品安全示范县4个。内蒙古自治区食品药品监督管理局在资金紧张的情况下，给予示范县市专项资金补贴支持。

2013年，内蒙古自治区食品药品监督管理局在全区组织开展了对中药饮片、中药提取物及委托生产、中成药生产过程的全面逐一排查。全区共检查药品生产企业47家，其中：中成药生产企业32家，中药饮片生产企业15家；抽查库存中药材608批次，抽检中药材151批次。包头抽检8个批次，有山药、百合、枸杞子3个批次二氧化硫残留超标；赤峰抽检37个批次，有6个批次性状、灰分含量等不合格。未发现使用假劣中药材、中药饮片和非法中药提取物投料生产和不按生产工艺生产的违法违规行为。在中药提取物及委托生产检查中，全区10个中药前处理和提取委托事项，未发现非法购买中药提取物或不按规定委托生产中药提取物的违法违规行为。中药材二氧化硫含量检测方法和限量标准质量检查情况是：全区有3家企业在2011年标准公示后，即将二氧化硫限量检查纳入企业内控标准；其余企业按“紧急通知”要求，均对库存药材进行检测，并要求将其纳入企业内控标准。

2014年，内蒙古自治区食品药品监督管理局在全区共立案查处食品、药品、医疗器械、保健食品、化妆品违法违规案件12679起，货值金额1499.5万元，罚没款3474万元。移送司法机关60起。

2016年，内蒙古自治区食品药品监督管理局制定《内蒙古自治区仿制药质量和疗效一致性评价工作方案》。把开展仿制药质量和疗效一致性评价作为全区“十三五”（2016—2020年）期间药品监管工作重点。评价范围：化学药品新注册分类实施前批准上市的仿制药，包括国产仿制药、进口仿制药和原研药品（原创性的新药）地产化品种，凡未按照与原研药品质量和疗效一致原则审批的，均开展仿制药质量和疗效一致性评价。

2017年，为严密防范药品安全风险，内蒙古自治区食品药品监督管理局全面推动落实药品四化监管，实施风险分级分类管理。加大对中药材及饮片、高风险医疗器械整治力度，全年完成药品抽检8285批次。受理食品药品投诉举报7619件，严厉查处了一批违法违规案件。

第二节 药品安全专项整治

一、中药材市场专项整治

1992年10月24日，包头市土默特右旗敕勒川药材市场开业。市场拟兴建一个以经营地产中药材黄芪、枸杞等为龙头，结合土默特右旗美岱召镇的蔬菜种植、畜禽养殖，办一个集药材、蔬菜、禽蛋、皮毛、服装、粮油、日用品、饮食服务为一体的综合市场。内蒙古自治区医药管理局原则同意建立敕勒川药材市场。在批复文件中明确指出："该市场只准经营国家放开的中药材，按《中华人民共和国药品管理法》及国务院有关文件规定，城乡集贸市场（包括药材市场）不准经营中、西成药，中药饮片，医疗器械，统管中药材。因此，不准集体、个体工商户经营药品（中、西成药）批零业务，为了方便当地人民群众用药，经与中共土默特右旗委员会、旗人民政府共同研究决定土默特右旗医药支公司可在该市场设一个四级医药批发部，经营药品批零业务。"

敕勒川药材市场从开业起，当地和外省区的个体户均未执行国家有关法律法规和规定经营，将中、西药品，国家统管的药材运入市场进行经营。到1993年市场从开业的24户发展为上百户。

对此状况，内蒙古自治区医药管理局、自治区卫生、工商行政管理部门，包头市、土默特右旗两级政府多次与相关部门联合进行整顿，由于受地方保护主义影响，成效不大，扰乱和冲击了内蒙古地区医药市场，破坏了国家医药商品专营试点工作。赤峰市牛营子中药材市场，也存在类似的问题。

1994年，国务院发出《关于进一步加强药品管理工作的紧急通知》，把整顿和规范中药材专业市场作为加强药品管理工作的一项重要内容。国家明确规定：中药材专业市场不能经营中西成药、不能经营炮制的中药饮片（除另有规定的鲜切饮片外），也不能经营国家明令禁止的其他药品。国家禁止设立除中药材专业市场以外的其他药品集贸市场，除已批准的14家中药材专业市场和同意继续整顿的3个中药材专业市场以外，其他中药材专业市场和以中药材专业市场为名经营药品的集贸市场要在1995年年底前一律关闭或取缔。各省、自治区、直辖市人民政府要在1997年1月15日前，将本地区关闭和取缔未经批准的中药材专业市场和药品集贸市场的情况报"三局一部"（国家中医药管理局、医药管理局、工商行政管理局、卫生部），由"三局一部"汇总后报国务院。

1995年4月，根据国务院《紧急通知》要求，国家中医药管理局、医药管理局、工商行政管理局、卫生部共同制定发布了整顿中药材专业市场的标准。

1997年，根据国务院《关于进一步加强药品管理工作的紧急通知》和国家中医药管理局、医药管理局、工商行政管理局、卫生部"整顿中药材专业市场标准"的有关要求。内蒙古自治区医药管理局（医药公司）在全区开展了中药材专业市场治理整顿。

包头市敕勒川和赤峰市牛营子两个中药材市场，属于国家在对全国中药材市场进行验收整顿后，公布的17个批准保留的中药材市场之外。这两个中药材市场未在批准保留之列，按照国家规定必须进行关闭或转营。对此，内蒙古自治区党委、政府决定转营和关闭包头市敕勒川和赤峰市牛营子两个中药材市场，具体工作分两步进行：第一步，撤销两个中药材市场改为集贸市场或农贸市场；第二步，打击制售假劣药品及无证经营的地下药贩。之后，自治区医药管理局、自治区工商局、自治区卫生厅等部门对两个中药材市场进行清理整顿。包头市和赤峰市人民政府贯彻国家和内蒙古自治区决定精神，摘掉了包头市敕勒川和赤峰市牛营子中药材市场的牌子。

是年，全区开展了对非法经营中药材集贸市场的专项整治行动，全区共检查各类医药工商企业、医疗机构50708户；检查药品198335种次，查出不合格药品654种，价值361.7万元。取缔无证照药品经营户302户，取缔无证诊所738户。此次整顿后不久，敕勒川中药材市场又逐渐开始恢复活动，赤峰市又形成同兴和头道街两个中药材集贸市场。

1998年，按照内蒙古自治区人民政府29号文件精神，内蒙古自治区医药管理局一边理顺药品监管工作，一边行使部分监督职能。根据国家药品监督管理局等5部门要求，内蒙古自治区人民政府于年初成立由政府分管秘书长任组长、自治区医药管理局主要领导任副组长，由医药、工商、卫生、公安、监察等5个部门分管领导参加的全区整顿药品集贸市场协调领导小组。协调领导小组办公室设在内蒙古自治区医药管理局，具体承办药品市场监督管理工作，重点是坚决取缔非法药品集贸市场及变相开办的各类药品集贸市场，查处证照不全或无证照经营药品活动；禁止药品生产经营企业超范围经营，对出租和转让证照、出租柜台、吸纳无证照经营者，以及公开招商经营药品等违法活动明令整改。

内蒙古自治区医药管理局决定，把治理整顿敕勒川中药材市场、赤峰市同兴和头道街中药材集贸市场，作为当年治理整顿医药市场的重点。一是把两个市场作为市场管理的重点联系点，确定专人跟踪督促，与当地医药部门和有关部门配合，进行不定期的突击检查。对于不听劝阻、不加整改，继续顶风从事药品违法经营活动的地区和市场，将协同国家有关部门和新闻媒体给予公开曝光，共同治理。情节严重的，协同政法部门追究其刑事责任。二是两个市场所在地区的医药管理部门，会同卫生、工商行政管理、公安、技术监督等部门，与毗邻盟市采取“区域联防”的办法，互通情报、互相配合、联合行动，查窝端点、综合治理。对积极揭发非法经营活动的举报人给予奖励。三是对全区其他药品经营市场和有证照超范围经营的违法活动也进行了集中整顿。按照内蒙古自治区整顿药品集贸市场协调领导小组的统一部署，9 月 23 日，取缔包头敕勒川药品集贸市场。10 月 8 日和 9 日，分别取缔赤峰市同兴和头道街药品集贸市场。这次清理整顿行动，先后取缔经营户 240 户。将原药品集贸市场内的经营户全部进行清退，取缔经营户 159 个。

是年，呼和浩特市医药和卫生部门联合取缔了呼和浩特市地区反响较大的内蒙古振兴药业公司的招商经营活动。

为巩固整顿成果，包头市、赤峰市政府将原药品集贸市场内的经营户的租房进行清退后，由当地医药管理、卫生、工商行政管理、公安等部门进行 24 小时监控，严防死灰复燃。随后内蒙古自治区人民政府派出由纠风办牵头，医药管理、卫生、工商行政管理、监察、公安等部门组成的取缔药品集贸市场督察组，赴包头市、赤峰市进行专门指导和督查两市药品集贸市场取缔工作。

从 1999 年到 2002 年，通过各级药品监管和相关部门的集中整治，大部分药品集贸市场被取缔和关闭，有的药品集贸市场转营他业。但是时间不久，部分被取缔和关闭的药品集贸市场又出现反复，成为假劣中药材和假劣药品的集散地。敕勒川药材市场和同兴市场药材街以及头道街药品集贸市场被取缔后，中药饮片购进渠道不规范的现象仍然存在，中药材、中药饮片抽验不合格率居高不下，人民群众用药安全仍存在不少隐患。

2002 年，国务院办公厅下发《国务院办公厅关于开展集贸市场专项整治工作》的通知，把中药材专业市场列为专项整治的范围，并把假冒伪劣中药材和禁止上市销售的产品作为整治查处的重点。内蒙古自治区人民政府迅速做出部署，自治区医药管理局、工商局、卫生厅等部门开展了重点对敕勒川药材市场和同兴市场药材街、头道街药品集贸市场进行继续清理整顿，特别是加大对被取缔和关闭的药品集贸市场又出现反复的打击和惩治力度，进一步清理假劣中药材和假劣药品集散地。通过专项整治，全区中药材市场秩序有所好转。

2004 年，在国家统一部署下，内蒙古自治区再次对中药材专业市场、中药饮片开展专项整治，整治工作的重点是中药饮片生产企业炮制和包装是否符合相关规范和要求，加强对经营中药饮片企业的检查检验，检查重点为购进和销售环节是否存在违法违规问题。此次专项整治之后，内蒙古自治区从事非法经营活动的中药材集贸市场逐渐被取缔。

二、药品市场秩序专项整治

2000 年 8 月 4 日，为创造良好的药品流通秩序和市场整顿氛围，震慑非法药品经营行为和违法犯罪活动，内蒙古自治区药品监督管理局组织开展对药品市场进行集中检查。全区统一行动，在呼和浩特市、包头市、呼伦贝尔盟、巴彦淖尔盟等 6 盟市，集中销毁了查获的假劣药品上千个品种，价值近

180万元。

2001年，按照国务院和内蒙古自治区人民政府的统一部署和要求，全区开展了整顿规范药品市场秩序的专项行动。内蒙古自治区药品监督管理局在各有关部门的密切配合下，全年集中查处了一批大案、要案、典型案件。全区共出动执法人员20669人次，出动车辆4981台次，查处违法案件2581起，结案2239件。通过专项整治，全区药品市场秩序明显好转，生产、销售假劣药品违法违规行为得到有效遏制。

2003年，部分地区出现了以化名通过邮售等方式兜售假药的违法行为有所回潮，邮售假药的范围向基层农村牧区蔓延。内蒙古自治区药品监督管理局和自治区邮政局在全区部署开展了严厉打击制造邮售假药违法行为的专项行动。要求各盟市药品监督管理局对重点地区、重点环节和重点品种进行重点监控。要求各地药品监督管理部门与邮政部门紧密配合，把查处发现邮售假劣药品的有关信息，及时提供给当地的邮政部门，邮政部门在收寄药品邮件时需查验药品生产经营企业的“药品生产许可证”和“药品经营许可证”加盖红印章的复印件，否则不予收寄，严防假劣药品从邮政渠道流入市场。

2006年，按照国务院的统一部署，内蒙古自治区开展了为期两年的整顿和规范药品市场秩序专项行动。对药品、医疗器械从研制、生产、经营、使用各个环节进行重点整治。一是在药品注册环节，重点开展对药品注册的现场核查，组织专人对249个申报品种进行现场核查，申请人主动撤回注册申请43份，有效保证了药品注册申请资料的真实性。二是在药品生产环节，全面开展药品生产企业实行GMP情况的监督检查，把注射剂生产企业、各级药检部门抽检不合格的企业以及2年内没有进行过跟踪检查的企业作为重点检查对象，把注射剂和粉针剂作为重点检验品种，开展对药品生产企业的跟踪检查和飞行检查，对所有药品生产企业进行检查。其中，9家企业经整改后重新进行验收，对6家企业开展飞行检查，责令停产整顿4家。其中，1家企业收回GMP证书，限期整改2家企业。三是在药品经营销售环节，突出打击无证经营、挂靠经营、出租出借柜台以及购销渠道混乱等严重扰乱药品市场秩序行为，重点加强对GSP认证企业的监督检查，对71家药品批发企业、19家药品零售连锁企业进行跟踪检查，先后注销3家批发企业的“药品经营许可证”，责令限期改正16家，停业整顿2家，撤销GSP证书3家；对1747家零售企业进行跟踪检查，责令限期整改460家、撤销GSP证书4家。四是在药品使用环节，加强对药品、医疗器械使用单位的监督检查，各盟市、旗县根据实际，开展“规范药房”“示范药房”创建活动，有效规范各级医疗机构的药品购进、储存和使用行为。五是在全区范围内开展了药品生产企业上市的药品包装标签和说明书的专项检查，对18家单位作出责令整改的处理，立案查处8起，涉案金额7540元。通过此次专项整治，净化了药品市场环境，人民群众用药安全得到基本保障。

2008年，全区开展药品市场专项整治。把药品注册核查和批准、文号清查、特殊药品监管、流通领域的挂靠经营、超范围超方式经营以及专家明星为药品做广告等作为整治的重点。一是在药品注册环节，组织专业人员对辖区内41家企业在2005年1月1日至2006年5月31日期间申报的249份药品注册申请进行现场核查，检查面达到100%。对全区70家企业的3541个品种开展批准文号清查工作，全部重新进行确认。二是在药品生产环节，开展对全区药品生产企业和医疗机构制剂的跟踪检查和GMP的监督实施。按照《内蒙古自治区药品驻厂监督员管理办法（试行）》规定，遴选了24名驻厂监督员，对内蒙古自治区8家注射剂类药品生产企业，国家重点监管的4家特殊药品生产企业派出驻厂监督员。建立特殊药品重大安全事件应急机制和信息网络监督平台，对特殊药品生产和批发环节进行专项检查。三是在药品流通环节，完成全区5620家药品经营企业的专项检查，覆盖面达到全区经营企业总数的80%，同时开展对药品GSP认证后的跟踪检查，共收回GSP认证证书23份。四是采取对违法广告药品下架和重点抽验等方式，加大药品广告专项整治力度，对28个广告药品采取行政控制措施。

2009年，内蒙古自治区食品药品监督管理局在全区部署了化学药品制剂生产企业原料药购进、使用情况专项检查，依法查处检查中发现的非法购进和使用原料药生产药品等违法行为。结合药品生产企业换证和再认证工作，加大对企业在药品购销活动中票据管理的监管，通过对“挂靠经营”“走票”“出租出借柜台”等违法行为的集中整治，解决了一些扰乱药品经营秩序的突出问题。此外，开展了非法邮寄、销售药品专项检查，发布违法广告药品专项检查，打击利用互联网进行药品违法宣传和销售药品行为。

是年，全区食品药品监督管理系统实施打击“两非”（非法鉴定胎儿性别和非法人工终止妊娠）专项行动。行动重点是加强对终止妊娠药品管理，终止妊娠药品非法生产、经营活动；配合人口计划、公安、卫生和妇联等部门查处非医学需要的胎儿性别鉴定和选择性别的人工终止妊娠行为案件。

2012年，内蒙古自治区食品药品监督管理局组织开展全区药品生产安全和药品生产流通专项整治行动，印发《全区药品生产流通领域集中整治行动实施方案》。全年现场检查药品生产企业80家286次，检查医疗机构制剂室74家172次，实现对日常监管的全覆盖。跟踪检查药品GMP（Good Manufacture Practices药品生产质量管理规范）企业50家，覆盖率61%，对检查中发现的缺项，监督企业结合新版药品GMP一次性整改到位，及时纠正存在问题，消除质量隐患。全年共检查基本药物生产企业29家（在产）51次，在产企业监管覆盖率100%。对检查中存在的问题限期整改，并监督整改到位。各盟市食品药品监督管理部门对辖区内药品生产企业在自查的基础上进行现场检查，对不严格按照处方和工艺规程进行生产未执行GMP的企业，及时提出整改意见，问题严重的移交稽查部门查处。同时，全区开展了药品流通领域专项整治行动。一些盟市还组织召开“药品生产流通领域集中整治工作推进会”，签订《食品药品监督管理系统深化医药卫生体制改革2012年度主要工作任务责任书》。

2013年，全区开展“两打两建”专项行动（“两打”指严厉打击药品违法生产、严厉打击药品违法经营，“两建”指加强药品生产经营规范建设和加强药品监管机制建设）。专项行动中发现的主要问题为：一些药品生产企业、经营企业从非法渠道购进药品、购销假劣药品、违法配制制剂、药品质量管理制度不完善，药品采购、验收记录不齐全等。共抽样检验753个品种14批次，发现问题425品种，主要问题为性状、鉴别、显微特征、薄层色谱、总灰分、二氧化硫残留量等不合格，以松香酸掺假，以镁盐、铝盐增重等问题。自治区食品药品监督管理部门对此做出相应地惩处和整改措施。

全年共检查药品生产企业94家，覆盖率为100%，检查中发现1家无证企业非法加工中药饮片；检查网站136家，发现违法发布药品信息或虚假药品广告的网站64家；检查药品批发企业189家，覆盖率100%；发现一般问题责令改正30家，发现严重问题收回GSP证书2家，立案查处34件；检查药品零售连锁企业64家次，零售连锁门店1898家次，零售药店10821家次，监督检查覆盖率为100%。发现一般问题责令整改企业1446家，暂停经营11家，发现严重问题收回GSP证书8家，立案查处878件。检查诊所9732家次，覆盖率为80%，发现一般问题责令改正1102家，立案查处682件，移送卫生行政部门1件。

2014年，全区食品药品监督管理部门开展药品化妆品生产环节重点专项整治。对中（蒙）药、化学药品、特殊药品、化妆品生产环节进行重点整治。据统计：12个盟市共检查药品生产企业150家次，监督覆盖率100%；监督抽验602批次药品和中药材原料。发现违法违规企业7家，责令整改企业5家、警告企业1家、处罚企业1家。2015年，根据国家食品药品监督管理局《关于进一步加强中药饮片生产经营监管的通知》和年初飞行检查通报（通告）中涉及的原药材和中药饮片市场存在的突出问题，自治区食品药品监督管理局制定下发《2015 年药品生产领域中药材中药饮片质量安全专项整治工作方案》，在全区范围内开展中药材和中药饮片质量安全专项整治行动。以飞行检查、监督抽验、跟踪检查、专项督查、暗访调查等多种方式，加大监管的频次和力度。全区中蒙药制剂生产企业、中药饮片生产企业和医疗机构制剂室监督检查覆盖率 100%。其中，中蒙药制剂生产企业 58 家次，监督抽验 85 批次，警告 2 家、责令整改 2 家、立案查处 2 家；中药饮片生产企业 29 家次，监督抽验 57 批次，责令整改 1 家、停产整顿 1 家、立案查处 4 家、收回 GMP 证书 1 家；医疗机构制剂室 99 家次，监督抽验 42 批次，警告 27 家、责令整改 35 家、立案查处 2 家。通过专项整治，深挖带有区域性、系统性和普遍性的药品安全隐患。

三、药品综合专项整治

2000 年，内蒙古自治区党委、政府将药品安全专项整治工作纳入全区经济社会发展计划，列入各级政府年度工作重点。在全区建立健全了药品监管协作机制、市场动态通报机制、群众诉求沟通机制和非管辖案件移送机制。11 月 30 日—12 月 2 日，自治区药品监督管理局在包头市召开了全区专项治理工作会议，贯彻国务院和国家药品监督管理局有关精神，对打假工作进行新的部署。此次专项活动全区各级药品监督管理部门共查处无证经营药店及药贩 342 个，取缔无证诊所 877 家，清理挂靠经营户 80 户，捣毁制假售假窝点 19 个；查处各类案件 619 起，结案 480 起，涉案金额达 493 万余元；查封和收缴假劣药品 3784 个品种，价值 323 万元；销毁假劣药品 4133 个品种，价值 353 万元。

2001 年，按照国务院《关于开展严厉打击制售假冒伪劣商品犯罪联合行动的通知》精神，内蒙古自治区药品监督管理局召开全区打击制售假劣药品、医疗器械专项治理行动工作会议，部署全区打击制售假劣药品、医疗器械违法犯罪活动专项治理行动。此次专项整治时间为从当年年初至下年春节前一段时间内，整治的重点有 10 个方面：一是群众反映强烈的制假售假案件和性质影响恶劣的案件；二是查处无证经营或挂靠经营户；三是出租、转让证照和超范围经营行为；四是以开办药品交易会、展览会、博览会为名，经销假劣药品行为；五是查处失实、失真的非法虚假广告；六是对全区医疗器械经营企业所经营的一次性使用输液器、注射器、输血器进行检查；七是对医疗机构诊所、乡级卫生院使用一次性输液器、输血器、注射器及用后毁形情况进行检查；八是对废品回收站进行突击检查，发现有回收未毁形的一次性输液器、输血器、注射器进行重点检查，对其去向进行跟踪检查，立案查处；九是整顿医疗单位制剂；十是对城乡接合部、农村牧区的药品和医疗器械经营使用情况进行全面的监督检查。此次检查加大了药品抽验力度和监督覆盖面，加强了对区内已取缔的 3 个非法药品集贸市场的监控和监督检查。

2002 年，为配合全国安全生产大检查，内蒙古自治区药品监督管理局在全区开展药品质量安全专项检查。要求各盟市药品监督管理局除加强日常监督检查抽验外，深入开展查处假劣药品工作，针对所属管区实际情况，确定重点监控地区、重点监控企业（单位），加强对药品市场集中地区、城乡接合地带、假劣药品多发地方以及游医药贩、个体诊所的监督检查，加大对违法公布药品广告的检查力度，打击制售假劣药品的犯罪活动。在全区开展对药品生产企业、经营企业、医疗单位存在的购销渠道不合法、购销记录不真实完整、假劣药品屡禁不止等问题进行专项检查；对重点监控的药品生产企业、经营企业（批发、零售、零售连锁企业）和各级医疗机构，特别是管理差、假劣药品出现频率高的苏木乡镇卫生院、嘎查村卫生室、个体诊所、专家门诊等基层医疗网点和保健品店柜台及兽医门诊进行了集中检查；对造假情况严重、质量问题突出的品种进行重点抽验。

2003年，内蒙古自治区药品监督管理局实施为期6个月的药品放心工程。通过实施药品放心工程，摧毁生产、销售假劣药品和医疗器械的窝点和销售网络，使制假售假、无证生产经营的违法犯罪活动得到严厉打击，药品购销渠道进一步规范，供应网络更加健全完善，农村牧区用药状况得到改善。药品生产经营企业依法从事生产经营活动，药品市场经济秩序明显好转，人民群众对药品的安全感普遍增强。

2004年，内蒙古自治区食品药品监督管理局在城镇药品市场逐步净化的基础上，监督关口逐步向广大农村牧区转移，全面实施药品放心工程，开展打击制售假劣中（蒙、藏）药、疫苗、精神药品、中药饮片、医疗器械、防治“非典”药品、抗菌药物等10余项药品和器械专项检查。同时开展了内蒙古自治区非法采供血液和单采血浆专项整治行动。

2005年，开展打击非法邮寄假劣药品、中药中非法添加化学药品、制售假劣中（蒙、藏）成药、不合格中药饮片、无证医疗器械和疫苗流通等10多项专项整治行动，重点加强对治疗心脑血管、风湿病及增强性功能等中成药、中药饮片及其他民族药品的监督检查和抽验。

2006年，自治区食品药品监督管理局开展对医学美容机构使用“A型肉毒素”的专项检查，全区共查获涉嫌假冒“A型肉毒素”9批次，查封29支，货值金额21790元；开展疫苗专项检查，检查疫苗经营使用单位370家；开展打击中成药中非法添加化学药品专项整治工作，全区共专项抽验中成药188批次，通过检验发现30批中药中非法添加了枸橼酸西地那非或格列苯脲等化学药物。

是年，内蒙古自治区食品药品监督管理局在全区开展元旦、春节期间药品市场专项检查。全区食品药品监督管理部门共检查各类涉药单位1718家，受理各类举报52起，查获假劣药品价值136.67万元，罚没款59.4万元。查处了非法销售假药“活络喜”案，查获假药14560盒，涉案金额41860元；呼和浩特市查出一起河北省一家药厂非法设置库房案，查获违法药品货值金额近100万元。

2007年，按照国家食品药品监督管理局对人血白蛋白专项检查工作的部署，内蒙古自治区食品药品监督管理局在全区对人血白蛋白的购销情况进行了清查。此次检查查处5家药品经营企业购进假冒四川远大蜀阳药业有限公司生产的人血白蛋白，各相关盟市食品药品监督管理局均作出处理决定，并上报国家食品药品监督管理局。按照国家食品药品监督管理局检查组意见，对从非法渠道购入人血白蛋白的3家经营企业重新作出吊销其“药品经营许可证”及撤销其生物制品经营范围的处理决定；另外对2家从合法渠道采购的假冒人血白蛋白案件，维持原没收、罚款的处理决定。

2008年，在全区范围内开展中成药非法添加化学药品、药品包装、标签和说明书等专项检查。按照国家食品药品监督管理局的要求，对广东佰易药业有限公司违法生产、销售的人免疫球蛋白、人血白蛋白、狂犬疫苗等药品进行清查。全区共立案查处各类案件4289起，查处假劣药品、医疗器械1680批次，取缔无证经营药品、医疗器械291户，移送公安机关5起。

2009年，内蒙古自治区卫生厅、公安厅、经济委员会、工商行政管理局、食品药品监督管理局联合印发《内蒙古自治区药品安全专项整治工作实施方案》。拟通过两年左右的时间深入开展药品安全专项整治，强化药品市场准入管理和安全监管，打假治劣，净化药品市场，优化医药产业结构，提高药品质量水平，健全药品安全责任体系，确保公众用药安全有效。此次专项检查重点是：开展非药品冒充药品专项检查；开展药品生产企业、医疗机构制剂室使用非法原料和非法添加药物生产药品专项检查；开展中成药中非法添加化学物质专项检查，重点对降糖类药品中非法添加格列苯脲、盐酸二甲双胍，镇静安神类药品中添加地西泮、苯巴比妥，减肥类药品中添加盐酸西布曲明、芬氟拉明，哮喘类中成药中添加茶碱，补肾壮阳药品中添加枸橼酸西地那非等专项检查。

2010年，为推动各地专项整治行动的开展，了解和督促检查全区各地药品安全专项整治工作情况，内蒙古自治区食品药品监督管理局、卫生厅、公安厅、经济和信息化委员会、工商行政管理局决定从11月下旬，对全区12个盟市联合开展药品安全专项整治督查工作，在各地开展自查的基础上，督查以下工作开展情况：

1. 公安、经济和信息化委员会、工商行政管理、食品药品监管部门联合开展打击利用互联网等媒体发布虚假广告，通过寄递渠道销售假药的专项行动情况。

2. 食品药品监管部门、卫生、公安、经济和信息管理等部门联合组织查处生产销售假药的大案要案情况。

3. 食品药品监管部门会同卫生、工商行政管理、公安等部门联合开展整治非药品冒充药品违法行为情况。

4. 食品药品监管部门、公安部门开展打击非法买卖含麻黄碱类复方制剂行为专项整治情况。

5. 经济和信息管理部门、食品药品监管部门贯彻落实国家医药产业政策规划，以及实施医药产业结构调整情况。

6. 食品药品监管部门、卫生部门建立健全国家基本药物生产供应和质量保障机制情况。

7. 食品药品监管部门执行药品质量标准及加强药品研制、生产流通环节监管情况。

8. 卫生部门、食品药品监管部门加强医疗机构临床用药管理情况。

此次专项整治行动，全区共立案1811起，结案1787起，结案率为98.7%。

2011年，随着为期两年的药品安全专项整治工作接近尾声，内蒙古自治区食品药品监督管理局下发《关于进一步深化药品安全专项整治工作的通知》，要求进一步加强与卫生、公安、经信、工商、通信等有关部门的协作，打击制售假冒伪劣药品的违法犯罪行为。同年成立了由内蒙古自治区副主席刘新乐任组长，食品药品监管、卫生、工商行政管理、公安、经信委等部门为成员的全区药品安全专项整治工作领导小组，办公室设在内蒙古自治区食品药品监督管理局，加强了对药品安全专项整治工作的组织领导。各级政府和药品监管部门也按照要求，成立了相应的组织机构，建立了联席会议制度和部门间联动工作机制。自治区药品安全专项整治工作领导小组选定在呼和浩特市、通辽市和巴彦淖尔市开展互联网药品信息服务、药品交易服务、非药品冒充药品专项整治试点工作，以点带面，推动全区专项整治工作的顺利开展。

为把药品安全专项整治工作落到实处，内蒙古自治区药品安全整治领导小组办公室组织相关部门组成4个督查组，分赴12个盟市对各地药品安全专项整治工作进展情况进行督查，促进专项整治工作的深入开展。专项整治工作开展期间，全区查处了一批违反《中华人民共和国药品管理法》及GMP、GSP、含麻黄碱类复方制剂有关管理规定的药品生产、经营企业。发布《药品质量公告》4期，全区共检查涉药、涉械单位47914家次，抽验药品10683批次（不含中药材和中药饮片）、不合格387批次，抽验医疗器械58批次、不合格7批次。共查处制售假冒伪劣药品案件4663起，查获假劣药品3773品种4988批次，货值275.58万元，罚没款共计765.04万元。移送公安机关假药案件20起。办理上级交办案件5起，省市协查案件738件，全区制售假劣药品的违法行为得到有效遏制，药品安全监管的长效机制逐步建立和完善。专项整治工作结束后，各盟市药品安全专项整治领导小组办公室共向辖区内药品从业人员和社会公众发放调查问卷6000多份，94.64%的群众对药品安全状况表示满意。

2012年，内蒙古自治区食品药品监督管理局开展全区药品流通领域非法经营行为集中整治，检查药品企业190家，注销5家批发、5家连锁企业“药品经营许可证”，183家上报了自查整改报告。部署开展全区交叉互查工作，交叉检查批发企业183家、零售连锁总部160家。同时对保健食品和医院制剂进行了排查。自治区食品药品监督管理局查封、扣押国家食品药品监督管理局通报的9家企业生产的问题胶囊剂药品共计 101804 粒；暂控停销国家食品药品监督管理局先后通报的 15 家企业生产的其他涉嫌铬超标胶囊药品 298 个品种 626.3 万粒。

2014 年，全区开展医疗机构制剂安全专项检查。对配制行为的合法性、规范性与符合性进行为期 4 个月专项检查。据统计，12 个盟市食品药品监督管理局对全区医疗机构制剂室进行专项检查，现场检查共 216 家次，检查覆盖率 100%；监督抽验 365 个批次品种，122 批次品种检验结果合格。检查中发现违法违规配制制剂 26 家，责令限期改正 25 家，立案查处 4 家，通报卫生部门 3 家，移交公安部门 1 家。

是年，内蒙古自治区食品药品监督管理局在全区开展空心胶囊使用情况专项检查。针对宁海县查处的“工业明胶生产药用空心胶囊黑窝点”情况，全区食品药品监督管理部门紧急开展了胶囊剂药品及相关产品质量专项监督检查。全区食品药品监督管理部门共检查了 42 家药品生产企业和 32 家医疗机构制剂室，未发现非法渠道购进和使用问题。在全区范围内开展了中蒙药生产中提取和提取物使用监督检查。共检查中蒙药生产企业 25 家次。

2015 年，内蒙古自治区食品药品监督管理局在全区范围内开展“有效排查药品生产质量安全风险，提高药品生产质量安全风险管控能力”为主题的药品生产质量安全风险监测评估专项活动。对全区在产药品生产企业开展药品质量安全性监测评估，重点对物料供应、原辅料管理、生产工艺、产品检验、中药前处理和提取等关键环节的风险控制进行排查，并针对风险隐患提出管控措施，力求药品生产过程质量风险得到有效控制。各盟市食品药品监督管理局对照企业自查自纠情况，结合日常监管、换（认）证、电子监管等工作，对可能存在风险的 54 家生产企业实施现场监督检查，逐一排查风险，确保产品质量安全有效。全面收集生产企业风险信息，通过风险研判与探索研究，确定辖区内生产企业的风险等级，为差别化监管奠定基础。

是年，按照国家食品药品监督管理局《关于开展明胶空心胶囊和胶囊剂药品专项监督检查和抽验的通知》，内蒙古自治区食品药品监督管理局组织全区药品监管和检验部门完成监督检查和监督抽验任务。全区共检查药品生产企业 30 家次、城乡接合部乡村小药店 1349 家次，小诊所、乡村卫生室 1122 家次；共抽样胶囊产品 416 批次（国家食品药品监督管理局任务量不少于 300 批次）。其中，26 家生产企业抽样 63 批次，271 家小药店、小诊所、乡村卫生室抽样 353 批次；监督检查和监督抽验范围覆盖全区 12 个盟市、102 个旗县（市区），旗县级抽样不少于 3 批次的任务量。经内蒙古自治区食品药品检验所等区内 4 家检验单位，按照法定质量标准进行铬限量检验，全部符合《中国药典》（2010 版）规定。

2016 年，根据国家食品药品监督管理局风险警示通报，先后组织开展注射用促肝细胞生长素、安宫牛黄丸和大活络丸、使用人工牛黄原料药和含牛黄等贵细药材中成药等生产企业的监督检查，有效防范药品质量风险。在全区范围内组织开展了胶囊剂产品专项检查。共检查药品生产企业 34 家，医疗机构制剂室 14 家，生产企业监督检查覆盖率 100%，未发现毒胶囊流入内蒙古自治区。针对药品化妆品生产和医疗机构制剂配制环节存在的突出问题，对重点监管企业、高风险品种、制剂配制和化妆品生产环节的风险隐患进行排查和治理。对全区药品化妆品生产企业和医疗机构制剂室累计检查 213 家次，在产企业（单位）覆盖率为 100%，查出问题隐患企业 26 家，警告、责令整改 18 家，立案查处 8 家。

第八章　药品稽查与案件查处

第一节　药品稽查

一、取缔游医药贩

1957 年，为了严防游医药贩，呼和浩特市取消了中药议价门市部和街头摆摊卖药的小商贩。并坚持执行国家统一的药品销售价格，无论国营、集体、个人和医疗机构一律执行国家规定的零售牌价销售药品。从外地流入的中草药一律由市医药公司按质论价进行收购，从而堵塞了长途贩运药品行为和对医药市场的干扰。

1963 年，为防止不法药商投机倒把牟取暴利，出售假劣药品，内蒙古自治区卫生厅、医药管理局联合制定《内蒙古自治区对合作药店药贩管理试行办法》，规定经营中、西、蒙药品的合作药店及摊贩，必须经县级以上卫生行政部门审查同意和工商行政管理部门批准，发给营业执照方准营业；摊贩必须在指定经营地点经营，不得随意流动。

1965 年 10 月，针对监管中不时发现和群众反映举报的黑医药贩售卖假药、骗钱坑害群众等问题，内蒙古自治区卫生厅会同商业厅、供销合作社、工商行政管理局，发出《关于严厉打击药品贩子和取缔黑医活动的联合通知》。制定了严加管理的措施和政策规定。各地认真贯彻执行，收到明显成效。

1979 年以后，随着经济的搞活、政策的放宽和集市贸易市场的开放，全区各地游医药贩的非法活动又有所抬头。这些游医药贩大多通过编造所谓“家传秘方”“包医包治”等虚假宣传，贩卖假药骗取钱财。

1981 年 8 月，为制止和杜绝游医药贩的非法活动，内蒙古自治区卫生厅会同公安、工商行政管理、医药总公司等部门，联合发出《关于取缔游医药贩和严禁制售伪劣药品的通告》，并将《通告》在苏木乡镇集市和广大农村牧区广泛张贴，同时发动群众进行监督，协助药政和医药主管部门加强管理，使游医药贩的非法活动有所减少。

1985 年，仅翁牛特旗、牙克石市就取缔游医药贩 60 余起，销毁假药 80 余起。

进入 20 世纪 90 年代以后，游医药贩一度泛滥，许多游医药贩趁着改革开放之机，非法倒卖伪劣假药。

内蒙古自治区药品监督管理局随即在全区集中开展了药品广告监督检查、整顿查处工作，检查各媒体刊登的药品广告是否经过内蒙古自治区药品监督管理局审批，以及经审批的药品广告内容与刊播内容是否一致。检查发现，经内蒙古自治区药品监督管理局审查的部分药品广告在发布时存在篡改审查内容、夸大药品作用、超出审定内容范围等违法现象；有些广告未经药品行政主管部门审批，其中包括一些宣传单、张贴画，对这些违法药品广告均移送工商行政管理部门查处。

2002 年 8 月 4 日，国务院颁布《中华人民共和国药品管理法实施条例》（国务院令第 360 号），2002 年 9 月 15 日起施行。《条例》的第七章第五十三条明确了药品广告审批的具体规定。

是年，内蒙古自治区药品监督管理局组织各盟市药品监督管理局进行了为期一个月的清查违法药品广告专项治理工作，全区共清查违法发布药品广告 227 份。其中：电视广告 53 份、广播广告 10 份、报纸广告 82 份、宣传单 65 份、其他广告 17 份。经清查未经批准擅自发布的情况严重，占此次清查的违法药品广告的 91%；使用过期药品广告批文的药品广告占 5%；夸大审批内容宣传的药品广告占 4%。

是年，内蒙古自治区药品监督管理局建立违法药品广告公告制度。要求各盟市药品监督管理局、各旗县药品监督管理分局指定专人负责药品广告的监督检查工作；确定重点媒介药品广告监测率在 90% 以上，监测媒介覆盖率达到 100%；凡加盖“内蒙医药专业媒体专用印章”的处方药广告不得在自治区内的大众媒介发布，内蒙古自治区批准的专业媒体只有《中国民族医药杂志》。

2003 年 1 月 1 日开始，按照国家药品监督管理局提出的“至 2002 年 11 月 30 日，除已确定为非处方药的品种外，一律不得在大众媒介发布广告”的规定，内蒙古自治区药品监督管理局在全区集中开展清查没有确定为非处方药的药品在大众媒介发布广告工作。

2004 年 3 月，国家工商行政管理总局和国家食品药品监督管理局修订《药品广告审查办法》和《药品广告审查标准》，2004 年 7 月 8 日起施行《互联网药品信息服务管理办法》等法律法规和规章。

对药品广告的监管主体、广告内容、发布程序及监管主体的权利责任作了明确规定。政府行政管理部门依法对药品广告管理，实行药品广告审批权和监管权相分离的行政管理体制。省、自治区、直辖市药品监督管理部门为药品广告的审查批准机关，工商行政管理部门为广告监督管理机关，对药品广告进行事后监督管理。全年自治区食品药品监督管理局共发布 12 期违法药品广告公告，违法药品广告总数为 663 份，移送违法药品广告统计如下：

2004 年全区药监部门移送违法药品广告统计表

表 3-16

月份	违法药品广告总数	月份	违法药品广告总数
1	46	7	54
2	62	8	26
3	98	9	49
4	39	10	61
5	60	11	44
6	88	12	36
合计	663		

是年，内蒙古黄河制药厂发布的维昌速康牌参苓白术口服液违法药品广告在国家食品药品监督管理局2004年第2期《违法药品广告公告汇总》中出现6次，内蒙古五原九郡药业有限责任公司发布的分清五淋丸违法药品广告出现30次、妇科分清丸违法药品广告出现26次。对此，内蒙古自治区食品药品监督管理局要求以上两企业所在地食品药品监督管理部门（呼和浩特市、巴彦淖尔盟）对上述企业产品包装、说明书和宣传材料等加强日常监督检查。

2005年，全区建立了自治区、盟市、旗县三级药品、医疗器械广告监督网络。加大对国家食品药品监督管理局2004年通报的内蒙古自治区生产企业重点监控工作。国家食品药品监督管理局2005年第4期《违法药品广告公告汇总》中，通报了内蒙古乌兰浩特中蒙制药有限公司、内蒙古五原九郡药业有限责任公司、内蒙古津新药业有限公司、内蒙古库伦蒙药厂4家药品生产企业。自治区食品药品监督管理局加强对通报企业监控，并将药品生产企业及药品名单向全区经营单位发布。

是年，内蒙古自治区食品药品监督管理局对申请备案的异地药品、医疗器械广告进行审核，发现伪造《药品广告审查表》32份，核查出假药品种6个。区内生产企业审批通过的药品、医疗器械、保健食品广告299份。向工商行政管理部门移送违法药品广告491份、医疗器械违法广告5份，保健食品广告7份。

2006年，针对违法药品广告擅自扩大药品疗效，严重误导患者的情况，内蒙古自治区食品药品监督管理局把违法药品广告的药品作为监督抽验工作的一项重点内容，要求各盟市食品药品监督管理局加大查处力度，对脑毒清、降压避风片、百木通胶囊、肾炎温阳片、木鱼石抗栓再造丸、脉管康复胶囊、黄金肺宝、葶苈草颗粒、脉管康复胶囊、前列仙腺25、1+1清肺组合等11种药品及各地已经监测到违法广告中的药品进行监督抽验。

2007年，内蒙古自治区食品药品监督管理局在对内蒙古自治区主要媒体8月份发布的药品广告监测中发现，部分药品在广告宣传过程中存在擅自扩大药品功能主治（适应证）范围，绝对化夸大疗效等严重欺骗和误导消费者的行为。内蒙古自治区食品药品监督管理局立即将药品名单向全区各药品经营单位发出通告，要求立即停止销售此类药品。

是年，内蒙古自治区工商行政管理局、中共内蒙古自治区委员会宣传部、自治区公安厅、自治区监察厅、自治区人民政府纠正行业不正之风办公室、自治区卫生厅、自治区广播电影电视局、自治区新闻出版局、自治区食品药品监督管理局、自治区通信管理局联合印发《内蒙古自治区违法广告公告制度》，违法广告公告的内容包括典型虚假违法广告案例曝光、违法广告提示、违法广告案例点评、涉嫌严重违法广告监测公告等。

是年，为迎接内蒙古自治区成立60周年庆祝活动，内蒙古自治区食品药品监督管理局与上述相关部门联合开展了打击虚假违法广告专项整治行动。采取违法广告药品下架和重点抽验等方式，加大药品广告的专项整治力度。严格依照《药品广告审查办法》，加大对重点媒体的广告监测。对擅自扩大药品功能主治（适应证）范围，绝对化夸大药品疗效、严重欺骗和误导消费者的28个广告药品采取行政控制措施，并撤销3份药品广告批准文号。全年自治区食品药品监督管理局共向工商部门移送药品违法广告978份，向社会公告违法药品广告430份。

2008年，内蒙古自治区食品药品监督管理局对发布违法广告药品采取暂停销售的行政强制措施。年内发现决明山绿茶等20种药品在内蒙古自治区媒体发布，存在扩大药品功能主治范围、夸大药品疗效，利用名人、医生、患者等形象证明药品疗效等严重误导消费者的违法行为。内蒙古自治区食品药品监督管理局立即采取了对违法广告中的药品在自治区行政区域内暂停销售的行政强制措施；对“壮腰健肾丸”等7种药品在乌兰察布市行政区域内采取了暂停销售的行政强制措施；对“五味黄连丸”

等 9 种药品在呼伦贝尔市行政区域内采取了暂停销售的行政强制措施。

是年，内蒙古自治区食品药品监督管理局制定《内蒙古自治区药品医疗器械保健食品广告发布企业信用分类管理制度》，明确了各级食品药品监督管理部门责任，对纳入信用分类管理企业、信用等级的类别、药品安全信息档案的利用等提出了要求。

2009 年，全区开展打击利用互联网等媒体发布虚假广告，以及通过寄快递等渠道销售假药专项整治行动。是年 6 月，国家食品药品监督管理局通报了内蒙古电视台卫视频道、内蒙古电视台文体娱乐频道、内蒙古电视台经济生活频道、内蒙古电视台影视剧频道、呼和浩特电视台新闻综合频道、包头电视台一套发布的药品广告中存在严重违法问题。经监测发现部分频道发布肉蔻四神丸、复方海蛇胶囊等严重违法广告，内蒙古自治区食品药品监督管理局依法将其移送内蒙古自治区工商行政管理局查处。对茸杞补肾健脾茶等 17 种药品采取暂停销售行政强制措施。

2011 年，内蒙古自治区食品药品监督管理局、通信管理局、工商行政管理局等部门联合转发《关于进一步严厉打击利用互联网发布虚假药品信息非法销售药品的通知》，要求各盟市对辖区内药品生产、经营企业建立的网站及其他综合性网站进行严格检查。全区共检查企业网站 162 家，其他综合性网站 100 家。发现存在违法发布药品信息网站 28 家，予以警告并责令限期整改。对“双瓜糖安胶囊”等 5 种违规广告药品，实施暂停销售的行政强制措施。对“冠心保软胶囊”等 7 种违法广告药品，实施暂停销售的行政强制措施。对限期不予改正的 5 家网站移送相关部门依法查处，对 4 家非法网站予以取缔。

2014 年，内蒙古自治区食品药品监督管理局向自治区工商行政管理局移送违法广告 21334 条次。

2015 年，内蒙古自治区食品药品监督管理局向自治区工商行政管理局移送违法广告 22821 条次。

2017 年，内蒙古自治区食品药品监督管理局向自治区工商行政管理局移送违法广告 78 条次。

第二节　案件查处

1993 年，内蒙古自治区卫生厅与包头市卫生局联合开展检查，发现有大量的假先锋霉素 5 号在包头销售使用。经查包头药材站原销售科丁某盗存本站空白发票，伙同该站财务科人员加盖印章，购得假先锋霉素 5 号并销售；假先锋霉素 5 号通过冒充药材站渠道流入市场，包头医药分公司青昆药店从敕勒川药材市场购得假先锋霉素 5 号并销售；包头医药分公司蒙药批发部办理代销假先锋霉素 5 号；包头气化站经销员马某以本站名义出具发票，转运假先锋霉素 5 号。内蒙古自治区医药专营办公室就此事件向全区发出通报，并予以查封，有关部门就此案件进行了惩处。

是年 9 月，乌海市医药分公司从包头市东河区胜利医药经销部购入注射用头孢唑林钠 5000 支，该公司将购得药品送往乌海市药品检验所送样检验，经检验该药不是注射用头孢唑林钠，乌海市卫生局对其予以查封。内蒙古自治区卫生厅获悉后，立即向全区下发传真电报，对该类药品进行暂控检验。经查销往乌海市医药分公司假头孢唑林钠的供货单位包头市东河区胜利医药经销部不存在。传真下发后，包头市、伊克昭盟等地均查出注射用假头孢唑林钠，均假冒青岛第二制药厂的商标和厂名。内蒙古自治区卫生厅进行追踪调查核实，冒充青岛第二制药厂的假头孢唑林钠是河南省安阳县李家坡村农民李某某在河南伪造标签，将价廉的青霉素换贴价高的头孢唑林钠标签出售，李某某通过各方面渠道将该假药销售给包头市一些国营医药、医疗单位。内蒙古自治区卫生厅依据《中华人民共和国药品管理法》，对销售和使用假头孢唑林钠的单位和个人分别予以处罚。

1994年12月8日，包头市土默特右旗医药管理局市场管理人员在检查中发现，河北省、呼和浩特市等地的不法分子与包头市生化制药厂在已关闭的敕勒川药材市场内进行非法购销药品活动，检查人员当场扣留了包头市东河区红十字会经销部（隶属生化制药厂）红色天津大发客货车和3名包头市生化药厂业务人员，车上装有河南新乡百泉中药厂产氟哌酸胶囊5880板，安徽淮南制药厂产速效感冒胶囊380袋，西安金西制药厂产50%的葡萄糖220盒，武汉产蛇胆川贝液235盒以及药棉53包，总计金额约7000余元。包头市生化制药厂隶属市商业局，是一家国营制药厂，该厂在敕勒川药材市场进行非法购销药品活动，在无“药品经营合格证”“药品经营许可证”两证情况下，大量批发医药商品扰乱药品市场秩序。据此，包头市医药管理局吊销该企业营业执照，没收全部药品和违法所得，并根据情节以经营额正品价格五倍以下处以罚款。

1995年1月15日，第4期《信访反映》摘编的署名“呼包二市及西部区医药职工”的一封群众来信反映，土默特右旗敕勒川药材市场从1993年开业以来，名义是药材市场，实际97%以上为个体经营者贩卖西药、中成药。这些药大多数是河北省无极县等地生产的伪劣药品，在原地被中央电视台“质量万里行”曝光，市场被封闭后流入内蒙古。内蒙古自治区医药管理局（医药总公司）和有关部门立即开展联合稽查行动。经过核实《信访反映》情况属实，非法和变相开办药品集贸市场现象相当严重，非法药品集贸市场实际上成了假劣药品的集散地。为此，内蒙古自治区医药管理局、自治区卫生厅等部门查封了包头市土默特右旗敕勒川药品集贸市场。

1997年，在内蒙古自治区人民政府的统一领导下，内蒙古自治区工商局、医药管理局、卫生厅、技术监督局等部门密切配合，部署对全区85家药品生产企业，311户药品经销批发企业，1234户药品零售企业，555个医疗机构（包括乡镇苏木卫生院），5274户个体门诊进行全面自查，并在自查的基础上进行重点抽查。对抽查中发现的各种违规违纪问题进行处罚，对触犯法律的移交公安、检察部门进行查处。

2000年，内蒙古自治区药品监督管理局重点对药品流通秩序进行治理整顿，查处一批制售假劣药品的违法违规案件，有效遏制药品生产经营中混乱状况。为巩固已取缔的3个非法药品集贸市场的整治成果，配合内蒙古自治区纠风办，多次进行暗访和检查，并同当地政府共同研究制定了加强监管、监控的措施，防止取缔后的反弹。在做好药品市场全面整治工作的同时，重点查处了几个大的制售假劣药品案件：（1）查处了隐藏在呼和浩特市玉泉区中医院多年，以坐堂看病为名，大量制售假劣药品的山西襄汾县农民续某某案，彻底捣毁了其制假售假窝点；（2）查处了呼和浩特市新城区南街医院一些人以行医为名，兜售武汉某医院提供的“精神平”系列假药案；（3）与呼和浩特市卫生局联合行动，捣毁3处制售假冒山东省孔府制药厂“消淋败毒散”药品窝点；（4）查处违规保健药品招商会1起。

是年8月15日，群众举报呼和浩特市玉泉区有人制造假冒山东孔府药厂生产的消淋败毒散在包头市、呼和浩特市销售，包头市卫生局在公安部门的配合下，及时出动，分别在利民街查出消淋败毒散说明书7万张，在五塔寺东街查出假药消淋败毒散1500万袋，在包头市青山区三机厂院内查出消淋败毒散小包装袋7万袋，共查获非法生产的假药及作案工具价值约4万余元。

2001年，内蒙古自治区药品监督管理局集中查处了一批大案要案、典型案件。分别是：赤峰市查处用猪饲料生产小儿感冒灵的制假案件；通辽市查处假冒内蒙古蒙药厂产品的制假案件；内蒙古津新药业有限公司、内蒙古黄河制药厂制售假药、劣药案件；伊克昭盟准格尔旗非法转让“药品经营许可证”案件。各盟市查处了非法生产含有枸橼酸西地那非药品、广西半宙制药集团公司第三制药厂生产的黄柏胶囊、广东省河源市亿康制药厂生产的盐酸小檗碱片、假冒四川省蜀阳药业（集团）有限责任公司成都蜀阳制药厂生产的人血白蛋白等假药案。

是年10月25日，内蒙古自治区药品监督管理局接到群众举报后，立即出动进行突击检查，在呼和浩特市海天花园居民住宅当场抓获涉案人韩某等5人正在生产、包装标示为河南洛阳民生药业有限公司生产的“全鹿丸”，批准文号为ZZ－2027－豫卫药准字（1996）第014105号，注册商标为“旭光”。其中：成品85盒、散装药粒54.9公斤，合计成品1000盒，大包装盒1000个，小包装盒5000个，药瓶10000个，涉案标值16万元。经查这些药品均系假冒，河南洛阳民生药业有限公司有该产品及其批准文号，但已多年未生产此药。主要犯罪嫌疑人胡某以陕西咸阳阳光医药科技有限公司的名义，同各地经销人员签订销售合同，已销往辽宁等21个省、市、自治区，因涉案金额巨大，且跨省作案，报请国家药品监督管理局协助查处。

是年12月18日，根据群众举报，内蒙古自治区药品监督管理局会同内蒙古电视台《今日观察》栏目记者，共同对准格尔旗医药公司拍卖零售药店营业执照一案进行调查。调查中发现，伊克昭盟准格尔旗医药公司无视国家法律，将公司所属的16个药店的经营证照进行拍卖，拍卖得到证照的人员仅凭一纸“竞争执证协议书”便另行开业，致使该旗药品经营管理混乱，大量无证药店从事药品经营活动，群众反映强烈。对此，内蒙古电视台《今日观察》节目进行了报道。内蒙古自治区药品监督管理局将此案移交伊克昭盟药品监督管理局进行查处：一是责令准格尔旗医药公司立即退还拍卖16个药品“经营企业许可证”所得的全部资金；二是立即取缔了该旗所有无证照从事药品经营的药店；三是对准格尔旗医药公司违法行为按照《药品流通管理办法》第15条规定，处以2万元罚款。

是年，在河北省、天津市、山东省等地出现以内蒙古益康药业有限公司为名兜售“消亢灵、消银宁、草本消渴宁”等药品，经内蒙古自治区药品监督管理局核实，内蒙古益康药业有限公司生产的上述药品均属非法生产经营，其“药品生产企业许可证”“药品生产企业合格证”及产品生产批准文号均为伪造。内蒙古自治区药品监督管理局报请国家药品监督管理局将报告批转各省、市、自治区药品监督管理部门依法查处了上述药品。

是年，为鼓励群众积极提供制假售假案件的线索，内蒙古自治区打假工作领导小组印发《内蒙古自治区检举制售假冒伪劣商品违法行为有功人员奖励办法（试行）》。检举人检举制假售假违法行为有功的，根据其对查办案件的贡献程度给予该案实际到位罚没款10%以下的奖金。

是年，内蒙古自治区药品监督管理局接到群众举报，对内蒙古津新药业有限公司（原集宁中药厂）生产假劣药品案件进行立案调查。药品监督执法人员在检查中共抽查该企业中成药11个品种，有6个劣药和1个假药品种，产品不合格率为63.6%，并且发现该企业的仓储管理非常混乱，存在严重问题。内蒙古自治区药品监督管理局对存在问题进行了行政处罚，责令其限期整改。

是年，内蒙古自治区药品监督管理局先后多次接到举报电话和国家药品监督管理局转来的举报呼伦贝尔哈慈制药厂制售假劣药品违法违规行为的信件。国家药品监督管理局对此案十分重视，对查办案件提出明确要求。内蒙古三次派出调查组，前往该药厂进行调查，封存了需核查检验的可疑药品11种，抽样检验11个品种、13个批次。经抽样核查，除熊胆汁无标准未检外，其余12个检品，合格的5批，不合格的7批，不合格率58.3%。同时经核查发现该药厂还存在多种违法违规行为，将1994年生产的西黄丸重新粉碎加工更改批号后销售；购进劣药血竭加工回生第一丹（散剂）；购进劣质麝香原料；在生产小儿胃宝片时未经批准添加香精。自治区药品监督管理局对查实的问题分别依法进行了查处。

是年，据群众举报，内蒙古医药专修学院千余名学生在寒假被摊派销售问题药品，经内蒙古自治区药品监督管理局与呼和浩特市药品监督管理局组成联合调查组进行调查，摊派给学生销售的药品有：

咳康胶囊、胃安胶囊、痘痘清胶囊、益血力颗粒，前3种是该院下设附属医院制剂室生产的，该制剂室已于2001年12月因验收不合格，被内蒙古自治区药品监督管理局撤销了“医疗机构制剂许可证”。益血力颗粒包装盒上印有北京某推广中心和贵州某药业公司联合生产，但药品包装盒（瓶）上均未标明生产批号，属违法经营药品和生产销售劣药。自治区药品监督管理局要求该院立即停止违法行为，并配合呼和浩特市两级药品监督管理部门迅速收回学生手中的药品，当场查收封存该制剂室库存的上述药品7419盒（瓶），总计13111盒（瓶），价值12万余元。

是年，内蒙古自治区药品监督管理局对国家药品监督管理局交办案件和群众举报案件进行及时的调查处理，查处国家药品监督管理局交办的河北宏宝药业股份有限公司制售假劣药品案；查处内蒙古医药专修学院非法组织学生销售药品和内部制剂的重大案件；查处呼伦贝尔哈慈制药厂非法生产劣质药案；查处两起无证经营“欧欧眼保仪”医疗器械案件；组织对内蒙古海尔森医疗器械公司一次性使用无菌医疗器械生产车间突击检查。全年区内共立案8788起，结案6374起，共处理国家交办案件8起，及时处理率为100%；共受理群众举报、投诉40起，及时处理率为100%；共受理省际间协查案件54起，办结率为98%。

2003年，内蒙古自治区药品监督管理局加强省际协查，按时完成国家食品药品监督管理局交办案件11件，与其他省、市、自治区协查案件353件。查处销售使用假冒河南飘安集团公司、亚都卫材厂生产的防护服、隔离衣以及假药“安克淋”“亚思达”等案件，共发现和查处假冒伪劣药品75个品种。组织查处内蒙古五原九郡药业有限公司违法生产药品案、内蒙古五原九郡药业有限公司非法异地设置仓库销售药品案、呼伦贝尔市人民医院和满洲里市第二人民医院购进使用无注册证的IC超微智能诊断系统案、内蒙古蓝天大药房销售假劣药品案、内蒙古太乙堂药业有限公司非法销售药品、医疗器械案等大要典型案件。全年全区共立案7022起，结案率86%。

2004年，在公安机关的密切配合下，内蒙古自治区食品药品监督管理局查处赤峰市两起跨地区重大违法销售假药案、呼和浩特市销售假药“复方半边莲注射液”案（涉案金额达100多万元）、赤峰维康生化制药厂生产销售劣药案、巴彦淖尔盟五原县塔尔湖诚信大药房违法经营假劣药案、通辽市中医院非法配制制剂案、集宁市医院销售劣药案及呼和浩特市销售假药“中华英雄”案等一大批大要案件。全年全区共立案5915起，移送司法机关查处6起，结案5580起，结案率94.3%；完成国家食品药品监督管理局交办案件6件，其他省市区要求协查案件310件。

是年，国家食品药品监督管理局接到群众举报，反映内蒙古凯蒙制药有限公司生产的复方铝酸铋片未按照国家规定处方中的成分投料生产，其中弗朗鼠李皮（进口药材）用鼠李皮冒充（国产），甘草浸膏粉用甘草生药原粉替代。国家食品药品监督管理局对此事件十分重视，将举报信转至内蒙古自治区食品药品监督管理局迅速进行查处。

2005年，内蒙古自治区食品药品监督管理局完成国家食品药品监督管理局交办案件4件，其他省、市、自治区要求协查案件378件，立案查处各类案件4604起，结案4537起，结案率98.5%。受理群众举报投诉292件。

2006年3月31日，呼和浩特市公安局公交分局岗勤一中队查获了一辆载有中药饮片的物流大货车，无任何药品购销手续。公安部门将此案移交呼和浩特市食品药品监督管理局，并联合查封扣押了此车药品，共计370包8箱。经核查此车药品系从安徽省亳州市中药材市场购进，运往包头市、东胜市、达拉特旗、呼和浩特市等地。案件涉嫌无证经销药品和从无证单位购药两种违法行为，经合议做出没收此车药品的决定。

是年6月22日，国家食品药品监督管理局接到举报，乌海市三立药业有限公司销售的人血白蛋白是假药。自治区食品药品监督管理局要求乌海市食品药品监督管理局迅速进行查处，经查其经营的人血白蛋白购进渠道不正规，经与药品标示生产厂家核实，此批药品不是合法厂家生产的产品。乌海市食品药品监督管理局立即对该厂下达行政处罚决定书，对乌海市三立药业公司处以没收假药 108 支，没收违法所得 2460 元，处以罚款 73800 元的行政处罚。

是年，轰动全国的“齐二药”假药和“欣弗”劣药事件曝光后，内蒙古自治区食品药品监督管理局立即组织在全区范围内进行“拉网式”排查，并要求各级监管部门加大对大要案件的查处和曝光力度。排查中破获涉案金额 77.7 万元的脉络宁注射液假药案，查处内蒙古医药有限责任公司涉案金额 11.8 万元的假冒六味地黄丸案，查处呼伦贝尔哈慈制药厂货值 33 万元的生产销售劣药案，查处兴安盟科右中旗人民医院、科右中旗蒙医医院销售使用假冒人血白蛋白案，涉案金额 7 万元。全年完成查处国家食品药品监督管理局交办案件 6 件，其他省、市、自治区要求协查案件 452 件，受理群众举报投诉 216 件，立案查处各类案件 5418 起，结案 5055 起，结案率 93.3%。

2007 年，内蒙古自治区食品药品监督管理局与安徽省食品药品监督管理局共同查获了假冒内蒙古大唐药业有限公司生产、销售假皮炎宁酊案，查获假药 200 件，货值 13 万多元，有关犯罪嫌疑人被公安机关缉拿归案。查处了呼和浩特振国肿瘤咨询处及伟康药店二楼以义诊方式无证销售药品案，涉案金额近 5 万元。鄂尔多斯市端掉 2 个制假售假窝点，查获违法产品 50 多种，涉案金额 15 万余元。全年全区完成查处国家食品药品监督管理局交办案件 4 件，其他省、市、自治区要求协查案件 150 多件，受理群众举报投诉 40 件，共立案查处各类案件 2028 起，结案 1927 起，结案率 95.02%。

2008 年，内蒙古自治区药品监督管理局以查破大要案件为重点，有效利用公安、工商行政管理、卫生、邮政、电信等部门的协作联动工作机制，严密监控互联网上违法销售药品、发布虚假信息情况。先后对赤峰市桓祥中药饮片有限责任公司进行突击检查，涉案金额 86 万元；查处了康臣药业（内蒙古）有限责任公司违法生产尿毒清颗粒案，涉案金额 3000 多万元；自治区药品监督管理局在呼和浩特市食品药品监督管理局的配合下，端掉了王丹阳无证经营药品黑窝点，查获违法经营药品 249 种 392 批次，涉案金额 12.4 万元；通辽市食品药品监督管理局查处内蒙古兴源华药药业有限公司超范围经营重组人促红素注射液案，涉案金额 10.9 万元；呼和浩特市食品药品监督管理局查处内蒙古医院未经批准擅自生产、使用医用氧气案，涉案金额 40 多万元；鄂尔多斯市食品药品监督管理局查处了王某无证经营中药饮片案，查获中药饮片 200 多种，涉案金额 10 万多元。全年全区共立案 4410 起（其中国家食品药品监督管理局交办案件 4 件），结案 4126 起，结案率 93.6%，涉案总值 3487.87 万元，罚没款 5744 万元。

2009 年，按照卫生部暂停使用、销售并封存黑龙江乌苏里江制药有限公司佳木斯分公司生产的双黄连注射液的有关要求，内蒙古自治区食品药品监督管理局对辖区内经营、使用该公司生产的双黄连注射液进行检查，全区共查控该公司生产的双黄连注射液 107954 支，其中存在问题批号的双黄连注射液 544 支。

是年，国家和内蒙古自治区两级食品药品监督管理局均接到群众举报，反映内蒙古佳合药业有限公司小容量注射剂于 2003 年通过 GMP 认证后，5 年时间内没生产出一支能进入市场的针剂药品，生产线多个设备设施存在不同程度的问题，生产环境达不到洁净标准，生产人员素质低下，有 60% 是临时雇佣的农民工。对此问题，国家食品药品监督管理局认证中心委派检查组对该企业小容量注射剂进行了认证检查，内蒙古自治区食品药品监督管理局结合认证工作对举报信内容进行全面核查。根据检查组意见，现场检查小容量注射剂未通过认证，但未发生不良事件，故不进行处罚。对检查中发现的其他共性缺陷项，内蒙古自治区食品药品监督管理局责令企业进行整改。

2011 年，内蒙古自治区食品药品监督管理局联合内蒙古自治区通信管理局、公安厅和工商行政管理局查处利用互联网发布虚假药品信息及通过寄递渠道销售假药等 8 起违法犯罪案件。全年全区共立案查处制售假药等违法犯罪案件 1628 起，结案 1560 起，结案率为 96%；办理国家食品药品监督管理局交办案件 3 起，区内外协查案件 71 起。

扎兰屯市食品药品监督管理分局与公安局联合打假，捣毁两起生产假药窝点，共查扣制假中药饮片 1739 公斤，各种原料粉 134.5 公斤，假药成品和半成品 10 公斤，中药加工机 1 台，24 套模具以及假药说明书、宣传材料若干。

2012 年 3 月，内蒙古自治区食品药品监督管理局对通辽市、赤峰市、鄂尔多斯市共 36 家重点监管企业开展了督查巡查工作，落实企业质量管理主体责任。积极应对济南非法经营疫苗案件突发事件，全面排查非法疫苗流入流出的情况，经检查全区疫苗经营企业无一涉案。

2013 年，全区开展集中查处食品、药品、医疗器械、保健食品、化妆品违法违规案件，立案 3010 起，结案 2955 起，结案率为 98.2%；移送公安机关案件 45 起；办理或处理国家食品药品监督管理局举报和外省区交办或协查案件 23 起。

2015 年，内蒙古自治区食品药品监督管理局在全区开展了查核伪劣“四品一械”（药品、餐饮食品、保健品、化妆品、医疗器械）稽查专项行动。检查生产经营企业共 32 万户次，立案查处违法案件 7760 件，涉嫌犯罪移送司法机关 39 件。共查获伪劣“四品一械”货值金额 675 万元，罚没款 2685 万元。召回 8 家企业经营的问题胞磷胆碱钠注射液，召回银杏叶药品 20 多万盒。捣毁窝点 6 个，责令停产停业 54 家，吊销许可证 7 家，重特大案件查处率达到 100%。

2016 年 3 月，山东警方破获案值 5.7 亿元非法疫苗案，疫苗未经严格冷链存储运输销往 24 个省市，其中就有内蒙古。内蒙古自治区食品药品监督管理局会同有关部门妥善处理了这起违法经营疫苗系列案件突发事件。

第四篇

医疗器械监督管理

内蒙古自治政府成立后，逐步把医疗器械监督管理纳入行政监管和技术检测范围。最早的医疗器械监管机构是民国 36 年（1947 年）成立的内蒙古自治民政部卫生局药政科，负责药品医疗器材管理工作。1950 年成立内蒙古自治区医药公司，承担医疗器械生产和经营企业的行业管理。1954 年，内蒙古自治区卫生部与绥远省卫生局合并改称内蒙古自治区卫生厅下设药政科，负责全区药品、医疗器械监督管理。1958 年，内蒙古自治区卫生厅药政管理处与内蒙古自治区医药公司合并成立的内蒙古自治区卫生厅药政管理局，负责全区医药公司系统药品和医疗器械管理。1996 年，内蒙古自治区医药管理局首次单独设置医疗器械行政监督处。2000 年、2004 年、2009 年、2013 年历次机构改革和职能调整都设置医疗器械监管处，负责全区医疗器械监督管理工作。

经过 70 年的发展与改革，医疗器械行政监管和技术检测机构逐步建立完善，医疗器械监管队伍得到加强，检测能力水平不断提高，监管手段不断科学规范，全区基本建立了医疗器械行政监管体系和技术检测网络。

第一章　医疗器械注册与标准

医疗器械注册审查工作是医疗器械监督管理工作的重要内容，注册审查内容包括对企业申报的技术资料、临床验证方案、标准及企业质量体系的审查认可和临床验证的实施。医疗器械注册与标准以及医疗器械生产经营许可技术审核审查由内蒙古自治区食品药品审评查验中心等机构承担。

第一节　医疗器械注册

1991 年 4 月 10 日，国家医药管理局发布《医疗器械管理暂行办法》，规定了省、自治区、直辖市医药管理局在国家医药管理局指导下负责其所辖范围的医疗器械管理监督工作。该办法对医疗器械分类管理、医疗器械生产企业管理、医疗器械经营企业管理、医疗器械新产品的管理、医疗器械的标准和质量监督管理、医疗器械的广告管理及违章处理等作出明确规定。

1997 年 1 月 1 日，《医疗器械产品注册管理办法》（国家医药管理局令第 16 号）实施。该《办法》规定，未经注册的医疗器械不得进入市场，将医疗器械按照风险程度分为三类。国家医药管理局负责全国的医疗器械产品注册工作，并直接受理境内企业生产的第三类医疗器械产品和境外企业生产的医疗器械产品的注册审查。国家医药管理局委托省、自治区、直辖市医药管理局或省、自治区、直辖市政府确定的医疗器械行政监督管理部门（以下简称省级医疗器械管理部门）对辖区内企业生产的第一、二类医疗器械产品进行注册登记或审查。境内企业生产的第一类医疗器械产品在省级医疗器械管理部门办理准产注册登记。国家对境内企业生产的第二、三类医疗器械产品实施分阶段注册审查。第一阶段为试产注册，主要审查产品的安全性和有效性。第二阶段为准产注册，主要审查企业质量保证能力。试产注册有效期为 2 年，试产注册后的第 7 个月开始，生产者即可申请准产注册。

1999 年，根据国家质量技术监督局标准司、国家药品监督管理局医疗器械司联合下发《关于对进口医疗器械产品实行标准化备案管理有关问题的通知》精神，内蒙古自治区医药管理局规定，凡进口医疗器械产品必须取得国家药品监督管理局颁发的医疗器械产品注册证书，其中属机电类的医疗器械产品，应通过省级标准化管理部门备案后方可经营和使用。

是年，自治区医药管理局全年共审查备案产品标准 8 个，核发产品注册证书 7 个。

2000 年 1 月 4 日，中华人民共和国国务院令第 276 号公布《医疗器械监督管理条例》，该《条例》对医疗器械产品的研制、生产、经营和使用以及医疗器械的监管做了详细规定。医疗器械监管由单一许可管理（产品注册管理）向双许可管理（产品注册许可和企业生产经营许可）转变，标志着医疗器械从市场准入管理阶段进入了依法监管阶段。

是年4月10日，为规范医疗器械产品的注册管理，保证医疗器械安全有效，根据《医疗器械监督管理条例》，国家药品监督管理局颁发《医疗器械注册管理办法》（国家药品监督管理局令第16号），1997年国家医药管理局颁布的《医疗器械产品注册管理办法》同时废止。新《办法》明确规定国家对医疗器械实施分类管理，实行产品生产注册制度，实行分类注册管理。境内第一类医疗器械由设区的市级（食品）药品监督管理机构审查批准。境内第二类医疗器械由省、自治区、直辖市（食品）药品监督管理部门审查批准。境内第三类及境外医疗器械由国家食品药品监督管理局审查，批准后发给医疗器械注册证书。境内企业生产的第一类医疗器械实行直接准产注册。境内企业生产的第二类、第三类医疗器械先办理试产注册，注册证有效期2年，试产注册后的第7个月起，即可申请准产注册，注册证有效期4年。

2001年，内蒙古自治区药品监督管理局共受理医疗器械产品注册申请19个，注册产品16个，并按季及时报国家药品监督管理局备案。

2002年，内蒙古自治区药品监督管理局制定《内蒙古自治区医疗器械注册产品清理整顿工作计划》，从6—10月底全面清理过期注册证号，清理非医疗器械产品，建立注册产品数据库，审核产品使用说明书，复核注册产品标准。完成第三类医疗器械产品的注册初审和申报，并取得产品注册证书，完成第二类医疗器械产品注册审查和发证工作。

2003年，全区各级药品监督管理部门按照自己的职责，建立预防诊断治疗“非典”医疗器械的快速审批通道。在执行注册受理、质量标准复核、技术审评等程序的基础上，加强对医疗器械注册管理指导，实行“随到随审”和“宽进严出”等措施，以加快审批速度。全年共注册医疗器械产品11个。

是年，国家食品药品监督管理局关于印发《定制式义齿注册暂行规定的通知》（国食药监械〔2003〕365号）明确定制式义齿应进行注册。使用已注册的义齿材料生产的定制式义齿产品为第二类医疗器械，使用未注册的材料生产的定制式义齿产品为第三类医疗器械。

2004年8月9日，《医疗器械注册管理办法》（国家食品药品监督管理局令第16号）实施。该《办法》取消了医疗器械试产注册，保留了到期重新注册与医疗器械注册证书变更。

是年，内蒙古自治区食品药品监督管理局受理审查医疗器械注册产品9个，注册第二类医疗器械产品7个。

2005年，全区注册第二类医疗器械产品18个、第一类医疗器械产品3个。

2007年，内蒙古自治区食品药品监督管理局制定了《医疗器械注册产品申报资料核查计划》，按照国家食品药品监督管理局关于注册材料核查的新要求，依据新标准开展对注册产品的标准、说明书、临床试验等方面的资料核查，以保证注册产品的真实可靠。同年，国家食药监管局发布了《体外诊断试剂注册管理办法（试行）》，明确了体外诊断试剂注册管理相关要求。

2008年，内蒙古自治区食品药品监督管理局开展医疗器械注册资料真实性核查、生产企业质量体系审查、生产企业日常监管检查，对2005年后开办的经营企业和以往检查中存在问题的经营企业的监督检查。全面加强医疗器械使用环境监管，加强医疗器械不良事件监测，对82份“医疗器械产品注册证”和19个临床实验资料全部进行核查，注销“医疗器械产品注册证”5份，停产整顿4家，取缔无证经营2家，注销“医疗器械经营许可证”50份。对1家注射输液器具生产企业的2个第三类医疗器械注册申请资料进行现场核查。

2009年，内蒙古自治区食品药品监督管理局加强第一类医疗器械注册工作，规范和公开注册工作程序；遵守分类判定原则，杜绝高类低划（指省或市级食品药品监管部门将应由上级监管部门审查发证的药疗器械，越权进行了审批）和将非医疗器械产品按医疗器械审批等违规注册情况；加强注册资料审查，组建了内蒙古自治区医疗器械审评专家库，提高审评的权威性。全区共注册第二类医疗器械产品16个，盟市食品药品监督管理局完成5个第一类医疗器械产品的注册，完成质量管理体系现场考核11家。

2010年，内蒙古自治区食品药品监督管理局将医疗器械产品注册和“生产许可证”的发放有机结合起来，严格生产企业的开办条件，注重质量体系考核的实际效果，规范和提升企业执行产品标准的能力。加强医疗器械注册质量管理，对产品标准、生产经营企业开办质量体系考核、产品检测和临床试验注册等各个环节严格把关，从注册的源头上加强管理。全区有效期内产品注册证66个（第三类6个、第二类45个、第一类15个），注册第二类医疗器械产品13个，完成质量体系现场考核8家。

2011年，内蒙古自治区食品药品监督管理局完成全区注册医疗器械产品18个（第二类6个），完成质量体系现场考核6家。

2012年，内蒙古自治区食品药品监督管理局进一步规范资料审查、检查验收的程序和标准，保证产品注册资料和现场核查的真实完整。全年受理第二类“医疗器械产品注册证”首次注册申请23个，核发22个，重新注册16个；各盟市食品药品监督管理局核发第一类“医疗器械产品注册证”34个。

2013年，内蒙古自治区食品药品监督管理局组织各盟市食品药品监督管理局对第一类医疗器械注册产品工作进行自查，并派出专业人员进行现场检查。对盟市第一类医疗器械注册50个产品进行检查，其中第一类敷贴类产品32个。对具有治疗功能却没有临床证据支持，其提取物属于非医疗器械作为医疗器械审批的16个一类敷贴类产品予以注销。对7个敷贴类已审批产品需要求生产企业补充、补正的，限期该产品重新注册。对6个疑似存在高类低划、非医疗器械作为医疗器械审批、产品名称不规范等问题的产品做出相应处理。完成医疗器械第二类产品注册14个。

2014年，《医疗器械监督管理条例》（中华人民共和国国务院令第650号）出台。同年，国家食品药品监督管理局发布《医疗器械注册管理办法》（局令第4号）、《体外诊断试剂注册管理办法》（局令第5号）。医疗器械注册管理发生了重大变化，由原来的先生产许可后产品注册改变为先产品注册后生产许可，取消了原来的医疗器械注册产品标准，引入了产品技术要求。

第一类医疗器械由注册管理改为备案管理，境内产品由设区市级食品药品监督管理部门备案，进口产品由国家食品药品监督管理总局备案。第二类医疗器械由省、自治区、直辖市食品药品监督管理部门审查批准，第三类及进口第二类、第三类医疗器械由国家食品药品监督管理总局审查批准。取消重新注册及医疗器械注册证书变更。对于医疗器械注册证届满需延续的，在注册证效期届满6个月之前申请延续注。对于已注册的第二类、第三类医疗器械，医疗器械注册证及其附件载明的内容发生变化应申请变更注册，产品名称、型号、规格、结构及组成、适用范围、产品技术要求、进口医疗器械生产地址等发生变化的，应申请注册许可事项变更，对于注册人名称和住所、代理人名称和住所发生变化的，应申请注册登记事项变更，其中登记事项变更非行政许可事项。

2014年，内蒙古自治区食品药品监督管理局受理医疗器械第二类产品注册14个。对7家医疗器械生产企业的质量管理体系现场检查，通过5家。

2015年，内蒙古自治区食品药品监督管理局将医疗器械产品注册及医疗器械技术审评工作与技术创新相结合。鼓励自治区医疗器械企业研发创新，重点支持生物医学材料、核技术医疗设备、医学影像设备、医学检验设备、肿瘤治疗设备、智慧诊疗设备、蒙中医特色诊疗设备、高端耗材等医疗器械研发，将上述产品以及拥有产品核心技术专利、具有重大临床价值的医疗器械注册申请列入特殊审批范围，予以优先办理。

是年，内蒙古自治区食品药品监督管理局共接收17家医疗器械企业50个品种资料（首次注册品种21个，延续注册品种25个，变更注册品种4个）。其中，2个医疗器械产品的首次注册、8个产品的延续注册、3个产品的变更注册因申报错误退回受理中心；13个产品的首次注册、14个产品的延续注册及1个产品的变更注册已经通知企业进行补正；3个产品（2个首次注册，1个延续注册）通过技术审评。

2016年，按照国家食品药品监督管理局要求，对内蒙古自治区医疗器械注册信息进行梳理、补充和上报，向国家食品药品监督管理局医疗器械注册数据库报送18期报表。对盟市食品药品监督管理局的第一类备案工作进行部署，起草并上报《内蒙古自治区医疗器械质量安全报告》。为规范体外诊断试剂注册工作，下发《内蒙古自治区体外诊断试剂注册检验抽样服务指南》。全年共核发17个第二类医疗器械产品注册证，其中首次注册5个，延续注册12个。办理9个医疗器械注册证变更文件，核发《不予行政许可决定书》1个，对9个注册证到期且未延续的注册证予以注销。全年共发布注册许可公告5期，注册变更信息公告1期，注销注册证公告2期。全区有54个第二类医疗器械产品注册证。组织并配合审评查验中心完成了3个拟注册产品的质量体系考核。

第二节　医疗器械产品标准

1964年4月30日，卫生部印发《医疗器械产品技术标准管理实施办法》。

1973年，卫生部发布修订后的《医疗器械技术标准管理办法》，在全国试行。凡是没有国家标准和部级标准而正式生产的产品，都必须制定企业标准。

1978年12月1日，卫生部发布《医疗器械产品质量管理办法试行》《医疗器械产品考核办法试行》《医疗器械产品分等办法（试行）》《医疗器械新产品设计和试制管理办法》。

至1990年年末，内蒙古自治区伊克昭盟有1家医疗器械厂，因生产老产品钳子、镊子等简单器械，执行国家标准，没有制定企业标准。1993年，内蒙古自治区医药管理局和技术监督局制定《关于加强医疗器械新产品企业标准管理的意见》。按照《意见》要求，进一步理顺企业产品标准备案的关系。

1999年，国家药品监督管理局发布GB8368—1998《一次性使用输液器》等三项国家标准。这三项标准是国家强制执行标准，自新标准实施之日起，各生产企业必须严格按新标准组织生产，以保证产品质量。

到1999年底，内蒙古自治区医药管理局和自治区技术监督局备案的各类医疗器械产品标准有53项。

2000年，《医疗器械生产企业质量体系考核办法》颁布实施，该办法适用于申请第二、三类医疗器械准产注册企业的审查及对企业的定期审查。企业获得GB/T19001和YY/T0287（或GB/T19002和YY/T0288）标准的质量体系认证证书或已实施工业产品生产许可证、已实施产品安全认证，且证书在有效期内的，可视同已通过企业质量体系考核。

2000年，内蒙古自治区药品监督管理局共审查批准认可12个产品注册标准，修订2个标准。将国家标准、行业标准目录翻印成册，将收集的86个国家标准和93个行业标准及11个专业标准编制成目录，提供给企业。

2001 年，按照国家药品监督管理局标准化管理工作规定，审查区内医疗器械生产企业注册产品标准 22 个，审查企业修订标准 2 个。

2002 年 5 月 1 日，国家药品监督管理局发布《医疗器械标准管理办法（试行）》，将医疗器械标准分为国家标准、行业标准。设区的市级以上药品监督管理部门依据国家标准和行业标准相关要求复核产品标准。内蒙古自治区药品监督管理局要求各盟市药品监督管理局在对第一类医疗器械注册产品标准的复核工作中，按照《办法（试行）》规定的内容和程序进行复核，并按要求编号、备案，对辖区内医疗器械生产企业注册产品标准的实施情况进行监督。

2004 年，全区共受理医疗器械产品注册标准 11 个。

2006 年，国家食品药品监督管理局在全国范围内开展医疗器械产品现场核查工作。对区域内审核的三类医疗器械具体分工为：国家食品药品监督管理局负责其中高风险品种的现场核查，其余由各省、自治区、直辖市负责。对已经获得注册证的医疗器械，各省、自治区、直辖市食品药品监督管理局负责核查第一、二类产品，国家食品药品监督管理局负责核查第三类产品。国家食品药品监督管理局的重点是完成第三类产品中植入性医疗器械产品的核查，各省、自治区、直辖市同时组织对医疗器械生产质量体系的核查。

2009 年，在医疗器械产品注册审批工作中，内蒙古自治区食品药品监督管理局执行国家食品监督管理局审查指南，严格注册审批标准，加强技术审评工作，杜绝高类低划和将非医疗器械产品按医疗器械审批的情况。

2012 年，内蒙古自治区食品药品监督管理局推进《注册产品技术审查指导原则》编写工作，完成 8 项指导原则编写；加强医疗器械标准体系建设，完成 90 项产品标准修订工作；加强医疗器械临床试验管理，组织起草《医疗器械临床试验规定实施细则》。

第二章　医疗器械生产与经营许可

第一节　医疗器械生产许可与备案

2000年4月10日，根据《医疗器械监督管理条例》规定，对医疗器械生产企业实行备案、审批制度。国家药品监督管理局颁布《医疗器械生产企业监督管理办法》，要求自发布之日起，开办第二、三类医疗器械生产企业，需申请“医疗器械生产企业许可证”。开办第一类医疗器械生产企业，需办理《医疗器械生产企业备案表》，新的备案办法改为地市级药品监督管理部门备案。

同年12月21日，内蒙古自治区人民政府2000年第11次常务会议通过，《内蒙古自治区医疗器械监督管理实施办法》（内蒙古自治区人民政府令第109号发布），明确对医疗器械实行分类管理：生产第一类医疗器械，由自治区药品监督管理部门负责审查批准，并发给产品生产注册证书；生产第二类医疗器械，由自治区药品监督管理部门审查批准，并发给产品生产注册证书。生产第三类医疗器械，由国家药品监督管理部门审查批准，并发给产品生产注册证书。新开办医疗器械生产企业必须先经内蒙古自治区药品监督管理局批准后，方有资格向工商行政管理部门办理营业执照。开办第一类医疗器械生产企业须经内蒙古自治区药品监督管理局备案，取得《医疗器械生产企业备案表》，开办第二、三类医疗器械生产企业，须经内蒙古自治区药品监督管理局审查批准并发给“医疗器械生产企业许可证”。

是年，内蒙古自治区药品监督管理局制定《内蒙古自治区医疗器械生产企业监督管理办法实施细则（试行）》。各盟市结合实施质量体系管理规范，开展换发“医疗器械生产企业许可证”工作。

2001年，按照国家药品监督管理局的有关要求，为做好全区医疗器械生产企业的换发证工作，内蒙古自治区药品监督管理局制定换证工作实施方案和换证验收标准、细则，并对相关人员和企业进行换证培训。全区各级药品监督管理部门成立了换证领导机构和工作组织，结合内蒙古自治区的实际情况，把换证工作与依法整顿医疗器械市场秩序、规范企业生产经营行为、提高企业整体素质结合起来，通过换证来解决医疗器械生产企业低水平重复生产等问题。通过换发证，全区48家医疗器械生产企业中有20家医疗器械生产企业取得“医疗器械生产企业许可证”和《医疗器械生产企业备案表》。

是年，内蒙古自治区药品监督管理局对内蒙古海尔森医疗器械有限公司进行突击检查，发现问题后，对其提出停产整改的处理决定。截至年底，全区医疗器械生产换发证工作基本结束。

2002 年，内蒙古自治区开展行政审批制度改革。内蒙古自治区药品监督管理局对行政审批事项进行了自治区、盟市、旗县药品、医疗器械监督管理局事权划分，实行日常监管全部下放、行政审批相对集中，生产许可和经营许可由自治区食品药品监督管理部门负责，盟市进行操作，并明确了对审批事项的具体要求。

2003 年，“非典”期间，内蒙古自治区药品监督管理局对市场供应的取得“医疗器械产品注册证”和“医疗器械生产企业许可证”的口罩、医用防护服、医用手套等产品进行重点检查，对达不到国家标准的坚决予以查处，对未经注册或未备案的移交当地工商、技术监督管理部门处理。

2005 年，内蒙古自治区食品药品监督管理局完成了 18 家医疗器械生产企业的许可证换发工作。

2007 年，新增医疗器械生产企业 10 家，审批企业“医疗器械生产企业许可证”变更 7 家。

2008 年，新增医疗器械生产企业 4 家（3 家第二类企业、1 家第一类企业），审批企业“医疗器械生产企业许可证”变更 7 家。

是年，内蒙古自治区食品药品监督管理局对全区 41 家医疗器械生产企业实施了 111 次现场检查，其中对列为重点监管的 16 家企业，实施了 54 次现场检查，对 15 家存在问题的生产企业提出限期整改要求，注销医疗器械生产企业 1 家。

2009 年，内蒙古自治区食品药品监督管理局制定《内蒙古自治区医疗器械企业信用档案管理办法》《医疗器械生产企业许可证注销管理》等制度。全年，自治区食品药品监督管理局共受理“医疗器械生产企业许可证”申请 10 家，完成审查验收 10 家，核发“医疗器械生产企业许可证”9 家，受理“医疗器械生产企业许可证”变更申请 11 家，完成变更 10 家。同时，对 3 家第一类医疗器械生产企业进行了登记备案。对已经不具备生产条件的企业实施了退市，全区共注销医疗器械生产企业 3 家。

2010 年，根据《内蒙古自治区医疗器械生产经营企业退市管理办法》，内蒙古自治区各盟市食品药品监督管理局结合本地实际和 2010 年集中换证工作完成情况，在本辖区范围内全面开展医疗器械生产、经营企业许可证清理整顿工作。在打击无证经营的同时，对持证企业生产经营状况、生产经营条件改善、信用等级保持状态、企业发展后劲等方面进行全面掌握核查。

是年，内蒙古自治区食品药品监督管理局新核发“医疗器械生产企业许可证”6 家，换发“医疗器械生产企业许可证”7 家，变更“医疗器械生产企业许可证”3 家。

2011 年，内蒙古自治区食品药品监督管理局开展《医疗器械生产质量管理规范》实施前的准备工作。对内蒙古自治区涉及“无菌规范”要求的 3 家生产企业进行重点检查和现场指导，并对 2 家企业按照新的规范要求进行考核。完善企业信用等级评定工作，生产经营企业的信用等级评定工作实现常态化管理。

是年，内蒙古自治区食品药品监督管理局下发《关于印发〈内蒙古自治区医疗器械企业许可证清理整顿工作方案〉的通知》。要求在全区范围内开展了医疗器械生产、经营企业“许可证”清理整顿工作。共清理注销 256 家企业，公告失踪企业 73 家。核发“医疗器械生产企业许可证”3 家，换发 2 家，变更 6 家，注销 9 家。

2012 年，为推动《医疗器械生产质量管理规范（试行）》实施，内蒙古自治区食品药品监督管理局将医疗器械产品生产和注册许可有机结合，严格生产企业开办条件，注重质量体系考核的实际效果，规范和提升企业执行产品标准的能力。通过各种检查，共检查医疗器械生产企业 122 家次，检查医疗机构 311 家次，检查医疗器械经营企业 6173 家次，对涉及“无菌规范”及体外诊断试剂规范的 7 家生产企业质量管理体系进行考核，对涉及“无菌规范”要求的 3 家生产企业进行重点检查和现场指导。全年受理“医疗器械生产企业许可证”申请 5 家，核发 5 家；受理换证申请 5 家，换发 4 家；受理变更申请5家，变更2家，注销2家。

2013年，内蒙古自治区食品药品监督管理局对医疗器械质量体系现场考核5家，准予考核合格5家；全区共受理“医疗器械生产企业许可证”申请7家，核发许可证2家；受理变更申请4家，完成变更3家；受理换证申请2家，完成换证审查验收2家。

2014年2月12日，国务院第39次常务会议通过了《医疗器械监督管理条例（修订草案）》，于3月4日以（中华人民共和国国务院令650号）公布，自2014年6月1日起施行。修订后的《条例》对原《条例》做了全面修改，加大了惩处违法行为的力度。《条例（修订草案）》的通过，对于全面推进依法行政，保证医疗器械安全、有效，维护人体健康和生命安全提供法治保障。

是年，内蒙古自治区食品药品监督管理局核发“医疗器械生产企业许可证”2家，第一类企业登记1家，变更6家，换证4家。依法公示注销生产许可4家，取消第一类医疗器械生产企业备案5家。对7家医疗器械生产企业的质量管理体系现场检查，通过5家。

2015年，内蒙古自治区食品药品监督管理局完成1家医疗器械生产企业的质量管理体系的现场检查。

2016年，按照国务院的任务要求，推进仿制药质量一致性评价工作，召开了自治区药品医疗器械审评审批制度改革厅际联席会议，明确评价对象和时限、落实企业主体责任、鼓励企业开展一致性评价工作。

是年，内蒙古自治区人民政府出台《关于改革药品医疗器械审评审批制度的实施意见》，明确内蒙古自治区药品医疗器械审评审批制度改革的目标任务和保障措施。全年核发“医疗器械生产许可证”1个，办理变更12个，注销9个。

2010—2017年全区医疗器械生产企业数量统计表

表4-1　　单位：家

序号	年份	生产企业
1	2010	56
2	2014	51
3	2015	49
4	2016	41
5	2017	40

第二节　医疗器械经营许可及使用管理

2000年4月10日，国家药品监督管理局颁布《医疗器械经营企业监督管理办法》，国家对医疗器械经营企业实施许可证管理制度。

是年9月，内蒙古自治区药品监督管理局召开了全区医疗器械生产经营企业许可证发证工作会议，对集中换发证工作进行全面部署。按照国家药品监督管理局要求，内蒙古自治区药品监督管理局制定《内蒙古自治区医疗器械经营企业资格认可实施细则》及“验收评分通则”，以及“全区医疗器械经营企业许可证发证工作方案”，作为企业自查、盟市药品监督管理局初审和现场验收的依据。在换发证工作中，把发证工作作为整顿市场的重要手段，严格审查企业资格，坚决淘汰达不到换发标准的企业，改变医疗器械经营企业小、散、乱的状况，达到规范医疗器械市场的目的。

是年12月21日，《内蒙古自治区医疗器械监督管理实施办法》颁布，规定开办第一类医疗器械经营企业，应向内蒙古自治区药品监督管理部门备案。开办第二类、三类医疗器械经营企业，应当经内蒙古自治区药品监督管理部门审查批准并发给“医疗器械经营企业许可证”，无“医疗器械生产经营许可证”的，工商行政管理部门不得发给营业执照。

2000年4月—2002年6月，内蒙古自治区药品监督管理部门开展集中换发许可证工作，对全区1300多家申请换发许可证企业进行了现场检查验收，对其中符合条件的704家企业予以发放“医疗器械经营企业许可证”。通过发证，初步规范了自治区内医疗器械经营企业的经营行为。集中换发许可证工作结束后，内蒙古自治区药品监督管理局及时将核发“医疗器械经营企业许可证”工作转为日常工作。

2002年，内蒙古自治区药品监督管理局共受理区内150多家企业的申请，63家企业经现场审查验收，核发了“医疗器械经营企业许可证”，做到边受理、边验收、边审核发证。

是年，国家药品监督管理局《一次性使用无菌医疗器械经营企业资格认可实施细则（暂行）》颁布实施。内蒙古自治区药品监督管理局制定了《内蒙古自治区一次性使用无菌医疗器械经营企业资格认可实施办法》和《内蒙古自治区一次性使用无菌医疗器械生产企业销售人员登记管理办法（试行）》。该办法明确对边远地区经营企业在人员学历、职称和经营面积上适当放宽，规定经营一次性使用无菌医疗器械必须向供货单位索要至少包括无菌、无热源项的同批检验报告，并在具体工作中严格执行。对于《一次性使用无菌医疗器械经营企业资格认可实施细则》（暂行）下发前，已经取得“医疗器械经营企业许可证”且经营范围中包括一次性使用无菌医疗器械经营企业，在2002年4—11月组织审查人员，按照《一次性使用无菌医疗器械经营企业审查评分办法》，对一次性使用无菌医疗器械经营企业重新组织验收，并将验收工作同医疗器械经营企业许可证年检，以及对医疗器械经营企业监督检查工作结合起来。验收结束后，符合条件的经营范围不变，个别不符合条件的，取消一次性使用无菌医疗器械的经营资格。

是年，针对药品经营医疗器械连锁公司及其门店如何核发医疗器械经营企业许可证以及如何进行许可证编号问题，内蒙古自治区药品监督管理局制定下发了《“医疗器械经营企业许可证”许可项目变更程序》，使“医疗器械经营企业许可证”许可项目变更工作更加规范。

2003年，内蒙古自治区药品监督管理局制定《内蒙古自治区“医疗器械经营企业许可证”年检办法》，明确由内蒙古自治区药品监督管理局负责组织全区“医疗器械经营企业许可证”年检工作，由盟市药品监督管理局负责本辖区“医疗器械经营企业许可证”的年检实施工作。

是年，内蒙古自治区药品监督管理局对经营“非典”相关医疗器械企业进行了有针对性的检查、巡查，一是依法查处超范围经营或无证经营“非典”防治器械的违法违规行为；二是加强对医疗器械经营企业购销记录、保管、质量验收等情况的检查，防止非法产品进入市场；三是6月15日后对经销不符合新颁布的国家标准的口罩、医用防护口罩和医用一次性使用防护服进行查处。

2004年，新组建的内蒙古自治区食品药品监督管理局制定《盟市药品监督管理局“医疗器械经营企业许可证”审查工作细则》，审查发证范围为：药品零售企业经营第一、二、三类常用医疗器械的企业；药品连锁企业门店经营第一、二、三类常用医疗器械的企业；第二类医疗器械专卖店；第一类医疗器械专卖店。经盟市药品监督管理局审查同意的，向内蒙古自治区食品药品监督管理局申领“医疗器械经营企业许可证”《医疗器械经营企业备案表》，内蒙古自治区食品药品监督管理局负责许可证的签章、编号和打印。

2005年，内蒙古自治区食品药品监督管理局制定《内蒙古自治区医疗器械经营企业检查验收标准》，《验收标准》适用于新申请核发“医疗器械经营企业许可证”企业的现场验收，2000年9月1日发布的《内蒙古自治区医疗器械经营企业资格认可实施细则（试行）》同时废止。

年末，全区千余家医疗器械经营企业的“医疗器械经营企业许可证”许可时限到期，需换发“医疗器械经营企业许可证”。内蒙古自治区食品药品监督管理局在换证工作中采取资料审查和现场审查相结合的原则，对全区范围内医疗器械专营企业、兼营医疗器械的药品批发企业或连锁企业总部进行了现场检查，对不符合法规规章要求、达不到换证条件的企业依法作出处理，此次换证共注销240家企业的“医疗器械经营企业许可证”。全区共完成635家医疗器械经营企业的许可证换发工作。

2006年，内蒙古自治区食品药品监督管理局制定了《内蒙古自治区角膜接触镜经营企业检查验收标准》（内食药监械〔2006〕267号文件），自2006年8月15日起执行。对角膜接触镜及其护理用液经营企业实施“医疗器械经营企业许可证”管理。要求对申请“医疗器械经营企业许可证”的角膜接触镜经营企业，依据本标准进行现场验收，经审查符合条件的核发“医疗器械经营企业许可证”。截至年末，全区有12家符合发证条件的角膜接触镜经营企业取得“医疗器械经营企业许可证”。

2007年8月9日，国家食品药品监督管理局颁布《医疗器械经营企业许可证管理办法》，《办法》规定自公布之日起，开办第二、三类医疗器械经营企业，应当经所在地省、自治区、直辖市药品监督管理部门审查批准，并发给“医疗器械经营企业许可证”。

2008年，内蒙古自治区食品药品监督管理局开展《内蒙古自治区医疗器械使用监督管理办法》的立法调研，制定《医疗器械经营企业检查验收标准》等工作制度与管理办法。

是年，内蒙古自治区食品药品监督管理局在医疗器械专项整治现场检查中发现，有39家持有“医疗器械经营企业许可证”的经营企业去向不明，依据《中华人民共和国行政许可法》和《医疗器械经营企业许可证管理办法》等相关规定，内蒙古自治区食品药品监督管理局注销了呼和浩特市恒峰医疗器械有限责任公司等28家企业的“医疗器械经营企业许可证”。

是年，内蒙古自治区食品药品监督管理局在全区开展飞行检查，共检查生产、经营企业52家，对128家已不具备经营条件的企业依法予以注销。

2009年，按照《内蒙古自治区医疗器械经营企业检查验收标准》有关规定及对隐形眼镜经营企业的验收标准，内蒙古自治区食品药品监督管理局共受理申请“医疗器械经营企业许可证”专营批发及连锁经营企业564家；盟市食品药品监督管理部门完成审查验收专卖和零售经营企业554家，核发“医疗器械经营企业许可证”544家。全年受理经营企业“医疗器械经营企业许可证”变更申请106家，完成变更96家。

2010年，内蒙古自治区食品药品监督管理局重点查处非法转让《医疗器械经营许可证》、擅自变更许可事项、降低经营和仓储条件，以及违法购销和购进记录不完备等违法行为，取缔各种形式的无证经营行为。

是年，内蒙古自治区持证医疗器械经营企业4349家，新一轮到期换证的经营企业1000多家。内蒙古自治区食品药品监督管理局下发《内蒙古自治区“医疗器械经营企业许可证”换证管理办法》，规定了换证工作的原则、标准和程序，指导规范的换证工作。全区共核发“医疗器械经营许可证”391家。

2010年，内蒙古自治区食品药品监督管理局根据国家食品药品监督管理局《体外诊断试剂经营企业（批发）验收标准》有关要求，结合实际，制定了《内蒙古自治区体外诊断试剂（医疗器械类）批发企业现场验收标准》。

2011 年，内蒙古自治区食品药品监督管理局对 2005 年印发的《内蒙古自治区医疗器械经营企业检查验收标准》进行修订。《内蒙古自治区医疗器械经营企业检查验收标准（修订)》适用于内蒙古自治区范围内医疗器械经营企业申请发证、换证、变更和监督管理工作。

是年，内蒙古自治区食品药品监督管理局在上年首次进行医疗器械生产企业信用等级评定工作基础上，建立和完善经营医疗器械企业的信用等级评定工作，修订并实施《内蒙古自治区医疗器械经营企业检查验收标准》《医疗器械审评工作程序（试行)》等制度。评定等级分为 A 级（诚信)、B 级（基本诚信)、C 级（警示)、D 级（失信）四个级别。注重加强基层监管能力建设，安排监管一线人员参加国家、内蒙古自治区两级培训人数 70 多人次，补充完善医疗器械检查员库。执行有关审查指导指南，督促经营企业不断规范。全年，自治区食品药品监督管理局共核发“医疗器械经营企业许可证”46 家，变更 123 家，换证 50 家，注销 329 家。

2012 年，内蒙古自治区食品药品监督管理局按照《内蒙古自治区医疗器械经营企业检查验收标准》《体外诊断试剂经营企业（批发）验收标准》的有关规定，实施现场检查验收。全年检查医疗器械经营企业 6173 家次。共核发“医疗器械经营企业许可证”136 家，变更 138 家，换证 45 家，注销 47 家。

2013 年，内蒙古自治区食品药品监督管理局部署第二、三类医疗器械经营企业许可审批下放工作。这是第二次医疗器械经营企业许可审批下放。为做好审批项目调整下放后的后续监管和衔接工作，自治区食品药品监督管理局印发《关于医疗器械企业行政审批项目调整下放后做好后续监管和衔接工作的通知》，确保下放管理后审批行为规范有序，准入标准不降低，监管不弱化。

2014 年，医疗器械经营许可和第一类注册备案的职能下放后，在一些地方出现了准入标准降低等问题，医疗器械公共安全监管有所弱化。

2016 年，全区共有医疗器械经营企业 7809 家。其中，从事第二类医疗器械经营企业 1575 家，从事第三类医疗器械经营企业 2189 家，同时从事第二、三类医疗器械经营的企业 4045 家；在库管理企业 5712 家。各级各类医疗机构 2. 3 万余家。

2010—2017 年全区医疗器械经营企业数量统计表

表 4-2　　单位：家

序号	年份	经营企业
1	2010	4349
2	2014	4980
3	2015	5531
4	2016	7809
5	2017	9144

第三章　医疗器械抽验与不良事件监测

第一节　医疗器械监督抽验

医疗器械监督抽验是掌握和评价医疗器械质量状况的重要手段，是打击假劣产品进行行政监督的重要依据。

全区医疗器械检测抽验工作，由内蒙古自治区医疗器械检测中心承担。2000 年国务院《医疗器械监督管理条例》颁布后，医疗器械检测抽验工作得到重视和加强。2001 年 3 月，内蒙古自治区药品检验所加挂内蒙古自治区医疗器械检测中心牌子，新增医疗器械检测职能。2004 年 12 月 23 日，内蒙古自治区医疗器械检测中心首次通过国家食品药品监督局医疗器械检测资格认可，其检验检测能力包含一次性使用无菌注射器等 50 种医疗器械产品和项目。2008 年 12 月 3 日，自治区医疗器械检测中心通过内蒙古自治区质量技术监督管理局组织实施的实验室资质认定评审，其检验检测能力包含医疗器械类 111 个检测项目/参数，洁净区/室环境类 9 个检测项目/参数，药品包装材料类 123 个检测项目/参数。

2017 年 12 月 15 日，医疗器械检测机构通过内蒙古自治区质量技术监督管理局组织实施的实验室资质认定复评审，其检验检测能力包含医疗器械类 90 个产品/项目/参数，洁净区/室环境类 11 个产品/项目/参数，药品包装材料类 123 个产品/项目/参数。

从 21 世纪开始，内蒙古自治区医疗器械监督抽验工作全面开展。2000 年 5 月 22 日，国家药品监督管理局发布《医疗器械生产企业质量体系考核办法》，自 2000 年 7 月 1 日起施行。要求加强医疗器械管理，强化企业质量控制，保证病患者的人身安全。

2001 年，国家药品监督管理局下达 2001 年第四季度医疗器械产品质量国家监督抽查任务书，这是内蒙古自治区药品监督管理局成立后，第一次承担大批量医疗器械产品质量国家监督抽查抽样任务。自治区药品监督管理局委托各盟市药品监督管理局，依据监督抽查任务书要求及附表规定的批次数量，在所属辖区内分别对橡胶避孕套、一次性无菌注射器、输液器、塑料血袋进行抽样、封样和邮寄工作。

是年，配合全国药监系统开展打击制售假劣一次性使用医疗器械行动，内蒙古自治区药品监督管理局对群众举报频率高和质量问题严重的一次性使用无菌医疗器械产品加大了监督抽检力度。

2002 年 8 月 14—16 日，2002 年度全国医疗器械质量监督抽验工作会议在内蒙古自治区呼和浩特市召开，会议提出实行“三个结合”，即评价性检测（抽验）与质量监督相结合、现场抽样与监督检查相结合、行政监督与技术监督相结合。

2003 年，年度抽验的品种为：一次性使用无菌医疗器械、医用防护用品、卫生材料。抽验范围为：内蒙古自治区内各医疗器械生产企业。抽验批次和抽验数量为：一次性无菌注射器，按 1～2.5 毫升、5～10 毫升，20 毫升三种形式进行抽验。

2005 年，将医疗器械监督抽样工作与对辖区内医疗器械生产、经营、使用单位的监督检查和医疗器械说明书、标签和包装标志专项检查相结合，加大对医疗器械市场整治力度，做到了监督与抽样相结合。当年抽样工作的范畴包括：牙科藻酸盐印模材料、一次性使用无菌注射器（针）、一次性使用输注泵、外科缝线及缝合针、一次性使用精密过滤输液器、医用脱脂棉和医用脱脂纱布、一次性使用麻醉穿刺包和一次性使用麻醉导管、一次性使用无菌阴道扩张器、一次性使用无菌导尿管、天然乳胶橡胶避孕套、一次性使用静脉血样采集容器等 12 个品种。全年检查医疗器械生产经营使用单位共计 336 家，抽取样品 32 批。

2006 年，国家食品药品监督管理局制定《国家医疗器械质量监督抽验管理规定（试行）》，该《规定（试行）》明确医疗器械质量监督抽验分为评价性抽验和监督性抽验。内蒙古自治区食品药品监督管理局对区内 5 家医疗器械生产企业 9 个批次的 6 种产品进行了质量监督抽验。其中抽验的一次性使用产包、一次性使用手术包、早早孕（HCG）快速检测尿液试纸及牙胶尖各 1 个批次，抽验合格率 100%；抽验 2 个厂家 3 个批次的一次性使用无菌注射器，合格率 100%；抽验 2 个厂家 2 个批次的一次性使用输液器，合格率 50%。不合格产品的主要问题是“空气过滤器滤除率”不符合相关标准。

2008 年，内蒙古自治区食品药品监督管理局印发《关于开展 2008 年度医疗器械质量监督抽样工作的通知》，要求各盟市食品药品监督管理局严格按照规定抽样，做到监督与抽样相结合，加大对医疗器械市场整治力度。全年国家计划抽样的 22 批产品全部委托 12 个盟市食品药品监督管理局进行抽样。在进行监督抽样同时，重点检查医疗器械的产品注册证、产品合格证、库存情况、进货凭证、购销记录、进货渠道等内容，按时完成抽样任务，及时把样品寄到黑龙江省医疗器械检测所。

是年，内蒙古自治区食品药品监督管理局开展了评价性抽验工作。完成国家计划 1 个品种 22 批次的抽验任务，完成自治区内计划抽验 25 批次，其中不合格 7 批次，不合格率 28%。针对抽验中发现的问题，进一步加强了对一次性使用注射器、脱脂纱布等产品的监管。

2009 年，内蒙古自治区食品药品监督管理局在全区范围内开展了进口橡胶避孕套和体外诊断试剂监督抽样。共抽取进口橡胶避孕套 22 批次。根据防控甲型 H1N1 流感防控工作的需要，对区内医疗器械生产企业生产的产品和医疗机构使用医用防护服等产品实施监督抽验，共抽验产品 58 个品种，其中抽验区内生产企业产品 22 个，抽验医疗机构使用产品 36 个。

2010 年，内蒙古自治区食品药品监督管理局要求各盟市食品药品监督管理局，按照国家医疗器械监督抽验工作的有关要求，对辖区内一次性使用注射器（针）、一次性使用无菌胰岛素注射器和一次性使用自毁式注射器（含自毁式固定剂量疫苗注射器）进行监督抽验。同时，把抽样工作与对辖区内医疗器械生产、经营和使用单位的监督检查结合起来，加大对医疗器械市场整治力度。自治区食品药品监督管理局把国家计划抽样的 64 批次医疗器械，全部委托给 12 个盟市食品药品监督管理局进行抽样。此次监督抽样共检查医疗器械生产和使用单位 96 家，抽取样品 45 批。抽样重点为所辖盟（市）、旗（县）的一级、二级、三级、专科医院和县以下乡镇苏木卫生院以及相关生产企业和使用单位。同时，对这些单位的医疗器械产品注册证、产品合格证、库存、进货凭证、购销记录、进货渠道等情况进行检查，对违法违规行为进行查处。此次国家医疗器械质量监督抽验计划所列的 3 个品种，内蒙古自治区只抽到了规格为1毫升和5毫升的一次性使用注射器（针），没有抽到规格为1毫升的一次性使用无菌胰岛素注射器和规格为1毫升的一次性使用自毁式注射器（含自毁式固定剂量疫苗注射器）。主要原因是内蒙古自治区的医疗机构没有上述规格的两种注射器，或者用量很小，不能满足抽样量的要求。

是年，内蒙古自治区食品药品监督管理局对全区医疗器械经营企业进行现场监督抽查，组织督察组赴鄂尔多斯市、乌海市、阿拉善盟、巴彦淖尔市对34家医疗器械专营、兼营、眼镜店等相关企业进行市场监督抽查。抽验质量如表4-3。

2010年全区医疗器械监督抽验质量公告一览表

表4-3

序号	产品名称	规格型号	批号（编号）	标示生产单位	被抽样单位名称	报告编号	检测结果	不合格项目
1	一次性使用带贴输液器（带针）	A3 0.55×21	100227	河南圣光集团医用制品有限公司	乌海市惠丰堂医药有限公司	Q2010064	不合格	液滴重量
2	一次性使用输液器（带针）	A3 0.7×25	100503	河南圣光集团医用制品有限公司	赤峰市康源药业有限公司	Q2010072	不合格	液滴重量
3	一次性使用灭菌橡胶外科手套	7麻面有粉	1005202	河北同乐乳胶制品有限公司	乌兰察布市集宁新特新药业有限责任公司	Q2010044	不合格	最小厚度
4	一次性使用医用橡胶检查手套	8（大号）	2010年08月08日	扬州市华翔医疗器械厂	包头市升华医药有限责任公司	Q2010047	不合格	最小宽度
5	一次性使用医用橡胶检查手套	中号	2010年5月20日	扬州市邗江东风塑料厂	呼伦贝尔市海拉尔区鑫华药堂大药房	Q2010056	不合格	最小宽度
6	一次性使用橡胶检查手套	中号	20100501	陕西富源医用塑料有限公司	赤峰人川医药有限公司	Q2010071	不合格	最小长度
7	一次性使用橡胶检查手套	中号	2010年03月05日	南昌飞翔乳胶制品有限公司	二连市联谊医疗器械第二经营部	Q2010074	不合格	最小宽度

2011年，内蒙古自治区食品药品监督管理局加大了产品监督抽验力度。计划抽验8个产品209批次，其中抽验区内医疗器械生产企业产品33批次，抽验医疗机构使用产品82批次。组织开展医疗器械市场监督抽查，派出两个监督检查小组，对呼和浩特等6个盟市的医疗器械生产、经营、使用单位进行监督抽查。共检查医疗器械单位138家。对17家涉嫌违法违规的企业移交属地盟市食品药品监督管理局依法查处。

是年，内蒙古自治区食品药品监督管理局确定赤峰市药品检验所为内蒙古东部食品、医疗器械检测中心，机构规格为副处级建制。

2012 年，为确保监督抽验工作的常态化、规范化，内蒙古自治区食品药品监督管理局制定《内蒙古自治区医疗器械质量监督抽验工作程序（试行）》。结合医疗器械使用单位招标医用耗材产品工作，自治区食品药品监督管理局选择部分易出问题、量大面宽的耗材产品，以及医疗机构分子筛制氧设备制取的氧气等产品进行针对性监督抽验，此次监督抽验涉及 12 个盟市、5 个品种、163 批次的产品。

2013 年，内蒙古自治区食品药品监督管理局对医用高分子材料及制品类、医用卫生材料及敷料类 7 个品种 292 个批次产品进行抽样。

2014 年，内蒙古自治区食品药品监督管理局对使用存在安全隐患的婴儿培养箱、一次性无菌注射器、一次性无菌输液器等 3 个品种开展监督抽验，共抽取一次性无菌注射器、一次性无菌输液器 126 个批次，其中注射器 66 批次、输液器 60 个批次，1 个批次不合格。婴儿培养箱抽验范围是 2008 年以前注册的在用婴儿培养箱，并对现场监督检查中疑似存在安全隐患进行现场检测，不合格率为 24%。检测出的主要问题是设备外部标示的注册账号丢失或不清晰和超过产品说明书推荐的使用周期等问题。

2014 年，内蒙古自治区食品药品监督管理局全年共完成医疗器械 7 个品种 232 个批次产品的抽样，其中 4 个品种 31 个批次产品不合格，不合格率为 13.4%。

2015 年，内蒙古自治区食品药品监督管理局继续对医疗机构使用的婴儿培养箱开展监督性抽检，共检查 6 个盟市 47 家医疗机构登记在册的婴儿培养箱 202 台，对其中 55 台（注册证在 2008 年以前）婴儿培养箱进行现场抽验，不合格 23 台，不合格率 41.8%，所抽样品涉及 26 家医疗机构。同时在全区范围部署了早早孕试纸生产、经营、使用环节的监督抽样工作，抽样 37 批次，检验结果全部合格。对医疗机构 19 台血液透析设备进行检查，1 台不合格。

2016 年，内蒙古自治区食品药品监督管理局全年共完成医疗器械抽验 257 批次，合格率为 98.8%。

2017 年对辖区内生产企业在产产品全覆盖监督抽样，计划抽样 44 批次，实际抽样 26 批次，不合格 1 批次，不合格率 3.8%。

第二节　医疗器械不良事件监测与再评价

2002 年开始，国家药品监督管理局启动医疗器械不良事件监测工作，先在部分地区进行试点，有关专业技术工作由国家药品不良反应监测中心承担。

2003 年，根据自治区实际情况，自治区药品不良反应监测中心增加医疗器械不良事件监测职能，利用已有的药品不良反应监测系统，开展医疗器械不良事件监测和再评价。

是年，南京华东电子集团医疗装备有限责任公司 DG5016 型 C 型臂 X 射线机因不符合辐射输出限制安全要求，按照国家食品药品监督管理局关于立即停止该产品销售和使用的紧急通知精神，内蒙古自治区药品监督管理局要求各盟市药品监督管理局组织力量对本辖区进行检查，对检查中发现的经营和使用该产品的单位一律依法查处。

2006 年，内蒙古自治区食品药品监督管理局共收集上报疑似医疗器械不良反应报告 18 份，比往年有了较大幅度的提高。

2007 年，内蒙古自治区食品药品监督管理局决定在各盟市开展医疗器械不良事件监测试点工作。

试点时间为2007年4—7月底，试点地区为呼和浩特市、通辽市。试点地区依据本地实际，选择有条件开展医疗器械不良事件监测的医疗机构作为试点重点单位，监测品种由试点地区选择使用风险较大或在当地社会反映较强烈的医疗器械产品，品种数量在5种以上。

是年，内蒙古自治区食品药品监督管理局建立和完善突发性安全事故应急管理机制，印发《内蒙古自治区药品和医疗器械突发性群体不良事件应急预案》，加大对安全隐患的排查力度和专项整治力度，切实防止因各种药品和医疗器械不良事件引发的突发性群体事件发生。按照国家食品药品监督管理局要求，在全区范围内紧急组织开展骨结合用无源金属医疗器械等专项检查，有效防止药品医疗器械重大突发性安全事故的发生。自治食品药品监督管理局部署各盟市食品药品监督管理局对所有批号标志为西安西京医疗用品有限公司生产的“希健医用”牌人工心肺机体外循环管道主动召回情况进行监督检查，要求对“希健医用”牌人工心肺机体外循环管道使用中发生的可疑医疗器械不良事件，及时报告自治区食品药品监督管理局。

2008年12月29日，国家食品药品监督管理局与卫生部联合发布《医疗器械不良事件监测和再评价管理办法（试行）》，明确规定由国家食品药品监督管理局负责全国医疗器械不良事件监测和再评价工作，由省、自治区、直辖市食品药品监督管理部门负责本行政区域内医疗器械不良事件监测和再评价工作，由卫生部和地方各级卫生主管部门负责医疗卫生机构中与实施医疗器械不良事件监测有关的管理工作。

2009年，内蒙古自治区食品药品监督管理局举办医疗器械不良事件监测再评价管理培训班，邀请国家食品药品监督管理局医疗器械监管司和国家医疗器械监测中心专家作《医疗器械不良事件监测和再评价管理办法》专题辅导。

是年，全区建立医疗器械不良事件监测网，注册用户28家，收到报告1份。

2010年，为提高内蒙古自治区医疗器械不良事件报告及监测能力和水平，内蒙古自治区食品药品监督管理局制定下发《关于做好医疗器械不良事件监测和再评价工作的通知》，对全区医疗器械不良事件监测和再评价工作提出具体要求。针对盟市食品药品监督管理局和涉及医疗器械单位对不良事件重视程度不够、不良事件报告的责任机制和工作机制不完善、报告数量少的实际，在加强专项监督检查、落实责任目标的前提下，制定相应整改措施，建立健全医疗器械不良事件报告网报体系，把医疗器械不良事件监测和再评价工作与行政许可、信用等级管理、日常监管等工作结合起来。

是年，内蒙古自治区食品药品监督管理局在全区开展医疗器械生产企业质量管理体系运转情况的核查，在企业质量管理体系中增加了生产企业必须建立不良事件监测的内容。要求企业建立不良事件监测和再评价管理制度，派专人负责不良事件监测及上报工作。

2011年，内蒙古自治区食品药品监督管理局建立完善医疗器械不良事件“网报”系统。根据盟市和医疗器械不良事件上报单位的实际需求，自治区食品药品监督管理局赴基层讲解有关医疗器械不良事件上报的知识，对具备注册条件的上报单位进行现场注册。全区“网报”医疗器械不良事件注册用户由2010年的23户增加到140多户。为全面提升不良事件报告的处置能力，聘请内蒙古自治区级两家医疗机构5名专家组成《医疗器械不良事件监测和再评价管理办法》宣传贯彻团队，赴盟市开展专题培训，共培训870人次。

是年，内蒙古自治区食品药品监督管理局共收到全区医疗器械不良事件报告11份，其中：内蒙古自治区人民医院报送1份、通辽市医疗器械不良反应中心报送6份、赤峰市敖汉旗医院报送1份、赤峰市松山区医院报送1份、通辽市库伦旗蒙医院报送2份。未收到生产企业和经营企业报送的不良事件报告。

2012 年，内蒙古自治区食品药品监督管理局在盟市药品安全责任体系考核的指标体系中，专门列入了不良反应（不良事件）机构建设、制度建设、经费投入、不良事件上报例数等方面内容。制定印发了《关于贯彻落实〈医疗器械不良事件监测回顾检查工作〉实施意见》，自治区和盟市两级食品药品监督管理局按照有关要求和检查内容逐条进行了回顾性检查，按要求上报了不良事件回顾检查工作总结。

是年，全区共有 146 家单位上报医疗器械不良事件报告 370 例。其中，通辽市上报 210 例，赤峰市上报 42 例、巴彦淖尔市上报 27 例、兴安盟上报 20 例、包头上报 17 例、阿拉善盟上报 14 例、鄂尔多斯市上报 13 例、乌兰察布市上报 13 例、呼伦贝尔市上报 12 例、锡林郭勒盟上报 1 例、乌海市上报 1 例。上报单位除监测机构和医院外，还有医疗器械生产和经营企业。

2013 年，全区上报医疗器械不良事件报告 1106 例，达到 45 例/百万人口，比上年增加了 128%。乌兰察布市食品药品监督管理局由 0 例上升到 121 例，达到 56 例/百万人口。全年内蒙古自治区新增药品不良反应、医疗器械不良事件监测系统注册用户 3470 家。

2014 年，内蒙古自治区承担了国家食品药品监督管理局下达的接骨螺钉不良事件的监测任务，摸清了 12 个盟市 20 个监测点接骨螺钉的使用数量、患者人数、产品种类和来源。全年 12 个盟市 20 个接骨螺钉不良事件监测点使用接骨螺钉 3736 个，未收到不良事件报告。从 2014 年至 2015 年 3 月底，全区医疗机构共使用接骨螺钉 37304 个，发生不良事件 39 例。

是年，全区共收到医疗器械不良事件报告 7816 份，严重不良事件报告 301 份。人口报告数量 312/百万人口。

2015 年，全区共收到医疗器械不良事件报告 9353 例，其中：一般病例报告 8960 份、占报告总数 95.80%；严重病例报告 393 份，占报告总数的 4.20%，人口报告数量 373/百万人口。完成了国家食品药品监督管理局接骨螺钉不良事件监测报告上报工作。

2016 年，全区共收到医疗器械不良事件报告 7054 份，其中严重病例报告 237 份，人口报告数 282/百万人口。医疗机构上报报告所占比例从 66.48% 提升至 83.16%，经营企业上报报告所占比例从 33.26% 下降到 16.54%。全区 99 个旗县（市区）上报了医疗器械不良事件病例报告，医疗器械不良事件报告的旗县级行政区域覆盖率达到 96.12%。

2016 年 12 月 21 日，国家食品药品监督管理总局办公厅印发《关于开展“十三五”期间医疗器械不良事件重点监测工作的通知》，内蒙古自治区及时进行了贯彻落实。

2017 年 5 月 10 日，自治区食品药品监督管理局印发《内蒙古自治区“十三五”期间气管插管（带气囊）不良事件重点监测工作方案的通知》。同年 6 月 28 日，自治区食品药品监督管理局、自治区卫生和计划生育委员会联合印发了《内蒙古自治区“十三五”期间气管插管（带气囊）不良事件重点监测定点医院工作实施方案的通知》。同年 12 月 18 日，内蒙古自治区药品不良反应监测中心向自治区食品药品监督管理局上报《关于上报医疗器械不良事件重点监测 2017 年工作进展的报告》。同年 12 月 28 日，自治区食品药品监督管理局印发了《内蒙古自治区食品药品监督管理局关于报送医疗器械不良事件重点监测 2017 年工作进展情况总结的函》。

第四章　医疗器械日常监管与专项整治

第一节　医疗器械日常监管

1981—1991 年，全区有医疗器械厂 3 家。分别是：伊克昭盟医疗器械厂、土贵乌拉卫生材料厂和通辽卫生材料厂，伊克昭盟医疗器械厂生产止血钳；土贵乌拉卫生材料厂和通辽卫生材料厂主要生产医用胶布、药棉、医用纱布以及伤湿止痛膏等。这一时期医疗器械生产监管任务不是很重，有关监管内容记载不多。

1990 年，为确保临床一次性输液（血）器、注射器安全使用，防止伪劣产品危害患者健康，内蒙古自治区卫生厅、内蒙古自治区医药总公司联合发布《关于加强一次性输液（血）器、注射器经营和使用管理的联合通知》，将一次性输液（血）器、注射器的生产销售和使用纳入治理整顿医药市场的主要内容。在生产环节中要求按照《工业产品生产许可证试行条例》等规定执行；一次性输液（血）器、注射器在销售上只准许国营医药商业批发企业经营；在使用环节上要求只能从当地国营医药批发企业组织进货，不得直接从生产企业或个人手中购买产品；对使用后的一次性输液器、注射器要妥善处理，防止再次流入市场；清查在库产品，对凡无生产许可证的产品或过期产品一律封存销毁，不得销售使用。

1991 年，为防止伪劣产品进入流通渠道，避免同一市场同品种多产地的混乱情况，内蒙古自治区医药总公司统一确定了一次性输液（血）注射器定点货源单位。

1999 年，内蒙古自治区医药管理部门按照国家药品监督管理局提出的“依法监督、科学公正、廉洁高效、行为规范”16 字方针，推进医疗器械监督管理部门实现三个转变，即职能转变、观念转变、作风转变，逐步建立和完善内蒙古自治区医疗器械监督管理工作的程序和执法体系。

是年，内蒙古自治区医药管理局筹备组建了医疗器械行业协会，组织区内医疗器械行业工作者开展区内外学术交流，推动医疗器械事业发展。

2000 年，针对一次性使用无菌输液器、注射器、输血器等医疗器械用品需求不断增长的势头，以及“远红外保健制品”和“生物活性保健制品”未能证明安全有效产品的状况，内蒙古自治区药品监督管理局建局当年，按照国家药品监督管理局的部署，在做好医疗器械生产经营企业换发证工作和日常监管工作的同时，重点加大对一次性无菌医疗器械用品和远红外制品的监管力度。为摸清全区一次性无菌医疗器械用品的使用情况，组织执法人员在呼和浩特市、赤峰市和通辽市对医疗机构进行摸底调查。对区内违法、违规生产和经营医疗器械产品的情况进行全面检查。

2001 年，内蒙古自治区药品监督管理局对全区医疗器械经营企业和医疗机构进行全面监督检查，特别是对医疗机构一次性使用无菌医疗器械、骨科材料的购进渠道、产品证照和用后销毁等方面进行检查，以旗县及旗县以下经营企业和医疗机构、个体诊所为检查重点，对非法采购零配件，不按规定组织生产的医疗器械生产企业坚决予以查处。

2002 年，内蒙古自治区药品监督管理局根据全区医疗器械生产企业的实际情况，把注射、输液器具，齿科填充材料和其他一次性使用无菌医疗器械以及涉及医用电气安全标准的共 11 种产品及其生产企业，作为重点监控的产品和重点监控企业。国家重点监管产品的生产企业 3 家，均为一次性注射、输液器具生产企业；补充列入内蒙古自治区的重点监控产品 9 个，涉及生产企业 7 家。

2003 年，内蒙古自治区药品监督管理局制定《药品、医疗器械案件举报受理办法》《药品医疗器械案件管理制度》。在抗击严重急性呼吸综合征（“非典”）的特殊时期，加大医疗器械市场的整治力度，及时追加与防治“非典”相关医疗器械的抽验计划、抽验品种及抽验经费，开通绿色通道，加快防治“非典”医疗器械的注册申报，及时受理审查注册医用呼吸道飞沫播散防护装置等 5 种医疗器械产品。

2004 年，内蒙古自治区食品药品监督管理局、财政厅联合制定《举报药品医疗器械违法行为有功人员奖励办法》，内蒙古自治区食品药品监督管理局、公安厅制定《联合打击制售假劣药品医疗器械违法犯罪活动工作制度》，明确了各自的职责，推动医疗器械打假工作走向规范化、制度化轨道。

2005 年，自治区食品药品监督管理局等部门在全区开展对医疗器械生产企业的监管检查，强化产品生产源头的监督管理。继续把三类一次性使用无菌注输生产企业和二类无菌卫生材料、涉及 GB9706.1《医用电气安全通用要求》标准和具有治疗作用的医疗器械生产企业，以及有违法违规记录的生产企业作为重点监管企业，对重点企业加强了生产企业的质量体系考核工作。全区共检查企业 41 家次，检查面达 100%，重点企业检查面达 150%。同年，加强对重点医疗器械产品的检查，特别是涉及安全风险较大的、在监督抽样检查中发现问题较多的产品，如：植入体内器械、一次性使用器械、导管、计划生育用器械等产品。全区共检查经营企业 1800 余家次，监督检查率 100%，其中对医疗器械专营企业检查率达 150%。

2006 年，内蒙古自治区食品药品监督管理局印发《医疗器械生产企业日常监督管理规定》，要求医疗器械生产企业日常监督管理按照属地监管原则，实行分级管理。同年，按照《医疗器械监督管理条例》（国务院令第 276 号）的有关规定，内蒙古自治区食品药品监督管理局在全区开展了医疗器械生产企业、经营企业监督检查。医疗器械生产企业监督检查的范围是：自治区医疗器械生产企业。重点监督检查企业是：列入《重点监管医疗器械产品及企业目录》的企业。监督检查的内容是：企业有无未经审批擅自变更注册、生产许可内容，超范围生产、擅自更改说明书内容及一类医疗器械生产企业是否进行告知性登记等进行检查；对人员及生产条件、设施设备、检验能力及库房条件是否符合要求等进行检查；对质量保证体系是否有效运行进行检查；对涉及医疗器械质量和安全的关键环节，如采购控制、生产过程控制产品是否按标准组织生产，是否按标准进行了出厂检验等。经营企业监督检查的范围是；上一年度新开办的企业、上一年度未进行现场检查的企业、上一年度检查中存在问题和被依法查处的企业及食品药品监督管理部门认为需要进行现场检查的其他企业。检查重点内容是：医疗器械经营企业的经营行为是否合法，重点对质量管理制度执行情况、销售渠道、产品养护、质量验收和购销记录等是否完整并具有可追溯性。对经营企业擅自变更“医疗器械经营企业许可证”许可事项、非法转让许可证、降低经营条件、从非法渠道购进、超范围经营及经营未经注册的医疗器械等行为依法予以查处。

2007 年，内蒙古自治区食品药品监督管理局加强医疗器械流通和使用环节的监管。采取“四查两加强”的工作措施，集中完成对医疗器械研制、生产、流通环节的监督检查。四查：一是对一、二类医疗器械注册核查，二是对生产企业质量考核审查，三是对生产企业日常监控检查，四是对存在问题经营企业检查。两加强：一是加强医疗器械使用环节监管工作，二是加强医疗器械不良事件监测工作。不断加大医疗器械监管力度，长期以来“重药轻械”的状况有所好转。

2008 年，四川汶川地震发生后，按照内蒙古自治区党委、政府的统一部署，自治区食品药品监督管理局下发《关于做好救灾药品和医疗器械监管工作的通知》，要求捐赠人按照灾区急需药品、医疗器械目录，有针对性地进行捐赠，并对捐赠的药品、医疗器械质量安全负责。对药品、医疗器械捐赠和生产、销售及使用过程中的违法违规行为依法严惩，构成犯罪的移送有关部门依法追究刑事责任。

2009 年，内蒙古自治区食品药品监督管理局对 30 家医疗器械生产企业进行全面监督检查，重点检查企业进货渠道是否合法、产品是否有医疗器械产品注册证及产品合格证明等。督促企业做好产品不良事件监测、评价和顾客投诉举报，切实消除安全隐患。注销了不具备生产条件的 3 家医疗器械生产企业，全区医疗器械经营企业监管覆盖面、信用档案建档率和许可规范率达到 100%。销毁不合格医疗器械 212 个品种，货值 137.23 万元；办理国家食品药品监督管理局交办案件 4 件。

是年，内蒙古自治区食品药品监督管理局开展对药品、医疗器械生产经营企业防控甲型 H1N1 流感应急相关药械储备情况的调查摸底。并提出加强防控药械生产和储备的意见和建议，配合有关部门做好应急药械储备，做到底数清、情况明，随时掌握区内防控药械的保障情况，确保防控药械供应充足、购销渠道畅通、质量合格，确保防控甲型 H1N1 流感应急相关药械的供应和安全。

2010 年，依据《内蒙古自治区医疗器械企业信用等级档案管理办法》的规定，生产企业每年评定一次，即实行动态管理。内蒙古自治区食品药品监督管理局首次进行区内医疗器械生产企业信用等级评定工作。并对 42 家第二、三类医疗器械生产企业进行了现场检查，重点检查化学原料药、涉及易燃易爆物品的药品生产企业，以及持有“医疗器械生产企业许可证”的第二、三类医疗器械生产企业及第二类、第三类医疗器械经营企业。全年共进行了 44 次现场检查，检查医疗器械生产企业 122 家次，检查医疗器械经营企业 6173 家次，检查医疗机构 311 家次。在企业自查的基础上，重点对涉及“无菌规范”及“体外诊断试剂规范”的 7 家医疗器械生产企业质量管理体系进行考核。对涉及“无菌规范”要求的 3 家医疗器械生产企业重点检查和现场指导，其中赤峰市 2 家注射、输液器具生产企业按照新的规范要求异地新建厂房。对全区 56 家医疗机构分子筛制氧设备制取的氧气进行现场检查和抽验，对分子筛制氧浓度不符合标准的医疗机构责令其进行整改并暂停设备的使用。其中评定为 A 级企业的占参评企业的 19%，B 级企业占参评企业的 55%，C 级企业占参评企业的 26%，暂无评定为 D 级的企业。

2011 年，内蒙古自治区食品药品监督管理局加大对重点企业和重点品种的监督检查力度。加强医疗器械生产企业的日常监管，完善企业日常监管档案，规范企业生产、经营行为，强化医疗器械生产企业质量管理体系运转情况核查。完善企业信用等级评定工作。依据《内蒙古自治区医疗器械企业信用等级档案管理办法》的规定，要求盟市食品药品监督管理局完善医疗器械生产、经营企业的诚信档案的建档和评价，促使生产、经营企业的信用等级评定工作实现常态化。

2012 年，全区重点推进实施《医疗器械生产质量管理规范（试行）》。一是通过日常检查、注册核查、质量体系考核等形式的监督检查，督促生产企业建立健全质量管理体系，加大对高风险医疗器械产品监督检查力度。要求各盟市对列入国家、自治区重点监控产品的生产企业每季度检查一次，第二、三类医疗器械生产企业每半年检查一次，保证现场检查率达到100%。对经营企业监督检查，重点是对上年度取得经营许可证的企业、上年度监督检查中存在问题较多或有严重缺陷的企业、有投诉举报或因违反有关法律法规而受到行政处罚的企业。二是开展对经营第三类医疗器械的专营企业，以及植入类（包括材料）、介入类、诊断试剂、隐形眼镜等产品的经营企业等实施监督检查，现场监督检查面达到100%。三是开展对医疗器械使用单位的监督检查，重点对未建立医疗器械不良事件监测网点的医疗机构，上年度违法违规使用医疗器械被查处的医疗机构及县级以上医疗机构，实施每年不少于一次的现场检查。

2013年，内蒙古自治区食品药品监督管理局对医疗器械生产企业较多的呼和浩特市、赤峰市、包头市和通辽市4市医疗器械经营许可审批下放后执行情况、第一类注册产品档案建立情况、医疗器械生产经营企业监督检查档案建立情况等进行现场督查。

2014年，内蒙古自治区食品药品监督管理局在5个盟市的部分医疗机构开展婴儿培养箱的监督检查，在监督筛查的基础上加强检验工作。共对呼和浩特市等5个盟市的30家医疗机构（其中：三级医疗机构10家、二级16家、一级4家）2008年以前注册、使用的婴儿培养箱实施监督检查，对可能存在安全隐患的在用婴儿培养箱实施现场检测。重点检查了设备外部标示的注册证号是否丢失或不清晰，使用超过产品说明书推荐的使用周期等问题。经现场检验，存在部分安全项目不符合国家标准要求，不合格率24%。

2016年4月13日，国家食品药品监督管理局在北京召开全国治理药品、医疗器械生产经营企业商业贿赂专项工作会议。会议要求加强对全系统和药品医疗器械企业自查自纠工作的指导，加大案件查办力度。把医疗器械生产企业日常监管与专项整治工作、医疗器械质量体系考核工作相结合。对擅自降低生产条件、不执行产品标准、未对原辅材料购进控制、未进行质量验收、不具备检验能力、不进行出厂检验的企业进行监督检查；对质量体系不能有效运行的、对出现问题和缺陷不能及时有效纠正的企业进行监督检查；对擅自篡改说明书中的适用范围、机理、夸大疗效进行广告宣传的企业违法问题依法查处、限期整改、并加强跟踪检查；对重点监管产品生产企业监督抽样产品不合格的、在上年度和本年度日常监管中发现问题的企业加大监管力度；开展对医疗器械生产企业质量体系运行情况的考核，特别是第二、三类医疗器械的考核，要求生产企业体系考核率达到100%，企业配备1名质量体系内审员，定期对本企业质量体系符合性、有效性开展内审工作；开展对医疗器械经营企业擅自降低经营储存条件的、购销验收记录不全无可追溯性等行为进行专项检查，对经营假冒伪劣产品的企业进行严厉打击。同时，完善监管单位信用档案，促进诚信制度的建立。针对使用环节普遍存在的问题，开展对使用医疗器械单位行为是否合法、是否规范进行检查，重点对购进渠道、质量验收的记录是否完整，有无从非法渠道购进医疗器械，有无使用未经注册、过期失效医疗器械的行为，以及仓储条件是否符合相应产品的要求等环节进行检查。

是年，全区食品药品监督管理部门共出动执法人员1420人次，检查医疗器械生产经营企业1158户，检查使用单位2844户，查处违法违规单位2户。对5家第三类医疗器械生产企业进行了检查，对其中4家发现问题的企业进行了约谈、复查，责令1家企业停产。共检查涉械单位6022家次，下达责令整改意见386份、查处违法违规企业数104家次、警告91家、责令停产停业1家，通报卫生计生部门案件8件。

2017年，内蒙古自治区食品药品监督管理局印发了《关于进一步规范医疗器械经营环节监督管理工作的通知》，要求各盟市食品药品监督管理局依据《医疗器械经营质量管理规范》及指导原则，对全区医疗器械经营企业的经营许可进行统一审查，并对医疗器械经营企业开展常日监管工作。对全区6家第三类医疗器械生产企业中的5家开展全项目检查（1家企业因无产品注册证未生产而未实施检查），对检查中发现问题的4家企业提出整改要求。经复查，4家企业通过《医疗器械生产质量管理规范》检查，1家责令停产整改。经检查全区新开办医疗器械经营企业基本能够达到《医疗器械经营质量管理规范》要求。

第二节 医疗器械专项整治

2000年，配合全国打假工作，内蒙古自治区药品监督管理局及有关部门在全区范围内开展了一次打击制售假冒伪劣药品、医疗器械违法犯罪活动联合行动，对呼和浩特市区、包头市区进行突击检查，依法对呼和浩特市泰尔力图医疗保健用品有限公司和毛虎旦制衣有限公司的违法生产、经营行为给予责令停产并处以罚款的行政处罚。共查封扣押假冒伪劣一次性无菌医疗器械226件。其中，一次性输液器78件计39100支；注射器96件计100676支；未经批准注册的小儿吊瓶34件，计3478支；一次性引流带18件计9000支。

2001年，内蒙古自治区药品监督管理局在全区开展医疗器械专项整治行动，共出动药品监督管理执法人员20669人次，出动车辆4981台次，查处违法案件2581起，结案2239件。查处假劣医疗器械24.3万支，标值27.4万元，查处未经注册的医疗器械设备3台，标值34万元，销毁假劣药品、医疗器械标值总计444万元，取缔无证医疗器械生产企业1个。

2002年2月7日，国家药品监督管理局印发《关于深入进行一次性无菌医疗器械专项治理整顿工作的紧急通知》（国药监〔2002〕44号）。内蒙古自治区药品监督管理局召开专项紧急工作会议，制定《内蒙古自治区一次性无菌医疗器械专项治理整顿工作方案》，明确专项整治工作的重点，对重点检查品种、重点检查地区和检查方式及检查内容提出具体要求，明确工作责任部门和责任人。自治区药品监督管理局与各盟市药品监督管理局分管领导分别签订专项治理整顿工作目标责任状，要求全区各级药品监督管理部门统一行动，对全区医疗器械生产和经营企业展开全面的监督检查，并在检查基础上找出本地区需要重点监督的区域和单位，落实监管责任到人。其间，全区共出动医疗器械检查人员54396人次，出动车辆16328台次，检查医疗器械生产企业8家，取缔无证生产企业1家；检查医疗器械经营企业1887家，取缔无证经营企业192家；监督检查医疗机构6742家、个体诊所9221家，监督检查覆盖面基本达到100%。共查出假冒伪劣、不合格、过期失效、淘汰、未经注册、无合格证明等违法医疗器械19.45万个，货值金额74.25万元；立案3566件，结案3419件，罚没款108.19万元，有效地打击了违法生产、经营和使用医疗器械的行为。

2003年，全区开展打击一次性橡胶避孕套等20多项专项检查治理活动，自治区食品药品监督管理部门与公安部门建立联合打假的长效工作机制，有效打击了制售假劣医疗器械违法犯罪行为。全系统共出动执法人员96117人次，车辆28558台次；立案7022起，结案率86%；查处假劣药品、医疗器械8935批次；取缔无证经营药品、医疗器械企业852家，销毁假劣药品、医疗器械4570批次。

是年3月15日，内蒙古电视台经济频道播出了包头市废品收购站收购医疗垃圾的问题后，引起内蒙古自治区药品监督管理局和中共包头市委、市政府高度重视，立即成立清查小组对全市医疗机构、个体诊所开展了以一次性使用无菌医疗器械用后毁形制度执行情况为重点的专项检查，同时对废品收购站（点）收购和销售使用后毁形和未毁形一次性无菌输液器、注射器情况进行调查摸底，开展过筛式检查。包头市药品监督管理局共对全市21家大型医院、20家中型医院以及1850个小型医疗机构进行检查，未发现使用后回收再重复使用问题。对医疗机构违反《医疗器械监督管理条例》，使用过的一次性医疗器械应毁形、销毁而未毁形、销毁的行为进行了严格检查，立案15起。同时对较大的26个废品收购站和52个废品收购点也进行了检查。

2004年，内蒙古自治区卫生厅、公安厅、监察厅、食品药品监督管理局联合开展全区非法采供血液和单采血浆专项整治工作。内蒙古自治区无血液制品生产企业，仅有1家注射生产企业在产。重点开展了对辖区内在产的一次性使用无菌医疗器械生产企业的专项监督检查，检查企业有无超范围生产的行为，采购记录、生产和检验、销售记录是否完整具有可追溯性及产品销售去向。

2005年，全区开展打击医疗器械生产经营企业无证经营等10多项专项整治活动，治理医疗器械生产经营中违法犯罪活动。全区共查处假劣药品、医疗器械7519批次，货值金额180.97万元，罚没款765.7万元，取缔无证经营药品、医疗器械企业466家。

2006年，按照国务院和自治区政府的统一部署，全区医疗器械专项治理突出源头监管，重点对14个品种的临床试验和临床研究的真实性进行核查，对30家国家重点监管的第三类医疗器械生产企业和在产的第二类医疗器械生产企业全部进行现场核查，对其中2家存在问题的企业责令限期整改。

2007年，内蒙古自治区食品药品监督管理局开展对全区医疗器械市场及监管工作的大规模专项检查。检查内容：一是企业注册资料的真实性核查。共核查29家生产企业的在审第三类医疗器械注册资料，重新注册申请资料2个、已经注册的第二类产品65个、第一类产品13个，共核审注册证80个；二是医疗器械生产企业现场检查和质量体系检查，对区内29家第二、三类医疗器械生产企业进行现场检查，取得“医疗器械产品注册证”的企业检查率为100%；三是对医疗器械经营企业专项抽查，检查医疗器械经营企业131家，占同类企业的25%。其中，医疗器械专营企业100家、专卖店3家、药品批发企业经营医疗器械的25家、药品连锁总部兼营医疗器械的3家。检查中发现，一是医疗器械企业存在降低生产条件、降低经营条件行为，在被查的29家医疗器械生产企业中，有17家企业程度不同地存在此类问题；在131家经营企业中，有20家存在此类问题。二是未经许可随意变更生产经营地址、仓库地址、法定代表人、企业负责人和质量管理员，在被检查的29家生产企业中，有2家存在此类问题。在131家经营企业中，有19家存在此类问题。三是质量管理体系的考核工作需要加强。四是日常监管工作缺位，当地监管部门对企业停产、搬迁情况掌握不准。

是年，内蒙古自治区食品药品监督管理局在全区范围内对浮标式氧气吸入器的使用情况开展专项检查，未发现此类医疗器械不良事件的发生。在检查中发现，全区除少数医疗机构使用的浮标式氧气吸入器产品说明书上没有明确写明“禁止利用浮标式氧气吸入器进行氧气吸入治疗”“禁止自行拆卸浮标式氧气吸入器”情况外，大多数医疗机构使用的浮标式氧气吸入器都注明了符合要求的警示内容。为防止出现“潮化杯”爆裂、爆裂碎片损伤眼睛的严重伤害事件发生，在检查中，各盟市药品监督管理局对医疗机构提出使用要求，要求各医疗机构严格按照浮标式氧气吸入器批准用途、范围进行临床使用。

2008年，内蒙古自治区食品药品监督管理局在全区组织开展了光电磁疗物理治疗设备和隐形眼镜市场专项检查。检查医疗器械生产经营企业1652家，检查产品3806批次，对45家无证经营光电磁疗物理治疗设备和隐形眼镜的企业进行了查处。

2009年，内蒙古自治区人口和计划生育委员会、公安厅、卫生厅、工商行政管理局、质量技术监督局、食品药品监督管理局、内蒙古出入境检验检疫局、呼和浩特市海关、满洲里海关联合开展全区计划生育药械市场专项整治行动。通过专项整治行动，加强对计划生育药械和成人性用品生产销售使用的监督管理。

2010 年，内蒙古自治区食品药品监督管理局对医疗器械实施了 5 个方面的专项检查：一是医疗器械生产企业安全生产大检查。按照自治区安全生产委员会的工作要求，对全区医疗器械生产经营企业进行了全面排查，通过检查杜绝了安全隐患。二是体验类物理治疗医疗器械产品专项检查。全区共检查体验类物理治疗经营企业 346 家，对存在一般性违规问题的企业进行现场纠正，对于严重违法违规的企业立案查处和限期整改，对于去向不明和自行关停企业，按照《医疗器械生产经营企业退市管理办法规定》公告注销许可证件。三是个体诊所、美容机构在用医疗器械专项检查。首次摸清了辖区内个体诊所、美容机构在用医疗器械的基本情况，全区共检查个体诊所 1977 家，美容机构 1088 家（其中医疗美容机构 16 家），对存在问题的企业下达整改通知书 47 份，依法立案 2 件。四是医疗机构在用医用分子筛制氧设备专项检查。对正在使用医用分子筛制氧设备的 30 家医疗机构进行现场监督抽查 12 家，确定抽样 7 家，经河北省医疗器械检测中心检验，7 个批次的样品全部合格，对有问题的 7 家医疗机构责令限期整改。五是医疗器械市场专项检查。检查医疗器械生产企业 12 家，占生产企业的 42%。检查医疗器械经营企业 228 家。对区内 21 家旗县级医院采购、储存、养护医疗器械情况进行检查，在 14 家旗县级医院、20 家医疗器械经营企业抽取无菌一次性注射器、输液器、输血器、医用缝合线、医用橡胶手套等 5 个品种、34 批次进行抽验。销毁不合格医疗器械 174 个品种，货值 9. 17 万元。

2012 年，内蒙古自治区食品药品监督管理局在全区开展医疗器械市场专项整治：一是对装饰性平光隐形眼镜进行专项检查。此次专项检查共出动检查人员 4136 人次，初步摸清了全区隐形眼镜经营企业的基本情况，检查眼镜店 449 家，其中有证企业 385 家，无证企业 64 家。共检查各类企业 1067 家（其中批发市场 97 家、商场超市 195 家、饰品店 467 家、美容店 220 家，其他 88 家），有问题企业 133 家，限期整改企业 114 家，警告企业 9 家，立案查处 10 家，罚没金额 5. 06 万元。二是对无菌和植入类医疗器械生产经营企业进行专项检查。全区共有无菌类产品生产企业 5 家（3 家第三类企业、2 家第二类企业），没有植入类产品生产企业。此次专项检查对 5 家无菌生产企业，从采购环节、洁净室控制、灭菌过程控制及产品可追溯性控制等方面重点进行了监督检查，对 1 家涉嫌违法企业立案查处。全区共检查涉及无菌和植入类医疗器械经营企业 1282 家，检查中发现部分企业存在擅自变更许可事项、质量管理人员不在岗、购销记录不完整等行为。针对发现的问题要求企业限期整改，对擅自变更许可事项等违法违规问题，依据有关规定进行处罚，对检查中发现问题的企业进行跟踪检查，并在企业信用档案中记录企业不良行为。三是开展对其他各类医疗器械企业专项检查。此次专项检查共检查各类医疗器械企业 3877 家，其中检查医疗器械生产企业 53 家，检查经营企业 3824 家（其中检查医疗器械专营企业 520 家），对医疗器械生产企业和医疗器械专营企业检查覆盖率为 84. 5%。检查中发现存在问题企业 576 家，占被检查企业数的 14. 8%，下达整改通知 514 家，立案查处 30 家，检查发现失踪拟注销医疗器械经营企业 32 家。

2013 年，内蒙古食品药品监督管理局在全区开展器械注册专项检查等整治工作。一是对内蒙古自治区仅有的 1 家涉及防控 H7N9 流感所需医疗器械产品（一次性使用医用防护服）生产企业进行现场检查。同时，重点对经营防控 H7N9 流感有关医疗器械产品的经营企业进行检查，全区共检查涉及防控 H7N9 流感有关医疗器械产品单位 1491 家，其中医疗器械经营企业 1159 家，医疗机构 332 家。二是开展定制式义齿生产使用监督专项检查，对 17 家定制式义齿生产企业和 1183 家口腔医院（诊所）进行现场检查，将定制式义齿生产企业，特别是一级以下医疗机构、诊所、门诊作为专项检查的重点。检查发现部分生产企业环境卫生较差等问题，检查组责令其现场整改；对 1 家主动申请注销企业予以注销；对检查中发现存在问题的口腔医院（诊所）408 家和 10 家医疗机构进行行政处罚，对 316 家口腔医院（诊所）现场下达责令整改通知书159份。

2014年，根据国家食品药品监督管理总局《关于印发医疗器械“五整治”专项行动方案的通知》精神，内蒙古自治区食品药品监督管理局开展医疗器械“五整治”（虚假注册申报、违规生产、非法经营、夸大宣传、使用无证产品）专项整治行动。自治区食品药品监督管理局制定专项整治实施方案，成立领导小组，对全区整治工作进行部署，同时组织开展了开放日活动。全区各盟市高度重视“五整治”工作，组织机构、工作方案到位，整治重点突出。“五整治”期间，对12家第二、三类企业注册申报资料、临床试验的真实性进行核查，监督检查生产企业50家次、经营企业5523家、使用单位4270家。警告、责令整改887家，责令停产停业1家。接受投诉举报9件，共查处案件865件，罚没款174.9万元。移交相关部门违法广告17条。向国家食品药品监督管理总局报送并发表信息新闻16篇、半月报表7份。通过媒体、网络、张贴及现场宣传3300余次。

是年，根据国家食品药品监督管理总局的部署要求，自治区食品药品监督管理局结合各盟市存在的问题，有针对性地开展彩色平光隐形眼镜、定制式义齿、避孕套、体外诊断试剂及医疗器械“五整治”回头看专项检查。全区共监督检查生产企业57家次，经营企业12229家次，使用单位6584家次。警告、责令整改3497家，责令停产停业13家。接受投诉举报32件，立案71件、罚没款130.4余万元。

2015年，内蒙古自治区食品药品监督管理局在全区开展了4个方面的专项整治行动：一是避孕套、装饰性彩色平光隐形眼镜、定制式义齿专项监督检查。全区共检查装饰性彩色平光隐形眼镜经营企业1454家，警告38家，责令整改137家，责令停业5家，罚没款3.3万元，移交公安机关1件，累计出动执法人次3065人次，累计查处游商小贩34个，发现无证经营企业3家（内蒙古自治区无装饰性彩色平光隐形眼镜生产企业）。共检查避孕套经营企业6446家，警告、责令整改981家，责令停业2家，罚没款4.8万元，发现无注册证品种1个，发现无证经营企业数204家（无避孕套生产企业）。全区共检查定制式义齿生产企业21家、使用单位1477家，累计出动执法4511人次；查处违法违规生产企业2家、使用单位158家；处罚金额8万；责令整改生产企业5家、使用单位244家；警告生产企业9家、使用单位79家。移送计生委案件2起；对1家未取得“医疗器械生产许可证”和“医疗器械注册证”，擅自进行义齿生产加工的案件移送公安部门。

二是诊断试剂风险排查和综合治理。共检查诊断试剂生产企业4家，完成整改3家；检查经营企业499家、使用单位1101家；需整改458家，完成整改352家；立案17起，处罚20余万元，发出责令整改通知书150份。结合国家食药监管局部署体外诊断试剂质量评估和综合治理工作，和自治区有生产人绒毛膜促性腺激素（HCG）企业的实际，将该品种纳入到监督抽验计划中，对辖区内生产、经营和使用环节的人绒毛膜促性腺激素（HCG）检测试纸（胶体金法）进行抽样，38个批次的检验全部合格。

三是无菌和植入性医疗器械监督检查。共检查无菌生产企业3家、经营企业2521家、复查641家；检查使用单位1313家、复查376家；责令经营企业整改223家、使用单位172家；警告生产企业1家、经营企业29家、使用单位6家；立案70件、罚没58.87万元。

四是开展专项整治督查。全区共监督检查生产企业57家次、经营企业12229家次、使用单位6584家次；警告、责令整改3497家次、责令停产停业13家、接受投诉举报32件、立案71件、罚没款130.4余万元。移交相关部门违法广告1个。

2016年，内蒙古自治区食品药品监督管理局在全区开展注射用透明质酸钠、义齿生产使用、经营企业冷链管理、避孕套及角膜接触镜，以及医疗器械流通领域违法经营行为专项检查治理。一是开展注射用透明质酸钠专项检查。在经营环节共出动执法人员 1420 人次，检查经营企业 1158 家；在使用环节，共出动执法人员 4690 人次，检查使用单位 2844 家，查出违法违规单位 2 家，查获不合格产品 3 件，货值 0.36 万元，责令整改 5 家，移送卫生、计生部门处理 7 件。

二是开展定制式义齿生产和使用环节监督检查，对全区 16 家定制式义齿生产企业进行了全覆盖地检查，发现存在违法违规行为企业 3 家；检查定制式义齿使用单位 1171 家，查出违法违规使用单位 144 家，立案 4 起，货值金额 0.73 万元，罚没款 4.5 万元，责令整改 174 家，移送卫生行政部门 4 家。

三是开展医疗器械经营企业冷链管理专项检查，全区共出动检查人员 511 人次，检查经营企业 197 家，查出违法违规单位 10 家，下达责令整改通知书 46 份。

四是开展避孕套及角膜接触镜专项检查，全区共检查避孕套经营单位 5348 家，警告责令整改 876 家，责令停产 1 家，罚没款 2.7 万元。发现无注册证品种 1 个，发现无证经营企业 230 家。全区共检查装饰性彩色平光隐形眼镜经营单位 1440 家，警告 33 家，责令整改 121 家，责令停产 5 家，罚没款 2.7 万元。累计查处游商小贩 24 个，发现无证经营单位 3 家。

五是开展医疗器械流通领域违法经营行为专项整治。全区共抽查生产经营企业 125 家，检查中发现 97 家企业存在违法违规问题，立案查处 11 家，责令限期整改 72 家。通过此次专项整治，全区医疗器械市场环境明显得到改善。

2017 年，内蒙古自治区食品药品监督管理局在全区开展医疗器械生产企业、经营企业、使用环节等进行专项整治行动：

一是开展角膜塑形用硬性透气接触镜专项检查。重点对角膜塑形镜经营企业、进口代理商以及使用单位进行检查，全区共检查经营企业 385 家，责令整改 15 家，查处违法违规企业 7 家，警告 6 家。检查角膜塑形用硬性透气接触镜经营企业 3 家，未发现违法违规问题。

二是开展互联网医疗器械经营监督检查。根据国家统一部署，自治区食品药品监管局在全区范围内开展了互联网医疗器械经营专项检查工作。采用监测生产、经营企业网站以及录入关键字段等方式开展监测。对全区开展医疗器械互联网经营活动的生产、经营企业进行摸底调查和监测检查，共监测发现 36 家企业从事互联网的经营和信息发布活动，其中涉嫌违法违规企业 24 家，及时将这些违法违规企业移交稽查等有关部门依法予以查处并关闭。对经营注射用透明质酸钠、软性角膜接触镜、避孕套、体外诊断试剂等高风险医疗器械经营企业进行了现场抽验检查。

三是开展无菌和植入性医疗器械监督检查。共检查医疗器械生产企业 24 家次、复查 6 家次（第三类及无菌医疗器械生产企业共 6 家，1 家无医疗器械注册证未生产、1 家申请停产），检查经营企业 2799 家、复查 828 家，检查使用单位 3275 家、复查 452 家，责令限期整改 869 家，立案查处 38 起（经营企业 8 家、使用单位 30 家），罚没金额 19.26 万元，通报卫生计生部门案件 8 件。

四是医疗器械生产企业原辅材料购进使用专项检查。采取企业自查、盟市食品药品监督管理局检查、自治区食品药品监督管理局督查等形式对全区在产的 26 家企业原材料采购验收开展专项检查，发现存在问题的企业 16 家，责令 3 家企业进行整改。

五是医疗器械经营企业飞行检查和使用环节交叉检查。依据“双随机”原则抽调检查人员和被检查单位，采取盟市间交叉检查的形式，开展了医疗器械经营企业飞行检查和使用环节交叉检查。检查中属地盟市、旗县区的医疗器械监管人员、稽查人员全程参与，发现违法行为直接由稽查人员固定证据并制作现场检查笔录。自治区食品药品监督管理局先后派出 6 个工作组，对全区 12 个盟市 45 个旗县区的 201 家医疗器械经营、使用单位开展监督检查，其中医疗器械经营企业 58 家，各级各类医疗机构 143 家（三级医疗机构 22 家、二级医疗机构 39 家、民营医院 37 家，体检中心 12 家，乡镇医院 33

家)。检查现场启动稽查程序87起，违法经营医疗器械产品3起，现场查封违法在用设备27台。检查结束后召开了医疗器械监管工作暨经营企业飞行检查使用单位交叉检查总结交流座谈会，分析检查中发现的问题，开展后续问题调查处置工作。

第三节 医疗器械案件查处与广告监管

一、案件查处

2000年，查处呼和浩特市泰尔力图医疗保健用品有限公司远红外保健制品案件。呼和浩特市泰尔力图医疗保健用品有限公司是呼和浩特市地区一家从事一类医疗器械产品生产的企业。该公司于1999年3月在内蒙古自治区医药管理局申报注册远红外保健制品，并取得远红外保健产品生产注册号“内药器监〔准〕字99第126001号”。内蒙古自治区药品监督管理局对该企业进行检查中发现其存在以下违法行为：一是超出所批准的注册范围生产，私自将未注册的其他产品都冠以“内药器监〔准〕字99第126001号”违法进行生产；二是在销售过程中随意添加或夸大产品的疗效和适用范围，误导消费者。对此，内蒙古自治区药品监督管理局给予该公司责令其停止违法生产并处以3万元罚款的处罚。

2002年，对国家药品监督管理局交办案件和群众举报案件进行及时的调查处理，查处两起无证经营“欧欧眼保仪”案件，组织对内蒙古海尔森医疗器械公司一次性使用无菌医疗器械生产车间突击检查。全区共查处假冒、过期、失效、淘汰、未经注册、无合法证明等医疗器械19.45万个，货值金额19万元，取缔无证生产企业1家，取缔无证经营企业192家。

2003年5月18日，查处假冒河南飘安集团一次性隔离衣案件。乌海市药品监督管理局执法人员对乌海市卫生局防疫站专项检查中发现，该站于4月22日从河南飘安集团销售人员手中购进假冒一次性防护衣542套、价值13550元，未使用。经查证，该产品是在预防“非典”时期，因当时急需又找不到其他供货单位而购进该产品，经研究决定给予减轻处罚，没收查获的假冒产品542套。同年组织查处销售使用假亚都卫材厂生产的防护服、隔离衣案件，查处呼伦贝尔市人民医院和满洲里市第二人民医院购进使用无注册证的IC超微智能诊断系统案，内蒙古太乙堂药业有限公司非法销售药品、医疗器械案等典型的大案要案。加强省际协查，全年完成国家食品药品监督管理局交办案件11件，与其他省、市、自治区协查案件353件。

2008年，内蒙古自治区食品药品监督管理局会同公安、工商行政、卫生及邮政、电信等部门，严密监控互联网上违法销售医疗器械、发布虚假信息，广泛收集线索，深入挖掘案源，组织开展了大要案件的查处工作。全区共出动执法人员62808人次，执法车辆20420台次；对各盟市38家医疗器械生产企业、305家医疗器械经营企业进行了现场监督检查，查获假劣药品、医疗器械3091种，标值1427.07万元。销毁假劣药品、医疗器械7008种，标值317.08万元。立案4410起（其中国家食品药品监督管理局交办案件4件），结案4126起，结案率93.6%；涉案总值3487.87万元，罚没款5744万元。

二、广告审查监管

1992年8月8日，国家工商行政管理局局长办公会议和国家医药管理局局长办公会议审议通过《医疗器械广告管理办法》，自1992年10月1日起执行。

同年，内蒙古自治区医药总公司按照《医疗器械广告管理办法》的规定，要求内蒙古自治区内申报医疗器械广告的单位，先由盟市医药管理局初审后，报内蒙古自治区医药管理局审核，并出具广告证明。区外到内蒙古自治区申报医疗器械广告的单位，应持所在省（市、自治区）广告证明和厂家介绍信到内蒙古自治区医药管理局办理审批手续。

1995 年 3 月 8 日，《医疗器械广告审查办法》（国家工商行政管理局、国家医药管理局令 24 号）发布。与 1992 年发布的《医疗器械广告管理办法》相比，强调了审批检查的程序和内容。

1999 年，全区加强医疗器械产品注册、广告审查及标准化管理工作。全年自治区医药管理局、自治区工商行政管理局共审查医疗器械广告 58 个，查处违法广告 55 个。

2000 年，内蒙古自治区药品监督管理局依据《医疗器械广告审查办法》的规定，制定医疗器械广告审查程序，加强对医疗器械广告审查。配合工商行政管理部门对广告实施监督，发现未经批准、随意扩大疗效或者利用医生、患者形象发布的违法广告，及时向工商行政管理部门发出违法广告通知书，全年共发出违法广告通知书 36 份，一定程度上遏制了医疗器械违法广告的蔓延。

2002 年，内蒙古自治区药品监督管理局把医疗器械广告审查监督管理工作作为日常监督检查的重点，健全医疗器械广告审查、监督管理制度，充实药品广告监督审查人员，建立健全自上而下的药品、医疗器械广告三级监督网络，建立重点媒体监测制度，有效地遏制虚假医疗器械广告蔓延的势头。全年共审查、审批医疗器械区内广告 11 个，审核备案区外广告 48 个，移送工商管理部门查处违法医疗器械广告 33 份。

2003 年，内蒙古自治区药品监督管理局全年共审批内蒙古自治区药品、医疗器械广告 208 份，审核内蒙古自治区外药品、医疗器械广告 559 份，核准备案区外医疗器广告 439 份，查出伪造“药品、医疗器械广告审查表”36 份，依法移送工商行政管理部门违法药品、医疗器械广告 576 起。

2004 年，内蒙古自治区食品药品监督管理局共审批区内医疗器械广告 7 份，审核备案区外医疗器械广告 67 份。加大对各盟市重点媒体刊登药品、医疗器械广告的抽查监督力度，查处违法医疗器械广告 22 起。

2005 年，内蒙古自治区食品药品监督管理局加强医疗器械广告审查监督管理工作，要求各盟市食品药品监督管理局按照属地层级落实监管责任，明确医疗器械广告监管人员，建立和完善盟市及盟市以下医疗器械广告监测网络；加强医疗器械广告的核查备案；建立违法广告公告制度。全年审批区内医疗器械广告 14 份，办理异地医疗器械广告备案 49 份。向工商行政管理部门移送违法医疗器械违法广告 5 份。同时，在全区开展了关爱生活、关爱健康，拒绝虚假药品、医疗器械、保健品、食品广告主题宣传活动，增强公众对违法虚假广告的识别能力。

2006 年，内蒙古自治区食品药品监督管理局对 2005—2006 年发布违法广告的内蒙古自治区 1 家医疗器械生产企业进行了重点监控，对该公司发布违法广告的产品进行了跟踪监控，停止对该公司重新审批广告。全年共审批医疗器械广告 16 份，办理异地广告备案 29 份，查处伪造医疗器械广告批文 1 份。移送工商管理部门查处虚假违法医疗器械广告 3 份，发布违法医疗器械广告公告 2 期。

2009 年，内蒙古自治区食品药品监督管理局举办《医疗器械广告审查办法》《医疗器械广告发布标准》宣传贯彻会议，对全区医疗器械广告审查作了全面部署。全年共审批区内医疗器械广告 9 份，审核备案区外广告 2 份（5 月 20 日后取消区外广告备案），向工商行政管理部门移送违法医疗器械广告 28 件，发布违法医疗器械广告公告 3 期。

2010 年，内蒙古自治区食品药品监督管理局共审批医疗器械广告备案 348 份，审批医疗器械广告 5 份，向工商行政管理部门移送违法广告 3 件，发布违法医疗器械广告公告 3 期，发布医疗器械质量公告1期。

2011年，内蒙古自治区食品药品监督管理局加强广播电视药品医疗器械广告监测力度，要求各盟市将配备的广告监测设备投入使用。各盟市监测范围应覆盖本辖区盟市以上所有电视频道和广播电台，旗县级电视频道及广播电台可根据各地情况自行安排，重点监测健康咨询类节（栏）目变相发布违法药品、医疗器械广告以及内容低俗类，专家及患者做产品功效证明类，疑难杂症类等违法率较高的药品、医疗器械广告。

2015年4月24日，全国人民代表大会常务委员会第十四次会议修订通过《中华人民共和国广告法》，9月1日起实施。新修订的广告法对药品医疗器械广告做了更严格的规定。

第五篇

保健食品与化妆品监督管理

第一章 保健食品监督管理

第一节 保健食品注册管理

随着人们生活水平的提高，以及几千年来“药食同源”的中国传统食疗文化影响，到20世纪80年代末至90年代初，保健产业异军突起，进入了快速发展的时期。

1987年10月28日，根据《中华人民共和国药品管理法》的有关规定，为进一步加强中药保健药品的管理，保障人民身体健康，卫生部发布《中药保健药品的管理规定》。各省级卫生行政部门按照《规定》有关要求开始审批中药保健药品，并以“药健字”注册。

1996年3月15日，卫生部发布了《保健食品管理办法》(中华人民共和国卫生部第46号令)，自1996年6月1日起施行。同年7月，卫生部发布了《保健食品评审技术规程》和《保健食品功能学评价程序和方法》，并规定保健食品的功能评价要在卫生部认定的功能检测机构进行，实行省级和卫生部两级审批制度。

2001年12月31日，国家药品监督管理局发布《关于撤销中药保健品批准文号的公告》。

2003年5月，卫生部颁布实施《保健食品检验与评价技术规范》，新《规范》在原有内容基础上做了进一步细化。6月，保健食品评审、监督管理权陆续由卫生部移交国家食品药品监督管理局。

2004年1月，国家食品药品监督管理局规定，所有“药健字”保健品一律不得在市场上流通。

2005年4月30日，国家食品药品监督管理局发布《保健食品注册管理办法（试行)》，于7月1日起实施，并规定2005年7月1日以前，已由卫生部和省级卫生行政管理部门认定的检验机构正式受理试验，但未向国家食品药品监督管理局申请注册的产品，省级食品药品监督管理部门应通知辖区内认定的检验机构，在2005年7月5日前，将产品名称、检验机构名称、检验编号、受理日期、检验项目以及检验受理通知书、已收费凭证复印件一式两份报送当地省级食品药品监督管理部门，省级食品药品监督管理部门汇总后报国家食品药品监督管理局。

自7月1日起，各省级食品药品监督管理部门按照《保健食品注册管理办法（试行)》的有关规定，正式承担国产保健食品注册申请的受理和现场核查等工作；进口保健食品注册申请的受理工作暂由国家食品药品监督管理局保健食品审评中心承担，现场核查工作由国家食品药品监督管理局负责。省级食品药品监督管理部门受理申报资料后，按照规定的时限和要求完成审查工作，并将审查后的申报资料直接寄送国家食品药品监督管理局保健食品审评中心。在国家食品药品监督管理局重新公布保健食品功能范围之前，仍按照卫生部公布的27种保健功能进行受理和审批，拟申报27种保健功能以外的新功能申请，申请人在研发之前要充分论证，尽可能降低投资风险。

截至2009年11月30日，内蒙古自治区持有保健食品注册证的企业有31家。持有效“卫生许可证”的保健食品生产企业16家，分布在6个盟市，其中呼和浩特市6家，赤峰市3家，巴彦淖尔市3家，乌兰察布市2家，鄂尔多斯市1家，锡林郭勒盟1家。16家保健食品生产企业中，有12家企业仅生产单一品种，有5家委托生产加工，有4家企业同时又符合药品生产企业的GMP要求，其中有3家属于“一个企业，两块牌子”。全区共有保健食品从业人员690人，生产各类保健食品25种。16家保健食品生产企业均按照保健食品生产企业良好生产规范进行审查，达到规范要求后，由内蒙古自治区卫生厅发放“卫生许可证”，“卫生许可证”的有效期限为4年。自治区卫生厅每年对每家企业的“卫生许可证”进行一次年度复核，包括材料审核、产品抽验、现场监督检查等工作。企业地址位于呼和浩特市以外的保健食品生产企业的日常监督管理委托当地卫生监督机构进行。

2009年，内蒙古自治区卫生厅对13家保健食品生产企业进行“卫生许可证”年度复核。

2011年，内蒙古自治区食品药品监督管理局严把保健食品审评审批关，对提供虚假申报资料的企业一律不予批准，并列入黑名单，1年内不得再次申请该行政许可。对出具虚假许可检验报告的检验机构，依法撤销该检验机构的检验资格。

2013年4月，为规范内蒙古自治区保健食品、化妆品经营秩序，加强自治区保健食品、化妆品的安全监督管理，根据《中华人民共和国食品安全法》《中华人民共和国食品安全法实施条例》《化妆品卫生监督条例》及实施细则、《国务院关于加强食品等产品安全监督管理的特别规定》和国家食品药品监督管理局有关文件精神，自治区食品药品监督管理局发布《内蒙古自治区保健食品化妆品经营备案管理办法（试行）》。

2014年，内蒙古自治区药品认证审评中心更名为内蒙古自治区食品药品审评查验中心。保健食品的注册、生产、经营等方面的技术审评、材料审查和现场检查等相关工作均由内蒙古自治区食品药品审评查验中心承担。

2016年2月26日，国家食品药品监督管理总局发布《保健食品注册与备案管理办法》，并于2016年7月1日起施行。《办法》规定国家食品药品监督管理总局负责保健食品注册管理，以及首次进口的属于补充维生素、矿物质等营养物质的保健食品备案管理，并指导监督省、自治区、直辖市食品药品监督管理部门承担的保健食品注册与备案相关工作。省、自治区、直辖市食品药品监督管理部门负责本行政区域内保健食品备案管理，并配合国家食品药品监督管理总局开展保健食品注册现场核查等工作。

自2016年7月1日后，内蒙古自治区食品药品监督管理局不在接受保健食品注册申报材料。

是年，内蒙古自治区食品药品监督管理局核查了9家保健食品生产企业。其中，对内蒙古伊利实业（集团）股份有限公司、内蒙古蒙牛乳业（集团）股份有限公司、内蒙古兰太药业有限责任公司等7家企业的8种保健食品进行了试制现场核查；对内蒙古兰太药业有限责任公司、内蒙古奥淳酒业有限责任公司等2家企业进行了生产许可审查。对内蒙古惠丰药业有限责任公司、内蒙古兰太药业有限责任公司等两家企业的6种保健食品进行了试制现场核查，核查地点涉及北京、四川、浙江等3个省、直辖市的6家检验机构。

2013—2017年内蒙古自治区保健食品生产许可证发放情况如表5-1。

2013—2017年内蒙古自治区保健食品生产许可证发放一览表

表5-1

序号	企业名称	住所	生产地址	法人或负责人	许可范围	生产许可证编号	换发许可证日期	有效期限截止日	备注
1	内蒙古兰太药业有限责任公司	呼和浩特市金川开发区金二路	同住所	梁旭荣	百藻堂牌维蜂盐藻胶丸、夕维康胶丸的生产与销售	内食药健生字〔2013〕第0001号	2013年5月24日	2017年5月23日	—
2	内蒙古宏魁生物药业有限公司	内蒙古自治区阿拉善盟阿拉善左旗巴彦浩特镇南环东路北侧	同住所	祁成宏	宏魁牌苁蓉养生液的生产与销售	内食药健生字〔2013〕第0002号	2013年9月20日	2016年9月19日	—
3	内蒙古彤辉实业有限责任公司	呼和浩特市公园西路74号	呼和浩特市回民果园11号	刘彤	彤辉牌罗布麻茶的生产与销售	内食药健生字〔2013〕第0003号	2013年9月17日	2014年6月24日	—
4	内蒙古元和药业股份有限公司	内蒙古自治区呼和浩特经济技术开发区金川区金二道	同住所	刘忠元	受委托生产复旦蒙耀牌沙棘血脂康片	内食药健生字〔2013〕第0004号	2013年10月18日	2015年10月9日	—
5	内蒙古游牧一族生物科技有限公司	巴彦淖尔市临河区八一镇临五路北侧（八一工业园区）	同住所	贺文军	游牧一族牌肉苁蓉黄精茶的生产与销售	内食药健生字〔2013〕第0005号	2013年10月18日	2016年3月8日	—
6	内蒙古科然生物高新技术有限责任公司	赤峰市巴林左旗上京集中工业园区	同住所	何伟	科然牌大豆异黄酮维E维C胶囊、科然牌贝贝佳咀嚼片、科然牌银豆胶囊的生产与销售，受委托生产鑫天逸牌谷维康胶囊、鑫天逸牌清舒美冲剂、鑫天逸牌欣妍胶囊	内食药健生字〔2013〕第0006号	2013年11月15日	2016年10月9日	—
7	内蒙古双奇药业股份有限公司	呼和浩特市如意开发区腾飞路21号	同住所	林伟光	肠内革命牌三联益生菌粉剂的生产与销售	内食药健生字〔2013〕第0007号	2013年11月15日	2015年2月21日	—

续表 5-1

序号	企业名称	住所	生产地址	法人或负责人	许可范围	生产许可证编号	换发许可证日期	有效期限截止日	备注
8	锡林郭勒盟鑫泰生物制品有限责任公司	锡林浩特市杭盖路176号	同住所	张剑平	颐宁牌颐宁多肽冲剂的生产与销售	内食药健生字〔2013〕第0008号	2013年11月15日	2017年2月1日	—
9	内蒙古鸿茅药业有限责任公司	内蒙古自治区乌兰察布市凉城县岱海镇建设街酒源路	同住所	鲍洪升	鸿茅牌鸿茅健酒、鸿茅牌鹿茸参芪酒、鸿茅牌鸿茅鹿龟参酒的生产与销售	内食药健生字〔2013〕第0009号	2013年11月15日	2016年3月8日	—
10	内蒙古宇航人高科技产业有限责任公司	内蒙古呼和浩特市和林格尔县盛乐经济园区成长大道	同住所	邢国良	宇航人牌沙棘山药胶囊、锐视牌缓解视疲劳颗粒（哈密瓜味）、宇航人牌沙棘油、宇航人牌欣胃软胶囊、千喜寿源牌沙棘番茄红素软胶囊的生产与销售。受委托生产：昌盛堂牌芪铬胶囊、包克图牌茸参胶囊、焦长安牌百苓健安胶囊	内食药健生字〔2013〕第0011号	2014年2月24日	2015年8月24日	—
11	呼伦贝尔海乳乳业有限责任公司	内蒙古呼伦贝尔市海拉尔区301国道南侧（呼伦贝尔经济开发区）	同住所	胡明	海乳牌双歧奶粉的生产与销售	内食药健生字〔2013〕第0013号	2013年11月15日	2015年2月21日	—
12	赤峰多维尔生物工程有限公司	内蒙古自治区赤峰市红山区高新技术产业开发区	同住所	于志龙	多维尔牌维D钙咀嚼片、多维尔牌钙铁锌硒颗粒、多维尔牌锌硒咀嚼片的生产与销售	内食药健生字〔2013〕第0014号	2013年11月15日	2015年2月21日	—
13	内蒙古鲁花葵花仁油有限公司	内蒙古自治区巴彦淖尔市临河区经济技术开发区鲁花工业园	同住所	宫旭洲	鲁花亚麻籽油的生产与销售	内食药健生字〔2013〕第0015号	2013年11月15日	2016年10月9日	2013年已打停产报告，一直未生产

续表 5-1

序号	企业名称	住所	生产地址	法人或负责人	许可范围	生产许可证编号	换发许可证日期	有效期限截止日	备注
14	宁城元力保健酒业有限公司	宁城县天义镇铁西(原县百货公司)	同住所	王建伟	宁城元力酒的生产与销售	内食药健生字〔2013〕第0016号	2013年11月21日	2014年11月21日	—
15	内蒙古奇特金生生物科技有限公司	内蒙古自治区赤峰市红山区高新技术产业园区(红庙子镇西水地村)	同住所	余广耀	保健食品，陆尔草牌聚邦片、陆尔草排异清胶囊、陆尔草牌沙参青果双花含片的生产与销售。受委托生产仁心福牌绿金素片	内食药健生字〔2013〕第0017号	2013年12月18日	2014年11月1日	—
16	内蒙古健元鹿业有限责任公司	巴林左旗健元鹿业有限责任公司	同住所	董栗	保健食品：健园鹿业牌天麒鹿酒、健园鹿业牌鹿胎珍珠胶囊、健园鹿业牌鹿茸灵芝胶囊的生产与销售	内食药健生字〔2013〕第0018号	2013年12月27日	2017年12月26日	—
17	通辽市蒙牛乳制品有限责任公司	内蒙古自治区通辽市通辽经济技术开发区辽河大街以北、汕头路以西	同住所	王勇	保健食品：蒙牛冠益乳发酵乳的生产与销售	内食药健生字〔2014〕第0010号	2014年1月14日	2017年1月22日	—
18	内蒙古惠丰药业有限公司	呼和浩特市金川开发区金二道7号	同住所	锁占荣	添然牌亚喜胶囊、奥洁牌佳丽胶囊、瑞元牌葆蜜胶囊、添然牌糖脂乐片、艾丽佳牌化康胶囊	内食药健生字〔2014〕第0012号	2014年1月17日	2015年3月7日	—
19	内蒙古御膳春酒业有限责任公司	内蒙古自治区巴彦淖尔市杭锦后旗陕坝镇建设街39号	同住所	程进举	御膳酒（原名御膳春酒）的生产与销售	内食药健生字〔2014〕第0019号	2014年4月11日	2018年4月10日	—
20	鄂尔多斯市新宇力藻业集团有限公司	鄂托克旗乌兰镇螺旋藻产业园区			新宇力牌螺旋藻咀嚼片			2017年10月10日	—

2016 年核发保健食品企业生产许可 3 家。

2017 年，为 3 家企业的 8 个保健食品批件核实并出具了五年内生产销售情况说明。核发生产许可（保健食品）10 家，不予许可 1 家。

第二节 保健食品日常监管

内蒙古地区销售保健食品主要是保健食品专卖店、药店和食品、药品超市等，因此对保健食品的日常监管主要围绕这些店铺展开。

2007 年，内蒙古自治区卫生厅组织制定了《保健食品整顿工作方案》，并对全区保健食品生产企业和销售企业进行了全面监督检查。

2009 年，根据国家食品药品监督管理局《关于印发餐饮服务环节和保健食品整顿工作实施意见的通知》（国食药监食〔2009〕119 号）的要求，为贯彻落实《国务院办公厅关于印发食品安全整顿工作方案的通知》（国办发〔2009〕8 号）精神，切实做好餐饮服务和保健食品安全整顿工作，集中解决餐饮服务环节和保健食品存在的突出问题，维护广大人民群众的健康权益，依据《中华人民共和国食品安全法》及有关法律法规的规定，内蒙古自治区卫生厅发布了《关于印发全区餐饮服务环节食品安全整顿工作实施方案和全区保健食品整顿工作实施方案》（内卫监字〔2009〕702 号）。自治区卫生部门对全区 16 家保健食品生产企业的 25 个品种进行年度抽检，检查结果全部合格。经过对企业“卫生许可证”年度复核和对产品标签说明书的审查，内蒙古自治区保健食品生产企业的产品全部符合保健食品标志规定。

是年，保健食品监督管理职能由内蒙古自治区卫生厅移交内蒙古自治区食品药品监督管理局。自治区食品药品监督管理局先后 4 次对呼和浩特市 18 家药店和 2 家超市进行保健食品专项监督检查，并对经营不符合食品卫生要求的 3 家药店进行了行政处罚。

自 2010 年开始，按照国家《健康相关产品国家卫生监督抽检规定》，对市场销售的保健食品开始了年度抽检。主要检查已经取得国家保健食品批准证书的保健食品是否存在虚假或夸大宣传功能的情况。对未取得保健食品批准证书的普通食品，主要检查是否违法添加中药材、是否违法宣传。

2010 年，根据国家食品药品监督管理局《关于开展保健用品审批及监管情况调查的通知》要求，内蒙古自治区食品药品监督管理局在全区范围内开展了相关调查。经调查，区内市场上销售的保健用品品种繁多，大部分是来自外省市的产品。由于部分产品治疗效果差、广告宣传夸张等问题，群众举报投诉较多。国家当时还没有制定统一的保健用品标准和审批法规，内蒙古自治区也没有制定保健用品相关管理规定，更没有批准过保健用品。为加强保健用品监管，内蒙古自治区食品药品监督管理局建议：一是尽快明确监管部门，加强保健用品监管；二是尽快制定相关保健用品审批管理的法律法规，进一步规范相关企业生产经营行为；三是开展保健用品专项整顿，严厉打击保健用品生产经营违法行为及虚假广告宣传行为。

是年 11 月，内蒙古自治区食品药品监督管理局设立了保健食品化妆品监管处。其职能包括从注册、生产、销售、安全性评审、广告等所有过程的监督管理。全区 12 个盟市中，呼和浩特市、呼伦贝尔市、赤峰市、通辽市、鄂尔多斯市、包头市 6 个市食品药品监督管理局设立了保健食品化妆品监管科，配备人员各 2 名，但职能却未到位。其余 6 个盟市以及满洲里市、二连浩特市食品药品监督管理局职能和人员均未到位。102 个旗县分局中只有鄂尔多斯市的达拉特旗、乌审旗、鄂托克旗分局成立了综合业务部，承担保健食品、化妆品的监管职能，但仅人员到位，监管职能仍未到位。

2011 年，国家食品药品监督管理局要求暂停生产销售含邻苯二甲酸酯的保健食品。内蒙古自治区食品药品监督管理局转发国家食品药品监督管理局《关于暂停销售有关保健食品的紧急通知》，并要求各盟市食品药品监督管理局、卫生局立即对辖区内保健食品生产经营企业开展检查。

2013 年，为规范内蒙古自治区保健食品、化妆品经营秩序，加强保健食品、化妆品的安全监督管理，内蒙古自治区食品药品监督管理局出台了《内蒙古自治区保健食品化妆品经营备案管理办法》（内食药监保化〔2013〕127 号）。

2014 年，内蒙古自治区食品药品监督管理局取消和下放一批行政审批项目，共计 6 项，其中取消 3 项，下放 3 项。取消项目为保健食品生产许可、药品广告备案、非特殊用途化妆品备案，自 2014 年 6 月 1 日起实施。

2015 年 10 月 23 日，根据新修订的《中华人民共和国食品安全法》及《食品生产许可管理办法》（国家食品药品监督管理总局令第 16 号）相关规定，自治区食品药品监督管理局印发了《关于保健食品纳入食品生产许可进行管理的通告》（内食药监通告〔2015〕5 号），要求各盟市食品药品监督管理部门、保健食品生产企业自 2015 年 10 月 1 日起，将保健食品生产纳入食品生产许可进行管理，保健食品生产企业的食品生产许可证由自治区食品药品监督管理局审核颁发。

是年，内蒙古自治区食品药品监督管理局加强了对保健食品经营环节的日常监督检查。一是明确监管职责，强化经营企业主体责任意识，完善对经营企业监督管理制度。建立健全日常监督检查制度和工作机制，制定日常监督检查计划。二是销售保健食品须查验和专柜销售。保健食品经营者销售已注册和备案管理的保健食品，应当查验产品注册和备案证书，核对所载明内容与产品标签标注内容是否一致，并留存注册和备案证书复印件。保健食品设专柜销售，并在专柜显著位置标明“保健食品”字样。保健食品不得与药品和普通食品混放，保健食品销售列入经营许可中特殊食品销售。三是规范日常监督检查行为，加大查处力度。落实属地监管责任，基层监管人员按照相关要求做好日常监督检查记录，对有不良记录的保健食品经营企业增加监督检查频次，对监督检查中发现的问题及时提出整改意见并监督落实。对存在安全隐患的保健食品及时采取下架、暂停销售、责令召回、信息通报等有效措施，对违法违规的经营企业依法严肃处理。四是加强保健食品安全信息分析与预判，及时向社会发布信息。各级食品药品监督管理部门加大对经营环节保健食品的抽检力度和频次，通过抽检及时发现保健食品中的违法添加等问题，尽早防控风险点，抽检结果及时向社会公布，正确引导消费，确保消费者的合法权益。

是年，国家食品药品监督管理局不再批准以含有表述产品功能相关文字命名的保健食品。内蒙古自治区食品药品监督管理局在全区范围内开展了保健食品批准证书持有者和生产企业基本情况调查摸底及建档工作，调查摸底的对象为 2015 年 1 月 1 日前获批的保健食品批准证书持有者和获得许可的保健食品生产企业。

是年，结合春节保健食品市场检查对虫草类保健食品进行了专项监督检查，严厉打击保健食品违法违规生产销售和宣传等行为。全区共出动执法人员 3013 人次，重点对含有“虫草菌丝体”“蝙蝠蛾拟青霉菌丝体”等保健食品进行检查，同时对网络媒体是否存在发布虚假信息、虚假夸大宣传、销售假冒伪劣虫草类保健食品等违法违规行为进行监测，累计检查保健食品生产企业、专营店、兼营店等各类经营主体 1568 家，下达责令改正通知书 3 份，查扣假冒伪劣虫草产品 42 盒。

是年，按照国家食品药品监督管理总局《关于对使用银杏叶提取物生产保健食品的企业开展执法检查的通告》和《食品药品监管总局办公厅关于对使用银杏叶提取物生产保健食品的企业开展执法检查的通知》要求，内蒙古自治区食品药品监督管理局在全区范围内组织开展了专项监督检查，其中以银杏叶提取物为原料的企业仅有一家，对产品进行了抽样送检，检验报告显示未发现用盐酸工艺提取银杏叶提取物。

是年，按照国家食品药品监督管理总局要求，自治区食品药品监督管理局组织开展了含何首乌保健食品配方变更工作。全区共有3家企业的3个品种涉及该项变更。北京同仁堂兴安盟中药材有限责任公司生产的“同仁堂牌同仁益健茶”、内蒙古惠丰药业有限公司生产的“奥洁牌佳丽胶囊”、内蒙古阿拉善大漠盛世工贸有限责任公司生产的“信安牌肉苁蓉灵芝酒”，都按国家食品药品监督管理总局要求完成变更工作。

是年，根据国家食品药品监督管理总局关于组织开展酒类保健食品专项监督检查的通知（食药监办食监三〔2015〕150号），自治区食品药品监督管理局对全区保健酒的批件情况进行了统计，全区共有15个保健酒类的有效批件，实际生产的企业仅有5家。自治区食品药品监督管理局对赤峰市、阿拉善盟、巴彦淖尔市、乌兰察布市的保健酒生产企业进行了专项监督检查，主要检查企业生产记录、生产工艺管理、原料库及台账、产品销售记录等，重点对企业是否按照批准的配方、工艺生产，有无违法添加行为以及标签标志、保健食品广告是否规范等进行检查，同时抽样送至中国食品药品检定研究院食品化妆品检定所检验。

2016年4月25日，自治区食品药品监督管理局印发了《内蒙古自治区保健食品销售经营环节规范管理清单》（内食药监办食流函〔2016〕58号），要求各级食品药品监督管理局部门坚持以问题为导向，日常监管为主线，清单管理为抓手，加强保健食品安全监管。

2016年保健食品销售经营环节规范管理清单一览表

表5-2

序号	必须做的事项	禁止做的事项
1	必须取得食品经营许可证	不准未取得食品经营许可证经营保健食品
2	必须经营取得保健食品批准文号的保健食品	不准经营未取得保健食品批准文号、套号冒号的保健食品
3	必须经营取得食品生产许可企业生产的保健食品	不准经营未取得食品生产许可企业生产的保健食品
4	必须经营经批准的进口保健食品	不准经营未经批准的进口保健食品
5	必须经营产品名称、标签、说明书符合要求的保健食品，标签、说明书上声明“本品不能代替药品”	不准经营标签、说明书上虚假夸大宣传或涉及疾病预防、治疗功能的保健食品，不准直接、间接向消费者宣传或暗示保健食品有治疗疾病功能，保健食品名称中不得含有表述产品功能的相关文字
6	必须经营在保质期内的保健食品	不准经营超过保质期的保健食品
7	必须执行索证索票和台账管理等有关规定	不准违反索证索票和台账管理等有关规定
8	必须依法进行保健食品经营的宣传和销售活动	不准以会议、讲座、义诊等方式从事保健食品违法宣传和销售活动
9	必须落实食品经营者建立食品安全自查制度，定期对保健食品安全状况进行检查评价	不准在经营条件发生变化、不再符合食品安全要求、存在食品安全事故风险时，不立即采取整改措施和停止经营活动
10	必须保持门店、牌匾等名称与营业执照名称一致	不准以虚假门店、牌匾等名称进行经营活动

2016 年，内蒙古自治区食品药品监督管理局对全区保健食品经营基本情况进行摸底调查。全区共有保健食品经营单位 9438 家，其中：兼营批发 530 家，专营零售 930 家，兼营零售 7978 家。同年为加强对保健食品的日常监督管理，内蒙古自治区食品药品监督管理局先后印发《关于进一步加强保健食品经营环节日常监督检查的通知》《关于落实国家食品药品监管总局有关保健食品命名有关公告的通知》《内蒙古自治区食品药品监督管理局转发关于保健食品命名有关事项的公告》《关于开展全区保健食品标签、说明书专项整治工作落实情况监督检查的通知》《关于印发全区保健食品标签、说明书经营环节专项整治实施方案的通知》等文件，明确了保健食品经营单位主体责任和监管责任，强化了保健食品的日常监管。

第三节　保健食品风险监测与抽查检验

2005 年始，国家食品药品监督管理局确定一批具备条件的检验机构承担保健食品的试验和检验工作。在此项工作没有开展之前，国产保健食品的检验暂由卫生部和省级卫生行政部门认定的检验机构承担。样品试验和复核检验由具备相应检验能力的副省级以上药品检验机构或卫生部、省级卫生行政部门认定的保健食品检验机构承担。进口保健食品的试验暂由国家疾病预防控制中心营养与食品安全所承担，样品检验和复核检验暂由中国药品生物制品检验所或卫生部、省级卫生行政部门认定的保健食品检验机构承担。保健食品的试验和检验按照卫生部颁布的《保健食品检验与评价技术规范（2003 版）》食品检验的有关标准、相关规定和要求进行。承担样品检验和复核检验的检验机构在规定时限内出具检验报告，并将检验报告直接寄送国家食品药品监督管理局保健食品审评中心。

2010 年，内蒙古自治区食品药品检验所完成了 2010 年内蒙古自治区保健食品安全风险监测项目抽检和检验工作。对内蒙古自治区生产经营企业依法进行采样，采样点涉及自治区首府城市、4 个盟市等，被抽样单位 51 家，采集样品 305 批，7 个功能类别分别为：缓解体力疲劳类、辅助降脂类、辅助降血糖类、减肥类、改善睡眠类、延缓衰老类、提高免疫力类。内蒙古自治区生产保健食品的企业较少，在经营企业中抽到的样品主要是标示为广东省、山东省、北京市生产企业的产品。在核对样品信息时，发现有一个批准文号对应多个品种的现象，显示被抽样样品中有假冒样品。

2010 年内蒙古自治区保健食品生产经营企业采样点分布情况一览表

表 5-3

序号	抽样地	涉及区县
1	呼和浩特市	市区、和林格尔县、托克托县
2	包头市	市区
3	赤峰市	红山区、巴林左旗、宁城县
4	乌兰察布市	凉城县
5	巴彦淖尔市	市区、陕坝镇

检验结果从违禁药物添加、质量标准检验情况、可能含有毒有害物质和质量标准适用性 4 个方面进行评价。一是对 264 批 6 个功能类别的保健食品违禁药物添加检测。结果表明有 15.9% 的样品添加了违禁药物，情况严重的是减肥类样品，违法添加比例高达 56.3%；其次是缓解体力疲劳类和增强免

疫力类样品，添加比例为2.7%。二是根据质量标准检验项目可供检验的样品共106批，其中不合格44批，不合格率为41.5%。辅助降血糖类不合格率最高为100%，不合格率最低为增强免疫力类的样品，不合格率为34.4%。三是可能含有毒有害物质检测重金属、农药残留共102批，8个检测指标，检测指标不合格率为6.7%。四是保健食品质量标准适用性差，按检测技术和方法适用性评价，有20.3%的质量标准不适用，检测项目的设置与产品类型和配方原料的适应性更差。

2011年3月21日，为加强保健食品、化妆品监督管理，规范保健食品、化妆品安全风险监测，国家食品药品监督管理局印发《保健食品、化妆品安全风险监测工作规范》（国食药监许〔2011〕129号）。《规范》指出国家食品药品监督管理局负责全国安全风险监测工作，并指导省级食品药品监督管理部门开展安全风险监测工作；省级食品药品监督管理部门负责辖区内安全风险监测工作，同时，省级食品药品监督管理部门应结合工作实际，制定本辖区安全风险监测工作计划，保证相应经费，并组织实施；省级食品药品监督管理部门负责辖区内安全风险监测工作，承担安全风险监测检验工作的机构，应具有相应的资质。

内蒙古自治区食品药品监督管理局下发《关于加强保健食品化妆品安全风险监测工作中问题产品监管的通知》，要求各盟市食品药品监督管理局、卫生局，针对全区保健食品、化妆品安全风险监测工作中发现的问题产品，采取有力措施，及时组织对辖区内保健食品、化妆品生产企业和经营企业开展监督检查和抽查检验，对监督检查和抽验中发现的违法违规行为依法处理，并及时将结果上报内蒙古自治区食品药品监督管理局，涉嫌犯罪的及时移送公安机关。

是年，按照国家食品药品监督管理局《关于开展保健食品化妆品中邻苯二甲酸酯类物质安全风险监测工作的紧急通知》精神，内蒙古自治区食品药品监督管理局对辖区内相关保健食品进行抽样检测。检测中发现，在区内生产的保健食品12份样品中，检出邻苯二甲酸酯类物质2种，为邻苯二甲酸二丁酯（DBP）和邻苯二甲酸二异丁酯（DIBP），检出率为25%。

2015年，对保健食品存在的突出问题，特别是对社会反映强烈、违法宣传涉及多的品种加大抽检力度和频次。重点对保健食品声称有显著治瘾功能和容易非法添加药物产品的检测，并及时公布抽检结果，对问题产品及其生产经营企业进行曝光。按照《关于印发2015年内蒙古自治区食品药品监督管理局食品安全监督抽检和风险监测计划及实施方案的通知》，要求各盟市食品药品监督管理局分阶段，按照盟市及批次做好国家及内蒙古自治区食品药品监督管理局在流通环节的监督抽检和风险监测抽样送检工作，并及时做好不合格产品的善后处理工作。

是年，内蒙古自治区食品化妆品监督所完成保健食品抽样任务548批次。其中，国家抽样448批次，自治区抽样100批次。抽样涉及内蒙古自治区23家生产企业和148家流通企业，同时对10家保健食品生产企业完成验收工作。

2016年，内蒙古自治区食品、化妆品监督所完成保健食品抽样119批次。

第四节　保健食品稽查打假及广告监管

一、保健食品稽查打假与专项检查

2002年，内蒙古自治区卫生厅、自治区经贸委、自治区工商行政管理局、自治区药品监督管理局转发卫生部、国家食品药品监督管理局等四部委局《关于开展保健食品专项整治工作的通知》。要求全区各地、各有关部门高度重视保健食品专项整治工作，把此项工作作为整顿和规范市场经济秩序的一项重要内容部署落实。各地结合内蒙古自治区保健食品交易活动多的实际，加强对各类保健食品招商会、交易会等经营活动的监督管理，逐步使内蒙古自治区保健食品交易活动步入规范化轨道。此次专项整治的重点内容：一是整顿获得批准证书的保健食品生产秩序，查禁不符合保健食品良好生产规范的生产行为以及生产有毒有害或不符合卫生标准的保健食品。二是整顿保健食品的流通秩序，经营单位要严把进货关，严格查验相关手续，严禁夸大宣称特定的保健功能和名称、标签不符合规定的定型包装食品以及擅自添加违禁药品的保健食品进入销售渠道。三是整顿保健食品广告宣传秩序，严禁夸大功能宣传或疗效宣传。四是整顿地方食品行政审批行为，规范相关批准文号，查禁伪造批准文号、标志的假冒保健食品。

2004 年 8 月，内蒙古自治区食品药品监督管理局在呼和浩特医药保健品交易会主会场和主要宾馆公布了投诉举报电话，接受群众的举报投诉，查处了违法违规交易的不法分子，保证了交易行为的规范有序。交易会期间，共受理举报案件 13 起，经核查发现违法活动 9 起，对非法交易保健药品的宣传材料和药品包装全部予以没收，其中有 3 起违法假冒保健药品生产企业的招商者，被送交当地公安机关依法审查。

2008 年 12 月 20 日—2009 年 4 月 20 日，内蒙古自治区食品药品监督管理局在全区范围内开展了调查非药品冒充药品专项行动。重点调查的内容是：非药品冒充药品的名称、包装，使用药品通用名称、说明书明示或暗示有治疗疾病作用，宣传调解人体机能的语言等。调查的产品包括食品、消毒产品、保健食品、保健用品、化妆品和无批号产品 6 大类；涉及类别有国产食品、进口食品、保健食品、保健用品、消毒产品、化妆品、无批准文号产品等；涉及批准文号主要有：卫健用字、卫食准字、卫消证字、卫食证字、卫妆字、卫健证字、食药监健用字、食准字等。此次专项检查，累计检查单位 11452 家，其中，药品经营企业 5225 家，药品使用单位 4006 家；生产和销售食品、消毒产品、保健用品、化妆品等产品的单位 2221 家。共发现 6 大类产品 6622 种存在不同程度的问题。其中，国产食品 1324 种，进口食品 59 种，保健用品 2014 种，保健食品 1799 种，消毒产品 1051 种，化妆品 217 种，无文号产品 158 种。

经检查全区药品经营企业及保健品商店均有经营非药品冒充药品的现象，其中涉及保健食品的有：一是部分食品、保健品、消毒产品、化妆品等名称冒用药品名称，甚至与药品名称完全相同；二是部分食品或保健食品在其包装、标签、说明书上使用含有预防、治疗、诊断人体疾病适应证等用语，或者直接使用疾病名称，使用表示功效词语作为非药品的产品名称。检查中还发现，经营此类产品单位中，以药品经营企业占绝大多数，保健品经营店所经营的保健产品大多以补肾壮阳类为主，90% 产品无文号。

2010 年，内蒙古自治区食品药品监督管理局根据《国家食品药品监督管理局 2010 年保健食品安全整顿工作实施方案》的部署，对辖区内获得许可的保健食品生产企业进行了 2 次专项监督检查，重点检查保健食品原辅料的库存和使用情况、保健食品标签和说明书内容、生产环节的设施设备和卫生条件、依据保健食品批准证书组织生产情况等，检查中未发现保健食品生产企业有擅自改变产品配方和违法添加药物的情况。企业能够按照保健食品批准证书组织生产，所生产的保健食品标签和说明书没有虚假或夸大的内容，生产环节的设施设备和卫生条件符合保健食品良好生产规范的要求；组织检查保健食品流通环节的各类保健食品经营单位 104 家次，重点检查了保健食品和普通食品的包装标志和说明书。对已经取得国家保健食品批准证书的保健食品检查是否存在虚假或夸大宣传功能的情况，对未取得保健食品批准证书的普通食品，主要检查是否违法添加中药材并违法宣传功能或治疗作用，对检查中发现的问题责令停止经营。

截至2010年，内蒙古自治区保健食品生产企业17家。2009—2010年，内蒙古自治区食品药品监督管理局与内蒙古自治区卫生厅联合检查保健食品和冒用保健食品17761种，不合格1090种，合格率93.9%。其中无有效批准文号280种，产品标签说明书夸大宣传708种，广告宣传材料夸大宣传112种，广告宣传材料符合要求87种。共处罚经营单位155家，罚款7.73万元，吊销“卫生许可证”及取缔16家。各级卫生部门重点对保健食品的标签、说明书和广告宣传，保健食品批准文号和普通食品中使用非食品成分及保健食品生产企业进行监督检查，全区共出动卫生监督人员11524人次，检查食品批发市场、销售保健食品的商场和药店864家。

2013年，根据国家食品药品监督管理总局的统一部署，内蒙古自治区食品药品监督管理局开展保健食品重点领域的专项整治行动。组织开展打击保健食品“四非”（非法生产、非法经营、非法添加、非法宣传）专项行动，检查保健食品生产企业19家，经营单位8525家，立案243件，移送公安部门案件27件。

2016年，针对保健食品标签、说明书违规标志、违法宣传等问题，内蒙古自治区食品药品监督管理局安排部署了为期5个月的全区保健食品标签、说明书经营环节专项整治行动。

是年，内蒙古自治区食品药品监督管理局加强对31种假冒保健食品销售环节的检查。按照国家食品药品监督管理局《关于市场上查获31种假冒保健食品并涉嫌违法添加药物成分的通告》要求，加大对辖区内保健食品销售环节的监督检查力度，对所涉产品重点进行排查和溯源检查，对不能提供保健食品来源的经营者（含网络经营者），依法从重处罚。在查处的31种假冒保健食品中，标注虚假生产企业名称生产的产品17种，假冒他人企业名称生产的产品8种，假冒他人产品名称生产的产品6批次。

2017年，按照国务院食安办等9部门《关于开展食品、保健食品欺诈和虚假宣传专项整治的通知》要求，自治区食品药品监督管理局印发了《关于进一步做好全区食品药品监管系统食品、保健食品欺诈和虚假宣传整治有关工作的要求》（内食药监综函〔2017〕471号）、《关于印发全区食品、保健食品欺诈和虚假宣传整治工作领导小组职责和部门分工的通知》（内食药安办〔2017〕58号）、《关于印发内蒙古自治区食品、保健食品欺诈和虚假宣传整治实施方案的通知》（内食药安办〔2017〕53号）等文件，自治区食品、保健食品欺诈和虚假宣传专项整治从9月份启动。经过问题排查、整治总结等两个阶段的工作，于11月份进入巩固成果阶段。在4个月的专项整治工作中，自治区食品药品监督管理局组织盟市、旗县监管部门对食品、保健食品生产经营企业和非实体店经营单位展开排查，强化落实经营单位主体责任和第三方平台经营者、相关方的法律责任，对涉嫌非法添加、非法声称产品功效的食品、保健食品进行抽样检验。累计检查相关企业17759家次，抽检食品、保健食品2404批次，责令整改307家，立案62起，罚没款35.46万元。

二、保健食品广告监管

2000年12月10日，国家工商行政管理总局、卫生部下发《关于加强保健食品广告监督管理的通知》（工商广字〔2000〕第257号），要求保健食品广告中不得使用医疗用语或者易与药品相混淆的用语；禁止宣传疗效，禁止宣传改善和增强性功能的作用；保健食品广告应当严格依照由卫生部核发的保健食品证书中的保健功能进行宣传，不得超出和夸大；保健食品广告应有明显的保健食品标志，使消费者容易识别。

是年，国家工商行政管理总局要求集中检查核酸类保健食品广告违法问题。内蒙古自治区工商行政管理局部署各盟市工商行政管理局将核酸类保健食品广告检查工作与正在开展的整顿和规范市场经济秩序及“反误导打虚假”广告市场治理专项行动结合起来，加大执法力度；加强对重点媒介的广告监测，利用2个月的时间对核酸类保健食品广告进行一次集中检查，对检查出的违法广告依法给予惩处。

2005年5月24日，国家食品药品监督管理局印发《保健食品广告审查暂行规定》（国食药监市〔2005〕211号），自2005年7月1日起施行。要求各省、自治区、直辖市食品药品监督管理局从《保健食品广告审查暂行规定》施行之日起，对保健食品广告在发布前进行审查；必须使用保健食品广告审查电子政务系统进行保健食品广告的受理和审批，必须保证保健食品广告审查人员能够通过国家食品药品监督管理信息系统业务专网开展保健食品广告的审查工作；各省、自治区、直辖市食品药品监督管理局要建立保健食品广告监测队伍和工作制度，做好对辖区内发布的保健食品广告的监测工作。各省、自治区、直辖市食品药品监督管理部门负责辖区内的保健食品广告的审查，县级以上食品药品监督管理部门对辖区内审查批准的保健食品广告发布情况进行监测。对违法发布的保健食品广告，每月要定期印发违法保健食品广告公告。

内蒙古自治区食品药品监督管理局要求各盟市食品药品监督管理局积极做好保健食品广告的监测工作：一要提高对保健食品广告监测工作的认识，二要明确保健食品广告监测的责任部门和具体负责人，三要结合落实内蒙古自治区工商行政管理局等10部门转发国家工商总局等11个部门《关于印发虚假违法广告专项整治工作方案》的通知精神，要求在整治行动中，对保健食品违法广告进行重点监测、整治。

是年，内蒙古自治区食品药品监督管理局会同自治区工商行政管理、卫生等部门，在全区开展保健食品质量和广告治理。重点整治保健食品冒充药品、添加违禁药物、超标使用添加剂、销售未经批准的保健食品等违法违规行为。协调工商行政管理、新闻出版、广播电视等有关部门，建立联合机制，打击夸大疗效等广告欺诈行为，遏制保健食品违法广告泛滥的势头。

2006年，内蒙古自治区食品药品监督管理局转发国家食品药品监督管理局《关于加强对部分违法添加药物的保健食品广告监督管理的通知》（食药监市函〔2005〕292号）。要求各盟市食品药品监督管理局加大对辖区内保健食品广告的监测力度，特别是《通知》中涉及的“东方亿力神TM参葡颐年片”“仙诺美达片”等有关企业产品的违法广告，及时发现，及时移送相关部门。

2007年3月，内蒙古自治区各级食品药品监督管理部门将一季度日常监测中发现的违法保健食品广告进行汇总并予以发布。要求各盟市食品药品监督管理局加强对保健食品广告的监测力度，对《内蒙古自治区2007年第一期违法保健食品广告公告》中所涉及的保健食品广告发布行为依法加强监督，对涉嫌违法发布广告行为进行核实并及时移交工商行政管理部门，使违法发布保健食品广告的行为得到有效遏制。

2008年，内蒙古自治区食品药品监督管理局将1—5月全区各级食品药品监督管理部门在日常监测中发现的违法保健食品广告汇总并予以发布，对涉嫌违法发布广告行为进行核实，并及时移交工商行政管理部门依法查处。

2009年，为加强保健食品广告监管，内蒙古自治区食品药品监督管理局要求每个盟市明确1名广告监测人员及负责人，建立基层违法保健食品广告监测网络，一些盟市还聘请了保健食品广告义务监督员，全区有义务监督员92名。

2010年9—12月，内蒙古自治区食品药品监督管理局共移送同级工商行政管理部门违法保健食品广告20份，并发布《违法保健食品广告公告》。

2011年1—10月，内蒙古自治区食品药品监督管理局共移送自治区工商行政管理部门违法保健食品广告44份，并发布了《违法保健食品广告公告》。

第二章　化妆品监督管理

第一节　化妆品审批备案

1989 年 11 月 13 日，卫生部颁布了《化妆品卫生监督条例》，自 1990 年 1 月 1 日起施行。《条例》第三条规定：国家实行化妆品卫生监督制度。国务院卫生行政部门主管全国化妆品的卫生监督工作，县以上地方各级人民政府的卫生行政部门主管辖区内化妆品的卫生监督工作。

2009 年，按照中共中央、国务院关于食品药品监督管理体制改革调整的精神，将卫生部门承担的化妆品卫生监督管理等职能，划入食品药品监督管理部门。国家食品药品监督管理局负责化妆品卫生许可、卫生监督管理和有关化妆品的审批工作，

2010 年，国家质量监督检验检疫总局发出通知，从 12 月 22 日起生产化妆品取得生产许可证的企业，其产品如包括《化妆品卫生监督条例》规定的特殊用途的化妆品，应提供有关部门对该产品出具的国产特殊用途化妆品卫生许可批件；国家质量监督检验检疫总局将每月定期发布公告，对截至上月有效期届满而未延续换证的“化妆品生产许可证”予以注销；在“化妆品生产许可证”有效期内，如企业自愿申请注销的，可向省级质量技术监督局申请注销，省级质量技术监督局汇总后报国家质量监督检验检疫总局办理注销手续。

2011 年 4 月 21 日，国家食品药品监督管理局颁布《国产非特殊用途化妆品备案管理办法》（国食药监许〔2011〕181 号），自 2011 年 10 月 1 日起，首次投放市场的国产非特殊用途化妆品，必须按照《国产非特殊用途化妆品备案管理办法》的有关要求备案；2011 年 10 月 1 日前已投放市场，但未按《化妆品卫生监督条例》及实施细则有关要求备案的，在 2012 年 12 月 31 日前，按照《国产非特殊用途化妆品备案管理办法》的有关要求备案；已投放市场，且已按《化妆品卫生监督条例》及实施细则有关要求备案的，不需要重新提交资料进行备案，但应在 2012 年 12 月 31 日前办理国产非特殊用途化妆品备案登记凭证。

是年，为规范化妆品行政许可批件（备案凭证）注销办理工作，国家食品药品监督管理局规定，申请人申请化妆品行政许可批件（备案凭证）注销的，应登录国家食品药品监督管理局网站化妆品行政许可网上申报系统，并填写化妆品行政许可批件（备案凭证）注销申请表；化妆品行政许可批件（备案凭证）注销申请应由原申报生产企业提出。

是年，国家食品药品监督管理局印发《关于完善化妆品审评审批机制的意见》。国家食品药品监督管理局保健食品化妆品监管司负责组织拟订有关政策规范、程序制度，开展化妆品行政审批工作；审评中心负责组织化妆品技术审评，开展产品名称、生产企业名称、地址变更，行政许可终止申报以及行政许可批件纠错、补发、注销等不涉及产品安全性的申报资料的审查工作，并根据化妆品相关法规、政策、程序等提出技术审评审核结论；审评专家委员会承担产品配方、安全性毒理学、卫生化学、生产工艺等涉及产品安全性方面申报资料的审查工作，并逐步过渡到由审评专家委员会独立开展技术审评工作。

2013 年，国家质量监督检验检疫总局化妆品生产行政许可、强制检验的职责，划转国家食品药品监督管理总局。

是年，按照国家食品药品监督管理总局颁布的《国产非特殊用途化妆品备案管理办法》，从 2014 年 6 月 1 日起，国产非特殊用途化妆品上市前应按照《国产非特殊用途化妆品信息备案规定》的要求，进行产品信息网上备案，备案信息经省级食品药品监管部门确认，由国家食品药品监管总局政务网统一公布。

自 2014 年开始，从事化妆品生产要取得食品药品监督管理部门核发的“化妆品生产许可证”。“化妆品生产许可证”有效期为 5 年，其式样由国家食品药品监督管理总局统一制定。自 2016 年 1 月 1 日起，凡持有“全国工业产品生产许可证”或“化妆品生产企业卫生许可证”的化妆品生产企业，可向所在地省级食品药品监管部门提出换证申请。同年 6 月 30 日，正式启动全国国产非特殊用途化妆品网上备案工作。内蒙古自治区食品药品监督管理局要求各盟市食品药品监督管理局加强对辖区内化妆品生产企业的监督指导，做好国产非特殊用途化妆品备案基础工作。全年受理审查 3 个国产非特殊用途化妆品申报材料，组织了现场检查和产品抽样，并向国家食品药品监督管理总局上报有关资料。

2015 年，按照国家食品药品监督管理总局《关于调整化妆品注册备案管理有关事宜的通告》，为规范和指导盟市食品药品监督管理局做好国产非特殊用途化妆品备案后的现场检查工作，内蒙古自治区食品药品监督管理局制定了《内蒙古自治区国产非特殊用途化妆品备案后现场检查工作指南》。

2016 年，内蒙古自治区食品药品监督管理局对全区化妆品生产企业实行审批备案，全年完成 29 家企业入网备案和 131 个非特殊用途化妆品备案。启动了化妆品生产许可证换发工作程序。在化妆品审批许可环节，坚持严格准入，从严实施审批程序和有关规定，强化帮扶指导，简化审批流程，提升服务质量。截至 11 月底，核（换）发药品、化妆品生产许可证和医疗机构制剂许可证 53 家，注销药品、化妆品生产企业 7 家。

第二节　化妆品日常监管

2001 年 11 月 25 日—2002 年 12 月 15 日，内蒙古自治区工商行政管理局对呼和浩特市、包头市的化妆品质量进行了为期 1 年的专项检查，检查范围为超市、商场、批发企业、厂家代理的各类化妆品；检查内容为商品的名称、生产厂家、规格、包装、生产日期、商品的物理化学性质及微生物指标等。

2002 年，内蒙古自治区工商行政管理局对宾馆、饭店一次性洗浴用品进行专项监督检查。专项监督检查的重点地区是：包头市、鄂尔多斯市、赤峰市、通辽市、呼伦贝尔市、满洲里市、二连浩特市 7 个市；采取普遍检查和重点检查相结合，在排查摸底的基础上，对问题突出的单位进行重点检查、限期整改；在监督检查中发现的掺杂使假、以假充真、以次充好、失效变质和国家明令淘汰的商品，依照《中华人民共和国消费者权益保护法》和《中华人民共和国产品质量法》及其他有关法律法规的规定进行了处罚。

2004年，化妆品生产经营的监督检查职能职责由内蒙古自治区质量技术监督局划转到内蒙古自治区食品药品监督管理局，具体负责监管的处室为食品安全协调处和食品安全监察处。

食品安全协调处负责组织有关部门起草化妆品安全管理方面的地方性行政法规、地方政府规章或规范性文件；组织有关部门贯彻制定化妆品管理综合监督政策、工作规划并监督实施；依法行使化妆品安全管理的综合监督职责；组织协调有关部门承担化妆品安全监督工作，综合协调化妆品安全检测和评价工作；会同有关部门制定化妆品安全监管信息发布办法并监督实施，综合有关部门的化妆品安全信息并定期向社会发布；拟定化妆品生产经营企业市场准入标准，负责化妆品初审和化妆品生产经营企业审批或指导化妆品广告工作。

食品安全监察处负责化妆品生产经营企业日常监管；依法组织开展对化妆品重大安全事故的查处，根据自治区人民政府或国家食品药品监督管理局授权组织协调开展全区化妆品安全的专项执法监督活动；组织协调和配合有关部门开展化妆品安全重大事故应急救援工作。

2005年，内蒙古自治区食品药品监督管理局、自治区卫生厅加强对化妆品监督管理，针对重点环节和重点产品开展化妆品卫生专项监督检查。

2006年，内蒙古自治区卫生厅开展食品、保健品、化妆品专项整治行动，共出动卫生监督人员20多万人次，检查食品、保健品、化妆品等相关单位和场所16万户次，行政处罚2.6万户次，罚款349.6万元，吊销卫生许可证25个。

2010年，因国内少数生产企业存在使用贝壳粉假冒珍珠粉原料生产保健食品、化妆品产品的违法行为，按照国家食品药品监督管理局部署，内蒙古自治区食品药品监督管理局要求各盟市食品药品监督管理局对辖区内含珍珠粉原料保健食品、化妆品生产企业以及以珍珠粉为制剂原料的药品生产企业进行检查，重点检查珍珠粉原料是否符合要求、购进渠道是否合法、产品质量是否合格。对检查中发现的问题，一律要求整改并监督落实，存在隐患的产品一律暂停生产销售，存在违法违规行为的企业依法严肃查处，触犯刑律的移交司法机关处理。

是年，内蒙古自治区工商行政管理局向内蒙古电视台下达责令改正通知书，要求立即停播“歌秀一吸白”化妆品违法广告，并对该违法广告依法立案查处，没收广告费用6000元，罚款24000元。

2011年7月，为切实做好化妆品监管工作，有效遏制违规标志、虚假夸大宣传等突出问题，规范生产经营秩序，确保消费者使用安全，内蒙古自治区食品药品监督管理局转发国家食品药品监督管理局《关于进一步加强化妆品违规标志监督检查的通知》(食药监办保化〔2011〕108号)。要求各盟市食品药品监督管理局、卫生局开展对辖区内所有化妆品生产企业和经营企业的监督检查，依法查处违法违规行为，加大宣传报道和曝光力度。同年，自治区食品药品监督管理局在全区组织开展对化妆品生产企业原料采购和使用的监督检查。检查的主要内容是：化妆品生产企业严把进货关，加强原料采购管理，对采购和使用原料的质量安全负责；落实各级食品药品监督管理部门的监管责任，加强化妆品生产企业原料采购和使用的监管；对监督检查中发现的违法违规行为，尤其是使用假冒伪劣原料、未经批准的化妆品新原料、禁用物质以及超量超范围使用限用物质生产化妆品等违法行为，一律依法严肃处理。

2014年，内蒙古自治区食品药品监督管理局制定《内蒙古自治区药品化妆品生产企业信用等级管理办法》。完成了化妆品数据库建设工作。同年，自治区食品药品监督管理局要求各盟市食品药品监督管理局加强对辖区内化妆品生产企业的监督指导，做好国产非特殊用途化妆品备案基础工作。在督促企业做好网上备案工作的基础上，要求企业重点做好产品检验、风险评估、替代相关毒理学试验的条件和档案资料等方面工作。准确把握网上备案，特别是对美白类化妆品的管理。同时，要求各盟市食品药品监督管理局负责组织辖区内企业产品备案检查工作，对是否履行产品信息报备义务进行监督检查，对在检查过程中发现备案产品不符合国家相关规定的责令改正，发现违反法律法规的，依法立案查处，并将检查情况以文件形式上报内蒙古自治区食品药品监督管理局。

2015 年，为规范和指导盟市食品药品监督管理局做好国产非特殊用途化妆品备案后的现场检查工作，内蒙古自治区食品药品监督管理局制定《内蒙古自治区国产非特殊用途化妆品备案后现场检查工作指南》，明确现场检查要点：销售包装、产品配方、生产工艺、检验报告、安全性风险评估报告和委托生产协议。内蒙古自治区符合非特殊用途化妆品备案检验资质的机构为内蒙古食品药品检验所和内蒙古疾病预防控制中心。

2016 年 5 月 25 日，内蒙古自治区药品不良反应监测中心协同呼和浩特市药品不良反应监测中心，在呼和浩特市金地商城广场共同举办主题为“安全护肤，美丽人生”——“5·25 全国护肤日”宣传活动。向公众普及化妆品知识，帮助消费者正确认识、选购和使用化妆品，避免因使用化妆品而产生的不良反应，以及指导公众在使用化妆品不良反应后正确的处理方法。内蒙古自治区食品药品监督管理局稽查局在活动现场设置了举报台，现场接受群众举报。内蒙古自治区人民医院皮肤科的医务人员针对消费者的咨询进行现场答疑。同年 8 月、11 月自治区食品药品监督管理局委托国家食品药品监督管理局高级研修学院，分别对自治区、盟市、旗县三级药品化妆品监管人员进行为期一周的培训。同年自治区食品药品监督管理局对全区药品、化妆品生产企业和医疗机构制剂室累计检查 213 家次，查出问题隐患企业 26 家，警告、责令整改 18 家，立案查处 8 家。

第三节　化妆品风险监测与抽查检验

化妆品安全风险监测主要包括：抽样，检验产品质量、禁限用物质以及有可能存在的安全风险物质，综合分析和及时通报等内容。

2009 年，国家食品药品监督管理局《关于通报婴幼儿爽身粉中石棉安全风险评估报告及石棉测定方法的函》中，明确了粉状化妆品及其原料中石棉的检测方法，内蒙古自治区质量技术监督局转发此文件并执行相关要求。

2010 年，国家质量监督检验检疫总局安全风险评估结果表明，人体通过化妆品吸入石棉可能致癌。为督促化妆品生产企业加强滑石粉原料管理，防止产生系统性危害，要求各省、自治区、直辖市质量技术监督局以书面等形式告知获得生产许可的化妆品生产企业，督促其在购买滑石粉原料时，应当要求供货商提供食品项目的检验报告，保证使用的化妆品中滑石粉不含石棉；不得采购没有检验报告、检验报告没有石棉检验项目以及该项目检验报告与拟购进滑石粉原料批号不一致的货物。当地质量技术监督部门要以书面等形式告知获得生产许可的化妆品生产企业，督促其对生产的化妆品做石棉项目检验，未经石棉项目检验不得出厂销售。

是年，内蒙古自治区完成的监测任务为国产非特殊类化妆品 5 种：婴幼儿使用产品、祛痘/抗粉刺产品、眼部用产品、洗浴类产品、去屑产品；进口非特殊类化妆品 4 种：美白产品、眼部用产品、粉状彩妆类产品、芳香类产品；国产特殊类化妆品 3 种：祛斑类产品、防晒类产品、染发类产品；进口特殊类化妆品 3 种：祛斑类产品、防晒类产品、染发类产品共计 4 大类 15 个品种。内蒙古自治区化妆品生产企业较少，登记注册的生产企业仅有7家，其中2家处于停产状态。从不同采样地区采集样品数量情况看，内蒙古自治区化妆品的销售是以较大城市为中心、向周边城镇扩散的销售模式，城市销售渠道主要以商场专柜和超市为主，旗县（市）销售以专卖店为主。内蒙古自治区化妆品监测机构分别在呼和浩特市、包头市、二连浩特市、和林格尔县、宁城县的商场超市、化妆品批发部、化妆品专卖店、美容美发店共采集4大类别15个品种160份样品，监测项目82项。在检测的160份样品中，不合格的样品包括超标样本与检出违禁物的样本49个，不合格率30.62%；在不合格样本中，有21份样本检出超标物，占样本总量的13.13%；有28份样本检出违禁物，占样本总量的17.5%。其中，国产样本102份，检出有超标和有禁用物质的样品33份，占国产样品采样量的32.35%；进口样本58份，检出有禁用物质和超标物的样品16份，占进口样品量的27.59%；地产样本14份，检出超标和禁用物质的样品3份，占地产样品量的21.43%。

2010年全区范围内国产化妆品中超标物与禁用物的检验情况一览表

表5-4

序号	检测物	检测项目	检出禁用物和超标物的数量（份）	检测样本份数（份）	占检测样本量的（%）
1	禁用物	甲硝唑	1	12	8.33
		盐酸四环素	1	12	8.33
		氢醌	3	21	14.29
		酮康唑	2	13	15.38
		二恶烷	12	23	52.17
2	超标物	细菌总数	3	101	2.97
		丙烯酰胺	1	32	3.13
		霉菌和酵母菌	4	101	3.96
		氯咪巴唑	1	13	7.69
		对苯二胺	8	11	72.73
		甲基异噻唑啉酮	3	44	6.82

2010年全区范围内进口化妆品中超标与禁用物的检验情况一览表

表5-5

序号	检测物	检测项目	检出禁用物和超标物的数量（份）	检测样本份数（份）	占检测样本量的（%）
1	禁用物	氢醌	3	10	30.0
		钕	10	10	100.0
		石棉	1	10	10.0
		邻苯二甲酸二正戊酯	1	10	10.0
		邻苯二甲酸二正辛酯	1	10	10.0
2	超标物	甲基异噻唑啉酮	1	10	10.0

2011年，按照国家食品药品监督管理局化妆品风险监测计划的要求，内蒙古自治区化妆品风险监测机构承担15个品种、150批次的监测任务，覆盖4个采样点，即呼和浩特市、包头市、二连浩特市、和林格尔县。其中，进口特殊用途化妆品中的染发类产品未在市场、商场采到，改为国产非特殊用途护肤类产品。4个采样点完成采样量的100%，从样品类别分布来看，国产非特殊用途化妆品共采集60个批次，采样覆盖6个品种，包括国家要求的全部5个品种，以及另外补采的1种国产非特殊用途护肤类产品中美白产品；进口非特殊用途化妆品共采集40个批次，样品覆盖要求的全部4个品种；国产特殊用途化妆品共采集30个批次，样品覆盖了要求的全部3个品种；进口特殊用途化妆品共采集20个批次，覆盖了2个品种。从采集的地产化妆品分布情况来看，内蒙古自治区5家生产化妆品的企业，其中有3家产品在市场上有销售，另外2家在市场上没有销售。在3家地产化妆品企业中，共采集13个批次，主要覆盖5个品种，占总样本量的8.67%。开展的检测项目有微生物、重金属、甲醇、pH（酸碱度）。抽样中发现个别地区的进口化妆品没有任何中文标志，且没有任何手续，进货量也很少。

是年，根据国家食品药品监督管理局《关于印发国产非特殊用途化妆品备案管理办法》有关要求，内蒙古自治区食品药品监督管理局对区内的检验机构进行严格审查。具备备案条件的有：内蒙古自治区食品药品检验所、内蒙古自治区疾病预防控制中心、内蒙古自治区产品质量检验研究院等3家检验机构。

2011年内蒙古自治区化妆品检验机构备案一览表

表5-6

序号	机构名称	地址	邮编	E-mail
1	内蒙古自治区食品药品检验所	呼和浩特市金桥开发区世纪六路	010020	nmyjsg@ sina. com
2	内蒙古自治区疾病预防控制中心	呼和浩特市鄂尔多斯大街50号	010031	nmgjkzxjczx@ 163. com
3	内蒙古自治区产品质量检验研究院	呼和浩特市赛罕区金桥开发区石化路	010070	nmcpjys@ sohu. com

是年，按照国家食品药品监督管理局《关于开展保健食品化妆品中邻苯二甲酸酯类物质安全风险监测工作的紧急通知》精神，内蒙古自治区食品药品监督管理局对辖区内化妆品进行抽样检测。检测中发现，11份发胶类样品中检出含有邻苯二甲酸酯类物质的产品1份，检出率为9.1%；12份唇膏类样品中，检出含有邻苯二甲酸酯类物质的产品4份，检出率为33.3%；11份美甲类样品中，检出含有邻苯二甲酸酯类物质的产品4份，检出率为36.4%；15份芳香类样品中检出含有邻苯二甲酸酯类物质的产品13份，检出率为86.7%。

2014年，内蒙古自治区药品不良反应监测中心增加化妆品不良反应监测职能，增设化妆品不良反应监测科，负责全区化妆品不良反应报告的收集、评价、反馈、上报、汇总统计和应急处理等相关工作。同年，内蒙古自治区药品不良反应监测中心建立化妆品不良反应监测在线报告系统，成立了14个监测机构，实现了系统直报；制定《化妆品不良反应报告监测和管理办法》；承担国家专项监测报告任务200份，实际完成报告354份。

2015年，国家食品药品监督管理总局药品评价中心（国家药品不良反应监测中心），开始承担组织制定化妆品不良反应监测的技术标准和规范，以及化妆品不良反应监测工作。国家药品不良反应检测中心制定《关于开展化妆品不良反应监测试点工作的实施方案》，要求省级成立独立的化妆品不良反应监测机构，配备必要的办公条件，确保工作经费，并配备专职化妆品不良反应监测人员。根据内蒙古的实际，内蒙古自治区化妆品监测工作仍由内蒙古自治区药品不良反应监测中心承担。

是年，内蒙古自治区药品不良反应监测中心共收到《化妆品不良反应/事件报告表》577 份，较上年增加63%。确定了20 家医疗机构为化妆品不良反应监测站点，在全区范围内开展化妆品不良反应监测工作。内蒙古自治区食品化妆品监督所完成化妆品抽样任务550 批次。其中，国家抽验450 批次，内蒙古自治区抽验100 批次，覆盖了巴彦淖尔市、鄂尔多斯市、锡林郭勒盟、赤峰市、呼伦贝尔市和呼和浩特市6 个盟市。

2016 年度全区共收到化妆品不良反应/事件报告表773 份，报告数达到30 份/百万人口。化妆品抽样完成520 批次。

第六篇

信息化与科研

第一章　信息化建设

第一节　政务网站

2000 年，内蒙古自治区药品监督管理局组建之初就建成了门户网站，但仅限于职能介绍、法律法规查阅和信息发布等简单功能。4 月 6 日，根据机构改革政事分开的原则，为适应药品监督管理工作的需要，成立内蒙古自治区药品监督信息中心。承担对药品研究、生产、流通、使用全过程的信息收集、分析和处理工作。

2003 年，内蒙古自治区药品监督管理局对综合门户网站进行改版，在原有静态栏目的基础上，增加了行政审批、办事指南、工作文件等指导性栏目和通告公告、工作动态等动态栏目，并接受行政管理人的网上申报和群众网上投诉，初步实现药品监督管理政务网上公开和在线服务。内蒙古自治区药品监督管理局连续两年在内蒙古自治区信息办公室组织的评比中名列前茅。

2004 年，根据内蒙古自治区党委、政府《关于大力推进信息化的决定》精神，内蒙古自治区食品药品监督管理局制定《内蒙古自治区食品药品监督管理局信息化建设实施方案》，成立以局长为组长，分管领导为副组长，各处室负责人为组成人员的信息化建设领导小组。并与海虹医药控股公司合作共建内蒙古自治区食品药品监督管理信息平台。至 2004 年年底，内蒙古自治区食品药品监督管理局信息办公业务网、办公业务资源网、互联网和综合门户网站均已建成。呼和浩特市、赤峰市、鄂尔多斯市、锡林郭勒盟、兴安盟 5 个盟市食品药品监督管理局办公业务网和互联网均开通并投入使用，赤峰市食品药品监督管理局门户网站建成并使用。

2005 年，内蒙古自治区食品药品监督管理局制定了“十一五”（2006—2010 年）信息化建设规划，推进全系统信息化建设。在完成自治区食品药品监督管理局“三网一库”（机关内部办公网、办公业务资源网、公共管理与服务网和电子政务信息资源库）及门户网站建设的基础上，开通了 12 个盟市食品药品监督管理局的信息内网、外网，初步实现自治区全系统政务网络的互联互通和资源共享。

2006 年，国家药品电子监管工作启动，自治区食品药品监督管理局综合门户网站开通后，先后进行了两次大幅度改版。在原有栏目的基础上，逐步增加了行政审批、办事指南、工作文件等指导性栏目和通告公告、工作动态等动态栏目，可在线接受行政管理人的网上申报和群众的网上投诉。

2007 年，全区有 6 个盟市食品药品监督管理局建成并开通了门户网站，部分旗县食品药品监督管理分局也建成并开通门户网站。全区各级食品药品监督管理部门积极推动网上政务公开，实现了网上药品、医疗器械生产经营企业和药品、医疗器械注册品种基础数据查询，开展了网上咨询和答疑、网上下载报送、网上审批管理和网上监管论坛，加快了药品注册和药品、医疗器械广告审批等事项的办理速度，及时公布审批事项办理情况和结果，把依法行政置于社会各界监督之下。

是年，为方便管理相对人办理业务，逐步实现全区药品监管业务的在线申报、在线受理、在线审批和在线公告，内蒙古自治区食品药品监督管理局再次对门户网站进行改版，新增加网上办公办事系统、特殊药品监管子系统、药品稽查管理子系统、药品信用管理体系、政务受理大厅及业务审批系统、广告查询系统，以及药品（医疗器械）生产（经营）日常监管子系统、药品注册 e 线通等电子政务业务子系统，并全部整合到自治区食品药品监督管理局门户网站。网上办公区和网上办事区的建立，特别是办事指南栏目公布了各行政审批事项、办事依据、办事流程、办事时限、办事部门及收费标准等事项，极大地方便了管理相对人的使用和具体业务办理，有效整合自治区食品药品监督管理局机关各业务子系统，提高了办事效率，方便了管理相对人网上申报查询，提高了监管水平和政务公开透明度。

从 2009 年起，国家食品药品监督管理局逐步将已批准注册的药品和医疗器械的生产、经营纳入电子监管。按照国家食品药品监督管理局制定公布的《入网药品目录》，将相关药品分类分批列入《入网药品目录》，并统一纳入药品电子监管；将生产、经营《入网药品目录》中药品的企业，必须在规定的时间内加入药品电子监管网。

2012 年 12 月 28 日，内蒙古自治区药品监督信息中心加挂内蒙古自治区食品药品认证审评中心牌子。其职能职责为承担药品、医疗器械、消费环节的食品、保健食品、化妆品信息管理、统计及药品认证审评等工作。

2013 年，为了保证电子监管工作连续顺利开展，内蒙古自治区食品药品认证审评中心主动开展工作，完成年度电子监管工作。

2014 年 7 月 23 日，内蒙古自治区药品监督信息中心（内蒙古自治区食品药品认证审评中心）更名为内蒙古自治区食品药品监督信息中心（内蒙古自治区食品药品审评查验中心），并将职责调整为：负责食品、保健食品、药品、化妆品、医疗器械监管信息化建设及信息服务及食品药品审评查验等相关工作。

是年，内蒙古自治区食品药品监督管理局科技标准处成立后，由科技标准处协调信息中心、电子政务办公室，负责全区食品药品信息化建设推进工作。自治区食品药品监督管理局加强信息建设顶层设计，制定了《内蒙古自治区食品药品监督管理局电子监管信息化平台建设方案》《内蒙古食药监局办公自动化系统建设方案》，加强基础工作，补齐短板，推动全系统信息化建设工作。

是年，内蒙古自治区食品药品监督管理局与自治区经济信息化委员会信息中心达成意向协议，将自治区食品药品监督管理局信息化平台、软件数据备份全部搭建在内蒙古自治区经济信息化委员会信息中心，由内蒙古自治区经济信息化委员会信息中心无偿提供所有硬件支持、互联网支持及相关硬件维护，内蒙古自治区食品药品监督管理局不再另建硬件平台，现有计算机机房负责完成局域网和办公自动化工作。

是年，内蒙古自治区食品药品监督管理局根据国家食品药品监督管理总局和自治区人民政府有关政府网站建设评估要求，在做好自治区食品药品监督管理局网站日常维护工作的基础上，完成政务信息网站自查自评和整改工作，对政务网站栏目和内容进行调整、充实，共整改 37 个栏目，增补了 960 余条信息，达到国家食品药品监督管理总局和内蒙古自治区人民政府对政务信息网站的总体要求。

2015 年，内蒙古自治区食品药品监督管理局成立了以局长为组长的信息化工作领导小组，负责统一领导全区食品药品监督管理系统信息化建设工作。整合全区信息资源，并对全区各盟市信息化建设情况进行了摸底调查，编制了《内蒙古自治区食品药品监督管理局信息化建设方案》。6 月 5 日，内蒙古自治区食品药品监督管理局组织专家对《内蒙古自治区食品药品监督管理局信息化建设方案》的实施进行评价、细化。

是年，内蒙古自治区食品药品监督管理局与航天信息股份有限公司达成协议，采取合作建设的方式，由该公司投资 4800 万元免费开发食品药品业务软件。在内蒙古自治区经济信息化委员会“政务云”（指运用云计算技术，统筹利用已有的机房，计算、存储、网络、安全、应用支撑、信息资源等，发挥云计算虚拟化、高可靠性、高通用性等特性，为政府行业提供基础设施等综合服务）平台部署食品药品“智慧监管”系统。食品药品“智慧监管”系统，采用国内首例“一级部署，四级应用”的方式，即：自治区食品药品监督管理局在自治区云平台部署一套软件系统，自治区级、盟市级、旗县级、乡镇级食品药品监督管理局（分局、所）共同使用。启动食品药品监管数据中心、建立健全办公、行政审批、行政执法、应急指挥和信用信息系统建设，并将行政审批系统、行政执法系统、企业信用信息系统及应急管理系统列为“智慧监管”系统一期建设项目。同年，自治区食品药品监督管理局推进软件正版化工作。增加了网上行政审批、食品药品监管工作咨询、群众互动等栏目。同年，内蒙古自治区食品药品监督管理局门户网站在全区政府网站绩效评估中位列第 15 名。

2016 年，内蒙古自治区食品药品监督管理局门户网站建成投入使用，局门户网站突出了内蒙古自治区地方特色和食品药品监管工作的行业特点，域名为 WWW. NMFDA. GOV. CN。设计了象征着草原及安全的绿色背景，在内容层级的设计上采取多点链接的方式，按照政务公开和各项工作实际要求，设置了机构职能、政策法规、行政审批、办事指南、公告通告、食药监管信息、工作文件、食药监管论坛、基础数据库和企业之窗 10 个栏目。信息数据库支持多关键字模糊检索查询，每周重要新闻至少更新 1 次，食品药品监督信息做到每天更新 1 次，每周信息更新量不少于 7 条，方便行政管理相对人和公众信息查询。

第二节　平台建设

一、电子监管

2010 年，内蒙古自治区食品药品监督管理局启动全区基本药物电子监管工作。组织完成了全区基本药物生产、批发企业电子监管工作业务培训。

2012 年，内蒙古自治区所有药品生产企业生产的基本药物品种全部赋码，所有基本药物配送企业全部通过电子监管网实现数据上传，不能开展基本药物品种核注核销的企业不得承担基本药物配送工作。

2013 年，内蒙古自治区食品药品监督管理局全年共审核入网药品生产批发企业 16 家，为新成立的旗县区级食品药品监督管理分局办理数字证书 23 本；全年企业变更名称审批通过共 8 项，特殊包装赋码审批通过共 6 项。对全区药品生产经营企业预警数 575 项，督促指导各盟市食品药品监督管理局处理预警数 461 项，处理比例为 80.2%。结合新版国家基本药物目录（2012 年版）调查并统计辖区内基本药物生产情况，督促相关企业尽快完成生产线改造，为生产企业开具已入网电子监管证明，全年为 15 家生产企业开具了 55 份已入网电子监管证明。

是年，内蒙古自治区食品药品监督管理局完成基本药物电子监管工作。在全区开展零售药店试点电子监管工作，召开了全区零售药店电子监管试点项目推进会，建立内蒙古药品电子监管群，编制《药品电子监管工作常见问题答疑手册》，按期完成全区2145家试点零售药店的入网审核工作。对项目实施过程中出现异常情况导致不能开展试点工作的药店，及时向国家食品药品监督管理总局及中信21世纪公司备案并申请调整，当年调整52家药店。

2015年，内蒙古自治区食品药品监督管理局药品电子监管工作领导小组，根据国家食品药品监督管理总局相关文件要求，在全区食品药品监督管理系统全面推动和落实药品电子监管工作，召开了全区药品电子监管视频会议，制定了《内蒙古自治区食品药品监督管理局2015年度药品电子监管工作实施方案》，统一部署安排食品药品电子监管工作。组织了盟市食品药品监督管理局电子监管师资培训班和药品生产企业、药品批发企业（药品连锁企业总部）人员培训班，指导盟市食品药品监督管理局开展了辖区内零售企业电子监管培训。组织相关部门进行统计，按时间、分阶段向国家食品药品监督管理总局上报辖区内药品生产和经营企业入网情况、进口药品制药厂商电子监管入网情况报表，并就全区各盟市药品电子监管推进情况定期通报。全年共发布药品电子监管零售企业入网情况的通报5期，药品电子监管零售企业入网率达98%，位居全国第一。

2015年年底，历经5年的电子监管建设工作基本完成，电子监管平台与自治区食品药品监督管理局相关处室完成对接和移交工作，并开展电子监管培训工作，组织了1期全区监管人员师资培训班和2期全区药品生产、批发和零售连锁总部业务人员培训班；协助盟市食品药品监督管理局组织零售药店培训67期，收到良好效果。

2016年，内蒙古自治区食品药品监督管理局药品电子监管工作领导小组完成全区食品药品监管平台所有功能模块的软件开发工作。年中，组织了阶段性成果验收会议，国家食品药品监督管理总局孙咸泽副局长、内蒙古自治区副主席刘新乐、内蒙古自治区信息化领域的相关专家等参加了会议。自治区食品药品监督管理局开发平台的成果得到了国家、自治区两级领导的肯定和相关领域信息化专家的认可。

是年，完成内蒙古自治区食品药品监管业务网络、信息化平台的信息安全等级保护测评及整改工作。全区食品药品监管平台的电子公文交换系统、行政执法系统、应急指挥系统、不良反应监测系统等平台已经上线正式运行。邀请相关领域专家对信息安全等级保护整改方案进行了论证，通过信息安全等级保护的整改，确保全区食品药品监管系统网络和业务平台的安全可靠运行，并分4期对行政执法系统和盟市、旗县的信息管理人员进行了相应的业务技术培训，共培训人员480余人，提高了基层使用人员的信息化系统操作技能。完成全区食品药品监管平台各项技术规范标准的编制工作，下发了全区食品药品监管移动执法终端基本参数、全区食品药品监管信息技术标准规范、内蒙古自治区食品药品电子监管硬件设备规范。

是年，内蒙古自治区食品药品监督管理局在全区推行舆情信息应急处理监管。全方位、多渠道、多载体对食品药品安全工作进行宣传报道。及时在各新闻媒体和微信公众平台发布全系统食品药品监管工作动态、措施、成效，宣传重点、热点、难点，及时关注分析每日舆情信息，对涉及食品药品安全或可能引发舆情事件的舆情监测信息及时通过舆情专报、应急专报和舆情警示等形式报告各级领导和通报相关部门。

二、资源共享

2004—2006年，利用两年的时间完成了自治区食品药品监督管理局和12个盟市食品药品监督管理局的布线建网和机房建设工作，内部局域网建成投入使用，并全部接入互联网。自治区食品药品监督管理局连接国家食品药品监督管理局的官网也开通投入使用，实现了国家、自治区和盟市食品药品监督管理三级数据资源的网上传输和共享。

2013 年，开通了从自治区食品药品监督管理局到 12 个盟市和满洲里市、二连浩特市食品药品监督管理局、直属事业单位的 4M SDH 数字电路，完成了全区食品药品监管系统专网建设的一期工程。协助软件公司做好各业务处室的需求调研工作。

2014 年，内蒙古自治区食品药品监督管理局制定了《内蒙古优势畜产品质量安全可追溯系统项目实施方案》，推动食品企业加快建设食品安全电子追溯体系。内蒙古金海伊利乳业有限责任公司和内蒙古欧世蒙牛乳制品有限责任公司分别建立了婴幼儿奶粉质量安全追溯体系。部分盟市、旗县（市、区）开展了餐饮企业电子远程监管试点。

2016 年，内蒙古自治区食品药品监督管理局完成全区食品药品电子追溯系统试点工作，分别对具有代表性的肉类企业、酒类企业进行调研。初步选定了河套酒业为酒类追溯试点企业，完成了前期调研、平台软件的开发工作。同年，自治区食品药品监督管理局完成内蒙古自治区食品安全委员会业务平台的软件开发工作，并配备了相关硬件和安全设备。在内蒙古自治区人民政府办公厅的重视下，将硬件设备托管到自治区政府办公厅信息服务中心专业机房，为平台的运行提供了安全稳定的环境，并通过电子政务专网连接到内蒙古自治区食品安全委员会各成员单位，并为各成员单位配备了电脑和移动终端。

是年，完成全区食品药品监管系统专网暨视频会议系统（应急指挥系统）的前期规划工作，初步确定利用内蒙古广播电视集团的网络搭建全区食品药品监管业务专网，并积极响应国家鼓励购买服务的政策，通过购买广播电视集团的视频会议系统服务，构建全区食品药品监管视频会议系统（应急指挥系统），建成覆盖自治区、盟市、旗县三级网络系统和视频会议系统。

2017 年，发挥自治区食品药品安全委员会办公室综合协调作用，搭建食品药品安全委员会专门信息网络平台，积极开展信息通报、形势会商、风险交流、应急处置、隐患排查、打击犯罪等协调联动工作，依法及时公开行政许可、抽样检验、行政处罚等监管信息，妥善处置了应急事件 12 起、舆情事件 16 起。推进实施食品安全追溯体系、信用体系建设和食品安全责任保险制度。组织参加全国“双安双创”成果展。

三、在线审批

2015 年，内蒙古自治区食品药品监督管理局推动行政受理、审评、审批信息化系统的应用工作，国家食品药品审核查验中心要求各省市自治区信息中心与国家中心 GMP 数据互联互通。自治区食品药品监督管理局对此项工作十分重视，争取资金及时到位，内蒙古自治区食品药品审评查验中心编写了项目建设方案和需求分析，于 2015 年 3 月底前使 GMP 系统正式投入使用。此项工作的开展使 GMP 认证检查程序进一步规范，方便了相对人办事，提高了工作效能。

2016 年，进一步对行政审批系统应用进行全面推广，对系统不断进行功能升级和优化。内蒙古自治区食品药品监督管理局会同内蒙古自治区经济和信息化委员会，共同打造食品药品监督管理信息平台。增加硬件资源，确保系统高速、稳定运行。

9 月 1 日，内蒙古自治区行政审批系统正式上线，各盟市、旗县行政审批系统于 10 月 25 日正式上线，行政执法系统处于调试阶段。企业信用信息系统开发完成。到 12 月底，在全区范围内共发放新版许可证书 13 万张，收集企业基础信息 9 万多条，全区食品药品监管平台数据中心共包含企业基础数据 22 万余条。

是年，内蒙古自治区食品药品监督管理局在全区推进食品药品信用体系建设。建立食品企业产品质量分级分类管理制度，编制食品药品企业信用体系建设实施方案，制定食品药品安全信用评价办法。

对各盟市食品药品企业基础信息数据进行录入，对履职过程采集和掌握的相关信用信息进行整合归集，按照属地管理、建立一户一档，以及谁检查、谁抽检、谁处罚、谁许可，谁录入的原则，及时录入信用信息。

是年，内蒙古自治区食品药品监督管理局打造功能完善、标准统一、信息共享、互联互通的食品药品安全智慧监管大平台。全区食品药品监管平台的电子公文交换系统、行政执法系统、应急指挥系统、不良反应监测系统等平台上线正式运行，食品药品行政审批系统完成了应用推广工作，开展了全区食品药品电子追溯系统试点工作，实现了行政审批全程网上办理、动态数据实时监测、移动终端执法和电子监控等功能。全区食品药品监管平台开发成果得到了国家食品药品监管总局、自治区领导的肯定和自治区相关领域信息化专家的认可。

四、“12331”投诉举报

2014 年，内蒙古自治区食品药品监督管理局科技标准处与内蒙古自治区食品药品监督信息中心共同完成了“12331”投诉举报平台的搭建工作。该项工作自 5 月份启动后，通过对内蒙古自治区卫生厅和中国电信集团有限公司内蒙古分公司呼叫平台的调研，对企业提出的“12331”平台方案进行了调整，取消了一些不适用的软硬件，补充完善了“12331”平台工作方案，并协调内蒙古自治区财政厅办理了财政审批手续，会同相关处室完成了“12331”投诉举报系统软硬件的招标工作，6 月 10 日前开通了“12331”投诉举报电话。

是年 10 月，完成内蒙古自治区“12331”投诉举报网站的建设工作。11 月中旬内蒙古自治区食品药品监督管理局组织专家对“12331”投诉举报软件按照相关程序进行了验收。

第三节　数据库

2007 年，为方便管理相对人和公众查询数据，内蒙古自治区食品药品监督管理局建成了管理相对人基础数据库，提供全区管理相对人相关资料查询。同时为方便全系统工作人员在网上传递信息，开通了以全区食品药品监督管理工作人员姓名命名的电子邮箱，采用 Linux 系统运行，方便安全易于识别，方便了全系统工作人员的工作和网上信息的快速传递，

2014 年，根据国家食品药品监督管理总局信息化建设工作要求，内蒙古自治区食品药品监督管理局开展了全区药品、医疗器械生产经营企业基础数据库建设工作，完成了与国家食品药品监督管理总局数据交换子系统数据对接测试工作，解决了内蒙古自治区食品药品监督管理局多年来一直没有完善的数据库问题。收集了全区药品、医疗器械生产经营企业基本信息以及药品 GSP、GMP 认证信息等数据 26000 多条，整理、汇总上报国家食品药品监督管理总局。

2015 年，推进“四品一械”（药品、食品、保健食品、化妆品、医疗器械）数据库建设工作。中心对已收集的 26000 多条药品、医疗器械生产经营等数据信息进行梳理、核对、完善、建库，同时收集整理了 4176 条食品生产许可数据，为全局信息化建设工作提供数据支持。

2016 年，内蒙古自治区食品药品监督管理局完成国家食品药品监督管理总局和内蒙古自治区人民政府布置的相关信息化方面的工作。完成了国家食品药品监督管理总局关于食品生产许可、食品流通许可等系统的数据报送、对接工作；完成了内蒙古自治区人民政府布置的信用检测等业务系统的数据保送、对接工作。

第四节 综合办公 OA 系统

2006 年，内蒙古自治区食品药品监督管理局内部政务系统办公网 OA 系统经过 OA1.0 版的试用后，发现一些相关的功能和食品药品监督管理局业务流程不符。经过重新调研和开发，2007 年改版的 OA3.0 版已经具备正式投入使用的条件，各业务子系统与 OA3.0 版全面结合，形成一套完整的日常行政管理软件。

2013 年，内蒙古自治区食品药品监督管理局对内部政务办公网 OA 办公系统进行维护，主要包括 4 条流程（局发文、办公室发文、机关党委发文、函发文）的维护、人员变更引起的流程节点条件及操作者的维护。编制《内蒙古 OA 管理平台使用手册》，协助开展内蒙古自治区食品药品监督管理局机关的保密普查工作及涉密网络日常维护工作，为机关各处室提供硬件、软件及网络服务 80 次，包括电脑终端、打印机、网络设备的安装及故障排除、OA 办公系统的操作指导和问题纠正等。

2015 年，内蒙古自治区食品药品监督管理局理顺信息化建设管理职能，将自治区食品药品监督管理局应用软件进行了分类部署、分类管理。对内网机房进行了物理隔离，对主要运行的 OA 办公自动化系统、视频会议系统等进行分类管理。在内蒙古自治区经济信息化委员会云平台上搭建了内蒙古自治区食品药品监督管理局外网，由内蒙古自治区经济信息化委员会云平台无偿提供所有硬件支持、互联网支持、网络安全维护及相关硬件维护等支持，并将内蒙古自治区食品药品监督管理局已有的门户网站、特药审批系统等进行了软件及数据迁移。将新建全区食品药品行政审批、行政执法、信用体系、应急管理等应用软件搭建在云平台上，完成了内蒙古自治区食品药品监督管理局 OA 系统建设。

2016 年，内蒙古自治区食品药品监督管理局与内蒙古科电公司沟通、协调，共更新 OA 系统版本两次，为各处室解决了 180 多件 OA 功能及使用问题。为迎接食品执法检查，完善网站资料，共搜集公开文件 194 个，更新到网站上 181 个。完成内蒙古自治区食品药品监督管理局机关的软件正版化工作，为机关电脑配备了正版操作系统、杀毒软件，为业务平台配备了正版操作系统、数据库软件、电子签章软件，并完善了软件正版化的相关制度。

第二章　科研工作

第一节　科研机构

一、蒙药研究机构

中华人民共和国成立前，蒙药研究主要由过去的行医者个人摸索，中华人民共和国成立以后，改为由国家设立的有关蒙医药科研机构专门进行研究，蒙药学开始逐步采用现代科学研究方法。

1954 年，内蒙古自治区中蒙医研究所成立，蒙药开始有了专门研究机构。1959 年，该所设立蒙医药研究室。

20 世纪 60 年代以后，内蒙古自治区各级医疗医药部门和有关教学研究单位先后对蒙药开始研究。1978 年，内蒙古自治区中蒙医研究所建立药物实验室，采用现代科技手段系统研究蒙药。

1978 年后，内蒙古自治区蒙药研究有许多新的进展，内蒙古自治区中蒙医研究所、内蒙古自治区药品检验所、内蒙古医学院、包头医学院和民族医学院等单位，都把较强的科研力量投到蒙药研究。

1981 年，内蒙古自治区药品检验所设立了蒙药科。

1982 年，内蒙古自治区蒙医药学会成立。截至 1987 年年底，全区有县级以上蒙医药研究所 7 个，开设蒙药教学和研究的大学 2 所，中专 4 所，拥有蒙药专业技术人员 130 多人，其中有中、高级技术职称的 30 人。

2007 年，全区有 36 所蒙医医疗机构，其中旗县 26 所，蒙医研究所 6 所。截至 2010 年，大型蒙药研究所共有 6 家，全区现有蒙医药专业技术人员 5000 多人，蒙医药专业人员占全区卫生技术人员总数的 4% 以上。

二、中药研究机构

1950—1956 年，内蒙古自治区相继建立了卫生防疫研究所、地方病防治研究所、中蒙医研究所等研究机构，均设有中蒙药研究室。同期，内蒙古自治区药材公司、扎兰屯中药厂、呼和浩特中药厂等生产、经营、管理机构相继成立。

1956年，内蒙古自治区药材公司成立，中药业务开始由国营医药商业统一经营。从60年代开始，医药、卫生等部门逐步开展了对中蒙药材资源的开发、利用、保护方面的研究工作。

1957年，内蒙古自治区药品检验所成立，开展了中蒙药科研工作。呼和浩特市、包头市、昭乌达盟、锡林郭勒盟等地区先后成立了中蒙药研究所（室）、药检所。

1978年后，内蒙古自治区陆续成立了一批中蒙药科研机构，各中成药厂也成立了研究室，陆续装备了大型先进精密仪器，研究领域不断扩大，研究手段和研究层次明显提高。

1979年4月，内蒙古自治区中医药学会（中华全国中医学会内蒙古自治区分会）成立，其办事机构设在内蒙古自治区卫生厅。9月，内蒙古自治区蒙医药学会正式成立。

1987年，内蒙古自治区拥有中蒙药研究所（室）20个。

截至2017年，全区有蒙医药研机构14所，13000余人。自治区级食品药品检验机构6个，盟市级食品药品检验机构11个，二连浩特市和满洲里市口岸食品药品检验机构2个。按照各级食品药品检验机构职能职责划分，食品药品检验机构以检测监督全区食品药品为主，同时开展食品药品检验科研工作。特别是内蒙古自治区药品检验研究院依托雄厚的人才队伍和科研实力，完成了自治区食品药品监督管理系统大部分的科研成果和学术论文。

第二节　科研成果

一、科研课题

（一）中蒙药基础科研成果

自1950年起，国家组织专门力量从事蒙医药学的挖掘整理工作。

1964—1975年，内蒙古大学生物系对锡林郭勒盟野生药用植物进行调查，整理编写《野生药用植物名录》，记有野生药用植物90科532种。

1965年，伊克昭盟中蒙医研究所根敦扎拉森将19世纪蒙药学家占布拉道尔基的《蒙药正典》从藏文初次译成蒙古文。1985年对原译稿进行整理、核对，将书名定为《无误蒙药鉴》，1988年由内蒙古人民出版社出版。分为8类24节，收载蒙药材879种，附图599幅。

1972年，内蒙古自治区卫生局编写《内蒙古中草药》，由内蒙古人民出版社出版。共收载内蒙古地区出产的中蒙草药393种，其中植物药342种，动物药38种，矿物药13种，另外附录药材136种，附图323幅。是内蒙古第一本图文并茂，较全面系统收载当地药材资源的著作。1980年获自治区科技成果四等奖。

1972年，内蒙古医学院蒙药教研室编《蒙药学》一书，由内部铅印发行。在本书中首次将蒙药材按动、植物科属进行了分类。

1977年，国家药典首次收载了蒙药材6种，蒙成药15种。

1979—1983年，巴彦淖尔盟中蒙医研究所历经4年，对巴彦淖尔盟地区药用植物资源进行调查，采集植物标本81科294属530种，标本1536份。经过鉴定，其中有药用植物79科252属174种，1181份。

1980年，内蒙古医学院罗布桑教授编著的《蒙药志》（上册），由内蒙古人民出版社出版。该书总论包括采药知识、蒙药学理论和有关植物学知识等；各论按药材的功能分类，对每种药材列有正名、别名、来源、药用部位、原动植物的形态、药材性状鉴别、炮制、性味功能、临床应用、按语、方剂举例、文献摘引、主要成分、药理作用、附录等项内容。共收152种蒙药材，附彩色图片146幅。获内蒙古自治区优秀成果奖。

1980—1982年，哲里木盟畜牧学院、哲理木盟药品检验所、内蒙古大学调查了哲里木盟大青沟自然保护区有药用植物99科275属404种。

1980—1983年，伊克昭盟蒙医研究所对伊克昭盟地区药物资源进行综合性调查，采集植物标本500余种、矿物标本18种，经过整理、鉴别，有药用植物349种，矿物药8种。

1982—1983年，扎兰屯农牧学校李永红整理编写《呼伦贝尔盟中草药资源调查》，记载呼伦贝尔盟地区药用植物103科700余种。

1982—1984年，兴安盟药品检验所、内蒙古大学生物系、内蒙古医院中药系、中医系等单位共同组成兴安盟药用植物资源调查队，对全盟药用植物资源进行调查，汇集编写《药用植物名录》，记载药用植物104科620余种。另外，内蒙古自治区药品检验所编写《内蒙古野生药用植物名录》，收载有药用植物130科628属1500种。

1984年，内蒙古自治区陈起泰等人参加卫生部生物制品研究所等单位主持编写的《中国民族药志》第一卷（人民卫生出版社出版）的蒙药品种整理、编写，有35种蒙药药材被选入第一卷，每种药材内容包括了民族药名、来源、民族药用经验、药材检验、科研资料等内容。

1984—1987年，《内蒙古植物药志》编委会组织内蒙古大学、内蒙古医学院、内蒙古自治区药品检验所、内蒙古自治区医药总公司、内蒙古自治区卫生厅及产区盟市旗县医药、卫生、药检、农林、大专院校等单位人员参加，对重点药材产区药物资源进行全面调查研究，编写出《内蒙古植物药志》一书。

1985年，《国家药典》（1985版）收载民族药33种，其中有蒙药材4种、蒙成药12种。

1986年，于庆祥编著《蒙药方剂》由内蒙古人民出版社出版。收载蒙药方剂300多个，用蒙古、汉、藏3种文字记载了每个方剂的处方、功能主治和参考内容。

1962—1987年，共有17项蒙药科研成果获国家和自治区奖励。

1986—1988年，根据国家下达的《全国中药材资源普查方案》的要求，由内蒙古自治区医药总公司牵头组成内蒙古自治区药材资源普查领导小组和办公室，对全区12个盟市88个旗县（市）中蒙药材资源情况进行了全面的大规模的普查。这是内蒙古自治区成立以来规模最大的一次有组织、有计划的药材资源普查活动。通过这次大规模的全面普查，编写出《内蒙古自治区中蒙药材重点药材专题报告》《内蒙古自治区野生药用植物名录》，绘制了《内蒙古自治区中蒙药材资源综合分布图》《内蒙古自治区中蒙药材区划图》及重点药材单品种资源分布图21幅。首次提出了内蒙古地区中蒙药资源分布区划的理论和长远发展规划的设想建议。1990年获内蒙古自治区科技进步二等奖。

1987年，内蒙古自治区药品检验所徐常等人经过多年的采集标本、调查研究，对比内蒙古东、西部各地蒙医用药习惯的基础上，提出常用蒙药材有322种，其中植物药222种，动物药40种，矿物药43种，其他药17种。中、蒙药交叉用203种，蒙药专用122种，澄清了一部分混乱药用品种和地区性习惯用药情况。

1988年，占布拉道尔吉翻译《无误蒙药鉴》由内蒙古人民出版社出版。

2011年，白音夫主持的课题组完成“十一五”国家科技支撑计划项目课题：《中药研发与上市前技术评价标准的研究》；课题负责人苏和完成内蒙古自治区科技厅计划项目：《清热化痰散结法治疗肺心病右心衰竭的临床研究》。

2012 年，课题负责人白音夫完成 2012 年度国家自然科学基金项目《基于 TGFβ1、PDGF、ERK、MMPs 与 TIMPs 靶点的蒙古山萝卜抗肌纤维化机理研究》。

2014 年，内蒙古自治区食品药品监督管理局责成内蒙古自治区食品药品检验所牵头，全区各盟市食品药品检验所配合，完成 156 个蒙药制剂规范标准品种的制定、修订工作，并出版《内蒙古蒙药制剂规范》(第二册)。

2015 年，内蒙古自治区食品药品监督管理局会同内蒙古医科大学组织相关蒙药学、蒙医工作人员，完成了 51 个蒙药材标准品种和 78 个蒙药炮制规范标准的制定、修订工作，出版《内蒙古蒙药材标准》(1986 年增补本)、《内蒙古蒙药炮制规范》(2015 年版)。

2017 年，内蒙古自治区食品药品监督管理局组织内蒙古医科大学相关蒙药学、蒙医工作人员，完成 192 个蒙药炮制规范标准的制定、修订工作，出版《内蒙古蒙药炮制规范》(2017 年版)。

2017 年，内蒙古自治区食品药品监督管理局参与制定《振兴蒙医药行动计划（2017—2025 年)》，完善药品生产流通使用政策，开展仿制药质量和疗效一致性评价，推动医药产业供给侧结构性改革。同年，通辽举办全国第三届蒙药产业博览会暨 2017 全国民族药高峰论坛，提出要把通辽市建成蒙医药之都。

是年，内蒙古自治区食品药品监督管理局发布：《内蒙古特色道地蒙药材图鉴》（蒙汉文版）2017 年版；《蒙药方剂规范》（蒙文版）（第一册）2017 年版；《中国蒙药浴》（蒙汉文版）2017 年版；《蒙药材质量规范》（汉文版）2017 年版。

（二）食品药品监管科研成果

1. 内蒙古自治区食品药品检验所牵头，组织全区 12 个盟市食品药品检验所及相关专家学者，从全区各医疗机构 800 余个有批准文号的蒙药制剂和协定处方中，经蒙医药专家筛选，确定了 159 个处方品种作为研究对象。《内蒙古蒙药制剂规范》编委会组织编写并出版《内蒙古蒙药制剂规范》2007 年版（第一册)、《内蒙古蒙药制剂规范》2014 年版（第二册)，完成了《内蒙古蒙药制剂规范》（第一册）蒙文版 2015 版的编译及出版。

2. 内蒙古自治区食品药品检验所完成了国家药典委员会标准提高项目 107 个药品品种的起草、36 个品种的复核研究工作。

3. 内蒙古自治区食品药品检验所完成了科技部课题“蒙药草乌、水银、瑞香狼毒特殊炮制技术研究”，并申请了专利。

4. 内蒙古自治区食品药品检验所完成了国家食品药品监督管理总局课题“中药有害残留技术标准平台”。

5. 内蒙古自治区食品药品检验所完成了国家食品药品监督管理总局课题“国家药品评价抽验数据库的建立”。

6. 内蒙古自治区食品药品检验所完成了国家食品药品监督管理总局课题“我国上市药品质量抽验现状与监管对策”。

7. 内蒙古自治区食品药品检验所完成了香港卫生署“闹羊花”的质量标准研究。

8. 内蒙古自治区食品药品检验所完成了中国食品药品检定研究院（简称中检院）中青年基金课题“蒙药专用蒙药材外观性状及显微特征彩色图谱研究”。

9. 内蒙古自治区食品药品检验所完成了中检院课题“应用液质联用新技术建立药品快速检测质谱

数据库的研究”。

10. 内蒙古自治区食品药品检验所完成了国家食品药品监督管理总局呋塞米片和地塞米松片仿制药一致性评价研究工作。

11. 内蒙古自治区食品药品检验所完成了中检院课题“民族药质量标准现状调研”。

12. 内蒙古自治区食品药品检验所协助中检院完成了10余种药材DNA条形码鉴定研究工作。

13. 内蒙古自治区食品药品检验所完成了国家中医药管理局课题“肉苁蓉野生与繁育品的品质比较研究”。

14. 内蒙古自治区食品药品检验所完成了国家食品药品监督管理总局课题“特色民族药材草乌叶检验方法的示范性研究”。

15. 内蒙古自治区食品药品检验所完成了自治区蒙药标准建设三年行动计划53个蒙药材起草及复核、9个炮制规范的研究。

16. 内蒙古自治区食品药品检验所建立了自治区内生产企业50个化学药品固体制剂近红外光谱快速比对模型和6个化学药品液体制剂拉曼光谱快速比对模型。

17. 内蒙古自治区食品药品检验所完成了协作课题“沙地蒿胶囊的药理学研究”。

18. 内蒙古自治区食品药品检验所完成了协作课题“门冬氨酸钾镁注射液的药学研究”。

19. 内蒙古自治区食品药品检验所完成了协作课题“参冬小儿止泻颗粒长毒研究”。

20. 内蒙古自治区食品药品检验所完成了无菌室环境中菌库的采集和建立工作。

21. 内蒙古自治区食品药品检验所完成了10余个药品国家标准品、对照品和对照药材的标化工作。

22. 内蒙古自治区食品药品检验所完成了100余个微生物方法学验证研究工作。

23. 内蒙古自治区食品药品检验所承担了国家食品药品监督管理总局课题呋塞米片、地塞米松片、醋酸地塞米松片、仿制药质量和疗效一致性评价复核检验任务。

24. 内蒙古自治区食品药品检验所完成了国家食品安全委员会风险评估中心课题“鸡肉中沙门氏菌定量检测”。

25. 内蒙古自治区食品药品检验所完成了国家食品药品监督管理总局课题“常见肉与肉制品种属来源检测与分析”。

26. 内蒙古自治区食品药品检验所完成了国家食品安全风险评估中心课题“鸡肉中弯曲弧菌的风险评估”。

27. 内蒙古自治区食品药品监督信息中心（内蒙古自治区食品药品审评查验中心）习娟、王伟、于志伟等五人，共同完成的《食品中环已基氨基磺酸钠的测定方法的改进》项目，2016年获内蒙古自治区职工优秀技术创新成果二等奖。

二、科研论文

从2006—2016年的11年间，内蒙古自治区食品药品监督管理系统科研人员在国家级刊物以第一作者发表论文55篇，在省级刊物以第一作者发表论文17篇。

2006 年科研人员发表论文统计一览表

表 6-1

序号	论文题目	杂志名称及刊物级别	作者	备注
1	中药不良反应的监测体会	《中华现代中医学杂志》2006-2-7（国家级刊物）	刘文茹	第一作者
2	药品包装材料的选择原则	《北方药学》2006-3-4（省级刊物）	刘文茹	第一作者

2007 年科研人员发表论文统计一览表

表 6-2

序号	论文题目	杂志名称（国家级刊物）	作者	备注
1	高效液相色谱法测定复方茶碱麻黄碱片中 3 组分含量	《中国药业》2007-16-6	朱叶青	第一作者
2	卡络磺钠中卡巴克络含量测定方法改进	《中国药业》2007-16-2	朱叶青	第一作者
3	试论药物警戒在药品再评价中的应用	《中国药物警戒》2007-4-6	闫占军	第一作者
4	灵芝滴丸中灵芝多糖的含量测定	《中国药品标准》2007-8-1	王晔	第一作者
5	RP-HPLC 法测定分清五淋丸中齐墩果酸和常春藤皂苷元的含量	《中成药》2007-29-6	王晔	第一作者
6	左氧佛沙星导致肾功能损伤	《药物流行病学杂志》2007-4-16	陶静环	第一作者

2008 年科研人员发表论文统计一览表

表 6-3

序号	论文题目	杂志名称及刊物级别	作者	备注
1	《中华人民共和国卫生部药品标准》蒙药分册药材部分内容补正（上）	《中国民族医药杂志》2008.3（国家级刊物）	红霞	第一作者
2	民间用药 4 种胡枝子的花粉形态研究	《中国民族医药杂志》2008.9（国家级刊物）	红霞	第一作者
3	五味清浊胶囊质量标准研究	《中国民族医药杂志》2008.12（国家级刊物）	周凯	第一作者
4	HPLC 法测定愈伤接骨胶囊中熊果酸的含量	《中成药》2008.2（国家级刊物）	高磊	第一作者
5	脉冲控释给药系统	《北方药学》2008.4（省级刊物）	白炜	第一作者
6	《栀子的化学成分和药理作用研究》	《北方药学》2008 年第 5 卷第 3 期（省级刊物）	张涛	第一作者

2009 年科研人员发表论文统计一览表

表 6-4

序号	论文题目	杂志名称（国家级刊物）	作者	备注
1	沙棘止咳胶囊长期毒性试验	《中国民族医药杂志》2009.9	白炜	第一作者
2	嘎尔朱尔妇康片剂局部用药的毒性研究	《中国民族医药杂志》2009.8	白炜	第一作者
3	反向 HPLC 法测定苏斯-12 胶囊中黄连苷Ⅱ的含量	《中国民族医药杂志》2009.3	韩塔娜	第一作者
4	反向 HPLC 法测定五味沙棘散中木香烃内脂和去氢木香内酯的含量	《中国民族医药杂志》2009.3	韩塔娜	第一作者
5	反相 HPLC 法测定苏斯-12 胶囊中黄连苷的Ⅱ的含量	《中国民族医药杂志》2009 年第 3 期	韩塔娜	第一作者
6	反相 HPLC 法测定五味沙棘散中木香烃内之和去氢木香内酯的含量	《中国中医药》2009 年第 6 期	韩塔娜	第一作者
7	嘎木朱尔妇康片剂局部用药的毒性研究	《中国民族医药杂志》2009 年第 8 期	白炜	第一作者
8	沙棘止咳胶囊长期毒性实验	《中国民族医药杂志》2009 年第 9 期	白炜	第一作者

2010 年科研人员发表论文统计一览表

表 6-5

序号	论文题目	杂志名称及刊物级别	作者	备注
1	反相 HPLC 法测定嘎日西胶囊中大黄酚的含量	《中国民族医药杂志》2010 年第 1 期（国家级刊物）	韩塔娜	第一作者
2	反相 HPLC 法测定布格日-9 羟基红花黄色素 A 的含量	《中国民族医药杂志》2010 年第 8 期（国家级刊物）	韩塔娜	第一作者
3	硝苯地平脉冲控释片在 Beagle 犬体内的药动学	《中国医院药学杂志》2010 年第 10 期（国家级刊物）	白炜	第一作者
4	GC 测定八味沉香胶囊中丁香酚含量	《中成药》2010 年第 1 期（国家级刊物）	郝美玲	第一作者
5	高效液相法测定蒙药中栀子苷含量	《中国民族医药杂志》2010 年第 9 期（国家级刊物）	韩峰	第一作者
6	消栓口服液质量标准的研究	《内蒙古医学》2010 第 8 期（省级刊物）	王志君	第一作者

2011 年科研人员发表论文统计一览表

表 6-6

序号	论文题目	杂志名称及刊物级别	作者	备注
1	HPLC 法测定蒙药材硬毛棘豆（旭润-奥日都扎）中山柰素的含量	《中国民族医药杂志》2011 年第 3 期（国家级刊物）	王志君	第一作者
2	中成药中非法添加西地那非的质量标准研究	《中国医药科学》2011 年第 8 期（国家级刊物）	韩峰	第一作者
3	蒙药水银不同炮制品中游离汞的含量测定	《中国民族医药杂志》2011 年第 8 期（国家级刊物）	王栋	第一作者
4	HPLC 法测定蒙药材火绒草（查干-阿荣）中绿原酸的含量	《中国民族医药杂志》2011 年第 8 期（国家级刊物）	王志君	第一作者
5	HPLC 法测定养阴清肺口服液中芍药苷的含量	《中国药品标准》2011 年第 12 卷第一期（国家级刊物）	王志君	第一作者
6	HPLC 法测定头孢西酮钠有关物质	《药物分析杂志》2011 年第 11 期（国家级刊物）	周刚	第一作者
7	党的民族政策普照草原	《内蒙古统计》2011.5（省级刊物）	王红	第一作者

2012 年科研人员发表论文统计一览表

表 6-7

序号	论文题目	杂志名称及刊物级别	作者	备注
1	HPLC 法测定蒙药蓝盆花中木樨草素和芹菜素的含量	《中国药房》2012 年 4 期第二 23 卷 15 期（国家级刊物）	王国英	第一作者
2	蒙药孟根乌苏-18 临床试验患者血液中汞的含量分析	《中国药事》2012 年第 26 卷第 4 期（国家级刊物）	王栋	第一作者
3	蒙药基力哲的显微鉴别	《中国民族医药杂志》2012 年第 3 期（国家级刊物）	红霞	第一作者
4	奶制瑞香狼毒 RP-HPLC 指纹图谱研究	《中药材》2012 年第十一期（国家级刊物）	籍学伟	第一作者
5	HPLC 法测定复方氨酚苯海拉明中盐酸苯海拉明的含量	《中国药业》2012 年第 24 期（国家级刊物）	闫占军	第一作者
6	近红外光谱法对连翘败毒丸一致性检验模型的建立	《内蒙古科技与经济》2012 年 1 月（第 2 期）（省级刊物）	靳建中	第一作者
7	HPLC 法测定蒙成药四味土木香散中异土木香内酯的含量	《内蒙古科技与经济》2012 年 1 月（第 2 期）（省级刊物）	周雪梅	第一作者
8	HPLC 法同时测定植物油中叔丁基羟基茴香醚（BHA）、2，6-二叔丁基对甲酚（BHT）和特丁基对苯二酚（TBHQ）含量	《内蒙古科技与经济》2012 年 1 月（第 2 期）（省级刊物）	王冰洁	第一作者

2013 年科研人员发表论文统计一览表

表 6-8

序号	论文题目	杂志名称及刊物级别	作者	备注
1	奶制瑞香狼毒 HPLC-ELSD 指纹图谱研究	《中南药学》2013 年 1 月第 11 卷第 1 期（省级刊物）	郝美玲	第一作者
2	《沙参属植物化学成分与药理作用研究进展》	《北方药学》2013 年第 10 卷第 6 期（省级刊物）	张涛	第一作者
3	《HPLC 法测定草乌甲素滴丸的含量》	《北方药学》2013 年第 10 卷第 7 期（省级刊物）	张涛	第一作者

2014 年科研人员发表论文统计一览表

表 6-9

序号	论文题目	杂志名称及刊物级别	作者	备注
1	朱布仁-七微生物限度检查的方法学研究	《中国民族医药杂志》2014 年 3 月第 3 期（国家级刊物）	周刚	第一作者
2	反相 HPLC 法测定酸梨干中山梨醇的含量	《中国民族医药杂志》2014 年第 10 期（国家级刊物）	杨沫银	第一作者
3	消肿九味散、消肿九味散（无草乌）及瑞香狼毒对皮肤刺激性和致敏性的实验研究	《中国民族医药杂志》2014 年第 11 期（国家级刊物）	杨沫银	第一作者
4	简述当前我国药品质量管理体系现状	《北方药学》2014 年第 11 卷第 9 期（省级刊物）	杨喜表	第一作者
5	浅谈药品标准管理	《北方药学》2014 年第 11 卷第 10 期（省级刊物）	杨喜表	第一作者
6	水苦荬中木犀草酸的含量测定	《北方药学》2014 年第 12（省级刊物）	青松	第一作者
7	刺玫果中齐墩果酸和熊果酸的含量测定	《北方药学》2014 年第 5 期（省级刊物）	娜仁图雅	第一作者
8	消肿五味散中姜黄素含量测定	《北方药学》2014 年第六期（省级刊物）	娜仁图雅	第一作者

2015 年科研人员发表论文统计一览表

表 6-10

序号	论文题目	杂志名称及刊物级别	作者	备注
1	冠脉宁片中樟脑的限量检查及冰片的含量测定研究	《中国药学杂志》2015 年 2 月第 4 期（国家级刊物）	丁宁	第一作者
2	反相 HPLC 法测定行气止痛丸中羟基红花黄色素 A 的含量	《中国民族医药杂志》2015 年 1 月第 1 期（国家级刊物）	杨沫银	第一作者
3	HPLC 法测定蒙药材缬草（珠勒根-呼吉）中绿原酸的含量	《中国民族医药杂志》2015 年 1 月第 1 期（国家级刊物）	王志君	第一作者
4	HPLC 法测定蒙药克感额日敦片中栀子苷的含量	《中国民族医药杂志》2015 年 2 月第 2 期（国家级刊物）	红霞	第一作者
5	蒙药材缬草（珠勒根-呼吉）的气相色谱指纹图谱研究	《中国民族医药杂志》2015 年 5 月第 5 期（国家级刊物）	张建平	第一作者
6	HPLC 法测定蒙药材脓疮草中盐酸水苏碱的含量	《中国民族医药杂志》2015 年 5 月第 5 期（国家级刊物）	王栋	第一作者
7	蒙药质量标准现状调研分析	《中国药事》2015. 年 12 月（国家级刊物）	娜仁图雅	第一作者
8	乌兰十三位汤散中栀子苷的含量测定	《中国中药杂志》2015 年第 21 卷第 7 期（国家级刊物）	袁新敏	第一作
9	HPLC-DAD 法测定冠脉宁片中葛根素和丹酚酸 B 的量及指纹图谱研究	《首都医科大学学报》2015 年第 12 期（省级刊物）	丁宁	第一作者

2016 年科研人员发表论文统计一览表

表 6-11

序号	论文题目	杂志名称（国家级刊物）	作者	备注
1	加强蒙药的不良反应监测服务促进蒙药产业发展	《中国民族医药杂志》2016 第 5 期	罗海涛	第一作者
2	蒙药利尿八味散中白硇砂的含量测定方法研究	《中国民族医药杂志》2016 第 7 期	王栋	第一作者
3	GC-MS/MS 法分析维药祖卡木颗粒中挥发性成分的化学组成	《中国民族医药杂志》2016 第 10 期	张建平	第一作者
4	试述蒙药标本数字化管理的重要性	《中国民族医药杂志》2016 第 10 期	红霞	第一作者
5	2015 年内蒙古地区 31 批保健食品中污染菌的分离与鉴定	《食品安全质量检测学报》2016 第 7 卷第 4 期	卜宏宇	第一作者
6	一测多评法测定蒙药材刺柏叶中 4 种黄酮的含量	《中国药事》2016 年第 30 卷第 3 期	吴姗姗	第一作者
7	液-质联用法测定蒙药制剂中非法添加降糖类化学药品	《中国中药杂志》2016 年第 22 卷第 7 期	袁新敏	第一作者
8	蒙药材牦牛心中 17 种氨基酸含量测定	《时珍国医国药》2016 年．第 2 期	籍学伟	第一作者
9	蒙药野兔心中 17 中氨基酸含量测定	《中药材》2016 年第 39 卷第 3 期	籍学伟	第一作者

第三节 科研活动与学会

一、科研活动

2003—2010 年，内蒙古自治区食品药品学会受自治区食品药品监督管理局委托，组织开展科技宣传周 10 余次，累计发放宣传材料 20 余份，展示药品标本 5000 多份，组织专家 400 余人开展食品药品安全现场咨询，制作安全合理用药科普知识宣传展板 87 块，印发传单 120 万份，宣传手册 10 余万册，组织 180 余名专家开展现场咨询。

2014 年，按照国家食品药品监督管理总局要求，筛选上报内蒙古自治区食品药品重点项目计划。向国家食品药品监督管理总局、内蒙古自治区科技厅、内蒙古自治区财政厅推荐《艾滋病和病毒性肝炎防治》等 7 个重大科技项目；开展“蒙药名词术语规范”项目的研究等工作；为做好科技项目的筛选和管理，部署了全区食品药品安全科技资源概况调查工作。

2015 年，按照国家食品药品监督管理总局的要求，上报“十三五”国家重点研发计划优先启动重点研发任务。

2015 年，按照国家食品药品监督管理总局要求，内蒙古自治区食品药品监督管理局组织开展了以“食药安全科技惠民”为主题的科技宣传活动。制定印发《内蒙古自治区食品药品监督管理局关于开展食品药品安全科普宣传活动的通知》，明确了活动要求、活动安排、活动内容。内蒙古自治区食品药品监督管理局召开食品药品安全科普宣传启动会议，聘请内蒙古自治区农业大学姚凤桐教授举办了全区食品安全科普视频讲座，并指导各盟市、旗县通过集中宣传食品药品安全知识大讲堂活动、各类媒体开展的专题宣传等方式，深入宣传食品药品安全科普知识。活动周期间，全区共有 325 个单位、3405 名科技人员和监督管理人员参加了食品药品安全科普宣传活动，开展义诊、咨询 16234 人次，发放资料 116201 份（册），制作宣传海报、展板 9049 块，发放宣传单、折页 113766 页（张），录制、播放科普视频 961 分钟，开展科技下乡 118 次，共举办科普培训班、报告会 86 场，通过各类媒体宣传 225 次。

2016 年，按照国家食品药品监督管理总局、内蒙古自治区科技厅等相关部门要求，征集报送了国家科技资源调查专项重大需求 2 个，自治区科技储备项目 3 个，重大专项 1 个。

是年，按照国家食品药品监管总局要求，内蒙古自治区食品药品监督管理局组织开展了以“食药安全、创新发展”为主题的科技宣传活动。制定印发《内蒙古自治区食品药品监督管理局关于开展食品药品安全科普宣传活动的通知》，指导各盟市、旗县深入宣传食品药品安全科普知识。全区共有 423 个单位、3615 科技人员和监督管理人员参加了食品药品安全科普宣传活动，开展义诊、咨询 17638 人次，发放资料 14512 份（册），制作宣传海报、展板 9062 块，发放宣传单、折页 119802 页（张），录制、播放科普视频 1303 分钟，开展科技下乡 125 次，共举办科普培训班、报告会 75 场，通过各类媒体宣传 295 次。

二、内蒙古自治区食品药品学会

（一）组织机构

2003 年 2 月 23 日，内蒙古自治区药品学会成立。学会主管单位为内蒙古自治区科学技术协会，挂靠单位为内蒙古自治区药品监督管理局。2005 年 3 月 26 日，内蒙古自治区药品学会更名为内蒙古自治区食品药品学会。

内蒙古自治区食品药品学会有独立的学会章程，学会设理事会和常务理事会，理事会和常务理事会由全区各地区、各部门推荐产生。组织体系由理事长、副理事长、秘书长、常务理事、理事组成。学会设秘书处、学术部、国际部、科普部。挂靠内蒙古自治区药品监督管理局。

2003 年 2 月 23 日，内蒙古自治区药品学会第一次会员大会在呼和浩特召开，出席大会的会员代表 336 人，特邀代表（专家）32 人。

大会听取和审议内蒙古自治区药品学会第一届理事会工作报告；通过了《内蒙古自治区药品学会章程》；选举产生了内蒙古自治区药品学会第一届理事会、常务理事会、理事长、副理事长、秘书长。第一届常务理事会理事 39 人，理事会理事 86 人。

理事长：陈羽

副理事长：于庆华　马强　郝富　罗黔英　陈秀勤　王玉杰

秘书长：王玉杰（兼）

内蒙古自治区药品学会下设 7 个药学专业学术委员会，分别是：药物分析专业委员会、抗生素专业委员会、中药和天然药物专业委员会、蒙药专业委员会、药剂学专业委员会、药理专业委员会、医院药学专业学术委员会。

全区 12 个盟市设药品学会。

2005 年 10 月 18 日，内蒙古自治区食品药品学会第一届二次理事长、常务理事会会议在呼和浩特市召开。会议修改《内蒙古自治区药品学会章程修改草案》，讨论增补理事、常务理事、副理事长、副秘书长等人事变动事宜。内蒙古自治区食品药品学会第一届常务理事会理事增加到 78 人，理事会理事增加到 174 人。

理事长：郝富

副理事长：于庆华　马强　罗黔英　格日勒图　栾亚利　杨文俊　王玉杰　王伟

秘书长：王玉杰（兼）

内蒙古自治区食品药品学会下设 2 个法人组织：内蒙古自治区食品药品学会药品分会，内蒙古自治区食品药品学会食品分会。

内蒙古自治区食品药品学会在原有自治区药品学会下设的 7 个药学专业学术委员会的基础上，增设了自治区食品药品学会食品分会 5 个学术专业委员会。分别是：肉类食品质量安全学术专业委员会、保健食品质量安全学术专业委员会、生活饮用水质量安全学术专业委员会、乳品质量安全学术专业委员会、食品质量安全管理学术专业委员会。全区 12 个盟市药品学会更名食品药品学会。

2010 年 6 月 26 日，召开第二次内蒙古自治区食品药品学会会员代表大会大会听取了和审议内蒙古自治区食品药品学会第一届理事会工作报告；审议通过了《内蒙古自治区食品药品学会章程修改草案》。

选举产生了内蒙古自治区食品药品学会第二届理事会、常务理事会、理事长、副理事长、秘书长。

第二届常务理事会理事增加到82人，理事会理事增加到206人。

理事长：郝富

副理事长：罗黔英　格日勒图　马强　栾亚利　李光荣　王玉杰　王伟　刘剑　杨文俊　郝艳涛　李占文　曲贵善

秘书长：王玉杰（兼）

全区12个盟市设食品药品学会。

全区发展个人会员4690人，团体会员1070个，会员总数5760个。

（二）学术活动

内蒙古自治区食品药品学会受自治区食品药品监督管理局委托，先后单独、联合举办或组团参加区内外各种学术交流研讨会60余次。与西部12个省区联手打造“中国西部药学论坛”会议品牌，承办5次“中国西部药学论坛”会议，共征集论文870多篇。全区先后有6篇论文获二等奖，21篇论文获三等奖，68篇论文获优秀奖。申报国家级项目3项，自治区科技进步奖3项。

2003年3月，内蒙古自治区药品学会第一次会员代表大会期间，特邀中国药学会名誉理事长，中国生物药品检验所研究员、所长周海钧做专题学术报告——“新药研究与开发的展望”；汤光教授专题学术报告——“临床药物选用评价”；杨俊山主任药师专题学术报告——“中药研究热点问题”。

10月28日，在广西南宁市协办了12个省市区学会举办的《中国西部药学论坛》、报送学术论文16篇。

11月16—21日，内蒙古自治区药品学会派11人参会重庆召开“中国西部药学论坛”，推荐学术论文26篇，大会交流论文6篇。

2004年8月，内蒙古自治区药品学会组织举办了全区中西部“关于高效液相色谱学术专项研讨会”。是年，内蒙古自治区药品学会组织举办“中蒙药学术研讨会”特邀国际著名专家董志林先生、祝国光博士做了中蒙药研究和标准探讨等方面的学术报告。

2005年6月28，内蒙古自治区食品药品监督管理局、自治区食品药品学会组织举办了中国2005医疗器械交流展览会。7月28日，召开中国西部药学论坛，出论文集一册，收集338篇论文。8月9—12日，内蒙古自治区食品药品监督管理局、内蒙古自治区食品药品学会在呼和浩特组织召开“2005年中国西部药学论坛”。

10月26—30日，自治区食品药品监督管理局组团参加在天津市召开“安全合理用药与和谐社会共同的责任”为主题的第五届中国药师周，推荐学术论文12篇，其中1篇做大会交流。

2006年3月5日，内蒙古自治区食品药品监督管理局、内蒙古自治区食品药品学会与内蒙古消费者协会联合在新华广场组织14家医药企业开展了“3·15大型维权”宣传活动，发放3万余份食品药品科普知识宣传单，受到全社会的好评。11月9—12日，组织全区18名医药科技人员参加广州举行的“2006年第六次中国药学会年会”，上报学术论文26篇。

2007年8月31日，内蒙古自治区食品药品学会组团参加2007年世界药学大会暨国际药学联合会第67届年会，筛选报送学术论文22篇。11月4日，内蒙古自治区食品药品学会与科协学术部共同举办全区第二届食品安全沙龙研讨会，并撰写专题学术报告——“加强食品安全工作建设及措施”上报内蒙古科协，转自治区政府督察室得到好评。11月15日，组织举办了关于“全区蒙药制剂规范培训班”。

是年，承办内蒙古科协第二届青年学术论坛二个分会场——内蒙古自治区中蒙药学术研讨会；内蒙古自治区食品药品安全学术研讨会。

2008 年 5 月 26 日，内蒙古自治区食品药品学会组织召开“全区医院药事管理学术”研讨会，78 人参加。特邀请北京佑安医院中药专家李秀慧主任做了“中药与中药临床药学”；北京解放军306医院专家吴九鸿主任药师，博士做了“药物经济学、药物评价”的学术报告。9 月 24 日，组织召开“全区中蒙药学术研讨会”。

2009 年 7 月 31—8 月 5 日，内蒙古自治区食品药品学会在赤峰协助中国药学会召开了“全国十五届药学史本草学术研讨会”，派 110 人参加会议。同时召开了自治区食品药品学会蒙药专业学术委员会会议。

2009 年 8 月 13 日，内蒙古自治区食品药品监督管理局委托内蒙古自治区食品药品学会，在全区组织开展“合理用药、健康家庭”科普宣传活动。

9 月 19 日，内蒙古自治区食品药品学会协同组织全区 12 个盟市学会，积极参加“全国科普日”宣传活动。发放了“合理用药、用药知识”“关爱生命健康，提高生活质量”的宣传资料三万余份。

9 月 23—26 日，在赤峰克旗举办全区药品质量安全监督管理培训班。特邀内蒙古医学院药学院乔俊缠教授作了“关于中药研究”专题报告；武志伟作了“药品违法行为主要类型及法律责任”专题报告；云秀玲做了关于“口服同体制剂”专题报告。

2013 年 2 月，内蒙古自治区食品药品学会组织筹备成立世界中医药学会联合会蒙药专业委员会。

2015 年 7 月，内蒙古自治区食品药品学会召开筹备成立世界中医药学会联合会蒙医药专业委员会工作会议。

2017 年 7 月 15 日上午，世界中医药学会联合会蒙药专业委员会成立大会暨第二届欧亚太平洋大学联盟蒙药学术高峰论坛在通辽市召开。会议主题为“聚势蒙医药、融入‘一带一路’，传承和保护蒙医药文化，打造蒙药绿色健康产业”。

（三）学术期刊

《北方药学》期刊是由科技部和国家新闻出版总署批准，由内蒙古自治区食品药品监督管理局主管、内蒙古自治区食品药品学会主办，西部 12 个省、市、自治区医学会协办的省级药学月刊。2004 年 6 月 28 日创刊。国内刊号：15—1333/R。

《北方药学》是从事中西医药及其相关专业技术人员科研、教学、临床工作应用的重要参考文献，主要辟有论著、综述、药物研究、药品质量与检验、药物与临床和生物制药技术、临床报道、临床经验、调查与分析、中西医结合、疗法与方药、实验研究、药物定性定量研究、名医学术经验、教学探讨、医学琐谈、制备与工艺、医经研读、心理健康，护理园地等栏目，为广大食品药品科技工作者提供学术交流、成果推广的平台。向全区医药企业、医院研究机构、全国重点大型企业及医院院校赠送。同时通过世界药联向欧洲 24 个国家有关专家学者、社会团体赠送。

第七篇

党务政务与法治建设

第一章 党务工作

第一节 思想政治建设

2000 年，内蒙古自治区药品监督管理局组建后，加强全系统干部职工思想政治建设，把提高党员干部的思想政治素质作为局党组、局机关党委工作的重中之重。

2001 年 9 月 20 日，中共中央印发《公民道德建设实施纲要》，在全国范围内全面加强社会主义思想道德建设。内蒙古自治区药品监督管理局党组组织干部职工认真学习贯彻《纲要》，开展社会公德、职业道德、家庭美德教育和实践活动。从抓好理论学习入手，用马克思列宁主义、毛泽东思想、邓小平理论和“三个代表”重要思想武装广大党员干部的头脑。制定政治理论学习计划，安排政治理论学习的时间，结合“三讲回头看”，进一步巩固“三讲”教育成果。

是年，通过业余党校的形式，以理想信念教育为核心，大力开展爱国主义、集体主义和社会主义教育，引导广大党员干部职工树立正确的世界观、人生观、价值观。坚定马克思主义的信仰，坚定对社会主义的信念，坚定改革开放和现代化建设的信心。紧密结合药品监督管理体制改革，加强药品生产流通监管、整顿和规范药品生产流通秩序，提高依法行政、依法治理水平。

2002 年，内蒙古自治区药品监督管理局党组认真学习贯彻中共十五届六中全会和中共内蒙古自治区第七次党代会精神，积极探索新形势下加强和改进思想政治工作的规律和办法，把解放思想同解决实际问题结合起来，不断增强工作的针对性和实效性。全面贯彻落实《公民道德建设实施纲要》，建立与社会主义市场经济相适应的思想道德体系，深入开展党的基本理论、基本路线、基本纲领教育。

2003 年，内蒙古自治区药品监督管理局党组组织党员干部深入学习中共十六大精神，深刻理解和正确把握中共十六大的科学内涵。机关党委对局机关、各党支部和药品检验所党总支深入贯彻中共十六大精神情况进行督查，及时发现典型加以宣传推广。在组织党员干部学习中共十六大报告、《公民道德建设实施纲要》的同时，结合实际学习《中华人民共和国药品管理法》《中华人民共和国药品管理法实施条例》。围绕实施西部大开发战略和促进内蒙古自治区药品产业快速发展为目标，认真研究解决药品监管工作的一些理论和实践问题。

2004 年，新组建的内蒙古自治区食品药品监督管理局，机构、人员增加，局党组更加重视全体职工的思想政治工作。在局机关开展“执政为民，加快发展”主题教育活动。弘扬理论联系实际的学风，解决“以干代学”的问题。在武装头脑、指导实践、推动工作上下功夫，以完善制度和落实整改措施为重点，建立起优化环境的长效机制。

2005 年，中共内蒙古自治区食品药品监督管理局党组开展以实践“三个代表”重要思想为主要内容，保持共产党员先进性教育活动。组织党员干部认真学习中共十六届四中全会《中共中央关于加强党的执政能力建设的决定》，深刻领会《决定》总结的执政党经验，理解领会《决定》提出的指导思想、总体目标和主要任务，进一步坚定执政兴国信念，增强忧患意识、执政意识和发展意识，不断提高党员干部的理论思维能力和依法行政能力。围绕食品药品监管工作和加强执政能力建设，结合重大纪念活动，深入开展形势任务、革命传统和爱国主义教育，不断加强党的群众工作，巩固中国共产党执政的群众基础。

2006 年，在内蒙古自治区食品药品监督管理系统，开展社会主义荣辱观教育活动；开展“一心为民，科学发展”培训教育活动；学习贯彻《公民道德建设实施纲要》活动；创建社会主义精神文明活动。引导人们从我做起、从身边做起、从点滴小事做起，把“八荣八耻”转化为自觉行动。

2007 年，以庆祝内蒙古自治区成立 60 周年为契机，自治区食品药品监督管理局组织学习马克思列宁主义、毛泽东思想、邓小平理论和“三个代表”重要思想，全面落实科学发展观，贯彻落实中共中央以及内蒙古自治区民族工作会议精神，深入宣传贯彻《中华人民共和国民族区域自治法》和《国务院实施〈中华人民共和国民族区域自治法〉若干规定》，开展民族团结教育活动。2007 年 10 月 15—21 日，中国共产党第十七次全国代表大会召开，会议把食品药品安全作为重要的民生问题进行了全面部署。自治区食品药品监督管理局，组织全系统广大干部职工认真学习贯彻中共十六届五中全会、六中全会和中共十七大精神，使干部职工牢固树立科学监管理念，保障全区 2300 万各族群众的饮食与用药安全，切实开展食品安全综合监督，深入组织药品市场秩序整顿。

2008 年，把深入贯彻学习中共十七大精神，作为内蒙古自治区食品药品监督管理局党建工作的首要政治任务。以社会主义核心价值观为根本，推进机关思想道德建设。坚持以人为本，针对党员干部关注的热点、难点和疑点问题，创新思想政治工作内容和形式，推进和谐机关建设。深入开展形势任务教育，大力弘扬爱国主义、集体主义、社会主义思想教育，加强社会公德、职业道德、家庭美德和个人品德建设，在机关形成知荣辱、讲正气、促和谐的良好风尚和风清气正的生动局面。开展“为民、务实、清廉”主题教育活动，强化立党为公、执政为民、求真务实、艰苦奋斗、廉洁奉公意识，坚持依法行政，提高行政效能。

2009 年，内蒙古自治区食品药品监督管理局全面贯彻中共十七大和中共十七届三中全会精神，以中国特色社会主义理论为指导，加强党的执政能力建设和党的先进性建设，推动全区食品药品监督管理事业发展。深入开展学习实践科学发展观活动，用马克思主义、毛泽东思想教育干部群众，强化了机关党组织的保障作用，提高了基层党组织的凝聚力和战斗力。着力加强党员队伍建设，完善党员联系和服务群众长效机制，狠抓帮扶工作和执政为民教育。围绕新中国成立 60 周年的庆祝活动，重点加强机关精神文明建设，提高履行职责的能力和水平。

2010 年，内蒙古自治区食品药品监督管理系统，紧抓“服务中心、建设队伍”两大任务，把创先争优活动作为党建工作常抓不懈，组织党员开展了以“转变发展方式”为主题的大讨论，使党员干部群众深刻认识到“内蒙古自治区仍然是欠发达地区，发展不足仍然是经济社会发展的主要矛盾”，形成了对转变发展方式和富民强区的共识。通过集中讨论，不断提高广大党员服务大局、推动经济发展方式转变的能力，把科学发展食品药品监管工作思路和措施落到实处。

2011 年，内蒙古自治区食品药品监督管理系统，持续开展创先争优活动。一是采取了表彰奖励

“两优一先”、唱红歌、重温入党誓词等多种方式，庆祝建党九十周年，进一步坚定了共产党员的理想信念。全系统共有42个先进基层党组织、139名优秀共产党员和党务工作者受到表彰。二是通过领导点评再点评活动，以及党员、群众点评活动、党支部书记点评党员，社区点评支部等活动，营造了浓厚的创先争优氛围，使创先争优活动深入人心。三是发挥工青妇组织优势，以党建带工建，党建带团建，党建带妇建，增强了创先争优活动的实效性。四是围绕创先争优活动的着力点和落脚点，深化创岗位奉献先锋、创群众满意服务行业和窗口单位、创优质品牌服务等活动。

是年，内蒙古自治区食品药品监督管理局制定了《关于开展“深化创先争优保障饮食用药安全”活动的实施意见》《开展窗口单位和服务行业深入开展为民服务创先争优活动的实施方案》，建立创先争优的动力机制。采取了“一帮一”“手拉手”、定点联系等形式，建立创先争优的帮带机制。通过表彰创先争优活动中涌现出的先进基层党组织和优秀共产党员等多种形式，建立了有效的激励机制，进一步提高党员干部队伍的整体素质。

2012年11月18日，中国共产党第十八次代表大会胜利召开，开启了中国特色社会主义现代化建设的新征程。内蒙古自治区食品药品监督管理局立即部署了学习贯彻中共十八大精神有关工作，通过布置干部群众自学、组织集中学、辅导和党员组织生活会等形式，领会内容、吃透精神，加深对中共十八大精神的理解，增强了广大干部群众学习贯彻中共十八大精神的自觉性。

2012年12月4日，中共中央政治局审议通过了关于改进工作作风、密切联系群众的八项规定。内蒙古自治区食品药品监督管理局严格落实“八项规定”，切实改进机关工作作风。围绕食品药品监管中心工作，加强党风廉政建设工作。

2013年，学习贯彻中共十八大精神，推动科学监管、依法监管、和谐监管体系的形成，自治区食品药品监督管理局再次进行了加强性整合，内设机构增加、职工队伍增加。局党组以思想政治建设统领监管业务工作、全局工作。在全系统开展了党的群众路线教育实践活动，成立了党的群众路线教育实践活动领导小组，制定实施方案，明确工作重点和实施步骤。在教育实践活动中，紧扣主题，高标准、严要求，认真完成实施方案中规定的目标，组织集中学习、征求意见建议120条，梳理为10个方面的问题，逐项进行了整改。从局党组到各处室、二级单位广泛开展了谈心谈话，召开高质量的局党组、各处室、二级单位民主生活会和总结大会，局党组成员和各支部成员带头开展批评与自我批评。在贯彻执行中共中央“八项规定”和自治区28项具体规定中，制定整改方案，建章立制，坚持立行立改，动真碰硬，切实推动“四风”的转变，努力提高监管工作效能，得到了自治区第八督导组的充分肯定。

2014年，内蒙古自治区食品药品监督管理局选举产生出新一届机关党委、机关纪委、机关工会、机关妇女委员会。完成了机关和直属二级单位各党支部、党总支换届，基层组织比上届增加4个。坚持标准、严格程序，制定了发展党员工作计划，培养8名入党积极分子。

2015年，自治区食品药品监督管理局制定完善《党组中心组学习制度》等11项党建工作制度，定期举办“干部大讲堂”和“道德讲堂”，积极探索网上学习等灵活多样方式，推进了学习型党组织建设。

是年，内蒙古自治区食品药品监督管理局印发了《培育和践行社会主义核心价值观工作方案》，开展“窗口单位和服务行业创先争优”等专题学习讨论，举办“凝聚青年向上向善正能量、弘扬社会主义核心价值观”主题演讲比赛，保持“全区文明单位标兵”荣誉，获得内蒙古自治区直属机关工委“爱岗敬业、尽责圆梦”先进集体和“技能比赛优秀组织奖”。

2016年，自治区食品药品监督管理局落实意识形态工作责任制，制定了《局党组意识形态工作责任制实施意见》，及时掌握党员干部的思想意识动态，做好党员干部的思想政治工作，增强“四个意识”。深入开展了“责任担当，服务圆梦”主题实践活动，围绕“两学一做”，建立健全学习讨论、督导检查、交流反馈机制，广泛运用干部大讲堂、领导领学、讲党课、研讨交流等各种形式，开展了理想信念和宗旨意识教育。全年共组织中心组学习 18 次；干部大讲堂 5 次，学习时间 21 天，中心组成员形成调研报告 33 份，举办干部大讲堂、道德讲堂 10 期，邀请专家辅导 6 次，9 个局领导、24 个正处级干部共建立群众联系点 33 个。

2017 年，内蒙古自治区食品药品监督管理局党组组织中心组学习 18 次，举办干部大讲堂、道德讲堂、法律讲堂和党员集中轮训。

第二节 党风廉政建设

2000 年，内蒙古自治区药品监督管理局制定了《关于副处级以上领导干部配偶、子女个人经商办企业的具体规定》，对副处级及以上领导干部的配偶、子女个人从事经商办企业活动做出规定。违反规定的要限期纠正，或者配偶、子女停止可能与公共利益发生冲突的经商办企业活动，或者领导干部本人辞去现任职务，拒不纠正的以及本规定发布以后，领导干部的配偶、子女从事可能与公共利益发生冲突的经商、办企业活动，对领导干部本人要给予组织处理，并酌情追究党纪政纪责任。

2001 年，内蒙古自治区药品监督管理局把党风廉政建设和建立高素质干部队伍相结合，制定和印发了《关于加强纪律确保药品监督管理体制改革和各项工作顺利进行的若干意见》，明确要求各级药品监督管理部门在体制改革中要严格遵守各项纪律规定，增强责任心，把好进人关和用人关，确保队伍素质。全面落实领导干部廉洁自律的有关规定，落实中纪委关于领导干部不准收受现金、有价证券和支付凭证的规定，落实处级以上领导干部配偶、子女不准在该领导干部管辖的业务范围内，个人从事可能与公共利益发生冲突的经商办企业活动的有关规定，进行个人填表登记。加强对政府拨付专项资金的监管，制定相关制度，明确责任和审批权限，设立财务专户，规范行政性收费行为，对收费资金进行严格管理。制定了《收费资金管理暂行办法》，要求必须按规定的项目标准进行收费，并纳入预算管理，在金融部门设立资金专门账户，实行行政费用收支管理情况定期在机关公布的制度。

2002 年，内蒙古自治区药品监督管理局建立党风廉政建设责任制领导小组和工作机构，专门负责对局机关和所属单位开展党风廉政建设的组织领导和督促检查。制定了《党风廉政建设责任制实施办法》《党风廉政建设责任制考核办法》《2002 年党风廉政建设和反腐败各项工作任务分解方案》，加强党风廉政建设。

2003 年，全区药品监督管理系统党风廉政建设，以贯彻中央纪律检查委员会二次全会和内蒙古自治区纪律检查委员会四次全会文件精神为主线，局党组强调抓好“三个基础环节”“达到四个基本要求”，努力做到“五项具体工作”。“三个基础环节”：一是坚持经常性的学习；二是加强对干部的监督教育管理；三是联系实际，加强制度建设。“四个基本要求”：一是严格组织纪律，加强请示报告制度；二是按照中央和自治区的规定要求，认真清理纠正旗县分局（副局长）以上的药监干部在药品经营企业参股、入股，其配偶子女进行药品经营活动的行为；三是严格执行“收支两条线”的规定，加强对行政事业性收费和罚没收入的管理；四是在全系统大力倡导公开执法，按程序执法的文明规范的执法行为，并对此进行专项督查和检查。“五项具体工作”：一是组织全系统干部职工深入学习中共十六大文件，学习贯彻党风廉政建设和反腐败斗争的会议精神，提高各级领导和党员干部对党风廉政建设重要性的认识，提高抓党风廉政建设的自觉性；二是把党风廉政建设责任制的落实延伸到旗县分局，进一步把党风廉政建设的各项工作任务分解落实到班子每个成员，在抓业务工作的同时，主动自觉抓党风廉政建设；三是做好信访举报和案件查办工作；四是抓好以预防职务犯罪教育和警示教育为主要内容的党风廉政建设；五是做好纪检监察机构的组建、干部配备及培训工作。

2004 年，全区食品药品监督管理系统开展向“药监卫士”高志全学习的活动。学习高志全对党、对人民、对事业无限忠诚和忠于职守、爱岗敬业、勤政为民、求真务实的高尚情操，以及严格执法、不畏强暴、不怕牺牲的奉献精神，在干部队伍中引起强烈反响。

是年，自治区食品药品监督管理局健全廉政谈话制度，建立食品药品监督管理系统廉政档案，建立食品药品监督管理系统新增公务用车备案制度。

2005 年，按照内蒙古自治区纪委监察厅双派驻机构业务工作和干部管理暂行办法的规定，自治区食品药品监督管理局完成了变更干部管理的移交工作，坚持和完善党风廉政建设责任制，严格规范领导干部从政行为。结合食品药品监管工作特点，自治区食品药品监督管理局强调做好纪检监察信访举报和案件查办工作，坚持惩治和预防腐败并重，在实际工作中探索积累双派驻机构统一管理后，监督管理工作的新思路、新办法和新经验。

2006 年，内蒙古自治区食品药品监督管理局为盟市食品药品监督管理局派驻了纪检组、监察室。二连浩特市、满洲里市食品药品监督管理局和各旗县区食品药品监督管理分局设兼职纪检员。内蒙古自治区药品检验所设专职纪检员，同时设 1 ~ 2 名兼职纪检员，各盟市药品检验所设 1 名兼职纪检员。派驻盟市食品药品监督管理局纪检组、监察室实行双重领导，以自治区食品药品监督管理局纪检监察机构领导为主。加强了自治区食品药品监督管理局纪检组对全系统纪检监察机构的领导，对纪检监察机构不健全、干部配备不齐的盟市，按照自治区食品药品监督管理局党组要求健全了监管、配齐了干部。

2007 年，内蒙古自治区食品药品监督管理局在全系统印发《全区食品药品监督管理工作会议暨党风廉政建设学习材料》。根据《内蒙古自治区党委、政府关于 2007 年党风廉政建设和反腐败工作任务的分解意见》的精神和要求，对党风廉政建设和反腐败工作任务进行了分解，落实了工作责任。

2008 年，内蒙古自治区食品药品监督管理局印发《关于认真贯彻内蒙古自治区贯彻落实〈中共中央建立健全惩治和预防腐败体系 2008—2012 年工作规划〉实施办法的工作方案》《全区食品药品监督管理系统 2008 年党风廉政建设工作实施意见》。推进党风廉政建设责任制落实，加强依法行政和行政效能建设，纠正损害群众利益的不正之风和治理商业贿赂工作，完善了惩治和预防腐败体系的制度建设。加强了全区食品药品监督管理系统对党的政治纪律执行情况的监督检查，解决了领导干部廉洁从政方面的突出问题，制止奢侈浪费行为，开展了“小金库”专项治理和规范津贴补贴工作。

2009 年，内蒙古自治区食品药品监督管理局召开了本系统纪检监察工作会议，传达贯彻中央纪律检查委员会、内蒙古自治区纪律检查委员会和国家食品药品监督管理局纪检监察工作会议精神，研究部署内蒙古自治区食品药品监督管理系统纪检监察工作任务。开展年度推进惩防体系建设和落实党风廉政建设责任制工作。把学习《干部任用条例》作为内蒙古自治区食品药品监督管理系统各级党组织长期学习的内容，整治用人上的不正之风，提高了选人、用人公信度。规范干部任用程序，创新选拔任用干部方式，推动了全区食品药品监督管理系统选拔任用干部走上制度化、规范化轨道。根据自治区专项治理领导干部违反规定收受礼金电视电话会议的部署和要求，制定了《内蒙古自治区食品药品监督管理系统专项治理领导干部违反规定收受礼金工作实施方案》。

2010 年，按照内蒙古自治区《〈建立健全惩治和预防腐败体系 2008—2012 年工作规划〉实施办法》要求，调整充实了惩治和预防腐败体系建设工作领导小组，建立健全以局党组书记、局长负总责，领导班子其他成员按照分工各负其责，党政齐抓共管的惩防体系建设工作领导机制。制定下发《惩治和预防腐败体系任务分工方案》，对全系统反腐倡廉工作进行了全面部署，并从执法检查、行政许可、认证验收、抽检送检、稽查办案、基础设施建设、选人用人等反腐倡廉重点领域，对食品药品监管系统的各项工作进行细化和责任分解，紧紧抓住容易滋生腐败的重点领域、重点岗位、重点环节，采取切实有效的具体措施和办法，有效地预防了违法违纪现象发生。

2011 年，内蒙古自治区食品药品监督管理局推进惩防体系建设，构建和完善了防治腐败的长效机制。强化对权力的监督制约，开展行政监察工作，重点加强行政效能监察，落实《关于实行党政领导干部问责的暂行规定》，完善食品药品安全监管体制机制和责任体系；加大食品药品安全专项整治力度，加强执法监察，加强绩效管理，针对人民群众反映强烈的突出问题，加强了政风行风建设。

2014 年，设立驻自治区食品药品监督管理局纪检组并成立机关纪委。制定了《落实党风廉政建设党组主体责任和纪检组监督责任实施办法（试行)》。举办了《正确认识当前党风廉政建设和反腐败斗争的形势和任务》廉政讲座，开展廉政宣传教育。全年驻局纪检组共承办信访举报 9 件，结案 5 件。

2015 年，内蒙古自治区食品药品监督管理局履行党风廉政建设主体责任，把党风廉政建设纳入全局整体工作之中、纳入“三位一体”考评体系之中。局党组制定《关于对重点工作和关键岗位实行重点廉政监控的办法》等 5 项制度，编制《党风廉政建设工作任务清单》，下发《关于加强党建工作和党风廉政建设主体责任档案建设及监督检查工作的通知》，层层签订《目标责任书》。签署《廉洁自律承诺书》。定期开展工作巡查和考核，推进主体责任的落实。制定廉政宣教计划，举办廉政专题讲座，开展廉政宣传月活动。重点对审批审评、认证检查、检验检测、稽查执法等方面进行纪律监督。通过发函征询、座谈会等形式，征求政风行风监督员意见建议。在关键节点、干部任职等期间局领导实施廉政提醒谈话 6 次，在 GMP 认证检查组长培训班上进行集体廉政提醒谈话。

是年，内蒙古自治区食品药品监督管理局机关纪委配合驻局纪检组，受理办结“12331”投诉举报转办件 10 件，纪检监察信件举报、内蒙古自治区纪委转办件 9 件。

2016 年，自治区食品药品监督管理局制定《廉政风险防控工作实施方案》《财务管理办法》《行政处罚案件办理规定》等工作制度，围绕行政审批、监管执法等重点领域和关键环节认真排查，规范权力运行，防控廉政风险，确保党风廉政建设责任制全面落实。制定《2016 年廉政教育宣传计划》，以党组中心组、机关干部大讲堂、支部“三会一课”为载体，开展廉政教育宣传月等廉政警示教育活动。举办 2 场专题教育报告会，集中学习《廉洁自律准则》《纪律处分条例》等党内法规。加强问题线索管理，对发现的问题及时进行初核、约谈、函询、诫勉谈话。对 2 名干部违纪违规行为给予行政记过处分。局党组书记与党组成员、党组成员与机关党（总）支部分别签订了《2016 年度落实党风廉政建设责任书》，坚持党风廉政建设工作与业务工作“两手抓”形成一级抓一级、层层抓落实的工作格局。

是年，内蒙古自治区食品药品监督管理局机关纪委协助驻局纪检组联合对 28 家食品药品生产经营企业认证检查情况和 9 个处室局落实主体责任情况进行跟踪监督，全年共受理投诉举报 6 件，办结 3 件。

2017 年，驻自治区食品药品监督管理局纪检组受理信访举报 13 件，其中初核 4 件，函询 8 件，结案 1 件。对 8 个处室、1 个直属单位进行了内部巡察。

第三节 行业纠风

2000年，内蒙古自治区经济贸易委员会成立了纠正医药购销不正之风工作领导小组，并深入开展纠正医药购销中不正之风工作。

10月13日，内蒙古自治区纠正医药购销不正之风办公室召开了内蒙古自治区纠正医药购销不正之风工作联席会议，根据机构改革后的人员变动情况，调整了参加联席会议成员单位领导和办公室工作人员，着重研究了纠正医药购销不正之风工作的进展情况，根据“谁主管、谁负责”的原则，把任务分解到各有关责任单位。

2001年，内蒙古自治区纠正医药购销不正之风办公室，按照《内蒙古自治区人民政府关于深入开展纠正医疗购销不正之风工作的通知》《内蒙古自治区纠正医药购销不正之风工作的实施意见》精神，制定《内蒙古自治区纠正医药购销中不正之风工作检查验收实施方案》。按照内蒙古自治区人民政府要求，从内蒙古自治区卫生厅、药品监督管理局、纪律检查委员会、物价局、经济贸易委员会、工商行政管理局、监察厅、畜牧厅等有关部门抽调26名干部组成纠正医药购销不正之风办公室，分东、中、西3个组，用一个月的时间，对全区12个盟市的医药市场及驻呼和浩特地区的10所大医院进行了较为全面的检查。之后，3个检查组利用两年的时间分别检查了12个盟市所在地区，以及周边地区的药品生产经营企业和医疗机构共317家。通过专项治理整顿，全区的纠正医药购销中不正之风工作取得了阶段性成果。医药市场比过去有很大的好转，无证经营、挂靠经营的现象下降，国家明令取缔的3个非法药品市场已经被彻底取缔，药品市场日益朝着健康有序的轨道发展；药品价格有所下降，假劣药品明显减少，人民群众用药增加了安全感。

2002年，按照内蒙古自治区纠正医药购销不正之风办公室安排，内蒙古自治区药品监督管理局制定了《2002年民主评议行风工作实施意见》，《意见》要求做好以下工作：依据《中华人民共和国药品管理法》等法律、法规进一步加强药品监督管理制度，严格执法，严厉打击制售假劣药品的违法犯罪行为，整顿和规范药品市场秩序，切实保证人民用药安全有效；在执法活动中必须依法行政，秉公执法，防止违法批准发证或无正当理由故意刁难发证的行为，防止为了私情或牟取私利办人情案、关系案；执法时要着装、亮证执法，严格履行法定程序，遵守职业道德规范，坚决杜绝“吃、拿、卡、要”和乱收费、乱罚款、乱摊派等行为，做到文明执法；热情服务，增强服务意识，改善服务态度，防止“生、冷、硬、横”现象，推行政务公开和行政审批事项公示制度，对群众举报投诉事项在时限内要给予回复。

内蒙古自治区人民政府、纠正医药购销不正之风办公室《关于印发2002年全区纠风工作要点的通知》明确指出，把纠正医药购销中不正之风工作作为纠风工作的重点。药品监督管理部门的主要任务是加强药品招标采购管理，抓好治理整顿药品生产、经营企业，集体和个体诊所、药店的清理整顿、换发旧证，打击非法经营药品、打击药品购销中的商业贿赂行为、假劣药品器材和虚假广告等各项工作。杜绝无证经营和证照不全经营行为，严厉打击销售假劣药品、不合格医疗器械，使内蒙古自治区药品市场逐步走向健康有序的发展轨道。

2003年，成立内蒙古自治区药监系统行风建设工作领导小组，并抽调专人成立了行风建设工作办公室，把行风建设工作的要求、内容及目标，层层落实到盟市、旗县药品监督管理局，把纠风工作和行风建设工作纳入到年度实际业绩目标考核管理中。各级药品监督管理局都聘请了特邀药品监督员，全系统共向社会各界发放调查问卷6998份，其中，内蒙古自治区药品监督管理局向各盟市、旗县药监局发放调查问卷635份、收回606份，盟市、旗县药品监督管理局对内蒙古自治区药品监督管理局各职能处室满意率为89.1%～92.6%，较满意率为2.1%～6.1%，不满意率为0.7%～1.3%。向全区药品研究、生产、经营、使用单位发放调查问卷1758份，收回1655份，管理相对人满意率为98%～99.4%，基本满意率为2.5%～3.29%，不满意率为0～0.2%。向64个有关部、委、办、厅、局发放了调查问卷，满意率和基本满意率为92.6%。

各盟市药品监督管理局积极参加各级政府、纠风办组织的“行风热线”节目，在开展“大力解放思想，优化开放环境”的活动中，增强服务意识。在全系统建立管理相对人信用档案，帮促药品生产经营企业进行GMP、GSP改造。

2004年，全区纠风工作会议后，根据内蒙古自治区食品药品监督管理局领导班子成员变动及工作的需要，及时调整了纠风及行风建设领导小组和办事机构。以开展食品药品放心工程为切入点，深入开展联合打击制售假劣药品、医疗器械专项活动。继续加强与公安、工商行政管理等有关部门的协调配合，进一步完善食品药品安全综合监督、组织协调工作机制和工作制度。以推进农村牧区“两网建设”为重点，继续大力整顿和规范药品、医疗器械市场经济秩序，继续建立和完善药品监督与公安等部门联合打假的长效协作机制。全面推进GMP、GSP认证工作，加强对认证机构和检查员队伍建设，加强内部监督和社会监督，确保认证工作顺利进行。运用监管手段完善药品市场信用体系，不间断地将企业不良行为记录在案，全面加强对药品研究、生产、流通、使用全过程的监督。

2005年，根据国务院纠风办等六部委《2005年纠正医药购销和医疗服务中不正之风专项治理工作实施意见的通知》和《自治区政府纠风办2005年全区纠风工作实施意见》，对2005年医药纠风工作提出的具体要求，内蒙古自治区食品药品管理局提出纠风工作实施意见。深入开展药品、医疗器械、中药材市场专项整治；推进农村牧区药品两网建设；规范和完善药品集中招标采购工作；做好保健食品、药品和医疗器械广告审查监管工作，加强对GMP、GSP认证后的监管工作；以食品安全专项整治为重点，深入开展食品安全监管工作；加强对药品监管系统执法人员依法行政教育，提高依法行政水平和工作效率。

2006年，按照内蒙古自治区人民政府廉政工作暨全区纠风工作会议以及内蒙古自治区人民政府《关于2006年全区纠风工作实施意见》精神，自治区食品药品监督管理局对2006年医药纠风工作提出具体要求：重点治理药品、医疗器械生产经营企业商业贿赂和药品购销领域商业贿赂。

2007年，根据内蒙古自治区纠正行业不正之风办公室《关于印发清理评比达标表彰活动实施方案的通知》精神，自治区食品药品监督管理局成立了清理规范评比达标表彰活动领导小组，如期完成全系统清理规范评比达标表彰活动相关工作。

2008年，根据内蒙古自治区人民政府纠风办《2008年全区民主评议政风行风工作实施意见》和全区食品药品监督管理工作会议精神，自治区食品药品监督管理局制定了《2008年内蒙古自治区食品药品监督管理系统政风行风工作实施方案》，开展纠风专项治理工作。从人大代表、政协委员以及纠风办、新闻单位和药品生产、经营企业中聘任了20位政风行风特邀监督员，主动参加内蒙古自治区广播电台“行风热线”节目2次，自觉接受社会监督。

2009年，内蒙古自治区食品药品监督管理局根据《内蒙古自治区政府纠正行业不正之风办公室关于食品药品监管局政风行风评议结果的通报》，针对工作中存在的问题制定了整改方案，明确责任部门，具体落实，积极整改。

2010年，内蒙古自治区食品药品监督管理局在全区开展纠风专项治理工作，加大对药品、医疗器械生产经营监管力度，加大对食品药品监管执法人员依法行政的监督管理力度，深入整顿和规范药品、医疗器械生产经营秩序，纠正行业不正之风。

2011 年，为贯彻落实中纪委十七届六次全会、内蒙古自治区纪委八届六次全会和国务院、内蒙古自治区廉政工作会议精神，制定了《2011 年内蒙古自治区食品药品监督管理局纠风及行风建设工作实施方案》，加强全系统纠风及行风建设工作，加大对党员、干部，特别是领导干部、行政执法人员廉政教育及监督管理的力度。

2017 年，内蒙古自治区食品药品监督管理局认真落实全面从严治党要求。落实《中国共产党组织工作条例》，以政治建设为统领，坚持和落实民主集中制，严肃党内政治生活，认真履行党建和党风廉政建设的主体责任、班子成员“一岗双责”职责，扎实推进“两学一做”学习教育常态化、制度化，认真开展“双建双创”和当好“四个表率”主题教育、争创北疆先锋活动。落实意识形态工作责任制，严格执行中央八项规定和实施细则精神及自治区实施办法要求，深入整治“四风”突出问题，持续深化正风肃纪，坚决治理“雁过拔毛”式腐败问题，营造了风清气正的政治生态和干事创业环境。全年召开 29 次党组会，研究涉及全局的“三重一大”事项。

第四节　精神文明建设

2000 年 4 月，内蒙古自治区药品监督局组建伊始，局党组十分之重视精神文明建设，成立精神文明建设领导小组，开展多种形式的活动，引导干部群众讲理想、讲奉献、讲纪律、讲团结、讲文明，树立良好文明形象，在全区药品监督管理系统创建“团结、协作、勤奋、奉献”的工作氛围。

是年，内蒙古自治区药品监督管理局，组织开展了“热爱内蒙古，建设内蒙古”宣传教育活动，组织近 400 人参加《名人眼中内蒙古》读书知识竞赛，职工参赛率达 98%。

2001 年，内蒙古自治区药品监督管理局党组及局机关党委，加强全区药品监督管理系统干部职工精神文明和机关作风建设，在全区药品监督管理系统建设一支政治过硬、业务精良、作风清正、纪律严明、行动快捷的高素质药品监管执法队伍。

是年，为纪念中国共产党诞生 80 周年，根据中共内蒙古自治区机关工委《关于组织开展纪念建党 80 周年读书活动和知识竞赛的通知》精神，内蒙古自治区药品监督管理局在局机关和直属单位全体党员干部和群众中，组织开展了纪念建党 80 周年读书和知识竞赛活动。通过此次读书和知识竞赛活动，使广大职工系统地学习了中国共产党《党章》、中共十五大报告和“三个代表”重要思想等一系列理论专著。150 名干部职工参加了知识竞赛，其中党员干部占 88%，平均分数达 95 分。

2002 年，是落实《公民道德建设实施纲要》的初始年，中共内蒙古自治区党委决定把 2002 年确定为全区公民道德建设年。内蒙古自治区药品监督管理局以创建文明单位为载体，组织职工广泛参与道德建设。开展“文明形象工程”建设。具体做到“十个统一”，搞好“四个规范”，实践“三个逐步到位”。“十个统一”，即统一药品监督管理理念；统一宣传口号；统一上岗宣誓词；统一文明用语和服务忌语；统一标志；统一廉政执法准则和工作人员守则；统一领导接待日；统一药品质量宣传日；统一药品监督举报电话；统一创作药品监管系统的“药品监管歌曲”。“四个规范”，即制定系统行为规范；制定系统工作规范；制定机关服务规范；制定执法监督规范。“三个逐步到位”，即办公自动化要逐步到位；人员统一着装要逐步到位；药品监管设施配备逐步到位。

是年，内蒙古自治区药品监督管理局和农工民主党区委举行了对口联系座谈会。会上提出农工党区委和内蒙古自治区药品监督管理局在不断加强联系的同时，要尽快促成农工党盟市委与盟市药品监督管理局对口联系工作，加强加深联系，强化共识。

2003 年，为切实加强药品监督管理，确保人民群众用药安全有效，促进医药事业健康发展，内蒙古自治区药品监督管理局决定从 2003 年开始，在全系统开展机关作风和精神文明建设活动。进一步加强党的宗旨教育，组织党员干部深入基层、服务基层，开展调查研究。坚持为基层办实事、办好事，以高度的政治责任感严肃对待群众反映比较集中的问题，切实解决机关作风建设中存在的突出问题。同时要关心群众、教育群众，帮助群众解决好工作、生活中遇到的实际困难。开展扶贫帮困捐助活动，把对灾区的帮扶工作作为实践“三个代表”重要思想、改进机关作风、培养锻炼干部的一项政治任务。

2004 年，以“三个代表”重要思想统领食品药品监督管理系统机关精神文明创建活动，营造机关先进文化氛围，精心设计组织各种形式的文化娱乐活动，全面提高干部职工的政治业务素质、科学文化素质和身体素质。深入贯彻落实《公民道德建设实施纲要》和内蒙古自治区的《公民道德建设实施纲要实施办法》。开展“创建文明机关，当好人民公仆”活动，培养机关良好的精神风貌和职业道德。

2005 年，在加强机关精神文明建设方面，深入贯彻《公民道德建设实施细则》和内蒙古自治区的《公民道德建设实施纲要实施办法》，开展形式多样、富有成效的精神文明创建活动。培养机关良好精神风貌和职业道德，推动机关依法行政，做好防范邪教组织活动工作。自治区食品药品监督管理局由市级精神文明单位晋升为自治区级精神文明单位。

2006 年，坚持以马克思主义为指导，加强党员干部的思想教育。开展创建“文明单位”“文明处室”，做“人民满意的公务员”活动、塑造执法机关良好形象。围绕“建党 85 周年”主题活动，引导广大党员干部统一思想，坚定信心，扎实工作，加强机关的文化建设，倡导机关干部树立 7 种精神：热爱祖国、热爱中国共产党、热爱人民、热爱社会主义、关心集体、局荣我荣的主人翁精神；自力更生、奋发图强、不畏艰险、艰苦奋斗的创业精神；恪尽职守、廉洁奉公、大公无私、忘我工作的奉献精神；解放思想、实事求是、大胆创新、顽强拼搏、知难而进的开拓精神；顾大局、识大体、关心他人、方便群众、全心全意为人民服务的精神；勤奋学习、刻苦钻研、追求知识、积极向上的进取精神；公正权威、执法严明、廉洁文明的职业道德精神。

2007 年，广泛开展了群众性精神文明创建活动，提高建设和谐机关能力。发挥群众组织在构建和谐机关中的作用，组织 50 人方阵队参加了自治区直属机关工委“树文明新风活动”启动仪式；参加了自治区体育局、自治区直属机关工委等部门联合举办的万人登山活动；参加了自治区直属机关工委组织的迎接内蒙古自治区成立 60 年大庆文艺会演；选派职工参加内蒙古自治区人民政府办公厅组织的中日韩乒乓球友好比赛；参加了中专路办事处乒乓球比赛；开展机关健身活动。

2008 年，根据内蒙古自治区党委办公厅转发《自治区民委关于 2008 年开展全区民族团结进步活动月》的通知精神，成立了自治区食品药品监管系统民族团结进步活动月领导小组。在干部群众中深入进行马克思主义民族观教育，贯彻落实中共中央、自治区民族工作会议精神，开展民族理论、民族政策、民族团结、民族法律法规的宣传教育活动。学习贯彻民族区域自治法，大力开展民族团结进步宣传教育和表彰活动，充分利用各种新闻媒体和网络平台，宣传民族团结先进模范人物的先进事迹。

是年，全区食品药品监督管理系统，大力推进精神文明建设，以建设社会主义核心价值体系为重点，以社会主义荣辱观教育为主要内容，深入开展了“迎奥运、讲文明、树新风、做贡献”活动，组织开展迎奥运知识竞赛。

2009 年，按照高举旗帜、围绕大局、执政为民、贴近实际、贴近生活、贴近群众的要求，在全局广泛开展精神文明创建活动。培育文明风尚，倡导和谐理念，提高干部职工的文明素质和机关的文明程度。

是年，内蒙古自治区食品药品监督管理局精心组织中华人民共和国成立60周年庆祝活动，以中共中央确定的“为科学发展服务，向共和国生日献礼”为主题，广泛宣传新中国成立60年来的光辉历程、伟大成就和成功经验，多次组织报告会、研讨会、座谈会、知识竞赛、演讲比赛、文艺演出、运动会等多种各具特色、生动活泼的庆祝活动，激发干部职工的爱国热情和工作干劲。

2011年，内蒙古自治区食品药品监督管理局组织表彰先进、唱红歌、参加万人登山活动、乒乓球比赛、党建知识竞赛等活动。把精神文明建设与局机关文化建设紧密联系，营造浓厚的机关文化氛围。培养干部、职工树立集体主义思想。通过春节前联欢座谈会以及组织趣味性活动等多姿多彩的文体活动，增强干部职工的向心力和凝聚力。

2017年，内蒙古自治区食品药品监督管理局加强思想政治教育，成立学雷锋志愿者服务队，开展志愿者服务活动8次。自治区食品药品监督管理局连续六年保持了“全区文明单位标兵”称号。

第五节　表彰奖励

2001年，在建党80周年纪念日前夕，内蒙古自治区药品监督管理局对内蒙古自治区药品检验所等4个先进基层党组织，14名优秀共产党员、9名优秀党务工作者予以表彰。

2002—2003年度，中共内蒙古自治区药品监督管理局机关委员会决定，内蒙古自治区药品检验所党总支等5个基层党组织被评为“先进基层党组织”、13名同志被评为“优秀共产党员”、13名同志被评为“优秀党小组长”、7名同志被评为“优秀党务工作者”。

2002年，内蒙古自治区食品药品监督管理局被内蒙古自治区社会治安综合治理委员会评为2001年度参与社会综合治理工作实绩比较突出单位。

2003年，内蒙古自治区药品监督管理局党组，对全区12个盟市药品监督管理局、内蒙古自治区药品检验所的领导班子和成员进行了实绩考核，评选出6家2003年度实绩考核突出单位，7家2003年度专项工作先进单位。同年，对在全区药监系统防治“非典”工作中表现突出的30个先进集体和52名先进个人予以表彰奖励。

2005年，呼和浩特市食品药品监督管理局等24个单位被评为“全区食品药品监督管理系统‘公正执法、热情服务’先进集体”；27名同志为“全区食品药品监督管理系统‘公正执法、热情服务’先进个人”。

2006年，中共内蒙古自治区食品药品监督管理局机关委员会决定，内蒙古自治区药品检验所党总支等5个基层组织为“先进基层党组织”，16人被评为“优秀共产党员”，14人被评为“优秀党小组长”，14名同志被评为“优秀党务工作者”。

2007年，中共内蒙古自治区食品药品监督管理局党组，中共内蒙古自治区纪律检查委员会驻内蒙古自治区食品药品监督管理局纪检组，对全区食品药品监督管理系统纪检监察先进集体和先进工作者进行了表彰。表彰全区食品药品监管系统纪检监察先进集体4个，全区食品药品监管系统纪检监察先进工作者9名。

2010年，内蒙古自治区食品药品监督管理局党组授予呼和浩特市食品药品监督管理局、包头市食品药品监督管理局、通辽市食品药品监督管理局、赤峰市食品药品监督管理局“2010年药品安全监管工作先进单位”。

2014 年，按照内蒙古自治区党委、政府考核办的要求，内蒙古自治区食品药品安全委员会办公室、内蒙古自治区食品药品监督管理局开展了盟市 2014 年度食品药品安全工作考核评价工作。2014 年度食品药品安全工作综合成绩突出盟市有：乌兰察布市、通辽市、呼和浩特市、乌海市、阿拉善盟、鄂尔多斯市。

2016 年，在全国各省（区、市）年度考核评比中，内蒙古自治区食品安全监管工作全国排名第五、药品安全监管工作全国排名第九，成为全国 7 个“双优秀”省区之一。在年度局机关和直属事业单位实绩考核中，有 8 个处室局被评为先进处室局，有 3 个直属单位被评为优秀直属单位，有 16 名同志被评为优秀公务员，有 3 名同志被评为直属单位优秀处级干部，有 13 名同志被评为先进工作者。

2017 年，在年度考核中，有 8 个处室局被评为先进处室局；有 3 个直属单位被评为优秀直属单位；有 16 人被评为优秀公务员；有 3 人被评为直属单位优秀处级干部，有 14 人被评为先进工作者；有 4 名同志获个人三等功；有 10 个行政处室局和直属事业单位，以及 16 人分别获国家食品药品监管总局、自治区党委政府及其所属部门表彰。

内蒙古自治区食品药品监督管理系统历年受表彰单位一览表

表 7-1

序号	名称	表彰内容	表彰部门	表彰文号
1	自治区食品药品监管局	2004—2005 年度内蒙古自治区文明单位	内蒙古自治区人民政府	—
2	呼和浩特市食品药品监管局	先进集体	人社部、国家食品药品监督管理局、国家中医药管理局	国人部发〔2005〕5 号
3	呼和浩特市食品药品监督管理局	2005 年全国食品药品监督管理系统先进集体	人事部、国家食品药品监督管理局、国家中医药管理局	国人部发〔2005〕5 号
4	鄂尔多斯市食品药品监督管理局	2007 年全国食品药品监督管理系统先进集体	人事部、国家食品药品监督管理局	—
5	通辽市食品药品监督管理局	2009 年全国医药卫生系统先进集体	卫生部、国家食品药品监督管理局、国家中医药管理局	—
6	自治区食品药品监督管理局	全区文明单位标兵	内蒙古自治区党委、政府	内党字〔2011〕25 号
7	乌兰察布市食品药品监督管理局	全国食品药品监督管理系统先进集体	人社部、国家食品药品监督管理总局	人社部发〔2016〕137 号
8	自治区食品药品监督管理局	2016 年统计工作 A 级	国家食品药品监督管理总局	食药监办综〔2017〕79 号
9	自治区食品药品稽查总队	2017 年度全区民族团结进步模范集体	内蒙古自治区党委、政府	—

内蒙古自治区食品药品监督管理系统历年受表彰个人一览表

表 7-2

序号	名称	表彰内容	表彰部门	表彰文号
1	王月明	2001—2005 年全区法制宣传教育先进工作者	内蒙古自治区党委、政府	—
2	乌兰高娃	2005 年全国民族团结进步模范个人	中华人民共和国国务院	—
3	杨云峰	自治区保护消费者权益先进个人	内蒙古自治区人民政府	内政字〔2006〕399 号
4	乌兰高娃	先进党务工作者	内蒙古自治区党委	内党字〔2007〕10 号
5	于志伟	2007 年度政务信息工作先进个人	国家食品药品监督管理局	—
6	孙炜东	2007 年全国食品药品监督管理系统先进个人	国家食品药品监督管理局	—
7	于志伟	2009 年全国食品药品监督管理系统先进个人	国家食品药品监督管理局	国食药监办〔2009〕114 号
8	宋廷毅	2009 年全国医药卫生系统先进个人	卫生部、国家食品药品监督管理局、国家中医药管理局	—
9	张翠莲	全国执业药师继续教育工作开拓创新奖	国家食药局执业药师资格认证中心	食药监执〔2010〕12
10	任文元	内蒙古直属机关企事业单位定点帮扶兴安盟工作先进个人（2011 年）	内蒙古自治区党委、政府	—
11	王月明	2011 年全国食药系统法制宣传教育工作先进个人	国家食品药品监督管理局	国食药监人〔2011〕138 号
12	李成林	2011—2015 年全国法治宣传教育先进工作者	中宣部、司法部、全国普法办	司发通〔2016〕49 号
13	哈斯巴彦尔	全国食品药品监督管理系统先进工作者	人社部、国家食品药品监督管理总局	人社部发〔2016〕137 号
14	布和胡	2017 年度内蒙古自治区民族团结进步模范个人	内蒙古自治区党委、政府	内党发〔2017〕33 号
15	王齐田	2017 年度内蒙古自治区“五一劳动奖章”	内蒙古自治区总工会	—
16	张建平	2017 年度内蒙古自治区“五一劳动奖章”	内蒙古自治区总工会	—

第二章　政务工作

第一节　政务公开

2000年，中共内蒙古自治区党委、内蒙古自治区人民政府，中共内蒙古自治区纪律检查委员会将新组建的内蒙古自治区药品监督管理局列入当年实行政务公开监控单位。

是年，按照加入世界贸易组织的有关规定，内蒙古自治区药品监督管理局成立了“WTO（世界贸易组织）清理工作领导小组”，集中对内蒙古自治区药品监督管理局组建以来和内蒙古自治区医药管理局（医药公司）及内蒙古自治区卫生厅药政处制定的规章制度及下发的规范性文件进行清理。

是年，内蒙古自治区药品监督管理局党组规定，实行重大事项例会研究制度。凡涉及局机关及直属事业单位人员调动、干部任免奖惩、专业技术职务评聘、大额资金划转支用、重要固定资产的购建、基建和技改项目审批上报等事项，以及局职能范围内各种许可证的审批、审报，各类管理规范达标的审批、审报，内蒙古自治区药品质量公报及查处假劣药品名单的审定，全区性会议的申报、审批，重要工作报告、行政性规章及其他涉及全局工作的重大事件的审议等，均纳入重大事项例会研究的范围。

2001年，内蒙古自治区药品监督管理局为加强对政务公开工作的领导，建立了政务公开工作领导机构，制定《开展政务公开工作的实施方案》，把政务公开工作纳入经常化、规范化的轨道。为便于群众监督，方便基层单位和群众办事，将机关全体工作人员的照片、职务、内设机构及职责范围公开。将主要审批事项、审批依据、办事时限、分管领导、责任人的姓名公开。将主要审批事项的业务程序以图表的形式公开。将主要业务收费项目、标准、依据等公开。实行统一挂牌办公，执法人员做到持证上岗、亮证执法。

是年，内蒙古自治区药品监督管理局印发了《药品监督管理条规汇编》，开设办事指南公开台，设立局长接待日、公开咨询服务举报电话，设立药品监督管理宣传公示栏。制定并公开各项管理制度，包括《药品监督管理工作人员守则》《药品监督管理职业道德规范》《药品监督管理局服务承诺制度》《药品监督管理局接待支出制度》《药品监督管理局办公用品配备标准》《药品监督管理局财务开支分级审批办法》《药品监督管理局重大事项例会研究制度》。及时公开重要会议、重要工作的部署和干部任免、大额资金使用、财务收支情况。

2002年，根据《内蒙古党委办公厅、政府办公厅转发内蒙古自治区政务公开领导小组办公室〈关于2002年在全区推行政务公开工作的实施意见〉的通知》精神，建立、健全政务公开的各项制度和规定，先后下发《内蒙古自治区药品监督管理局关于推行政务公开工作的通知》《内蒙古自治区药品监督管理局服务承诺制度》《内蒙古自治区药品监督管理局职业道德规范》《内蒙古自治区药品监督管理局工作人员守则》《内蒙古自治区行政执法人员持证上岗制度（试行）》《内蒙古自治区药品监督管理局药品投诉、举报工作制度（试行）》等，从制度上确保全局政务公开各项工作的顺利开展。为确保全局乃至全系统政务公开工作有布置、有安排、有落实，内蒙古自治区药品监督管理局确定全局政务公开的内容、方式和相应的责任单位、责任人，对全局的政务公开工作合理划分、统筹安排；并将内蒙古自治区药品监督管理局职责、权限、责任人员公开，自觉接受群众的监督；明确每周二为局长接待日，公布举报投诉电话，设立举报投诉信箱；对外公开主要审批事项的办事时限、办事程序、办事依据和收费标准等事项；将政务公开工作作为局机关及全系统全年工作的一项重要内容，纳入局机关及全系统的年度考核中。

2003年，为提高服务水平和办事效率，内蒙古自治区药品监督管理局公开行政审批事项，在规范办事程序的基础上，全面推行阳光政务工程，投资设立政务公开触摸屏，建立门户网站，将重点审批事项、办事程序、收费项目、收费标准以及工作人员行为规范等集中公开。同时设立举报电话、举报信箱，实行24小时值班制度，聘请内蒙古自治区人大代表、政协委员、纠风办人员、新闻媒体代表和管理相对人代表为特邀监督员，开门纳谏，主动接受社会监督，把依法行政置于社会和群众监督之下。

是年，全区各级药品监督管理部门也通过门户网站、政务公开栏等多种形式实行政务公开。赤峰市药品监督管理局在内蒙古自治区药品监督系统首开药品监督网站，并将所有行政审批事项和具体承担审批工作的人员全部进驻市政府行政服务中心，增强工作的透明度，提高工作效率。

2004年，新组建的内蒙古自治区食品药品监督管理局，相应地增加了食品、保健品、化妆品的监督管理。在完善现代电子政务系统中也相应增加了食品、保健品、化妆品内容，向社会公开食品药品监督政务事项。根据内蒙古自治区党委、政府、办公厅及自治区政务公开领导小组办公室关于在全区推行政务公开的实施意见精神，将自治区食品药品监督管理局信息网页、网站正式与内蒙古自治区党委、政府、信息办和国家食品药品监督管理局信息网络处链接。在自治区食品药品监督管理局办公大楼一楼门厅设置了电子触摸屏，将机构设置、处室分布、处室职能、行政审批事项和具体办事程序以及国家和内蒙古自治区颁布的有关食品药品监督管理的法律、法规、规章和重要文件向管理相对人公开。

2005年，内蒙古自治区食品药品监督管理局把开展政务信息工作作为全区各级食品药品监督管理局办公室的基本职能之一，要求各盟市食品药品监督管理局均选配1～2名专兼职政务信息员（兼《中国医药报》通讯员），做好本单位、下属单位及本辖区内的政务信息综合和上报工作。

2006年，为方便当事人办事，接受社会公众监督，自治区食品药品监督管理局印发了《政务公开手册》10000册，向社会公众免费发放。《政务公开手册》向社会公开了内蒙古自治区食品药品监督管理系统的行政职能、行政许可事项和当事人办理许可事项需要提交的材料目录以及食品药品监督管理部门办理许可事项需要经过的法定程序和时限，向社会公众介绍了内蒙古自治区食品安全委员会各成员单位在食品安全监管方面的行政职能，以及食品药品违法行为举报电话和对举报人的奖励等。

2007年，内蒙古自治区食品药品监督管理局印发《行政执法手册》，列出全系统行政许可事项表、行政处罚事项表、行政强制事项表和办理这些事项的法定程序表以及执法人员违法责任表。同时向社会公众发放《政务公开手册》，规范执法行为，提高依法办事的能力和水平，让公众了解食品药品监管部门的法定职责，许可事项办理程序。

2008 年，全区食品药品监督管理系统信息公开工作领导小组成立，明确具体办理信息公开工作的处室和人员，清理并确定应当依法公开的事项，编制食品药品监管系统近期公开目录和指南，并制定《内蒙古自治区食品药品监管系统信息公开办法》。

2009 年，通过自治区食品药品监督管理局官方网站，将《内蒙古自治区食品药品监督管理局政府信息公开目录》《内蒙古自治区食品药品监督管理局政务信息公开指南》内容向社会公开，在网页上设立了《政务公开》专门栏目，社会公众可以通过网站查阅和下载食品药品监管信息。截至年底，全系统连续 4 年行政复议和诉讼案件为零，自治区药品监督管理局成立 9 年来没有因政务公开被群众投诉。行政许可受理中心成立后，所有行政许可事项的申请均由该中心统一受理、统一送达行政许可的决定，实现了行政许可的“受理、审查、决定”三分离。

2010 年，按照内蒙古自治区政务公开工作领导小组办公室《关于报送 2010 年政务公开重点工作落实情况的通知》和《2010 年全区政务公开工作要点》要求，明确了 2010 年政务公开重点工作的三项内容，一是依法清理行政职权，绘制行政职权流程图，依法向社会公开；二是加强电子政务平台建设，完善门户网站功能，畅通群众诉求渠道；三是提高公共事业单位办事公开水平，积极履行组织协调和监督管理职责。

2012 年，根据机构改革和职能调整有关精神，自治区食品药品监督管理局重新梳理餐饮、食品、保健食品、化妆品、药品和医疗器械监管执法依据，将自治区食品药品监督管理局每个处室的工作职责、行政许可办理绘制成工作流程图，并制成展板上墙公示。开通了内蒙古食品药品监督管理电视数字信息平台，开设“职能职责、药品监管”等 12 个信息发布栏目，全区 300 万电视用户只要按下信息键，便可查阅自治区各级食品药品监督管理部门发出的食品药品监管信息。

2017 年，内蒙古自治区食品药品监督管理局完善信息公开制度，推进行政处罚结果公开，建立食品药品安全违法犯罪人员禁业限制数据库并向社会公开。进一步完善追溯体系和信用体系。

第二节　制度建设

2000 年，内蒙古自治区药品监督管理局在建局初始，注重抓制度建设，建立健全各项规章制度。在思想政治工作和廉政工作方面，先后制定建立《内蒙古自治区药品监督管理局思想政治工作责任制》《内蒙古自治区药品监督管理局党组思想政治工作制度》《内蒙古自治区药品监督管理局党组中心组学习制度》《内蒙古自治区药品监督管理局离退休老干部党支部工作条例》等 10 多个工作制度；在有关工作程序和责任方面，先后制定和建立《内蒙古自治区药品监督管理局重大事项例会研究制度》《内蒙古自治区药品监督管理局财务管理分级审批制度》《内蒙古自治区药品监督管理局值班及重大事项报告制度》等 47 个内部规章制度；在药品和医疗器械监管等有关业务方面，先后发布了《内蒙古自治区医疗器械经营企业监督管理办法实施细则》《内蒙古自治区〈药品流通监督管理办法〉实施细则》《内蒙古自治区药品分类管理流通实施方案》等 10 多个规范性文件。

2002 年，内蒙古自治区药品监督管理局立足工作实际，先后制定《内蒙古自治区一次性使用无菌医疗器械经营企业资格认可实施办法》《内蒙古自治区一次性使用无菌医疗器械生产企业销售人员登记管理办法（试行)》《内蒙古自治区药监系统行政执法过错责任追究规定》《内蒙古自治区药监系统罚没物品处理规定》《内蒙古自治区药监系统重大行政处罚备案规定》《内蒙古药品监督行政处罚案件文书立卷归档办法》《内蒙古自治区药品监督行政复议案件文书立卷归档办法》《内蒙古自治区药监系统财务管理办法》《内蒙古自治区药监系统国有资产管理办法》等一系列制度和办法；编辑出版《药品监督行政执法工作手册》，建立《药品监督法律法规数据库》，共收录437个文件，200多万字。各盟市、旗县（市、区）药品监督管理部门制定适合本地区特点、针对性强的工作制度，促进当地药品监督管理工作的规范运行。

2003年，出台《内蒙古自治区〈药品生产监督管理办法〉（试行）实施细则》《内蒙古自治区"医疗器械经营企业许可证"年检办法》《内蒙古自治区药品管理相对人信用档案管理办法》《内蒙古自治区药品监督稽查工作暂行办法》《查处案件管理办法》《药品、医疗器械案件举报受理办法》《药品医疗器械案件管理制度》等规范性文件，进一步完善了内部管理。

2005年，在广泛征求意见的基础上，以内蒙古自治区食品安全委员会的名义下发《内蒙古自治区食品安全委员会工作规则》《内蒙古自治区重大食品安全事故处理办法》《内蒙古自治区食品安全事故责任追究制度》《内蒙古自治区食品安全信息报送及发布制度》《内蒙古自治区食品安全监管信息考评制度》《内蒙古自治区食品安全投诉举报与查处制度》《内蒙古自治区食品安全监管部门职责》等7个制度，使内蒙古自治区的食品安全综合监管工作走上法治化、规范化、制度化的轨道。

2007年，内蒙古自治区食品药品监督管理局，对各级食品药品监管部门在药品注册申请、行政执法责任制及责任追究制、审评专家库建设等工作方面的规章制度、规范性文件进行重点清理，共修订规章制度48个、新建规章制度33个，撤销规范性文件1个、修订规范性文件19个。参照国家食品药品监督管理局的规定，制定工作人员"八不准"及"五项制度"，全面规范工作人员的审批和执法行为。同时，编印《2007年执法手册》，对食品药品监管部门执行的8部法律、12部行政法规、3部地方性法规、44部国务院部门规章以及相关表格进行梳理汇编，既方便行政人员执法，也方便管理相对人了解相关法律法规。

2011年，内蒙古自治区食品药品监督管理局制定了《内蒙古自治区食品安全信息报告与发布制度》《内蒙古自治区食品安全舆情信息工作规范（试行）》，建立健全了信息公布和食品安全分析、应对处置等各项制度，及时向社会公布食品安全监管工作动态、曝光违法违规案件，正确引导社会舆论。

2012年，内蒙古自治区食品药品监督管理局履行餐饮服务监管职能后，在许可管理方面，制定出台了《关于切实加强餐饮服务许可工作的通知》《内蒙古自治区餐饮服务单位食品安全管理人员培训大纲》《内蒙古自治区餐饮服务单位食品安全管理人员培训管理实施细则》；在监督管理方面，出台了《内蒙古自治区餐饮服务食品安全监督量化分级管理实施方案》《内蒙古自治区餐饮服务监督量化分级管理实施指南》《内蒙古自治区重大活动餐饮服务食品安全监督管理规范实施细则》；在应急管理方面，出台了《内蒙古自治区餐饮服务食品安全事故应急预案》；起草了《内蒙古自治区餐饮服务许可管理办法实施细则》《内蒙古自治区餐饮服务食品安全管理员管理办法》《内蒙古自治区餐饮服务食品留样与票据管理制度》《内蒙古自治区餐饮服务环节采购、使用食品添加剂备案公示管理办法》等一系列规章制度。

2017年，研究制定了《食品生产职业化检查员管理办法》《药品医疗器械检查员管理办法（试行）》《内蒙古自治区食品药品电子监管工作实施意见》，实施《食品药品稽查执法人员能力素质提升计划》等规章制度。

第三节　财务管理

2000 年，内蒙古自治区药品监督管理局成立后，将人员经费、业务经费、装备经费及基础设施经费纳入自治区级财政预算，统一核定和拨付，予以保障。

是年，对局机关财务开支实行统一管理、分级审批的办法。局机关财务开支均由办公室统一管理，财务人员对发生的支出费用依据财会制度严格审核，根据财务开支的科目、金额及发生的频次，局机关对各类开支实行分级审批。此外，建立规范的原始凭证管理制度，严格汽车费用财务报销审批程序，理顺处室报销的审批手续。

2001 年，内蒙古自治区药品监督管理局制定《内蒙古自治区药品监督管理局关于财务管理工作规范化建设的意见》《内蒙古自治区药品监督管理局关于加强药品监督管理行政性收费和罚没收入管理的意见》《内蒙古自治区药品监督管理系统专用票据管理实施办法》等一系列财务管理规范化文件。提出逐步实现会计基础工作规范化，加强对财务工作实行规范化的管理和指导。同时要求做好新组建的盟市、旗县药品监督管理局（分局）的各种资产和经费以及整体划归到盟市药品监督管理局管理的药品检验所资产经费交接工作。

是年，随着自治区级以下药品监督管理体制改革的实施，监管过程中预算外资金的管理成为各级药品监管部门的一项重要工作，为规范这一工作，内蒙古自治区药品监督管理局制订了《内蒙古自治区药品监督管理局收费资金管理暂行办法》。

2002 年，内蒙古自治区药品监督管理局增设财务处。年底完成了全区药品监督管理系统人员、经费、资产上划交接工作，共上划工资总额 951. 32 万元，上划资产 945. 97 万元，上划办公用房 6297. 4 平方米，上划土地使用面积 9147. 6 平方米。

2003 年 7 月 15 日—8 月 15 日，自治区药品监督管理局对各盟市药品监督管理局、盟市药品检验所及部分旗县药品监督管理分局经费预算执行情况、财务收支情况、预算外收支情况，以及专项经费收支情况进行内部审计，通过内部审计全面了解自治区药品监督管理部门经费收支情况，为各级领导提供真实可靠的决策依据。

2005 年，内蒙古自治区食品药品监督管理局财务处，开展对 5 个盟市食品药品监督管理局局长离任经济责任审计。

是年，自治区食品药品监督管理局印发《内蒙古自治区食品药品监督管理局机关财务管理办法（暂行）》，规定局机关财务管理的基本任务为：（1）合理编制综合预算、决算，统筹安排和规范使用各项资金，保障食品药品监督管理事业发展的资金需要；（2）积极组织各项收入，严格执行“收支两条线”制度；（3）严格规范管理，规范票据的购领、发放、使用、缴销和保管，行政事业性收费统一使用内蒙古自治区财政厅印制的票据；（4）负责国有资产管理，防止国有资产流失；（5）定期编制财务报告，如实反映单位综合预算执行情况，积极开展财务活动分析；（6）对全区食品药品监督管理部门及直属单位的资产及财务进行管理和监督。

2013 年 9 月，新组建的内蒙古自治区食品药品监督管理局成立规划财务处，专门负责自治区食品药品监督管理局的规划财务工作。具体职责是：拟订全区食品药品安全装备、基建、国有资产管理规划并组织实施；负责中央财政补助地方资金及自治区财政专项资金的预决算管理和政府采购工作；综合管理基础设施建设；负责机关及直属事业单位预决算、财务收支等财务管理和会计事务；拟定财务、资产等管理办法并组织实施；开展内部财务监督检查和审计工作。

2013—2017 年，内蒙古自治区食品药品监督管理局根据国家、自治区有关规章制度，结合自治区食品药品监督管理局的实际情况，建立健全了自治区食品药品监督管理局财务管理办法，制定规章制度近 20 项。

1. 制定各项财务管理制度，包括财务管理体系、内部控制制度、预算管理、货币资金管理、应收款项管理、收入支出管理、负债管理等。

2. 制定核算中心管理办法，包括职责管理、票据审核管理、报账流程和监督控制等。

3. 制定政府采购制度，规范政府采购程序。

4. 制定资产管理制度，包括固定资产、基本建设、无形资产等。

5. 制定其他管理制度，包括合同管理、财务审计监督与奖惩、会计档案管理等。

同时制定了《内蒙古自治区食品药品监督管理局会计核算中心管理办法》及内部控制制度等一系列规章制度，统一了账务处理口径，使各直属事业单位能有效地执行各项会计制度和财政法规。

2013—2017 年，规划财务处每年对局本级和直属事业单位资产进行专项清理，对局本级购进和报废的资产及时登记和处置，督促直属事业单位完善固定资产台账和卡片，对达到报废年限或要求的资产及时处置。2017 年历时近一年，对局机关及 7 个直属事业单位资产进行了全面盘点，落实每一件资产的使用地点和使用人，彻底摸清了家底。

2014—2017 年，国家发展改革委和国家食品药品监督管理总局先后批复下达内蒙古自治区食品检验检测实验室改造项目和县级资源整合项目共计 23 个，其中自治区本级食品检验检测机构 1 个、市级食品检验检测机构 12 个、县级食品检验检测机构 10 个，项目总投资 4.47 亿元。其中，争取国家投资 3.51 亿元，地方配套资金 0.96 亿元。截至 2017 年年底，22 个项目已全部完工，完工率达到 96%。通过前期筛选储存、中期跟踪审计、后期完工验收，23 个食品检验检测机构所有项目都保证了建设进度，未出现超概算、超预算、招标采购不规范等问题。

2014—2017 年，内蒙古自治区食品药品监督管理局不断加强内部审计工作。除积极配合审计、财政部门的审计外，聘请中介机构对账务进行审计，审计对象包括自治区本级、直属事业单位以及使用中央和自治区专项资金的盟市食品药品监督管理局，审计内容包括预算执行情况、财经纪律、专项资金使用情况等。力求通过审计及时发现财务管理存在的问题和不足，进一步完善财务管理工作。

2015 年，为贯彻落实审计整改意见，进一步规范财务管理工作，针对专项资金管理和使用分散，挤占、挪用专项资金，私设专项资金账户等问题，自治区食品药品监督管理局决定，在规划财务处设会计核算中心。根据《中华人民共和国预算法》《中华人民共和国会计法》《事业单位会计制度》和有关法规制度，会计核算中心的职责是在规划财务处的直接领导下，集中开展局直属事业单位会计核算工作；负责编制审核直属事业单位部门预算和财务决算工作；负责审核局直属事业单位资金管理和会计核算等；负责监管局直属事业单位所有银行账户，协调与开户银行之间的业务关系；定期总结会计核算中心的工作，对发现的问题及时解决或整改，不断提高工作效率和管理质量。2016 年，会计核算中心正式运行。负责局本级、7 个直属事业单位和工会、机关党委的会计核算、政府采购、资产管理等工作。

自 2016 年开始，自治区食品药品监督管理局每年聘请中介机构对局本级和直属事业单位所有政府采购项目进行全面检查，针对检查中发现的问题及时进行了整改，同时针对政府采购工作提出了新的要求。通过检查，规范了政府采购程序和存档要求，提高了政府采购效率。通过规范政府采购，确保了资金使用的公开、透明、有效，有利于加强单位支出管理。资金由中心统一支付，保证专款专用，有效地促进了廉政建设。

2017 年，根据财政部和自治区财政厅的要求，自治区食品药品监督管理局在全区食品药品监管系统开展绩效目标评价考核，制定了绩效目标评价体系，完成了各处室和直属事业单位评价指标填报工作。

是年，内蒙古自治区食品药品监督管理局制定了财务内部控制制度，包括内部控制制度、转移支付业务管理、预算业务管理、收支业务管理、政府采购业务管理、资金管理、资产管理、建设项目管理、合同管理、绩效业务管理和评价与监督等内容，涵盖财务管理的各个方面。

第四节　综合治理

2003 年，根据内蒙古自治区维护稳定工作领导小组通知精神，内蒙古自治区药品监督管理局向全区药品监督管理系统下发《关于药监系统各级党组织和共产党员要在防治“非典”斗争中充分发挥战斗堡垒作用和先锋模范作用做好维护稳定工作的通知》，开展了防治“非典”期间维护社会稳定工作。为做好防治“非典”各项工作，成立了防治“非典”领导小组，成立专门办公室，指定专门人员负责日常工作。

2005 年，在内蒙古自治区食品药品监督管理工作会议上，内蒙古自治区食品药品监督管理局与各盟市食品药品监督管理局局长签订《2005 年社会综合治理工作责任状》，并向全系统下发《2005 年内蒙古自治区食品药品监督管理局社会治安综合治理工作安排》，派出督查组对各盟市的综合治理工作进行了督查考核，进一步强化对精神药品和特殊药品经营使用单位的监管力度，认真完善特殊药品的跟踪检查，建立严密的防范措施，防止和杜绝特殊药品流入非法渠道。建立了责任辖区，通过制定目标考核制，落实盟市药监部门对特殊药品、精神药品的监管责任制，并明确要求，对特殊药品放松监管，出现重大问题的地区，追究主要领导的责任。重点加强对麻黄素、咖啡因、罂粟壳等重点品种的监管，既保证按需供应，又确保不流入非法渠道。各盟市和旗县食品药品监督管理局按照国家食品药品监督管理局及内蒙古自治区党委、政府和自治区食品药品监督管理局的有关重大决策事项、领导批示应明确专门工作机构和工作人员，认真做好督办查办工作，并要求各盟市、旗县药品监督管理部门，应根据国家食品药品监督管理局《关于加强药品监管系统值班工作建立紧急重大情况报告制度的通知》《自治区药品监督管理局值班及紧急重大情况报告工作制度》及内蒙古自治区党委、政府对值班工作的具体要求，结合本地区药品监督管理的实际工作，制定本部门值班及紧急重大情况报告工作制度。

2007 年，按照内蒙古自治区综合治理委员会《关于开展社会治安综合治理和平安建设半年自查工作的通知》要求，自治区食品药品监督管理局开展了综合治理和平安建设宣传月活动。学习宣传内蒙古自治区《关于进一步加强矛盾纠纷排查调处工作实施意见》，进一步加强对矛盾纠纷排查调处的力度，规范工作制度。对排查出可能影响本单位社会稳定的不安定因素，实行分级负责，归口调处，采取双挂账的办法把责任分解落实到单位和责任人，及时把矛盾处理在萌芽状态。

积极配合各相关部门深入开展打黑除恶、打击“两抢一盗”（抢劫、抢夺、盗窃）犯罪专项斗争和治理自行车被盗等专项行动，做好自治区成立 60 周年大庆安全保卫工作，加强 24 小时值班制度，保证政令畅通。

为了预防和减少食品药品监督管理系统中存在的矛盾和问题，迎接内蒙古自治区成立 60 周年和中共十七大胜利召开，创造和谐稳定的食品药品监管环境，自治区食品药品监督管理局制定并印发《内蒙古自治区食品药品监督管理系统矛盾纠纷化解工作方案》，按照“排查得早、化解得了，控制得住、解决得好”的原则，集中时间、集中力量，排查化解系统内影响社会和谐稳定的突出矛盾纠纷。

2010年，自治区食品药品监督管理局社会治安综合治理工作重点是局长负总责，分管领导具体抓，相关部门齐抓共管的目标责任制。实行综合治理工作与法治建设、精神文明建设、道德建设相结合。加大普法宣传教育的力度，提高干部职工的法律素质和执法水平。加强对矛盾纠纷排查调处工作，对排查出的可能影响本单位稳定和极易引发重大治安问题或群体事件的不安定因素，实行分级负责，归口调处。采取双挂账办法，把责任落实到单位和个人，发现问题和矛盾及时加以解决。强化麻醉药品、精神药品生产、经营使用单位的监管力度，完善特殊药品的跟踪检查，建立严密的防范措施，防止和杜绝特殊药品流入非法渠道。

2016年，自治区食品药品监督管理局组织开展以贯彻落实《中华人民共和国食品安全法》《内蒙古自治区食品生产加工小作坊和食品摊贩管理条例》为主要内容的“大排查、大整改”执法检查活动，联合农牧业、公安、工商行政等部门组织开展食品安全“清源”“净流”“利剑”专项整治和综合治理行动。

是年，为有效预防因食品药品安全事件引发社会不安定，内蒙古自治区食品药品监督管理局在全区开展严厉查处食品药品违法案件。截至2016年11月，全区食品药品监管系统通过一般程序共立案查处各类食品、药品、医疗器械、化妆品案件4007件，涉案货值金额2亿多元，罚没款6000多万元，涉嫌刑事犯罪依法移送公安机关25件，取缔无证经营106户，责令停产停业52户，吊销许可证12户，捣毁窝点20个。

2017年，内蒙古自治区食品药品监督管理局开展综合治理工作，加强风险防控，明确防控重点和监管措施，开展了风险隐患排查治理。推动实施网格化、表格化、痕迹化、智能化的“四化”监管模式和企业风险分级管理办法，制定出台“三品一械”企业风险管理清单。出台《食品药品行政执法与刑事司法衔接工作实施细则（试行）》，加大案件查办力度，全年查处各类食品药品违法违规案件8445件，捣毁窝点50个，吊销许可证15件，移送司法机关56件，案件查办数比上年增加34.5%。严厉打击了食品药品违法犯罪行为，有效化解了因食品药品安全问题引发的社会不安定矛盾。

第五节　扶贫和帮扶工作

2000年，内蒙古自治区药品监督管理局组建后，按照内蒙古自治区直属机关工委的安排，承担了原内蒙古自治区医药管理局对锡林郭勒盟太仆寺旗小营盘乡红革村的扶贫任务。重新建立扶贫工作组织机构，制定工作责任制。在任务重、经费困难的情况下，三次深入扶贫点认真了解情况，分析原因，研究解决问题的办法与措施。投入基础设施建设资金13.5万元，解决了多年困扰当地的电网改造问题。发动职工捐赠，为红革村解决种子款1万元；用于度荒面粉167袋；用于御寒衣物540件以及部分桌椅、图书等。此外，还向其他受灾地区捐助人民币18760元；为建设绿色屏障捐款2398元。

2004年，内蒙古自治区食品药品监督管理局组织局机关干部群众开展扶贫救灾工作，在资金紧张的情况下，共投资80088元，为扶贫点锡盟镶黄旗文贡乌拉苏木查干淖尔嘎查打了140米的深水井1眼、建高产饲料基地300亩、围封草场11000亩、新建草库伦3000亩。为赤峰灾区捐款9200元、捐衣物200件。

2006年，内蒙古自治区食品药品监督管理局开展对兴安盟科右中旗巴扎拉嘎苏木甲哈达嘎查帮扶工作，制定了3年投入45万元（含财政资金30万元）的帮扶工作规划。局领导亲自带队先后三次深入扶贫点，进行帮扶调研慰问。同时，在全系统开展捐资捐物活动，向全区药品生产企业发出扶贫济困倡议活动，部分药品生产企业捐出了价值5万余元药品。

是年，内蒙古自治区食品药品监督管理局与梁山街社区结成共建单位后，开展了“访民情、解民意、办实事”主题实践活动，重点对低保特困户、重残户进行帮扶，帮助解决困难群体生产生活方面的困难，采取捐资助学的方式帮助其子女上学。真正做到了“党员受教育，群众得实惠”，被内蒙古自治区党委组织部和自治区直属机关工委评为“结对共建工作先进单位”。

2007年，按照内蒙古自治区直属机关工委帮扶调研工作安排，明确指定了具体负责帮扶工作的部门，为帮扶点兴安盟科右中旗甲哈达嘎查打配套机井4眼，建设水浇地1300亩。维修嘎查卫生室，开展捐药、捐款活动，春节慰问购买米面等，共落实帮扶资金14万元。

2008年，按照内蒙古自治区党委、政府帮扶工作的总体部署和区直机关工委对帮扶工作的具体安排，自治区食品药品监督管理局对兴安盟科右中旗甲哈达嘎查实施3年（2006—2008年）定点对口帮扶。截至2008年12月先后投入资金31.53万元，为甲哈达嘎查打井配套，扩大水浇地面积，使嘎查农民的经济效益有明显的提高。

是年，汶川地震发生后，自治区食品药品监督管理局立即号召全体干部职工及药品、医疗器械生产经营企业积极捐款捐物，采取各种措施支持和帮助灾区群众克服困难，重建家园。在抗震救灾工作中，自治区食品药品监督管理局药品稽查执法人员深入各药品经营企业，组织开展抗震救灾药品、医疗器械质量检验和存储、运输工作，对捐赠的药品、医疗器械明确标准，严格把关，保证抗震救灾药品、医疗器械安全有效。全系统干部职工捐款39万元，组织药品生产、经营企业累计捐款298万元，捐赠药械价值近千万元，以实际行动为抗震救灾贡献力量。自治区食品药品监督管理局被内蒙古自治区党委、政府评为抗震救灾“综合服务先进集体”。

2014年，继续抓好对兴安盟科尔沁右翼中旗吐列毛都镇新艾里嘎查的帮扶工作。积极推进帮扶工作“三到村、三到户”（规划到村到户、项目到村到户、干部到村到户），选派1名处级干部、1名工作人员驻村开展工作，落实帮扶资金约420万元。自治区食品药品监督管理局8个局领导24个正处级实职干部分别建立了36个联系点。

2015年，建立党员领导干部联系点33个，选派3名党员干部参加“十个全覆盖”工程（一是危房改造工程；二是安全饮水工程；三是街巷硬化工程；四是电力村村通和农网改造工程；五是村村通广播电视和通信工程；六是校舍建设及安全改造工程；七是标准化卫生室建设工程；八是文化室建设工程；九是便民连锁超市工程；十是农村牧区常住人口养老医疗低保等社会保障工程）督查工作，2名党员干部驻兴安盟开展定点帮扶。

2016年，针对兴安盟科尔沁右翼前旗吐列毛杜镇新艾里嘎查的帮扶工作，确立“坚持精准扶贫，实施产业扶贫，实践产品产业脱贫”的总体思路。投入540万元，建设9公里的乡村公路；投入162万元，整理1119亩土地；投入53万元，购买5台（套）大型农机具。

按照《内蒙古自治区“十三五”产业扶贫规划》要求，实施产业扶贫，采取“公司+合作社+加农户”的模式，投入47.2万元，发展肉羊养殖产业；采取村委会与村民协议分养的方式，投入奖补资金50万元，发展肉牛养殖产业；采取“合作社+贫困户”的方式，投入60万元，建设肉蛋鸡养殖场；采取种植青贮玉米的方式，每亩补助30元，进行饲草料基地建设，种植青贮玉米3000亩。为帮扶点筹集社会捐款50万元，协调争取银行贷款206万元。

2016年，在内蒙古自治区直属机关30个扶贫单位考核中，内蒙古自治区食品药监管理局获内蒙古自治区直属机关工委先进集体荣誉。

2017年，持续推进科右中旗新艾里嘎查扶贫点帮扶工作，并取得显著成效。

第三章　法治建设

第一节　法规体系

一、地方性法规

1997 年 9 月 24 日，内蒙古自治区第八届人大常委会第二十八次会议审议通过《内蒙古自治区食品摊贩和城乡集市贸易食品卫生管理条例》。

2002 年 8 月 5 日，内蒙古自治区第九届人大常委会第三十二次审议通过《内蒙古自治区食品摊贩和城乡集市贸易食品卫生管理条例的决定》，自公布之日起施行。

2005 年 12 月 1 日，内蒙古自治区第十届人民代表大会常务委员会第十九次会议通过《内蒙古自治区实施〈中华人民共和国药品管理法〉办法》，自 2006 年 3 月 1 日起施行，办法的出台，以地方法规的形式，为药品监督管理提供了法治依据。《办法》明确了以下规定：一是适当放宽蒙药制剂调剂使用范围，促进民族医药发展，保障民族地区药品和制剂供应，解决边远地区民族用药困难问题；二是建立农村牧区药品专柜制度，允许已经通过 GSP 认证的药品经营企业，经旗县食品药品监管部门批准，并经工商行政管理部门注册登记后，可在农村牧区设立药品专柜；三是在边远地区放宽了药品经营方式，嘎查村卫生室、个体诊所可以从就近的药品生产经营企业购进药品；四是建立了驻店药师制度，解决了因药学技术人员不足而难以开办药品经营企业的实际困难；五是严格规范了药品生产经营企业和医疗机构药品销售代理人员的药品购销活动；六是进一步明确了食品药品监督管理部门对医疗机构、各种诊疗机构和计划生育技术服务机构的监管职责；七是加强了对医疗机构药品购进、储存、养护、出入库等环节的监管；八是加强了对药品交易会的管理。

2015 年 5 月 22 日，内蒙古自治区第十二届人民代表大会常务委员会第十六次会议通过《内蒙古自治区食品加工小作坊和食品摊贩管理条例》，自 2015 年 10 月 1 日起施行。《条例》共 6 章 42 条，对食品小作坊生产加工、食品摊贩经营、监督管理、法律责任等方面作了明确规定。

二、政府规章

1998 年 10 月 19 日，内蒙古自治区人民政府第 14 次常务会议通过了《内蒙古自治区行政处罚听证程序规定》，10 月 29 日以内蒙古自治区人民政府令（第 90 号）发布，自 1998 年 10 月 29 日起施行。

2013 年 1 月 23 日，为加强酒类生产和流通管理，维护酒类市场秩序，保护生产者、经营者和消费者的合法权益，根据《中华人民共和国产品质量法》《中华人民共和国食品安全法》和国家有关法律、法规的规定，结合内蒙古自治区实际情况，内蒙古自治区人民政府第 1 次常务会议审议通过《内蒙古自治区酒类管理办法》，2013 年 3 月 12 日，内蒙古自治区人民政府令（第 195 号）公布，自 2013 年 5 月 1 日起施行。

2016 年 2 月 24 日，为了加强牛羊屠宰管理，根据《中华人民共和国食品安全法》《生猪屠宰管理条例》《内蒙古自治区动物防疫条例》和国家有关法律、法规，结合内蒙古自治区实际，内蒙古自治区人民政府第 66 次常务会议审议通过《内蒙古自治区牛羊屠宰管理办法》，以内蒙古自治区人民政府令（第 218 号）发布，自 2016 年 6 月 1 日起施行。

三、规范性文件

1986 年，内蒙古自治区人民政府办公厅转发《内蒙古自治区人民政府办公厅转发自治区经贸厅、医药总公司关于对甘草等四种药材管理意见的报告》（内政办发〔1986〕66 号）。

2002 年，内蒙古自治区药品监督管理局制定《内蒙古自治区药品监督行政执法过错责任追究规定》《内蒙古自治区药品监督管理系统重大行政处罚备案办法》（内药监法〔2002〕375 号）。

2006 年，内蒙古自治区食品药品监督管理局制定《药品专柜审批标准》《蒙药制剂调剂使用管理办法》。

2007 年 1 月 18 日，内蒙古自治区质量技术监督局发布《内蒙古自治区质量技术监督部门食品安全突发事件应急预案》（内质监监发〔2007〕6 号）。

是年 3 月 28 日，内蒙古自治区质监局发布《内蒙古自治区食品市场准入审查工作考评细则（试行）》（内质监监发〔2007〕45 号）。7 月 5 日，内蒙古自治区质量技术监督局发布《内蒙古自治区食品生产许可前抽查实施细则》（内质监监发〔2007〕132 号）。

2008 年 7 月 31 日，内蒙古自治区质量技术监督局发布《食品生产许可证申报材料审查与处理准则（试行）》（内质监监发〔2008〕224 号）。

2009 年 4 月 4 日，内蒙古自治区质量技术监督局发布《内蒙古自治区食品生产加工企业巡查工作实施细则》（内质监监发〔2009〕79 号）。

2010 年，自治区食品药品监督管理局制定《关于食品监管部门行使行政处罚自由裁量权的指导意见》（内食药监法〔2010〕272 号）。

是年，内蒙古自治区卫生厅制定《关于印发内蒙古自治区食品安全企业标准备案实施细则的通知》（内卫发〔2010〕38 号）、《关于印发内蒙古自治区食品安全地方标准管理办法的通知》（内卫发〔2010〕45 号）。

2011 年，内蒙古自治区食品药品监督管理局制定《关于印发〈内蒙古自治区食品药品监督管理系统行政处罚自由裁量权适用规则〉的通知》（内食药监发〔2011〕382 号）。

3 月 3 日，内蒙古自治区质量技术监督局发布《内蒙古自治区质量技术监督局食品生产加工环节风险检测管理暂行办法》（内质监食发〔2011〕89 号）。

5 月 17 日，内蒙古自治区质量技术监督局发布《内蒙古自治区“放心乳粉”实施办法（试行）》（内质监监发〔2011〕267 号）。

是年 11 月 11 日，内蒙古自治区质量技术监督局发布《内蒙古自治区食品生产许可证审查员管理办法》（内质监食发〔2011〕594 号）、《内蒙古自治区食品生产许可证发（换）证管理规定》（内质监食发〔2011〕595 号）。

2012 年 2 月 3 日，内蒙古自治区质量技术监督局发布《内蒙古自治区质量技术监督局食品加工小作坊审查登记及监督管理暂行办法》（内质监监发〔2012〕46 号）。

2013 年 1 月 11 日，内蒙古自治区质量技术监督局发布《内蒙古自治区质量技术监督局关于进一步加强白酒生产企业监管工作》（内质监监发〔2013〕26 号）。

2014 年，内蒙古自治区检验检疫局制定《关于〈内蒙古自治区出口螺旋藻制品生产加工企业分类管理办法〉的通知》（内检食〔2014〕44 号）、《关于印发〈内蒙古自治区检验检疫局出口番茄酱生产加工企业分类管理办法〉的通知》（内检食〔2014〕45 号）、《关于印发〈内蒙古自治区检验检疫局出口番茄酱原料基地管理细则〉的通知》（内检食〔2014〕46 号）。

是年，内蒙古自治区食品药品监督管理局制定《关于〈内蒙古自治区食品药品监督管理局投诉举报办理规定（试行）〉和〈内蒙古自治区食品药品监督管理局行政处罚案件办理程序规定（试行）〉的通知》（内食药监办〔2014〕104 号）。

是年，内蒙古自治区食品药品监督管理局、内蒙古自治区通信管理局联合印发《关于联合打击互联网违法销售和发布食品药品信息工作制度的通知》（内食药监〔2014〕109 号）。

是年，内蒙古自治区食品药品监督管理局、内蒙古自治区工商行政管理局联合印发《关于联合打击虚假违法广告工作制度的通知》（内食药监〔2014〕139 号）。

是年，内蒙古自治区食品安全委员会办公室印发《关于内蒙古自治区“鲜奶吧”乳品质量安全监督管理办法（试行）的通知》（内食安办〔2014〕31 号），填补了全国“鲜奶吧”业态监管制度的空白。

是年，内蒙古自治区食品药品监督管理局制定印发《关于内蒙古自治区工业化豆芽生产许可证审查细则（2014 版）和〈内蒙古自治区甜菜糖稀生产线审查意见〉的通知》（内食药监〔2014〕163 号）。

2015 年，内蒙古自治区人民政府办公厅印发《关于自治区重大行政处罚备案监督办法的通知》（内政办发〔2015〕1 号）。

是年，内蒙古自治区食品药品监督管理局印发《内蒙古自治区食品药品监督管理局关于进一步加强和规范行政执法工作的实施意见》（内食药监〔2015〕11 号）、《关于加强食品药品监督管理统计工作的实施意见》（内食药监〔2015〕32 号）、《关于实施食品生产企业风险交流直报的通知》（内食药监〔2015〕36 号）、《关于食品生产许可发证前监督管理抽查办法（试行）和对食品生产企业实施飞行检查的暂行办法（试行）的通知》（内食药监〔2015〕50 号）、《关于印发〈内蒙古自治区重大食品药品安全违法案件报告与督办办法〉的通知》（内食药监〔2015〕57 号）、《关于加强白酒质量安全监管工作的意见》（内食药监〔2015〕76 号）、《内蒙古自治区高级人民法院、自治区人民检察院、自治区公安厅、自治区食品药品监督管理局关于进一步加强食品药品行政执法与刑事司法衔接工作的意见》（内食药监〔2015〕90 号）、《关于内蒙古地方特色乳制品生产许可审查细则（2015 版）的通知》（内食药监〔2015〕93 号）、《关于自治区食用农产品市场准入及销售管理暂行办法的通知》（内食药监〔2015〕144 号）、《内蒙古自治区食品经营许可管理实施办法（试行）等三个规范性文件的通知》（内食药监〔2015〕155 号）。

是年，内蒙古自治区农牧业厅印发《关于内蒙古自治区活羊调运检疫监管办法的通知》（内农牧规发〔2015〕6 号）、《关于内蒙古自治区生猪定点屠宰场监督检查操作规范（试行）的通知》（内农牧规发〔2015〕7 号）、《关于修订内蒙古自治区农牧业行政处罚裁量标准的通知》（内农牧规发

〔2015〕9号)、《关于内蒙古自治区食用农畜产品产地证明、农畜产品质量安全追溯地理标志、农畜产品包装标识三个管理办法的通知》(内农牧规发〔2015〕11号)。

是年，内蒙古自治区食品药品监督管理局印发《关于发布食品生产加工小作坊禁止生产加工的食品品种目录的通告》(内食药监通告〔2015〕17号)、《内蒙古自治区食品药品监督管理局关于印发〈婴幼儿配方乳粉生产过程监管指南〉的通知》(内食药监办〔2015〕58号)、《内蒙古自治区食品药品监督管理局办公室关于印发食品安全监督抽检结果信息公布工作规范的通知》(内食药监办〔2015〕145号)、《内蒙古自治区食品药品监督管理局办公室关于印发自治区抽检监测不合格食品和问题样品核查处置工作规范的通知》(内食药监办〔2015〕172号)。

是年，内蒙古自治区卫生和计划生育委员会制定《关于印发内蒙古自治区卫生计生委食品安全风险监测结果会商制度的通知》(内卫计监督字〔2015〕716号)。

是年，内蒙古自治区食品药品监督管理局印发《关于印发自治区食品药品监督管理系统稽查工作通报制度和稽查执法全程记录制度的通知》(内食药监办稽〔2015〕162号)。

2016年，内蒙古自治区食品药品监督管理局印发《关于内蒙古自治区食品生产加工小作坊登记及监督管理办法(试行)的通知》(内食药监〔2016〕3号)、《内蒙古自治区食品药品监督管理局关于加快推进重点食品追溯体系建设的实施意见》(内食药监食生〔2016〕54号)。

6月3日，根据《中华人民共和国食品安全法》和《内蒙古自治区食品生产加工小作坊和食品摊贩管理条例》的有关要求，内蒙古自治区食品药品监督管理局制定《自治区食品摊贩和小餐饮备案管理办法(试行)》。

是年，内蒙古自治区食品药品监督管理局印发《关于制定餐饮服务食品安全管理员管理细则的通知》(内食药监餐管〔2016〕81号)。

是年，内蒙古自治区食品药品监督管理局印发《关于进一步加强经营性食品冷库监督管理的通知》(内食药监食流〔2016〕1号)。

是年，内蒙古检验检疫局办公室印发《关于印发〈内蒙古出入境检验检疫局质量安全主动报告制度试行〉的通知》(内检办食〔2016〕16号)、《内蒙古检验检疫局关于印发〈出口乳品抽查检验监督管理办法〉的通知》(内检食〔2016〕54号)。

是年，内蒙古自治区食品药品安全委员会办公室印发《内蒙古自治区食品药品安全办等五部门关于进一步加强农村牧区食品安全治理工作的指导意见》(内食药安办〔2016〕5号)。

2017年，内蒙古自治区食品药品监督管理局开展《自治区实施〈食品安全法〉办法》立法调研和起草工作。制定《关于推行法律顾问制度和公职律师制度的实施意见》《食品药品行政执法与刑事司法衔接工作实施细则》。截至2017年年底，内蒙古自治区食品药品监督管理局共制定食品药品监督管理一系列配套制度及规范性文件160件，强化了法治基础建设工作。

第二节 行政执法

2002年，为最大限度地减少审批人的自由裁量权，自治区药品监督管理局制定《行政审批项目监督制约办法》《重大事项例会研究制度》等相关制度，保证行政审批权力规范、公正、有序运行。对下放的行政审批事项，通过事权划分将审批权限下放到各盟市药品监督管理局管理审批或登记，自治区药品监督管理局进行监督和业务指导，对取消的行政审批事项停止原审批业务。

2003 年 4 月 28 日，《药品监督行政处罚程序规定》以第 1 号国家药品监督管理局令颁发，并于 7 月 1 日起正式实施。

10 月 21 日，内蒙古自治区行政审批制度改革工作电视电话会议召开之后，内蒙古自治区药品监督管理局成立了行政审批制度改革领导小组，决定对所有行政审批、审核、备案事项进行全面清理。根据有关法律法规和规章规定，内蒙古自治区药品监督管理局共有行政审批事项 21 项，审核事项 14 项，备案项目 4 项。

2004 年 5 月 19 日，国务院决定第三批取消和调整 495 项审批项目。内蒙古自治区食品药品监督管理局对取消后还需通过其他方式监管的事项，结合当地实际情况，制定并落实后续监管的具体措施和办法。对依法设定和保留的行政审批事项，按照《中华人民共和国行政许可法》提出的新要求，从方便群众办事、提高工作效率出发，做好具体落实工作。

7 月 1 日，《中华人民共和国行政许可法》开始实施，依照国务院以及内蒙古自治区人民政府的要求，自治区食品药品监督管理局对文件开展清理工作。清理的文件包括：药品监督系统实施的地方性法规、内蒙古自治区人民政府规章，内蒙古自治区人民政府及办公厅文件，内蒙古自治区和盟市药品监督管理部门制定的涉及行政许可事项的规范性文件。清理的重点内容是：有无通过上述法规、规章和文件设定行政许可事项，其行政许可实施主体、条件、程序、期限和收费情况如何；有无通过上述法规、规章和文件增设违反上位法的许可条件；有无擅自将行政许可事项委托其他机关办理以及其他不符合《中华人民共和国行政许可法》的规定和管理制度。具体清理工作要求是：盟市药品监督管理局负责清理本部门制定的文件，对不符合《中华人民共和国行政许可法》的自行废止。盟市药品监督管理局在清理过程中发现有内蒙古自治区人民政府和内蒙古自治区食品药品监督管理局制定的文件不符合《中华人民共和国行政许可法》要求的，可提出修改意见和建议。自治区食品药品监督管理局各处室负责清理本系统实施的地方性法规、政府规章、内蒙古自治区人民政府及办公厅和内蒙古自治区食品药品监督管理局制定的文件。

2005 年，在各盟市食品药品监督管理局开展了执法检查抽查工作。抽查的主要内容有：1. 执法主体是否存在越位、错位、缺位情况；2. 采取行政强制措施、作出行政审批、行政处罚决定等执法程序是否合法；3. 所处理案件引起行政复议、行政诉讼及信访情况；4. 执法过程中遇到的特殊问题及处理情况；5. 罚没物品、款项处理情况；6. 国家及内蒙古自治区食品药品监督管理局下发的规章制度贯彻执行情况；7. 执法文书立卷归档情况；8. 管理相对人对食品药品监管系统执法评价情况。

是年，自治区食品药品监督管理局组织行政处罚听证会 5 次，先后举行了内蒙古凯蒙药品经销公司、内蒙古大金九药业公司、内蒙古大蓉药业公司、巴彦淖尔市同仁养生堂等行政处罚听证会。

2006 年，自治区食品药品监督管理局对全系统执法依据、行政许可依据、行政处罚依据以及其他具体行政行为依据进行梳理。内蒙古自治区食品药品监督管理系统行政执法依据有法律 2 部，行政法规 8 部，地方性法规 1 部，国务院部门规章 23 部，地方性政府规章 1 部；行政强制的种类有抽查检验、查封扣押、停止生产销售使用及先行登记保存等 4 种；行政许可事项有 74 项，行政处罚适用的情形有 186 种，其他具体行政行为有 15 种。

是年，内蒙古自治区食品药品监督管理局成立行政复议委员会，委员会下设办公室。行政复议委员会的主要职责：一是研究讨论行政复议办公室提交的重大复杂案件并作出复议决定；二是对申请人依照《中华人民共和国行政复议法》第七条规定提出的对规范性文件的审查申请做出处理决定；三是对行政复议期间是否停止行政行为的执行做出决定；四是行政复议委员会认为应当由其决定的其他事项。办公室作为行政复议委员会的办事机构，设在政策法规处。

2008 年，内蒙古自治区食品药品监督管理局在全系统开展了包括执法责任制在内的行政执法检查，重点检查以下 4 项内容。其检查结果如下：

规范性文件制定和备案情况：呼和浩特市、包头市、通辽市、赤峰市、鄂尔多斯市、阿拉善盟 2006—2008 年都制定了规范性文件。

行政许可案卷情况：全区 12 个盟市对行政许可的办理主体、办理程序以及立卷归档是规范的。

行政执法责任制情况：全区 12 个盟市均梳理了执法依据，对各业务科室的执法权限进行了分解，并通过多种途径向社会公开，做到组织健全、检查落实措施得力，评议考核严格，奖励与责任追究并重，实现了权限与职责相统一，提高了执法工作人员的公正性和责任心。

2003—2009 年连续七年时间，全系统行政复议、行政诉讼案件为零。

2010 年，为依法规范全区各级食品药品监督管理部门行使行政处罚自由裁量权，自治区食品药品监督管理局提出指导意见。食品药品监管行政处罚自由裁量权行使必须遵循的基本原则为：一是处罚法定原则；二是公平公正原则；三是过罚相当原则；四是处罚与教育相结合的原则。必须遵守的程序制度：一是听取当事人陈述申辩与听证制度；二是重大或复杂材料事项集体讨论决定制度；三是案件审核制度；四是重大行政处罚行为备案审查制度；五是说明理由和时效制度；六是适用规则和裁量基准制度。加强对行使行政处罚自由裁量权的监督检查，开展行政处罚案卷评查；定期对行使行政处罚自由裁量权情况进行评估；建立评议考核和责任追究制度；自觉接受内部外部监督。

2011 年，《中华人民共和国刑法修正案（八）》颁布实施，对涉及食品药品安全标准的食品足以造成严重食物中毒事故，或者其他严重食源性疾病的，或在生产销售的食品中掺入有毒有害的非食品原料的，或者销售明知掺有有毒有害、非食品原料的食品，以及生产销售假药的，都以犯罪论处。为加强行政执法与刑事司法衔接工作，解决“有案不移、有案难移、以罚代刑”的问题，自治区食品药品监督管理局依据中共中央办公厅、国务院办公厅转发国务院法制办等部门《关于加强行政执法与刑事司法衔接工作的意见》，对全区食品药品监督管理部门监管过程中发现涉嫌犯罪案件移送司法机关工作做出规定。建立食品药品监督管理部门行政执法与刑事司法衔接工作联席会议制度，健全案件咨询制度。

至 2011 年，内蒙古自治区食品药品监督管理局围绕执法队伍建设、行政许可事项办理、执法责任制落实、执法监督检查、执法责任追究、违法案件查处及涉嫌犯罪案件移送行政复议案件办理和执法文书立卷归档等各个环节制定了 30 项内部执法工作制度，建立了行政许可事项办理程序制度，保证办事效率和当事人合法权利的实现。制定《行政许可事项办理程序规定及施行细则》，实行了行政许可事项办理过程中受理、审评（验收）和审批分离制度。全区各级食品药品监督管理部门都成立了行政许可受理中心，统一受理当事人申请，统一送达行政许可决定。建立了执法责任制度和执法过错责任追究制度，保证各级机关和执法人员恪尽职守。建立了案件查处及涉嫌犯罪案件移送工作制度，规范对违法案件的调查处理。制定《食品药品监管系统行政处罚案件查处规定》，明确所有涉及违法行为处罚事项，统一由各级稽查机构办理。建立了行政复议案件审查办理制度，保证行政复议活动依法进行。建立执法文书立卷归档制度，规范案卷归档工作。

2014 年，按照内蒙古自治区人民政府职能转变的要求，将原来的 30 项行政审批项目下放 5 项，取消 4 项，保留 21 项；完成行政权力清单的梳理，共梳理出行政许可、行政处罚等 7 大类 300 项行政权力事项；完成“行政权力办事指南”“行政审批流程图”和“行政权力事项目录”的编制，并向社会公示。

2016 年，按照自治区党委、政府关于加强法治政府建设的精神，深化“放管服”改革，优化审批程序的有关精神。全区各级食品药品监督管理部门深化行政审批制度改革，梳理取消、下放行政审批的事项。对照《中华人民共和国食品安全法》，梳理出政府责任 15 条、食品药品监管部门责任 51 条、政府其他部门监管责任 23 条、企业主体责任 61 条，依法推动落实各方责任。梳理完善 7 大类 305 项权责清单，清理规范性文件 39 件，30 项行政审批事项减少为 24 项。

第三节 普法宣传

内蒙古自治区药品监督管理局自 2000 年 4 月成立之日起，始终把学法用法、普法教育作为一项重要工作内容。成立了以局党组书记，局长为组长的普法领导小组。普法领导小组每年至少召开两次专题会议，听取工作汇报，研究部署普法工作，及时调整普法内容。

2000 年，自治区药品监督管理局配合自治区“3·15”保护消费者权益活动日，以用药安全有效，维护用药者合法权益为主题，在呼和浩特市新华广场设点宣传《中华人民共和国药品管理法》。同内蒙古自治区各大新闻媒体联合开展《中华人民共和国药品管理法》宣传活动，开辟 FM105 兆赫调频立体台《中华人民共和国药品管理法》专题节目。与内蒙古电视台共同制作百姓热线“话说假劣药品的危害性”专题节目，与《内蒙古日报》等几家报社开展了打假治劣行动报道。

2001 年 11 月，为《中华人民共和国药品管理法》宣传月，内蒙古自治区药品监督管理局组织开展宣传教育活动。利用新闻媒体宣传药品管理法律、法规，动员全社会积极参与药品打假治劣工作。在宣传月期间，共接受内蒙古自治区电视台、呼和浩特市电视台以及广播电台、报社采访报道 100 余次，制作节目 20 余次，新闻报道 80 余次。对药品监督管理部门的职能、职责、药品打假治劣的工作方案、药品管理法律法规、药品打假进展情况通过新闻媒体进行宣传报道。

是年，自治区药品监督管理局印制发放《药品监督行政执法手册》《药品监督管理法律法规库》（光盘）、《药品和医疗器械生产经营管理普法学习资料》《药品和医疗器械政策法规汇编》《药品生产经营管理法律手册》《食品、保健品、化妆品法律法规汇编》等普法宣传资料和普法教材；制定了《内蒙古自治区药品监督管理系统“四五”普法和依法治理工作五年规划》，明确了“四五”普法的重点对象、重点内容和目标要求。

2005 年，自治区食品药品监督管理局对从事食品药品监督管理的行政执法人员和涉及食品、药品、保健品、化妆品和医疗器械研制生产加工、经营和使用的企业管理人员及从业人员进行普法教育。普法内容：一是有关食品安全监管方面的法律法规和政策精神；二是有关保健品、化妆品监管方面的法律法规和政策精神；三是有关药品分类管理、药品流通及医疗器械监督管理的法律法规、规章和政策精神；四是有关行政许可、行政处罚听证、行政复议和行政诉讼以及涉及管理相对人依法维权的法律法规。

2006 年，按照国家食品药品监督管理局要求，在全国范围内全面实施药品分类管理制度。自治区食品药品监督管理局确定，全区食品药品监督管理系统普法的重点内容是药品分类管理方面的法律法规、规章和政策精神。

是年，自治区食品药品监督管理局对领导干部、执法人员和药品、医疗器械企业经营管理人员进行重点普法教育。对领导干部侧重提高依法决策意识，对执法人员侧重提高依法行政意识，对企业经营管理人员侧重提高依法经营管理能力。普法的重点内容是：一是以“一学三讲”即“学法律、讲权力、讲义务、讲责任”为主题的法治宣传教育活动，二是结合治理商业贿赂专项活动，开展有关惩治商业贿赂行为的法律知识宣传教育。

从2006年到2010年，自治区食品药品监督管理局开展了第五个五年规划普法和依法治理工作。基本目标是通过深入扎实的法治宣传教育和法治实践，增强全体执法人员的法律素质及依法办事的能力和水平，提高食品、保健食品、化妆品、药品和医疗器械研制、生产（加工）、经营和使用单位管理人员的法律意识，提高其依法生产经营能力，提高全体公民有关食品药品消费过程中依法监督和依法维权意识。

2007年，在“3·15”消费者权益日宣传活动中，全区食品药品监管系统组织有关人员走上街头，开展了大规模的食品药品安全监管宣传活动，全系统在宣传活动中共出动人员千余人次，出动车辆100余台次，散发宣传单十余万份。同时，自治区食品药品监督管理局还在《内蒙古日报》专版刊登了《安全购药用药小知识问答》，对安全购药用药知识进行了广泛宣传。

2008年，内蒙古自治区食品药品监督管理局重点学习宣传《中华人民共和国政府信息公开条例》《反兴奋剂条例》。推动法律进农村牧区、进城镇社区、进企业学校活动，向社会大众宣传有关食品药品监管、兴奋剂管理、政务公开等法律知识。

是年，内蒙古自治区食品药品监督管理局局领导带领有关处室负责同志参加《行风热线》节目直播，就当前药品安全、药品广告、假劣药品查处的情况与百姓进行交流，取得了良好的社会效果。

2009年，内蒙古自治区食品药品监督管理局在全区组织开展《中华人民共和国食品安全法》宣传贯彻活动。各地组织食品药品监管、工商行政管理、质量技术监督、卫生、商务等部门召开宣传周活动启动仪式。在内蒙古电视台新闻节目开辟《政策法规解答》栏目宣传《中华人民共和国食品安全法》。在普遍宣传活动的基础上，重点推进“法律进农村和法律进企业”活动。结合农村牧区药品“两网”建设，推进“法律进农村”活动，增强广大农牧民的饮食、用药安全意识和维权意识。推进“法律进企业”以强化企业的食品药品安全第一责任人意识，推动企业依法开展生产经营活动。

2011年，内蒙古自治区食品药品监督管理局制定了《法制宣传教育五年规划（2011—2015年）》。“六五”普法工作的目标是：通过深入扎实的法治宣传教育和法治实践，进一步提高食品药品监管部门行政执法人员，特别是各级领导干部的法律意识和法律素质，增强社会主义法治理念，提高依法决策、依法管理、依法行政的能力和水平；进一步强化食品药品生产经营企业从业人员的守法意识，第一责任人意识；全面提高社会公众饮食用药安全法律意识和依法维权意识。

2012年，内蒙古自治区食品药品监督管理局重点开展“药事法律进企业”主题宣讲活动。在呼和浩特市、通辽市、巴彦淖尔市、鄂尔多斯市举办8场宣讲，近2000名药品从业人员接受培训教育。贯彻落实《食品安全宣传教育工作纲要》，组织开展了丰富多彩的宣传活动。加强与媒体沟通协调，加大对全区食品安全工作动态、专项整治工作进展情况以及食品安全法规政策等的宣传力度。

2013年，内蒙古自治区食品药品监督管理局举办“食品安全周”“科普宣传周”“科学食用保健食品”宣传和食品药品安全知识“五进”等宣传教育活动。利用网络、新闻媒体、“健康大讲堂”，发布违法违规企业名单、虚假和违法广告通报、药品不良反应和医疗器械不良事件报告等，宣传饮食用药安全知识。参加“行风热线”直播，广泛宣传食品药品监管职能和相关法律法规。通过宣传活动的开展，引导公众正确认识风险、规避风险，树立公开透明、履职尽责的监管部门形象。

2014年，内蒙古自治区食品药品监督管理局与中央电视台驻内蒙古记者站、新华网、人民网、《内蒙古日报》等媒体建立社会共治格局联席机制。在《内蒙古日报》等报刊发稿件217篇，在《中国食品药品监管》杂志刊登稿件6篇，在内蒙古电视台播发新闻21条，在内蒙古广播电台播发报道65篇，在新华网、人民网、内蒙古新闻网等网络媒体刊发宣传稿件1015件次，参加内蒙古人民广播电台

“行风热线”直播 5 次。

2016 年，内蒙古自治区食品药品监督管理局组织开展“食品安全宣传周”“安全用药宣传月”及食品药品投诉举报主题宣传日等活动，成功举办第 3 届食品安全论坛，全区集中宣传 3939 场次，发放宣传资料 236 万份。在苏木乡镇设置食品安全科普宣传站点 1070 个，全力扩大宣传覆盖面。

同年，内蒙古自治区食品药品监督管理局被评为 2016 年度全区法制政府建设工作实绩优秀部门，法制处负责人获得“全国法制宣传教育先进工作者”。

附　录

一、统计表

2017年内蒙古自治区获证企业（单位）一览表

序号	企业（单位）类别	数量（家）
1	食品生产企业	4651
2	食品流通企业	212700
3	食品添加剂生产企业	50
4	餐饮服务单位	97200
5	药品生产企业	99
6	药品经营企业	13200
7	化妆品生产企业	8
8	医疗器械生产企业	41
9	医疗器械经营企业	9144
10	小作坊　小摊贩　小餐饮　小饭桌　小食杂店　鲜奶吧	130100

二、重要文献

中华人民共和国食品卫生法（试行）

（1982年11月19日第五届全国人民代表大会常务委员会第二十五次会议通过）

第一章　总　则

第一条　为保证食品卫生，防止食品污染和有害因素对人体的危害，保障人民身体健康，增强各族人民的体质，特制定本法。

第二条 国家实行食品卫生监督制度。

第三条 凡在中华人民共和国领域内从事食品生产经营的，都必须遵守本法。对违反本法的行为，任何人都有权检举和控告。

本法适用于一切食品，食品添加剂，食品容器、包装材料和食品用工具、设备；也适用于食品的生产经营场所、设施和有关环境。

第二章 食品的卫生

第四条 食品应当无毒、无害，符合应当有的营养要求，具有相应的色、香、味等感官性状。

第五条 专供婴幼儿的主、辅食品，必须符合国务院卫生行政部门制定的营养、卫生标准。

第六条 食品生产经营过程必须符合下列卫生要求：

（一）保持内外环境整洁，采取消除苍蝇、老鼠、蟑螂和其他有害昆虫及其滋生条件的措施，与有毒、有害场所保持规定的距离；

（二）食品生产经营企业应当有与产品品种、数量相适应的食品原料处理、加工、包装、贮存等厂房或者场所；

（三）应当有相应的消毒、更衣、盥洗、采光、照明、通风、防腐、防尘、防蝇、防鼠、洗涤、污水排放、存放垃圾和废弃物的设施；

（四）设备布局和工艺流程应当合理，防止生食品与熟食品、原料与成品交叉污染，食品不得接触有毒物、不洁物；

（五）餐具、茶具和盛放直接入口食品的容器，使用前必须洗净、消毒，炊具、用具用后必须洗净，保持清洁；

（六）运输和装卸食品的包装容器、工具、设备和条件必须符合卫生要求，防止食品污染；

（七）直接入口的食品应当有小包装或者使用无毒、清洁的包装材料；

（八）食品生产经营人员应当经常保持个人卫生，生产、销售食品时，必须将手洗净，穿戴清洁的工作衣、帽；销售直接入口食品时，必须使用售货工具；

（九）用水必须分别符合国家规定的城乡生活饮用水卫生标准。

对食品商贩和城乡集市贸易食品经营者在食品生产经营过程中的卫生要求，由省、自治区、直辖市人民代表大会常务委员会参照本条另行规定。

第七条 禁止生产经营下列食品：

（一）腐败变质、油脂酸败、霉变、生虫、污秽不洁、混有异物或者其他感官性状异常，可能对人体健康有害的；

（二）含有毒、有害物质或者被有毒、有害物质污染，可能对人体健康有害的；

（三）含有致病性寄生虫、微生物的，或者微生物毒素含量超过国家限定标准的；

（四）未经兽医卫生检验或者检验不合格的肉类及其制品；

（五）病死、毒死或者死因不明的禽、畜、兽、水产动物等及其制品；

（六）容器包装污秽不洁、严重破损或者运输工具不洁造成污染的；

（七）掺假、掺杂、伪造，影响营养、卫生的；

（八）用非食品原料加工的；

（九）超过保存期限的；

（十）为防病等特殊需要，国务院卫生行政部门或者省、自治区、直辖市人民政府专门规定禁止出售的；

（十一）含有未经国务院卫生行政部门批准使用的添加剂、农药（残留）的；

（十二）其他不符合食品卫生标准、卫生规定的。

第八条 食品不得加入药物。按照传统既是食品又是药品的以及作为调料或者食品强化剂加入的除外。

第三章 食品添加剂的卫生

第九条 食品添加剂必须符合质量标准，由国务院和省、自治区、直辖市的化工、轻工、石油、林业、水产、医药等主管部门指定工厂生产。

第十条 生产经营和使用食品添加剂，必须符合食品添加剂使用卫生标准和卫生管理办法的规定；不得经营、使用不合格产品和非指定工厂的产品。

第四章 食品容器、包装材料和食品用工具、设备的卫生

第十一条 食品容器、包装材料和食品用工具、设备必须符合卫生标准和卫生管理办法的规定。

第十二条 食品容器、包装材料和食品用工具、设备的生产必须采用符合卫生要求的原料。产品应当便于清洗和消毒。

第十三条 直接接触食品的纸张、塑料、橡胶等制品和涂料应当由生产主管部门负责组织专门生产。

第五章 食品卫生标准和管理办法的制定

第十四条 食品，食品添加剂，食品容器、包装材料，食品用工具、设备，用于清洗食品和食品用工具、设备的洗涤剂以及食品中污染物质、放射性物质容许量的国家卫生标准、卫生管理办法和检验规程，由国务院卫生行政部门制定或者批准颁发。

第十五条 国家未制定卫生标准的食品，省、自治区、直辖市人民政府可以制定地方卫生标准，报国务院卫生行政部门备案；食品生产经营主管部门或者食品生产经营企业，经同级卫生行政部门同意，可以在产品质量标准中列入卫生指标。

第十六条 食品添加剂的国家产品质量标准中有卫生学意义的指标，必须经国务院卫生行政部门审定。

农药、化肥等农用化学物质的安全性鉴定结论，必须经国务院卫生行政部门审定。

屠宰畜、禽的兽医卫生检验规程，由国务院有关部门会同卫生行政部门制定。

第十七条 各项卫生标准、卫生管理办法和检验规程，由制定或者颁发的部门根据实际需要及时进行修订或者审定。

第六章 食品卫生管理

第十八条 食品生产经营企业的主管部门负责本系统的食品卫生工作，并对执行本法情况进行检查。

第十九条 食品生产经营企业的主管部门和食品生产经营企业必须建立健全本系统、本单位的食品卫生管理、检验机构或者配备专职或者兼职食品卫生管理人员。

第二十条 食品卫生管理、检验机构或者食品卫生管理人员的职责是：

（一）贯彻执行食品卫生法规和有关规章制度，组织培训食品生产经营人员；

（二）对食品和食品生产经营过程进行卫生管理、检验或者检查；

（三）对食品卫生工作进行监督，对违反食品卫生法规的行为进行批评、制止，向上级和食品卫生监督机构反映情况，并提出处理意见。

第二十一条 食品生产经营企业的新建、扩建、改建工程的选址和设计应当符合卫生要求，其设计审查和工程验收必须有食品卫生监督机构参加。

第二十二条 利用新资源生产的食品、食品添加剂的新品种，生产经营企业在投入生产前，必须提出该产品卫生评价和营养评价所需的资料；利用新的原材料生产的食品容器、包装材料和食品用工具、设备的新品种，生产经营企业在投入生产前，必须提出该产品卫生评价所需的资料。上述新品种在投入生产前还需提供样品，并按照规定的食品卫生标准审批程序报请审批。

第二十三条 定型包装食品和食品添加剂，必须有产品说明书或者商品标志，根据不同产品分别按规定标出品名、产地、厂名、生产日期、批号（或者代号）、规格、配方或者主要成分、保存期限、食用或者使用方法等。食品、食品添加剂的产品说明书或者商品标志，不得有夸大或者虚假的宣传内容。

第二十四条 食品生产经营者采购食品，应当按照国家有关规定索取检验合格证或者化验单，销售者应当保证提供。需要索证的范围和种类由省、自治区、直辖市卫生行政部门规定。

第二十五条 食品生产经营人员每年必须进行健康检查；新参加工作和临时参加工作的食品生产经营人员必须进行健康检查，取得健康证后方可参加工作。

凡患有痢疾、伤寒、病毒性肝炎等消化道传染病（包括病原携带者），活动性肺结核，化脓性或者渗出性皮肤病以及其他有碍食品卫生的疾病的，不得参加接触直接入口食品的工作。

第二十六条 食品生产经营企业和食品商贩，必须先取得卫生许可证方可向工商行政管理部门申请登记或者变更登记。

卫生许可证的发放管理办法由省、自治区、直辖市卫生行政部门规定。

第二十七条 城乡集市贸易的食品卫生管理工作和一般食品卫生检查工作，由工商行政管理部门负责，食品卫生监督检验工作由食品卫生监督机构负责，畜、禽兽医卫生检验工作由农牧渔业部门负责。

第二十八条 进口的食品、食品添加剂、食品容器、包装材料和食品用工具及设备，必须符合国家卫生标准和卫生管理办法的规定。

进口上款所列产品，由国境食品卫生监督检验机构进行卫生监督、检验。进口单位在申报检验时，应当提供输出国（地区）所使用的农药、添加剂、熏蒸剂等有关资料和检验报告。

海关凭国境食品卫生监督检验机构的证书放行。

第二十九条 出口食品由国家进出口商品检验部门进行卫生监督、检验。

海关凭国家进出口商品检验部门的证书放行。

第七章 食品卫生监督

第三十条 各级卫生行政部门领导食品卫生监督工作。

第三十一条 卫生行政部门所属县以上卫生防疫站或者食品卫生监督检验所为食品卫生监督机构，负责管辖范围内的食品卫生监督工作。

铁道、交通、厂（场）矿卫生防疫站在管辖范围内执行食品卫生监督机构的职责，接受地方食品卫生监督机构的业务指导。

第三十二条 食品卫生监督机构设立食品卫生监督员。食品卫生监督员由合格的专业人员担任，由同级人民政府发给证书。

铁道、交通、厂（场）矿的食品卫生监督员，由其上级主管部门发给证书。

第三十三条 食品卫生监督机构的职责是：

（一）进行食品卫生监测、检验和技术指导；

（二）协助培训食品生产经营人员，监督食品生产经营人员的健康检查；

（三）宣传食品卫生、营养知识，进行食品卫生评价，公布食品卫生情况；

（四）对食品生产经营企业的新建、扩建、改建工程的选址和设计进行卫生审查，并参加工程验收；

（五）对食物中毒和食品污染事故进行调查，并采取控制措施；

（六）进行现场检查和巡回监督，及时处理发现的问题；

（七）对违反本法的行为追查责任，依法进行行政处罚；

（八）负责其他食品卫生监督事项。

第三十四条 食品卫生监督员执行食品卫生监督机构交付的任务。

食品卫生监督员在执行任务时，可以向食品生产经营者了解情况，索取必要的资料，进入生产经营场所检查，按照规定无偿采样。生产经营者不得拒绝或者隐瞒。

食品卫生监督员对生产经营者提供的技术资料有保密的义务。

第三十五条 国务院和省、自治区、直辖市的卫生行政部门，根据需要可以在食品卫生监督机构之外确定具备条件的单位作为食品卫生检验单位，进行食品卫生检验并出具检验报告。

第三十六条 发生食物中毒的单位和接收病人进行治疗的单位，除采取抢救措施外，应当根据国家有关规定，及时向所在地食品卫生监督机构报告。

第八章 法律责任

第三十七条 对违反本法情节较重的，食品卫生监督机构可以给予以下行政处罚：

（一）警告并限期改进；

（二）责令追回已售出的禁止生产经营的产品；

（三）没收或者销毁禁止生产经营的食品、食品添加剂；

（四）罚款二十元以上、三万元以下；

（五）责令停业改进；

（六）吊销卫生许可证。

吊销卫生许可证或者罚款五千元以上的，必须经县以上人民政府批准。

各项行政处罚可以单独或者合并适用。

没收的物品由食品卫生监督机构监督处理。

第三十八条 当事人对食品卫生监督机构给予的行政处罚不服的，在接到处罚通知之日起十五天内，可以向人民法院起诉。但是，对食品控制的决定应当立即执行。对罚款的决定不履行又逾期不起诉的，由食品卫生监督机构申请人民法院依照《中华人民共和国民事诉讼法（试行）》规定的程序强制执行。

第三十九条 违反本法，造成食物中毒事故或者其他食源性疾患的，应当负损害赔偿责任。受害人有权要求损害赔偿。

损害赔偿包括医药费、误工工资、生活补助费、丧葬费、遗属抚恤费。

第四十条 损害赔偿要求，由县以上卫生行政部门处理，当事人不服的，可以向人民法院起诉；也可以由受害人或者其代理人直接向人民法院起诉。

损害赔偿要求，应当从受害人或者其代理人知道或者应当知道被损害情况之日起一年内提出，超过期限的，不予受理。

第四十一条 违反本法，造成严重食物中毒事故或者其他严重食源性疾患，致人死亡或者致人残疾因而丧失劳动能力的，根据不同情节，对直接责任人员分别依照中华人民共和国刑法第一百八十七条、第一百一十四条或者第一百六十四条的规定，追究刑事责任。情节轻微、依照中华人民共和国刑法规定可以免予刑事处分的，由主管部门酌情给予行政处分。

第九章 附 则

第四十二条 国务院卫生行政部门根据本法，制定实施细则，报国务院批准施行。

第四十三条 本法用语定义如下：

食品：指各种供人食用或者饮用的成品和原料以及按照传统既是食品又是药品的物品，但是不包括以治疗为目的的物品。

食品添加剂：指为改善食品品质和色、香、味，以及为防腐和加工工艺的需要而加入食品中的化学合成或者天然物质。

食品强化剂：指为增强营养成分而加入食品中的天然的或者人工合成的属于天然营养素范围的食品添加剂。

食品容器、包装材料：指包装、盛放食品用的纸、竹、木、金属、搪瓷、陶瓷、塑料、橡胶、天然纤维、化学纤维、玻璃等制品和接触食品的涂料。

食品用工具、设备：指食品生产经营过程中接触食品的机械、管道、传送带、容器、用具、餐具等。

食品生产经营：指一切食品的生产（不包括种植业和养殖业）、采集、收购、加工、储存、运输、陈列、供应、销售等活动。

食品生产经营者：指一切从事食品生产经营的单位或者个人，包括职工食堂、食品商贩等。

第四十四条 出口食品的管理办法，由国家进出口商品检验部门会同国务院卫生行政部门和有关生产主管部门另行制定。

第四十五条 本法自一九八三年七月一日起试行。

中华人民共和国药品管理法

（1984 年 9 月 20 日第六届全国人民代表大会常务委员会第七次会议通过）

第一章 总 则

第一条 为加强药品监督管理，保证药品质量，增进药品疗效，保障人民用药安全，维护人民身体健康，特制定本法。

第二条 国务院卫生行政部门主管全国药品监督管理工作。

第三条 国家发展现代药和传统药，充分发挥其在预防、医疗和保健中的作用。

国家保护野生药材资源，鼓励培育中药材。

第二章 药品生产企业的管理

第四条 开办药品生产企业必须由所在省、自治区、直辖市药品生产经营主管部门审查同意，经所在省、自治区、直辖市卫生行政部门审核批准，并发给“药品生产企业许可证”。无“药品生产企业许可证”的，工商行政管理部门不得发给“营业执照”。

“药品生产企业许可证”应当规定有效期，到期重新审查发证。具体办法由国务院卫生行政部门规定。

第五条 开办药品生产企业必须具备以下条件：

一、具有与所生产药品相适应的药师或者助理工程师以上技术人员及技术工人。

中药饮片加工企业没有药师或者助理工程师以上技术人员的，配备熟悉药性并经县级以上卫生行政部门审查登记的药工人员。

二、具有与所生产药品相适应的厂房、设施和卫生环境。

三、具有能对所生产药品进行质量检验的机构或者人员以及必要的仪器设备。

第六条 药品必须按照工艺规程进行生产，生产记录必须完整准确。

中药饮片的炮制，必须符合《中华人民共和国药典》或者省、自治区、直辖市卫生行政部门制定的《炮制规范》的规定。

第七条 生产药品所需的原料、辅料以及直接接触药品的容器和包装材料，必须符合药用要求。

第八条 药品出厂前必须经过质量检验；不符合标准的，不得出厂。

第九条 药品生产企业必须按照国务院卫生行政部门制定的《药品生产质量管理规范》的要求，制定和执行保证药品质量的规章制度和卫生要求。

第三章 药品经营企业的管理

第十条 开办药品经营企业必须由所在地药品生产经营主管部门审查同意，经县级以上卫生行政部门审核批准，并发给“药品经营企业许可证”。无“药品经营企业许可证”的，工商行政管部门不得发给“营业执照”。

“药品经营企业许可证”应当规定有效期，到期重新审查发证。具体办法由国务院卫生行政部门规定。

第十一条 开办药品经营企业必须具备以下条件：

一、具有与所经营药品相适应的药学技术人员。

经营中药的企业和兼营药品的企业没有药学技术人员的，配备熟悉所经营药品的药性并经县级以上卫生行政部门审查登记的药工人员。

二、具有与所经营药品相适应的营业场所、设备、仓储设施和卫生环境。

第十二条 收购药品，必须进行质量验收；不合格的，不得收购。

第十三条 销售药品必须准确无误，并正确说明用法、用量和注意事项；调配处方必须经过核对，对处方所列药品不得擅自更改或者代用。对有配伍禁忌或者超剂量的处方，应当拒绝调配；必要时，经处方医生更正或者重新签字，方可调配。

销售地道中药材，必须标明产地。

第十四条 药品仓库必须制定和执行药品保管制度，采取必要的冷藏、防潮、防虫、防鼠等措施。

药品入库和出库必须执行检查制度。

第十五条 城乡集市贸易市场可以出售中药材，国家另有规定的除外。

城乡集市贸易市场不得出售中药材以外的药品，持有“药品经营企业许可证”的除外。

第四章 医疗单位的药剂管理

第十六条 医疗单位必须配备与其医疗任务相适应的药学技术人员，非药学技术人员不得直接从事药剂技术工作。

第十七条 医疗单位制制剂必须经所在省、自治区、直辖市卫生行政部门审查批准，并发给“制剂许可证”。

“制剂许可证”应当规定有效期，到期重新审查发证。具体办法由国务院卫生行政部门规定。

第十八条 医疗单位配制制剂必须具有能够保证制剂质量的设施、检验仪器和卫生条件。

第十九条 医疗单位配制的制剂，必须根据临床需要并按照规定进行质量检验；合格的，凭医生处方使用。

医疗单位配制的制剂，不得在市场销售。

第二十条 医疗单位购进药品，必须执行质量验收制度。

第五章 药品的管理

第二十一条 国家鼓励研究、创制新药。

研制新药，必须按照规定向国务院卫生行政部门或者省、自治区、直辖市卫生行政部门报送研制方法、质量指标、药理及毒理试验结果等有关资料和样品，经批准后，方可进行临床试验或者临床验证。

完成临床试验或者临床验证并通过鉴定的新药，由国务院卫生行政部门批准，发给证书。

第二十二条 生产新药，必须经国务院卫生行政部门批准，并发给批准文号。但是，生产中药饮片除外。

生产已有国家标准或者省、自治区、直辖市标准的药品，必须经省、自治区、直辖市卫生行政部门征求同级药品生产经营主管部门意见后审核批准，并发给批准文号。但是，生产中药饮片除外。

第二十三条 药品必须符合国家药品标准或者省、自治区、直辖市药品标准。

国务院卫生行政部门颁布的《中华人民共和国药典》和药品标准为国家药品标准。

国务院卫生行政部门的药典委员会，负责组织国家药品标准的制定和修订。

第二十四条 国务院卫生行政部门和省、自治区、直辖市卫生行政部门可以成立药品审评委员会，对新药进行审评，对已经生产的药品进行再评价。

第二十五条 国务院卫生行政部门对已经批准生产的药品，应当组织调查；对疗效不确定、不良反应大或者其他原因危害人民健康的药品，应当撤销其批准文号。

已被撤销批准文号的药品，不得继续生产、销售；已经生产的，由当地卫生行政部门监督销毁或者处理。

第二十六条 禁止进口疗效不确定、不良反应大或者其他原因危害人民健康的药品。

第二十七条 首次进口的药品，进口单位必须提供该药品的说明书、质量标准、检验方法等有关资料和样品以及出口国（地区）批准生产的证明文件，经国务院卫生行政部门批准，方可签订进口合同。

第二十八条 进口的药品，必须经国务院卫生行政部门授权的药品检验机构检验；检验合格的，方准进口。

医疗单位临床急需或者个人自用进口的少量药品，按照海关的规定办理进口手续。

第二十九条 对国内供应不足的中药材、中成药，国务院卫生行政部门有权限制或者禁止出口。

第三十条 进口、出口麻醉药品和国务院卫生行政部门规定范围内的精神药品，必须持有国务院卫生行政部门发给的“进口准许证”“出口准许证”。

第三十一条 新发现和从国外引种的药材，经省、自治区、直辖市卫生行政部门审核批准后，方可销售。

第三十二条 地区性民间习用药材的具体管理办法，由国务院卫生行政部门制定。

第三十三条 禁止生产、销售假药。有下列情形之一的为假药：

一、药品所含成分的外称与国家药品标准或者省、自治区、直辖市药品标准规定不符合的。

二、以非药品冒充药品或者以他种药品冒充此种药品的。

有下列情形之一的药品按假药处理：

一、国务院卫生行政部门规定禁止使用的。

二、未取得批准文号生产的。

三、变质不能药用的。

四、被污染不能药用的。

第三十四条 禁止生产、销售劣药。有下列情形之一的药品为劣药：

一、药品成分的含量与国家药品标准或者省、自治区、直辖市药品标准规定不符合的。

二、超过有效期的。

三、其他不符合药品标准规定的。

第三十五条 药品生产企业、药品经营企业和医疗单位直接接触药品的工作人员，必须每年进行健康检查。患有传染病或者其他可能污染药品的疾病的患者，不得从事直接接触药品的工作。

第六章 药品的包装和分装

第三十六条 药品包装必须适合药品质量的要求，方便储存、运输和医疗使用。规定有效期的药品，必须在包装上注明有效期。

发运中药材必须有包装。在每件包装上，必须注明品名、产地、日期、调出单位，并附有质量合格的标志。

第三十七条 药品包装必须按照规定贴有标签并附有说明书。

标签或者说明书上必须注明药品的品名、规格、生产企业、批准文号、产品批号、主要成分、适应证、用法、用量、禁忌、不良反应和注意事项。

麻醉药品、精神药品、毒性药品、放射性药品和外用药品的标签，必须印有规定的标志。

第三十八条 药品经营企业分装药品，必须具有与所分装药品相适应的设施和卫生条件，由药学技术人员负责，分装记录必须完整准确。

分装药品必须附有说明书，在包装上注明品名、规格、生产企业和产品批号、分装单位和分装批号。规定有效期的药品，分装后必须注明有效期。

第七章 特殊管理的药品

第三十九条 国家对麻醉药品、精神药品、毒性药品、放射性药品，实行特殊的管理办法。管理办法由国务院制定。

第四十条 麻醉药品，包括原植物，只准由国务院卫生行政部门会同有关部门指定的单位生产，并由省、自治区、直辖市卫生行政部门会同有关部门指定的单位按照规定供应。

第八章 药品商标和广告的管理

第四十一条 除中药材、中药饮片外，药品必须使用注册商标；未经核准注册的，不得在市场销售。

注册商标必须在药品包装和标签上注明。

第四十二条 药品广告必须经省、自治区、直辖市卫生行政部门审查批准；未经批准的，不得刊登、播放、散发和张贴。

第四十三条 外国企业在我国申请药品广告，必须提供生产该药品的国家（地区）批准的证明文件、药品说明书和有关资料。

第四十四条 药品广告的内容必须以国务院卫生行政部门或者省、自治区、直辖市卫生行政部门批准的说明书为准。

第九章 药品监督

第四十五条 县级以上卫生行政部门行使药品监督职权。

县级以上卫生行政部门可以设置药政机构和药品检验机构。

第四十六条 县级以上卫生行政部门设药品监督员。药品监督员由药学技术人员担任，由同级人民政府审核发给证书。

第四十七条 药品监督员有权按照规定对辖区内的药品生产企业、药品经营企业和医疗单位的药品质量进行监督、检查、抽验，必要时可以按照规定抽取样品和索取有关资料，有关单位不得拒绝和隐瞒。药品监督员对药品生产企业和科研单位提供的技术资料，负责保密。

第四十八条 药品生产企业、药品经营企业和医疗单位，应当经常考察本单位所生产、经营、使用的药品的量、疗效和不良反应。

医疗单位发现药品中毒事故，必须及时向当地卫生行政部门报告。

第四十九条 药品生产企业和药品经营企业的药品检验机构或者人员，受当地药品检验机构的业务指导。

第十章 法律责任

第五十条 生产、销售假药的，没收假药和违法所得，处以罚款，并可以责令该单位停产、停业整顿或者吊销“药品生产企业许可证”“药品经营企业许可证”“制剂许可证”。

对生产、销售假药，危害人民健康的个人或者单位直接责任人员，依照刑法第一百六十四条的规定追究刑事责任。

第五十一条 生产、销售劣药的，没收劣药和违法所得，可以并处罚款；情节严重的，并责令该单位停产、停业整顿或者吊销“药品生产企业许可证”“药品经营企业许可证”“制剂许可证”。

对生产、销售劣药，危害人民健康，造成严重后果的个人或者单位直接责任人员，比照刑法第一百六十四条的规定追究刑事责任。

第五十二条 未取得“药品生产企业许可证”“药品经营企业许可证”“制剂许可证”生产药品、经营药品或者配制制剂的，责令该单位停产、停业或者停止配制制剂，没收全部药品和违法所得，可以并处罚款。

第五十三条 违反本法关于药品生产、药品经营的管理的其他规定的，处以警告或者罚款。

第五十四条 本法规定的行政处罚，由县级以上卫生行政部门决定。违反本法第十五条规定、第八章有关广告管理的规定的行政处罚，由工商行政管理部门决定。

对中央或者省、自治区、直辖市人民政府直接管辖的药品生产企业、药品经营企业处以停产、停业整顿七天以上或者吊销“药品生产企业许可证”“药品经营企业许可证”处罚的，由省、自治区、直辖市卫生行政部门报同级人民政府决定。对市、县或者市、县以下人民政府管辖的药品生产企业、药品经营企业处以停产、停业整顿七天以上或者吊销“药品生产企业许可证”“药品经营企业许可证”处罚的，由市、县人民政府卫生行政部门报同级人民政府决定。

没收的药品，由卫生行政部门监督处理。

第五十五条 当事人对行政处罚决定不服的，可以在接到处罚通知之日起十五天内向人民法院起诉。但是，对卫生行政部门作出的药品控制的决定，当事人必须立即执行。对处罚决定不履行逾期又不起诉的，由作出行政处罚决定的机关申请人民法院强制执行。

第五十六条 违反本法，造成药品中毒事故的，致害单位或者个人应当负损害赔偿责任。受害人可以请求县级以上卫生行政部门处理；当事人不服的，可以向人民法院起诉。受害人也可以直接向人民法院起诉。

损害赔偿要求。应当从受害人或者其代理人知道或者应当知道之日起一年内提出；超过期限的，不予受理。

第十一章　附　则

第五十七条 本法下列用语的含义是：

药品：指用于预防、治疗、诊断人的疾病，有目的的调节人的生理机能并规定有适应证、用法和用量的物质，包括中药材、中药饮片、中成药、化学原料药及其制剂、抗生素、生化药品、放射性药品、血清疫苗、血液制品和诊断药品等。

新药：指我国未生产过的药品。

辅料：指生产药品和调配处方时所用的赋形剂和附加剂。

药品生产企业：指生产药品的专营企业或者兼营企业。

药品经营企业：指经营药品的专营企业或者兼营企业。

第五十八条 本法所说的药品生产，不包括中药材的种植、采集和饲养。

第五十九条 国务院卫生行政部门根据本法制定实施办法报国务院批准施行。

中国人民解放军特需药品的管理办法，由国家军事主管部门制定。

第六十条 本法自一九八五年七月一日起施行。

中华人民共和国药品管理法实施条例

（2002年8月4日国务院令第360号公布）

第一章 总 则

第一条 根据《中华人民共和国药品管理法》（以下简称《药品管理法》），制定本条例。

第二条 国务院药品监督管理部门设置国家药品检验机构。

省、自治区、直辖市人民政府药品监督管理部门可以在本行政区域内设置药品检验机构。地方药品检验机构的设置规划由省、自治区、直辖市人民政府药品监督管理部门提出，报省、自治区、直辖市人民政府批准。

国务院和省、自治区、直辖市人民政府的药品监督管理部门可以根据需要，确定符合药品检验条件的检验机构承担药品检验工作。

第二章 药品生产企业管理

第三条 开办药品生产企业，申办人应当向拟办企业所在地省、自治区、直辖市人民政府药品监督管理部门提出申请。省、自治区、直辖市人民政府药品监督管理部门应当自收到申请之日起30个工作日内，依据《药品管理法》第八条规定的开办条件组织验收；验收合格的，发给“药品生产许可证”。

第四条 药品生产企业变更“药品生产许可证”许可事项的，应当在许可事项发生变更30日前，向原发证机关申请“药品生产许可证”变更登记；未经批准，不得变更许可事项。原发证机关应当自收到申请之日起15个工作日内作出决定。

第五条 省级以上人民政府药品监督管理部门应当按照《药品生产质量管理规范》和国务院药品监督管理部门规定的实施办法和实施步骤，组织对药品生产企业的认证工作；符合《药品生产质量管理规范》的，发给认证证书。其中，生产注射剂、放射性药品和国务院药品监督管理部门规定的生物制品的药品生产企业的认证工作，由国务院药品监督管理部门负责。

《药品生产质量管理规范》认证证书的格式由国务院药品监督管理部门统一规定。

第六条 新开办药品生产企业、药品生产企业新建药品生产车间或者新增生产剂型的，应当自取得药品生产证明文件或者经批准正式生产之日起30日内，按照规定向药品监督管理部门申请《药品生产质量管理规范》认证。受理申请的药品监督管理部门应当自收到企业申请之日起6个月内，组织对申请企业是否符合《药品生产质量管理规范》进行认证；认证合格的，发给认证证书。

第七条 国务院药品监督管理部门应当设立《药品生产质量管理规范》认证检查员库。《药品生产质量管理规范》认证检查员必须符合国务院药品监督管理部门规定的条件。进行《药品生产质量管理规范》认证，必须按照国务院药品监督管理部门的规定，从《药品生产质量管理规范》认证检查员库中随机抽取认证检查员组成认证检查组进行认证检查。

第八条 “药品生产许可证”有效期为5年。有效期届满，需要继续生产药品的，持证企业应当在许可证有效期届满前6个月，按照国务院药品监督管理部门的规定申请换发“药品生产许可证”。

药品生产企业终止生产药品或者关闭的，“药品生产许可证”由原发证部门缴销。

第九条 药品生产企业生产药品所使用的原料药，必须具有国务院药品监督管理部门核发的药品批准文号或者进口药品注册证书、医药产品注册证书；但是，未实施批准文号管理的中药材、中药饮片除外。

第十条 依据《药品管理法》第十三条规定，接受委托生产药品的，受托方必须是持有与其受托生产的药品相适应的《药品生产质量管理规范》认证证书的药品生产企业。

疫苗、血液制品和国务院药品监督管理部门规定的其他药品，不得委托生产。

第三章 药品经营企业管理

第十一条 开办药品批发企业，申办人应当向拟办企业所在地省、自治区、直辖市人民政府药品监督管理部门提出申请。省、自治区、直辖市人民政府药品监督管理部门应当自收到申请之日起30个工作日内，依据国务院药品监督管理部门规定的设置标准作出是否同意筹建的决定。申办人完成拟办企业筹建后，应当向原审批部门申请验收。原审批部门应当自收到申请之日起30个工作日内，依据《药品管理法》第十五条规定的开办条件组织验收；符合条件的，发给“药品经营许可证”。

第十二条 开办药品零售企业，申办人应当向拟办企业所在地设区的市级药品监督管理机构或者省、自治区、直辖市人民政府药品监督管理部门直接设置的县级药品监督管理机构提出申请。受理申请的药品监督管理机构应当自收到申请之日起30个工作日内，依据国务院药品监督管理部门的规定，结合当地常住人口数量、地域、交通状况和实际需要进行审查，作出是否同意筹建的决定。申办人完成拟办企业筹建后，应当向原审批机构申请验收。原审批机构应当自收到申请之日起15个工作日内，依据《药品管理法》第十五条规定的开办条件组织验收；符合条件的，发给“药品经营许可证”。

第十三条 省、自治区、直辖市人民政府药品监督管理部门和设区的市级药品监督管理机构负责组织药品经营企业的认证工作。药品经营企业应当按照国务院药品监督管理部门规定的实施办法和实施步骤，通过省、自治区、直辖市人民政府药品监督管理部门或者设区的市级药品监督管理机构组织的《药品经营质量管理规范》的认证，取得认证证书。《药品经营质量管理规范》认证证书的格式由国务院药品监督管理部门统一规定。

新开办药品批发企业和药品零售企业，应当自取得“药品经营许可证”之日起30日内，向发给其“药品经营许可证”的药品监督管理部门或者药品监督管理机构申请《药品经营质量管理规范》认证。受理申请的药品监督管理部门或者药品监督管理机构应当自收到申请之日起3个月内，按照国务院药品监督管理部门的规定，组织对申请认证的药品批发企业或者药品零售企业是否符合《药品经营质量管理规范》进行认证；认证合格的，发给认证证书。

第十四条 省、自治区、直辖市人民政府药品监督管理部门应当设立《药品经营质量管理规范》认证检查员库。《药品经营质量管理规范》认证检查员必须符合国务院药品监督管理部门规定的条件。进行《药品经营质量管理规范》认证，必须按照国务院药品监督管理部门的规定，从《药品经营质量管理规范》认证检查员库中随机抽取认证检查员组成认证检查组进行认证检查。

第十五条 国家实行处方药和非处方药分类管理制度。国家根据非处方药品的安全性，将非处方药分为甲类非处方药和乙类非处方药。

经营处方药、甲类非处方药的药品零售企业，应当配备执业药师或者其他依法经资格认定的药学技术人员。经营乙类非处方药的药品零售企业，应当配备经设区的市级药品监督管理机构或者省、自治区、直辖市人民政府药品监督管理部门直接设置的县级药品监督管理机构组织考核合格的业务人员。

第十六条 药品经营企业变更“药品经营许可证”许可事项的，应当在许可事项发生变更30日前，向原发证机关申请“药品经营许可证”变更登记；未经批准，不得变更许可事项。原发证机关应当自收到企业申请之日起15个工作日内作出决定。

第十七条 “药品经营许可证”有效期为5年。有效期届满，需要继续经营药品的，持证企业应当在许可证有效期届满前6个月，按照国务院药品监督管理部门的规定申请换发“药品经营许可证”。

药品经营企业终止经营药品或者关闭的，“药品经营许可证”由原发证机关缴销。

第十八条 交通不便的边远地区城乡集市贸易市场没有药品零售企业的，当地药品零售企业经所在地县（市）药品监督管理机构批准并到工商行政管理部门办理登记注册后，可以在该城乡集市贸易市场内设点并在批准经营的药品范围内销售非处方药品。

第十九条 通过互联网进行药品交易的药品生产企业、药品经营企业、医疗机构及其交易的药品，必须符合《药品管理法》和本条例的规定。互联网药品交易服务的管理办法，由国务院药品监督管理部门会同国务院有关部门制定。

第四章 医疗机构的药剂管理

第二十条 医疗机构设立制剂室，应当向所在地省、自治区、直辖市人民政府卫生行政部门提出申请，经审核同意后，报同级人民政府药品监督管理部门审批；省、自治区、直辖市人民政府药品监督管理部门验收合格的，予以批准，发给“医疗机构制剂许可证”。

省、自治区、直辖市人民政府卫生行政部门和药品监督管理部门应当在各自收到申请之日起30个工作日内，作出是否同意或者批准的决定。

第二十一条 医疗机构变更“医疗机构制剂许可证”许可事项的，应当在许可事项发生变更30日前，依照本条例第二十条的规定向原审核、批准机关申请“医疗机构制剂许可证”变更登记；未经批准，不得变更许可事项。原审核、批准机关应当在各自收到申请之日起15个工作日内作出决定。

医疗机构新增配制剂型或者改变配制场所的，应当经所在地省、自治区、直辖市人民政府药品监督管理部门验收合格后，依照前款规定办理“医疗机构制剂许可证”变更登记。

第二十二条 “医疗机构制剂许可证”有效期为5年。有效期届满，需要继续配制制剂的，医疗机构应当在许可证有效期届满前6个月，按照国务院药品监督管理部门的规定申请换发“医疗机构制剂许可证”。

医疗机构终止配制制剂或者关闭的，“医疗机构制剂许可证”由原发证机关缴销。

第二十三条 医疗机构配制制剂，必须按照国务院药品监督管理部门的规定报送有关资料和样品，经所在地省、自治区、直辖市人民政府药品监督管理部门批准，并发给制剂批准文号后，方可配制。

第二十四条 医疗机构配制的制剂不得在市场上销售或者变相销售，不得发布医疗机构制剂广告。

发生灾情、疫情、突发事件或者临床急需而市场没有供应时，经国务院或者省、自治区、直辖市人民政府的药品监督管理部门批准，在规定期限内，医疗机构配制的制剂可以在指定的医疗机构之间调剂使用。

国务院药品监督管理部门规定的特殊制剂的调剂使用以及省、自治区、直辖市之间医疗机构制剂的调剂使用，必须经国务院药品监督管理部门批准。

第二十五条 医疗机构审核和调配处方的药剂人员必须是依法经资格认定的药学技术人员。

第二十六条 医疗机构购进药品，必须有真实、完整的药品购进记录。药品购进记录必须注明药品的通用名称、剂型、规格、批号、有效期、生产厂商、供货单位、购货数量、购进价格、购货日期以及国务院药品监督管理部门规定的其他内容。

第二十七条 医疗机构向患者提供的药品应当与诊疗范围相适应，并凭执业医师或者执业助理医师的处方调配。

计划生育技术服务机构采购和向患者提供药品，其范围应当与经批准的服务范围相一致，并凭执业医师或者执业助理医师的处方调配。

个人设置的门诊部、诊所等医疗机构不得配备常用药品和急救药品以外的其他药品。常用药品和急救药品的范围和品种，由所在地的省、自治区、直辖市人民政府卫生行政部门会同同级人民政府药品监督管理部门规定。

第五章 药品管理

第二十八条 药物非临床安全性评价研究机构必须执行《药物非临床研究质量管理规范》，药物临床试验机构必须执行《药物临床试验质量管理规范》。《药物非临床研究质量管理规范》《药物临床试验质量管理规范》由国务院药品监督管理部门分别商国务院科学技术行政部门和国务院卫生行政部门制定。

第二十九条 药物临床试验、生产药品和进口药品，应当符合《药品管理法》及本条例的规定，经国务院药品监督管理部门审查批准；国务院药品监督管理部门可以委托省、自治区、直辖市人民政府药品监督管理部门对申报药物的研制情况及条件进行审查，对申报资料进行形式审查，并对试制的样品进行检验。具体办法由国务院药品监督管理部门制定。

第三十条 研制新药，需要进行临床试验的，应当依照《药品管理法》第二十九条的规定，经国务院药品监督管理部门批准。

药物临床试验申请经国务院药品监督管理部门批准后，申报人应当在经依法认定的具有药物临床试验资格的机构中选择承担药物临床试验的机构，并将该临床试验机构报国务院药品监督管理部门和国务院卫生行政部门备案。

药物临床试验机构进行药物临床试验，应当事先告知受试者或者其监护人真实情况，并取得其书面同意。

第三十一条 生产已有国家标准的药品，应当按照国务院药品监督管理部门的规定，向省、自治区、直辖市人民政府药品监督管理部门或者国务院药品监督管理部门提出申请，报送有关技术资料并提供相关证明文件。省、自治区、直辖市人民政府药品监督管理部门应当自受理申请之日起30个工作日内进行审查，提出意见后报送国务院药品监督管理部门审核，并同时将审查意见通知申报方。国务院药品监督管理部门经审核符合规定的，发给药品批准文号。

第三十二条 变更研制新药、生产药品和进口药品已获批准证明文件及其附件中载明事项的，应当向国务院药品监督管理部门提出补充申请；国务院药品监督管理部门经审核符合规定的，应当予以批准。其中，不改变药品内在质量的，应当向省、自治区、直辖市人民政府药品监督管理部门提出补充申请；省、自治区、直辖市人民政府药品监督管理部门经审核符合规定的，应当予以批准，并报国务院药品监督管理部门备案。不改变药品内在质量的补充申请事项由国务院药品监督管理部门制定。

第三十三条 国务院药品监督管理部门根据保护公众健康的要求，可以对药品生产企业生产的新药品种设立不超过5年的监测期；在监测期内，不得批准其他企业生产和进口。

第三十四条 国家对获得生产或者销售含有新型化学成分药品许可的生产者或者销售者提交的自行取得且未披露的试验数据和其他数据实施保护，任何人不得对该未披露的试验数据和其他数据进行不正当的商业利用。

自药品生产者或者销售者获得生产、销售新型化学成分药品的许可证明文件之日起6年内，对其他申请人未经已获得许可的申请人同意，使用前款数据申请生产、销售新型化学成分药品许可的，药品监督管理部门不予许可；但是，其他申请人提交自行取得数据的除外。

除下列情形外，药品监督管理部门不得披露本条第一款规定的数据：

（一）公共利益需要；

（二）已采取措施确保该类数据不会被不正当地进行商业利用。

第三十五条 申请进口的药品，应当是在生产国家或者地区获得上市许可的药品；未在生产国家或者地区获得上市许可的，经国务院药品监督管理部门确认该药品品种安全、有效而且临床需要的，可以依照《药品管理法》及本条例的规定批准进口。

进口药品，应当按照国务院药品监督管理部门的规定申请注册。国外企业生产的药品取得“进口药品注册证”，中国香港、澳门和台湾地区企业生产的药品取得“医药产品注册证”后，方可进口。

第三十六条 医疗机构因临床急需进口少量药品的，应当持“医疗机构执业许可证”向国务院药品监督管理部门提出申请；经批准后，方可进口。进口的药品应当在指定医疗机构内用于特定医疗目的。

第三十七条 进口药品到岸后，进口单位应当持“进口药品注册证”或者“医药产品注册证”以及产地证明原件、购货合同副本、装箱单、运单、货运发票、出厂检验报告书、说明书等材料，向口岸所在地药品监督管理部门备案。口岸所在地药品监督管理部门经审查，提交的材料符合要求的，发给《进口药品通关单》。进口单位凭《进口药品通关单》向海关办理报关验放手续。

口岸所在地药品监督管理部门应当通知药品检验机构对进口药品逐批进行抽查检验；但是，有《药品管理法》第四十一条规定情形的除外。

第三十八条 疫苗类制品、血液制品、用于血源筛查的体外诊断试剂以及国务院药品监督管理部门规定的其他生物制品在销售前或者进口时，应当按照国务院药品监督管理部门的规定进行检验或者审核批准；检验不合格或者未获批准的，不得销售或者进口。

第三十九条 国家鼓励培育中药材。对集中规模化栽培养殖、质量可以控制并符合国务院药品监督管理部门规定条件的中药材品种，实行批准文号管理。

第四十条 国务院药品监督管理部门对已批准生产、销售的药品进行再评价，根据药品再评价结果，可以采取责令修改药品说明书，暂停生产、销售和使用的措施；对不良反应大或者其他原因危害人体健康的药品，应当撤销该药品批准证明文件。

第四十一条 国务院药品监督管理部门核发的药品批准文号、“进口药品注册证”“医药产品注册证”的有效期为5年。有效期届满，需要继续生产或者进口的，应当在有效期届满前6个月申请再注册。药品再注册时，应当按照国务院药品监督管理部门的规定报送相关资料。有效期届满，未申请再注册或者经审查不符合国务院药品监督管理部门关于再注册的规定的，注销其药品批准文号、“进口药品注册证”或者“医药产品注册证”。

药品批准文号的再注册由省、自治区、直辖市人民政府药品监督管理部门审批，并报国务院药品监督管理部门备案；“进口药品注册证”“医药产品注册证”的再注册由国务院药品监督管理部门审批。

第四十二条 非药品不得在其包装、标签、说明书及有关宣传资料上进行含有预防、治疗、诊断人体疾病等有关内容的宣传；但是，法律、行政法规另有规定的除外。

第六章 药品包装的管理

第四十三条 药品生产企业使用的直接接触药品的包装材料和容器，必须符合药用要求和保障人体健康、安全的标准，并经国务院药品监督管理部门批准注册。

直接接触药品的包装材料和容器的管理办法、产品目录和药用要求与标准，由国务院药品监督管理部门组织制定并公布。

第四十四条 生产中药饮片，应当选用与药品性质相适应的包装材料和容器；包装不符合规定的中药饮片，不得销售。中药饮片包装必须印有或者贴有标签。

中药饮片的标签必须注明品名、规格、产地、生产企业、产品批号、生产日期，实施批准文号管理的中药饮片还必须注明药品批准文号。

第四十五条 药品包装、标签、说明书必须依照《药品管理法》第五十四条和国务院药品监督管理部门的规定印制。

药品商品名称应当符合国务院药品监督管理部门的规定。

第四十六条 医疗机构配制制剂所使用的直接接触药品的包装材料和容器、制剂的标签和说明书应当符合《药品管理法》第六章和本条例的有关规定，并经省、自治区、直辖市人民政府药品监督管理部门批准。

第七章 药品价格和广告的管理

第四十七条 政府价格主管部门依照《中华人民共和国价格法》第二十八条的规定实行药品价格监测时，为掌握、分析药品价格变动和趋势，可以指定部分药品生产企业、药品经营企业和医疗机构作为价格监测定点单位；定点单位应当给予配合、支持，如实提供有关信息资料。

第四十八条 发布药品广告，应当向药品生产企业所在地省、自治区、直辖市人民政府药品监督管理部门报送有关材料。省、自治区、直辖市人民政府药品监督管理部门应当自收到有关材料之日起10个工作日内作出是否核发药品广告批准文号的决定；核发药品广告批准文号的，应当同时报国务院药品监督管理部门备案。具体办法由国务院药品监督管理部门制定。

发布进口药品广告，应当依照前款规定向进口药品代理机构所在地省、自治区、直辖市人民政府药品监督管理部门申请药品广告批准文号。

在药品生产企业所在地和进口药品代理机构所在地以外的省、自治区、直辖市发布药品广告的，发布广告的企业应当在发布前向发布地省、自治区、直辖市人民政府药品监督管理部门备案。接受备案的省、自治区、直辖市人民政府药品监督管理部门发现药品广告批准内容不符合药品广告管理规定的，应当交由原核发部门处理。

第四十九条 经国务院或者省、自治区、直辖市人民政府的药品监督管理部门决定，责令暂停生产、销售和使用的药品，在暂停期间不得发布该品种药品广告；已经发布广告的，必须立即停止。

第五十条 未经省、自治区、直辖市人民政府药品监督管理部门批准的药品广告，使用伪造、冒用、失效的药品广告批准文号的广告，或者因其他广告违法活动被撤销药品广告批准文号的广告，发布广告的企业、广告经营者、广告发布者必须立即停止该药品广告的发布。

对违法发布药品广告，情节严重的，省、自治区、直辖市人民政府药品监督管理部门可以予以公告。

第八章 药品监督

第五十一条 药品监督管理部门（含省级人民政府药品监督管理部门依法设立的药品监督管理机构，下同）依法对药品的研制、生产、经营、使用实施监督检查。

第五十二条 药品抽样必须由两名以上药品监督检查人员实施，并按照国务院药品监督管理部门的规定进行抽样；被抽检方应当提供抽检样品，不得拒绝。

药品被抽检单位没有正当理由，拒绝抽查检验的，国务院药品监督管理部门和被抽检单位所在地省、自治区、直辖市人民政府药品监督管理部门可以宣布停止该单位拒绝抽检的药品上市销售和使用。

第五十三条 对有掺杂、掺假嫌疑的药品，在国家药品标准规定的检验方法和检验项目不能检验时，药品检验机构可以补充检验方法和检验项目进行药品检验；经国务院药品监督管理部门批准后，使用补充检验方法和检验项目所得出的检验结果，可以作为药品监督管理部门认定药品质量的依据。

第五十四条 国务院和省、自治区、直辖市人民政府的药品监督管理部门应当根据药品质量抽查检验结果，定期发布药品质量公告。药品质量公告应当包括抽验药品的品名、检品来源、生产企业、生产批号、药品规格、检验机构、检验依据、检验结果、不合格项目等内容。药品质量公告不当的，发布部门应当自确认公告不当之日起5日内，在原公告范围内予以更正。

当事人对药品检验机构的检验结果有异议，申请复验的，应当向负责复验的药品检验机构提交书面申请、原药品检验报告书。复验的样品从原药品检验机构留样中抽取。

第五十五条 药品监督管理部门依法对有证据证明可能危害人体健康的药品及其有关证据材料采取查封、扣押的行政强制措施的，应当自采取行政强制措施之日起7日内作出是否立案的决定；需要检验的，应当自检验报告书发出之日起15日内作出是否立案的决定；不符合立案条件的，应当解除行政强制措施；需要暂停销售和使用的，应当由国务院或者省、自治区、直辖市人民政府的药品监督管理部门作出决定。

第五十六条 药品抽查检验，不得收取任何费用。

当事人对药品检验结果有异议，申请复验的，应当按照国务院有关部门或者省、自治区、直辖市人民政府有关部门的规定，向复验机构预先支付药品检验费用。复验结论与原检验结论不一致的，复验检验费用由原药品检验机构承担。

第五十七条 依据《药品管理法》和本条例的规定核发证书、进行药品注册、药品认证和实施药品审批检验及其强制性检验，可以收取费用。具体收费标准由国务院财政部门、国务院价格主管部门制定。

第九章 法律责任

第五十八条 药品生产企业、药品经营企业有下列情形之一的，由药品监督管理部门依照《药品管理法》第七十九条的规定给予处罚：

（一）开办药品生产企业、药品生产企业新建药品生产车间、新增生产剂型，在国务院药品监督管理部门规定的时间内未通过《药品生产质量管理规范》认证，仍进行药品生产的；

（二）开办药品经营企业，在国务院药品监督管理部门规定的时间内未通过《药品经营质量管理规范》认证，仍进行药品经营的。

第五十九条 违反《药品管理法》第十三条的规定，擅自委托或者接受委托生产药品的，对委托方和受托方均依照《药品管理法》第七十四条的规定给予处罚。

第六十条 未经批准，擅自在城乡集市贸易市场设点销售药品或者在城乡集市贸易市场设点销售的药品超出批准经营的药品范围的，依照《药品管理法》第七十三条的规定给予处罚。

第六十一条 未经批准，医疗机构擅自使用其他医疗机构配制的制剂的，依照《药品管理法》第八十条的规定给予处罚。

第六十二条 个人设置的门诊部、诊所等医疗机构向患者提供的药品超出规定的范围和品种的，依照《药品管理法》第七十三条的规定给予处罚。

第六十三条 医疗机构使用假药、劣药的，依照《药品管理法》第七十四条、第七十五条的规定给予处罚。

第六十四条 违反《药品管理法》第二十九条的规定，擅自进行临床试验的，对承担药物临床试验的机构，依照《药品管理法》第七十九条的规定给予处罚。

第六十五条 药品申报者在申报临床试验时，报送虚假研制方法、质量标准、药理及毒理试验结果等有关资料和样品的，国务院药品监督管理部门对该申报药品的临床试验不予批准，对药品申报者给予警告；情节严重的，3年内不受理该药品申报者申报该品种的临床试验申请。

第六十六条 生产没有国家药品标准的中药饮片，不符合省、自治区、直辖市人民政府药品监督管理部门制定的炮制规范的；医疗机构不按照省、自治区、直辖市人民政府药品监督管理部门批准的标准配制制剂的，依照《药品管理法》第七十五条的规定给予处罚。

第六十七条 药品监督管理部门及其工作人员违反规定，泄露生产者、销售者为获得生产、销售含有新型化学成分药品许可而提交的未披露试验数据或者其他数据，造成申请人损失的，由药品监督管理部门依法承担赔偿责任；药品监督管理部门赔偿损失后，应当责令故意或者有重大过失的工作人员承担部分或者全部赔偿费用，并对直接责任人员依法给予行政处分。

第六十八条 药品生产企业、药品经营企业生产、经营的药品及医疗机构配制的制剂，其包装、标签、说明书违反《药品管理法》及本条例规定的，依照《药品管理法》第八十六条的规定给予处罚。

第六十九条 药品生产企业、药品经营企业和医疗机构变更药品生产经营许可事项，应当办理变更登记手续而未办理的，由原发证部门给予警告，责令限期补办变更登记手续；逾期不补办的，宣布其"药品生产许可证""药品经营许可证"和"医疗机构制剂许可证"无效；仍从事药品生产经营活动的，依照《药品管理法》第七十三条的规定给予处罚。

第七十条 篡改经批准的药品广告内容的，由药品监督管理部门责令广告主立即停止该药品广告的发布，并由原审批的药品监督管理部门依照《药品管理法》第九十二条的规定给予处罚。

药品监督管理部门撤销药品广告批准文号后，应当自作出行政处理决定之日起5个工作日内通知广告监督管理机关。广告监督管理机关应当自收到药品监督管理部门通知之日起15个工作日内，依照《中华人民共和国广告法》的有关规定作出行政处理决定。

第七十一条 发布药品广告的企业在药品生产企业所在地或者进口药品代理机构所在地以外的省、自治区、直辖市发布药品广告，未按照规定向发布地省、自治区、直辖市人民政府药品监督管理部门备案的，由发布地的药品监督管理部门责令限期改正；逾期不改正的，停止该药品品种在发布地的广告发布活动。

第七十二条 未经省、自治区、直辖市人民政府药品监督管理部门批准，擅自发布药品广告的，药品监督管理部门发现后，应当通知广告监督管理部门依法查处。

第七十三条 违反《药品管理法》和本条例的规定，有下列行为之一的，由药品监督管理部门在《药品管理法》和本条例规定的处罚幅度内从重处罚：

（一）以麻醉药品、精神药品、医疗用毒性药品、放射性药品冒充其他药品，或者以其他药品冒充上述药品的；

（二）生产、销售以孕产妇、婴幼儿及儿童为主要使用对象的假药、劣药的；

（三）生产、销售的生物制品、血液制品属于假药、劣药的；

（四）生产、销售、使用假药、劣药，造成人员伤害后果的；

（五）生产、销售、使用假药、劣药，经处理后重犯的；

（六）拒绝、逃避监督检查，或者伪造、销毁、隐匿有关证据材料的，或者擅自动用查封、扣押物品的。

第七十四条 药品监督管理部门设置的派出机构，有权作出《药品管理法》和本条例规定的警告、罚款、没收违法生产、销售的药品和违法所得的行政处罚。

第七十五条 药品经营企业、医疗机构未违反《药品管理法》和本条例的有关规定，并有充分证据证明其不知道所销售或者使用的药品是假药、劣药的，应当没收其销售或者使用的假药、劣药和违法所得；但是，可以免除其他行政处罚。

第七十六条 依照《药品管理法》和本条例的规定没收的物品，由药品监督管理部门按照规定监督处理。

第十章 附 则

第七十七条 本条例下列用语的含义：

药品合格证明和其他标志，是指药品生产批准证明文件、药品检验报告书、药品的包装、标签和说明书。

新药，是指未曾在中国境内上市销售的药品。

处方药，是指凭执业医师和执业助理医师处方方可购买、调配和使用的药品。

非处方药，是指由国务院药品监督管理部门公布的，不需要凭执业医师和执业助理医师处方，消费者可以自行判断、购买和使用的药品。

医疗机构制剂，是指医疗机构根据本单位临床需要经批准而配制、自用的固定处方制剂。

药品认证，是指药品监督管理部门对药品研制、生产、经营、使用单位实施相应质量管理规范进行检查、评价并决定是否发给相应认证证书的过程。

药品经营方式，是指药品批发和药品零售。

药品经营范围，是指经药品监督管理部门核准经营药品的品种类别。

药品批发企业，是指将购进的药品销售给药品生产企业、药品经营企业、医疗机构的药品经营企业。

药品零售企业，是指将购进的药品直接销售给消费者的药品经营企业。

第七十八条 《药品管理法》第四十一条中“首次在中国销售的药品”，是指国内或者国外药品生产企业第一次在中国销售的药品，包括不同药品生产企业生产的相同品种。

第七十九条 《药品管理法》第五十九条第二款“禁止药品的生产企业、经营企业或者其代理人以任何名义给予使用其药品的医疗机构的负责人、药品采购人员、医师等有关人员以财物或者其他利益”中的“财物或者其他利益”，是指药品的生产企业、经营企业或者其代理人向医疗机构的负责人、药品采购人员、医师等有关人员提供的目的在于影响其药品采购或者药品处方行为的不正当利益。

第八十条 本条例自 2002 年 9 月 15 日起施行。

内蒙古自治区实施《中华人民共和国药品管理法》办法

（2005 年 12 月 1 日内蒙古自治区第十届人民代表大会常务委员会第十九次会议通过，第 36 号公布）

第一章 总 则

第一条 根据《中华人民共和国药品管理法》和《中华人民共和国药品管理法实施条例》，结合自治区实际，制定本办法。

第二条 自治区行政区域内从事药品研制、生产、经营、使用和监督管理的单位和个人，必须遵守本办法。

第三条 自治区人民政府药品监督管理部门主管全区药品监督管理工作。

盟行政公署、设区的市和旗县级人民政府药品监督管理部门负责本行政区域内的药品监督管理工作。

卫生、工商、价格等有关行政管理部门按照各自的职责负责与药品有关的监督管理工作。

第四条 自治区鼓励研究发展现代药和传统药。

支持和鼓励对民族民间习用药物进行研究开发，创制新药。

保护和合理利用野生药材资源，鼓励规范化、规模化生产中蒙药材。

第五条 自治区人民政府应当加大投入，支持蒙药材炮制和蒙药制剂的研究，组织有关专家制定蒙药材炮制规范和蒙药制剂规范。

炮制蒙药材和配制蒙药制剂应当符合规范。

第六条 药品的生产企业、经营企业和医疗机构应当遵守国家药品价格管理的有关规定，禁止暴利和损害用药者利益的价格欺诈行为。

第七条 自治区鼓励举报药品研制、生产、经营和使用中的违法行为，受理举报部门应当公布举报电话，对举报属实者根据有关规定给予奖励。

第二章 药品生产经营管理

第八条 经营处方药、甲类非处方药的药品零售企业，应当配备执业药师、驻店药师或者其他依法经资格认定的药学技术人员。

第九条 执业药师、驻店药师只能在一个药品经营企业从业，并接受继续教育。

第十条 通过《药品经营质量管理规范》认证的药品零售企业，经旗县级人民政府药品监督管理部门批准，并到工商行政管理部门登记注册后，可以在没有药品零售企业的边远苏木乡镇、嘎查村设立药品专柜，销售经批准经营的药品范围内的非处方药品。

第十一条 药品生产企业、药品经营企业不得生产和销售假药、劣药。

药品生产企业、药品经营企业在药品购销活动中发现假药、劣药，应当立即封存，并及时向药品购销活动所在地人民政府药品监督管理部门报告。

药品生产企业、药品经营企业在药品购销活动中发现质量可疑的药品，应当暂停销售，予以封存，并同时送药品检验机构检验，不得自行作退货、换货处理。检验结果为假药、劣药的，应当及时向药品购销活动所在地人民政府药品监督管理部门报告。

第十二条 药品生产企业、药品批发企业设立的办事机构或者委派的销售人员不得擅自存放药品或者进行现货销售活动。

第十三条 药品生产企业、药品经营企业和医疗机构在与药品代理销售人员进行药品购销活动时，应当查验下列材料：

（一）药品代理销售人员本人身份证及药事法律法规和专业知识培训合格证明材料原件；

（二）加盖所代理企业印章的药品生产许可证、药品经营许可证和营业执照复印件；

（三）加盖所代理企业印章和企业法定代表人印章或者签名的授权委托书。授权委托书应当有委托范围和时限。

药品生产企业、药品经营企业和医疗机构有义务对前款规定的证明材料进行查验，并留存前款第（一）项、第（二）项复印件和第（三）项原件。药品代理销售人员不能提供前款规定的证明材料或者所提供的证明材料不齐全，或者所提供的证明材料不符合要求的，不得采购其药品。

第十四条 药品广告的内容必须真实、合法，不得含有虚假的内容。

第三章 医疗机构的药剂管理

第十五条 医疗机构购进药品应当建立真实完整的药品购进记录。药品购进记录应当保存至药品有效期满后一年，但不得少于三年。

第十六条 嘎查村卫生室、个体诊所可以从就近的药品生产企业、药品经营企业购进药品，也可以委托本苏木乡镇卫生院代为采购药品，但双方应当签订委托合同。苏木乡镇卫生院不得再委托他人进行药品代购。

为嘎查村卫生室、个体诊所代购药品的苏木乡镇卫生院应当达到药品储存、养护标准要求，并建立药品购进和分发记录。

第十七条 医疗机构应当按照药品储存的有关规定设置与药品储存相适应的仓储设施，并按照规定条件储存药品。具体规定由自治区人民政府制定。

麻醉药品、一类精神药品、医疗用毒性药品、放射性药品、戒毒药品，应当专库或者专柜存放，双人双锁保管，专账记录。

第十八条 医疗机构对直接接触药品的人员，应当每年进行健康检查，并建立健康档案。患有传染病或者有疑似传染病以及患有其他可能污染药品的疾病的人员，不得从事直接接触药品的工作。

医疗机构从事药品采购、保管、养护、验收、调配的人员，应当接受专业培训和继续教育。国家规定应当取得专业资格的，从其规定。

第十九条 医疗机构调配药品的工具、包装材料、容器和工作环境，应当符合卫生要求，不得对药品产生污染，影响药品质量。

第二十条 医疗机构调配药品需要对原最小包装的药品拆零的，应当做好拆零记录，并保留原最小包装物和药品说明书至销售完为止。拆零后的药品包装物表面，应当注明药品名称、规格、用法、用量、批号、有效期等内容。

第二十一条 医疗机构不得使用假药、劣药。

医疗机构在药品使用过程中发现假药、劣药的，应当立即停止使用，及时向其所在地人民政府药品监督管理部门报告，不得擅自处理。

医疗机构发现质量可疑的药品，应当暂停使用，同时送药品检验机构检验；检验确定为假药、劣药的，应当及时向其所在地人民政府药品监督管理部门报告。

第二十二条 医疗机构应当凭处方使用药品，不得以邮寄、伪造处方、柜台开架自选和义诊、义卖、咨询、试用、展销会及其他方式经营或者变相经营药品。

第二十三条 医疗机构内部科室不得私设药房，医疗机构医务人员不得私自出售药品和制剂。

第二十四条 医疗机构应当实行药品价格公示、查询制度，向患者如实提供所用药品的价格清单。

第二十五条 医疗机构配制的制剂需要在其他医疗机构调剂使用的，配制制剂的医疗机构或者需要制剂的医疗机构应当向自治区人民政府药品监督管理部门提出申请。自治区人民政府药品监督管理部门应当自收到申请之日起 15 日内作出是否批准的决定。

蒙药制剂经自治区人民政府药品监督管理部门批准，可以在特定区域调剂使用。具体办法由自治区人民政府药品监督管理部门会同卫生行政管理部门制定。

第二十六条 医疗机构不得将回收的药品、制剂的包装材料或者容器用于直接接触制剂的包装材料和容器。

第二十七条 医疗机构不得利用医疗业务广告进行药品宣传。医疗机构配制的制剂不得发布广告。

第四章 药品交易会管理

第二十八条 举办药品交易会，举办者应当向所在地盟行政公署、设区的市人民政府药品监督管理部门登记备案。

第二十九条 参加药品交易会的单位应当向举办者提供下列材料：

（一）加盖本单位印章的药品生产许可证、药品经营许可证和营业执照复印件；

（二）单位派出参加药品交易会人员的身份证复印件和授权委托书；

（三）单位所在地人民政府药品监督管理部门出具的资格证明材料；

（四）交易药品的合格证明文件。

举办者应当审核参加者所提交的证明材料，并妥善保存。对于不符合要求的单位，不得参加药品交易会。

第三十条 禁止在药品交易会现场及周围从事现货购销活动和发放虚假广告。

第五章 法律责任

第三十一条 违反本办法第九条规定，执业药师、驻店药师在两个以上药品经营企业从业的，由药品监督管理部门责令改正。

第三十二条 违反本办法第十条规定，未经批准设立药品专柜或者销售的药品超出批准经营范围的，由药品监督管理部门依法予以取缔，没收违法所得，并处违法销售药品（包括已售出的和未售出的药品，下同）货值金额两倍以上四倍以下罚款。

第三十三条 违反本办法第十一条和第二十一条规定生产、销售和使用假药、劣药的，由药品监督管理部门依照《中华人民共和国药品管理法》第七十四条、第七十五条的规定给予处罚。

第三十四条 违反本办法第十二条规定，药品生产企业、药品批发企业设立的办事机构或者委派的代理销售人员擅自进行现货销售活动的，由药品监督管理部门没收违法所得，责令改正；逾期不改正的，处以违法销售药品货值金额两倍以上四倍以下罚款。

第三十五条 违反本办法第十三条规定，药品生产企业、药品经营企业和医疗机构没有查验相关材料，或者药品代理销售人员所提供的证明材料不齐全或者不符合法定要求而与其进行药品购销活动的，由药品监督管理部门责令改正。

第三十六条 医疗机构违反本办法第十五条、第十八条规定的，由药品监督管理部门给予警告并责令改正。

第三十七条 医疗机构违反本办法第十九条、第二十条和第二十六条规定的，由药品监督管理部门比照《中华人民共和国药品管理法》第八十六条的规定给予处罚。

第三十八条 违反本办法第二十八条、第三十条规定的，由药品监督管理部门依照国家和自治区的有关规定给予处罚。

第三十九条 违反本办法关于药品价格和广告管理规定的，依照《中华人民共和国价格法》和《中华人民共和国广告法》的规定予以处罚。

第四十条 药品监督管理部门对药品广告不依法履行审查职责，批准发布的广告有虚假或者其他违反法律、行政法规的内容的，对直接负责的主管人员和其他直接责任人员依法给予行政处分；构成犯罪的，依法追究刑事责任。

第四十一条 已取得“药品生产许可证”“药品经营许可证”的企业生产、销售假药、劣药的，除依法追究该企业的法律责任外，对有失职、渎职行为的药品监督管理部门直接负责的主管人员和其他直接责任人员依法给予行政处分；构成犯罪的，依法追究刑事责任。

第四十二条 药品监督管理部门对下级药品监督管理部门违法的行政行为，责令限期改正；逾期不改正的，有权予以改变或者撤销，并对其直接负责的主管人员和其他直接责任人员依法给予行政处分。

第四十三条 药品监督管理人员滥用职权、徇私舞弊、玩忽职守，构成犯罪的，依法追究刑事责任；尚不构成犯罪的，依法给予行政处分。

第六章 附 则

第四十四条 本办法下列用语的含义是：

现代药，是指通过化学合成、生物发酵、分离提取以及生物或者基因工程等现代科学技术手段获得的药品。

传统药，是指按照传统医学理论指导用于预防和治疗疾病的物质。

民族民间习用药物，是指在某一民族或者人群中通过实践长期用于预防和治疗疾病，但尚未经过医学或者药学理论证实的物质。

第四十五条 本办法所称医疗机构，包括医院、妇幼保健院、卫生院、疗养院、门诊部、诊所、卫生所（室）、急救中心（站）、疾病防治院（所、站）、疾病控制中心、护理院（站）、社区卫生服务中心（站）等从事疾病预防、诊断、治疗、保健活动的诊疗机构和计划生育技术服务机构。

第四十六条 本办法自2006年3月1日起施行。

中华人民共和国食品安全法实施条例

（2009年7月8日国务院第七十三次常务会议通过，2009年7月20日国务院令第557号公布）

第一章 总 则

第一条 根据《中华人民共和国食品安全法》（以下简称食品安全法），制定本条例。

第二条 县级以上地方人民政府应当履行食品安全法规定的职责；加强食品安全监督管理能力建设，为食品安全监督管理工作提供保障；建立健全食品安全监督管理部门的协调配合机制，整合、完善食品安全信息网络，实现食品安全信息共享和食品检验等技术资源的共享。

第三条 食品生产经营者应当依照法律、法规和食品安全标准从事生产经营活动，建立健全食品安全管理制度，采取有效管理措施，保证食品安全。

食品生产经营者对其生产经营的食品安全负责，对社会和公众负责，承担社会责任。

第四条 食品安全监督管理部门应当依照食品安全法和本条例的规定公布食品安全信息，为公众咨询、投诉、举报提供方便；任何组织和个人有权向有关部门了解食品安全信息。

第二章 食品安全风险监测和评估

第五条 食品安全法第十一条规定的国家食品安全风险监测计划，由国务院卫生行政部门会同国务院质量监督、工商行政管理和国家食品药品监督管理以及国务院商务、工业和信息化等部门，根据食品安全风险评估、食品安全标准制定与修订、食品安全监督管理等工作的需要制定。

第六条 省、自治区、直辖市人民政府卫生行政部门应当组织同级质量监督、工商行政管理、食品药品监督管理、商务、工业和信息化等部门，依照食品安全法第十一条的规定，制定本行政区域的食品安全风险监测方案，报国务院卫生行政部门备案。

国务院卫生行政部门应当将备案情况向国务院质量监督、工商行政管理和国家食品药品监督管理以及国务院商务、工业和信息化等部门通报。

第七条 国务院卫生行政部门会同有关部门除依照食品安全法第十二条的规定对国家食品安全风险监测计划作出调整外，必要时，还应当依据医疗机构报告的有关疾病信息调整国家食品安全风险监测计划。

国家食品安全风险监测计划作出调整后，省、自治区、直辖市人民政府卫生行政部门应当结合本行政区域的具体情况，对本行政区域的食品安全风险监测方案作出相应调整。

第八条 医疗机构发现其接收的病人属于食源性疾病病人、食物中毒病人，或者疑似食源性疾病病人、疑似食物中毒病人的，应当及时向所在地县级人民政府卫生行政部门报告有关疾病信息。

接到报告的卫生行政部门应当汇总、分析有关疾病信息，及时向本级人民政府报告，同时报告上级卫生行政部门；必要时，可以直接向国务院卫生行政部门报告，同时报告本级人民政府和上级卫生行政部门。

第九条 食品安全风险监测工作由省级以上人民政府卫生行政部门会同同级质量监督、工商行政管理、食品药品监督管理等部门确定的技术机构承担。

承担食品安全风险监测工作的技术机构应当根据食品安全风险监测计划和监测方案开展监测工作，保证监测数据真实、准确，并按照食品安全风险监测计划和监测方案的要求，将监测数据和分析结果报送省级以上人民政府卫生行政部门和下达监测任务的部门。

食品安全风险监测工作人员采集样品、收集相关数据，可以进入相关食用农产品种植养殖、食品生产、食品流通或者餐饮服务场所。采集样品，应当按照市场价格支付费用。

第十条 食品安全风险监测分析结果表明可能存在食品安全隐患的，省、自治区、直辖市人民政府卫生行政部门应当及时将相关信息通报本行政区域设区的市级和县级人民政府及其卫生行政部门。

第十一条 国务院卫生行政部门应当收集、汇总食品安全风险监测数据和分析结果，并向国务院质量监督、工商行政管理和国家食品药品监督管理以及国务院商务、工业和信息化等部门通报。

第十二条 有下列情形之一的，国务院卫生行政部门应当组织食品安全风险评估工作：

（一）为制定或者修订食品安全国家标准提供科学依据需要进行风险评估的；

（二）为确定监督管理的重点领域、重点品种需要进行风险评估的；

（三）发现新的可能危害食品安全的因素的；

（四）需要判断某一因素是否构成食品安全隐患的；

（五）国务院卫生行政部门认为需要进行风险评估的其他情形。

第十三条 国务院农业行政、质量监督、工商行政管理和国家食品药品监督管理等有关部门依照食品安全法第十五条规定向国务院卫生行政部门提出食品安全风险评估建议，应当提供下列信息和资料：

（一）风险的来源和性质；

（二）相关检验数据和结论；

（三）风险涉及范围；

（四）其他有关信息和资料。

县级以上地方农业行政、质量监督、工商行政管理、食品药品监督管理等有关部门应当协助收集前款规定的食品安全风险评估信息和资料。

第十四条 省级以上人民政府卫生行政、农业行政部门应当及时相互通报食品安全风险监测和食用农产品质量安全风险监测的相关信息。

国务院卫生行政、农业行政部门应当及时相互通报食品安全风险评估结果和食用农产品质量安全风险评估结果等相关信息。

第三章 食品安全标准

第十五条 国务院卫生行政部门会同国务院农业行政、质量监督、工商行政管理和国家食品药品监督管理以及国务院商务、工业和信息化等部门制定食品安全国家标准规划及其实施计划。制定食品安全国家标准规划及其实施计划，应当公开征求意见。

第十六条 国务院卫生行政部门应当选择具备相应技术能力的单位起草食品安全国家标准草案。提倡由研究机构、教育机构、学术团体、行业协会等单位，共同起草食品安全国家标准草案。

国务院卫生行政部门应当将食品安全国家标准草案向社会公布，公开征求意见。

第十七条 食品安全法第二十三条规定的食品安全国家标准审评委员会由国务院卫生行政部门负责组织。

食品安全国家标准审评委员会负责审查食品安全国家标准草案的科学性和实用性等内容。

第十八条 省、自治区、直辖市人民政府卫生行政部门应当将企业依照食品安全法第二十五条规定报送备案的企业标准，向同级农业行政、质量监督、工商行政管理、食品药品监督管理、商务、工业和信息化等部门通报。

第十九条 国务院卫生行政部门和省、自治区、直辖市人民政府卫生行政部门应当会同同级农业行政、质量监督、工商行政管理、食品药品监督管理、商务、工业和信息化等部门，对食品安全国家标准和食品安全地方标准的执行情况分别进行跟踪评价，并应当根据评价结果适时组织修订食品安全标准。

国务院和省、自治区、直辖市人民政府的农业行政、质量监督、工商行政管理、食品药品监督管理、商务、工业和信息化等部门应当收集、汇总食品安全标准在执行过程中存在的问题，并及时向同级卫生行政部门通报。

食品生产经营者、食品行业协会发现食品安全标准在执行过程中存在问题的，应当立即向食品安全监督管理部门报告。

第四章 食品生产经营

第二十条 设立食品生产企业，应当预先核准企业名称，依照食品安全法的规定取得食品生产许可后，办理工商登记。县级以上质量监督管理部门依照有关法律、行政法规规定审核相关资料、核查生产场所、检验相关产品；对相关资料、场所符合规定要求以及相关产品符合食品安全标准或者要求的，应当作出准予许可的决定。

其他食品生产经营者应当在依法取得相应的食品生产许可、食品流通许可、餐饮服务许可后，办理工商登记。法律、法规对食品生产加工小作坊和食品摊贩另有规定的，依照其规定。

食品生产许可、食品流通许可和餐饮服务许可的有效期为3年。

第二十一条 食品生产经营者的生产经营条件发生变化，不符合食品生产经营要求的，食品生产经营者应当立即采取整改措施；有发生食品安全事故的潜在风险的，应当立即停止食品生产经营活动，并向所在地县级质量监督、工商行政管理或者食品药品监督管理部门报告；需要重新办理许可手续的，应当依法办理。

县级以上质量监督、工商行政管理、食品药品监督管理部门应当加强对食品生产经营者生产经营活动的日常监督检查；发现不符合食品生产经营要求情形的，应当责令立即纠正，并依法予以处理；不再符合生产经营许可条件的，应当依法撤销相关许可。

第二十二条 食品生产经营企业应当依照食品安全法第三十二条的规定组织职工参加食品安全知识培训，学习食品安全法律、法规、规章、标准和其他食品安全知识，并建立培训档案。

第二十三条 食品生产经营者应当依照食品安全法第三十四条的规定建立并执行从业人员健康检查制度和健康档案制度。从事接触直接入口食品工作的人员患有痢疾、伤寒、甲型病毒性肝炎、戊型病毒性肝炎等消化道传染病，以及患有活动性肺结核、化脓性或者渗出性皮肤病等有碍食品安全的疾病的，食品生产经营者应当将其调整到其他不影响食品安全的工作岗位。

食品生产经营人员依照食品安全法第三十四条第二款规定进行健康检查，其检查项目等事项应当符合所在地省、自治区、直辖市的规定。

第二十四条 食品生产经营企业应当依照食品安全法第三十六条第二款、第三十七条第一款、第三十九条第二款的规定建立进货查验记录制度、食品出厂检验记录制度，如实记录法律规定记录的事项，或者保留载有相关信息的进货或者销售票据。记录、票据的保存期限不得少于2年。

第二十五条 实行集中统一采购原料的集团性食品生产企业，可以由企业总部统一查验供货者的许可证和产品合格证明文件，进行进货查验记录；对无法提供合格证明文件的食品原料，应当依照食品安全标准进行检验。

第二十六条 食品生产企业应当建立并执行原料验收、生产过程安全管理、贮存管理、设备管理、不合格产品管理等食品安全管理制度，不断完善食品安全保障体系，保证食品安全。

第二十七条 食品生产企业应当就下列事项制定并实施控制要求，保证出厂的食品符合食品安全标准：

（一）原料采购、原料验收、投料等原料控制；

（二）生产工序、设备、贮存、包装等生产关键环节控制；

（三）原料检验、半成品检验、成品出厂检验等检验控制；

（四）运输、交付控制。

食品生产过程中有不符合控制要求情形的，食品生产企业应当立即查明原因并采取整改措施。

第二十八条 食品生产企业除依照食品安全法第三十六条、第三十七条规定进行进货查验记录和食品出厂检验记录外，还应当如实记录食品生产过程的安全管理情况。记录的保存期限不得少于2年。

第二十九条 从事食品批发业务的经营企业销售食品，应当如实记录批发食品的名称、规格、数量、生产批号、保质期、购货者名称及联系方式、销售日期等内容，或者保留载有相关信息的销售票据。记录、票据的保存期限不得少于2年。

第三十条 国家鼓励食品生产经营者采用先进技术手段，记录食品安全法和本条例要求记录的事项。

第三十一条 餐饮服务提供者应当制定并实施原料采购控制要求，确保所购原料符合食品安全标准。

餐饮服务提供者在制作加工过程中应当检查待加工的食品及原料，发现有腐败变质或者其他感官性状异常的，不得加工或者使用。

第三十二条 餐饮服务提供企业应当定期维护食品加工、贮存、陈列等设施、设备；定期清洗、校验保温设施及冷藏、冷冻设施。

餐饮服务提供者应当按照要求对餐具、饮具进行清洗、消毒，不得使用未经清洗和消毒的餐具、饮具。

第三十三条 对依照食品安全法第五十三条规定被召回的食品，食品生产者应当进行无害化处理或者予以销毁，防止其再次流入市场。对因标签、标志或者说明书不符合食品安全标准而被召回的食品，食品生产者在采取补救措施且能保证食品安全的情况下可以继续销售；销售时应当向消费者明示补救措施。

县级以上质量监督、工商行政管理、食品药品监督管理部门应当将食品生产者召回不符合食品安全标准的食品的情况，以及食品经营者停止经营不符合食品安全标准的食品的情况，记入食品生产经营者食品安全信用档案。

第五章 食品检验

第三十四条 申请人依照食品安全法第六十条第三款规定向承担复检工作的食品检验机构（以下称复检机构）申请复检，应当说明理由。

复检机构名录由国务院认证认可监督管理、卫生行政、农业行政等部门共同公布。复检机构出具的复检结论为最终检验结论。

复检机构由复检申请人自行选择。复检机构与初检机构不得为同一机构。

第三十五条 食品生产经营者对依照食品安全法第六十条规定进行的抽样检验结论有异议申请复检，复检结论表明食品合格的，复检费用由抽样检验的部门承担；复检结论表明食品不合格的，复检费用由食品生产经营者承担。

第六章 食品进出口

第三十六条 进口食品的进口商应当持合同、发票、装箱单、提单等必要的凭证和相关批准文件，向海关报关地的出入境检验检疫机构报检。进口食品应当经出入境检验检疫机构检验合格。海关凭出入境检验检疫机构签发的通关证明放行。

第三十七条 进口尚无食品安全国家标准的食品，或者首次进口食品添加剂新品种、食品相关产品新品种，进口商应当向出入境检验检疫机构提交依照食品安全法第六十三条规定取得的许可证明文件，出入境检验检疫机构应当按照国务院卫生行政部门的要求进行检验。

第三十八条 国家出入境检验检疫部门在进口食品中发现食品安全国家标准未规定且可能危害人体健康的物质，应当按照食品安全法第十二条的规定向国务院卫生行政部门通报。

第三十九条 向我国境内出口食品的境外食品生产企业依照食品安全法第六十五条规定进行注册，其注册有效期为4年。已经注册的境外食品生产企业提供虚假材料，或者因境外食品生产企业的原因致使相关进口食品发生重大食品安全事故的，国家出入境检验检疫部门应当撤销注册，并予以公告。

第四十条 进口的食品添加剂应当有中文标签、中文说明书。标签、说明书应当符合食品安全法和我国其他有关法律、行政法规的规定以及食品安全国家标准的要求，载明食品添加剂的原产地和境内代理商的名称、地址、联系方式。食品添加剂没有中文标签、中文说明书或者标签、说明书不符合本条规定的，不得进口。

第四十一条 出入境检验检疫机构依照食品安全法第六十二条规定对进口食品实施检验，依照食品安全法第六十八条规定对出口食品实施监督、抽检，具体办法由国家出入境检验检疫部门制定。

第四十二条 国家出入境检验检疫部门应当建立信息收集网络，依照食品安全法第六十九条的规定，收集、汇总、通报下列信息：

（一）出入境检验检疫机构对进出口食品实施检验检疫发现的食品安全信息；

（二）行业协会、消费者反映的进口食品安全信息；

（三）国际组织、境外政府机构发布的食品安全信息、风险预警信息，以及境外行业协会等组织、消费者反映的食品安全信息；

（四）其他食品安全信息。

接到通报的部门必要时应当采取相应处理措施。

食品安全监督管理部门应当及时将获知的涉及进出口食品安全的信息向国家出入境检验检疫部门通报。

第七章　食品安全事故处置

第四十三条 发生食品安全事故的单位对导致或者可能导致食品安全事故的食品及原料、工具、设备等，应当立即采取封存等控制措施，并自事故发生之时起 2 小时内向所在地县级人民政府卫生行政部门报告。

第四十四条 调查食品安全事故，应当坚持实事求是、尊重科学的原则，及时、准确查清事故性质和原因，认定事故责任，提出整改措施。

参与食品安全事故调查的部门应当在卫生行政部门的统一组织协调下分工协作、相互配合，提高事故调查处理的工作效率。

食品安全事故的调查处理办法由国务院卫生行政部门会同国务院有关部门制定。

第四十五条 参与食品安全事故调查的部门有权向有关单位和个人了解与事故有关的情况，并要求提供相关资料和样品。

有关单位和个人应当配合食品安全事故调查处理工作，按照要求提供相关资料和样品，不得拒绝。

第四十六条 任何单位或者个人不得阻挠、干涉食品安全事故的调查处理。

第八章　监督管理

第四十七条 县级以上地方人民政府依照食品安全法第七十六条规定制定的食品安全年度监督管理计划，应当包含食品抽样检验的内容。对专供婴幼儿、老年人、病人等特定人群的主辅食品，应当重点加强抽样检验。

县级以上农业行政、质量监督、工商行政管理、食品药品监督管理部门应当按照食品安全年度监督管理计划进行抽样检验。抽样检验购买样品所需费用和检验费等，由同级财政列支。

第四十八条 县级人民政府应当统一组织、协调本级卫生行政、农业行政、质量监督、工商行政管理、食品药品监督管理部门，依法对本行政区域内的食品生产经营者进行监督管理；对发生食品安全事故风险较高的食品生产经营者，应当重点加强监督管理。

在国务院卫生行政部门公布食品安全风险警示信息，或者接到所在地省、自治区、直辖市人民政府卫生行政部门依照本条例第十条规定通报的食品安全风险监测信息后，设区的市级和县级人民政府应当立即组织本级卫生行政、农业行政、质量监督、工商行政管理、食品药品监督管理部门采取有针对性的措施，防止发生食品安全事故。

第四十九条 国务院卫生行政部门应当根据疾病信息和监督管理信息等，对发现的添加或者可能添加到食品中的非食品用化学物质和其他可能危害人体健康的物质的名录及检测方法予以公布；国务院质量监督、工商行政管理和国家食品药品监督管理部门应当采取相应的监督管理措施。

第五十条 质量监督、工商行政管理、食品药品监督管理部门在食品安全监督管理工作中可以采用国务院质量监督、工商行政管理和国家食品药品监督管理部门认定的快速检测方法对食品进行初步筛查；对初步筛查结果表明可能不符合食品安全标准的食品，应当依照食品安全法第六十条第三款的规定进行检验。初步筛查结果不得作为执法依据。

第五十一条 食品安全法第八十二条第二款规定的食品安全日常监督管理信息包括：

（一）依照食品安全法实施行政许可的情况；

（二）责令停止生产经营的食品、食品添加剂、食品相关产品的名录；

（三）查处食品生产经营违法行为的情况；

（四）专项检查整治工作情况；

（五）法律、行政法规规定的其他食品安全日常监督管理信息。

前款规定的信息涉及两个以上食品安全监督管理部门职责的，由相关部门联合公布。

第五十二条 食品安全监督管理部门依照食品安全法第八十二条规定公布信息，应当同时对有关食品可能产生的危害进行解释、说明。

第五十三条 卫生行政、农业行政、质量监督、工商行政管理、食品药品监督管理等部门应当公布本单位的电子邮件地址或者电话，接受咨询、投诉、举报；对接到的咨询、投诉、举报，应当依照食品安全法第八十条的规定进行答复、核实、处理，并对咨询、投诉、举报和答复、核实、处理的情况予以记录、保存。

第五十四条 国务院工业和信息化、商务等部门依据职责制定食品行业的发展规划和产业政策，采取措施推进产业结构优化，加强对食品行业诚信体系建设的指导，促进食品行业健康发展。

第九章 法律责任

第五十五条 食品生产经营者的生产经营条件发生变化，未依照本条例第二十一条规定处理的，由有关主管部门责令改正，给予警告；造成严重后果的，依照食品安全法第八十五条的规定给予处罚。

第五十六条 餐饮服务提供者未依照本条例第三十一条第一款规定制定、实施原料采购控制要求的，依照食品安全法第八十六条的规定给予处罚。

餐饮服务提供者未依照本条例第三十一条第二款规定检查待加工的食品及原料，或者发现有腐败变质或者其他感官性状异常仍加工、使用的，依照食品安全法第八十五条的规定给予处罚。

第五十七条 有下列情形之一的，依照食品安全法第八十七条的规定给予处罚：

（一）食品生产企业未依照本条例第二十六条规定建立、执行食品安全管理制度的；

（二）食品生产企业未依照本条例第二十七条规定制定、实施生产过程控制要求，或者食品生产过程中有不符合控制要求的情形未依照规定采取整改措施的；

（三）食品生产企业未依照本条例第二十八条规定记录食品生产过程的安全管理情况并保存相关记录的；

（四）从事食品批发业务的经营企业未依照本条例第二十九条规定记录、保存销售信息或者保留销售票据的；

（五）餐饮服务提供企业未依照本条例第三十二条第一款规定定期维护、清洗、校验设施、设备的；

（六）餐饮服务提供者未依照本条例第三十二条第二款规定对餐具、饮具进行清洗、消毒，或者使用未经清洗和消毒的餐具、饮具的。

第五十八条 进口不符合本条例第四十条规定的食品添加剂的，由出入境检验检疫机构没收违法进口的食品添加剂；违法进口的食品添加剂货值金额不足1万元的，并处2000元以上5万元以下罚款；货值金额1万元以上的，并处货值金额2倍以上5倍以下罚款。

第五十九条 医疗机构未依照本条例第八条规定报告有关疾病信息的，由卫生行政部门责令改正，给予警告。

第六十条 发生食品安全事故的单位未依照本条例第四十三条规定采取措施并报告的，依照食品安全法第八十八条的规定给予处罚。

第六十一条 县级以上地方人民政府不履行食品安全监督管理法定职责，本行政区域出现重大食品安全事故、造成严重社会影响的，依法对直接负责的主管人员和其他直接责任人员给予记大过、降级、撤职或者开除的处分。

县级以上卫生行政、农业行政、质量监督、工商行政管理、食品药品监督管理部门或者其他有关行政部门不履行食品安全监督管理法定职责、日常监督检查不到位或者滥用职权、玩忽职守、徇私舞弊的，依法对直接负责的主管人员和其他直接责任人员给予记大过或者降级的处分；造成严重后果的，给予撤职或者开除的处分；其主要负责人应当引咎辞职。

第十章　附　则

第六十二条 本条例下列用语的含义：

食品安全风险评估，指对食品、食品添加剂中生物性、化学性和物理性危害对人体健康可能造成的不良影响所进行的科学评估，包括危害识别、危害特征描述、暴露评估、风险特征描述等。

餐饮服务，指通过即时制作加工、商业销售和服务性劳动等，向消费者提供食品和消费场所及设施的服务活动。

第六十三条 食用农产品质量安全风险监测和风险评估由县级以上人民政府农业行政部门依照《中华人民共和国农产品质量安全法》的规定进行。

国境口岸食品的监督管理由出入境检验检疫机构依照食品安全法和本条例以及有关法律、行政法规的规定实施。

食品药品监督管理部门对声称具有特定保健功能的食品实行严格监管，具体办法由国务院另行制定。

第六十四条 本条例自公布之日起施行。

内蒙古自治区食品生产加工小作坊和食品摊贩管理条例

（2015 年 5 月 22 日内蒙古自治区第十二届人民代表大会常务委员会第十六次会议通过）

第一章 总 则

第一条 为了规范食品生产加工小作坊和食品摊贩的生产经营行为，加强食品安全监督管理，保障公众身体健康和生命安全，根据《中华人民共和国食品安全法》和国家有关法律、法规，结合自治区实际，制定本条例。

第二条 自治区行政区域内食品生产加工小作坊（以下简称食品小作坊）和食品摊贩的生产经营及其监督管理，适用本条例。

本条例所称食品小作坊，是指有固定生产场所，达不到食品生产企业的许可条件、产品无预包装或者有简易包装的食品生产加工经营者。

本条例所称食品摊贩，是指设摊销售食品、现场制售食品，以及提供餐饮服务但未取得“食品经营许可证”的食品经营者。

第三条 旗县级以上人民政府统一领导、协调本行政区域内食品小作坊和食品摊贩的食品安全监督管理工作，完善落实食品安全监督管理责任制。

第四条 旗县级以上食品药品监督管理部门负责食品小作坊和食品摊贩的食品安全监督管理工作。

旗县级食品药品监督管理部门根据管理需要可以在苏木乡镇或者特定区域设立派出机构。

农牧业、卫生、质量监督、工商行政管理、公安、教育、城市管理、民族事务管理等部门应当按照食品安全法律、法规及其有关规定，在各自职责范围内履行食品小作坊和食品摊贩的监督管理职责。

第五条 旗县级以上人民政府及其有关部门应当按照方便群众生活、促进经济发展和社会就业原则，统筹规划，建设、改造适宜食品小作坊和食品摊贩生产经营的集中场所、街区，并完善基础设施及配套设施，推动规模化、连锁经营。

市辖区人民政府、旗县所在地镇人民政府应当根据城镇规划设定并向社会公布食品摊贩可以从事食品经营的区域和时段。

第六条 食品小作坊和食品摊贩应当依照食品安全法律、法规和食品安全标准从事生产经营活动，遵守市容管理及其相关规定，保证所生产经营的食品卫生、无毒、无害。

第七条 鼓励食品小作坊改进生产条件，提高生产能力，扩大经营规模，向食品生产企业转型升级。

第八条 鼓励食品行业协会参与制定地方食品标准和食品行业规范，宣传普及食品安全知识，引导、规范食品小作坊和食品摊贩依法生产经营，推动行业诚信建设。

第九条 广播、电视、报刊、网络等新闻媒体应当开展食品安全法律、法规以及食品安全标准和知识的公益宣传，倡导健康的饮食方式，增强公众的食品安全意识和自我保护能力，对违反食品安全法律、法规的行为进行舆论监督。

第十条 任何单位和个人对食品小作坊和食品摊贩生产经营中的违法行为有权进行投诉和举报。对查证属实的举报，受理部门应当按照有关规定给予奖励。

负责食品小作坊和食品摊贩监督管理的部门应当公布本部门的电子邮箱地址、单位地址和投诉、举报电话。

受理投诉、举报的部门应当为投诉人、举报人保密，维护其合法权益。

第二章 食品小作坊生产加工

第十一条 开办食品小作坊从事食品生产加工应当具备下列条件：

（一）具有与生产加工的食品品种、数量、质量要求相适应的加工、包装、贮存等场所，并与有毒、有害场所以及其他污染源保持规定的距离；

（二）具有与所生产加工食品安全标准相适应的清洗、消毒、冷藏、运输、防腐、防尘、防蝇、防鼠、防污染以及处理废水、存放垃圾等设备和设施；

（三）具有合理的设备布局和工艺流程，直接接触食品的生产设备、器具无毒、无害、耐腐蚀、不易生锈，符合卫生要求；

（四）用于包装食品的容器和材料清洁、无毒、无害，符合卫生要求和食品包装标准。

第十二条 食品小作坊应当经旗县级食品药品监督管理部门登记并取得“食品小作坊登记证”后，方可从事食品生产加工。

第十三条 申请办理“食品小作坊登记证”应当向登记机关提交经营者身份证原件及其复印件、住址、生产加工地点、生产加工食品名称和品种、所使用的食品添加剂名称和品种、从业人员的健康证明等资料。

第十四条 旗县级食品药品监督管理部门依法审核开办食品小作坊申请人提交的相关资料，必要时对申请人的生产经营场所进行现场核查；对符合本条例第十一条规定条件的，准予登记；对不符合规定条件的，不予登记并书面说明理由。

旗县级食品药品监督管理部门应当自受理登记申请之日起十五日内作出登记或者不予登记决定，并且不得收取或者变相收取任何费用。

第十五条 自治区对食品小作坊生产加工的食品实行品种目录管理制度。禁止食品小作坊生产加工的食品品种目录，由自治区人民政府有关部门编制，并向社会公布。

第十六条 食品小作坊应当遵守下列规定：

（一）生产加工食品所使用的原料、食品添加剂符合国家食品安全规定和有关食品安全标准；

（二）建立进货记录台账，如实记录食品原料、食品添加剂名称、规格、数量、供货者名称以及联系方式、进货日期。台账保留期限不少于两年；

（三）建立食品生产加工记录制度，如实记录生产加工中原辅料投放数量、生产日期，食品添加剂的名称、使用量、使用人等内容。记录资料保存期限不少于两年；

（四）生产带有简易包装的食品应当附带标明生产者名称、地址、规格、生产日期、保质期等信息的标签；

（五）从事食品生产加工的人员穿戴清洁的工作衣帽、口罩，保持个人卫生；

（六）用水符合国家规定的生活饮用水卫生标准；

（七）食品添加剂存放在单独的设施中；

（八）生产加工区域与生活区域分离，生、熟食品加工用具、容器分开使用；

（九）保持运输食品的车辆和装卸食品的设备、容器清洁卫生，不得将食品与有毒、有害物品一同运输。

第十七条 严禁食品小作坊有下列行为：

（一）使用非食品原料、回收食品或者超过保质期食品为原料生产加工食品；

（二）使用腐败变质、油脂酸败、霉变生虫、污秽不洁、混有异物、感官性状异常原料生产加工食品；

（三）使用病死、毒死、死因不明或者未经检验、检疫的禽、畜、兽、水产等动物肉类及其制品生产加工食品；

（四）使用含有危害人体健康的化学品、洗涤剂清洗处理的食品原料生产加工食品；

（五）使用被污染的包装材料、容器、工具生产加工食品；

（六）使用含有致病性微生物、农药残留、兽药残留、重金属、生物毒素、污染物质以及含量超过食品安全标准限量危害人体健康的物质生产加工食品；

（七）违反国家食品安全标准规定使用或者滥用食品添加剂生产加工食品；

（八）生产加工掺假、掺杂的食品。

第三章 食品摊贩经营

第十八条 自治区对食品摊贩实行备案管理制度，由旗县级食品药品监督管理部门工作人员到摊位采集摊贩的身份证件、健康证件、食品来源等监管信息，并办理备案手续。食品摊贩应当如实按照监管工作人员的要求提供信息，出示相关证件。销售自产的季节性食用农副产品的，可以不办理备案手续。

食品摊贩应当进入集中交易市场、店铺等固定场所经营，或者在政府公布的区域和时段内从事经营活动。

第十九条 食品摊贩从事经营活动应当符合下列要求：

（一）配有防雨、防尘、防虫、防蝇、防鼠、防污染等设施以及密闭的废弃物容器；

（二）待加工食品与直接入口食品、原料与成品分开存放，避免食品接触有毒物、不洁物；

（三）用水符合国家规定的生活饮用水卫生标准；

（四）贮存、运输和装卸食品的容器、工具和设备无毒、无害、清洁卫生；

（五）销售食品使用无毒、无害、清洁的包装材料；

（六）购进食品的票据凭证保留期限不少于一年。

第二十条 现做现售、提供餐饮服务的摊贩在食品经营中除应当符合本条例第十九条规定外，还应当符合下列要求：

（一）具有符合食品卫生条件的制作食品和售货的亭、棚、车、台等设施；

（二）接触食品的器具、工作台面以及货架、橱柜符合食品卫生条件；

（三）使用的餐具做到彻底清洗、消毒；

（四）使用的洗涤剂、消毒剂对人体安全、无害，杀虫剂、灭鼠剂等应当妥善保管，不得在食品经营现场存放；

（五）食品经营人员应当穿戴清洁的工作衣帽、口罩，保持个人卫生。

第二十一条 严禁食品摊贩有下列行为：

（一）制作、经营超过保质期的食品；

（二）现场制作冷荤食品；

（三）使用天然含有有毒成分的植物、动物制作食品；

（四）超范围、超限量使用食品添加剂制作食品；

（五）使用食品添加剂以外的化学物质制作食品。

第四章 监督管理

第二十二条 旗县级以上人民政府应当组织本级食品药品监督管理、质量监督、农牧业等部门制定本行政区域的食品安全年度监督管理计划，向社会公布并组织实施。

第二十三条 负责食品小作坊和食品摊贩监督管理的部门实施监督检查时，其执法人员不少于两人，并应当向被检查人出示行政执法证件。

监督检查不得妨碍食品小作坊和食品摊贩的合法生产经营活动。

第二十四条 负责食品小作坊和食品摊贩监督管理的部门在履行对食品小作坊和食品摊贩的食品安全监督管理职责时，有权采取下列措施：

（一）进入生产经营场所实施现场检查；

（二）对生产经营的食品进行抽样检验；

（三）查阅、复制有关合同、票据、账簿以及其他有关资料，向有关人员了解相关情况；

（四）查封、扣押有证据证明不符合食品安全标准的食品以及违法使用的食品原料、食品添加剂、食品相关产品；

（五）查封违法从事食品生产经营活动的场所。

第二十五条 旗县级以上食品药品监督管理部门应当每年制定食品监督抽验计划，对食品小作坊和食品摊贩生产经营的食品进行定期或者不定期抽样检验，并选择适当方式公布检验结果。

监督抽验应当委托有资质的食品检验机构进行，当事人对检验结果有异议的，可以依法申请复检。

对检验不合格的食品，按照相关规定予以处理。

监督抽验应当支付样品费，并不得向当事人收取任何费用。

第二十六条 旗县级以上食品药品监督管理部门应当每年制定食品安全教育培训计划，对食品小作坊和食品摊贩从业人员进行食品安全知识以及食品安全法律、法规培训。

第二十七条 旗县级食品药品监督管理部门应当对食品小作坊和食品摊贩实行诚信记录制度，记录日常监督检查结果、违法行为查处等情况；并根据诚信记录情况，加强对有不良信用记录的食品小作坊和食品摊贩的监督检查和整改指导。

旗县级食品药品监督管理部门应当适时公布食品小作坊和食品摊贩的诚信情况。

第二十八条 商场、超市、集贸市场、集中经营区的开办者应当协助食品安全监督管理部门履行下列义务：

（一）查验食品摊贩从业人员健康证明；

（二）检查食品摊贩的生产经营环境和条件，发现有违反本条例规定行为的，应当及时制止并立即报告有关监管部门；

（三）建立食品摊贩档案，记载食品摊贩的基本情况、经营项目、商品信息，指导并督促食品摊贩建立生产经营记录、进货查验等与保障食品安全有关的制度。

第二十九条 食品小作坊从业人员和食品摊贩应当每年进行一次健康检查，取得健康证明后方可从事食品生产经营活动。患有国务院卫生行政部门规定的有碍食品安全疾病的人员，不得从事接触直接入口食品的工作。

第三十条 食品小作坊应当在明显位置张挂“食品小作坊登记证”和从业人员健康证明。

食品摊贩应当随身携带本人健康证明。

生产经营清真食品的食品小作坊和食品摊贩，还应当在明显位置张挂清真标志牌。

第三十一条 食品小作坊和食品摊贩发生食品安全事故的，经营者应当立即予以处置，及时救治食物中毒人员，封存可能导致食物中毒的食品及其原料，防止事故扩大，并报告旗县级食品药品监督管理部门。

旗县级食品药品监督管理部门接到食品安全事故报告后，应当立即采取相应措施，减轻事故危害，并及时通报卫生行政部门。

任何组织、单位或者个人不得隐瞒、谎报、迟报食品安全事故，不得毁灭票证、实物等有关证据。

第五章 法律责任

第三十二条 食品小作坊未取得“食品小作坊登记证”从事食品生产加工的，由食品药品监督管理部门没收违法所得、违法生产加工的食品和用于违法生产加工的工具、设备、原料等物品，并处1万元以上5万元以下罚款。

第三十三条 食品小作坊违反本条例第十六条规定从事食品生产加工的，由食品药品监督管理部门责令限期改正；逾期不改正的，处2000元以上1万元以下罚款。

第三十四条 食品小作坊违反本条例第十七条规定从事食品生产加工的，由食品药品监督管理部门没收违法所得、违法经营的食品以及用于生产的原料，并处1万元以上3万元以下罚款；情节严重的，吊销“食品小作坊登记证”。

第三十五条 食品摊贩违反本条例第十八条第二款规定的，由城市管理行政执法部门依法查处。

第三十六条 食品摊贩违反本条例第十九条规定的，由食品药品监督管理部门责令限期改正；逾期不改正的，处以300元以上500元以下罚款。

第三十七条 食品摊贩违反本条例第二十条规定的，由食品药品监督管理部门责令限期改正；逾期不改正的，处以500元以上1000元以下罚款。

第三十八条 食品摊贩违反本条例第二十一条规定的，由食品药品监督管理部门责令停止经营行为；情节严重的，没收违法所得、违法经营的食品和用于经营的工具、设备、原料等物品，并处1000元以上3000元以下罚款。

第三十九条 被吊销“食品小作坊登记证”的食品小作坊，其经营者两年内不得从事食品生产经营活动；因食品安全犯罪被依法追究刑事责任的经营者，终身不得从事食品生产经营活动。

第四十条 旗县级以上人民政府及其有关部门不依法履行食品小作坊和食品摊贩食品安全监督管理职责，导致本行政区域发生食品安全事故、造成不良社会影响的，对直接负责的主管人员和其他直接责任人员依法给予记大过、降级、撤职或者开除的处分。

第四十一条 负责食品小作坊和食品摊贩监督管理的部门及其工作人员有下列情形之一的，由其上级主管部门或者监察机关责令改正；情节严重的，对直接负责的主管人员和其他直接责任人员依法给予行政处分；构成犯罪的，依法追究刑事责任：

（一）在办理食品小作坊登记、实施监督检查时索取、收受他人财物或者谋取其他非法利益的；

（二）隐瞒、谎报、迟报食品安全事故的；

（三）玩忽职守、滥用职权、徇私舞弊的。

第六章 附 则

第四十二条 本条例自2015年10月1日起施行。

内蒙古自治区党委自治区人民政府关于进一步加强食品安全工作的意见

（2016年4月28日）

为深入贯彻落实党中央、国务院关于加强食品安全工作的一系列决策部署，进一步加强食品安全工作，切实保障各族群众身体健康和生命安全，根据《中华人民共和国食品安全法》等法律法规，结合自治区实际，提出如下意见。

一、加强食品安全工作的总体要求

1. 重要意义。食品安全是重大民生问题、经济问题、社会问题、政治问题，关系人民群众身体健康和生命安全，关系社会和谐稳定。党中央、国务院始终高度重视食品安全工作，习近平总书记、李克强总理多次作出重要批示，强调确保食品安全是各级党委、政府义不容辞之责。内蒙古是全国农畜产品生产加工输出大区，加强食品安全工作对于确保全国食品安全具有十分重要的意义，食品安全工作必须常抓不懈。近年来，自治区党委、政府就加强食品安全工作制定实施了一系列政策措施，各地区各有关部门认真贯彻落实，不断加大工作力度，食品安全形势总体稳定。但当前我区食品安全的基础仍然薄弱，违法违规行为时有发生，制约食品安全的深层次问题尚未得到根本解决。随着生活水平的不断提高，人民群众对食品安全更加关注，食以安为先的要求更加强烈，全面提高食品安全保障水平已成为经济社会发展中一项重大而紧迫的任务。各地区各有关部门要深刻认识食品安全问题的长期性、复杂性、艰巨性，切实增强责任感和紧迫感，着力保障人民群众食品安全。

2. 指导思想。全面贯彻党的十八大和十八届三中、四中、五中全会精神，以邓小平理论、“三个代表”重要思想、科学发展观为指导，深入贯彻习近平总书记系列重要讲话和考察内蒙古重要讲话精神，牢固树立以人民为中心的发展思想，深入贯彻落实创新、协调、绿色、开放、共享的发展理念，大力实施食品安全战略，健全政策法规，完善监管体制，强化监管手段，提高执法能力，规范生产经营者行为，提升诚信守法水平，加快构建预防为主、风险管理、全程控制、社会共治的食品安全治理体系，以最严谨的标准、最严格的监管、最严厉的处罚、最严肃的问责，切实保障人民群众“舌尖上的安全”。

3. 基本原则。坚持统一协调与分工负责相结合，严格落实监管责任，强化协作配合，形成全程监管工作机制。坚持集中治理整顿与严格日常监管相结合，强化执法力量和技术支撑，严厉惩处食品安全违法犯罪行为，规范食品生产经营秩序，不断提高食品安全监管水平。坚持加强政府监管与落实生产经营者主体责任相结合，强化激励约束，治理道德失范，培育诚信守法环境，夯实食品安全基础。坚持执法监督与社会监督相结合，加强宣传教育，积极引导社会力量广泛参与，充分发挥群众监督与舆论监督作用，营造良好社会氛围。

4. 总体目标。用5年左右时间，使我区食品安全监管体制机制、食品安全法规标准、检验检测和风险监测等技术支撑体系更加完善，食品安全监管执法能力全面提升，生产经营者的食品安全管理水平和诚信意识普遍增强，社会各方广泛参与的食品安全工作格局基本形成，群众对食品安全的满意度明显提升，食品安全总体水平得到大幅提高。

二、构建多层次的食品安全责任体系

5. 强化党委对食品安全工作的领导责任。各级党委要认真贯彻落实党中央、国务院对食品安全工

作的决策部署，党委常委会每年至少听取1次食品安全工作情况汇报，研究部署食品安全工作。高度重视基层食品安全监管机构和队伍建设，研究解决机构编制、人员配备、工作条件等实际问题。支持政府依法履行食品安全监管职责，领导和督查相关部门单位、社会各界开展食品安全有关工作和活动。党委工作部门要结合工作职责，在政策研究、舆论宣传、综合治理、检查督办等方面，支持相关部门加强食品安全工作。

6. 强化政府对食品安全工作的行政责任。各级政府要认真组织实施食品安全法律法规和党中央、国务院对食品安全工作的决策部署，政府常务会议每年至少听取2次食品安全工作情况汇报，研究解决工作中的重点难点问题。大力组织实施食品安全战略，将食品安全工作纳入本地区国民经济和社会发展规划，编制专项规划。健全食品安全责任制度，逐级签订食品安全责任书。防范区域性、系统性食品安全风险，确保不出现重特大食品安全事故。优化食品安全监管模式，建立健全协管机制，全面提升治理能力。加大对食品安全工作的投入力度，切实保障日常监管、监督抽检、风险监测、信息化建设等工作需要。督促政府有关部门严格履行相关职责。

7. 强化有关部门对食品安全工作的监管责任。各有关部门要认真贯彻执行食品安全法律法规和党中央、国务院对食品安全工作的决策部署，切实履行好监管执法职责。建立健全食品安全沟通协作制度，通过部门联席会议、工作协作组、案件会商等形式，搭建部门协作平台。完善重要事项通报制度，互通重要信息，形成监管合力。加强对食品生产经营行为的日常检查，实行网格化管理和定期巡查。加大对食品市场产品的抽查检验力度，及时向社会公布抽查检验结果，依法查处违法违规行为。加大食品稽查执法和案件查办公示力度。

8. 强化食品生产经营者的主体责任。食品生产经营单位要依法履行食品安全主体责任，食品生产经营单位法定代表人或主要负责人对食品安全负首要责任，质量安全主管人员对食品安全负直接责任。要配备专、兼职食品安全管理人员，建立健全并严格落实进货查验、出厂检验、索证验票、购销台账记录等各项管理制度。规模以上生产企业和相应的经营单位要设置食品安全管理机构，明确分管负责人。要保证必要的食品安全投入，建立健全质量安全管理和追溯体系，改善食品安全保障条件。建立健全从业人员岗位责任制，加强全员全过程的食品安全管理。建立食品安全自查制度，定期对食品安全状况进行检查评价。严格落实食品安全事故报告制度，真实、准确、及时向社会公布本单位食品安全信息。

三、构建强有力的食品安全监管体系

9. 完善食品安全监管格局。按照科学合理、职能清晰、权责一致的要求，明确相关部门食品安全监管职责，加强综合协调，完善监管制度，加快形成相互衔接、运转高效的食品安全监管工作格局。各级政府要建立健全食品药品安全委员会，制定工作规则，细化职责分工，理顺事权关系，厘清责任边界，堵塞监管漏洞，着力解决监管空白、边界不清等问题。各级食品药品安全委员会主任由本级政府主要负责同志担任。食品药品安全委员会每半年至少召开1次会议，听取各成员单位述职，研究部署本地区食品安全工作。

10. 深化食品安全监管机构改革。按照“有机构、有人员、有职责、有手段”的要求，深化食品安全监管体制改革，加强食品安全和农产品质量安全监管机构建设。盟市食品药品安全监管机构在规定的政府机构限额内合理调整设置。实行综合市场管理的旗县级食品药品监管机构，主要负责保障食品药品安全。推进食品监督执法机构、检验检测机构和苏木乡镇（街道）监管机构规范化建设，落实办公场所、执法装备、执法车辆、快速检测仪器等，2017年年底前全部达到规范要求。

11. 健全食品安全监管协作机制。建立健全跨部门、跨地区食品安全信息通报、联合执法、隐患排查、事故处置等协调联动机制，有效整合各类资源，提高监管效能。食品生产经营各环节监管执法部门要密切协作，发现问题迅速调查处理，及时通知上游环节查明原因、下游环节控制危害。推动食品安全全程追溯、检验检测互认和监管执法等方面的合作，强化综合监管。规范食品安全信息报告和信息公布程序，增强分析处置能力。健全行政执法与刑事司法衔接机制，建立行政执法机关、检察机关、审判机关信息共享、案情通报、案件移送制度，着力解决有案不移、有案不立等问题。

12. 夯实食品安全监管基层基础。苏木乡镇政府（街道办事处）要将食品安全工作列为重要职责内容，做好食品安全信息报告、协助执法和宣传教育等工作。苏木乡镇政府（街道办事处）要与各行政管理派出机构密切协作，形成分区划片、包干负责的食品安全工作网。在城市社区和农村牧区建立食品安全信息员、协管员等队伍，充分发挥群众监督作用。基层政府及有关部门要加强对社区和乡村食品安全专、兼职队伍的培训和指导。

四、构建广覆盖的食品安全监控体系

13. 加强食用农畜产品监管。开展农畜产品质量安全监管示范县创建。严格农牧业投入品生产经营管理，加强对食用农畜产品种植养殖活动的规范指导，督促农畜产品标准化生产示范园（区、场）、农牧民专业合作经济组织、食用农畜产品生产企业落实投入品使用记录制度。扩大对食用农畜产品的例行监测、监督抽查范围，严防不合格产品流入市场和生产加工环节。强化农畜产品运输、仓储等过程的质量安全监管。强化农畜产品包装标识管理，加大农畜产品质量安全培训和先进适用技术推广力度，建立健全农畜产品产地准出、市场准入制度和农畜产品质量安全追溯体系。加强畜禽疫病防控，规范畜禽屠宰管理，完善畜禽产品检验检疫制度和无害化处理补贴政策，严防病死病害畜禽进入屠宰和肉制品加工环节。加强农畜产品产地环境监管，推进农畜产品产地环境污染治理。大幅度提高无公害农畜产品生产面积，增加“三品一标”产品总量规模。

14. 加强食品生产经营监管。严格实施食品及其相关产品生产经营许可制度，对食品生产经营新业态依法及时纳入许可管理。对不能持续达到食品安全条件、整改后仍不符合要求的生产经营单位，依法撤销其相关许可。加强食品安全日常监督检查和食品抽样检验，对专供婴幼儿和其他特定人群的食品，以及米、面、油、蔬菜、肉、乳、蛋、水产品及制品等日常消费的大宗食品，要进一步加大监督抽检力度和频次。健全食品退市、召回和销毁管理制度，防止过期食品等不合格食品回流食品生产经营环节。依法查处食品和保健食品虚假宣传以及在商标、包装和标签标志等方面的违法行为。加快推进餐饮服务单位量化分级管理和监督检查结果公示。加强对食品生产小作坊、食品小摊贩、小餐饮单位、小集贸市场及农村牧区食品加工场所等的监管。

15. 严密防控食品安全风险。落实食品安全风险监测计划，加强对监测数据的分析研判，实行安全风险分级分类管理。健全食品安全事故应急预案，加强预案演练，完善应对食品安全事故的快速反应机制和程序。加强食品安全应急处置队伍建设，健全以食品安全监管部门为主体、以疾病预防控制和卫生部门为专业支撑、以食品安全协管员和志愿者为辅助的食品安全应急处置体系，强化应急装备和应急物资储备，提高应急风险评估、应急检验检测等技术支撑能力，提升事故响应、现场处置、医疗救治等食品安全事故应急处置水平。

16. 建立最严格的监管处罚制度。坚持重典治乱，始终保持依法严厉打击食品安全违法犯罪的高压态势，使严惩重处成为食品安全治理常态。各级监管部门要进一步改进执法手段、提高执法效率，大力排查食品安全隐患，依法从严处罚违法违规企业及有关人员，对被吊销证照生产经营单位的有关责任人，依法实行行业禁入。对涉嫌犯罪案件，要及时移送立案，并积极配合司法机关调查取证，严禁罚过放行、以罚代刑，确保对犯罪分子的刑事责任追究到位。加强案件查处监督，对食品安全违法犯罪案件未及时查处、重大案件久拖不结的，上级政府和有关部门要组织力量直接查办。各级公安机关要明确机构和人员负责打击食品安全违法犯罪，对隐蔽性强、危害大、涉嫌犯罪的案件，根据需要提前介入，依法采取相应措施。

五、构建全方位的食品安全监管支撑体系

17. 完善食品安全法规和标准。贯彻实施食品安全法、农产品质量安全法等法律法规，加快食品安全地方立法进程。定期开展执法检查，研究解决法律法规执行中存在的问题。根据国家规定和自治区实际，加强食品安全地方标准制定修订工作，及时制定修订我区民族特色食品、新资源食品和重点领域食品品种的地方标准。鼓励企业制定严于国家标准的食品安全企业标准。加强对食品安全标准宣传和执行情况的跟踪评价，切实做好标准的执行工作。

18. 增强食品安全检验检测能力。科学统筹、合理布局新建检验检测机构，加大对检验检测能力薄弱地区和重点环节的支持力度，避免重复建设。稳妥推进食品检验检测机构改革，促进第三方检验检测机构发展。鼓励各地特别是基层根据实际情况开展食品检验检测资源整合试点，逐步建立统筹协调、资源共享的检验检测体系。

19. 加快食品安全信息化建设。积极应用现代信息技术，创新监管执法方式，提高食品安全监管科学化、信息化水平。依托现有电子政务系统和业务系统等资源，加快建设功能完备的食品安全信息平台，促进各地区各部门信息互联互通和资源共享，加强分析汇总、定期发布等工作。加快推进食品安全电子追溯系统建设，建立统一的食品安全追溯手段和技术平台。推进乳及乳制品、牛羊肉及制品、马铃薯、白酒等自治区特色产品建立质量追溯体系，实现重点食用农畜产品和食品质量安全信息可查询、来源可追溯、过程可控制、责任可追究。

20. 推进食品行业诚信建设。积极开展守法经营宣传教育，完善行业自律机制。推行食品安全承诺制，组织食品生产企业和相关经营单位开展安全承诺和公示，主动接受社会监督。加强信用管理，加快食品生产经营者诚信信息数据库和信息公共服务平台建设，建立各类食品生产经营单位食品安全信用档案，完善执法检查记录，根据信用等级实施分类监管。建立食品安全和农畜产品质量安全“黑名单”制度，及时向社会发布违法违规企业和个人“黑名单”，对失信行为予以惩戒，为诚信者创造良好发展环境。

六、加强对食品安全工作的组织领导

21. 落实领导责任。各级党委、政府要把食品安全工作摆上重要议事日程，党委、政府主要负责同志要负起领导责任，切实加强领导和组织协调。要认真分析评估本地区食品安全状况，加强工作指导，及时采取有针对性的措施，解决影响本地区食品安全的重点难点问题和人民群众反映的突出问题。要建立健全食品安全资金投入保障机制，将食品安全监管人员经费及行政管理、风险监测、监督抽检、科普宣教等各项工作经费纳入财政预算予以保障，确保各项经费及时足额到位。要细化和明确各级各类食品安全监管岗位的监管职责，主动防范、及早介入，力争将各类风险隐患消除在萌芽阶段，守住不发生区域性、系统性食品安全风险的底线。

22. 加强监管队伍建设。各地区要根据本地实际，合理配备和充实食品安全监管人员，重点强化基层监管执法力量。加强食品安全监管执法装备建设，重点增加现场快速检测和调查取证等设备，提

高监管执法能力。加强监管执法队伍法律法规、业务技能等方面的教育培训，开展岗位练兵，规范执法程序，提高执法水平。制定食品安全中长期人才发展规划。实施基层监管业务骨干培养工程和监管人员三年轮训制度。

23. 构建群防共治格局。充分调动人民群众参与食品安全治理的积极性、主动性，组织动员社会各方面力量参与食品安全工作。落实食品安全有奖举报制度，设立举报奖励专项资金，规范奖励审定、奖金管理等工作。严格执行举报保密制度，保护举报人合法权益。各级消费者协会要发挥自身优势，提高公众食品安全自我保护能力和维权意识，支持消费者依法维权。充分发挥食品相关行业协会作用，支持行业协会制定行规行约、自律规范和职业道德准则，引导和约束食品生产经营者诚信经营。

24. 加强舆论宣传。将食品安全纳入公益性宣传范围，列入国民素质教育内容。充分发挥政府、企业、行业组织、社会团体、广大科技工作者和各类媒体的作用，深入开展“食品安全宣传周”等各类宣传科普活动，普及食品安全法律法规及食品安全知识，提高公众食品安全意识和科学素养。支持新闻媒体开展舆论监督，客观公正及时准确报道食品安全问题。完善新闻发言人制度和食品安全信息发布制度，及时发布权威信息、消费提示和风险警示。妥善做好食品安全领域突发事件和热点问题舆情应对，主动回应群众关切。

25. 严肃考核问责。完善食品安全督查考评制度，将保障食品安全纳入党政领导班子实绩考核指标体系，考核结果作为综合评价领导班子和领导干部的重要依据。发生重大食品安全事故的地方在文明城市、卫生城市等评优创建活动中实行一票否决。完善食品安全责任追究制，加大行政问责力度，确保责任追究到位。对不认真履行监管职责、食品安全问题突出的地区和部门，责令限期整改。对工作推诿扯皮、失职渎职，导致发生重大食品安全事故和造成严重后果的，依纪依法严肃追究有关领导和人员的责任。

索 引

1～9

100 种中药饮片炮制率统计（表） 253
12331 投诉举报 382
　平台搭建 382
　网站建设 382
18 种中药材伪品紧急通知查处 254
1958—1985 年各类药品检验情况统计（表） 245
1976—1985 年药品检验机构和人员变化（表） 62
1995—2005 年内蒙古自治区采用国际标准标志产品名录（表） 141
2008 年抽样 32 批次砖茶生产企业不合格指标统计（表） 197
《2008 年度医疗器械质量监督抽样工作的通知》 336
2010—2017 年全区医疗器械生产企业数量统计（表） 331
2013—2017 年保健食品生产许可证发放一览（表） 357
2016 年国家食品安全示范性演练 160
3·15 打假活动 298
3·15 消费者权益日宣传活动 165、430
3 次药品质量检查统计（表） 245
7 种精神 410

A～Z

ADE 287
ADR 报告来源情况分析（表） 281、282
ADR 报告人职业分布分析（表） 282
ADR 报告数量分析（表） 281、283
ADR 预警信息共享平台 285
A 型肉毒素专项检查 305
DG5016 型 C 型臂 X 射线机 338
GMP、GSP 认证时限要求 227
GMP 改造方案论证审查 227
GMP 经验和教训 226
GMP 两级认证制度 227
GMP 内容 225
GMP 认证 225、226、228
　认证后管理 228
GMP 重点企业监督抽查 257
GSP 达标进程 237
GSP 跟踪检查计划 239
GSP 认证 237、238
　标准 239
　跟踪检查 239
　工作会议 238
　认证后跟踪检查重点 239
　认证后药品经营企业跟踪检查 238
　制度 237
《GSP 实施指南》 237
OA 系统 383
　版本更新 383
PPA 药品制剂 287
PSUR 报告 284
QS 标志 127

A

阿拉善盟食品药品监督管理局 120
　历任主要负责人名录（表） 121
　食品药品化妆品检验检测中心 120
　食品药品稽查执法支队 121
　信息化与药品不良反应监测中心 121
　行政编制 120

《癌痛治疗使用麻醉药品有关问题的通知》 265
《爱国卫生条例》 165
安钠咖事件 274
安全护肤，美丽人生5·25全国护肤日宣传活动 371
案件查处 308、315、350
《奥运会和残奥会期间食品药品安全保障和维护稳定工作方案》 193

B

巴彦淖尔市食品药品监督管理局 117
历任主要负责人名录（表） 119
人员编制 117
食品药品检验所 118
食品药品投诉举报中心 118
食品药品综合行政执法局 118
药品医疗器械不良反应监测中心 118
巴音花地区假冒伪劣矿泉水质量案件 200
巴扎拉嘎苏木甲哈达嘎查帮扶工作 421
白酒抽取 149
白酒假冒查获 200
白酒企业申报材料核查 127
白酒生产领域监督管理 200
办公室 69、78
半夏监督管理 255
帮扶工作 421
包头生化制药厂 292、316
包头市食品药品监督管理局 105
历任主要负责人名录（表） 106
人员编制 105
食品化妆品监督所 106
食品药品检验中心 106
行政编制 106
药品不良反应监测中心 106
包头制药厂 292
保安堂药铺 230
保持共产党员先进性教育活动 402
保健股 56
《保健食品、化妆品安全风险监测工作规范》 364
保健食品、化妆品生产企业和经营企业监督检查和抽查检验 364
保健食品安全整顿工作 360
保健食品抽查检验 361～364
保健食品从业人员 356
保健食品风险监测 363
《保健食品管理办法》 355
保健食品广告监测工作 367
保健食品广告监管 364、366
《保健食品广告审查暂行规定》 367
保健食品广告宣传秩序整顿 365
保健食品化妆品安全监督管理 356
保健食品化妆品监管处 360
《保健食品化妆品经营备案管理办法》 361
保健食品稽查打假 364
保健食品监督管理 355
保健食品检验结果评价 363
《保健食品检验与评价技术规范》 355
保健食品经营环节日常监督检查 361
保健食品经营基本情况摸底调查 363
保健食品流通秩序整顿 365
保健食品欺诈和虚假宣传专项整治 366
保健食品日常监管 360、361
保健食品审评审批 356
保健食品生产单位监督检查 167
保健食品生产经营企业采样 363
采样点分布情况一览（表） 363
保健食品生产企业 356、366
专项监督检查 365
保健食品生产许可证发放 356、357（表）
保健食品生产秩序整顿 365
保健食品销售 360
销售经营环节规范管理清单一览（表） 362
《保健食品整顿工作方案》 360
保健食品质量和广告治理 367
保健食品重点领域专项整治行动 366
保健食品注册管理 355
《保健食品注册管理办法（试行）》 355
《保健食品注册与备案管理办法》 356
保健食品注册证 356
保健食品专项检查整治 364、65
保食品药品安全，迎60周年大庆集中整治行动 193
《保证与提高药品质量的指示》 216
《北方药学》 397
避孕套、装饰性彩色平光隐形眼镜、定制式义齿专项监督检查 348
避孕套及角膜接触镜专项检查 349
边销茶 195
定点生产归口经营政策 195
《标准化法》 136、137
《标准化工作改革的意见》 136
标准化管理条例 135
标准化良好行为企业试点工作 140
表格式购货台账 169
表彰奖励 411
不法药商投机倒把 308
不合格品所涉及的餐饮企业查处 151
不合格药品监督抽验 248、257
不合格药品统计（表） 310
不良反应分析 289

不良反应监测 280
体系建设 280
不良反应监测中心 374
不良事件监测内容 339
不良事件监测与再评价 338
《不同氟含量低氟砖茶预防饮茶型氟中毒效果的评价》研究 197
不同时期药品检验 244
卫生部门管理时期 244
药品监管部门管理时期 247
部门对食品安全工作监管责任 469

C

财务处 70、418
财务管理 418
采购食品索证管理办法 165
采用国际标准标志产品名录（表） 141
菜篮子产品质量标准体系 139
参展商及其药品资质证明资料抽查 311
《餐饮单位清单式内部巡查制度》 192
餐饮服务安全监管 5
餐饮服务单位调查摸底 172
餐饮服务行政许可 133
餐饮服务环节抽检和调查评价 171
餐饮服务环节瘦肉精专项整治 190
餐饮服务环节整顿 172
《餐饮服务监督抽检实施工作方案》 171
餐饮服务监督管理 134、147、170
职能 134
职能移交 147
餐饮服务监管处 79
《餐饮服务监管工作要点》 172
餐饮服务食品安全 170
示范工程建设 172
餐饮服务食品安全监管 172～172
办法 134
抽检工作实施方案 170
量化分级管理 172
餐饮服务许可管理办法 134
餐饮服务许可证 133
换发 133
餐饮服务专项检查评价性检测结果统计（表） 171
餐饮企业明厨亮灶 173
《餐饮业食品卫生管理办法》 133
《查处18种中药材伪品的紧急通知》 309
查处假劣药品（表） 310
查处假冒伪劣医药产品活动 294
查处伪劣商品取缔虚假广告领导小组 164
《查处食品标签违法行为规定》 144
茶叶贸易 53
掺杂掺假问题 52
茶叶市场集中整治 195
茶叶执照经营 53
掺假香油查处 199
产品标准 139
产品监督抽验 337
产品质量检验研究院 147
产品质量监督检验所 59、146
产品质量委托检验工作 147
产品注册标准审查批准认可 327
产品注册资料和现场核查 326
产业扶贫 422
场头 53
常规和专项风险监测工作 154
超过保质期食品和回收食品监管 170
《炒米质量标准》 137
城市监督覆盖率 296
城市药品监督覆盖率 295
《城乡集市贸易食品卫生管理条例》 164
城乡市场确定监测点 155
惩防体系建设 406
工作领导小组 406
承应小底局 1、54
诚信兴商宣传月活动 156
持有保健食品注册证企业 356
持有效卫生许可证保健食品生产企业 356
敕勒川药材市场 299～301、316
查封 316
治理整顿 301
赤峰艾克制药科技股份有限公司 227
赤峰地区药品经营机构 231
特点 230
赤峰麻黄素厂 219
赤峰市跨地区重大违法销售假药案 318
赤峰市牛营子中药材市场 300
赤峰市食品药品监督管理局 111
历任主要负责人名录（表） 112
食品化妆品监督所 112
食品药品检验所 112
药品不良反应监测中心 113
赤峰维康生化制药有限公司 217
赤峰永巨制药厂 218
赤峰制药厂 246
虫草类保健食品专项监督检查 361
抽检监测任务 151
处方药、非处方药分类管理试点 242
处方药和非处方药转换评价 289
处方药停止在大众媒介发布广告 312

处方药与非处方药分类管理办法 242
处级干部选拔任用工作方案 91
创建国家食品质量安全示范城市试点 157
创先争优 402、403
垂直管理 98
春节食品突击检查 192
刺五加注射液假冒事件 288
从严治党 409

D

打击冰毒犯罪和加强易制毒化学品管理专项整治行动 269
打击假冒保护名优产品活动 166
《打击利用互联网发布虚假药品信息非法销售药品的通知》 315
打击两非专项行动 303
打击两抢一盗 420
打击流通环节销售假冒伪劣食用油、地沟油违法行为专项行动 181
打击侵犯知识产权违法广告和制售假冒伪劣药品工作 312
打击食品非法添加和滥用食品添加剂专项整治工作 189
打击食品药品违法违规行为 7
打击土私盐专项整治活动 179
打击违法经营面食制品及牛羊肉专项整治工作 180
打击违法添加非食用物质和滥用食品添加剂专项整治活动 188
打击虚假违法广告专项整治行动 314
《打击药品贩子和取缔黑医活动的联合通知》 308
打击一次性橡胶避孕套专项检查治理活动 345
打击游医药贩 309
打击制售假劣药品 54、295、309
打击制售假劣药品、医疗器械专项治理行动工作会议 304
打击制售假冒伪劣药品、医疗器械违法犯罪活动联合行动 345
打击制售假劣一次性使用医疗器械行动 335
打击制售伪劣中药 254
　专项行动 302
打假与扶优相结合 165
大案要案查处 316
大都上饮局 52
大都尚醖局 52
大排查、大整改执法检查活动 421
大事记 9
党风廉政建设 404
　工作实施意见 405
　主体责任 406
党风廉政建设责任制 405
　领导小组 404
党委对食品安全工作领导责任 468
党务工作 401
党员干部思想教育 410
党员领导干部联系点 422
党政管理人才管理 90
党组中心组学习制度 403
《稻谷验收标准》 137
低氟砖茶 196
地标升国标 210
地方标准清理 136
地方标准制定 139、140
地方特色且产量大食品总体状况调查与风险评估 196
地方性法规 423
地方药材标准审评原则 215
地沟油违法行为专项行动 181
地毯式排查 319
第二、三类医疗器械经营企业许可审批下放工作 334
第二类精神药品 270
　网络监管 272
　专项检查 272
第二类医疗器械 326
　产品注册证 326
第三类医疗器械 326
第一类精神药品 270
第一类医疗器械 326
　注册工作 325
电码防伪技术 296
电子监管工作 378、379
定点对口帮扶 422
定点屠宰场专项整治行动 168
定期监督监测 149
定期上报制度 296
定制式义齿生产使用监督专项检查 347、349
《定制式义齿注册暂行规定的通知》 325
动态管理 343
毒剧药品 272
　案例 273
毒性药品管理 273
端午节、六一儿童节及大中专院校招生考试期间食品市场监管工作 194
队伍建设 57、88
多层次食品安全责任体系 468

E

额日敦-乌日勒 251
鄂尔多斯市食品小作坊集中监管和食品安全电子追溯系统建设 167
鄂尔多斯市食品药品监督管理局 115
　大型活动保障人数和时间统计表（表） 117
　历任主要负责人名录（表） 116
　食品检验检测中心 116
　食品药品监管综合执法局 116
　药品医疗器械不良反应监测中心 116

药品医疗器械检验研究中心 116
职数编制 115
二级麻醉药品经营单位验收和调整 263
《二年律令》 51

F

发布违法广告重点监控 351
发证范围审查 332
法规体系 423
法制处 78
法制宣传教育五年规划 430
法治建设 423
防控 H7N9 流感有关医疗器械产品检查 347
防控人感染高致病性禽流感药品不良反应监测 288
防治腐败长效机制 406
仿制药质量一致性评价工作 285、290
工作方案 299
访民情、解民意、办实事主题实践活动 422
放射性药品 276
管理办法 276
监督管理 276
使用许可证工作 277
使用许可证名单一览（表） 277
放心乳粉从内蒙古做起行动 184
二期工程 185
放心乳粉实施办法 184
放心药房建设 255
非典监督检查 297
非典相关医疗器械企业针对性检查 332
非典新药、医疗器械注册申报 207
非法采供血液和单采血浆专项整治工作 346
非法贩运加工病死牲畜专项整治工作 200
非法购销药品活动 316
非法经营中药材集贸市场专项整治行动 300
非法转让《医疗器械经营许可证》查处 333
非药品冒充药品调查摸底分类汇总工作 298
非药品冒充药品现象 365
专项行动 365
非药品涉及保健食品 365
飞行检查组 239
废品收购站收购医疗垃圾问题 345
废止标准涉及蒙药材标准 215
废止地方标准药材名单 215
分段监管体制 59
《分工制定农产品标准的通知》 137
分级管理 342
《粉状婴幼儿配方食品良好生产规范》 185
风险分级分类管理 167
风险监测 153
风险品种 290
分析讨论会 290
扶贫工作 421
浮标式氧气吸入器使用情况专项检查 346
茯砖茶质量 195
脯肉有毒 51、52
复方樟脑酊 274
事件 274
复原乳企业监管 186
附录 432

G

改进机关工作作风 403
干部职工捐款 422
甘草膏厂 55
甘草、麻黄草专营许可证管理制度 269
干部培训班 91
高风险类药品再评价工作 289
高风险食用农产品品种和高风险项目分析汇总 154
高氟砖茶 197
高级职称评审 91
高粱王白酒质量监督检验 200
高素质干部队伍建设 404
高志全 405
《高致病性禽流感应急预案》 158
圪洞子药铺 230、231
歌秀一吸白化妆品违法广告责令改正通知书 370
个体私营药店监督管理 291
个体药品经营证发放 235
供应和购用麻醉药品单位检查整顿 264
《供应世博会生产加工食品质量安全突发事件应急处置方案》 159
公共卫生监督办公室 59
公共卫生监督所 59
公务员录用 91
公务员在线学习计划 92
公务员综合知识培训 92
工农业产品标准体系 135
工商部 57
工商行政管理局 58
工业产品生产许可 127
《工业产品生产许可证试行条例》 126
工业产品许可证国家统一管理 127
工业明胶和食品添加剂行为问题 201
工作人员招考 90
工作制度 417
共建单位 422
《共建食品药品安全内蒙古合作协议》 176
购用麻醉药品印鉴片 262

古代近代食品管理机构 51
古代近代药品管理机构 54
古代食品安全问题 51
骨干人员培训班 91
官集 53
官立医院 56
官医提举司 1、54
《管理毒剧药品办法》 272
罐头产品抽查 150
罐头抽查 149
贯彻国家《查处食品标签违法行为规定》会议 144
光电磁疗物理治疗设备专项检查 346
广播电视药品医疗器械广告监测 352
广德堂药店 230
广覆盖食品安全监控体系 470
广告审查监管 350
广恒堂中药店 230
广生堂药铺 230
归化城 2、53
归绥甘草膏厂 219
归绥市药房 231
规范散装白酒，打击假冒名优，促进白酒质量提高整治方案 190
规范性文件 416、417、424、425
规划财务处 80、418
规章制度、规范性文件重点清理 417
贵细药材中成药生产企业监督检查 307
国产非特殊类化妆品监测 371
《国产非特殊用途化妆品备案管理办法》 368、369
国产非特殊用途化妆品备案后现场检查工作 371
　工作指南 369
国产化妆品中超标物与禁用物的检验情况一览（表） 372
国家和内蒙古自治区公布的不合格药品统计（表） 310
《国家基本药物目录管理办法（暂行）》颁布 218
国家级乳肉制品检验检测中心 96
国家级食品安全示范县 175
国家乳制品及肉类产品质量监督检验中心 147
国家食品安全示范城市 7
国家食品安全示范性演练 160
《国家医疗器械质量监督抽验管理规定（试行）》 336
国庆、中秋两节期间食品药品安全监督管理工作 193
国营大众药房 231
过渡期流通环节食品安全监管 169
过渡期品种处理 208

H

哈慈制药厂 317～319
　生产销售劣药案 319
　制售假劣药品 317
海尔森医疗器械有限公司突击检查 329
含何首乌保健食品配方变更工作 362
含铝食品添加剂使用标准执行情况专项检查 190
含珍珠粉原料保健食品、化妆品检查 370
行风热线节目 408
行会监管 53
行会制度 52
行业纠风 407
《合作药店、药贩管理试行办法》 233、262、273
核发医疗机构放射性药品使用许可证名单一览（表） 277
核（换）发医疗机构制剂许可证验收标准试行 218
核酸类保健食品广告违法问题集中检查 366
核医学科室整顿 276
核准购用麻醉药品医疗单位 263
《河套蜜瓜品种标准》 137
《河套蜜瓜原良种生产技术规程》 137
黑名单产品 197
恒丰面粉厂 200
红革村扶贫任务 421
后备干部培训班 92
呼和浩特等4个盟市奶茶粉、砖茶抽样合格率（表） 196
呼和浩特国家级乳肉制品检验检测中心 96、147、151
呼和浩特市第二十五中学制药厂 292
呼和浩特市食品药品监督管理局 95、104
　二级事业单位 104
　历任主要负责人名录（表） 105
　食品化妆品监督管理所 104
　食品检验所 104
　食品药品稽查支队 104
　食品药品检验所 104
　行政编制 104
　药品不良反应和药物滥用监测中心 104
呼和浩特市食品药品检验所 84
呼和浩特市药店 231
呼和浩特制药厂 292
《呼伦贝尔盟中草药资源调查》 386
呼伦贝尔市食品药品监督管理局 107
　历任主要负责人名录（表） 108
　人员编制 107
　食品药品检验所 108
　食品药品执法稽查支队 108
呼图克图 55
胡春华 167
互联网发布虚假药品信息查处 320
互联网上违法销售药品监控 319
互联网医疗器械经营监督检查 349
华北区药政药检协作会议 292
化工生产企业集中检查 272
化学药品地标升国标工作会议 289

化学药品地标升国标品种质量标准审核修订 258
化学药品地方标准再评价专项工作 209
化学药品检验 257
化学药品制剂生产企业原料药专项检查检测 258、303
化学原料药监管检测 258
化学制剂年度抽验不合格率 258
化妆品安全风险评估结果 371
化妆品不良反应/事件报告表 374
《化妆品不良反应报告监测和管理办法》 373
化妆品不良反应监测 373
化妆品抽样检测 371、373
化妆品风险监测 371
　样品覆盖 373
化妆品监督管理 368
化妆品检验机构备案一览（表） 373
化妆品检验机构审查 373
化妆品日常监管 369
化妆品审批备案 368
化妆品生产企业和经营企业监督检查 370
化妆品生产企业监督指导 369
化妆品生产企业审批备案 369
化妆品生产企业原料采购和使用监督检查 370
化妆品生产许可证 369
《化妆品卫生监督条例》 368
化妆品质量专项检查 369
化妆品中超标物与禁用物的检验情况一览（表） 372
化妆品注册管理 208
《换发放射性药品使用许可证有效期的通知》 277
《换发药品经营企业许可证工作安排的通知》 235
换发证工作与药品专营工作相衔接 226
换证再认证工作 236
皇帝御膳食品安全 52
黄河制药厂发布违法药品广告 314
回回药物院 54
惠民司 54
惠民药局 55
火锅底料风险监测 153
获证企业（单位）一览（表） 432

J

基本药物抽验 249
　任务 250
基本药物电子监管工作 379
基本药物监督检查 225
　制度建设 298
《基本药物目录》 259
基本药物配送情况摸底调研 236
基本药物品种赋码 379
基本药物全品种电子监管 299
基本药物全品种全覆盖监督抽验 249、250
基本药物生产和质量监督检查工作 224
基本药物生产企业生产调查摸底 298
《基本药物质量监督抽验管理办法（试行）》 249
基层违法保健食品广告监测网络 367
基层药品监管机制 297
基础建设工作领导小组 95
基础设施 7
　建设 95
机关财务管理基本任务 418
机关党委 80、401
机关干部树立7种精神 410
机关事务服务中心 67、85
　主要职责 85
机关思想道德建设 402
机关作风和精神文明建设活动 410
《积极推进食品安全信用体系建设的通知》 156
稽查打假信息栏目 298
疾病预防控制中心 257
集贸市场整顿 168
　专项整治工作 301
集中换发许可证工作 332
寄递渠道销售假药查处 320
纪检监察工作 405
纪检监察室 70、80
纪念建党80周年读书和知识竞赛活动 409
绩效目标评价考核 420
计划生育药械市场专项整治行动 346
佳合药业有限公司现场检查 319
《加强保健食品广告监督管理的通知》 366
加强产品质量安全风险信息管理工作实施方案 152
加强麻黄素管理的意见 268
《加强食品生产加工小作坊和食品摊贩监督管理工作的意见》 187
《加强一次性输液（血）器、注射器经营和使用管理的联合通知》 341
《加强医药管理的决定》 233
《加强质量管理严厉打击制售伪劣中药的通知》 254
《加强组织冷饮调味肉食品卫生管理严格质量监督检验的通知》 148
假劣药品医疗器械查处 296、298
假劣药品专项稽查行动 309
假冒保健食品销售环节检查 366
假冒河南飘安集团一次性隔离衣案件查处 350
假冒河套牌面粉 200
假冒内蒙古大唐药业有限公司生产销售假皮炎宁酊案 319
假冒伪劣矿泉水质量案件 200
假冒伪劣问题 202
假冒伪劣药品查处 318

假冒药品案件　309
假奶酒事件　202
假先锋霉素5号销售使用　315
甲哈达嘎查帮扶工作　421
监督抽查　153、248
监督检验产品　148
监管处罚制度　470
监管队伍　6、89
　建设　471
监管方式创新　154
监管经费　96
监管模式创新　6
监管人员培训　92
监管体制　98
监管职能职责划分　134
检举制假售假违法行为　317
检验监测技术装备水平　7
检验检测机构资质认定证书　148
《健康相关产品国家卫生监督抽检规定》　360
酱油打假专项活动　166
交易规则　2
《交易市场管理办法》　162
角膜接触镜经营企业检查验收标准　333
角膜塑形用硬性透气接触镜专项检查　349
教育培训　91
接骨螺钉不良事监测任务　340
节假日食品安全专项整治　193
节日食品市场监督检查　185、193
节日食品市场系列专项整治行动　192
节日市场商品质量执法大检查　192
《戒毒药品管理办法》　271
戒烟戒毒政策措施　264
津新药业有限公司生产假劣药品案件调查　317
晋江假药监督销毁　309
晋江假药清查　294
近代食品管理机构　51
近代药品管理机构　54
进口化妆品中超标与禁用物的检验情况一览（表）　372
进口橡胶避孕套和体外诊断试剂监督抽样　336
《进一步规范全区食品生产许可工作若干问题的通知》　130
《进一步规范医疗器械经营环节监督管理工作的通知》　344
《进一步加强麻黄碱类制剂管理的通知》　269
《进一步加强乳品质量安全工作的通知》　184
《进一步加强食品安全保障工作的通知》　177
《进一步加强食品安全工作的意见》　177、468
《进一步加强食品生产加工小作坊监管工作的意见》　187
《进一步加强药品管理工作的紧急通知》　234、254
《进一步加强液态奶监管工作的通知》　183
《进一步加强婴幼儿配方乳粉质量安全工作实施方案》　185
《进一步加强中药饮片生产经营监管的通知》　256
《进一步深化药品安全专项整治工作的通知》　306
《进一步治理整顿医药市场的意见》　234
《进一步做好食品安全事故应急工作的通知》　159
进驻企业调查　202
精神文明建设　409～411
精神药品　270
　案例　273
　管理办法　270
　监督管理　270
经常性卫生监督　162
经营医疗器械企业信用等级评定工作　334
警察局卫生科　56
纠风工作　407
　会议　408
　实施意见　408
　专项治理工作　408
纠风及行风建设领导小组　408
纠正医药购销不正之风办公室　407
纠正医药购销不正之风工作联席会议　407
纠正医药购销不正之风工作领导小组　407
《纠正医药购销中不正之风工作检查验收实施方案》　407
酒类保健食品专项监督检查　362
《酒类管理办法》　191、424
酒类、乳品等工业产品生产许可证办公室　127
酒类市场专项整治　191
酒类专项整治　190
酒人　52
救灾药品和医疗器械监管工作　298、343
《举报药品医疗器械违法行为有功人员奖励办法》　342
枸橼酸西地那非制剂　271
　管理暂行规定　270
剧毒药品监督管理　270
聚集性药品不良反应信号安全性评价专家分析会　290

K

咖啡因　270
　管理规定　271
开汤审评　52
凯蒙制药有限公司查处　318
康保县酒厂塑料软包装45度高粱白酒　199
抗生素滥用现象　287
抗震救灾工作　422
考核问责　472
科技标准处　80、378
科技宣传活动　394
科技宣传周　394
科研成果　385
科研工作　384

科研活动 394
科研机构 384
科研课题 385
科研论文 388
科左后旗能维乳业有限乳清公司 198
课题 387、388
空心胶囊使用情况专项检查 307
　封存扣押 258
库伦药局 230
会计核算工作 419
会计核算中心 419
　管理办法 419

L

拉网式摸底检查 181
滥用阿片类物质成瘾者社区美沙酮维持治疗工作组和技术指导组 266
老头酒抽样检验 200
冷库办理食品流通许可证规定 132
冷链管理专项检查 349
冷饮食品生产企业检查 127
离退休人员工作处 70、80
理想信念教育 401
立即停止使用药品清理 293
《廉政风险防控工作实施方案》 406
粮食标准修订 137
《粮食管理办法》 162
粮食市场监督管理 168
粮油标准管理 137
粮油标准化技术委员会一届四次会议 138
粮油及农产品标准 136
粮油检验标准 137
粮油肉食品安全专项整治 179
粮油质量检查 148
量化分级管理 172
两打两建专项行动 303
两节期间食品安全专项监督检查工作 194
劣质奶粉生产大案 198
劣质奶粉事件 183
临床核医学使用放射性药品 276
临床药师质量控制中心 259
临床药学处方用药情况调查 259
临床药学培训班 259
临床用药检验监测 259
零售药店处方药与非处方药管理 243
领导责任落实 471
流通环节食品安全监测数据直报点 152
《流通领域处方药与非处方药分类管理工作的通知》 243
龙胆泻肝丸不良反应问题 287
氯胺酮制剂登记造册 271

M

麻黄草收购管理 267
麻黄碱复方制剂药品生产专项整治 270
麻黄碱控制 270
麻黄碱类复方制剂生产企业 267
麻黄碱类制剂管理 269
麻黄碱原料生产企业、含麻复方制剂生产企业飞行检查 270
麻黄精 273
麻黄素被盗事件 269
麻黄素定点生产企业全面检查 269
《麻黄素管理办法（试行）》实施 268
麻黄素监督管理 267、268
　工作会议 267
　规定 267
　暂行规定 267
麻黄素生产企业 269
麻黄素原料药、麻黄浸膏、麻黄浸膏粉定点生产企业名单（表） 268
麻油小作坊生产菜籽油加入工业盐问题调查 201
麻醉药品 263
　供应与经营 262
　供应和使用问题的通知及几项补充规定 262
　检查 266
　经营企业调整 263
麻醉药品、精神药品区域性批发企业调整工作 272
麻醉药品和第一类精神药品区域性批发企业布局调整 264
麻醉药品和精神药品管理工作小组 267
《麻醉药品和精神药品管理监督检查的通知》 272
《麻醉药品和精神药品管理条例》颁布实施 266
《麻醉药品和精神药品经营管理办法（试行）》 263
麻醉药品监督管理 262～265
　条例 262、264
《麻醉药品临时登记处理办法的通令》 264
《麻醉药品生产管理办法》 263
　修改 265
《麦白霉素制剂生产有关事宜的通知》 287
《矛盾纠纷化解工作方案》 420
贸易部 57
美沙酮口服液外流自查 266
门户网站 377
蒙餐标准 138
　地方标准 140
蒙成药不合格率 252
蒙成药生产 251
蒙古卫生院 55、56
蒙疆甘草工业股份有限公司 56
蒙牛冰淇淋代加工点 202

蒙药材标本 251
蒙药材标准 214
　增补本 214
蒙药材炮制规范 214
《蒙药材质量规范》 387
《蒙药学》 385
《蒙药制剂规范》 214
蒙药制剂所涉及的毒性药材名单 252
蒙医药管理 55
蒙医药现代化标准化项目 252
　建设意见 214
蒙医药学会 384
蒙医药研究机构 385
蒙医药研究所 384
蒙医医疗机构 384
蒙医用药 250
　炮制 251
蒙中药监管处 79
盟市、旗县（市、区）药品监督管理局（分局）机构编制（领导职数）配置（表） 97
盟市、旗县食品药品电子监管体系建设 101
盟市、旗县食品药品监督管理部门职能职责 101
盟市百万人口 ADR 报告数量分析（表） 281、283
盟市机构与队伍 97
盟市级机构 104
盟市奶茶粉、砖茶抽样合格率（表） 196
盟市食品药品监督管理部门承担的药品抽验责任和任务 249
盟市食品药品监督管理机构 83
盟市食品药品监督管理局 377
　纪检组 405
　门户网站 377
　职能职责 102
盟市食品药品监督管理系统职工人数（表） 103
盟市食品药品监管部门 100
盟市药品监督管理局 97～99
　办公室 99
　人事教育科 99
　药品监督稽查队 99
　药品注册安全监管科 99
　医疗器械经营企业许可证审查工作细则 332
　医疗器械市场监管科 99
盟市药品检验工作 245
蒙药不良反应监测 284
蒙药部颁标准 213
蒙药产品 251
《蒙药方剂》 386
《蒙药方剂规范》 387
《蒙药基本药物遴选办法（试行）》 252
蒙药检验 250
蒙药科 251
《蒙药炮制规范》（2015 年） 214
蒙药现代化标准化建设 251
蒙药研究 384
　机构 384
　新进展 251
蒙药药品检验所 385
蒙药制剂室建设 251
蒙药制药企业 220
《蒙药志》 385
蒙药资源普查 251
民国工商管理法规 53
民国市场管理 53
《民主评议行风工作实施意见》 407
民族团结教育活动 402
民族团结进步活动 410
民族药标准修订 214
名牌战略年活动 138
明朝医事制度 55
明厨亮灶 173
明显变质失效药品使用 293

N

奶茶粉、砖茶不同抽样区域分布（表） 196
奶茶粉、砖茶在市区、旗、县、乡镇苏木抽样合格率（表） 197
奶粉零售企业检查 183
奶粉企业产品抽查 149
《奶粉生产经营情况进行全面检查的紧急通知》 197
奶酒行业制假问题 202
内部局域网 380
内部控制制度 420
内部审计 418、419
内部政务系统办公网 OA 系统 383
内部执法工作制度 428
内蒙标准粉抽查 149
内蒙古地方菜地方标准 140
内蒙古军区卫生部 60
内蒙古蒙餐标准 138
内蒙古蒙成药标准 212
　1984 年版 213
　补充本 213
内蒙古蒙药材标准 213
　1986 年版 214、215
内蒙古蒙药厂 220
《内蒙古蒙药制剂规范》 214、387
《内蒙古蒙药炮制规范》 387
内蒙古蒙药制药厂 246
内蒙古人民药房 231

《内蒙古特色道地蒙药材图鉴》 387
《内蒙古药材手册》 211
《内蒙古药品标准》 212
1990 年版 213
《内蒙古医药行业 1993—2000 年推行 GMP、GSP 规划》 237
内蒙古医药专修学院摊派销售问题药品 317
《内蒙古植物药志》 386
《内蒙古中草药》 385
《内蒙古中药材标准》（1988 年版） 214、215
内蒙古驻张家口医药有限公司 263
内蒙古自治区获证企业（单位）一览（表） 432
《内蒙古自治区实施〈中华人民共和国药品管理法〉办法》 423、451
《内蒙古自治区食品安全地方标准管理办法》 136
《内蒙古自治区食品安全企业标准备案实施细则》 136
内蒙古自治区卫生厅 60
《内蒙古自治区药品标准》 212、217
标准规格暂行规定 211
内蒙古自治区药品监督管理局 64
《内蒙古自治区野生药用植物名录》 386
内蒙古自治区医药公司 232
内蒙古自治区医药管理局 62
《内蒙古自治区医院药物制剂规范》 212
《内蒙古自治区中药材标准》（1988 年版） 213
《内蒙古自治区中药饮片切制规范》 212、216
《内蒙古自治区专业标准化技术委员会管理办法》 136
内蒙古自治政府卫生局 60
《牛羊屠宰管理办法》 424
牛营子中药材市场 300
农产品标准 136
农产品生产环节专项整治 180
农村牧区食品市场监管 169
农村牧区食品市场专项整治 180、182、188
执法行动 169
农村牧区药品供应网络建设 241、297
农村牧区药品两网建设 239、240
人员培训 241
农村牧区药品质量情况评价和监督工作 248
农村牧区药政管理试点 292
农村义务教育学生营养改善计划餐饮安全监管调研督查专项活动 191
农村用药监督管理和抽验试点工作 248
农工商部 53
农田司 52
农畜产品质量安全监管局 175
农药监管 180
《农业标准化管理办法》 138
农业标准制定工作 137
诺氟沙星胶囊生产批准文号撤销 218

P

排查问题乳粉工作方案 199
培训教育活动 402
《培育和践行社会主义核心价值观工作方案》 403
批准文号重新核发 207
批准文号统一换发 210
啤酒产品检验 148
平台建设 379
评价性抽验工作 248、336
葡萄糖注射液 292
普法领导小组 429
普法宣传 429

Q

《旗、县、市交易市场暂行规则》 162
旗县（市区）食品药品监督管理系统职工人数（表） 103
旗县发布农业标准暂行规定 137
旗县食品检验检测机构 101
旗县食品药品监督管理体制 100
旗县市、区药品监督管理分局 97
旗县以上药品经营企业 GSP 认证工作 238
齐二药假药事件稽查工作 311
企业产品备案检查工作 371
企业产品标准备案 327
企业风险分级管理 421
企业违法发布药品广告通报 314
企业质量信用等级评定实施方案 156
器械注册专项检查整治工作 347
契丹制 54
前店后厂模式 230
强痛定事件 275
强制检验制度 127
清查违法药品广告专项治理工作 313
清代茶叶贸易 53
清代医事制度 55
区外生产的酒和饮料质量大检查 164
区域性食品药品检验检测中心 101
麯院 52
《取缔游医药贩和严禁制售伪劣药品的通告》 308
取消重新注册及医疗器械注册证书变更 326
去氧麻黄素 273
事件 273
全方位的食品安全监管支撑体系 471
全国工业产品许可证国家统一管理 127
全国药品抽验工作指导意见 246
全国药政工作会议 292
全鹿丸假药案 317
《全面清理检查市场乳制品的紧急通知》 198

全区性食品药品安全专项督查 195
全系统信息化建设 377
全脂速溶奶粉、全脂加糖奶粉质量统一检查 182
榷场 52
榷酤制度 1、52
群防共治格局 472
群体性食物中毒 201
群众食品消费安全维护 168
群众性精神文明创建活动 410

R

热爱内蒙古，建设内蒙古宣传教育活动 409
人大食品安全法执法检查组 177
人民生活关系重大的产品监督检查 163
人民药房 231、232
人事处 80
人事管理 89
人事教育处 70
人血白蛋白专项检查工作 305
人用狂犬病纯化疫苗查处 256
人用浓缩狂犬病疫苗预防接种 287
日常监管 330
　全覆盖 303
肉及肉制品市场专项整治 181
肉类产品地方质量标准 139
肉类加工厂和个体肉类加工点检查 166
肉类市场专项整治执法行动 181
肉食品市场专项整治工作 179
如意珍宝丸 251
乳粉样品检查 182
乳及乳制品监管 182
乳品质量安全工作 130、184
《乳品质量安全监督管理条例》 183
乳肉制品检验检测中心 147、151
　建设 96
《乳业发展合作协议》 183
乳业名牌大区 183
乳制品分类单项审核和管理 132
《乳制品加工行业准入条件》 129
乳制品生产企业电子信息追溯系统 185
乳制品生产企业监督检查 199
《乳制品生产企业落实质量安全主体责任监督检查规定》 199
乳制品生产企业清理检查 198
乳制品生产企业整顿和规范 199
乳制品市场专项整治执法行动 185
《乳制品质量安全监督管理条例》 184
乳制品专项监督抽查 150
《入网药品目录》 378

S

三查一报告 199
三盯封闭监督 184
三定方案 80
三个基础环节 404
三个一律 184
三个逐步到位 409
三会一课 406
三级药品监督网 63
三聚氰胺检测 184
三鹿牌婴幼儿奶粉清查工作 198
三品一械生产经营获证企业 83
三无药品检查处理 293、294
散装白酒批发企业 190
桑沛恩 55
商业部 57
商业局 58
商业厅 57
上都回回药物院 54
上都醴源仓 52
上都留守司 53
上都税课提举司 53
上市药品再注册工作 208
尚药局 54
社会共治格局联席机制 430
社会治安综合治理 420
　工作重点 421
社会主义荣辱观教育活动 402
《社会综合治理工作责任状》 420
《深入进行一次性无菌医疗器械专项治理整顿工作的紧急通知》 345
申报 GMP 认证材料及现场初审工作 227
申请生产药品类易制毒化学品许可生产企业现场检查验收 278
审批项目下放 225
生产操作过程中的卫生制度和办法 162
生产加工小作坊和食品摊贩监督管理职责分工 187
生产假药窝点捣毁 320
生产企业开办条件 326
生产许可证工作会议 127
生产许可制度 127
《生物制品管理规定》 256
生物制品检验 256
生物制药产业发展规划和扶持政策 257
盛乐制药有限公司生产经营情况专项检查 270
十个全覆盖工程 422
十个统一 409
《十三五期间气管插管（带气囊）不良事件重点监测工作方案的通知》 340

十三五食品药品安全发展规划 7
实绩考核 411
《实施〈中华人民共和国药品管理法〉办法》 423、451
食具四过关 161
食品 1
食品安全 3
食品安全保障工作通知 177
食品安全标准管理 135
食品安全城市创建工作 7
食品安全承诺书 187
食品安全处 59
食品安全电子追溯系统建设 167
食品安全调查与评价 158
　工作方案 155
食品安全地方标准 136
　工作意见 140
　管理办法 136
　准修订 143
《食品安全法》 133
　颁布实施 175
　修订 130
　宣传贯彻活动 177、430
　实施条例 455
　宣传工作领导小组 170
食品安全法规和标准 471
食品安全风险防控 470
食品安全风险监测 152
　管理规定（试行） 152
　实施方案 153
食品安全风险排查 154
食品安全风险评估 155
食品安全工作 7、177、468
　工作意见 177、468
　基本原则 468
　指导思想 468
　重要意义 468
　总体目标 468
　总体要求 468
　组织领导 471
食品安全监察处 69、370
食品安全监督抽检和风险监测职能 154
食品安全监督检验 148
食品安全监管 51、161
　长效机制 169
　格局 469
　工作监督检查 185
　基层基础 470
　机构改革 469
　软件 168、169
　体系 469
　体制 2
　协作机制 470
　支撑体系 471
　职能 131、133
食品安全监管网 174
食品安全监控体系 470
　建设 145
食品安全检验检测能力 471
食品安全内蒙古 157
食品安全评估 152
食品安全评价 154、155
《食品安全企业标准备案实施细则》 136
《食品安全事故应急预案》 159
《食品安全突发事件应急预案》 158
食品安全突发性事件应对 202
食品安全委员会 5、68、100、173
　办公室 6、100
　督察组 174
　工作规则 174
食品安全协调处 69、370
食品安全协调领导小组 68、100、173
食品安全信息化建设 471
《食品安全信用体系建设的若干指导意见》 156
食品安全宣传活动 173
《食品安全宣传教育工作纲要》宣传活动 176
食品安全严管街活动 191
食品安全隐患排查治理专项行动 191
食品安全应急预案 158
食品安全责任书 174、175
食品安全责任体系 468
食品安全整顿 180、198
　工作方案 175
　应急预案 158
食品安全专项整治 179、182
　工作部署 180
食品安全状况和食品安全保障监测调查 155
食品安全综合监管 3、173
　格局 59
食品、保健品、化妆品专项整治行动 370
食品标签法制管理及食品标签编写研讨班 144
《食品标签管理办法》 143
《食品标签设计、印制和使用监督管理办法》 143
食品标签通用标准 138、143、144
《食品标识标签标准及相关文件汇编》 144
食品标准管理体系 135
食品标准制定与实施 136
食品抽检 151
食品打假专项斗争 179

食品大中型企业质量安全市场准入 128
食品店铺 2
食品放心工程重点品种评估 155
《食品放心工程综合评价不合格产品企业的通知》 155
《食品非法添加和滥用食品添加剂行为专项行动方案》 189
食品风险监测 152
食品供应问题 2
《食品工业企业诚信体系建设工作部门联席会议制度的通知》 156
食品工业企业诚信体系建设工作实施方案 156
食品管理机构 51
食品行业诚信建设 471
食品行业质检机构概况（表） 146
食品化学检验室 146
食品化妆品监督所 86
《食品加工小作坊和食品摊贩管理条例》 423
《食品加工小作坊审查分级及监督管理暂行办法》 187
食品监督检验 148、150
食品监管部门职责分工 174
食品监管法律法规调研 174
食品监管机构 57
食品监管职能划转过渡期监管工作 167
食品检测样品抽查 150
食品检验检测机构 419
食品检验检测中心 7、87、148
　建设 96
　内设科室 88
　职能职责 88
《食品经营许可管理办法》 133
食品经营许可平台软件 133
食品经营许可证核发 133
食品经营者行业协会建设 157
食品经营者落实索证索票 169
食品经营者食品安全信用档案 157
食品经营者信用分类监督管理 157
食品经营主体调查摸底 170
食品经营主体分级分类管理模式 157
食品流通行政许可 131
食品流通环节酒类市场专项整治 191
食品流通监管处 78
食品流通监管重点工作督查 170
食品流通经营主体 132
食品流通市场监督管理 168
食品流通许可延续相关工作 132
《食品流通许可证发放管理办法（试行）》 132
食品流通许可证核发 132
食品企业产品标准备案职能 140
食品企业基本情况调查 187
食品企业监督检查 166
食品企业审查监管 129
食品生产行政许可 126
食品生产环节安全监督管理 59
食品生产环节卫生规范和条件 130
《食品生产加工环节风险监测计划》 153
食品生产加工环节风险监控 152
食品生产加工环节整治 167
食品生产加工经营活动 127
食品生产加工企业档案 129
《食品生产加工小作坊登记及监督管理办法（试行）》 188
《食品生产加工小作坊和食品摊贩管理条例》 188、463
《食品生产加工小作坊监管的指导意见（试行）》 186
《食品生产加工小作坊监管工作的意见》 187
食品生产监管处 78
食品生产经营单位监督检查 164
食品生产经营单位治本工程建设 163
食品生产经营监管 470
食品生产经营卫生许可证专项治理整顿工作 126
食品生产经营者主体责任 469
食品生产领域食品标签标识专项监督检查 144
食品生产企业抽检样品 153
食品生产企业划等级 156
食品生产企业检查巡查 194
食品生产企业生产许可准入关 130
食品生产企业无证查处 128
食品生产小作坊 187
食品生产许可工作 130
《食品生产许可管理办法》实施 131
《食品生产许可申报材料审查细则及处理准则（试行）》 129
食品生产许可下放 131
食品生产许可证 127～131
　发放 127～131
　工作下放 128
　企业年度审查 129
　审核 128
　延续及换证工作的通知 129
《食品市场主体准入登记管理制度》 131
食品市场专项整治执法行动 181
食品市场经济秩序规范工作 179
食品摊贩管理条例 463
《食品摊贩和城乡集市贸易食品卫生管理条例》修订 186
《食品摊贩和小餐饮备案管理办法》 188
食品摊贩和小作坊管理立法调研工作 187
食品摊贩监督管理职责分工 187
食品添加剂监督管理工作 188
食品添加剂使用科学规范 188
食品添加剂专项整治 188
食品突发事件应对 201
食品卫生安全监管 3

《食品卫生法》 126、161
《食品卫生法（试行）》 432
颁布 135
贯彻落实 164
实施 163
食品卫生工作会议 163
食品卫生管理 125、161
试行条例 125、145
条例 126、163
食品卫生行政许可 125
食品卫生监测合格率 165
食品卫生监督 58
覆盖率考核 164
机构 165
监测工作 149
监测制度 2
食品卫生监督检验所 3、58、145
食品卫生监督员 58
食品卫生监管 2、161、165
食品卫生检查 163
食品卫生科 58
食品卫生领导小组 58、59
食品卫生行政许可证发放 125
食品卫生许可证 133
发放管理试行办法 126
管理办法 126
食品卫生执法机构 3、59
食品销售关键环节安全隐患及风险梳理 154
食品信用体系建设 156
食品行政许可管理 125
食品药品、医疗器械、保健食品、化妆品违法违规案件集中查处 320
食品药品安全 1、8
食品药品安全监管 1、5
体制改革 5
食品药品安全科普宣传活动领导小组 394
食品药品安全内蒙古 176
建设 7、176
建设标准 178
内容分解细化 177
食品药品安全十二五规划工作领导小组 175
食品药品安全委员会 176
办公室综合协调作用 178
成员调整 177
专门信息网络平台 381
食品药品安全智慧监管大平台 382
食品药品安全专项督查 195
《食品药品安全专项整治和综合治理工作实施方案》 182
食品药品安全资金投入 96
食品药品电子追溯系统试点工作 381
食品药品放心工程 408
实施方案的通知 173
食品药品管理体制 2
食品药品稽查局 79
食品药品稽查总队 86
职能职责 86
主要负责人 86
食品药品监督管理 8
部门调整目的和意义 5
法规制度体系 6
机构 8、68、99
食品药品监督管理分局 100
食品药品监督管理局 5、6、59、68、89、90、95、99、133、134、173
部门职责分工 76
财务管理办法 419
重新组建 176
承担药品抽验责任和任务 249
电子监管信息化平台建设方案 381
各处（室、局、委）主要负责人名录（表） 82
机构组建 68
机关财务管理办法 418
纪检组 406
监管体制完善 73
建议 360
历任局领导名录（表） 81
领导班子 68、71、74
门户网站 379
内设机构 69、78、82（图）
食用盐质量安全监督管理职能 75
所属事业单位机构（图） 88
特殊食品监督管理处 75
体制变动 71
网站日常维护 378
相关部门职能职责调整 74
新增职能职责 75
行政机构干部教育培训情况（表） 93
与内蒙古出入境检验检疫局的职责分工 76
与内蒙古自治区公安厅的有关职责分工 77
与自治区工商行政管理部门的职责分工 76
与自治区农牧业部门的职责分工 76
与自治区商务部门的职责分工 76
与自治区卫生行政主管部门的职责分工 76
与自治区质量技术监督部门的职责分工 76
职能调整 68、74
职能再调整 71
职能职责 69、71、72、76、77
职能职责合并取消 75

职能职责加强 73、75
职能职责下放 75
综合门户网站 377
食品药品监督管理所 100
食品药品监督管理体制 6
食品药品监督管理系统历年受表彰单位一览（表） 412
食品药品监督管理系统历年受表彰个人一览（表） 413
食品药品监督管理信息平台 377
食品药品监督管理职能调整 5
食品药品监督信息中心 85、383
负责人名录 86
主要职责 85
职责调整 378
食品药品监督政务事项公开 415
食品药品监管 5、6、101、174、299、380、387
部门职责和任务 299
队伍 6
改革调整 101
工作会议 174、175
机构合并 5
稽查执法体系 101
监管体制 5、8
科研成果 387
系统专网暨视频会议系统 381
系统专网建设 381
业务网络 380
食品药品监管所 6
食品药品认证审评中心 85、378
食品药品审评查验中心 87、236、356、378
负责人名录 87
职能职责 87
食品药品违法案件查处 421
食品药品违法犯罪侦查机构 101
食品药品信用体系建设 381
食品药品行政监督管理体系 6
食品药品学会 395
2005 年医疗器械交流展览会 396
3·15 大型维权宣传活动 396
《北方药学》 397
第二次会员代表大会 395
第二届理事会 395
第一次会员大会 395
第一届二次理事长、常务理事会会议 395
第一届理事会 395
合理用药、健康家庭科普宣传活动 397
全国科普日宣传活动 397
全区医院药事管理学术研讨会 397
学术活动 396
学术交流研讨会 396
学术论文报送 396
学术期刊 397
学术专业委员会 395
中国西部药学论坛 396
中国西部药学论坛会议品牌 396
中蒙药学术研讨会 396
组织机构 395
食品药品业务软件开发 379
食品造假监管 52
食品质量安全检验项目对比实验 147
《食品质量安全市场准入审查通则（2004 版）》 128
食品质量地方标准 138
食品质量监督抽查 151
食品质量监督管理 166
食品质量检测体系建设 145
食品重点整治地区 186
食品专项监督抽查 150
食品专项整治两打行动 180
食物中毒症状 201
食药安全、创新发展科技宣传活动 394
食药安全科技惠民科技宣传活动 394
食用农畜产品监管 470
食用植物油专项执法检查 187
事业单位 83
市场准入标志制度 127
市场管理委员会 58
市场交易行为规范 168
试产注册 324
兽药监管 180
受表彰单位一览（表） 412
受表彰个人一览（表） 413
《瘦肉精等违禁药品专项整治工作的紧急通知》 189
瘦肉精专项整治 190
方案 171
执法检查 180
输液器生产企业初审工作 224
熟肉制品检查 150
熟药所 54
属地管理 100
数据库 382
建设工作 382
双黄连注射液检查 319
司市 53
思密达假冒销售 311
思想道德建设 402
思想政治建设 401
私营药店监督检查 291
私营中西药店药品质量大检查 291
私营中药铺 230

四个规范 409
四个基本要求 404
四化监管模式 7、167、421
四级信用等级评定 157
四品一械数据库建设 382
四突出方法 193
饲料监管 181
《宋刑统》 52
送验 244
苏木乡镇药品供应网络覆盖率 240
苏尼特羊肉 138
绥远省人民政府卫生局 60
绥远省医药公司 231

T

太医监 55
太医院 55
泰尔力图医疗保健用品有限公司 350
谈心谈话 403
汤光 396
汤药小底 54
唐代食品安全监管制度 51
《唐六典》 52
《唐律疏议》 52、54
糖果产品抽查 149
糖用甜菜收购标准 139
特殊食品监管处 80、81
特殊药品和血液制品生产企业重点监管 269
特殊药品监督管理 262
　职能 265
特殊药品监控信息网络系统 266
特殊药品经营企业抽查 267
《特殊药品突发重大安全事故应急预案》 266
特殊药品重大安全事件应急机制 271
特殊药品重点监管管理办法 266
特殊药物滥用监测工作 286
《体外诊断试剂注册检验抽样服务指南》 327
天然麻黄素生产 267
添加剂食品安全专项整治行动 190
通辽市食品药品监督管理局 110
　历任主要负责人名录（表） 111
　三合一模式 110
　食品药品监督执法支队 110
　食品药品检验所 110
通辽卫生材料厂 341
通辽制药股份有限公司 269
同泰永药店 230
同兴和头道街中药材集贸市场治理整顿 301
统计表 432
《统一换发药品批准文号工作的通知》 210
统一换发药品批准文号专项工作 209
突发事件重要措施 158
突发性安全事故应急管理机制 339
吐列毛都镇新艾里嘎查帮扶工作 422
土贵乌拉卫生材料厂 341
土默特右旗敕勒川药材市场 299
土默特右旗医药公司 273
《推行政务公开工作的实施意见》 415
推进餐饮服务食品安全示范工程建设领导小组 172
《推进餐饮服务食品安全示范工程建设实施方案》 172

W

《完善化妆品审评审批机制的意见》 369
晚期癌症患者使用麻醉药品专用卡制度 264
万村千乡市场工程 240
万古药房 230
维护稳定工作领导小组 420
违法保健食品广告汇总发布 367
《违法广告公告制度》 314
违法广告药品暂停销售行政强制措施 314
违法添加非食用物质和滥用食品添加剂专项执法检查 188
违法违规案件查处 299
违法药品广告公告制度 313
违法药品广告药品监督抽验工作 314
违法药品广告移送统计（表） 313
《违反城乡集市贸易食品卫生管理条例罚款办法》 164
违规违纪问题处罚 296、316
违禁超限问题 202
伪劣四品一械稽查专项行动 320
伪劣药品稽查工作 309
卫生部 231
卫生处 56
卫生防疫 3
　监督 146
　委员会 57
卫生防疫站 2、3、57、58
卫生防疫组 2
卫生股 56
卫生监督 2、125、162
卫生监督所 146、165
卫生局 60
　药政科 323
卫生科 56
卫生所 56
卫生厅 4、59、61、62
　卫生监督所 146
卫生行政许可发放管理 125
卫生许可证颁发 126

卫生许可证和食品经营许可证整合 133
文件清理工作 427
问题乳粉案件 201
问题乳粉清查清缴销毁 184、199
乌海市三立药业有限公司销售假药查处 319
乌海市食品药品监督管理局 119
　检验检测中心 119
　历任主要负责人名录（表） 120
　食品药品化妆品监督所 120
　行政编制 119
　药品不良反应监测中心 120
乌兰察布市食品药品监督管理局 114
　历任主要负责人名录（表） 115
　食品药品检验所 114
　食品药品行政执法稽查支队 114
　行政编制 114
　药品不良反应监测中心 114
无菌和植入性医疗器械监督检查 348、349
　生产经营企业专项检查 347
《无误蒙药鉴》 386
无证生产企业专项整治行动 188
五年规划普法和依法治理工作 430
五项具体工作 404
五原九郡药业有限责任公司发布违法药品广告 314
五整治回头看专项检查 348
五整治专项整治行动 348
武安帮 230
武川县马铃薯农业标准化示范区 140

X

吸食忽悠悠专题调查 275
西部食品质量安全检测中心 147
西沙必利 287
西药店 231
西药毒性药品 273
西药限制性剧药 273
锡林郭勒盟食品药品监督管理局 112
　历任主要负责人名录（表） 114
　食品药品监督执法支队 113
　食品药品检验检测中心 113
　行政编制 113
　药品不良反应监测中心 113
细胞色素 C 注射液 292
细菌性痢疾 201
辖区内保健食品广告监测力度 367
夏令食品生产企业专项调查 166
夏令食品质量专项监督抽查 150
鲜奶吧清理整顿工作 186
县级食品安全检验检测资源整合试点工作 148
县级质量技术监督食品安全监管检测体系 147
现场监督抽查 337、350
乡镇苏木药品零售企业 241
向无购用证明单位供应麻黄素企业检查 267
向药监卫士高志全学习活动 405
消淋败毒散制造假冒 316
小餐饮整顿规范 172
小麦粉标准实施 138
小麦粉等 5 类食品生产许可证实施细则 128
小麦粉和食用植物油检查 150
《小麦验收标准》 137
小营盘乡红革村扶贫任务 421
小作坊个体商贩监管 186
小作坊和食品摊贩管理条例 463
校园及周边食品监管 191
校园周边设立食品安全严管街活动 191
新艾里嘎查帮扶工作 422
新版 GMP 认证企业 229
新办制药企业 219
新喘咳宁片 275
　事件 275
新开办药品经营企业暂停受理 223
新开办药品生产企业的审批权收回 223
新任职领导干部知识培训班 92
《新生物制品审批办法》 206
新闻宣传与应急管理处 79
新药和旧药审批制度 216
《新药审批办法》 205、206
　颁布实施 205
新药审批品种 206
新药注册申请受理 208
新制剂批准文号换发 211
新注册执业药师 94
欣弗事件稽查 311
信息发布栏目 416
信息公开工作领导小组 416
信息化工作领导小组 378
信息化建设 377、383
　规划 377
　领导小组 377
信用等级评定 157
兴安盟食品药品监督管理局 109
　历任主要负责人名录（表） 109
　食品药品检验检测中心 109
　食品药品执法稽查支队 109
　药品不良反应监测中心 109
兴奋剂监管 208
兴和县麻油小作坊生产菜籽油加入工业盐问题调查 201
行政编制 89

行政处罚听证程序规定 424
行政处罚听证会 427
行政复议委员会 428
行政管理 88
行政机构干部教育培训情况（表） 93
行政审批事项公开 415
行政审批系统上线 381
《行政审批项目监督制约办法》 426
行政审批项目取消和下放 361、417
行政审批制度改革 330、428
行政许可受理中心 428
行政执法 426、428
《行政执法机关移送涉嫌犯罪案件的规定》 297
《行政执法手册》 415
《胸腺肽制剂生产企业专项检查的紧急通知》 227
许可管理 417
畜产品国家统制管理 1
畜牧产品交易 53
畜禽定点屠宰场规划和监管 167
宣徽院 52
学习实践科学发展观活动 402
学校食堂等餐饮业食品安全监管工作的意见 192

Y

牙官 53
亚硝酸异戊酯 292
严禁鸦片烟毒的通令 264
《严厉打击食品非法添加和滥用食品添加剂行为专项行动方案》 189
《严厉打击食品非法添加行为切实加强食品添加剂监管工作方案》 189
盐酸丁丙诺啡 271
盐酸伐地那非安全性、有效性调研评估 271
盐酸甲基麻黄碱事件 276
羊肉市场专项检查整治行动 181
药材公司 385
药材检验划分 244
药材市场抽验主检药材 247
药材种植 252
　试验场 232
药厂全面质量管理 294
药店销售婴幼儿配方乳粉工作推进协调小组 185
药剂工作 259
药监部门移送违法药品广告统计（表） 313
药监系统行风建设工作领导小组 407
药检所 98
药健字注册 355
药品 1
《药品 GMP 跟踪检查工作方案》 229
药品 GMP 认证 227
　企业跟踪检查 227
　申请资料审查 229
《药品、医疗器械案件举报受理办法》 342
药品、医疗器械打假稽查行动 311
药品、医疗器械广告审批 351
药品、医疗器械生产经营企业基础数据库建设 382
药品、医药器械监督管理逐级向下延伸 296
《药品（群体）不良反应报告/事件表》 280
药品安全监测与再评价 279
药品安全监督检查与专项整治 291
药品安全监管处 70
药品安全监管网络 298
药品安全日常监督检查 291
药品安全示范县建设 299
药品安全信用分类管理重点联系单位 243
药品安全专项整治 299、305
　督查工作 306
　进展情况督查 306
　实施方案 305
药品标准 211、212、217
　颁布 216
　重新修订 212
　监督 216
　蒙药第一册 213
　实施 216
　修订 211
　制定 211、212
《药品标准规格暂行规定》 211
药品不良反应/事件报告表 284
药品不良反应/事件病例报告质量评估会 284、285
药品不良反应报告 283
　报告表 281
　报告单位 283
《药品不良反应报告和监测管理办法细则》 280
药品不良反应病例报告 283
　评估 284
　质量评估工作 289
　质量评估指导意见 284、285
药品不良反应监测 279
　报告 282
　报告制度 280
药品不良反应监测部门队伍业务建设 280
药品不良反应监测 280、281
　机构 279
　系统管理工作 282
　专家咨询委员会 279
药品不良反应监测中心 67、86、279、282、286～290、338
　负责人名录 87

职能职责 87
药品不良事件 287
聚集性信号监测 285
药品不良信息检索、分析、整理和撰写任务 290
药品抽验 249
改革 248
工作程序暂行规定 247
工作指导意见 246
计划 247
药品抽验合格率 246
品种统计（表） 246
药品打假治劣战役指挥部 310
药品地方标准取消 218
药品电子监管工作 380
领导小组 380
药品定期安全性更新报告工作 284
药品放心工程 304、305
《药品分类管理流通实施方案》 242
药品分类管理工作 242
药品分类监督管理 242
药品分类检验 250
药品供应 231
药品供应网建设 241
药品管理 309
药品管理法 63、209、222、242、259、260、276、280、293、437
实施 206、246
实施条例 443
宣传贯彻 293、294、429
宣传月 429
《药品管理工作的紧急通知》 234
药品管理机构 54
药品管理体制 4
《药品管理相对人信用档案管理办法》 297
《药品广告管理办法》 312
药品广告监测 314
药品广告监督检查、整顿查处工作 313
药品广告监管 312
药品广告审批 312、313
《药品广告审查办法》 313
《《药品广告审查标准》 313
药品广告违法问题通报 315
药品和医疗器械不良事件稽查应急处理办公室 288
药品化妆品监管人员培训 371
药品化妆品流通监管处 79
药品化妆品生产环节重点专项整治 303
药品化妆品生产监管处 79
《药品化妆品生产企业信用等级管理办法》 370
药品化妆品注册处 79
药品稽查 308
药品稽查处 70
药品集贸市场经营户租房清退 301
药品集贸市场取缔关闭 301
药品监测不良反应监测工作协调领导小组 279
药品监测工作报告质量提升年 285
药品监督抽验 247
程序规定 248
药品监督覆盖率考核指标 295
药品监督覆盖率完成值一览（表） 295
药品监督管理分局 98
药品监督管理机构 98
职能职责 98
药品监督管理局 4、64、88、95、98、99、173、223、242、296
安全监管处 66
办公室 66
财务 66
党组 401
机构组建 64
机关党委 66
离退休人员工作处 67
领导班子 64
领导名录（表） 64
盟市药品监督管理局 64
盟市药品检验所 64
内设机构 66
人事教育处 66
市场监督处 67
事业单位 67
药监局 65
药品注册处 66
医疗器械处 66
医药管理局 65
直属事业单位 67
职能调整 65
职能职责 69
主要职责 65
《药品监督管理条规汇编》 414
药品监督管理政策 293
药品监督管理执法工作 240
药品监督稽查队 98
药品监督稽查机构 98
药品监督三级网络建设 296
药品监督网络 5、241
药品监督信息中心 67、85、378
药品监管 3、4、59、240、297、304、378
机构 4、59
体制 3

网络工作 297
无盲点 240
协作机制 304
业务在线受理 378
药品检查员 63
药品检验 4、62、244、255
机构 4、247
机构和人员变化（表） 62
情况统计（表） 245
性质 244
药品检验所 4、62、67、83、95、245、247、279、292
实验室改造 247
主要职责 67
药品检验研究院 83
负责人名录 84
机构沿革 83
科研成果 84
论文发表 84
内设机构 84
业务工作 84
职能职责 84
药品经营 232
行业管理工作 234
监督管理 230
日常监督检查工作方案 236
许可 233
药品经营企业 231～233
认证 236、237
经销点整顿验收 233
监管 235
专项检照查 236
自查自纠活动 236
药品经营企业许可证 233
管理办法 236
核发 234
换发 235、264
年检制度 234
《药品经营企业验收细则》 233
修订 234
《药品经营质量管理规范》 235、237
药品聚集性事件预警信息共享平台 285
药品两网建设 241
目标 240
示范县 241
《药品零售企业 GSP 认证工作实施方案》 239
药品零售企业分类管理 243
药品流通领域非法经营行为集中整治 306
药品流通秩序治理整顿 316
药品命名原则修订 217
药品批发企业 232、235
经营疫苗许可工作 256
普查 236
药品批发企业和药品连锁企业集中整治 237
药品批准文号 209
换发 209
汇编 210
监督管理 210
普查 210
再注册工作 210
药品品种重新审核批准 209
药品品种整顿 209
药品器材供给制 231
药品认证收费执收单位和收费标准调整 228
药品审批程序规定 217
药品生产、流通企业换证工作 223
药品生产安全和药品生产流通专项整治行动 303
药品生产监督管理 219、224
管理办法 224
药品生产经营监管 312
药品生产企业 219--222
GMP 调研 227
GMP 认证 225、226、228
重新审核整顿 220
跟踪检查和飞行检查 224
换发证工作 223
检查 299、303、307
实施 GMP 情况调研 227
现场检查 225
许可证 223
验收 220
验收细则 222
医疗机构制剂跟踪检查 302
整顿 220
质量受权人制度试点 229
注册品种数据库 210
药品生产企业、医疗机构制剂室集中换证 225
药品生产审批 221
药品生产许可 221
药品生产质量安全风险监测评估专项活动 307
《药品生产质量管理规范》 225
2010 年修订 224、229
检查 224
认证管理办法 228
药品生产专项检查工作实施方案 228
药品市场秩序专项整治 301
药品市场集中检查 301
药品市场监督处 70
药品市场整治重点 302

药品市场专项整治 302
药品四化监管 299
药品卫生标准 212、216、220、253
药品信用体系建设 297
药品行政审批制度改革 223
药品验收验付制度 293
《药品医疗器械案件管理制度》 342
《药品医疗器械保健食品广告发布企业信用分类管理制度》 315
药品医疗器械广告监测 352
药品医疗器械稽查打假活动 311
药品再评价 289
药品再注册工作 207
常态化 208
受理工作 208
药品执法检查整顿工作 293
药品质量安全全程管控 4
药品质量安全专项检查 304
药品质量标准审批 221
药品质量检查和抽验工作 209
药品质量检查统计（表） 245
《药品质量抽查检验管理规定》 248
药品质量大检查 292
《药品质量公告》 250
药品质量监督管理 235
药品质量监督检查 292
药品质量检测 257
药品注册 205
管理办法（试行） 206
管理规章 207
核查 205
核查员管理暂行办法 208
申报方式改革 206
申报资料审查 207
申请现场核查 302
专用章 208
药品注册处 69
药品专项稽查 310
药品综合专项整治 304
药事法律进企业主题宣讲活动 430
药物滥用监测 286
报告 287
工作会议 286
药物滥用监测站复核验收 265
药物依赖康复研究中心 265
药政工作会议 294
药政管理处 4、61、62
药政管理工作会议 62
《药政管理工作资料汇编》 212
药政管理机构 1、63
药政管理局 4、61、323
职责 61
《药政管理条例（试行）》 217
药政科 3、4、61、323
业务骨干培训 92
业务学习培训 91、92
业余党校 401
《液态奶监督检查工作的通知》 183
液态奶监管领导小组 183
液态奶专项国家监督抽查 183
液体乳产品检验 201
液体乳黄曲霉毒素 M1 超标事件 201
《一次性使用输液器》 327
《一次性使用无菌医疗器械经营企业资格认可实施办法》 332
《一次性使用无菌医疗器械生产企业销售人员登记管理办法（试行）》 332
一次性使用注射器（针）监督抽验 336
一次性输液（血）注射器定点货源单位 341
一次性无菌输液器监督抽验 338
一次性无菌医疗器械用品监管 341
《一次性无菌医疗器械专项治理整顿工作的紧急通知》 345
一次性洗浴用品专项监督检查 369
一类医疗器械注册产品工作自查 326
一票一书二库制度 190
一主三辅原则 298
伊克昭盟医疗器械厂 341
伊利、蒙牛奶产品三盯封闭监督 184
依法查处假劣药品（表） 310
医疗单位制剂检验监测 259
医疗单位制剂全面整顿 260
医疗单位制剂室申请暂停受理 223
《医疗单位制剂室验收细则》 260
医疗机构放射性药品使用监管工作 277
医疗机构放射性药品使用许可申请 277
《医疗机构麻醉药品、第一类精神药品使用管理专项检查方案》 265
《医疗机构蒙药制剂调剂使用暂行办法》 252
医疗机构使用放射性药品情况摸底调查 277
医疗机构使用药剂专项监督检查活动 260
医疗机构使用婴儿培养箱监督性抽检 338
医疗机构使用罂粟壳清查 265
医疗机构药品不良反应监测工作 281
医疗机构婴儿培养箱监督检查 344
医疗机构用药检验监测 258
医疗机构制剂安全专项检查 307
医疗机构制剂配制情况摸底检查 260
医疗机构制剂配制行为专项检查 261
医疗机构制剂品种整顿工作 208

医疗机构制剂室专项检查　218
医疗机构制剂许可证换证工作　260
医疗机构制剂整顿品种技术审评　260
《医疗机构制剂注册管理办法》　260
　试行　207
《医疗器械标准管理办法（试行）》　328
医疗器械不良事件报告　339、340
　监测能力和水平　339
医疗器械不良事件监测工作　3
《医疗器械不良事件监测和再评价管理办法（试行）》　339
医疗器械不良事件监测与再评价　338
　管理培训班　339
医疗器械不良事件网报系统　339
医疗器械产品标准　327
医疗器械产品现场核查工作　328
《医疗器械产品注册管理办法》　324
医疗器械产品注册申请受理　325
医疗器械产品注册审批　328
医疗器械产品注册证书　324
医疗器械厂　327、341
医疗器械处　70、323
医疗器械分类管理　325、329
《医疗器械管理暂行办法》　324
医疗器械广告　351
　管理办法　351
　审查办法　351
　审查办法宣传员协会议　351
　审查监督管理　351
　审批　351
医疗器械技术标准管理办法　327
医疗器械监督抽验　335、336
　质量公告一览（表）　337
医疗器械监督管理　323
　实施办法　329、332
医疗器械监督管理条例　324、326、329
　修订草案　331
医疗器械监管处　79
医疗器械检测抽验工作　335
医疗器械检测中心　67、335
医疗器械经营企业　333
　飞行检查和使用环节交叉检查　349
　检查验收标准　333
　经营许可统一审查　345
　冷链管理专项检查　349
　数量统计（表）　334
　现场监督抽查　337
　许可证核发　332、333
　许可证年检办法　332
　许可证受理申请　333
医疗器械经营企业和医疗机构监督检查　342
医疗器械经营许可　331
　审批下放　344
医疗器械流通和使用环节监管　343
医疗器械流通领域违法经营行为专项整治　349
医疗器械企业品种资料　327
《医疗器械企业信用档案管理办法》　330
医疗器械企业研发创新　326
医疗器械企业专项检查　347
医疗器械日常监管　341
医疗器械生产经营企业　330、344
　监督检查　344、345
　退市管理办法　330
　许可证发证工作会议　331
　许可证清理整顿　330
医疗器械生产企业　327~331、342、349
　监督检查范围　342
　监管检查　330、342
　企业许可证　329
　全面监督检查　343
　日常监督管理规定　342
　数量统计（表）　331
　信用等级评定工作　334、343
　许可证核发　330、331
　许可证注销管理　330
　原辅材料购进使用专项检查　349
　质量体系考核办法　327
　重点监控　342
医疗器械生产企业、经营企业、使用环节专项整治行动　349
医疗器械生产许可与备案　329
医疗器械生产与经营许可　329
《医疗器械生产质量管理规范》　330
　实施前准备工作　330
　试行　343
医疗器械使用管理　331
医疗器械市场及监管工作专项检查　346
医疗器械市场专项整治　336、347
　行动方案　348
医疗器械质量体系现场考核　331
医疗器械质量安全报告　327
《医疗器械质量监督抽验工作程序（试行）》　338
医疗器械质量监督抽验工作会议　335
医疗器械注册　324~327
　标准　324
　产品清理整顿工作计划　325
　产品申报资料核查计划　325
　管理办法　325
　审查工作　324
　信息梳理　327

证书变更 326
资料真实性核查 325
医疗器械专项检查 347
医疗器械专项整治 341、345
现场检查 333
医疗用毒性药品、罂粟壳监管 273
医疗用毒性药品管理 273
医疗用毒性药品生产经营使用专项检查 273
医事制度 2
医学提举司 1、54
医药标准体制发展阶段 211
医药公司 3、4、61、232
改制撤销 235
医药工商企业质量管理 294
医药管理局 4、59、62、232
医药管理体制 63
医药行业 1993—2000 年推行 GMP、GSP 规划 226
《医药行业质量管理规定（讨论稿）》 222
医药纠风工作 408
具体要求 408
《医药市场管理的报告》 233
医药市场纠查队 296
医药提举局 55
医药药材二级批发站 232
医药总公司 4、62、232
《医用一次性防护服技术要求》 214
《医院药剂工作条例》 259
《医院药物制剂规范》 212
《医院制剂规范》 260
疑似药品不良反应病例报告 280
疑似预防接种异常反应报告 288
义集 53
异地药品、医疗器械广告审核 314
易制毒化学品 278
监督管理 276
生产经营企业全面清查 278
专项整治行动 269
易制毒药品生产企业调研和检查指导工作 278
疫苗不良反应监测工作 290
银杏叶提取物生产保健食品企业执法检查 361
隐形眼镜市场专项检查 346
饮片质量 253
饮食行业卫生管理 162
《饮食业及集体食堂暂行卫生标准》 139
婴儿培养箱监督检查 344
婴幼儿配方奶粉事件处理 197
《婴幼儿配方乳粉生产过程检查指南》 140
婴幼儿配方乳粉质量安全工作领导小组 185
婴幼儿配方乳粉专项整治行动 186
婴幼儿乳粉汞含量异常事件 202
罂粟壳监管 273
罂粟壳经营单位资格认定 263
营业执照核发 132
应急管理处 79
应急指挥系统 381
永合堂药店， 230
永茂源甘草公司 55
优势产业 165
游医药贩非法活动 308
取缔 308
有关部门对食品安全工作监管责任 469
舆论宣传 472
舆情信息应急处理监管 380
御药房 55
御药局 55
御药院 54
《御药院方》 211
预包装食品标签通则 144
预防诊断治疗非典医疗器械快速审批通道 325
元旦、春节期间节日市场大检查 192
元旦、春节期间流通环节食品安全监管工作 194
元旦、春节期间药品市场专项检查 305
原盐查封禁售 149
远红外保健制品案件查处 350
远红外制品监管 341
月饼和熟肉制品监督检查工作 193

Z

在线审批 381
《暂停审批和办理药品经营零售企业合格证许可证的紧急通知》 235
粘贴式购货台账 169
张崇德 56
张德江 177
赵始顺 56
哲里木盟人民药房 231
哲里木盟药品检验所 63
诊断试剂风险排查和综合治理 348
《振兴蒙医药行动计划（2017—2025 年）》 387
整顿规范市场经济秩序工作 168
整顿规范药品市场秩序专项行动 302
《整顿药厂工作的报告》 216
整顿药品集贸市场协调领导小组 300
《整合调整餐饮服务场所的公共场所卫生许可证和食品经营许可证的决定》 134
整治四风突出问题 409
政策法规处 69
政府采购工作 420

政府对食品安全工作行政责任 469
政府规章 423
《政府信息公开目录》 416
政务公开 414、415
  工作领导机构 414
  工作要点 416
  领导小组办公室 414
《政务公开手册》 415
政务工作 414
政务网站 377
《政务信息公开指南》 416
政务信息工作 415
《值班及紧急重大情况报告工作制度》 420
执法队伍建设 428
执法检查抽查工作 427
《执行粮油质量标准有关问题的规定》 138
执业药师培训 94
执业药师注册 94
直属事业单位会计核算工作 419
职工思想政治工作 401
制度建设 416
制剂生产企业申请购买麻黄素 268
制剂再注册工作 209
制售假劣药品案件 316
  查处 318
《制修订地方标准项目计划》 139
制药厂 62
  新建 220
制药行业评审优质产品 221
制药企业 219、220
  撤销或归并 219
  状况调查研究 219
治理药品医疗器械生产经营企业商业贿赂专项工作会议 344
《治理整顿医药市场的意见》 222
治理整顿医药市场重点 301
质量技术监督局 140
质量安全风险排查整治和道德领域突出问题专项教育治理活动实施方案 154
质量诚信体系建设 157
质量监督检验机构认证工作 246
中成药（包括蒙成药）地方标准整顿工作 213
《中成药标准规格暂行规定》 212
中成药地方标准整顿专项工作 209
中成药非法添加化学药品、药品包装、标签和说明书专项检查 305
中成药国家标准管理工作 213
中成药加工部 219
中成药品种处方监管情况专项监督检查 255
中成药品种淘汰 254
中成药中非法添加化学药品专项抽验 255
中高级职称评审 90
中共十八大精神学习贯彻 403
《中国蒙药浴》 387
《中国民族药药用志》 386
《中国药典》 211～213
  1977 年版 213
  1985 年版 213
  2000 年版 217
《中华药典》 211
中蒙成药生产企业 255
中蒙医研究所 384
中蒙医医疗机构放心药房建设规范 255
中蒙药和生物制药产业化 257
中蒙药基础科研成果 385
中蒙药科研机构 385
中蒙药普查 386
中蒙药研究室 384
《中秋、国庆及十八大期间食品安全工作的通知》 194
中秋、国庆节日期间食品市场监管活动 194
《中西药品质量管理的若干规定（草案）》 244
《中小学和幼儿园安全管理工作的紧急通知》 191
中心药库 295
中心药品检验所 63
中心组学习 404
中药、保健药品整顿专项工作 209
中药保健品集中审评 227
《中药保健药品管理规定》 254
中药材、中药饮片抽验 255
《中药材标准》（1988 年版） 213
中药材和中药饮片质量安全专项整治行动 304
中药材专业市场专项整治 254、299～301
  取缔 254
  整顿和规范 254、299、300
中药店 230
中药毒性品种 273
中药房检查 216
中药检验 252
中药品种保护相关文件统一整理 218
中药铺 231
中药研究机构 384
中药饮片、中药提取物及委托生产、中成药生产过程排查 256、299
中药饮片加工企业调查 254
中药饮片炮制 212、254
  规范 212
  质量 252
中药饮片炮制率统计（表） 253
《中药饮片切制规范》 212、216

中药饮片生产经营监管 256
中药饮片专项整治 301
中药注射剂生产企业 229
中药注射液安全性再评价试点医院 290
中医药学会 385
中原制 54
重大节庆食品安全保障 192
《重大食品安全事故应急预案》 176
《操作手册》 158
重大食品安全突发事件应急演练 160
重大事件处理 179、195、199
重大事项例会研究制度 414、426
重点抽查 296
重点监管对象企业 278
重点领域专项整治 189
重点品种食品安全销售环节专项整顿 182
重点企业、重点品种、重点环节重点监管 271、343
重点食品专项抽查整治 150、189
重要文献 432
重症急性呼吸综合征监督检查 297
周代食品交易 51
周海钧 396
猪肉、禽蛋等副食品市场专项整治行动 168
主题教育活动 401
主题宣传日活动 431
《注册产品技术审查指导原则》编写工作 328
注射用假头孢唑林钠 315
注射用透明质酸钠专项检查 349
驻厂监督 183
《驻店药师资格考试实施办法》 94
专兼营蒙药药店 231
专卖制度 1
专项抽验 249、250
专项风险监测工作 154
专项稽查整治工作 312
专项紧急工作会议 345
专项整治 299、305
专项资金 96
《专业标准化技术委员会管理办法》 136
专业技术人才管理 90
砖茶不同抽样区域分布（表） 196
砖茶氟超标事件处理 195
砖茶生产企业不合格指标统计（表） 197
砖茶使用情况评价性检测 155
砖茶中氟含量超标问题处理意见 196
转变发展方式主题大讨论 402
装饰性平光隐形眼镜进行检查 347
准产注册 324
准格尔旗医药公司拍卖零售药店营业执照调查 317
资源共享 380
自查自纠活动 234
自治区级机构沿革 57
综合办公 OA 系统 383
综合处 78
综合门户网站改版 377
综合实验办公楼 95
综合治理 420
最严格监管处罚制度 470
《做好医疗器械不良事件监测和再评价工作的通知》 339
座票职能 55

王彦祥、张若舒、毋栋　编制

修志始末

《内蒙古自治区志·食品药品监督管理志》付梓出版在即，现将编纂始末简略作以说明。

《内蒙古自治区志·食品药品监督管理志》在内蒙古自治区食品药品监督管理局党组的领导下，按照内蒙古自治区地方志办公室的统一部署与要求，由内蒙古自治区食品药品监督管理局《内蒙古自治区志·食品药品监督管理志》编纂委员会组织编纂。从2016年12月启动编纂工作至2018年9月，经自治区地方志办公室组织专家评审验收通过，历时近两年出版问世。这是内蒙古自治区有史以来的第一部《内蒙古自治区志·食品药品监督管理志》。志书纵向记载了自先秦以来，重点是1947—2017年内蒙古自治区的食品药品监管体制和监管事业发展70年的变迁。横向记载了食品、药品、医疗器械、保健食品、化妆品等监管及党务、政务和信息化与科技等方面工作。

2013年内蒙古自治区食品药品监督管理局重新组建后，2015年开始酝酿启动《内蒙古自治区志·食品药品监督管理志》编修工作，2016年下半年成立《内蒙古自治区志·食品药品监督管理志》编纂委员会，自治区食品药品监管局党组书记、局长杨玺任编纂委员会主任，自治区食品药品监管局党组成员、副局长格日勒图、张永强、杨凤屹、闫同义，自治区食品药品监管局党组成员、纪检书记舍楞，自治区食品药品监管局副巡视员彭万臻、杨云峰担任编纂委员会副主任，各处室（局）、各局属事业单位和各盟市食品药品监管局主要负责人任编委，从组织上加强了对志书编纂工作的领导，并从经费等方面给予保证。

志书编纂实行编纂委员会领导下的主编负责制，杨玺担任主编，杨泽荣（原内蒙古自治区地方志办公室主任）、彭万臻（自治区食品药品监督管理局副巡视员）任执行主编，聘请6位具备一定志书编纂经验和写作能力的人员组成编辑部。

组织实施阶段。2016年12月正式启动编纂工作。根据内蒙古自治区食品药品监督管理局的情况，编纂人员了解了北京市、浙江省、陕西省、吉林省地方志办公室食品药品监督管理志编纂情况，借鉴兄弟省市编纂做法和经验。2017年1月上旬，内蒙古自治区食品药品监督管理局向各处室（局）、各直属事业单位、各盟市食品药品监督管理局等单位发出关于编纂食品药品监督管理志及收集报送志书编纂基础资料的通知，要求各单位2月底前把编纂基础资料报送志书编辑部。

初稿编写阶段。为了更好地完成《内蒙古自治区志·食品药品监督管理志》的编纂任务，编修工作启动后，编辑部组织全体编纂人员学习研读《内蒙古自治区地方志书行文规则》及地方志相关的编纂知识，走访自治区食品药品监管局相关处室了解食品药品监管相关业务工作，专门举办了全体编纂人员学习培训班，进行编纂业务学习培训，提高编纂水平。

志书篇目是志书的框架和蓝图，篇目设计是否恰当决定志书的质量。为了设计一个既符合志书体例又具有行业特色的《内蒙古自治区志·食品药品监督管理志》篇目，编纂人员综合分析自治区食品药品监管工作特点，进行了多次讨论，经过反复征求多方意见，形成《内蒙古自治区志·食品药品监督管理志》篇目大纲，基本达到门类齐全、分类科学、归属得当、排列有序、结构严谨、层次清楚，同时突出了志书的时代特色、地方特色、民族特色，以及食品药品监管行业特点。为了使《内蒙古自治区志·食品药品监督管理志》篇目大纲更加完善，编辑部征求了自治区食品药品监管局和编纂委员会主要负责人意见，经相关领导审批同意后，2017 年 3 月将《内蒙古自治区志·食品药品监督管理志》篇目大纲正式上报自治区地方志办公室审批。

收集资料是志书编纂的基础工作。篇目大纲确定之后，修志人员按大纲要求收集资料。《内蒙古自治区志·食品药品监督管理志》的编修工作与其他志书相比，有诸多难点和不同。一是志书纵向时间跨度大；二是横向门类多；三是食品药品监管体制几经调整变化，监管机构历史隶属多变，资料散落各处，有些机构已经不存在，给早期资料收集带来非常大的困难。为此，《内蒙古自治区志·食品药品监督管理志》编辑部主任杨泽荣带领编辑人员到国家图书馆、国家方志馆、清华大学图书馆、内蒙古自治区档案馆、自治区食品药品监管局、自治区卫生厅、自治区工商行政管理局、自治区质量技术监督管理局、自治区商务厅等与食品、药品监管相关单位的档案室，查阅档案近万卷，摘抄复印资料上千万字、数据资料几十份，历时 6 个月，为撰写好志稿做了大量的基础性工作。

志书编纂本着对历史负责、对后人负责的精神，编纂人员克服各种困难，从浩如烟海的档案中，筛选出历史上涉及内蒙古自治区食药监管的文献资料，本着志书要真实客观反映历史原貌的原则，保持了原始资料记述风格，同时注重用新观点、新方法、新体例编辑加工志稿。为了保证自治区食品药品监管事业发展的连贯性，志稿编纂打破了时空界限、部门界限，从中国古代、近现代，特别是 1947 年内蒙古自治区成立到 2017 年各个时期自治区食品药品监管历史作了客观真实地记载，对涉及自治区食品药品监管相关部门机构的历史沿革及职能职责调整变化也作了详细记述。基本做到了“存真求实、述而不论、横不缺项、竖不断线、横分竖述”原则，从而较好地反映了内蒙古自治区食品药品监管工作的历史和现状，展示了自治区食品药品监管事业发展的轨迹与全貌。

征求意见阶段。2017 年年末，承编人员按照《方案》分工完成初稿后，由执行主编杨泽荣对全书进行统稿。2018 年 3 月初形成《内蒙古自治区志·食品药品监督管理志（征求意见稿）》，3 月 12 日发各处室（局）、各直属事业单位、各盟市食品药品监督管理局等单位征求意见。3 月 28 日，自治区食品药品监管局编纂委员会副主任、编纂委员会办公室主任彭万臻召开各处室、各直属事业单位负责人会议，要求各单位认真审核志稿相关内容，按时反馈意见。各单位反馈意见后，编纂人员对志稿进行了字斟句酌的反复修改。

在志稿修改过程中，编纂人员本着“好中求快”“快中求好”的原则，对志书初稿逐篇逐章进行研究和打磨。对于短缺的资料、来源不同说法不一的资料，比如从 1967 年到 1972 年食品药品监管资料普遍缺失，修志人员虽然查阅了许多文件档案，仍然不能做到完全掌握全部发展演变的情况。为此，编辑人员走访了食药监管局部分老同志，逐一对特定历史环境中的资料进行分析甄选、去伪存真、审慎入志。收集到的资料以各类文件为主，有的时间段内容涉及的多，有的时间段内容涉及的少，有的时间段甚至出现了资料断层，需要编辑人员大量查档阅卷，对散存于不同文献中支离破碎的档案重新进行系统归纳、分门别类、科学编排。另外，由于各个时期食品药品监管工作侧重点不同，志书记述内容也有所侧重。

在处理行业性与方志行文要求的关系时，志书打破了部门分工的束缚，做到横分门类，纵述史实，力求做到既能反映食品药品监管工作行业特点，又不违反志书体例要求。

总纂合成阶段。各分编志稿的修改稿完成后，由杨泽荣对全部志稿再次进行了统稿总纂，并报主编定稿。总纂阶段主要是集中精力把好“五关”：即政治关，做到全志政治观点正确；资料关，对各种文字、数据、图表资料一一校正核实；体例关，推敲是否文得其体，体宜其用；文字关，推敲文字，笔削增删，改定润色；特色关，检查全书的时代特点、地方民族特点、行业特点是否鲜明。

全志总纂于2018年4月初结束，形成评审稿后分别报送内蒙古自治区地方志办公室、《内蒙古自治区志·食品药品监督管理志》编纂委员会主任、自治区食品药品监督管理局各处室相关人员及部分曾在食品药品监督管理部门工作过的老同志征求意见。

评审修改阶段。2018年4月26日，《内蒙古自治区志·食品药品监督管理志》评审会议召开。内蒙古自治区地方志办公室的领导和专家、《内蒙古自治区志·食品药品监督管理志》编纂委员会主任及相关成员、自治区食品药品监督管理局相关处室负责人及部分老同志等20余人组成评审委员会对志稿进行评审。评审意见认为，“《内蒙古自治区志·食品药品监督管理志》政治观点正确、记录史实较全面系统、体裁应用得当、资料翔实、行文规范、语言流畅，是一部质量较好的志稿。经过进一步修改、完善，可达到《地方志书质量规定》的要求，能够成为一部行业特点鲜明、资料丰富翔实的上乘之作。经评审委员会对志稿认真评审，一致通过”。同时提出了进一步修改意见和建议。

评审会后，《内蒙古自治区志·食品药品监督管理志》编纂委员主任杨玺与编纂人员就如何按照评审专家意见，进一步修改好志稿进行了研究，明确要求志书经过进一步修改后，达到精品志书。自治区食品药品监管局编纂委员会副主任、编纂委员会办公室主任彭万臻再次召开各处室局、各直属事业单位负责人会议，对所涉及本单位相关内容进一步审核把关，提供修改所需资料。就各单位积极配合编辑部进一步修改完善志书提出明确要求。

编辑部根据评审会提出的意见和建议，对志稿进行了最后的梳理和修改，特别是进一步核实和补充相关资料，严把志稿的政治关、史实关和保密关，《食品药品监督管理志》执行主编杨泽荣和自治区食药监管理局编委会副主任、编委会办公室主任、《食品药品监督管理志》执行主编彭万臻对志稿进行了审核修改。形成《内蒙古自治区志·食品药品监督管理志》终审验收稿。

终审验收阶段。5月10日，编辑部将志书终审稿报送内蒙古自治区地方志办公室终审验收。5月25日，《内蒙古自治区志·食品药品监督管理志》通过了内蒙古自治区地方志办公室终审验收。编辑部按照自治区地方志办公室提出的终审意见对志稿进行了认真修改。编委会主任、主编杨玺对志稿进行了最后审核把关，于8月底进入出版程序。

《内蒙古自治区志·食品药品监督管理志》设置了中文、蒙文、英文三种语言目录，志首有凡例、编纂说明，志末有附录、编纂始末、索引，以方便读者查阅。较好地承担了溯事业之发端，叙沿革之轨迹，记兴衰之道理，析成败之因由，明是非之标准，存史料之成果，启后进之睿智，申鉴戒之实例，拓进展之思路的任务。

《内蒙古自治区志·食品药品监督管理志》是集体智慧的结晶。参与编纂《食品药品监督管理志》的全体人员辛勤耕耘，埋头伏案，为志书编纂倾注了大量心血。自治区食品药品监督管理局现任和原任领导及老同志对志稿内容核实把关。自治区档案馆、自治区食品药品监督管理局档案室、自治区卫生厅档案室、自治区工商行政管理局档案室、自治区质量技术监督局档案室和自治区食品药品监督管理局各处室、各食品药品检验检测单位、各盟市食品药品监督管理局等在志书资料和图片收集过程中给予诸多方便和支持。内蒙古自治区地方志编纂委员会办公室和修志同仁，对志书的编纂给予了精心指导和众多帮助。方志出版社为志书出版给予全力配合和大力支持。借此机会，向所有关心支持《内蒙古自治区志·食品药品监督管理志》编纂的单位和各界人士表示由衷的感谢！向为《内蒙古自治区志·食品药品监督管理志》编纂出版付出辛勤劳动的同仁们表示诚挚的祝贺！

在《内蒙古自治区志·食品药品监督管理志》编纂过程中，虽几易篇目、数易其稿，然由于学识、资料、时间等方面的原因，书中差错难免，敬请读者批评指正。

编　者

2018 年 9 月